Wedell · Grundlagen des
betriebswirtschaftlichen Rechnungswesens

NWB-Studienbücher · Wirtschaftswissenschaften

Grundlagen des betriebswirtschaftlichen Rechnungswesens

Aufgaben, Instrumente, Verrechnungstechnik

Von Dr. Harald Wedell
Universität Göttingen

5., überarbeitete Auflage

Verlag Neue Wirtschafts-Briefe · Herne/Berlin

CIP-Titelaufnahme der Deutschen Bibliothek

Wedell, Harald:
Grundlagen des betriebswirtschaftlichen Rechnungswesens: Aufgaben, Instrumente, Verrechnungstechnik / von Harald Wedell. – 5., überarb. Aufl. –
Herne; Berlin: Verl. Neue Wirtschafts-Briefe, 1988
(NWB-Studienbücher Wirtschaftswissenschaften)
ISBN 3-482-58275-0

Verlag Neue Wirtschafts-Briefe GmbH & Co., Herne/Berlin
ISBN 3-482-58275-0 – 5., überarbeitete Auflage 1988

Druck: Griebsch Druck GmbH, 4700 Hamm 1

Vorwort zur fünften Auflage

Dieses Lehrbuch vermittelt Grundlagenwissen in den Teilbereichen des betriebswirtschaftlichen Rechnungswesens, die traditionell mit den Begriffen „Buchführung" und „Kostenrechnung" umschrieben werden. Es wendet sich vor allem an Studierende der Wirtschafts-, Sozial- und Rechtswissenschaften, an Teilnehmer von Lehrgängen zur beruflichen Weiterbildung aber auch an kaufmännische Praktiker, die früher erworbene Kenntnisse vor allem im Hinblick auf Änderungen im Rechtsbereich aktualisieren möchten.

Zur Stoffauswahl und Darstellungsform sollen einige Erklärungen gegeben werden:

- Abweichend zu üblichen Büchern zum Gebiet Rechnungswesen wird der Lernerfolg nicht darin gesehen, *alle* denkbaren Wertbewegungen in Betrieben richtig verbuchen zu können. Anliegen ist vielmehr, zunächst die Informationsbedürfnisse von Entscheidungsträgern im wirtschaftlichen Bereich zu veranschaulichen. Anschließend sollen Datenstruktur und Verrechnungstechnik in Rechnungszweigen als Ergebnis zweckbezogener und entsprechend wandlungsfähiger Gestaltungsprozesse erkannt werden.
- Die Darstellung wird zunächst eingeengt auf Fragen in rechtsbezogenen Periodenrechnungen (Buchführung und Jahresabschluß). Wirtschaftlich ausgerichtete Informationsprobleme werden in einem Abschnitt über kalkulatorische Rechnungen behandelt (sog. Kosten- und Leistungsrechnung).
- Neben ausschließlich einzelwirtschaftlich ausgerichtetem Datenmaterial werden auch gesamtwirtschaftlich bedeutsame Bestands- und Erfolgsgrößen behandelt. Auch sie haben ihren Ursprung letztlich in Einzelwirtschaften. Ausführungen zur Wertschöpfungsrechnung sollen dazu beitragen, die Kluft zwischen betriebs- und volkswirtschaftlichem Rechnungswesen zu überbrücken.
- Die Literaturangaben sind auf ein Minimum beschränkt worden. Sie dienen der Untermauerung dargestellter Zusammenhänge und als Anreiz zur Aufnahme des eigenständigen Literaturstudiums.
- Sicherheit in begrifflichen und rechentechnischen Zusammenhängen wird nicht zuletzt durch die Bearbeitung von Übungsfällen erzielt werden. Die angebotenen 32 Übungsaufgaben stellen ein Mindestmaß für eigene Nachbereitung der Themenkomplexe dar. Die Aufgabenlösungen sind überwiegend dem weiteren Text bzw. den fol-

genden Aufgaben zu entnehmen. Zusätzlich sollen 120 Kontrollfragen auch außerhalb der Rechentechnik eine Rückmeldung des Lernerfolges ermöglichen. Zwei Prüfungstests sind als Einblick in Anforderungen bei entsprechenden Leistungskontrollen gedacht.

Die Vorauflage von 1986 hatte bereits alle wesentlichen Änderungen aufgenommen, die sich durch die umfangreiche Reform der handelsrechtlichen Rechnungslegung ergaben: Buchführung und Jahresabschluß wurden auf der Grundlage des Bilanzrichtlinien-Gesetzes dargestellt.

Trotz der überaus kurzen Zeitspanne bis zu einer erforderlichen neuen Auflage wurde auf einen unveränderten Nachdruck verzichtet, um Entwicklungen in der Auslegung des neuen Bilanzrechts aufzunehmen. Auch wurden Ergänzungen zu Einzelfragen vorgenommen (z.B. Anlagenspiegel, Umsatzkostenverfahren). Aus didaktischen Gründen erfolgte eine Umarbeitung der Übungsaufgaben 12 und 13.

Die bisherigen Bearbeitungen des Buches wären nicht möglich gewesen ohne Anregungen, Mitarbeit und Nachsicht von Personen aus dem beruflichen und privaten Bereich. Allen, die auf ihre Weise zur Fertigstellung auch dieses Buches beigetragen haben, möchte ich an dieser Stelle meinen herzlichen Dank aussprechen.

Göttingen, Januar 1988 Harald Wedell

Inhaltsübersicht

3. Informationsgewinnung nach wirtschaftlichen Grundsätzen (Kosten- und Leistungsrechnung)

1. Aufgabenstellungen des betriebswirtschaftlichen Rechnungswesens

1.1. Entscheidungsbezogener Ansatz

1.1.1. Die Stellung des Rechnungswesens im betrieblichen Führungsprozeß

Mit dem Titel dieses Lehrbuches ist bereits gesagt, daß es um das „Rechnen in Betrieben" geht. Die zu behandelnden Themenkreise ergeben sich dabei aus dem Informationsbedürfnis derjenigen Personen, die von der Entwicklung einer solchen Wirtschaftseinheit betroffen sind. Informationsinteressenten sind demnach die Eigentümer und Kreditgeber, Arbeitnehmer und die Allgemeinheit, deren Wohlstand auch von den Beträgen abhängt, die Betriebe als Steuern zahlen.

Das Informationsbedürfnis des oben beschriebenen Personenkreises ist überwiegend auf die **Vermittlung entscheidungsrelevanter Daten** ausgerichtet. Soweit die persönliche Situation im Verhältnis zu dieser Wirtschaftseinheit durch Entscheidungen gestaltet werden kann, möchte jeder wissen, ob Zielvorstellungen, die er mit einer Beteiligung am Leistungsprozeß verfolgt, erfüllt werden – oder welche Maßnahmen und Handlungen ergriffen werden müßten, damit es zu einem zielgerichteten Ergebnis kommt. Am Beispiel von Personen, die auf eigenes Risiko einen Betrieb gründen, soll zunächst die Bandbreite der Informationswünsche entwickelt werden.

Wirtschaftliches Handeln ist zielgerichtetes Handeln. Welches sind die Ziele, die mit der Errichtung eines Betriebes verfolgt werden? Im Vordergrund steht zumeist die Absicht, ein vergleichsweise höheres **Einkommen** zu erlangen – in einer extremen Ausprägung: das größtmögliche Einkommen zu erwirtschaften.[1] Bezogen auf die Bedingungen, die hierzu in einem Betrieb geschaffen werden müssen, kann auch ge-

---

1 Neben dem Einkommensziel sind in der Wirklichkeit weitere Betriebsziele zu erkennen. Sie reichen von der *Bedarfsdeckung* (insbes. im Bereich öffentlicher Betriebe wie Versorgungs- und Verkehrsbetriebe) über sog. *Kostendeckung* bis hin zur *Erlangung von Sozialprestige*. Hier soll im weiteren zunächst das Einkommensziel zugrunde gelegt werden.
Umfassende Erörterungen und Differenzierungen zum Problemkreis Zielbildung u.a. bei KOCH, H.: Betriebliche Planung, S. 15 ff., MOXTER, A.: Präferenzstruktur und Aktivitätsfunkion, S. 11 ff., HEINEN, E.: Die Zielfunktion der Unternehmung, S. 17 ff., SCHMIDT, R.B. u. BERTHEL, J.: Unternehmungsinvestitionen, S. 36 ff.

sagt werden, daß zwischen dem Betrag, der für die Produktionsmittel bezahlt werden muß und dem Verkaufserlös für die Betriebsleistungen ein möglichst großer Abstand (**Überschuß**) liegen soll. Die Einkommen der hier betrachteten Betriebsgründer hängen also vom erwirtschafteten Überschuß ab. Es ist in der Fachliteratur eingeführt, die oben beschriebene Handlungsweise als **Erwerbsprinzip** bzw. erwerbswirtschaftliches Prinzip zu bezeichnen. Der Personenkreis, der nach dieser Leitvorstellung handelt, wird **Unternehmer** genannt. Der Betriebstyp, in dem Unternehmer nach dem erwerbswirtschaftlichen Prinzip tätig sind, ist dann die **Unternehmung** (das Unternehmen).[2]

Mit der Bestimmung des Betriebszieles ist noch nicht festgelegt, welcher Weg zu seinem Erreichen verfolgt werden soll. In Betracht kommt beispielsweise die Errichtung eines Industriebetriebes, in dem Güter durch Form- oder Substanzveränderung von Werkstoffen hergestellt werden oder die Einrichtung eines Handelsbetriebes, in dem fremdproduzierte Güter angeboten und verkauft werden. Angenommen, es solle ein solches Dienstleistungsunternehmen gegründet werden, dann müssen zunächst Fragen der rechtlichen Rahmenbedingungen (**Unternehmungsform**) geklärt werden. Anschließend sind Beschaffungsvorgänge für **Produktionsfaktoren** durchzuführen: Benötigte Arbeitskräfte sind auszuwählen und einzustellen, Gebäude, Geschäftseinrichtung und Fahrzeuge sind zu beschaffen und natürlich auch die Waren, die zu einem Preis verkauft werden sollen, der (möglichst hoch) über ihrem Einkaufspreis liegt. Erst dann kann die Geschäftstätigkeit aufgenommen werden.

Auf jeder Stufe des oben vereinfachend erklärten Prozesses der Leistungserstellung und -verwertung müssen Entscheidungen getroffen werden, die das Wirtschaftsergebnis beeinflussen können. Die Handlungsnorm zur Entscheidungsbildung ist das **Wirtschaftlichkeitsprinzip**. Danach soll mit den verfügbaren Produktionsmitteln der größtmögliche Erfolg bewirkt werden (**Optimumprinzip**), bzw. soll ein bestimm-

2 Diese begriffliche Unterscheidung zwischen Betrieb und Unternehmung besagt, daß jede Wirtschaftseinheit, gleich welches Ziel in ihr verfolgt wird, immer als „Betrieb" bezeichnet werden kann. Das gilt dann auch für Wirtschaftsorganisationen in sozialistischen Wirtschaftssystemen. Die Unternehmung ist dagegen immer eine Einengung des Betriebsbegriffs, weil nur solche Rechtseinheiten umschrieben werden, in denen nach dem Autonomieprinzip ein (größtmöglicher) Überschuß erwirtschaftet werden soll. Weil diese Zielsetzung nur im marktwirtschaftlichen System verfolgt werden kann, ist der Unternehmensbegriff ein systembezogenes Merkmal.
Im Gegensatz zu diesen Begriffserläuterungen stehen Wortbildungen, die sich im Bereich des Rechnungswesens durchgesetzt haben – so der „Betriebserfolg". Vgl. hierzu Abschnitt 2.7.2.

tes Leistungsziel mit dem geringsten Verbrauch an Produktionsmitteln erreicht werden (**Sparprinzip**).[3]

Die Entscheidungen zur wirtschaftlichen Gestaltung der Betriebsstruktur und des Betriebsablaufs werden nicht gefühlsmäßig getroffen, sondern auf der Grundlage von Informationen gefällt, die das jeweilige Entscheidungsfeld über entscheidungsrelevante Daten abbilden. Nur auf diese Weise können unterschiedliche Handlungsmöglichkeiten zielentsprechend verglichen werden. Mit der wertmäßigen Erfassung von Handlungsabläufen werden beispielsweise Antworten auf folgende Fragen gegeben:

- Welche Auswirkungen ergeben sich aus dieser oder jener Rechtsform im Hinblick auf die steuerliche Belastung des Betriebes?
- Welche Folgerungen haben Kauf oder Miete eines Geschäftsgebäudes?
- Welche Belastungen werden unterschiedliche personelle Ausstattungen des Betriebes mit sich bringen?
- In welchem Umfang führen unterschiedliche Einkaufsmengen der Waren zu Erfolgsänderungen?
- Welche Waren sollten zu welchem Preis angeboten werden, um das Erfolgsziel zu erreichen oder zumindest die Betriebserhaltung sicherzustellen?

Jedes der oben (beispielhaft) angesprochenen Entscheidungsfelder beeinflußt mit seinen Erfolgswirkungen letztlich das Gesamtergebnis des Betriebes. Zum Erreichen des Betriebszieles müssen deshalb sachgerechte Entscheidungen in den verschiedensten Bereichen von Leistungserstellung und Leistungsverwertung getroffen werden. Die Informationen, die als Grundlage für zielentsprechende Entscheidungen benötigt werden, liefert das **betriebswirtschaftliche Rechnungswesen**:

> Das betriebswirtschaftliche Rechnungswesen ist ein Tätigkeitsbzw. Sachbereich zur ziffernmäßigen Erfassung betrieblicher Strukturen und Prozesse und zur Aufbereitung des Datenmaterials nach zweckgerichteten Gesichtspunkten für spezielle Informationsbedürfnisse.

Entscheidungen über die Gestaltung des Leistungsprozesses sind in die Zukunft gerichtet. Sie werden auf der Grundlage von Erwartungswerten

---

3 Die beiden Ausprägungen des Wirtschaftlichkeitsprinzips werden in der Literatur auch *Maximum-* und *Minimumprinzip* bezeichnet. Sie ersetzen eine früher gegebene Erklärung, wonach mit dem geringsten Einsatz der größte Erfolg bewirkt werden sollte – was ein nicht zu verwirklichender Anspruch ist.

getroffen. Es liegt nun in der Natur eines solchen Planungsvorganges, daß man sich hinsichtlich künftiger Entwicklungen irren kann. Mit einer Entscheidung über die Gestaltung des Leistungsprozesses werden deshalb nicht für alle Zeiten gültige Regelungen erfolgen. Vielmehr ist es erforderlich, durch eine wertmäßige Erfassung abgeschlossener Handlungen die Zielerreichung zu kontrollieren. Für Zwecke der **Selbstinformation** werden die Entscheidungsträger Informationen über die Auswirkungen der von ihnen getroffenen Maßnahmen und durchgeführten Handlungen verlangen. Mit ihnen soll eine Überprüfung eigener Vorstellungen erfolgen, sollen Schwachstellen im Leistungsprozeß aufgedeckt werden. Damit erfolgt eine Erweiterung der Aufgabenstellungen an das betriebswirtschaftliche Rechnungswesen. Neben die Erarbeitung von **Planwerten** für zukünftige Leistungsprozesse tritt die Vermittlung von **Istwerten** über abgeschlossene Leistungsprozesse. Aus einer Gegenüberstellung von Plan- und Istwerten lassen sich Abweichungen ermitteln, deren Ursache ergründet werden muß, damit bessere Planungsgrundlagen für neu beginnende Leistungsprozesse verfügbar sind.

Die Stellung des betriebswirtschaftlichen Rechnungswesens im gesamten Gefüge von Leistungserstellung und -verwertung kann mit einer zusammenfassenden Darstellung des betrieblichen Führungsprozesses veranschaulicht werden:[4]

STRUKTUR DES FÜHRUNGSPROZESSES

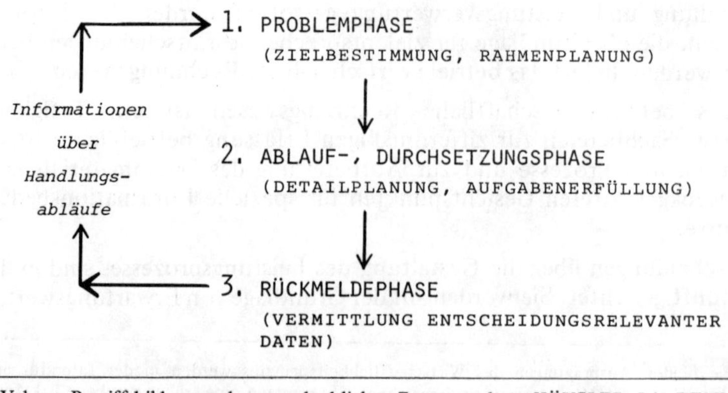

4 Vgl. zur Begriffsbildung und zum gedanklichen Zusammenhang HÄUSLER, J. u. DEMMEL, J.: Der Führungsprozeß in der industriellen Unternehmung, S. 43 ff. und die dort angegebene Literatur.

1. Eine gedankliche Zerlegung der Führungs- und Entscheidungsprozesse beginnt mit der Formulierung des Wirtschaftszieles. Einmal gesetzte Ziele werden sich auf unterschiedlichen Wegen erreichen lassen. Nachdem die Entscheidungsalternativen zur Zielerreichung erfaßt und analysiert sind, wird die zielentsprechende Entscheidungsbildung folgen. Wegen der weitreichenden Bedeutung dieser Stufe betrieblicher Aufgabenerfüllung für das Erreichen gesetzter Ziele und in Anbetracht des breiten Spektrums möglicher Wahlhandlungen läßt sich diese Arbeitsstufe auch als **Problemphase** umschreiben.
2. Der Problemphase folgt die **Durchsetzungs-** oder **Ablaufphase**. Der Aufbau von Leistungseinheiten wird rechtlich und organisatorisch strukturiert. Es werden die Einsatzstoffe für Leistungshervorbringung und -verwertung beschafft und nach Maßgabe vorgeregelter Handlungsabläufe eingesetzt. Die Durchsetzungsphase umfaßt die Aufgabenerfüllung als Handlungsvollzug.
3. Mit der Leistungsbewirkung ist der Führungsprozeß im allgemeinen noch nicht als beendet anzusehen. Die Anlage von Betrieben, Haushalten und anderen Organisationen als Dauereinrichtungen macht es aus dem Wirtschaftlichkeitsprinzip heraus erforderlich, dem Handlungsvollzug eine **Kontrollphase** anzuschließen. In ihr soll überprüft werden, ob die Planungsvorhaben eingehalten wurden, ob die organisierten Handlungsabläufe zu einer Zielerreichung geführt haben. Innerhalb einer Organisation sind demnach Vorkehrungen dafür zu treffen, die Ergiebigkeitsrelation des Leistungsprozesses in aussagefähiger Weise abzubilden. Es muß ein Kontrollsystem geschaffen werden, das den Entscheidungsträgern eine **Rückmeldung** ihres Handlungserfolges ermöglicht. Die Analyse der abgebildeten Handlungsergebnisse führt dann zu Anpassungsprozessen in der neu beginnenden Problemphase.

Aus der Betrachtung der Rückmelde- oder Kontrollphase im Rahmen der Struktur des Führungsprozesses wird deutlich, daß Betriebe im Hinblick auf die in ihnen ablaufenden Steuerungsvorgänge als „lernende Systeme" aufgefaßt werden können. Die Führung stellt also einen Regelungsprozeß dar, der nach den wissenschaftlichen Methoden der **Kybernetik** im Hinblick auf die zweckmäßigste Gestaltung von Informationen und Informationsflüssen gestaltet wird. Damit rückt das betriebswirtschaftliche Rechnungswesen – als Arbeitsfeld zur Vermittlung entscheidungsrelevanter Informationen – an einen bedeutsamen Platz im Gesamtgefüge betrieblicher Planung, Handlung und Kontrolle.

1.1.2. Die Bilanz als Informationsquelle (Grundlagen)

1.1.2.1. Abbildung der wertmäßigen Betriebsstruktur

Erläutert wurde bereits, daß aus der Sicht der Eigentümer eines Betriebes die Überschußerzielung im Vordergrund möglicher Handlungsziele steht. Wie kann nun der in einem Leistungszeitraum erwirtschaftete Überschuß ermittelt werden?

Offensichtlich muß zur Überschußerzielung irgendeine Bestandsgröße angewachsen sein – es soll ein Endbestand den Anfangsbestand „überschießen". Naheliegen könnte es zunächst, ausgehend von den Entnahmeinteressen der Eigentümer diesen Überschuß als gestiegenen Bestand an Finanzmitteln (Bankguthaben, Kassenbestand) zu erklären. Bereits ein Blick in praktische Betriebsabläufe macht aber deutlich, daß dies nicht die gesuchte Erfolgsgröße sein kann: Wenn beispielsweise Warenvorräte gegen Barzahlung verkauft werden, nehmen zwar die Bestände an Finanzmitteln zu. Gleichzeitig nehmen aber auch die Warenvorräte ab. Wie groß ein entnahmefähiger Überschuß wirklich ist, läßt sich demnach nicht so einfach durch Betrachtung der Veränderungen *einer* Größe ermitteln. Hierzu ist ein Rechensystem erforderlich, das eine Gesamterfassung der wertmäßigen Betriebsstruktur ermöglicht. Dessen Aufbau soll im folgenden entwickelt werden.

Der betriebliche Leistungsprozeß vollzieht sich auf einer geldorientierten Grundlage. Es werden finanzielle Mittel eingesetzt, mit denen Arbeitskräfte entlohnt und Produktionsmittel eingekauft werden. Die Überführung von Finanzmitteln in sachliche Produktionsmittel wird als **Investition** bezeichnet. Eine Voraussetzung für den Investitionsvorgang ist die Bereitstellung der benötigten Geldbeträge, die **Finanzierung**. Zu einem beliebigen Zeitpunkt läßt sich die Betriebsstruktur demnach zunächst erfassen mit dem vorhandenen Bestand an Finanzmitteln und Forderungen sowie den erworbenen Produktionsmitteln, die nach Güterarten und ihren Werten aufgeführt werden. Alles dies, was zur Produktionstätigkeit eingesetzt ist und in Geldwerten gemessen werden kann, wird als **Vermögen** bezeichnet. Bei dem Vermögen handelt es sich also um einen **Sachbereich**, der die Leistungswerte im Betrieb betragsmäßig umfaßt.

Bei einer Auflistung der konkret vorhandenen, „aktiv tätigen" Vermögensgegenstände (**Aktiva**) wird berücksichtigt, daß die Vermögensgegenstände in unterschiedlicher Weise zum Leistungsprozeß beitragen. Einerseits handelt es sich um Güter, die über mehrere Zeiträume **Nutz-**

leistungen abgeben, wie dies bei Gebäuden, Maschinen, Fahrzeugen, Geschäftsausstattung und anderen **Gebrauchsgütern** der Fall ist. Derartige Posten umfassen das **Anlagevermögen.**

Andererseits sind im Leistungsprozeß Güter eingesetzt, die sich mit einem einmaligen Beitrag verbrauchen. Sie werden im Betriebsablauf umgeschlagen. Bei ihnen findet ein ständiger Prozeß des Verbrauchs und anschließender Erneuerung statt. Diese **Verbrauchsgüter** des **Umlaufvermögens** umfassen insbesondere Roh-, Hilfs- und Betriebsstoffe, Warenbestände und Finanzmittel. Auch die Ansprüche gegenüber Kunden nach einem Verkauf auf Ziel, die Forderungen, gehören zum Umlaufvermögen.

Wegen der Unterschiede in den Aufgaben, die von den Vermögensgegenständen zu erfüllen sind und aufgrund der Abweichungen in den Bindungszeiten bis zur Wiedergeldwertung über die Umsatzerlöse wird die Auflistung des Gesamtvermögens nach den oben beschriebenen Unterscheidungskriterien durchgeführt:

Vermögen = Anlagevermögen + Umlaufvermögen

Wurde mit der Auflistung aller Vermögensgegenstände bereits die Voraussetzung für eine Ermittlung des „Überschusses“ geschaffen? Kann aus einem gestiegenen Vermögensbetrag schon auf eine erfolgreiche Unternehmertätigkeit geschlossen werden? Nur wenn derjenige, für den der „Überschuß“ ermittelt werden soll, ausschließlich eigenes Geld zur Beschaffung der Produktionsmittel eingesetzt hat, kann gesagt werden: „Alles das, was als Erhöhung des Vermögens erwirtschaftet wurde, ist mein Überschuß.“ Aber nur unter der eben gemachten Finanzierungsbedingung gilt diese Aussage, die im übrigen wirklichkeitsfremd ist. Der Normalfall der Praxis sieht so aus, daß derjenige, der sein Einkommen über eine selbständige Unternehmertätigkeit erzielen will, die zur Unternehmensgründung benötigten Geldmittel nicht allein aufbringen kann. Er wird sich Geld leihen bzw. eingekaufte Produktionsmittel nicht sofort bezahlen. Damit entstehen Verpflichtungen zur Rückzahlung geliehener Beträge und Verbindlichkeiten aufgrund von Warenlieferungen und Leistungen.

Wenn durch fremdfinanzierte Vorgänge das Vermögen wächst, hat der Unternehmer keinen „Überschuß“ erzielt. In dem Umfang, wie das Vermögen durch geliehenes Geld oder kreditierte Warenlieferungen im

Wert zunimmt, entstehen Zahlungsverpflichtungen gegenüber den Geldgebern bzw. Lieferanten (**Gläubiger**). Wenn der Unternehmer seinen „Überschuß" ermitteln will, muß er demnach vom Gesamtvermögen die Zahlungsverpflichtungen gegenüber Dritten (die **Schulden**) abziehen, um auf den Anteil am Gesamtvermögen zu kommen, den er sich selbst zurechnen kann. Und nur wenn dieser Anteil des Unternehmers innerhalb eines Zeitraumes im Wert gewachsen ist, liegt ein Ausgangspunkt zur Ermittlung des Unternehmererfolges – des „Überschusses" – vor. Eine Übersicht soll diesen Zusammenhang deutlicher machen:

WERTBEZIEHUNGEN IM UNTERNEHMEN

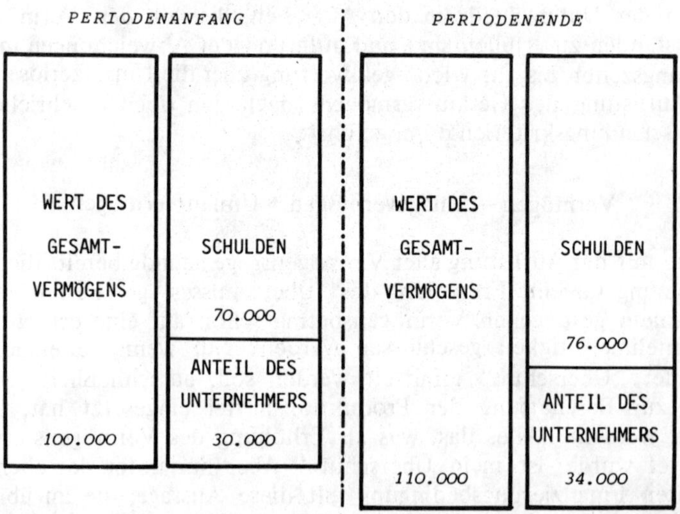

Im Beispiel betrug der Unternehmeranteil am Gesamtvermögen zunächst DM 30.000,–. Er stieg in der betrachteten Periode auf DM 34.000,–. Mit der Differenz von DM 4.000,– wurde eine Steigerung des Unternehmeranteils am Gesamtvermögen erzielt. Diese Größe kann grundsätzlich als Überschuß bezeichnet werden. Dabei handelt es sich um den Betrag, der dem Unternehmen entzogen werden könnte, ohne daß der Ausgangsbetrag des Unternehmeranteils verringert wird.[1]

1 Es soll hier zunächst noch nicht weiter verfolgt werden, ob nicht privat ausgelöste Wertbewegungen – wie Entnahmen aus der Kasse zur Lebenshaltung oder Einbringen neuer Finanzmittel in den Betrieb – zu einer differenzierteren Betrachtung zwingen. Solche Privatvorgänge werden zunächst ausgeschlossen.

Es ist in der Rechnungspraxis eingeführt, die oben beschriebenen Zusammenhänge in einer besonderen Darstellungsform und mit speziellen Ausdrücken versehen abzubilden. Dabei werden die unterschiedlichen **Finanzierungsquellen** für das Vermögen unter dem zusammenfassenden Begriff „**Kapital**" erfaßt. Das Kapital umfaßt die betragsmäßige Abbildung der Eigentümeranteile am Vermögen und der Forderungsrechte Dritter an den Betrieb. Es wird also dem **Sachbereich** des Vermögens nun der **Rechtsbereich** des Kapitals gegenübergestellt.

Maßgeblich zur Unterscheidung von Kapitalteilen ist die Betrachtungsweise eines Unternehmers: Er hat für die Finanzierung seines Vorhabens **eigene** und **fremde** Mittel herangezogen. Die ihm überlassenen Fremdmittel (Schulden) werden als **Fremdkapital** bezeichnet. Hierzu zählen insbesondere die Hypothekenschulden, Darlehns- und Wechselschulden sowie die Verbindlichkeiten gegenüber Lieferanten.

Nachdem vom Wert des Gesamtvermögens das Fremdkapital abgezogen wurde, ist mit dem (positiven) Restbetrag das **Eigenkapital** bestimmt. Es umfaßt den Anteil am Gesamtvermögen, den sich der Unternehmer zurechnen kann. Es ist auch eingeführt, die Betrachtungsweise eines Unternehmers so darzustellen, daß er das Eigenkapital als **Reinvermögen** ansieht:

Kapital = Eigenkapital + Fremdkapital

Der Ausdruck Eigenkapital umschreibt nicht unbedingt den Betrag, der nur einem Geschäftsinhaber zukommt. Die vielfältigen rechtlichen Gestaltungsmöglichkeiten im Bereich der Unternehmungsformen bringen unterschiedliche Erscheinungsbilder des Eigenkapitals mit sich. Bei der Einzelfirma (dem Einzelkaufmann) gibt es die eindeutige Zuordnung des Eigenkapitals auf eine Person. Bei Personen- und Kapitalgesellschaften dagegen ist das Eigenkapital zunächst als ein Betrag zu interpretieren, der sich als Differenz zwischen Vermögen und Schulden ergibt. Jeder Gesellschafter bekommt anschließend davon einen Anteil nach Maßgabe der Beteiligungsverhältnisse zugerechnet. Das Eigenkapital eines Betriebes setzt sich hier also aus vielen Teilen zusammen.

Die Abbildung der Verhältnisse im betrieblichen Sach- und Rechtsbereich geschieht regelmäßig in Form einer ausgewogenen zweiseitigen Darstellungsform: der **Bilanz** (Waage). Sie ist eine zeitpunktbezogene Gegenüberstellung der real vorhandenen Werte (**Vermögen**) mit den auf sie bezogenen Eigentums- und Forderungsrechten (**Kapital**). Die

Darstellung erfolgt überwiegend in Form eines (T-) **Kontos**. Dabei handelt es sich um eine zweiseitige Rechnung zur getrennten und übersichtlichen Erfassung eines Bereiches aus unterschiedlicher Sicht:

GRUNDAUFBAU EINES BILANZKONTOS

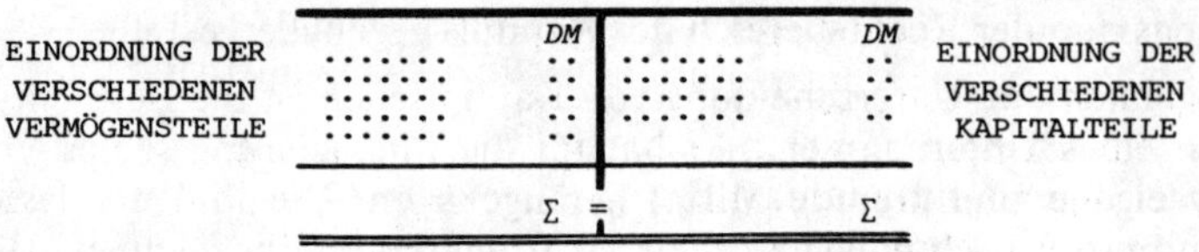

Es ist offensichtlich, daß der hier vorgestellte betriebswirtschaftliche Bilanzbegriff nur für Wirtschaftssysteme gelten kann, in denen eine differenzierte Eigentumsstruktur an Produktionsmitteln möglich ist. In diesem Sinne wird auch im amerikanischen Schrifttum eine ‚kapitalistische' Bilanzerklärung gegeben: „balance sheet is a photograph of financial status at an instant of time. It has two counterbalancing sections: assets and equities. Assets are economic resources that are expected to benefit future activities. Equities are the ‚claim against' assets."[2]

Nach dieser Erklärung zum Wesen der Bilanz muß es zunächst überraschen, daß auch in Wirtschaftssystemen, in denen grundsätzlich kein Privateigentum an Produktionsmitteln vorhanden ist – es sich um sog. ‚volkseigene Betriebe' handelt –, von „Bilanzen" gesprochen wird. Sie bekommen dort einen Inhalt, der sich von systembezogenen Tatbeständen löst und einen erweiterten Anwendungsbereich möglich macht: „Bilanzen sind Instrumente zur Ermittlung und Kontrolle notwendiger materieller und finanzieller Proportionen des Plans."[3] Es gibt dann „Finanzbilanzen", „Arbeitskräftebilanzen", „Materialbilanzen" usw. „So werden für den Jahreswirtschaftsplan der DDR rund 5.000 . . . Bilanzen aufgestellt."[4] Bei genauer Betrachtung sind es Soll-Ist-Vergleiche, mit denen die Planerfüllung kontrolliert werden soll.

---

2 HORNGREN, Ch. T.: Introduction to financial accounting, S. 9.
Vokabeln: balance sheet = Bilanz, instant of time = Zeitpunkt,
assets = Aktiva, equities = Ansprüche.

3 BECHER, J. u.a. (Hrsg.): Politische Ökonomie, S. 481.

4 Ebenda, S. 482.

Die Vieldeutigkeit des Bilanzbegriffs wird nicht zuletzt auch deutlich, wenn an volkswirtschaftliche Zusammenhänge gedacht wird. Mit der „Handelsbilanz", „Zahlungsbilanz", „Dienstleistungsbilanz" u.ä. werden auch ‚Proportionen' erfaßt. Im weiteren Verlauf der Darstellungen wird sich nun aber nur auf den systembezogenen, betriebswirtschaftlichen Inhalt der **Bilanz** bezogen: Sie ist eine zeitpunktbezogene Gegenüberstellung von Vermögensgegenständen und den auf sie bezogenen Eigentums- und Forderungsrechten (Kapital). Die so abgebildeten Proportionen weichen in ihren Zusammensetzungen voneinander ab, stimmen mit ihren Gesamtbeträgen aber immer überein.

Für den Grundaufbau einer Bilanz gilt, die linke Seite zur Auflistung der Vermögensgegenstände heranzuziehen. Die Gliederung dieser **Aktivseite** erfolgt nach der **Liquidierbarkeit**, d.h. nach dem zeitlichen Abstand vom Geldrückfluß, den die Vermögensgegenstände im betrieblichen Wertekreislauf aufweisen. Demgemäß hat die Auflistung der Vermögensgegenstände mit Grundstücken und Gebäuden zu beginnen. Zwar werden – isoliert betrachtet – diese Gegenstände oft schneller verkäuflich sein als modisch überholte Warenbestände. Das bilanzielle Gliederungsschema folgt aber nicht der Veräußerbarkeit allgemein, sondern der Wiedergeldwerdung, die sich aus der Betriebstätigkeit heraus ergibt. Danach sind Gebäude dazu bestimmt, auf Dauer für bestimmte Betriebszwecke zur Verfügung zu stehen. Sie sollen also letztlich erst mit der Auflösung des Betriebes zur Geldform zurückgeführt werden.

In der Bilanzgliederung werden den Gebäuden andere Gegenstände des Anlagevermögens nachgeordnet: Maschinen, Fahrzeuge, Büro- und Geschäftsausstattung. Nach einer zeitlich befristeten Nutzungszeit werden diese Güter erneuert. Aus dem Gedanken einer Betriebserhaltung heraus muß dann auch ein Betrag zur Ersatzinvestition verfügbar sein. Es schließt sich der Wertekreislauf von Finanzmitteln im Betrieb. Im Erneuerungszeitpunkt müssen sich die früheren Investitionsbeträge über erwirtschaftete Umsatzerlöse wieder angesammelt haben.

Den Gegenständen des Anlagevermögens folgen in der Bilanzgliederung die Güter des Umlaufvermögens – beginnend mit dem Warenbestand und endend mit dem aktuellen Bestand an flüssigen Mitteln („Kasse").

Den Vermögensgegenständen werden auf der rechten Bilanzseite die Kapitalteile gegenübergestellt. Im Gegensatz zu den ‚aktiv tätigen' Wirtschaftsgütern der Aktivseite handelt es sich hier um ‚passive'

Rechtstitel. Mit den Erscheinungsformen Eigen- und Fremdkapital werden sie auf der **Passivseite** der Bilanz ausgewiesen.

Die Gliederung der Passivseite einer Bilanz ist so aufzubauen, daß den nach Bindungsdauer geordneten Vermögensgegenständen vergleichbar lang zur Verfügung stehende Finanzierungsquellen gegenübergestellt werden. Damit soll ein Einblick in die Sicherheit der gewählten Finanzierung gegeben werden: Wenn Kredite zurückzuzahlen sind, sollten auch entsprechende Finanzmittel verfügbar sein. Im Gliederungssystem der Bilanz kommt also der Grundgedanke einer **Fristenentsprechung** bei der Finanzierung des Vermögens zum Ausdruck.

Wenn die Bilanz nach zeitlichen Kriterien gegliedert wird, ist für die Passivseite die **Fälligkeit** der Kapitalteile bestimmend. Die Auflistung beginnt deshalb mit dem Eigenkapital, das grundsätzlich erst mit der Auflösung (Liquidation) eines Betriebes ‚fällig' wird.

Dem Eigenkapital nachgeordnet werden die verschiedenen Positionen des Fremdkapitals. Diese Schulden weisen unterschiedliche Laufzeiten auf. Übersteigen die Rückzahlungstermine einen Zeitraum von 5 Jahren, wird von langfristigem Fremdkapital gesprochen. Hierzu zählen vor allem Hypothekenschulden, Anleihen und ggf. auch aufgenommene Darlehen. Liegt die Fälligkeit von Zahlungsverpflichtungen bereits im nächsten Jahr, handelt es sich um kurzfristige Verbindlichkeiten.

Das kurzfristige Fremdkapital ist insbesondere gekennzeichnet durch Verbindlichkeiten aus Warenlieferungen und Leistungen. Sie entstehen, wenn das Unternehmen Güter einkauft, ohne sie sofort zu bezahlen. Es wird ein Zahlungsziel in Anspruch genommen. Andere Formen des kurzfristigen Fremdkapitals sind Wechsel- und Bankschulden. Am Ende der Bilanz stehen so den kurzfristig verfügbaren Finanzmitteln (Forderungen und Geldbestand) die kurzfristig fälligen Zahlungsverpflichtungen gegenüber.

Der Grundaufbau einer Bilanz ist in einer Übersicht (s. S. 23) nochmals zusammengefaßt worden. Der für Kapitalgesellschaften rechtlich vorgeschriebene Aufbau einer Bilanz ist im Anhang abgebildet.

Die betragsmäßige Ausgewogenheit der Bilanz ist unabdingbar: Die Summe der Vermögenswerte muß mit der Kapitalsumme übereinstimmen. Letztlich wird ja nur eine Sache aus zwei verschiedenen Blickwinkeln betrachtet. Einer Betrachtung vorhandener Werte wird gegenübergestellt, aus welchen Quellen ihre Anschaffung erfolgte.

BILANZINHALT UND BILANZAUSSAGEN

Aktiva	B I L A N Z		Passiva
	DM		DM
ANLAGEVERMÖGEN	....	EIGENKAPITAL	....
UMLAUFVERMÖGEN	....	FREMDKAPITAL	....
SACHBEREICH		RECHTSBEREICH	
Wertverwendung		Wertherkunft	
Gliederung nach Liquidierbarkeit		Gliederung nach Fälligkeit	

NOTWENDIGE BETRAGSMÄSSIGE ÜBEREINSTIMMUNG

KONTROLLFRAGEN:

(1) Die Wirtschaftssysteme der westlichen Welt werden als ‚kapitalistische Systeme' bezeichnet. Finden Sie eine Erläuterung für diese Bezeichnung anhand von Begriffselementen des betriebswirtschaftlichen Rechnungswesens.

(2) Der Ausgangspunkt für Aufgabenstellungen im Rechnungswesen ist die Kontrolle von Zielrealisierungen. Welche Betriebsziele sind in der Wirklichkeit festzustellen?

(3) Welche Aufgabe hat die Rückmeldephase im betrieblichen Führungsprozeß?

(4) Es wird oft gesagt, das Rechnungswesen solle die Wirtschaftlichkeit eines Betriebes überwachen. Was wird dabei unter „Wirtschaftlichkeit" verstanden?

(5) Erläutern Sie die Gliederungsmerkmale in beiden Bilanzseiten.

Aufgabe 1

Der Einzelhandelskaufmann ALBERT ist in einem Großbetrieb angestellt. Sein Hobby ist das Fotografieren. Nur zu gern würde er sein Hobby zum Beruf machen und selbständig ein Fachgeschäft für Foto- und Filmbedarf betreiben. Ausgelöst durch die Erbschaft eines (unbelasteten) Gebäudes im Wert von DM 240.000,– befaßt sich ALBERT näher mit Fragen einer Unternehmensgründung. Zur Finanzierung seines Vorhabens stehen ihm Finanzmittel im Umfang von DM 4.400,– und Wertpapiere mit einem Wert von DM 30.000,– zur Verfügung.

Bei dem Monatstreffen des Vereins der Fotoamateure findet ALBERT in seinem Bekannten BERTRAM, der bislang als Handelsvertreter gearbeitet hat, einen Gleichgesinnten. Dieser wäre bereit, gemeinsam mit ALBERT ein Einzelhandelsgeschäft zu betreiben. Dazu könnte er aus einer fälligen Lebensversicherung und aus Ersparnissen insgesamt DM 116.600,– bar einbringen. Seinen bislang beruflich genutzten PKW gibt er mit einem Wert von DM 8.000,– an. Auch hat er noch Forderungen an seine bisherigen Geschäftspartner in Höhe von DM 14.600,–.

Nach diesem Überblick über ihre finanzielle Situation sehen beide günstige Aussichten für einen beruflichen Neuanfang. Schnell ist der Firmenname geboren: ALBERT FOTOSHOP OHG! In dieser Planungsphase halten beide ihre gemeinsame Situation im Vermögens- und Kapitalbereich in einer Ausgangsbilanz fest:

AUSGANGSBILANZ DER ALBERT FOTOSHOP OHG
(Planungsphase)

AKTIVA			*PASSIVA*
Bebaute Grundstücke	*240.000,–*	*Eigenkapital ALBERT*	*274.400,–*
Fuhrpark	*8.000,–*	*Eigenkapital BERTRAM*	*139.200,–*
Wertpapiere	*30.000,–*		
Forderungen	*14.600,–*		
Kasse	*121.000,–*		
	413.600,–		*413.600,–*

Am nächsten Tag beginnen sie mit der Einzelplanung. Dabei stellen sie fest, daß sich das Gebäude gut als Standort für das geplante Vorhaben eignet. Allerdings müßte die Ladeneinrichtung erneuert werden. Ein Ladenbauunternehmen fordert hierfür einen Barpreis von DM 40.000,–. Um bei der Geschäftseröffnung bereits ein eindrucksvolles Sortiment präsentieren zu können, veranschlagen sie für die Warenbeschaffung DM 120.000,–. Zum Transport von Waren wird sich der Altwagen nicht mehr als tauglich erweisen. ALBERT plädiert für die Neuanschaffung eines von ihm geschätzten Wagentyps für DM 36.000,–.

Die Geschäftserrichtung läuft wie geplant ab: Beide Gesellschafter zahlen die Barmittel auf ein Bankkonto ein. ALBERT verkauft die Wertpapiere durch die Bank für DM 30.000,–. Die Ladeneinrichtung wird eingebaut und mit Scheck bezahlt. Der PKW wird für DM 6.000,– bei der Anschaffung des Neufahrzeuges in Zahlung gegeben. Über den Rest des Kaufpreises wird ein Darlehn in Höhe von DM 30.000,– aufgenommen. Die Warenvorräte (DM 120.000,–) werden bis auf DM 16.400,– sofort durch Banküberweisung bezahlt, um die von den Lieferanten gewährten

hohen Eröffnungsrabatte auszunutzen. Zur Überbrückung eventuell auftretender Engpässe im Zahlungsbereich räumt die Bank einen Kontokorrentkredit bis DM 20.000,– ein (gegenwärtiger Jahreszins 11 %).

Am Tage der Geschäftseröffnung wollen ALBERT und BERTRAM eine Eröffnungsbilanz aufstellen. Als Bestand in der Kasse zählen sie DM 1.200,–, die für Barauszahlungen und als Wechselgeld abgehoben wurden.

Welches Aussehen hat die Eröffnungsbilanz der ALBERT FOTOSHOP OHG?

1.1.2.2. Ermittlung des Unternehmererfolges

Ein wesentlicher Grund zur Entwicklung eines betrieblichen Rechnungssystems ist das Interesse an einer Kontrolle des Wirtschaftszieles. Aus der Sicht der Eigentümer eines Betriebes soll insbesondere der erwirtschaftete Überschuß ermittelt werden. Dieser Unternehmererfolg wird an der Entwicklung des Eigenkapitals gemessen: Unter der Annahme, daß die Unternehmer im Laufe des Abrechnungszeitraumes keine Beträge für private Zwecke entnommen haben und auch keine Zuführungen zum Vermögen aus der Privatsphäre erfolgten, läßt sich der Periodenerfolg aus dem Vergleich der Eigenkapitalbestände ermitteln. Dabei wird der Differenzbetrag zwischen Anfangs- und Schlußbestand als **Gewinn** umschrieben, sofern der Eigenkapitalbetrag gestiegen ist. Eine Verringerung des Eigenkapitalbestandes im Abrechnungszeitraum wird als **Verlust** bezeichnet:

ERFOLGSERMITTLUNG DURCH EIGENKAPITALVERGLEICH

	Eigenkapitalbestand am Periodenende	**DM** . . .
–	**Eigenkapitalbestand am Periodenanfang**	**DM** . . .
=	**Periodengewinn** $^{(+)}$ **/ -verlust** $^{(-)}$	**DM** . . .

Die Zusammenhänge im Entstehen von Gewinn und Verlust sind aus der erläuterten Grundbeziehung abzuleiten:

Eigenkapital = Vermögenssumme – Schuldensumme

Das Eigenkapital ist der betragsmäßige Anteil am Gesamtvermögen, der nicht zur Erfüllung von Rechtsansprüchen Dritter zur Verfügung stehen muß. Seine Höhe ist abhängig von der Wertentwicklung bei Vermögen und Schulden. Sind die periodischen Veränderungen beim Vermögens- und Schuldenstand betragsgleich, ist der Eigenkapitalbestand nicht verändert worden. Es ist dann keine Erfolgswirkung betrieblicher Handlungen eingetreten. Alle anderen Fälle sind mit Veränderungen beim Eigenkapital (EK) als Gewinn (G) oder Verlust (V) verbunden. Eine Übersicht über diese Zusammenhänge soll zur Veranschaulichung dienen:

ERFOLGSENTSTEHUNG IM UNTERNEHMEN

VERÄNDERUNG DER VERMÖGENSSUMME t_i	VERÄNDERUNG DER SCHULDENSUMME t_i				
	- 10	- 5	0	+ 5	+ 10
- 10	EK = const.	V = 5	V = 10	V = 15	V = 20
- 5	G = 5	EK = const.	V = 5	V = 10	V = 15
0	G = 10	G = 5	EK = const.	V = 5	V = 10
+ 5	G = 15	G = 10	G = 5	EK = const.	V = 5
+ 10	G = 20	G = 15	G = 10	G = 5	EK = const.

Die Übersicht soll mit einer Fallgestaltung näher erläutert werden: Angenommen, das Vermögen eines Betriebes habe sich innerhalb des Zeitraumes t_i um 5 Geldeinheiten erhöht. Sichtbar könnte das in einer Erhöhung des Bestandes am Warenlager zum Ausdruck gekommen sein. Blieb die Schuldensumme im Zeitraum t_i konstant, wurde die Vermögensmehrung aus dem positiven Ergebnis der Betriebstätigkeit heraus finanziert. Die Vermögensmehrung um 5 Geldeinheiten führt zu einer betragsgleichen Erhöhung des Eigenkapitals und damit zu Gewinn. Die Vermögensmehrung hätte aber auch durch Kreditaufnahme finanziert werden können. Dann wäre die Erhöhung des Bestandes am Warenlager mit einem Anstieg der Verbindlichkeiten gegenüber Lieferanten verbunden. In diesem Fall wäre die Vermögensmehrung nicht dem Eigenkapital als Erfolgswirkung zuzuordnen. Es handelte sich um einen sog. erfolgsneutralen Vorgang.

Der oben dargestellte Zusammenhang kann auch anders interpretiert werden. Gewinn ist nicht unbedingt als Mehrung der finanziellen Mittel eines Betriebes zu erklären. Im angeführten Beispiel wird zwar in der Regel vor der ersten Variante (Gewinnfall) ein Finanzmittelbestand aus Betriebstätigkeit erwirtschaftet worden sein. Er wurde anschließend aber wieder in Umlaufgüter investiert. Der ständige Wertekreislauf

Geld – Ware – (mehr) Geld

läßt dann aus dem Vergleich von Stichtagsbeständen keine Aussage darüber zu, welche Vorgänge ursächlich waren für Gewinn und Verlust. Ebenso kann von einer ermittelten Erfolgsziffer (Gewinn oder Verlust) nicht auf Entwicklungen im Geldbestand eines Betriebes geschlossen werden. „Gewinn" ist nicht gleichzusetzen mit entnahmebereitem Geld – „Verlust" ist nicht gleichbedeutend mit angespannter Finanzlage!

Mit den bisherigen Ausführungen läßt sich das Erreichen eines unternehmerischen Betriebszieles „Gewinn" wie folgt kontrollieren:

- durch Vergleich der Eigenkapitalbestände zweier Rechnungsstichtage oder
- durch Aufrechnung der Veränderungen bei Vermögens- und Schuldensumme.

Die Verflechtung der Rechenelemente führt zwangsläufig zur selben Erfolgsziffer.

Die dargestellten Ermittlungswege zur Bestimmung des Periodenerfolges gelten nur unter Ausschluß betriebsfremder Kapitalveränderungen durch die Eigentümer. Gerade diese werden jedoch in solchen Unternehmen häufiger auftreten, bei denen die Eigenkapitalgeber ihren Lebensunterhalt aus dem Betriebserfolg bestreiten. So wird ein Einzelkaufmann im Laufe eines Wirtschaftszeitraumes Vermögensgegenstände aus dem Betrieb abziehen, um damit seine privaten Bedürfnisse zu decken. Durch solche privat begründeten Vermögensminderungen (**Privatentnahmen**) wird die Vermögenssumme eines Betriebes verringert. Wenn nun ein Erfolg aus periodischer Betriebstätigkeit ermittelt werden soll, sind diese als ‚Vorschuß auf den Periodenerfolg' zu interpretierenden Privatentnahmen der ermittelten Eigenkapitaldifferenz hinzuzurechnen. Entsprechend können die Zuführungen von Geld- und Sachwerten aus der Privatsphäre in den Betriebsbereich (**Privateinlagen**) nicht als betrieblich begründete Vermögensmehrungen aufgefaßt werden. Wenn beispielsweise ein Lotteriegewinn des Unternehmers in den Betrieb investiert wird, erhöht sich das Vermögen und betragsgleich der Anteil des Unternehmers am Vermögen, das Eigenkapital. Diese Erhöhung des Eigenkapitals ist aber nicht das Ergebnis betrieblicher Tätigkeit. Für eine Erfolgsmessung sind privat begründete Vermögensmehrungen von der Eigenkapitaldifferenz abzuziehen. Unter Einschluß von Privatvorgängen ergibt sich damit folgender Ermittlungsweg zur Bestimmung eines Periodenerfolges:

ERFOLGSERMITTLUNG UNTER EINSCHLUSS VON PRIVATVORGÄNGEN

Eigenkapitalbestand am Periodenende	**DM . . .**
– Eigenkapitalbestand am Periodenanfang	**DM . . .**
+ Privatentnahmen in der Periode	**DM . . .**
– Privateinlagen in der Periode	**DM . . .**
= Periodengewinn (+) / -verlust (–)	**DM . . .**

Der Periodenerfolg betrifft das Wirtschaftsergebnis in einer Rechtseinheit. Im Falle einer Einzelfirma ist damit zugleich der Erfolg ermittelt, der *einer* Person zugerechnet wird. In allen anderen Unternehmungsformen (z.B. offene Handelsgesellschaft, Kommanditgesellschaft, . . .) melden mehrere Personen Ansprüche auf eine Gewinnbeteiligung an – bzw. müssen mehrere Personen einen Verlust als anteiligen Abbau ihres Eigenkapitalbetrages hinnehmen. Hier wird also eine zusätzliche Aufteilung des Unternehmenserfolges auf die einzelnen Unternehmer (Gesellschafter) vorgenommen. Nach Maßgabe gesetzlicher oder vertraglicher Regelungen erfolgt die Beteiligung jedes einzelnen Gesellschafters an Gewinn oder Verlust.[1] Nach Vornahme dieser Erfolgszurechnung weist das Bilanzbild die neuen Eigenkapitalanteile der Gesellschafter aus. Mit deren Summe wird das Eigenkapital des Unternehmens als Rechtseinheit bestimmt.

Aufgabe 2

Die ALBERT FOTOSHOP OHG hatte das erste Wirtschaftsjahr mit folgender Eröffnungsbilanz begonnen:

Aktiva *ERÖFFNUNGSBILANZ DER ALBERT FOTOSHOP OHG* *Passiva*

ANLAGEVERMÖGEN:		*EIGENKAPITAL:*	
Bebaute Grundstücke	*240.000,–*	*Kapital Gesellschafter A*	*274.400,–*
Geschäftsausstattung	*40.000,–*	*Kapital Gesellschafter B*	*137.200,–*
Fuhrpark	*36.000,–*	*FREMDKAPITAL:*	
UMLAUFVERMÖGEN:		*Darlehnsschulden*	*30.000,–*
Waren	*120.000,–*	*Verbindlichkeiten*	*16.400,–*
Forderungen	*14.600,–*		
Bankguthaben	*6.200,–*		
Kasse	*1.200,–*		
	458.000,–		*458.000,–*

1 Auf die Besonderheiten der Erfolgsverteilung in Aktiengesellschaften wird im Abschnitt 2.3.4. ausführlicher eingegangen.

Am Periodenende ($t_{1/XII}$) ergibt sich folgende Situation:

Bebaute Grundstücke	*DM 235.200,–*	*Bankguthaben*	*DM 43.800,–*
Geschäftsausstattung	*DM 36.000,–*	*Kasse*	*DM 800,–*
Fuhrpark	*DM 27.000,–*	*Darlehnsschulden*	*DM 26.000,–*
Waren	*DM 127.800,–*	*Verbindlichkeiten*	*DM 19.400,–*
Forderungen	*DM 22.400,–*		

Für Zwecke der Lebenshaltung wurden von den Gesellschaftern einvernehmlich am 1. Juli DM 36.000,– (von A) und DM 28.000,– (von B) entnommen.

a) Es ist der Unternehmenserfolg für die Periode t_1 zu ermitteln.

b) Ausgehend von den Stichtagsbeständen an Vermögen und Kapital ist eine neue Bilanz aufzustellen. Dabei ist der Periodenerfolg auf die Eigenkapitalien der Gesellschafter zu verrechnen. Maßgebend hierfür sei die gesetzliche Regelung zur Ergebnisverteilung in der OHG (§ 121 HGB):

„I. Von dem Jahresgewinne gebührt jedem Gesellschafter zunächst ein Anteil in Höhe von vier vom Hundert seines Kapitalanteils. Reicht der Jahresgewinn hierzu nicht aus, so bestimmen sich die Anteile nach einem entsprechend niedrigeren Satze.

II. Bei der Berechnung des nach Absatz 1 einem Gesellschafter zukommenden Gewinnanteils werden Leistungen, die der Gesellschafter im Laufe des Geschäftsjahrs als Einlage gemacht hat, nach dem Verhältnisse der seit der Leistung abgelaufenen Zeit berücksichtigt. Hat der Gesellschafter im Laufe des Geschäftsjahrs Geld auf seinen Kapitalanteil entnommen, so werden die entnommenen Beträge nach dem Verhältnisse der bis zur Entnahme abgelaufenen Zeit berücksichtigt.

III. Derjenige Teil des Jahresgewinns, welcher die nach den Absätzen 1 und 2 zu berechnenden Gewinnanteile übersteigt, sowie der Verlust eines Geschäftsjahrs wird unter die Gesellschafter nach Köpfen verteilt."

Die Gesellschafter wollen den Periodenerfolg analysieren. Welche Verzinsung des eingesetzten Eigenkapitals hat jeder Gesellschafter nach der vorgenommenen Erfolgsverteilung erzielt?

1.1.3. Informationsziele des erweiterten Interessentenkreises

Mit den Erfolgszielen der Eigentümer-Unternehmer wurde nur ein Ausschnitt aus den Interessen am Unternehmen angesprochen. Die Wandlungen im gesellschaftlichen und rechtlichen Bereich lassen aber heute nicht mehr zu, die Unternehmen als Institutionen zu verstehen, in denen ausschließlich die Eigenkapitalmehrung angestrebt wird. Vielmehr hat sich die Auffassung durchgesetzt, im Unternehmen die Stätte gemeinschaftlicher Einkommenserzielung durch unterschiedliche Leistungsträger zu sehen. Entsprechend werden die Grundtypen von Unternehmensinteressen durch folgende Gruppen geprägt:

- **Eigentümer**, die an dauerhafter Erwirtschaftung und Zuweisung von Überschußanteilen interessiert sind;
- **Arbeitnehmer**, die um Sicherung und Verbesserung der Arbeitsplätze als Einkommensquelle besorgt sind;
- **Gläubiger**, die auf Sicherung der Einlösung ihrer Forderungen bedacht sind.

Die drei Gruppen sind unmittelbar mit dem Unternehmen und seiner wirtschaftlichen Entwicklung verbunden. Zwar stimmen sie darin überein, daß sie das Unternehmen als Quelle von Einkommensströmen ansehen. Gleichwohl sind die Bezugspunkte, denen sie ihr wirtschaftliches Interesse zuwenden, nicht identisch. Je nach Interessenlage stehen andere Größen im Blickpunkt:

- Für **Eigenkapitalgeber** steht die Größe „Gewinn" als Erfolgsindikator im Vordergrund. An dessen Höhe und Entwicklung im Zeitablauf werden die Ergiebigkeiten des Vermögens- und Kapitaleinsatzes gemessen.
- Für **Arbeitnehmer** ist die Erwirtschaftung von „Gewinn" prinzipiell von nebengeordneter Bedeutung, solange an diese Größe für sie keine einkommens- oder vermögensbezogene Folgen anknüpfen. Für sie ist zunächst bedeutsam, daß das Unternehmen dauerhaft in der Lage ist, die tarifvertraglich eingegangenen Lohn- und Gehaltsverpflichtungen zu erfüllen.

  Diese Arbeitsentgelte können nur bezahlt werden, wenn die von anderen Betrieben bezogenen Güter durch den betrieblichen Leistungsprozeß einen Wertauftrieb erfahren haben – also beim Verkauf der betrieblichen Leistung mehr eingenommen wird als für die fremdbezogenen Produktionsmittel bezahlt werden mußte. Dieser Wertauftrieb wird als Erfolgsgröße **Wertschöpfung** genannt und umschreibt das vom Betrieb erwirtschaftete Einkommen, das an Arbeitnehmer, Kapitalgeber und Allgemeinheit (in Form von Steuern) verteilt werden kann. In dieser Betrachtung ist der Gewinn neben Löhnen, Zinsen und Steuern ein Teil der Wertschöpfung.[1]
- Für **Gläubiger** wird neben der Erfolgsfähigkeit – überwiegend gemessen an den Größen Gewinn und Verlust – von Interesse sein, welche Vermögensgegenstände letztlich zur Erfüllung ihrer For-

1 Ausführlich wird auf Fragen einer ganzheitlichen Erfolgsanalyse im Abschnitt 2.9. eingegangen.

derungen herangezogen werden könnten und in welchem Verhältnis ihre Ansprüche zu denen anderer Gläubiger stehen.

Ein Blick auf den wirtschaftlichen Alltag zeigt, daß mit dem umseitig vorgestellten Kreis der unmittelbaren Unternehmensinteressenten noch nicht die Vielfalt von Beziehungen und Abhängigkeiten zum Unternehmen vollständig erfaßt ist. Vielmehr läßt die Praxis erkennen, in welchem Umfang auch solche Personen und Organisationen von einem (Groß-)Unternehmen ‚abhängig' sind, die mit diesem nicht direkt in einem Vertragsverhältnis stehen. So wird z.B. die nachlassende Leistungskraft eines Unternehmens der entsprechenden Gemeinde ein sinkendes Steueraufkommen – mit allen negativen Folgen für den Umfang von Versorgungsleistungen – verursachen. Entsprechendes gilt für die weiter umgrenzten Organisationsformen der staatlichen Hoheit (Land, Bund). Auch werden andere Unternehmen, insbesondere im Konsumgüterbereich, eine zurückgehende Nachfrage nach ihren Gütern spüren, sobald die Einkommenserwartungen von Arbeitnehmern unsicher werden. Diese hier nur zu skizzierende umfangreiche wirtschaftliche Verflechtung zwischen Personen und Organisationen führt dazu, den Kreis der Unternehmensinteressenten um einen mittelbar betroffenen Bereich zu erweitern. Gemeint ist damit

- eine **Allgemeinheit**, die unmittelbar oder mittelbar von Verhaltensweise und wirtschaftlicher Entwicklung der Unternehmen betroffen, an einem ausgewogenen Verhältnis zwischen unternehmerischem Gewinnstreben und sinnvoller Bedarfsdeckung interessiert ist.

Abschließend läßt sich der Kreis der Unternehmensinteressenten umfassend beschreiben mit

Personen und Institutionen, die

1. aus einem Vertragsverhältnis mit dem Unternehmen an dieses Forderungen haben und/oder
2. von der wirtschaftlichen Entwicklung des Unternehmens unmittelbar oder mittelbar betroffen sind.

Wirtschaften als zielgerichtetes Handeln erfordert bei allen Beteiligten eine Organisation von Aufgabenplanung und -erfüllung. Zielentsprechende Entscheidungen setzen sachgerechte Informationen voraus. Wenn die Bezugspunkte, an denen die Unternehmensinteressenten ihre Entscheidungen ausrichten, nicht identisch sind, müssen auch unterschiedliche Informationen vermittelt werden. Dieser Gedanke an die Vermittlung wirklich entscheidungsrelevanter Informationen wird vertieft, wenn nochmals die Struktur von Führungs- und Entscheidungsprozessen näher betrachtet wird.[2]

Im Vordergrund der Interessen an einer Vermittlung entscheidungsrelevanter Informationen steht allgemein der Wunsch nach zutreffenden Aussagen über wertmäßige Unternehmensstrukturen und über Ergiebigkeitsrelationen des periodischen Leistungsprozesses. Für Lenkungszwecke sind aber nicht nur periodische Globalziffern von Bedeutung. Vielmehr werden auch Teil-Ergiebigkeiten für spezielle Kontrollzwecke zu bilden sein (z.B. Bereichsergebnisrechnungen).

Neben den im Zeitvergleich aussagefähigen Daten sind solche gefragt, die helfen sollen, zielgerichtete Entscheidungen über den Einsatz der Leistungsfaktoren zu treffen. Hierzu können die situationsbedingten Informationen zur Entscheidung über Zusammenhang und Preisstellung des Angebots (Sortimentsplanung, Kalkulation) gezählt werden. Über die Zweckmäßigkeit des Einsatzes von Vermögensgegenständen, über die Wirtschaftlichkeit von Finanzierungsformen, ist auf der Grundlage von zuverlässigen Informationen zu entscheiden. Letztlich werden Sonderrechnungen bei besonderen rechtlichen oder wirtschaftlichen Anlässen erforderlich werden. Diese Notwendigkeit entsteht in Fällen des Gesellschafterwechsels, der Änderung der Rechtsform, der Vereinigung von zuvor selbständigen Unternehmen und ähnlichen Vorgängen, in denen die Beteiligten vor allem Auskünfte über die Wertverhältnisse bei Unternehmen oder Unternehmensanteilen benötigen.

Die vorgestellte Breite von Informationszielen gilt nicht nur für den Kreis unmittelbarer Unternehmensinteressenten. Auch das Interesse der Allgemeinheit, vertreten durch Steuerfiskus, politische Gruppierungen und unterschiedliche Erscheinungsformen gemeindlicher oder staatlicher Hoheit, erschöpft sich nicht nur in kurzfristig realisierbaren Steuerzahlbeträgen. Vielmehr werden von einer aktiven Wirtschaftsordnungs- und Konjunkturpolitik Rahmenbedingungen geschaffen, welche die Leistungsfähigkeit einzelner Unternehmen innerhalb der Gesamtwirtschaft auf Dauer sicherstellen sollen. Für die Aktionsbereiche sind ebenso entscheidungsrelevante Informationen über die hier gesamtwirtschaftlich zu interpretierende Leistungskraft von Unternehmen bereitzustellen.

---

2 Vgl. die Ausführungen im Abschnitt 1.1.1.

1.1.4. Interessenbezogene Aufgabengliederung im betriebswirtschaftlichen Rechnungswesen

Aus der interessenbezogenen Analyse von Zielen und Handlungswegen der Unternehmensinteressenten wird der Bedeutungsgrad eines Informationssystems erkennbar, das zur zielentsprechenden Entscheidungsbildung beitragen soll. Im Einzelfall sind die Bezugspunkte, an denen Entscheidungen ausgerichtet werden, nicht identisch. Zur Vermittlung entscheidungsrelevanter Informationen bedarf es umfangreicher Mengen- und Wertanalysen. Eine Bereitstellung solchen Zahlenmaterials kann nicht nur anhand von Stichtagsbeständen (Bilanzen) erfolgen. Hierzu ist der Aufbau eines umfassenden betrieblichen Rechnungssystems erforderlich. Dieses **betriebswirtschaftliche Rechnungswesen** umfaßt als Tätigkeits- bzw. Sachbereich die

> ziffernmäßige Erfassung betrieblicher Strukturen und Prozesse und die Aufbereitung des Datenmaterials nach zweckgerichteten Gesichtspunkten für spezielle Informationsbedürfnisse.

Aus den Betrachtungen zu einzel- und gesamtwirtschaftlichen Lenkungszielen und grundlegendem Informationsmaterial ist zu ersehen, daß sich die Aufgabe des betriebswirtschaftlichen Rechnungswesens nicht in der Vermittlung von Daten erschöpft, die nur für einen engeren Interessentenkreis aussagefähig sind. Ausgehend vom Gesamtanspruch an die betrieblichen Daten als Entscheidungsgrundlagen für einen breiten Interessentenkreis ist die Bedeutung der Betriebsrechnung über den Informationsanspruch der Eigentümer hinausgewachsen.[1] Im betriebswirtschaftlichen Rechnungswesen ist die Grundlage jeder Informationsgewinnung über wirtschaftliche Strukturen und Prozesse zu sehen. Seine Ergebnisse werden für spezielle Informationsinteressen aufbereitet werden müssen, um die unterschiedliche Zielrichtung von Maßnahmen und Handlungen der Entscheidungsträger bestmöglich zu berücksichtigen.

Mit den bisherigen Ausführungen läßt sich eine Grobgliederung der Aufgabenstellungen im betriebswirtschaftlichen Rechnungswesen durchführen:

---

1 Wirtschaftsgeschichtlich interessierte Leser finden einen hervorragenden Überblick über die Anfänge des Rechnungswesens bei SCHNEIDER, D.: Geschichte betriebswirtschaftlicher Theorie, insbes. S. 93 ff. sowie S. 118 ff.

AUFGABENSTELLUNGEN IM BETRIEBSWIRTSCHAFTLICHEN RECHNUNGSWESEN	INTERNER ADRESSATENKREIS	EXTERNER ADRESSATENKREIS
PERIODISCHE INFORMATIONEN	DARSTELLUNG DER UNTERNEHMENSSTRUKTUR abgebildet in der Bilanz mit Gegenüberstellung von Vermögen und Kapital Abbildung von wertmäßigen Relationen des Leistungsprozesses: Erfolgslage (Gewinn/Verlust, Wertschöpfung) Finanzlage (Kapitalbedarf und Deckungsformen)	
SITUATIONSBEDINGTE INFORMATIONEN	Daten zur Leistungskontrolle und Betriebsdisposition, insbes. Investitionsplanung Sortimentsplanung und -kontrolle Preisstellung, insbes. Preisuntergrenzen	Daten zur Überprüfung der Förderungswürdigkeit und Vertragssicherheit - auch beurteilt im Rahmen gesamtwirtschaftlicher Zusammenhänge
	Spezielle Daten als Entscheidungshilfen bei rechtlichen und wirtschaftlichen Anlässen, z.B. Abfindung ausscheidender Gesellschafter, Unternehmensfusion, -liquidation	

In der Übersicht wird unterschieden im Hinblick auf den Adressatenkreis und die Häufigkeit der Informationsvermittlung. Als Empfänger kommen zunächst Personen in Betracht, die betriebliche Entscheidungsaufgaben übernommen haben. Für diesen internen Adressatenkreis (insider) ist ein umfassendes Informationssystem zu schaffen, das reaktionsschnelle Lenkungsmaßnahmen ermöglicht. In Unternehmen sind diese Lenkungsmaßnahmen überwiegend auf die Ziele der Eigenkapitalgeber ausgerichtet.

Neben den Eigentümerinteressen wurden die Ziele des erweiterten Interessentenkreises vorgestellt. Auch von diesem – aus der Sicht des betrieblichen Entscheidungsprozesses letztlich – externen Kreis werden entscheidungsrelevante Informationen benötigt. Sie betreffen Aktionsfelder, die nicht vorrangig im abrechnenden Unternehmen selbst liegen, sondern die Verhandlungsbereiche mit dem Unternehmen betreffen.

Die **Informationsziele** der Unternehmensinteressenten sind so vielschichtig, wie unterschiedliche Zielvorstellungen deren Handlungen bestimmen. Die gesetzten Ziele werden nicht einheitlich zu optimieren sein. Es besteht überwiegend eine Zielkonkurrenz zwischen den Unternehmensinteressenten. Die sich daraus ergebenden Spannungsverhältnisse lassen sich in ihrem Ausgangspunkt wie folgt umschreiben:

- Eigentümer streben hohe Gewinne an. Aus ihrer Sicht sind Arbeitsentgelte und Steuerzahlbeträge als Negativposten aufzufassen, deren Höhe zu begrenzen ist.
- Arbeitnehmer werden einen ausgewiesenen hohen Gewinn zum Anlaß nehmen, Einkommenszuwächse zu fordern.
- Gläubiger werden die Entnahmen von Gewinnen durch die Eigentümer prinzipiell ebenso als mögliche Gefährdung ihrer Ansprüche ansehen wie die Zahlungsverpflichtungen des Unternehmens gegenüber Arbeitnehmern.

Deutlich wird, daß die Information über den Unternehmenserfolg (Gewinn/Verlust) die unterschiedlichsten Reaktionen bei den Unternehmensinteressenten hervorruft. In bezug auf die hier diskutierte Fragestellung nach der Vermittlung entscheidungsrelevanter Informationen kann festgestellt werden, daß es aus der Sicht der abrechnenden Eigentümer um einen Interessenkonflikt geht. Dieser entsteht einerseits aus dem Bedarf nach zutreffenden Informationen für interne Lenkungszwecke und andererseits aus dem Gedanken, bei bewußt gestalteter Information für Dritte die eigenen Erfolgsaussichten regulieren zu können.

Die Pole des Interessengegensatzes beim abrechnenden Eigentümer können – bezogen auf den Erfolgsausweis – im wesentlichen umschrieben werden mit:

Selbstinformation		**Fremdinformation**
↓		↓
erzielter Gewinn	⟷	**belastbarer Gewinn**

Es ist ersichtlich, daß es aus der Sicht des Informationsgebers nicht nur einen bestimmten Gewinn geben wird, sondern die nach Abwägung der Informationswirkungen jeweils zu regulierende Erfolgsziffer. Die Aufgabenstellungen im betriebswirtschaftlichen Rechnungswesen haben also verschiedene Perspektiven.

Eine mehrgleisige Aufgabenerfüllung könnte verfolgt werden, um beispielsweise als Selbstinformation den wirklich erzielten Erfolg vermittelt zu bekommen, als Fremdinformation aber eine Erfolgsziffer auszuweisen, die negative Rückwirkungen begrenzt. Das aber wiederum stellt bei dem Kreis externer Unternehmensinteressenten den Wert der Information in Frage.

Vergleichbar mit der oben erörterten Problematik der Erfolgsbestimmung lassen sich weitere Polaritäten im Hinblick auf andere entscheidungsrelevante Größen feststellen. Sie führen zu der Fragestellung, wie die unterschiedlich motivierten Unternehmensinteressenten zutreffende Informationen über ihre Entscheidungsbereiche erhalten können.

KONTROLLFRAGEN:

(6) Im Mittelpunkt von Ermittlungszielen steht der „Gewinn". Wie kann es im Betrieb zu Gewinn kommen?

(7) Bei der Gewinnermittlung werden die Privatvorgänge besonders erfaßt. Wie werden Privateinlagen verrechnet und bei der Gewinnermittlung behandelt?

(8) In der amerikanischen Literatur wird das Eigenkapital als „owners equity" bezeichnet – wobei die wörtliche Übersetzung lautet: „Anspruch des bzw. der Eigentümer". Kann man hier im rechtlichen Sinn einen Anspruch feststellen?

(9) Die Aufgabenstellungen im Rechnungswesen sind nicht nur eigentümerbezogen. Welche Interessengegensätze werden bei der Erfolgsermittlung zwischen dem internen und externen Interessentenkreis deutlich?

(10) Die Erfolgswirkung von Betrieben kann nicht nur in Gewinn und Verlust gesehen werden, sondern auch in der Wertschöpfung. Worin unterscheiden sich diese Betrachtungsweisen?

1.2. Rechtsbezogener Ansatz (Buchführungspflichten)

1.2.1. Zwecke der Buchführungspflichten

Zielgerichtetes Wirtschaften erfordert aussagefähige Informationen über die Ergebnisse von Maßnahmen und Handlungen, um damit neue Leistungsprozesse gestalten zu können. Im Vordergrund der Informationswünsche steht der Einblick in die Entwicklung von Vermögensgegenständen und Kapitalteilen. Solche Daten sind zunächst für denjenigen von Bedeutung, der sein privates Einkommensziel mit einer Unternehmenstätigkeit verfolgt. Er will sich selbst über das von ihm erreichte Ergebnis informieren **(Selbstinformation).** Bereits bei diesem Ansatzpunkt zur Rechnungslegung taucht aber der Übergang vom Eigeninteresse zu Fremdansprüchen auf: Wenn der Unternehmer ermitteln will, welcher Betrag als Überschuß erzielt wurde, bzw. wieviel Geld er dem Unternehmen für seine Konsumzwecke entziehen kann, berührt er auch die Interessen seiner Gläubiger (Kreditgeber). Denn solange er aus seinem Vermögen noch Schulden begleichen muß, besteht die Gefahr, daß er heute etwas als Überschuß entnimmt, was später für eine Erfüllung seiner Kreditverpflichtungen zur Verfügung stehen muß. Deshalb entsteht hier für den Gesetzgeber die Notwendigkeit, für eine **Anspruchswahrung** zu sorgen, indem er Regeln zur Aufstellung von Bilanzen erläßt.

Der Umfang gesetzlicher Regelungen zur Rechnungslegung ist abhängig von dem Risiko, das diejenigen eingehen, die mit Unternehmen Vertragsbeziehungen aufnehmen. Wenn ein Einzelkaufmann oder ein persönlich haftender Gesellschafter Rechtsverpflichtungen eingeht, kann zunächst einmal davon ausgegangen werden, daß die Verbindung seines persönlichen (Vermögens-)Schicksals mit der Existenz des Unternehmens eine anspruchswahrende Geschäftstätigkeit bewirkt. Deshalb reichten auch viele Jahre relativ allgemein gefaßte Rechtsnormen zur Rechnungslegung aus. Mit der wachsenden Zahl von Unternehmensgründungen durch Personen, die durch unglückliche Geschäftspolitik oder mangelnde Fachkenntnisse schnell wieder scheiterten, hat auch das Vertrauen in die Sicherheit von Forderungen an persönlich haftende Personen abgenommen: Oft nützen hier die rechtlichen Möglichkeiten zur Durchsetzung von Ansprüchen nichts. Wo wirtschaftliche Substanz fehlt, ist selbst das Merkmal unbeschränkter persönlicher Haftung wertlos.

Ganz offensichtlich treten die oben beschriebenen Gefahren für Gläubiger auf, wenn ihre Vertragspartner juristische Personen sind, die im Wirtschaftsbereich allgemein unter dem Ausdruck „Kapitalgesellschaften" zusammengefaßt werden.

Hier gestaltet sich der Geschäftsablauf im Risikobereich anders: Angestellte Unternehmer (sog. Manager) führen die Geschäfte, ohne zumeist selbst ein wesentliches Vermögensrisiko einzugehen. Den Ansprüchen der Gläubiger steht nur noch das Gesellschaftsvermögen gegenüber. Diese ‚Entpersönlichung' des Wirtschaftslebens mußte Folgerungen für die Gesetzesvorschriften zur Rechnungslegung nach sich ziehen. Dies insbesondere, weil die Kapitalgesellschaft zunehmend eine haftungsbegrenzende Zufluchtstätte für Einzelkaufleute geworden ist – zuletzt sogar offiziell zugelassen durch das GmbH-Gesetz von 1982, mit dem die Perversion der Ein-Mann-Gesellschaft rechtliche Anerkennung fand.

Neben die Aufgabe der Selbstinformation des Unternehmers tritt als rechtlich bedeutsamer Ansatzpunkt zur Rechnungslegung die **Dokumentation**. Damit soll den Vertragspartnern zur Sicherung ihrer Ansprüche ein Einblick in die wirtschaftliche Lage verschafft werden. Solche Fremdinformationen werden von Unternehmern nur bereitgestellt,

1. wenn sie annehmen, daß sie ihre eigenen Erfolgschancen damit verbessern können oder
2. wenn Rechtsvorschriften sie zur Vermittlung solcher Informationen verpflichten.

In der Entwicklungsgeschichte zur Informationsvermittlung von Unternehmen stand der zweite Fall im Vordergrund. Der Gesetzgeber mußte Vorkehrungen zur **Sicherung des Rechtsverkehrs** treffen. Deren Entwicklung stand und steht weiterhin unter dem Leitgedanken der Anspruchswahrung. Mit einem Zitat von *Moxter* kann dieser Ausgangspunkt treffend zusammengefaßt werden:

„Dieser Kernzweck aller handelsrechtlichen Bilanzen, von der des Einzelkaufmanns bis hin zu der von Aktiengesellschaften, und ganz unabhängig von der Branche, besteht in der ‚Konkursvorsorge' (dem ‚Gläubigerschutz'). ‚Konkursvorsorge' mittels Bilanzen (und Buchführung) meint: ‚Dokumentation' aller Vermögensgegenstände und Schulden wie ‚Information über die Schuldendeckungsmöglichkeiten'; es läßt sich zeigen, daß dieser Kernzweck die handelsrechtliche Rechnungslegung, rechtsform- und branchenunabhängig, seit Jahrhunderten, und keineswegs nur in Deutschland, prägt."[1]

1 MOXTER, A.: Der Einfluß der EG-Bilanzrichtlinie, S. 1629.

Die **Anspruchswahrung** kann erfolgen durch

1. zutreffende Informationen über den Sicherheitsgrad von Fremdansprüchen;
2. Vorkehrungen, die sicherstellen, daß die Fremdansprüche den Entnahmeinteressen der Eigenkapitalgeber tatsächlich vorangehen;
3. Begrenzungspunkte, bei deren Überschreitung die Verfügungsgewalt der Eigentümer bzw. Manager über die Vermögensgegenstände beendet ist.

Die Spannweite rechtlicher Regelungen zur Anspruchswahrung ist im Laufe der Gesetzesentwicklung von den Grundpflichten zur Rechnungslegung bis hin zu Fragen des Konkursrechts detailliert ausgefüllt worden. Ihren vorerst letzten Höhepunkt hat diese Entwicklung in dem 1985 abgeschlossenen Anpassungsprozeß des deutschen Handelsrechts an die Richtlinien des Rates der Europäischen Gemeinschaften zur Koordinierung des Gesellschaftsrechts erreicht. Damit soll eine Harmonisierung der Rechnungslegung über die nationalstaatlichen Grenzen hinweg erfolgen, was in den Zeiten ausgeweiteter internationaler Wirtschaftsbeziehungen eine Notwendigkeit wurde.

Im weitesten Sinn kann der Ausgangspunkt zur handelsrechtlichen Rechnungslegung bereits in den Vorschriften des Bürgerlichen Gesetzbuches (BGB) zur Abwicklung der Geschäftsführung gesehen werden. Wenn Personen für andere Personen Geschäftshandlungen vornehmen (Auftrag, Geschäftsführung), sind sie demjenigen, für den gehandelt wurde, zur Rechenschaft verpflichtet. Dies ergibt sich aus § 666 BGB:

§ 666 BGB (Auskunftspflicht)

„Der Beauftragte ist verpflichtet, dem Auftraggeber die erforderlichen Nachrichten zu geben, auf Verlangen über den Stand des Geschäfts Auskunft zu erteilen und nach der Ausführung des Auftrags Rechenschaft abzulegen."

Der Umfang der **Rechenschaftspflicht** wird genau umrissen:

§ 259 Absatz 1 BGB (Umfang der Rechenschaftspflicht)

„Wer verpflichtet ist, über eine mit Einnahmen oder Ausgaben verbundene Verwaltung Rechenschaft abzulegen, hat dem Berechtigten eine die geordnete Zusammenstellung der Einnahmen oder der Ausgaben enthaltende Rechnung mitzuteilen und, soweit Belege erteilt zu werden pflegen, Belege vorzulegen."

Damit sind als Zentralpunkte jeder Rechenschaftslegung bereits folgende Merkmale erkennbar:

- **Nachprüfbarkeit** der Daten aufgrund von beweiskräftigen Belegen,
- **Übersichtlichkeit** in der Informationsvermittlung.

Für Kaufleute setzen die Regelungen zur Rechenschaftspflicht nicht erst ein, wenn für Dritte Informationen geliefert werden sollen. Vielmehr hat der Gesetzgeber mit dem § 238 HGB darüber hinaus einen **Zwang zur Selbstinformation** festgeschrieben:

§ 238 HGB (Buchführungspflicht); früher: § 38 HGB

„(1) Jeder Kaufmann ist verpflichtet, Bücher zu führen und in diesen seine Handelsgeschäfte und die Lage seines Vermögens nach den Grundsätzen ordnungsmäßiger Buchführung ersichtlich zu machen. ..."

Damit soll der Unternehmer zunächst einmal selbst die Lage seines Unternehmens erkennen und mögliche Konkursrisiken aufdecken. So kann er sich auch später beim Auftreten von bestandsgefährdenden Ereignissen nicht hinter eine Schutzbehauptung zurückziehen („Das habe ich nicht gewußt!"). Aufgrund der Informationspflicht kann der Gesetzgeber immer Kenntnis nach dem möglichen Aussagewert einer Rechnungslegung unterstellen und entsprechende Sanktionen bei der Gefährdung von Fremdansprüchen vorsehen.

Bei der Aufstellung von Jahresabschlüssen kann der Kaufmann nicht so verfahren, wie es seinem persönlichen Informationsziel entspricht. Vielmehr leitet der Gesetzgeber mit den 1985 aufgenommenen Ergänzungen hinüber zu einer objektivierten Rechnungslegung:

§ 238 HGB Absatz 1 Satz 2

„Die Buchführung muß so beschaffen sein, daß sie einem sachverständigen Dritten innerhalb angemessener Zeit einen Überblick über die Geschäftsvorfälle und über die Lage des Unternehmens vermitteln kann."[2]

Der Aufgabenbereich einer gesetzlichen Rechnungslegung wird in den §§ 240 ff. HGB weiter konkretisiert. Danach muß der Kaufmann – zunächst zu Geschäftsbeginn und dann jährlich wiederkehrend – ein mengen- und wertmäßiges Verzeichnis über alle Vermögensgegenstän-

2 Im Beratungsprozeß zur Rechtsform 1985 wurde für *alle* Kaufleute der Anspruch an einen Einblick in die „Lage des Unternehmens" der zunächst vorgesehenen Formulierung vom Einblick in die „Vermögens-, Finanz- und Ertragslage" vorgezogen. Diese nähere Präzisierung findet sich nur noch im § 264 Abs. 2 HGB als Anforderung an den Jahresabschluß von Kapitalgesellschaften. Ob diese Unterschiede im Gesetzeswortlaut auch inhaltliche Auswirkungen haben, muß erst die Gesetzesanwendung zeigen.
Ganz allgemein kann festgestellt werden, daß der zunächst an die Rechtsreform gestellte Anspruch, den Einblick in die wirtschaftliche Lage der Unternehmen tatsächlich zu verbessern, im Zuge des Gesetzgebungsverfahrens nicht eingelöst wurde. In vielen Fällen setzte sich ein Bestreben zum Verharren auf eingeführten, aber auch unbefriedigenden Verfahrensweisen durch – oder es kam sogar zu Rückschritten im Umfang der Informationsvermittlung.

de und Schulden aufstellen **(Inventar)**. Das Ergebnis dieser **Bestandsaufnahme** ist niederzulegen in einem „das Verhältnis seines Vermögens und seiner Schulden darstellenden Abschluß“ (§ 242 Abs. 1 HGB). In dieser Rechtsdefinition der **Bilanz** fehlt ein Hinweis auf das Eigenkapital. Das hat seine Ursache in dem vorrangigen Auftrag der rechtlichen Jahresrechnung, die **Schuldendeckung** abzubilden. Das Eigenkapital ist dann derjenige Betrag, um den das Vermögen die Schulden übersteigt.

Mit den genannten Vorschriften kann bereits die handelsrechtliche **Buchführungspflicht** umfassend erklärt werden: Sie umfaßt die Anordnung, auf Datenträgern eine mengen- und wertmäßige Erfassung von Vermögensgegenständen und Schulden durchzuführen und die Vorgänge, die zu Wertbewegungen bei diesen Posten geführt haben, auf der Grundlage von beweiskräftigen Belegen aufzuzeichnen. Mit dem Ausdruck **Buchung** wird die entsprechende Aufzeichnung, der Schreibvorgang, ausgedrückt.

Wesentliches Gewicht bekommen die Buchführungspflichten im Zusammenhang mit der rechtlich erzwungenen Beendigung der Unternehmenstätigkeit. Die eigenverantwortliche unternehmerische Betätigung findet ihre Grenze dort, wo die Erfüllung eingegangener Zahlungsverpflichtungen dauerhaft unmöglich geworden ist. In der Rechtssprache des § 102 Konkursordnung formuliert:

„Die Eröffnung des Konkursverfahrens setzt die Zahlungsunfähigkeit des Gemeinschuldners voraus. Zahlungsunfähigkeit ist insbesondere anzunehmen, wenn Zahlungseinstellung erfolgt ist.“

Eine Eröffnung des Konkursverfahrens wird als Begrenzungspunkt freier unternehmerischer Betätigung nicht bereits einsetzen, wenn kurzfristige Zahlungsstockung vorliegt. Vielmehr verlangt die Tragweite dieses Rechtsvorganges „das auf dem Mangel von Zahlungsmitteln beruhende, andauernde Unvermögen des Schuldners, seine sofort zu erfüllenden Geldschulden noch im wesentlichen zu berichtigen.“[3]

Für Gläubiger hat die Zahlungsunfähigkeit eines Vertragspartners zur Folge, daß es nunmehr sehr zweifelhaft ist, ob sie ihre Forderungen aus der Konkursmasse befriedigt bekommen. Positive Aussichten könnten dann bestehen, wenn die Ansprüche bis in schuldendeckendes

---

3 JAEGER, E.: Konkursordnung, II/1., S. 127.

Privatvermögen vollstreckt werden können. Dieser Fall ist aber auf den Kreis sog. **Personenunternehmen** beschränkt, bei denen mindestens eine natürliche Person als **Vollhafter** auftritt.

In kapitalgesellschaftlichen Unternehmungsformen fehlen natürliche Personen als Vollhafter. Ausgangsbeispiele hierfür sind die Aktiengesellschaften oder Gesellschaften mit beschränkter Haftung (GmbH). Dabei kann das Merkmal „mbH" leicht fehlinterpretiert werden. Die Gesellschaft selbst haftet unbeschränkt für ihre Verbindlichkeiten. Wenn die Gesellschaft – als juristische Person – nicht mehr zahlungsfähig ist, bleibt den Gläubigern nicht die Möglichkeit, ihre Ansprüche von den Gesellschaftern – als natürliche Personen – befriedigt zu bekommen. Diese haften in der Regel nur mit ihrer vertraglichen Einlage **(Teilhafter)**.

Um die Aussichten einer Anspruchswahrung zu vergrößern, hat der Gesetzgeber für kapitalgesellschaftliche Unternehmungsformen[4] die **Überschuldung** als weiteren Konkursgrund bestimmt. Sie liegt vor, wenn das Gesamtvermögen nicht mehr die Schulden deckt – also das gesamte Eigenkapital aufgezehrt ist. Das Auftreten dieses Tatbestandes ist für Vertragspartner nicht unbedingt erkennbar. Deshalb hat der Gesetzgeber strenge Vorschriften erlassen, die das Ausmaß von Verlusten der Gläubiger begrenzen sollen. Die handelsrechtliche Grundnorm ist im § 130a HGB in den Vorschriften für die OHG zu sehen:

„(1) Wird eine Gesellschaft, bei der kein Gesellschafter eine natürliche Person ist, zahlungsunfähig oder deckt das Vermögen der Gesellschaft nicht mehr die Schulden, so ist die Eröffnung des Konkursverfahrens oder des gerichtlichen Vergleichsverfahrens zu beantragen, . . . Der Antrag ist ohne schuldhaftes Zögern, spätestens aber drei Wochen nach Eintritt der Zahlungsunfähigkeit oder der Überschuldung der Gesellschaft zu stellen. . . ."

Für den Fall, daß sich ein Unternehmen in Konkursgefahr befindet, wird die jährliche Aufnahme des Vermögens- und Schuldenstandes nicht mehr ausreichen. Vielmehr muß durch entsprechende Vorkeh-

---

4 Entwicklungen auf wirtschaftlichem und rechtlichem Gebiet machten es erforderlich, auch die Vermischungen der Grundelemente handelsrechtlicher Unternehmungsformen rechtlich zu erfassen. So stellt die GmbH & Co. KG zwar rechtlich eine Personengesellschaft (KG) dar. Durch die *Grundformenvermischung* tritt jedoch keine natürliche Person als persönlich haftender Gesellschafter auf. Wirtschaftlich liegt kein Personenunternehmen mehr vor. Um den Möglichkeiten des Rechtsmißbrauchs Grenzen zu setzen, wurde 1976 die Konkursordnung ergänzt um § 209 Abs. 1 Satz 3. Danach gilt auch in OHG und KG die Überschuldung als Konkursgrund, „wenn kein persönlich haftender Gesellschafter eine natürliche Person ist." Entsprechend wurde das HGB um die §§ 130a, b und 177a ergänzt.

rungen die aktuelle Situation in den konkursrelevanten Bereichen kontrolliert werden.

Die Kaufleute werden schon im eigenen Interesse die Buchführungspflichten ernst nehmen, weil Strafvorschriften neben die Gefahr persönlicher Vermögenseinbußen treten. Stellvertretend für diese strafrechtlichen Vorbeugemaßnahmen des Gesetzgebers soll § 283 des Strafgesetzbuches angeführt werden:

§ 283 StGB (Bankrott)

„(1) Mit Freiheitsstrafe bis zu fünf Jahren oder mit Geldstrafe wird bestraft, wer bei Überschuldung oder bei drohender oder eingetretener Zahlungsunfähigkeit

...

5. Handelsbücher, zu deren Führung er gesetzlich verpflichtet ist, zu führen unterläßt oder so führt oder verändert, daß die Übersicht über seinen Vermögensstand erschwert wird,

...

8. in einer anderen, den Anforderungen einer ordnungsgemäßen Wirtschaft grob widersprechenden Weise seinen Vermögensstand verringert oder seine wirklichen geschäftlichen Verhältnisse verheimlicht oder verschleiert."

Mit den zuvor beschriebenen Aufgabenbereichen wird die handelsrechtliche Buchführungspflicht materiell bedeutsam[5] als Grundlage für die Wahrung von Ansprüchen:

BUCHFÜHRUNG UND ABSCHLUSS ALS UMFASSENDE GRUNDLAGE ZUR ANSPRUCHSWAHRUNG

- **Informationsfunktion**
- **Grundlage zur Bemessung von Gewinnanteilen**
- **Vermögensbindung zum Gläubigerschutz**
- **Besteuerungsgrundlage**
- **Verhandlungsgrundlage in Rechtsstreiten**
- **Meldefunktion konkursrelevanter Tatbestände**

5 In der Fachliteratur gibt es eine außerordentlich breite Palette von Darstellungen unterschiedlicher Interpretationen der Buchführungspflicht. Vgl. insbes. LEFFSON, U.: Die Grundsätze ordnungsmäßiger Buchführung, S. 48 ff.

1.2.2. Stufen der Zweckwahrung

Um die gesetzlichen Zwecke der Rechnungs- und Rechenschaftslegung zu erreichen, sind Einzelvorschriften erlassen worden. Sie betreffen zunächst die genauere Umschreibung des Bereiches, der kraft Gesetzes **buchführungspflichtig** ist. Handelsrechtlich unterliegen alle Betriebe, die im Handelsregister eingetragen sind, der Buchführungspflicht. Erfaßt sind damit alle **Kaufleute** in der Begriffsbestimmung des Handelsgesetzbuchs. Hierzu zählen zunächst die **Vollkaufleute** gemäß § 1 HGB, die eines der genau definierten Handelsgewerbe betreiben. Von der Kaufmannseigenschaft ausgenommen werden grundsätzlich Betriebe, sofern sie „handwerksmäßig" arbeiten. Erfordert deren Arbeitsumfang aber „einen in kaufmännischer Weise eingerichteten Geschäftsbetrieb", werden auch sie zur Eintragung ins Handelsregister verpflichtet (§ 2 HGB, sog. **Sollkaufleute**).

Unabhängig vom Tätigkeitsbereich und dem Geschäftsumfang sind die Handelsgesellschaften (OHG, KG, GmbH, AG) „Kaufleute" (§ 6 HGB, sog. **Formkaufleute**). Die Stille Gesellschaft zählt schon deshalb zu den Kaufleuten, weil sich dort ein nach außen nicht erkennbarer Gesellschafter an einem Handelsgewerbe beteiligt – was wiederum die Eigenschaft der Vollkaufleute begründet. Auch Genossenschaften gelten grundsätzlich als Kaufleute im Sinne des HGB und sind als solche buchführungspflichtig (§ 17 GenG).

Für Steuerzwecke ist der Kreis buchführungspflichtiger Kaufleute erweitert worden. Zwar nennt § 140 der Abgabenordnung (AO) zunächst auch nur diejenigen buchführungspflichtig, die „nach anderen Gesetzen als den Steuergesetzen Bücher und Aufzeichnungen zu führen" haben. Darüber hinaus erweitert das Steuerrecht aber mit § 141 AO diesen Kreis um solche Gewerbebetriebe sowie land- und forstwirtschaftliche Betriebe,

- deren Jahresumsatz DM 500.000,– übersteigt oder
- deren betriebliches Vermögen DM 125.000,– übersteigt oder
- deren Jahresgewinn DM 36.000,– übersteigt.

Diese Betriebe sind ebenso verpflichtet, „Bücher zu führen und auf Grund jährlicher Bestandsaufnahmen Abschlüsse zu machen" (§ 141 Absatz 1 AO).

Auch in Fällen, in denen die obigen Kriterien zur umfassenden Buchführungspflicht nicht zutreffen, sind für bestimmte Steuerzwecke

Mindestanforderungen einer Rechnungsführung zu erfüllen. Die steuerliche **Aufzeichnungspflicht** umfaßt die Erfassung der Lieferungen und sonstigen Leistungen, die ein Unternehmer im Inland gegen Entgelt im Rahmen seines Unternehmens ausführt (§ 1 Umsatzsteuergesetz, UStG). Dabei ist der Kreis so aufzeichnungspflichtiger „Unternehmen" umfassend zu sehen. Nach § 2 UStG umfaßt er alle Tätigkeiten, mit denen Einnahmen erzielt werden sollen – auch ohne die Absicht, Gewinn zu erwirtschaften.

Die Erfassung und Darstellung von buchführungspflichtigen Tatbeständen muß ordnungsgemäß erfolgen. Diese **Ordnungsmäßigkeit** ist teils gesetzlich speziell umschrieben, teils wird sie im Rahmen sog. **Grundsätze ordnungsmäßiger Buchführung** (GoB) formuliert.[1] Die Rechtsnatur dieser Grundsätze soll mit einer Aussage von *Leffson* verdeutlicht werden. Danach sind die GoB „Kriterien zur Entscheidung, wie einzelne Sachverhalte in Buchführung und Jahresabschluß erfaßt, d.h. bewertet und ausgewiesen werden sollen."[2] Deutlicher hebt der Bundesfinanzhof (BFH) in einer Entscheidung den Verbindlichkeitscharakter dieser „Grundsätze" hervor, indem er sie bezeichnet als „Regeln, nach denen der Kaufmann zu verfahren hat, um zu einer dem gesetzlichen Zweck entsprechenden Bilanz zu gelangen."[3]

Die materielle Bedeutung der Grundsätze ordnungsmäßiger Buchführung entspringt einem unlösbaren Problem zur Gesetzgebung: Gesetze sollen Fälle regeln, die in der Zukunft liegen. Bei der Lösung von zukünftigen Fällen wird aber häufiger die Situation auftauchen, daß derartige Sachverhalte vom Gesetzgeber gar nicht ‚vorgedacht' werden konnten. Gründe hierfür sind technische Entwicklungen, beispielsweise auf dem Gebiet elektronischer Datenverarbeitungsanlagen oder aber auch wirtschaftliche Tatbestände, die dem – nicht immer ehrenwer-

1 In vielen Rechtsnormen wird bei der Nennung von Anforderungen zur Erfüllung eines gesetzlichen Auftrages ausdrücklich auf die Einhaltung der „Grundsätze ordnungsmäßiger Buchführung" hingewiesen. Solche Verweise finden sich insbesondere im Handelsgesetzbuch in den Paragraphen 238 I, 241 I, II, III, 243 I, 264 II. In einigen Vorschriften wird näher ausgeführt, was im betreffenden Sachzusammenhang, der mit dieser Vorschrift erfaßt werden soll, unter diesen „Grundsätzen" zu verstehen ist. So lautet beispielsweise § 239 II HGB:
„Die Eintragungen in Büchern und die sonst erforderlichen Aufzeichnungen müssen vollständig, richtig, zeitgerecht und geordnet vorgenommen werden." Viele inhaltliche Merkmale dieser Grundsätze sind aber – wie oben weiter ausgeführt wird – nicht aus dem Gesetzeswortlaut zu entnehmen, sondern aus den Umständen des Sachverhalts und den Zielen der Rechnungslegung zu entwickeln.

2 LEFFSON, U.: Die Grundsätze ordnungsmäßiger Buchführung, S. 3.

3 BFH v. 3.2.1969, BStBl II 1969, S. 291.

ten – Geschäftssinn der Kaufleute entstammen. Der Gesetzgeber kann deshalb gar nicht die vielfältigen möglichen Erscheinungsformen von Bilanzierungs- und Bewertungsfragen vorausdenken und detailliert lösen. Er behilft sich zur Zielerreichung mit der Normierung relativ allgemein gefaßter Vorschriften und stellt ihnen **Auslegungsregeln** an die Seite. Das sind die **Grundsätze ordnungsmäßiger Buchführung.** Mit dem Hinweis in Gesetzen auf die Einhaltung dieser Grundsätze „hat der Gesetzgeber eine Generalnorm geschaffen, die es erlaubt, auf kasuistische Regelungen zu verzichten."[4]

Die Grundsätze ordnungsmäßiger Buchführung wurden lange Zeit als verwirklicht angesehen, sofern bei der Rechnungslegung die Gepflogenheiten sog. ehrenwerter Kaufleute eingehalten wurden. Als es jedoch in Krisenzeiten auch guter Kaufmannsbrauch wurde, durch Bilanzmanipulationen die Gläubigeransprüche zu beeinträchtigen, mußten andere Leitvorstellungen für diese Grundsätze entwickelt werden. Heute kann davon ausgegangen werden, daß aus dem Zusammenwirken der Bereiche

- ausdrückliche Gesetzesformulierung und einschlägige Rechtsprechung,
- kaufmännische Übung,
- Beiträge der Fachwissenschaften

ein anerkanntes System[5] von Grundsätzen ordnungsmäßiger Buchführung entwickelt wurde und weiterentwickelt wird. Dessen Rahmen kann zunächst mit den Anforderungen der

- **Vollständigkeit,**
- **Klarheit und Übersichtlichkeit**

umrissen werden. Ergänzt werden diese durch den umfassenden Anspruch an die Rechenschaftslegung in Form der

- **Richtigkeit und Willkürfreiheit.**

Buchführung und Jahresabschluß sind demnach als ordnungsgemäß anzusehen,

4 CHRISTOFFERS, R.: Die Grundlagen der Grundsätze ordnungsmäßiger Bilanzierung, S. 83; aus dem überaus breiten Literaturmaterial zu diesem Problemkreis vgl. u.a. KRUSE, H.W.: Grundsätze ordnungsmäßiger Buchführung; KÖRNER, W.: Wesen und System der Grundsätze ordnungsmäßiger Buchführung.

5 Hier wird im wesentlichen der Gliederung von LEFFSON der Vorzug gegeben; vgl. LEFFSON, U.: Die Grundzüge ordnungsmäßiger Buchführung, S. 48 ff. Lediglich die Zuordnung einzelner Grundsätze wird im folgenden von der Darstellung bei LEFFSON abweichen.

- wenn die in Einzelvorschriften enthaltenen Anforderungen erfüllt sind und
- die Rahmenvorschriften so angewendet werden, daß eine weitgehend objektivierte, von einem sachverständigen Dritten nachvollziehbare Bestimmung von Bestands- und Erfolgsgrößen erfolgt.

Die Informationswirkung des Jahresabschlusses wird für außenstehende Unternehmensinteressenten (insbes. Gläubiger) nur erreicht,

- wenn ihnen die Daten auch zugänglich sind und
- wenn sie sich darauf verlassen können, daß die Daten auf der Grundlage gesetzlicher Vorschriften ermittelt wurden.

Angesprochen sind damit die Bereiche der **Publizität** und **Prüfung** von Jahresabschlüssen. Der Gesetzgeber muß hier einen Mittelweg finden zwischen dem Kontrollinteresse anspruchsberechtigter Dritter und dem Schutz der Kaufleute vor zu weitreichender Offenlegung ihrer geschäftlichen und ggf. auch privaten Verhältnisse. Zusätzlich ist zu beachten, daß letztlich nur ein unabhängig geprüfter Jahresabschluß hinreichende Sicherheit über die Richtigkeit der Daten gibt. Solche Prüfungen kosten den Unternehmer aber Geld – womit für den Gesetzgeber die Frage nach dem vertretbaren Preis der Fremdinformation auftritt.

Die obenstehenden Fragen wurden vom Gesetzgeber mit dem Grundsatz beantwortet, daß potentiell größere wirtschaftliche Risiken auch größere Informations- und Prüfungspflichten nach sich ziehen. Auf dieser Grundlage wurde ein verzweigtes System von Rechtsvorschriften entwickelt, das in seiner Ausgestaltung folgenden Gesichtspunkten folgt:

Unternehmensgröße, Geschäftszweig, Rechtsform.

Nach dem Publizitätsgesetz werden Unternehmen mit dem Erreichen bestimmter Größenmerkmale – unabhängig von Geschäftszweig und Rechtsform – prüfungs- und publizitätspflichtig. Das gilt, sofern zwei von drei Größenmerkmalen zutreffen:

Bilanzsumme	> 125 Mio. DM,
Jahresumsatz	> 250 Mio. DM,
Zahl der Beschäftigten	> 5.000.

Dort, wo besonders schutzwürdige Belange der Vertragspartner von Unternehmen vorliegen, wurde unabhängig von der Unternehmensgröße und der Rechtsform die Prüfungs- und Publizitätspflicht eingeführt. Mit diesem Branchenbezug werden insbesondere Kreditinstitute, Bausparkassen und Versicherungen erfaßt.

Im Handelsgesetzbuch werden – unabhängig vom Wirtschaftszweig – die Regelungen zur Prüfung und Publizität an den Merkmalen Rechtsform *und* Größenklasse ausgerichtet. Betroffen sind zunächst **„Kapitalgesellschaften“**, worunter das HGB die Aktiengesellschaften, Kommanditgesellschaften auf Aktien und Gesellschaften mit beschränkter Haftung zusammenfaßt. Die aus der Vermischung von rechtlichen Grundformen entstandene „GmbH & Co. KG“ wird rechtlich weiter als Personengesellschaft behandelt, obgleich auch hier die Merkmale einer Kapitalgesellschaft vorherrschen, da keine natürliche Person als Vollhafter auftritt.

Abhängig von der **Unternehmensgröße**, die mit Bilanzsumme, Jahresumsatz und Beschäftigtenzahl ausgedrückt wird, bestehen abgestufte Anforderungen im Hinblick auf den Umfang des Jahresabschlusses, seine **Prüfung** und **Offenlegung**. Die im Zeitpunkt der Gesetzesverabschiedung 1985 gebildeten Größenklassen werden wie folgt definiert:

	kleine Kapitalgesellschaften	große Kapitalgesellschaften
Bilanzsumme:	bis DM 3.900.000,–	über DM 15.500.000,–
Jahresumsatz:	bis DM 8.000.000,–	über DM 32.000.000,–
Beschäftigte:	bis 50 (im Jahresdurchschnitt)	über 250 (im Jahresdurchschnitt)

Zwischen dem Bereich für „kleine“ und „große“ Kapitalgesellschaften liegen die „mittelgroßen“ Kapitalgesellschaften. Für die Einordnung eines Unternehmens in eine Größenklasse werden nicht alle drei Maßstäbe gleichzeitig herangezogen, sondern der Übergang in die nächsthöhere Klasse erfolgt bereits, wenn zwei der drei geprüften Größenmerkmale an zwei aufeinanderfolgenden Bilanzstichtagen überschritten werden. Schon jetzt ist abzusehen, daß die Größenmerkmale der wirtschaftlichen Entwicklung folgen werden – also in den nächsten Jahren größer werdende Unternehmen nicht unbedingt auch in andere Klassen hineinwachsen, weil auch die rechtlichen Grenzwerte verändert werden.

Kleine Kapitalgesellschaften sind nicht prüfungspflichtig (§ 316 I HGB) und unterliegen auch nur einer sehr eingeschränkten Offenlegungspflicht. Sie haben ihre Bilanz mit dem sie erläuternden Anhang lediglich zum örtlichen **Handelsregister**[6] einzureichen und im Bundesanzeiger bekanntzumachen, an welchem Ort diese Veröffentlichung erfolgt ist.

Mittelgroße und große Kapitalgesellschaften sind prüfungspflichtig. Die Prüfung wird grundsätzlich von Wirtschaftsprüfern durchgeführt. Mittelgroße Gesellschaften können auch von sog. vereidigten Buchprüfern geprüft werden. Dabei handelt es sich um Steuerberater oder Rechtsanwälte mit besonderem Tätigkeitsfeld, die ein Zusatzexamen abgelegt haben.

Sind aufgrund der Prüfung keine Einwendungen zu erheben, bestätigen die Prüfer das Prüfungsergebnis mit einem **Bestätigungsvermerk**, auch **Testat** genannt:

§ 322 HGB (Bestätigungsvermerk, Auszug)

„Die Buchführung und der Jahresabschluß entsprechen nach meiner pflichtgemäßen Prüfung den gesetzlichen Vorschriften. Der Jahresabschluß vermittelt unter Beachtung der Grundsätze ordnungsmäßiger Buchführung ein den tatsächlichen Verhältnissen entsprechendes Bild der Vermögens-, Finanz- und Ertragslage der Kapitalgesellschaft. Der Lagebericht steht im Einklang mit dem Jahresabschluß."

Für prüfungspflichtige Kapitalgesellschaften bestehen erweiterte Publizitätspflichten. So hat die mittelgroße Gesellschaft neben der Bilanz auch eine **Gewinn- und Verlustrechnung** zum örtlichen Handelsregister einzureichen. Darin wird gezeigt, auf welchen Erfolgsquellen der erwirtschaftete Jahreserfolg beruht. Auch sind der den Jahresabschluß erläuternde Anhang (mit einigen Zugeständnissen an die Publizitätsscheu) sowie der Lagebericht einzureichen. Gegenüber kleinen Gesellschaften besteht überdies eine um 3 Monate – auf 9 Monate – verkürzte Offenlegungsfrist. Innerhalb dieser Zeitspanne hat auch die große Kapitalgesellschaft die umfassendste Veröffentlichung ihrer Bestands- und Erfolgsgrößen vorzunehmen: Im Bundesanzeiger werden Bilanz, Gewinn- und Verlustrechnung, der sie erläuternde Anhang sowie der Lagebericht mit Hinweis auf das Ergebnis der Abschlußprüfung veröffentlicht. Zusätzlich sind die Unterlagen beim örtlichen Handelsregister einzureichen. Erst bei der großen Kapitalgesellschaft bekommt also die beschränkte Haftung der Gesellschafter ein ange-

---

6 Das Handelsregister wird beim Amtsgericht geführt. In ihm werden alle Vollkaufleute (Einzelkaufleute und Handelsgesellschaften) geführt. Zum Handelsregister einzureichen sind Jahresabschlüsse der offenlegungspflichtigen Unternehmen. Jedermann hat das Recht, gebührenfrei Einsicht zu nehmen.

messenes Gegengewicht – erst hier ist es gegenwärtigen und vielleicht künftigen Vertragspartnern möglich, sich ohne unangemessenen Informationsaufwand ein Bild von der wirtschaftlichen Lage eines Unternehmens zu machen.

Einen Sonderfall bei Prüfung und Offenlegung stellen die börsennotierten Aktiengesellschaften dar. Weil bei dieser grundsätzlich anonymen Form einer Kapitalbeteiligung an Unternehmen besonders schutzwürdige Belange für den Aktionärskreis bestehen, mußte der Gesetzgeber seine Grundeinstellung zur allein größenabhängigen Regelung von Rechtspflichten durchbrechen. So gelten Aktiengesellschaften, deren Aktien an der Börse gehandelt werden, stets als „große" Kapitalgesellschaften (§ 267 Abs. 3 HGB). Diese Vorschrift wurde aufgenommen, damit „sie Erleichterungen bei der Aufstellung und Offenlegung nicht in Anspruch nehmen können und auch von der Pflichtprüfung nicht befreit werden." (Gesetzesbegründung, S. 104)

Ein tabellarischer Überblick über die im Gesetz unübersichtlich gruppierten Zusammenhänge über Aufstellung, Umfang, Prüfung und Offenlegung von Jahresabschlüssen ist im Anhang dieses Buches enthalten.

Buchführung und Jahresabschluß sollen zur Anspruchswahrung, zur Sicherung des Rechtsverkehrs, beitragen. Dazu ist es erforderlich, daß diese Unterlagen über längere Zeiträume verfügbar bleiben. Inhaltlich übereinstimmend regeln Handels- und Steuerrecht die zur Beweissicherung notwendige **Aufbewahrung** der Buchführungsunterlagen. § 257 HGB verpflichtet die Kaufleute aufzubewahren:

„1. Handelsbücher, Inventare, Eröffnungsbilanzen, Jahresabschlüsse, Lageberichte, Konzernabschlüsse, Konzernlageberichte sowie die zu ihrem Verständnis erforderlichen Arbeitsanweisungen und sonstigen Organisationsunterlagen,
2. die empfangenen Handelsbriefe,
3. Wiedergaben der abgesandten Handelsbriefe,
4. Belege für Buchungen in den von ihm nach § 238 Abs. 1 zu führenden Büchern (Buchungsbelege)."

Nahezu gleichlautenden Inhalt hat § 147 I Abgabenordnung. Als Aufbewahrungsfristen werden in Handels- und Steuerrecht genannt:

- für die oben unter Ziffer 1. aufgeführten Unterlagen (Handelsbücher, Inventare, Bilanzen, . . .): 10 Jahre,
- für die sonstigen, oben genannten Unterlagen: 6 Jahre.

Zusammenfassend lassen sich die erörterten Sachverhalte wie folgt wiedergeben:

STUFEN ZUR SICHERUNG DER ANSPRUCHSWAHRUNG

- **Buchführungspflichten**
- **Erfassungspflichten**
- **Darstellungspflichten**
- **Prüfungspflichten**
- **Publizitätspflichten**
- **Aufbewahrungspflichten**

KONTROLLFRAGEN:

(11) Im Mittelpunkt der handelsrechtlichen Rechnungslegung steht die „Anspruchswahrung". In welchen Bereichen sollen welche Ansprüche gewahrt werden?

(12) Eine Aufgabe des Rechnungswesens liegt in der Meldefunktion konkursrelevanter Tatbestände. Welche Konkursgründe gibt es und wie lassen sie sich kontrollieren?

(13) Was versteht man unter „Grundsätzen ordnungsmäßiger Buchführung"?

(14) Es ist naheliegend, daß für Zwecke der Besteuerung sog. Betriebsprüfungen durchgeführt werden. Aus welchen Gründen wird zusätzlich auch nach Handelsrecht bei bestimmten Unternehmen eine Prüfung vorgeschrieben?

(15) Welches ist der Inhalt der handelsrechtlichen Buchführungspflicht?

2. Periodische Rechnungslegung nach handelsrechtlichen Grundsätzen

2.1. Bestandsaufnahme, Bestandsverzeichnis und Bilanz

2.1.1. Rechtsvorschrift und Folgerungen

Die beweiskräftige Rechnungslegung findet ihren Ausgangspunkt bereits mit dem Beginn der Unternehmenstätigkeit. Im Handelsgesetzbuch wird hierzu in § 240 und § 242 ausgeführt:

§ 240 HGB (Inventar)

„(1) Jeder Kaufmann hat zu Beginn seines Handelsgewerbes seine Grundstücke, seine Forderungen und Schulden, den Betrag seines baren Geldes sowie seine sonstigen Vermögensgegenstände genau zu verzeichnen und dabei den Wert der einzelnen Vermögensgegenstände und Schulden anzugeben."

§ 242 HGB (Eröffnungsbilanz, Jahresabschluß; Pflicht zur Aufstellung)

„(1) Der Kaufmann hat zu Beginn seines Handelsgewerbes und für den Schluß eines jeden Geschäftsjahrs einen das Verhältnis seines Vermögens und seiner Schulden darstellenden Abschluß (Eröffnungsbilanz, Bilanz) aufzustellen. . . ."

Mit diesen Vorschriften wird die Feststellung des Istzustandes bei Geschäftseröffnung in zwei Arbeitsschritte zerlegt.[1] Einmal ist „genau zu verzeichnen", was an Vermögensgegenständen und Schulden vorhanden ist. Diese Genauigkeit bezieht sich auf die Einzelerfassung aller Wirtschaftsgüter. Das **Inventar** gibt damit Detailinformationen über Güterarten und Gütermengen, deren Wert und deren Finanzierung durch bestimmte Kapitalgeber. Mit der vom Gesetzgeber formulierten Definition einer **Bilanz** (= das Verhältnis des Vermögens und der Schulden darstellender Abschluß) wird die Hauptaufgabe der gesetzlichen Rechnungslegung betont: Es soll die Schuldendeckung durch vorhandene Vermögensgegenstände abgebildet werden. Die

---

1 Die vergleichbare alte Formulierung im HGB lautete:
§ 39 HGB *(Inventar, Bilanz)*
„(1) Jeder Kaufmann hat bei dem Beginne seines Handelsgewerbes seine Grundstücke, seine Forderungen und Schulden, den Betrag seines baren Geldes und seine sonstigen Vermögensgegenstände genau zu verzeichnen, dabei den Wert der einzelnen Vermögensgegenstände anzugeben und einen das Verhältnis des Vermögens und der Schulden darstellenden Abschluß zu machen."

Überdeckung der Schulden – das Eigenkapital[2] – zeigt in dieser Interpretation vom Rechnungszweck den Sicherheitsgrad der Anspruchswahrung.

Die im Inventar vermittelten Einzelinformationen werden in der Bilanz zu Globalpositionen zusammengefaßt. Einerseits geschieht dies, weil die Darstellung von einzelnen Güterarten unübersichtlich ist und für den Informationszweck auch nicht gebraucht wird; andererseits müssen bei Daten, die Dritten zugänglich sind, aus Gründen des Konkurrenzschutzes auch spezielle Informationen – insbesondere über den Lieferanten- und Kundenkreis – verweigert werden können.

Die wertmäßige Erfassung der Unternehmensstruktur muß nach dem Zeitpunkt der Geschäftseröffnung jährlich wiederkehrend erfolgen. Dies ergibt sich aus der Vorschrift zur Bilanz (§ 242 HGB) und detailliert aus § 240 HGB:

§ 240 (Inventar, Auszug, Absatz 2)

Jeder Kaufmann „hat demnächst für den Schluß eines jeden Geschäftsjahrs ein solches Inventar aufzustellen. Die Dauer des Geschäftsjahrs darf zwölf Monate nicht überschreiten. Die Aufstellung des Inventars ist innerhalb der einem ordnungsmäßigen Geschäftsgang entsprechenden Zeit zu bewirken."

Der Gesetzgeber macht hier Zugeständnisse im Hinblick auf die Organisationsprobleme bei der Durchführung von Abschlußarbeiten: Um den Geschäftsablauf nicht unnötig zu stören, kann das Geschäftsjahr vom Kalenderjahr getrennt werden. Andererseits verlangt die Tragweite der Rechnungslegung auch eine zügige Erledigung der Abschlußarbeiten. Im allgemeinen kann man davon ausgehen, daß diese Arbeiten fünf Monate nach dem Bilanzstichtag abgeschlossen sind.

Auf der Grundlage der oben erläuterten Rechtspflichten soll nun der praktische Arbeitsablauf näher betrachtet werden, an dessen Ende ein Jahresabschluß vorliegt. Für den Ausgangspunkt dieser Arbeiten ist der umfassende Ausdruck **Inventur** eingeführt. Die Inventurarbeiten umfassen

---

2 Für den Posten „Eigenkapital" sind in Rechtsvorschriften auch andere Benennungen üblich, die Anlaß zu erheblichen Mißverständnissen geben können. Vor allem im Steuerrecht ist eine Begriffsgebung eingeführt, die an sich nach dem eigentlichen Wortsinn einen anderen Sachverhalt umschreibt. So wird im Einkommensteuerrecht (§ 4 Abs. 1 und § 5 Abs. 1) die Differenz zwischen Vermögen und Schulden als *„Betriebsvermögen"* bezeichnet. Gemeint ist damit aber nicht das Vermögen, das für betriebliche Zwecke eingesetzt ist, sondern der Unternehmeranteil am Vermögen, also das Eigenkapital oder – wie auch gesagt wird – das *Reinvermögen.*

1. Einzelerfassung der Bestandsmengen bei Vermögen und Schulden,
2. Bewertung der aufgenommenen Bestandsmengen und
3. Aufstellen von Inventar (Bestandsverzeichnis) und Bilanz.

2.1.2. Erfassung der Bestandsmengen

Die Inventur umfaßt zunächst die genaue, auf einen Zeitpunkt bezogene körperliche Erfassung von Bestandsmengen über die Arbeitsgänge *Zählen, Messen, Wiegen.* Zwar wird grundsätzlich ein stichtagsbezogenes Inventurergebnis gefordert. Die Gegebenheiten in der Praxis – z.B. bei einem oft mehrere tausend verschiedenartige Güter lagernden Handelsbetrieb – führten aber zu einer Milderung der Anforderungen an eine gesetzeskonforme **Stichtagsinventur.** So wird von einer ordnungsgemäßen Bestandsaufnahme auch noch gesprochen, wenn sie in einer Zeitspanne von 10 Tagen vor bis 10 Tagen nach dem Tag stattfindet, für den diese Aufstellung nach gesetzlichem Auftrag zu erfolgen hat **(Bilanzstichtag).** So wird vermieden, daß sich der Arbeitsanfall bei der körperlichen Bestandsaufnahme allzu stark konzentriert. Diese **ausgeweitete Stichtagsinventur** gilt aber erst dann als ordnungsgemäß, wenn es während der Aufnahmezeit der Bestände nur zu unerheblichen Wertbewegungen kommt oder – was hier der Regelfall sein wird – wenn die zwischenzeitlichen Veränderungen über eine Fortschreibung bzw. Rückrechnung der Bestände erfaßt werden.

Eine weitere Entlastung von der stichtagsbezogenen Ermittlung der Inventurbestände kann erreicht werden, wenn eine ausgebaute **Lagerbuchführung** die Zu- und Abgänge jeder Güterart fortlaufend genau erfaßt. In diesem Fall wird der Bestandswert am Bilanzstichtag über folgende Rechnung ermittelt:

Bestand = Anfangsbestand + Zugänge – Abgänge.

Damit wird der aktuelle stichtagsbezogene Lagerbestand buchmäßig festgestellt **(permanente Inventur).** Nun kann aber diese buchmäßige Fortschreibung von Bestandsmengen nicht unbedingt auch die tatsächlichen Veränderungen am Lager vollständig erfassen. Natürliche Schwundprozesse (Eintrocknen, Verdunsten) sowie strafbare Vorgänge (Diebstahl, Unterschlagung) lassen häufig buchtechnische **Sollwerte** von den Istwerten am Lager abweichen. Die Ordnungsmäßigkeit der permanenten Inventur ist deshalb nur gegeben, sofern mindestens einmal jährlich – allerdings zu beliebigem, organisatorisch günstigem Zeitpunkt – über eine körperliche Bestandsaufnahme eine Anpassung von Sollwerten an die Istwerte durchgeführt wird. Weitere rechtliche Spezialfragen zur Inventur sollen hier unberücksichtigt bleiben.[1]

Weil mit dem Inventurergebnis letztlich das Gesamtbild der Unternehmensstruktur bestimmt ist, ist es sicherlich nicht übertrieben, hier vom **Zentralpunkt der Rechnungslegung** zu sprechen. Wenn erst einmal erdichtete Vermögensgegenstände die Schuldendeckung beschönigen oder bewußt übersehene Güter einen niedrigeren Vermögensausweis und damit einen verkürzten Gewinn bewirkt haben, ist für ein weiteres Jahr die Informationsfunktion des Jahresabschlusses nicht erreicht worden. Deshalb muß durch eine genaue Inventurplanung und Ablauforganisation sichergestellt werden, daß

- alle Vermögensgegenstände und Schulden aufgenommen werden,
- nur aufgenommen wird, was auch tatsächlich vorhanden ist,
- Doppelzählungen durch organisatorische Vorkehrungen ausgeschlossen sind und
- die Zu- und Abgänge während der Inventurarbeiten gesondert erfaßt werden.

Welches sind aber nun die Vermögensgegenstände, die im Vermögensverzeichnis aufzuführen sind? Verbreitet ist die Annahme, nur die Gegenstände, die einem Betrieb als Eigentum gehören, seien bei der Erfassung zu berücksichtigen. Zwei Argumente sprechen dagegen: Zunächst wird es kaum möglich sein, bei jedem einzelnen Gut festzustellen, ob die entsprechende Rechnung bereits beglichen wurde – also der Übergang vom Besitz zum Eigentum erfolgt sei. Andererseits ist hier die Unterscheidung zwischen Besitz und Eigentum auch relativ bedeutungslos. Durch die bilanzielle Gegenüberstellung von Vermögensgegenständen und Schulden wird ja deutlich gemacht, in welchem Umfang noch Rechte Dritter zu erfüllen sind. Erfaßt werden also alle **Besitzteile.** Es gilt der Zuordnungsgrundsatz des sog. wirtschaftlichen Eigentums. Damit werden auch Gegenstände, die unter Eigentumsvorbehalt geliefert wurden, beim Erwerber erfaßt. Der Verkäufer dagegen bilanziert den Anspruch, den er gegen den Käufer hat.

---

1 Zu nennen wären hier zusätzlich die Problemkreise zur *vor-* oder *nachverlegten Stichtagsinventur* und der *Stichprobeninventur.* Bei letzterer wäre der Frage nachzugehen, wie die Anwendung mathematisch-statistischer Erhebungsverfahren *(Stichprobeninventur)* im Spannungsfeld von Rationalisierungsbestrebungen und Ordnungsmäßigkeitsgesichtspunkten zu beurteilen ist. Aus dem überaus umfangreichen Schrifttum zu diesem Problembereich erscheinen die Ausführungen bei ADLER/DÜRING/SCHMALTZ: Rechnungslegung und Prüfung der Aktiengesellschaft, Bd. 1, am geeignetsten.

2.1.3. Bewertung

2.1.3.1. Entwicklung von Bewertungsgrundsätzen

Nachdem alle Wirtschaftsgüter nach Art und Menge erfaßt worden sind, erfolgt die Bewertung. Mit einem Bewertungsvorgang wird zunächst eine **Verrechnungsfunktion** erfüllt, indem verschiedenartige Güter rechenbar bzw. vergleichbar gemacht werden. Zusätzlich erhält dieser Vorgang eine **Lenkungs-** oder **Gestaltungsfunktion**, die sich aus den Folgen der Bewertung ergibt. Weil mit dem Ausweis bewerteter Bestandsmengen die Grundlage zur Belastung des Unternehmens mit Steuern und Gewinnentnahmen geschaffen wird, kann ein Interesse daran bestehen, über die Wahl belastungsorientierter Wertansätze den Jahresabschluß zu gestalten – sofern der Gesetzgeber seinen Anspruch auf eine zielgerichtete Rechnungslegung nicht durch entsprechende Vorschriften durchsetzt.

Bei der Festlegung von Bewertungsvorschriften steht der Gesetzgeber vor dem Problem, daß er nicht die Vielfalt möglicher Erscheinungsformen von Bewertungsfragen vorausdenken und detailliert lösen kann. Wie sollte er auch beispielsweise bestimmen, über wieviele Jahre eine Spezialmaschine in einem Stahlwerk, einer Automobilfabrik oder einem Bauunternehmen genutzt werden kann und wie hoch dementsprechend der jährliche Wertverlust der Maschine sein müßte? Wie sollen Wertsteigerungen bei Vermögensgegenständen, z.B. Wertpapieren oder Grundstücken, erfaßt werden? Wie sollen noch unsichere Schulden, beispielsweise finanzielle Belastungen aus einem wahrscheinlich negativ ausgehenden Rechtsstreit, berücksichtigt werden?

Zur Lösung der Bewertungsprobleme hatte sich der Gesetzgeber zunächst damit begnügt, im Handelsgesetzbuch (HGB) eine allgemeine Bewertungsvorschrift zu erlassen und deren zielgerichtete Anwendung der Rechnungspraxis zu übertragen. So lautete die Ursprungsformulierung zur Wertsetzung im HGB von 1897:

§ 40 (Währung, Bewertung)

„(2) Bei der Aufstellung des Inventars und der Bilanz sind sämtliche Vermögensgegenstände und Schulden nach dem Werte anzusetzen, der ihnen in dem Zeitpunkte beizulegen ist, für welchen die Aufstellung stattfindet."

Zweifelsfrei wird hier eine **zeitpunktbezogene Wertsetzung** gefordert. Nicht geklärt ist jedoch, welcher Wert von mehreren zur Wahl stehenden Ansätzen gewählt werden muß. Eine Fallgestaltung soll zur Veranschaulichung der grundsätzlichen Bewertungsprobleme dienen:

Fallgestaltung: Bewertung

Ein Unternehmen hat zu Beginn der Periode t_1 eine maschinelle Anlage für DM 500.000,– erworben. Bei der Aufstellung des Jahresabschlusses für t_1 stellen sich folgende Möglichkeiten zur Bewertung dieser Anlage:

1. ***Anschaffungswert (DM 500.000,–),***
2. ***Gegenwärtiger Wiederbeschaffungspreis (DM 540.000,–),***
3. ***Gegenwärtig erzielbarer Verkaufspreis (DM 480.000,–),***
4. ***unter Berücksichtigung einer Nutzungszeit von 10 Jahren um 10 % Abschreibung verminderter Anschaffungswert (DM 450.000,–).***

Aus den Folgen unterschiedlicher Wertansätze ergibt sich die Lösung des Bewertungsproblems. Wird in der Fallgestaltung eine isolierte Betrachtung von Auswirkungen im Vermögens- und Erfolgsbereich verfolgt, ergeben sich folgende Zusammenhänge:

		AUSWIRKUNGEN GEGENÜBER DEM AUSGANGSWERT	
Wertansatz t_1 / XII		*Veränderung des Gesamtvermögens*	*Veränderung des Gesamterfolges*
1. Anschaffungswert	*500.000,–*	*keine*	*keine*
2. Wiederbeschaffungswert	*540.000,–*	*+ 40.000,–*	*+ 40.000,–*
3. Veräußerungswert	*480.000,–*	*– 20.000,–*	*– 20.000,–*
4. um Abschreibungen verminderter Anschaffungswert	*450.000,–*	*– 50.000,–*	*– 50.000,–*

Die Beibehaltung des Anschaffungswertes läßt den Vermögensausweis unverändert und hat auch keinen Einfluß auf den periodischen Erfolgsausweis. Der Ansatz des höheren Wiederbeschaffungswertes führt über den gestiegenen Vermögenswert zu einem um DM 40.000,– größeren Periodenerfolg. Demgegenüber wird bei der dritten Möglichkeit eine Erfolgskürzung um DM 20.000,– eintreten. Die Aufteilung des Anschaffungswertes auf die voraussichtliche Nutzungszeit führt in Höhe der periodischen Entwertung („Abschreibung") zu einer Erfolgskürzung um DM 50.000,–. Somit besteht vom obersten zum untersten Wertansatz, der herangezogen werden könnte, eine Spanne von DM 90.000,–!

Wenn der Gesetzeswortlaut keine eindeutige Richtschnur zur Wertsetzung liefert, könnte es zulässig erscheinen, daß sich jeder Unternehmer den Wert aussucht, der seinen Interessen am ehesten entspricht. Das wäre im Fall einer guten Erfolgslage dann die vierte Alternative, die eine große Gewinnkürzung und damit auch eine bedeutende Steuerminderung bewirkt. Im Fall eines notleidenden und kreditsuchenden Unternehmens würde dagegen zur zweiten Möglichkeit gegriffen, weil sie die Verluste verringert und eine höhere Schuldendeckung ausweisen läßt.

Die situationsbedingte Auswahl von Wertansätzen kann nicht dem Informationsauftrag der Rechnungslegung dienen. Vielmehr muß die Bewertung unter Berücksichtigung von Zielen der Jahresrechnung erfolgen. Und unter diesem Gesichtspunkt wurden von der Rechtsprechung und den zuständigen Wissenschaften – unter Berücksichtigung des Handelsbrauchs – **Auslegungsregeln** entwickelt, die unter der Bezeichnung **Grundsätze ordnungsmäßiger Buchführung** (GoB)[1] zusammengefaßt werden. Für das hier zu lösende Bewertungsproblem müssen diese Grundsätze im wesentlichen zwei Zielen entsprechen. Einmal hat jeder Bewertungsvorgang unmittelbare Auswirkungen auf die Abbildung der Schuldendeckung. Fraglich ist jetzt nur, ob ein Vermögenswert dem gegenwärtig erzielbaren Verkaufspreis des Gutes folgen soll oder ob es sich um einen Wert handelt, der über die Tätigkeit des Unternehmens selbst realisiert werden kann. Beantwortet wird diese Frage bereits aus der Tatsache, daß jeder Jahresabschluß letztlich ein willkürlicher Einschnitt in die gesamte Lebensdauer eines Unternehmens ist und nicht dem Gedanken an eine gegenwärtige Liquidation folgt. Es ist deshalb nicht von Bedeutung, wieviel man heute bei einer Zerschlagung des Unternehmens für das einzelne Wirtschaftsgut erlösen könnte **(Zerschlagungskonzept)**, sondern es ist der Wert maßgeblich, der sich im Rahmen der weiter laufenden Geschäftstätigkeit voraussichtlich zurückgewinnen läßt (sog. **Going-Concern-Konzept**). Erst beim Auftreten aktueller Konkursgefahren wird beispielsweise mit einer **Überschuldungsbilanz** ein Vermögensüberblick vermittelt, der sich vom Ausgangspunkt einer fortgeführten Unternehmensarbeit löst.

Unter dem oben angeführten ersten Gesichtspunkt für eine Bewertung von Wirtschaftsgütern kommt in der Fallgestaltung nur die vierte Möglichkeit in Betracht. Hier wird das gesamte Leistungsvermögen der maschinellen Anlage auf die voraussichtlichen Jahre aufgeteilt, in denen dieser Gegenstand genutzt werden kann. Damit verbraucht sich

1 Vgl. zum Wesen der Grundsätze ordnungsmäßiger Buchführung nochmals die Ausführungen im Abschnitt 1.2.2.

die Anlage im Leistungsprozeß und wird (hoffentlich) über die Umsatzerlöse für hergestellte Erzeugnisse wieder in die Kasse zurückfließen und so eine Ersatzbeschaffung der verbrauchten Anlage ermöglichen.

Ein anderer Ansatz zur Lösung des Bewertungsproblems folgt der zweiten Aufgabe des Jahresabschlusses, den Periodenerfolg zu ermitteln. Im Vergleich zur Bestandsrechnung knüpfen hier an das Rechenergebnis weiterreichende Folgen an. So ist ein ausgewiesener Gewinn grundsätzlich als entnahmefähig anzusehen. Das gilt für die Gewinnentnahme durch die Eigentümer, die Ausschüttung an Gesellschafter und die Belastung des Unternehmens mit gewinnabhängigen Steuern. Wieder aus dem Blickwinkel der Anspruchswahrung gesehen, darf als Gewinn nur ausgewiesen werden, was die weitere Erfüllung von Rechtspflichten des Unternehmens nicht verletzt, was also die Aushöhlung der Haftungsmasse ausschließt. Damit wird der **Gläubigerschutz** auch hier zum Ausgangspunkt der Rechnungslegung.

Weil sich Bestands- und Erfolgsrechnung über die wechselseitige Abhängigkeit ihrer Daten letztlich nur auf ein vorherrschendes Rechnungsziel ausrichten lassen, steht bei einem Widerstreit von Entnahmeinteressen und Erhaltungsnotwendigkeiten der Gesichtspunkt einer Bestandssicherung des Unternehmens im Vordergrund.

Als Folgerung aus den Ausführungen zu den gedanklichen Grundlagen der Bilanzbewertung kann unmittelbar abgeleitet werden, daß Gewinne nur dann ausgewiesen werden dürfen, wenn ein Anspruch auf eine entsprechende Vermögensmehrung besteht. So können keine Gewinne dadurch entstehen, daß der Wiederbeschaffungswert von Vermögensgegenständen steigt – also über dem Anschaffungswert liegt (Variante 2 im Beispiel). Solange man den Gegenstand nicht zu dem höheren Preis verkauft hat, ist kein realisierbarer Rechtsanspruch auf einen Vermögenszuwachs entstanden, der zur Steuerbelastung oder Gewinnentnahme führen kann. Damit bildet der **Anschaffungswert** die **Obergrenze** für die Bewertung von Vermögensgegenständen.

Welche Folgerungen ergeben sich nun, wenn es sich nicht um unrealisierte Gewinne handelt, die sich als Folge einer Bewertung ergeben, sondern um unrealisierte Verluste? Ist hier auch ein Rechtsgeschäft erforderlich, ehe eine Vermögensminderung oder Schuldenzunahme berücksichtigt werden darf? In Verfolgung des Gläubigerschutzgedankens wurde die Behandlung erkennbarer Gewinne und Verluste ungleich geregelt.[2] Nach dem **Vorsichtsprinzip** darf sich kein Kaufmann besserstellen, als es bei einer kritischen Beurteilung aller Einflußfaktoren auf die Entwicklung des Unternehmens in absehbarer Zukunft der Fall ist. Eine nähere Umschreibung dieser Grundregel zur Rechnungslegung ist das

Prinzip von der ungleichen Behandlung erkennbarer positiver und negativer Erfolgsbeiträge.

Es regelt die buchhalterischen, nicht finanzwirtschaftlichen Realisationszeitpunkt von Erfolgsbeiträgen, die zu Gewinn oder Verlust führen. Das Prinzip besagt, daß erkennbare Gewinne erst mit dem erworbenen Rechtsanspruch auf eine entsprechende Gegenleistung berücksichtigt werden dürfen – erkennbare Verluste dagegen schon im Zeitpunkt ihres Erkennens auszuweisen sind. Sprachlich und sachlich genau kann dieser Sachverhalt als **imparitätisches Realisationsprinzip** bezeichnet werden.[3] Eine gewisse Schwerfälligkeit dieser Begriffsgebung ist aber nicht zu übersehen. Wohl vor allem deshalb hat sich in der Fachliteratur eine aufgeteilte Umschreibung des Sachverhalts durchgesetzt: Das **Realisationsprinzip** regelt die Gewinnverwirklichung im oben beschriebenen Sinn – die davon abweichende Behandlung erkennbarer Verluste wird durch das **Imparitätsprinzip** bestimmt.[4]

---

2 Es soll hier ergänzend angeführt werden, daß es bilanztechnisch nicht nur den Weg gibt, Wertsteigerungen am ruhenden Vermögen unbedingt erfolgswirksam auszuweisen. FRITZ SCHMIDT hat mit seiner Theorie zur *Organischen Tageswertbilanz* einen Weg gewiesen, der einen aktuellen Wertansatz (Tageswert) möglich macht, ohne zugleich zu Gewinn zu führen. Die Wertsteigerung – im Beispiel DM 40.000,– – würde nicht als Mehrung des Eigenkapitals ausgewiesen. Ein *Vermögenswertänderungskonto* – als (passiver) Korrekturposten – verhindert den Gewinnausweis (wobei hier der Entwertungsvorgang zunächst außer Acht bleiben soll):

Tageswertbilanzen

A	Bilanz $t_{1/I}$		P
maschinelle Anlage	500.000,–	Eigenkapital	500.000,–
	500.000,–		500.000,–

A	Bilanz $t_{1/XII}$		P
maschinelle Anlage	540.000,–	Eigenkapital	500.000,–
		Wertänderung	40.000,–
	540.000,–		540.000,–

Sicherlich ermöglicht diese Bilanzierung bei willkürfreier Anwendung einen besseren Einblick in die Vermögenslage. Andererseits läßt sich das Problem der *Nachprüfbarkeit* nur unvollkommen lösen. In diesem Spannungsfeld haben das deutsche Handels- und Steuerrecht bislang dem nachprüfbaren Anschaffungswert als Wertobergrenze den Vorzug gegeben.

3 So bei WEBER, H.K.: Betriebswirtschaftliches Rechnungswesen, S. 88.

4 Vgl. vor allem LEFFSON, U.: Grundsätze ordnungsmäßiger Buchführung, S. 179 ff. und die dort angegebene Literatur.

Was besagen die in der Fachliteratur unterschiedlich benannten Prinzipien zur Erfolgsperiodisierung für die eingangs gebildete Fallgestaltung?

- Der Anschaffungswert bildet die Wertobergrenze. Höhere Wiederbeschaffungswerte dürfen nicht angesetzt werden (Fall 2).
- Erkennbare Vermögensminderungen müssen berücksichtigt werden. Damit entfällt der weitere Ansatz des Anschaffungswertes (Fall 1).
- Als mögliche niedrigere Wertansätze verbleiben die Beträge der Fälle 3 und 4.

Zur Entscheidung zwischen dem Veräußerungswert am Bilanzstichtag und dem um Abschreibungen verminderten Anschaffungswert ist zum bereits erläuterten Going-Concern-Konzept zurückzukehren: Grundgedanke der Rechnungslegung ist die fortgeführte Unternehmenstätigkeit. Deshalb kann auch nicht der gegenwärtig erzielbare Verkaufspreis der Anlage von Bedeutung sein, sondern nur der Wert, der die Vermögensminderung erfaßt, die bereits durch die einjährige Nutzung der Anlage eingetreten ist. Damit führen die substanz- und die erfolgsorientierte Betrachtung von Bewertungsproblemen – vor dem Hintergrund der Grundsätze „Anspruchswahrung" und „Unternehmensfortführung" – zum selben Wertansatz (Fall 4).

2.1.3.2. Bewertungsvorschriften

Der Gesetzgeber hat sich viele Jahre damit begnügt, das Problem der Bilanzbewertung mit der sehr allgemein gefaßten Vorschrift des § 40 HGB hinreichend zu lösen. Nur für Aktiengesellschaften und Kommanditgesellschaften auf Aktien hielt er genauere Bewertungsvorschriften für angebracht, weil hier durch die Verhältnisse bei Eigentum, Verfügungsmacht und Haftung für den außenstehenden Interessentenkreis besonders schutzwürdige Belange bestehen. Das führte dann zunächst zu der grotesken Situation, daß ein und derselbe Vermögensgegenstand in Personenunternehmen und Kapitalgesellschaften unterschiedlich bewertet wurde. Die Fachliteratur unterstützte dies mit ihrer tageswertorientierten Auslegung des § 40 HGB.[1]

---

1 Der Wandel in der Interpretation des § 40 HGB soll – im Vergleich zu den Ausführungen im vorangehenden Abschnitt – mit einem Zitat aus dem Jahre 1941 belegt werden. So faßte RÖSSLE in einem Lehrbuch „Buchhaltung und Bilanz" die Bewertungsvorschriften wie folgt zusammen (S. 142):
Für die Aktiengesellschaft „sieht der Gesetzgeber – wie bei der Einzelunternehmung – den Ansatz zum Tageswert vor, wenn er den Anschaffungswert unterschreitet, so daß etwaige, aber noch nicht realisierte Verluste berücksichtigt werden; im umgekehrten Fall soll aber – im Gegensatz zur Einzelunternehmung – der Anschaffungswert angesetzt werden (Niederstwertprinzip), um den Ausweis noch nicht realisierter Gewinne zu vermeiden."

Im Laufe der Zeit – ausgelöst durch wirtschaftliche Entwicklungen, Bilanzdelikte und geänderte Auffassungen zur Stellung von Unternehmen in der Gesellschaft – wurde dann das detaillierte Aktienrecht zur allgemeinen Bewertungsvorschrift. Insbesondere die Rechtsreform von 1965 wurde Ausgangspunkt zu einer Rechnungslegung, die sich zunächst an den im Aktienrecht festgelegten Vorschriften orientierte und Abweichungen nur dort vorsah, wo sie durch die Besonderheiten der Unternehmungsform begründet waren. Das Aktienrecht wurde – als Spezialgesetz – mit seinen Bewertungsvorschriften den Grundsätzen ordnungsmäßiger Buchführung gleichgesetzt.

Ausgelöst durch Anpassungspflichten in der Europäischen Gemeinschaft wurde 1985 das Bewertungsrecht in der Bundesrepublik durch das sog. **Bilanzrichtliniengesetz** reformiert. Alle Unternehmungsformen erhielten völlig neue Vorschriften. Das Dritte Buch des HGB enthält zunächst Vorschriften für *alle* Kaufleute. Anschließend folgen spezielle Vorschriften für Kapitalgesellschaften, die mit der besonderen Rechtskonstruktion dieser Unternehmen zu begründen sind. Dieser neue Gesetzesaufbau stellt klar, daß die speziellen Vorschriften für Kapitalgesellschaften nicht (mehr) in die grundsätzlichen Vorschriften hineinreichen – also mit dem Grundsatzbereich auch eine abschließende Regelung für die Personenunternehmen vorliegt.

In Einzelfällen benötigt man auch für die allgemeiner gefaßten Grundsatzvorschriften eine **Auslegungsregel**. Dafür wird auf die „Grundsätze ordnungsmäßiger Buchführung“[1] verwiesen, die nach Auffassung des Gesetzgebers nur dann aus den speziellen Vorschriften für Kapitalgesellschaften abgeleitet werden dürfen, „wenn sie auch den besonderen Verhältnissen der Einzelkaufleute und Personenhandelsgesellschaften gerecht werden.“[2]

Aus dem oben erläuterten Zusammenhang ergibt sich eine unterschiedliche Behandlung von Einzelfragen zur Rechnungslegung in Abhängigkeit von der Unternehmungsform: Bei *einer* bestimmten Fragestellung gibt es eine rechtskonforme Lösung für Personenunternehmen und eine andere – ggf. erheblich abweichende – Lösung für Kapitalgesellschaften. Diese nicht nur für den Anfänger im Lernprozeß von Buchführungsproblemen verwirrende Situation im Rechtsbereich soll nun im Zusammenhang mit dem Bewertungsproblem weiter erläutert werden.

1 Zum Wesensinhalt und zur Entwicklung dieser Grundsätze vgl. nochmals Abschnitt 1.2.2.
2 Gesetzesbegründung, S. 88.

Die Bewertungsvorschriften werden mit „allgemeinen Bewertungsgrundsätzen" eingeleitet, die für alle Kaufleute gelten (§ 252 HGB). Sie umfassen in präziser Form alle Anforderungen an eine gesetzliche Wertsetzung – wie sie auch aus den Erläuterungen im vorangegangenen Abschnitt dieses Buches hervorgehen. In Kurzform betreffen diese „Grundsätze":

1. **Bilanzidentität** = Es besteht ein strenger Wertzusammenhang zwischen der Schlußbilanz des Vorjahres und der Eröffnungsbilanz des Geschäftsjahres.
2. **Going-Concern-Konzept** = Bei der Bewertung ist grundsätzlich von einer Fortführung der Unternehmenstätigkeit auszugehen.
3. **Einzelbewertung** von Vermögensgegenständen und Schulden.
4. **Imparitätisches Realisationsprinzip** = Erkennbare Verluste sind bereits vor ihrer rechtlichen und finanzwirtschaftlichen Realisierung zu berücksichtigen, Gewinne bedürfen zum Ausweis grundsätzlich eines Rechtsanspruchs. Diese Bewertungsregel wird auch als **Vorsichtsprinzip** bezeichnet.
5. **Verursachungsprinzip** = Erfolgsbeiträge sind in dem Jahr auszuweisen, in dem sie rechtlich entstanden sind – also unabhängig vom Zeitpunkt des tatsächlichen Zahlungsvorganges.
6. **Methodenstetigkeit** = Bewertungsmethoden des Vorjahres sollen beibehalten werden.

Im Rahmen der obigen Grundsätze wird das Bewertungsrecht für alle Kaufleute weiter ausgeführt. Die neue Fragestellung lautet: Wo liegt die Wertobergrenze, wo die Wertuntergrenze? Zunächst setzt das Handelsrecht eine zweifelsfreie **Wertobergrenze:**

§ 253 HGB (Wertansätze der Vermögensgegenstände und Schulden, Auszug)

„(1) Vermögensgegenstände sind höchstens mit den Anschaffungs- oder Herstellungskosten, vermindert um Abschreibungen ... anzusetzen. Verbindlichkeiten sind zu ihrem Rückzahlungsbetrag ... anzusetzen."

Für fremdbezogene Güter gelten also Anschaffungs„kosten", für selbst hergestellte Gegenstände die Herstellungs„kosten". Die Hervorhebung des Wortteiles „kosten" soll darauf hinweisen, daß hier im Rechtsbereich ein Begriff aus der Betriebswirtschaftslehre verwendet wird, der dort teilweise einen anderen Inhalt hat.[3] Um den Zusammenhang in der Darstellung nicht unnötig zu stören, soll dieser Einwand hier nicht weiter verfolgt werden. Nur erscheint es angebracht, als widerspruchsfreie Ersatzlösung im folgenden den Ausdruck **Anschaffungswert** zu benutzen.

Welches ist nun der Anschaffungswert, diese Wertobergrenze für Vermögensgegenstände? Ist es der Kaufpreis, der mit dem Verkäufer des Wirtschaftsgutes vereinbart wurde? Ein Blick auf Beschaffungsvorgänge von Produktionsmitteln zeigt neben dem Kaufpreis im engeren Sinne zusätzliche Einflüsse insbesondere aufgrund von Lieferungs- und Zahlungsbedingungen. Auch sind die Besonderheiten bei der Herstellung der Gebrauchsfähigkeit von maschinellen Anlagen sowie rechtliche Einflüsse beim Kauf von Grundstücken und Gebäuden zu beachten. Wenn die Wertsetzung für Gegenstände dem Gedanken des Going Concern folgen soll, müssen zum Anschaffungswert auch alle diejenigen – aber auch nur diejenigen – Beträge gerechnet werden, die zur bestimmungsgemäßen Nutzung des erworbenen Gegenstandes ausgegeben werden. Insoweit ist der Anschaffungspreis nur der Ausgangswert, der nach Ergänzungen und Kürzungen zum Anschaffungswert im bilanzrechtlichen Sinn hinführt:

§ 255 HGB (Anschaffungs- und Herstellungskosten, Auszug)

„(1) Anschaffungskosten sind die Aufwendungen, die geleistet werden, um einen Vermögensgegenstand zu erwerben und ihn in einen betriebsbereiten Zustand zu versetzen, soweit sie dem Vermögensgegenstand einzeln zugeordnet werden können. Zu den Anschaffungskosten gehören auch die Nebenkosten sowie die nachträglichen Anschaffungskosten. Anschaffungspreisminderungen sind abzusetzen."

---

3 Begriffsbildungen mit „kosten" sind ein Mißgriff der Rechtssprache, der sich auf Dauer festgesetzt hat. Ohne hier bereits näher auf Interpretationen des Kostenbegriffs einzugehen, kann festgehalten werden, daß er einem anderen Rechnungszweig des wirtschaftlichen Rechnungswesens entstammt, der mit Kosten- und Leistungsrechnung umschrieben wird. Dessen Entwicklung ist untrennbar mit rechtlichen Wertkonventionen, insbes. dem oben dargestellten Anschaffungswertprinzip verbunden. Für bestimmte Informations- und Lenkungszwecke sind die im Rechtsbereich vorgeschriebenen Wertansätze nicht zu verwenden. Aus der Ablehnung des rechtsbezogenen Anschaffungswerts sind ‚Kosten'-Werte entwickelt worden. Deshalb sollte eigentlich im Rechtsbereich die Heranziehung dieses sachfremden Begriffs unterbleiben. Eine nähere Erläuterung des Wesensmerkmals der Kosten folgt in den Abschnitten 2.3.2. und 2.7.1.

ERMITTLUNG DES ANSCHAFFUNGSWERTES

AUSGANGSWERT: ANSCHAFFUNGSPREIS

abzüglich der Beträge für	zuzüglich der Beträge für
Mengenabnahme (Rabatte), Zahlungsvorgänge (Skonti), Förderungsmaßnahmen (Zuschüsse)	Notar, Gericht, Register, Provisionen, Verpackung, Transport, Verzollung, Aufstellung und Einrichtung

= ZU AKTIVIERENDER ANSCHAFFUNGSWERT

Eindeutig stellt das Handelsgesetzbuch klar, daß man durch Rabatte oder Skonti der Lieferanten keinen „Gewinn" macht: „Anschaffungspreisminderungen sind abzusetzen", verlangt § 255 Abs. 1 HGB und klärt damit eine Unsicherheit, die lange Jahre zu Fehlinterpretationen des Anschaffungswerts in Buchführungsbüchern führte. „Gewinn" kann erst erzielt werden, wenn der Vermögensgegenstand verkauft wird. Abhängig von den Zugeständnissen der Lieferanten fällt dann der Erfolg mehr oder weniger groß aus.

Wurde ein Gegenstand nicht als fertiges Erzeugnis eines anderen Betriebes eingekauft, sondern ist er das Ergebnis eigener Herstellung im Unternehmen, sind hierfür in der Bilanz die **Herstellungskosten** anzusetzen. Inhaltlich übereinstimmend mit der allgemeinen Erklärung des Anschaffungswerts gehören zu diesem Aktivierungsbetrag alle „Aufwendungen, die durch den Verbrauch von Gütern und die Inanspruchnahme von Diensten für die Herstellung eines Vermögensgegenstandes, seine Erweiterung oder für eine über seinen ursprünglichen Zustand hinausgehende wesentliche Verbesserung entstehen." (§ 255 Abs. 2 HGB)[4]

Mit der Festlegung einer Wertobergrenze für Vermögensgegenstände ist in allen Fällen eine eindeutige Bewertung möglich, in denen auch der Grundsatz der Einzelbewertung gegenstandsbezogen verfolgt wer-

4 Einzelheiten zur Bestimmung des Bilanzwertes selbsterstellter Gegenstände werden im Abschnitt 2.8.2. behandelt. Dort wird auch der Frage nachgegangen, was in diesem Sachzusammenhang als Auslegungsspielraum aus der Sicht von Handelsrecht und Betriebswirtschaftslehre verbleibt.

den kann. Das ist aber nicht überall möglich. So werden im Bereich des Umlaufvermögens bei gleichartigen Gegenständen häufig Fragen auftauchen, wenn festzustellen ist, um *welche* Güter es sich denn konkret handelt, die nun mit einem Anschaffungswert zu belegen sind: Das überzeugendste Beispiel für dieses Problem ist ein Tanklager, in dem während eines Jahres Zugänge und Abgänge erfolgten. Bei dem am Jahresende vorhandenen Bestand ist nicht feststellbar, aus welchen Lieferungen er stammt. Diese grundsätzliche Problematik führt den Gesetzgeber zur Anerkennung von **Bewertungsvereinfachungsverfahren**. Der Kaufmann kann unterstellen, „daß die zuletzt angeschafften oder hergestellten Vermögensgegenstände zuerst oder in einer sonstigen bestimmten Folge verbraucht oder veräußert worden sind." (§ 256 HGB) Abhängig von der Höhe der Einkaufspreise für die periodischen Zugänge eröffnen sich hier erste Möglichkeiten zu einer bewußten Regulierung des Jahreserfolges.[5]

Höchstwertvorschriften für Vermögensgegenstände verhindern, daß sich der Kaufmann besser darstellt, als es nach den Rechtsgrundlagen zur Beschaffung der Güter sein kann. Das heißt aber auch nur, daß erkennbare Wertsteigerungen über den Anschaffungswert hinaus nicht ausgewiesen werden dürfen. Der Gesetzgeber hat hier im Interesse der Willkürfreiheit darauf verzichtet, die durchaus praktikablen Möglichkeiten der Tageswertbilanzierung[6] zu erlauben. Insoweit kommt es

---

5 Als Umschreibungen für diese Verfahren sind insbesondere eingeführt:
Fifo-Verfahren (unterstellt: first in – first out) und
Lifo-Verfahren (unterstellt: last in – first out).
Die Anwendung des Lifo-Verfahrens führt bei steigenden Preisen dazu, daß der Lagerbestand mit dem alten, niedrigeren Preis bewertet wird. Dagegen ist solange nichts einzuwenden, wie diese unterstellte zeitliche Verbrauchsannahme auch realistisch, d.h. im Betriebsablauf rekonstruierbar ist. Eine Kohlenhalde mag hierfür als deutlichstes Beispiel dienen: Anlieferungen neuer Bestandsmengen werden auf den bereits vorhandenen Altbestand aufgeschüttet. Abgänge können dann auch nur von ‚oben', also von den zuletzt angelieferten Mengen abgehoben werden.
Realistischer ist aber wohl der Fall, daß alte Güter zuerst verbraucht werden. Gleichwohl macht sich die Praxis die gesetzliche Regelung für bilanzpolitische Zwecke nutzbar, auch wenn sie im Verbrauch der Güter tatsächlich anders verfährt. Praxisgerechter wäre da schon die Anwendung der Fifo-Methode oder die – nach Handelsrecht ebenfalls zulässige – *Methode der gewogenen Durchschnittswerte*, die dem Beispiel Tanklager am ehesten gerecht wird. Dabei werden die Anschaffungsmengen mit den jeweiligen Anschaffungswerten multipliziert, diese Gesamtwerte der Zugänge zu dem Anfangsbestand hinzugerechnet und dieser Gesamtwert des Lagerbestandes (vor Abgängen) durch die Gesamtmenge (Anfangsmenge zzgl. Zugänge) geteilt. Dieser mengengewogene Durchschnitt der Anschaffungswerte wird als Wertansatz auf den Endbestand angewendet.

6 Vgl. hierzu nochmals den vorangehenden Abschnitt, insbes. S. 60.

in den Bilanzen häufig zum „Verstecken von Eigenkapital" – zur gesetzlich erzwungenen Bildung **stiller Reserven.**[7]

Nachdem die Frage zur Wertobergrenze für Vermögensgegenstände eindeutig geklärt ist, kann das Problem der **Wertuntergrenze** angeschlossen werden. Hier lassen sich Antworten nicht so einfach aus dem Gesetz entwickeln. Ursache dafür ist eine – kaum verständliche – Kompromißbereitschaft des Gesetzgebers gegenüber den Interessen der Kaufleute. Ihnen geht es darum, den Jahreserfolg unter dem Gesichtspunkt der erfolgsabhängigen Belastungen zu regulieren. So möchte man in „guten Jahren" durch einen niedrigeren Wertansatz bei den Vermögensgegenständen an sich erzielte Gewinne verdecken und damit die Ausschüttungswünsche von Gesellschaftern begrenzen sowie (ggf.) Steuervorteile erlangen. Wenn es dem Unternehmen schlechter geht, werden solche bewußt gebildeten stillen Reserven erfolgsverbessernd aufgelöst. Bei Bildung und Auflösung dieser **Willkürreserven** wird die wahre Geschäftslage verschleiert, wenn das Gesetz diesen Gestaltungsspielraum bei der Bewertung nicht wirksam begrenzt.

Nach einer überaus kontrovers geführten Diskussion hat sich der Gesetzgeber 1985 dafür ausgesprochen, für Personenunternehmen und Kapitalgesellschaften unterschiedliche Vorschriften zur Wertuntergrenze zu erlassen. Es gilt also nicht der Grundsatz „derselbe Sachverhalt – derselbe Wertansatz". Am ehesten verständlich wird die schwierige und gesetzestechnisch kompliziert gestaltete Rechtslage, wenn zunächst die **Vorschriften für Kapitalgesellschaften** betrachtet werden: Für **abnutzbare Güter** des Anlagevermögens wird bestimmt, daß deren Anschaffungswert um **planmäßige Abschreibungen** vermin-

7 Mit dem Ausdruck *Stille Rücklagen* bzw. *Stille Reserven* soll umschrieben werden, daß die Bilanz nicht die tatsächlichen Werte des Eigenkapitals zeigt. Vielmehr seien über den ausgewiesenen Betrag hinaus Eigenkapitalteile verborgen, die ihre Ursachen insbesondere in gesetzlichen Bilanzierungs- und Bewertungsvorschriften haben, und zwar als

- *Zwangsreserven*, die durch die Wertsteigerung von Vermögensgegenständen über ihren Anschaffungswert hinaus entstehen, deren Ausweis nicht zulässig ist und
- *Schätzungsreserven*, die ihren Ursprung in unvermeidbaren Fehlbewertungen haben (Beispiel: Abschreibungen).

Bei Schätzungen kann weiter unterschieden werden zwischen dem Bemühen um die Ermittlung eines zeitpunktbezogen richtigen Wertansatzes und dem Vorsatz, einen Wert zu wählen, der bilanz- und erfolgstaktischen Zielen folgt. Für diese Gegensätze sind auch begriffliche Unterteilungen in *Ermessens-* und *Willkürreserven* eingeführt. Zur grundsätzlichen Problematik dieses Bereiches vgl. SAAGE, G.: Die stillen Reserven im Rahmen der aktienrechtlichen Pflichtprüfung.

dert werden muß. Damit wird der Anschaffungswert auf die voraussichtlichen Jahre der Nutzung des Gegenstandes verteilt.[8]

Im **Abschreibungsplan** werden Annahmen über den Entwertungsprozeß ausgedrückt. Bei einem zu optimistisch geschätzten Wertverlauf kommt es zu einem Abweichen des jeweiligen buchtechnischen Restwertes vom tatsächlichen niedrigeren Wert. Soweit diese Wertdifferenz von Dauer ist, muß sie als **außerplanmäßige Abschreibung** berücksichtigt werden (§ 253 Abs. 2 Satz 3 HGB).

Nicht nur abnutzbare Anlagegüter sind Wertminderungen unterworfen. Auch bei nicht abnutzbaren Gegenständen (z.B. Grundstücke, Finanzanlagen) kann der tatsächliche Wert des Bilanzstichtages niedriger sein als der Anschaffungswert. Dasselbe gilt für Güter des Umlaufvermögens, deren Börsen- oder Marktpreis gesunken sein kann. Als Bewertungsregel für solche Fälle gilt allgemein das **Niederstwertprinzip**. Es besagt, daß von mehreren vorliegenden Wertansätzen für einen Vermögensgegenstand der niedrigste zu wählen ist. Allerdings sieht das Gesetz unterschiedlich strenge Interpretationen dieses Prinzips für Anlage- und Umlaufvermögen vor.

Für das **Anlagevermögen** gilt das **gemilderte Niederstwertprinzip**. Danach dürfen Wertminderungen nur berücksichtigt werden, soweit sie von Dauer sind. Kommt es dagegen im Zeitraum von Bilanzstichtag bis Fertigstellung des Jahresabschlusses bereits wieder zu einem Ansteigen des Wertes, darf grundsätzlich nicht auf den niedrigeren Wert des Bilanzstichtages abgeschrieben werden. Nur Finanzanlagen stellen die Ausnahme von dieser Regel dar: Bei ihnen kann trotz Wertaufholung der niedrigere Stichtagswert angesetzt werden (§ 253 Abs. 2 Satz 3 in Verb. mit § 279 Abs. 1 Satz 2 HGB). Hier also liegen begrenzte Möglichkeiten zur Bilanzpolitik.

Für Gegenstände des **Umlaufvermögens** gilt das **strenge Niederstwertprinzip**. Unabhängig von der Dauer einer Wertminderung ist ein niedrigerer Börsen- oder Marktpreis des Bilanzstichtages anzusetzen. Zusätzlich dürfen auch bereits erkennbare Wertschwankungen der Zukunft berücksichtigt werden (§ 253 Abs. 3 HGB).

Mit den oben vorgestellten Bewertungsvorschriften für Vermögensgegenstände in Kapitalgesellschaften entspricht der Gesetzgeber bereits weitgehend der für sie formulierten **Generalnorm** zur Rechnungslegung,

8 Einzelheiten zum Problemkreis Abschreibungen werden im Abschnitte 2.6. behandelt.

nämlich „ein den tatsächlichen Verhältnissen entsprechendes Bild der Vermögens-, Finanz- und Ertragslage der Kapitalgesellschaft zu vermitteln" (§ 264 Abs. 2 HGB). Aber auch die detaillierte Regelung von Bilanzierungs-, Bewertungs- und Ausweisfragen macht Auslegungen und Erläuterungen nicht überflüssig. Aus dem Gesetzeszusammenhang wird deutlich, daß drei Informationsquellen (Bilanz, Gewinn- und Verlustrechnung und Anhang) gemeinsam dem Informationsziel dienen sollen. Dabei kann es im Einzelfall so sein, daß ausgehend vom Ziel „Konkursvorsorge" ein Wertansatz gewählt wird, der im Widerstreit mit anderen Zielen – beispielsweise dem Einblick in die Ertragslage – steht. Die im **Anhang** ausgewiesenen Erläuterungen und Beträge ermöglichen dann die genauere Auswertung des Jahresabschlusses.

Für den Jahresabschluß von **Personenunternehmen** kann man die obigen Aussagen nicht treffen. Zunächst fehlt hier gesetzessystematisch ein Anhang. Nur das Zahlenmaterial aus Bilanz und Erfolgsrechnung stellt den Jahresabschluß dar. Im Gegensatz zu den Kapitalgesellschaften wird zudem eine „großzügige" Regelung zur Bewertung von Vermögensgegenständen festgeschrieben: Die für Kapitalgesellschaften verbindlichen Mindestwerte werden hier außer Kraft gesetzt. Beim Anlagevermögen kann trotz Wertaufholung der niedrigere Wert des Bilanzstichtages gewählt werden und zusätzlich wurde – als Freibrief zur Bilanz- und Erfolgspolitik – eine generelle **Erlaubnis zur Bildung stiller Reserven** festgeschrieben. „Abschreibungen sind außerdem im Rahmen vernünftiger kaufmännischer Beurteilung zulässig", lautet Absatz 4 in § 253 HGB und findet seine deutlichere Umschreibung in der Gesetzesbegründung (S. 100): „Die Vorschrift gestattet ... die Vornahme von Abschreibungen mit dem Ziel, stille Rücklagen zu bilden."

Die unterschiedliche Behandlung von Bewertungsfragen in Personenunternehmen und Kapitalgesellschaften findet ihre Fortsetzung bei den Regelungen zur Berücksichtigung von späteren **Wertaufholungen**. Wenn Personenunternehmen eine Unterbewertung von Vermögensgegenständen zugestanden wird, ist die Einräumung eines **Beibehaltungswahlrechtes** nur folgerichtig, wenn in späteren Geschäftsjahren der tatsächliche Wert über dem Bilanzansatz liegt (§ 253 Abs. 5 HGB). Auch hier wird wiederum deutlich, daß der Aussagewert eines solchen Jahresabschlusses begrenzt ist.

Für **Kapitalgesellschaften** besteht dagegen ein **Wertaufholungsgebot** (§ 280 HGB). Danach sind außerplanmäßige Abschreibungen beim Anlagevermögen sowie vorgenommene Wertminderungen beim Umlaufvermögen durch **Zuschreibungen** auszugleichen, soweit der Grund für die Abschreibung entfallen ist. Bei genauer Betrachtung dieses Vorganges könnten die Zuschreibungsgewinne als Durchbrechung des Realisationsgrundsatzes angesehen werden: Ohne entstandenen Rechtsanspruch wird der Wert von Vermögensgegenständen erhöht. Andererseits handelt es sich aber auch um die Korrektur einer letztlich unzutreffenden Vermögensminderung, die in Vorjahren vorgenommen wurde. Der Gesetzgeber stellt hier die Richtigkeit beim Vermögensausweis vor die absolute Geltung des imparitätischen Realisationsprinzips.

Für alle Unternehmungsformen findet der Aussagewert des Jahresabschlusses eine zusätzliche Einschränkung durch steuerrechtliche Besonderheiten. Insbesondere Maßnahmen zur Wirtschaftsförderung sind so ausgerichtet, daß der Steuerpflichtige durch eine (Sonder-) Abschreibung seinen Jahresgewinn – und damit auch seine Belastung mit Gewinnsteuern – senken kann. Überwiegend setzt die steuerliche Anerkennung solcher Bewertungsvorgänge eine gleiche Maßnahme im handelsrechtlichen Jahresabschluß voraus: Man darf steuerlich nicht etwas als Wertminderung ausweisen, was dann aber doch handelsrechtlich als Gewinn ausgeschüttet wird. Im Interesse einer **Steuervorteilswahrung** werden die Vorschriften zur Wertuntergrenze und zur Wertaufholung bei Kapitalgesellschaften insoweit außer Kraft gesetzt.[9] Lediglich der Anhang zeigt, welche Daten ohne diese steuerlichen Einflüsse ausgewiesen worden wären.

Die Bewertung von **Passivposten** in der Bilanz ist nach denselben Grundsätzen vorzunehmen, die auch für den Ausweis der Aktiva gelten. Für Verbindlichkeiten gilt damit allgemein ein Wertansatz, der als finanzielle Belastung auf das Unternehmen zukommen wird. In den meisten Fällen wird dieser Betrag aufgrund eines Vertrages als **Rückzahlungsverpflichtung** bzw. als Zahlungsverpflichtung festliegen. Es gibt jedoch auch Fälle, in denen die tatsächliche zukünftige finanzielle Belastung eines Unternehmens gegenwärtig noch nicht genau bestimmt werden kann. Als Beispiel sollen hier nur die **Garantieverpflichtungen** eines Kraftfahrzeugherstellers dienen. Hier ist das Unternehmen recht-

9 Einzelheiten zu diesem umfassenden Problem der Steuervorteilswahrung werden insbesondere im Abschnitt 2.6. (Abschreibungen) behandelt.

lich verpflichtet, die innerhalb einer Garantiezeit auftretenden Mängel zu beseitigen – was in der Regel mit Ausgaben verbunden sein wird. Ursächlich für diese Belastung in einem späteren Jahr ist ein Mangel bei Leistungen, die in diesem Jahr erbracht wurden.

Im Interesse eines zeitraumgerechten Erfolgsausweises und unter dem Gedanken des Vorsichtsprinzips müssen die – nach Erfahrungssätzen – voraussichtlich später auftretenden Belastungen bereits diesem Jahr verursachungsgerecht zugewiesen werden. Es werden **Rückstellungen** gebildet, d.h. die erkennbare spätere Vermögensminderung wird heute in der Form berücksichtigt, daß Teile des Eigenkapitals in einen anderen Passivposten (Rückstellungen) übertragen werden. Damit wird der Erfolg dieses Jahres gekürzt. Weil es sich hier um relativ schwierige Bewertungsvorgänge handelt, die dem Einfluß der Erfolgsregulierung unterliegen können, hat der Gesetzgeber einen Appell an die Willkürfreiheit gerichtet: „Rückstellungen sind in Höhe des Betrages anzusetzen, der nach vernünftiger kaufmännischer Beurteilung notwendig ist" (§ 253 Abs. 1 Satz 2 HGB).

Das hier nur grundsätzlich behandelte Wertproblem soll nicht abgeschlossen werden, ohne nochmals auf die Probleme hinzuweisen, vor denen der Gesetzgeber bei der Normierung solcher Vorschriften steht.[10] Letztlich muß er darauf vertrauen, daß die Unternehmen das Gesetz und seine Auslegungsgrundsätze zielgerichtet anwenden. Leider wird aber in der Praxis vieles, was Unternehmen in Zeiten guter Erfolgslage als „Vorsichtsprinzip" bezeichnen – und was durch niedrige Bewertung des Vermögens oder überhöhten Ausweis von Verpflichtungen auch zur Gewinnkürzung führt – in den Zeiten verlassen, in denen wirklich Vorsicht angebracht wäre. Wenn echte Konkursvorsorge getroffen werden soll, werden die früher reklamierten Gläubigerschutzmotive verdrängt. Es kommt zu Schönfärbereien in Bilanzen, zum Vorspiegeln einer Schuldendeckung, die weiteres Stillhalten von Kreditgebern bewirken soll. *Forster* beschreibt diesen Sachverhalt deutlich, indem er darauf hinweist, daß „die Erfahrung zeigt, daß sich häufig der Grad vorsichtiger Bilanzierung umgekehrt proportional zur Notwendigkeit vorsichtig bemessener Wertansätze verhält."[11]

10 Einzelheiten zu den Problemen in der Anwendung des Bewertungsrechts werden in der folgenden Darstellung von Schwerpunkten bei der Erfüllung gesetzlicher Anforderungen an Buchführung und Bilanz behandelt (vgl. z.B. die Abschnitte zu Abschreibungen, Forderungsausfällen oder Rückstellungen).

11 FORSTER, K.-H.: Bilanzpolitik und Bilanzrichtlinie-Gesetz, S. 33.

2.1.4 Darstellungsgrundsätze

Das Ergebnis von Bestandsaufnahme und -bewertung findet seinen Niederschlag zunächst im Inventar. Hier werden die Vermögensgegenstände und Schulden der Unternehmung genau nach Art, Menge und Wert ausgewiesen. Das Inventar vermittelt Detailinformationen, die Dritten – aus den bereits erläuterten Gründen – in der Regel nicht zugänglich sind. Für externe Informationsinteressenten steht damit als Auskunftsmittel in erster Linie die Bilanz zur Verfügung, die eine zusammenfassende Darstellung des Inventars ist.[1]

Damit der vom Gesetzgeber verlangte Einblick in die „tatsächlichen Verhältnisse" eines Unternehmens vermittelt wird, muß auch die Darstellungsform der Bilanz bestimmten Anforderungen genügen. Deren Inhalt ist auf solche Gesichtspunkte abzustellen, die im Mittelpunkt der Informationswünsche stehen und die auch vom Gesetzgeber als von berechtigtem Interesse anerkannt wurden. Welche Gesichtspunkte der Gesetzgeber aufgegriffen hat und welche Darstellungsgrundsätze daraus entwickelt wurden, soll mit typischen Fragen bei der Analyse von Unternehmensdaten – insbesondere einer Kapitalgesellschaft – erörtert werden:

Erste Frage der Bilanzauswertung:
„Wie sieht es mit der aktuellen Schuldendeckung aus – in welchem Umfang und bezogen auf welche Zeitpunkte der Wiedergeldwerdung bzw. Fälligkeit stehen sich Vermögen und Schulden gegenüber?"

Mit dieser Frage soll letztlich die Sicherheit der Unternehmensexistenz unter den Gesichtspunkten des Konkursrechts geklärt werden. Nach den konkursrechtlichen Tatbeständen (Zahlungsunfähigkeit und ggf. auch Überschuldung) sind damit auch zwei verschiedene Gesichtspunkte angesprochen: die Finanzlage und die globale Schuldendeckung. Für den Einblick in die **Finanzlage** ist vor allem entscheidend, ob die Bilanz Informationen über die aktuelle Situation gibt und darüber, wie sich die Situation im Zeitraum bis zur nächsten Bilanzinformation voraussichtlich entwickeln wird. Hier hat der Gesetzgeber mit dem neuen Handelsgesetzbuch eine deutliche Verbesserung gegenüber frühe-

1 In diesem Stadium der Stoffbehandlung wird eine Eingrenzung auf das Informationsmittel Bilanz vorgenommen. Der Aussagewert der Erfolgsrechnung kann erst besprochen werden, wenn die notwendigen Grundlagen zur Erfassung von Geschäftsereignissen und deren Erfolgswirkung behandelt wurden. Deshalb werden Ausführungen zur Erfolgsanalyse insbesondere im Abschnitt 2.8.3. angeschlossen.

ren Ausweisanforderungen eingeführt: Bei jeder gesondert ausgewiesenen Bilanzposition zu „Forderungen" und „Verbindlichkeiten" sind getrennt solche Beträge anzugeben, die innerhalb des nächsten Jahres fällig werden. In Verbindung mit den Zahlen über „Flüssige Mittel" und auch andere Positionen, die zur Abwendung drohender Zahlungsunfähigkeit herangezogen werden könnten (z.B. „Wertpapiere"), läßt sich ein guter Überblick über die finanzwirtschaftliche Situation am Beginn eines neuen Wirtschaftsjahres gewinnen.

Der andere Gesichtspunkt zur Beurteilung der Konkursgefahr, die **globale Schuldendeckung**, kann schon aus materiellen Gründen nur unvollkommen verfolgt werden. Weil die Wertansätze in der Bilanz dem Gedanken der fortlaufenden Tätigkeit des Unternehmens folgen – also keine gegenwärtigen Veräußerungswerte darstellen – ist die Bilanz kein taugliches Instrument für eine Überprüfung der Schuldendeckung bei einer Liquidation. Losgelöst von diesem Einwand gegen den Informationswert der Bilanz hat der Gesetzgeber aber Hilfestellungen für einen guten Einblick in die Verhältnisse bei Vermögen und Schulden gegeben. Dazu zählt zunächst die verbindliche Aufstellung der Bilanz einer Kapitalgesellschaft in **Kontoform** (§ 266 HGB). Obgleich für Personenunternehmen keine entsprechende Vorschrift besteht, kann man aus dem Grundsatz der Klarheit und Übersichtlichkeit auf die Übernahme dieser Darstellungsform schließen.

Für die Bilanzgliederung ist im HGB (§ 266) ein Muster aufgeführt, das für mittelgroße und große Kapitalgesellschaften vorgeschrieben ist (vgl. Anhang dieses Buches). Kleine Kapitalgesellschaften können eine verkürzte Bilanz aufstellen, bei der die Untergliederung von Bilanzposten entfällt. So ergibt sich als **Mindestumfang** einer Bilanz das auf der folgenden Seite wiedergegebene Bild.

Personenunternehmen werden diese Gliederung nochmals verkürzen um die Unterpunkte beim Eigenkapital, weil diese Unternehmungsformen – im Gegensatz zu den Kapitalgesellschaften – ein variables Eigenkapital in *einem* Betrag ausweisen, bzw. bei Gesellschaften den Eigenkapitalanteil jedes Gesellschafters zeigen.

Bilanzaufbau und -gliederung

Aktiva	Passiva
A. Anlagevermögen	A. Eigenkapital
I. Immaterielle Vermögensgegenstände	I. Gezeichnetes Kapital
II. Sachanlagen	II. Kapitalrücklage
III. Finanzanlagen	III. Gewinnrücklagen
	IV. Gewinn-/Verlustvortrag
	V. Jahresüberschuß/-fehlbetrag
B. Umlaufvermögen	
I. Vorräte	B. Rückstellungen
II. Forderungen und sonstige Vermögensgegenstände	
III. Wertpapiere	C. Verbindlichkeiten
IV. Bestand an Finanzmitteln	
	D. Rechnungsabgrenzungsposten
C. Rechnungsabgrenzungsposten	

Die obige Grundgliederung einer Bilanz zeigt den Vorteil der Kontoform in Verbindung mit den Grundsätzen „Liquidierbarkeit" und „Fälligkeit". Durch horizontale Gegenüberstellung von zeitentsprechenden Posten lassen sich Einblicke in **Relationen der Schuldendeckung** gewinnen.[2] Weitergehenden Aufschluß über die finanzielle Lage von Kapitalgesellschaften geben die nach § 268 HGB vorgeschriebenen Zusatzangaben zur Fälligkeit von Forderungen und Verbindlichkeiten innerhalb des nächsten Jahres. Für größere Unternehmen – gleichzusetzen mit größeren finanziellen Risiken – liefert das detaillierte Bilanzschema die notwendigen umfassenderen Informationen. Der Gesetzgeber hat hier eine vertretbare Lösung für den Interessenkonflikt zwischen den Informationswünschen Dritter und der Mitteilungsbereitschaft der Unternehmensleitungen gefunden.

Zweite Frage zur Bilanzauswertung:
„Wie haben sich die Bestände des Unternehmens entwickelt? Welche Veränderung hat insbesondere die Schuldendeckung erfahren?"

Diese Fragestellung ergibt sich aus der Erfahrung, daß zur Beurteilung eines Unternehmens – beispielsweise im Hinblick auf das Konkursrisiko – die Auswertung nur *einer* Bilanz kaum genügt. Vielmehr ist eine Analyse von Bilanzbewegungen, von Veränderungen bei den

2 Vgl. zu solchen Auswertungen der Bilanz mit Hilfe von Kennziffern sowie in den Formen von Differenzenbilanzen, Veränderungsbilanzen bzw. Bewegungsbilanzen die Ausführungen im Abschnitt 2.2.5.

Bilanzposten, erforderlich. Ein solcher **Zeitvergleich** ist natürlich nur dann möglich, wenn neben der aktuellen Bilanz auch die Abschlüsse aus Vorjahren verfügbar sind. Schwierigkeiten können allenfalls auftreten, wenn zwischenzeitliche Veränderungen beim Ausweis der Wirtschaftsgüter aufgetreten sind. Zur Erleichterung solcher Vergleichsbetrachtungen hat aber der Gesetzgeber die Vorschrift erlassen, nach der „die Form der Darstellung, insbesondere die Gliederung der aufeinanderfolgenden Bilanzen . . . beizubehalten (ist), soweit nicht in Ausnahmefällen wegen besonderer Umstände Abweichungen erforderlich sind." (§ 265 Abs. 1 HGB, sog. **Darstellungskontinuität**). Offenlegungspflichtige Unternehmen müssen überdies solche Abweichungen im Anhang zum Jahresabschluß angeben und begründen.

Auch wenn mehrere vergleichbare Bilanzen vorliegen, bedarf es umständlicher Auflistungen, um die Veränderungen festzustellen. Für einen schnellen Einblick in die Veränderungsschwerpunkte ist deshalb die Vorschrift des § 265 Abs. 2 HGB nützlich, nach der „zu jedem Posten der entsprechende Betrag des vorhergehenden Geschäftsjahrs anzugeben" ist. Über diese Pflicht zum Ausweis von **Vergleichsangaben** wird so den Interessen an einer kurzfristigen Veränderungsbetrachtung entsprochen. Besondere Bedeutung bekommen Vergleichsbetrachtungen im Hinblick auf Vorgänge beim Anlagevermögen. Hier liegt insbesondere im stark mechanisierten Industriebetrieb das größte Risiko im Hinblick auf die Anspruchswahrung. Dies einmal, weil sich hier Vermögensgegenstände erst über recht lange Zeiträume wieder in die Geldform zurückverwandeln und damit die Unsicherheit über diesen Wiedergeldwerdungsprozeß recht groß ist. Andererseits wirken auf die Bewertung des Anlagevermögens neben den rein betriebswirtschaftlichen Einflüssen auch steuerrechtliche Vorschriften ein, die Rückwirkungen auf den handelsrechtlichen Jahresabschluß haben.[3]

3 An sich ist die Steuerbilanz eine Handelsbilanz, die aufgrund steuerrechtlicher Vorschriften korrigiert wurde. Es gilt der sog. *Maßgeblichkeitsgrundsatz*, der die Handelsbilanz für Steuerzwecke maßgeblich macht. Wenn jedoch aufgrund steuerrechtlicher Möglichkeiten – beispielsweise höherer Abschreibungen als sie betriebswirtschaftlich erforderlich sind – der steuerrechtliche Gewinn niedriger wird als der Gewinn in der Handelsbilanz unter Beibehaltung der betriebswirtschaftlichen Abschreibungen, wird der Maßgeblichkeitsgrundsatz umgekehrt: Steuervorteile kann man nur erlangen, wenn man den ausschüttbaren Gewinn nicht größer werden läßt als den für Steuerzwecke ausgewiesenen Gewinn. Deshalb verfälschen – aus betriebswirtschaftlicher Sicht – die steuerlichen Einflüsse die Bilanzwerte. Erst die Erfassung von Einzelheiten zur Wertentwicklung kann die steuerlichen Einflüsse wieder näherungsweise herausfiltern, um zum betriebswirtschaftlichen Ergebnis hinzuführen.

Deshalb verdeckt der bloße Bestandsvergleich von Positionen des Anlagevermögens leicht Vorgänge, die für eine Beurteilung der wirtschaftlichen Lage wichtig sein können.

Der großen Bedeutung von Wertproblemen beim Anlagevermögen wird die gesetzliche Vorschrift zum sog. **Anlagenspiegel** gerecht. Hier soll mit den wesentlichen Daten die periodische Entwicklung des Anlagevermögens widergespiegelt werden:
„Dabei sind, ausgehend von den gesamten Anschaffungs- und Herstellungskosten, die Zugänge, Abgänge, Umbuchungen und Zuschreibungen des Geschäftsjahrs sowie die Abschreibungen in ihrer gesamten Höhe gesondert aufzuführen." (§ 268 Abs. 2 HGB) Zusätzlich sind die Abschreibungen des abgeschlossenen Geschäftsjahrs auszuweisen. Diese umfangreichen Angaben können entweder in der Bilanz oder im Anhang aufgeführt werden – womit wiederum die Verzahnung des reinen Datenmaterials der Bilanz mit den sie ergänzenden Erläuterungen im Anhang ersichtlich wird. In Kenntnis dieser Zusammenhänge lassen sich bei offenlegungspflichtigen Unternehmen Einblicke in die Altersstruktur des Anlagevermögens gewinnen und es werden Investitions- und Desinvestitionsvorgänge deutlich.[4] Zur Selbstinformation und auch zur Darstellung der „Lage des Unternehmens" insbesondere bei Kreditverhandlungen empfiehlt sich der Aufbau eines Anlagenspiegels (auch: **Anlagengitter**) ebenso für Personenunternehmen.

Dritte Frage zur Bilanzauswertung:
„Wie ist die Entwicklung dieses Unternehmens im Vergleich zur Entwicklung vergleichbarer Unternehmen zu beurteilen?"

Diesen Interessen an einem sog. **Betriebsvergleich** entsprechen zunächst die schon bei den ersten beiden Fragen behandelten Ausweis- und Gliederungsgrundsätze. Hinzu kommt aber die Anforderung, daß die Bilanz branchentypische Besonderheiten hinreichend zum Ausdruck bringt – besser: bringen kann. Für diesen Zweck ist im Gesetz eine **Öffnungsklausel** eingerichtet, nach der – abweichend von der Grundgliederung – eine weitere Untergliederung von Bilanzposten zulässig ist und besondere Posten hinzugefügt oder vorgesehene Bilanzposten nach den Besonderheiten des Unternehmens verändert werden können (§ 265 Abs. 5 HGB).

---

4 Einzelheiten zum Aufbau eines Anlagenspiegels werden im Abschnitt 2.6. behandelt.

Zusätzlich hat der Gesetzgeber auch die Situation erfaßt, bei der „ein Unternehmen mehrere Geschäftszweige" hat – also aufgrund eines diversifizierten Leistungsprogramms nicht nur einer Branche zugeordnet werden kann. Gleichwohl muß für die Unternehmensanalyse und den Betriebsvergleich eine jeweils branchentypische Informationsvermittlung erfolgen. Deshalb hat das Unternehmen den Jahresabschluß nach der für einen seiner Geschäftszweige vorgeschriebenen Gliederung aufzustellen und nach der für seine anderen Geschäftszweige vorgeschriebenen Gliederung zu ergänzen. Die Abweichung ist im Anhang anzugeben und zu begründen. (§ 265 Abs. 4 HGB).

Insgesamt hat der Gesetzgeber mit detaillierten Vorschriften zum Inhalt und Ausweis des Jahresabschlusses eine Grundlage geschaffen, die zur berechtigten Erwartung führen kann, mit dem veröffentlichten Zahlenmaterial und dessen Erläuterungen – in den Grenzen der rechtssystematisch notwendigen Wahlfreiheiten – die wirtschaftliche Lage von Unternehmen relativ gut analysieren zu können. Die wesentlichen Darstellungsgrundsätze können in folgende Stichworte zusammengefaßt werden:

DARSTELLUNGSGRUNDSÄTZE

- **Klarheit und Übersichtlichkeit**
- **Gliederungsentsprechung** mit Branchenbezug
- **Darstellungskontinuität** mit Abweichungsbegründung
- **Vergleichbarkeit**

Am Beispiel der *Albert Fotoshop OHG*, die bereits mit den Aufgaben 1 und 2 vorgestellt wurde, können in vereinfachter Form der Zusammenhang zwischen Inventar und Bilanz sowie die Auswirkung der erläuterten Darstellungsgrundsätze gezeigt werden. Auf der folgenden Seite ist abgebildet, wie ein Inventar aussehen könnte, das zum Ende des ersten Wirtschaftsjahres aufgestellt wird. Es vermittelt Detailinformationen, die man Dritten nicht geben wird.

Für externe Informationszwecke wird die Bilanz herangezogen – so auch, wenn eine OHG bei Kreditverhandlungen ihre wirtschaftliche Situation darlegen soll. Die Bilanz als Kurzform des Inventars ist für die Daten des Beispieles dem Inventar gegenübergestellt (s. S. 79). Da-

INVENTAR
DER ALBERT FOTOSHOP OHG (A, B), GÖTTINGEN, ZUM 31.12.t_1

I. VERMÖGEN (BESITZTEILE)			*DM*
a) ANLAGEVERMÖGEN			
1. Geschäftsgebäude lt. Grundbuchauszug			*235.200,–*
2. Geschäftsausstattung lt. Verzeichnis 1			*36.000,–*
3. Fuhrpark lt. Verzeichnis 2			*27.000,–*
b) UMLAUFVERMÖGEN			
1. Waren lt. Verzeichnis 3			*127.800,–*
2. Forderungen			
a) Jutta Lau, Göttingen		*4.400,–*	
b) Günther Neitzel, Hildesheim		*2.200,–*	
c) Fotolabor d. Univ. Göttingen		*15.800,–*	*22.400,–*
3. Bankguthaben lt. Kontoauszug v. 31.12.t_1			*43.800,–*
4. Kasse lt. Kassenbericht v. 31.12.t_1			*800,–*
SUMME DES VERMÖGENS			*493.000,–*
II. SCHULDEN			
1. Darlehen von Franz Gemmer, Kassel			*26.000,–*
2. Verbindlichkeiten gegenüber Lieferanten			
a) Fotobedarf-AG, Düsseldorf		*14.200,–*	
b) Mehro-KG, Braunschweig		*5.200,–*	*19.400,–*
SUMME DER SCHULDEN			*45.400,–*
III. EIGENKAPITAL (REINVERMÖGEN)			
Summe des Vermögens			*493.000,–*
– Summe der Schulden			*45.400,–*
= EIGENKAPITAL			*447.600,–*

Göttingen, den 31.12.t_1

bei werden die Gliederungsgrundsätze für Kapitalgesellschaften angewendet. Die Bezeichnung von Bilanzposten folgt hier aber den Gepflogenheiten der Praxis, die auch nach dem Handelsrecht zulässig sind. Zur Beweiskraft der Daten ist der Jahresabschluß (also Bilanz mit Gewinn- und Verlustrechnung, bei Kapitalgesellschaften ergänzt durch den Anhang) zu unterzeichnen (§ 245 HGB).

Aktiva *BILANZ DER ALBERT FOTOSHOP OHG ZUM 31.12.t_1* *Passiva*

	31.12.t_1 DM	1. 1. t_1 DM		31.12.t_1 DM	1. 1. t_1 DM
Anlagevermögen			*Eigenkapital*		
Bebaute Grundstücke	235.200,–	240.000,–	*Gesellschafter A*	291.064,–	274.400,–
			Gesellschafter B	156.536,–	137.200,–
Geschäftsausstattung	36.000,–	40.000,–	*Fremdkapital*		
Fuhrpark	27.000	36.000,–	*Darlehensschulden*	26.000,–	30.000,–
Umlaufvermögen			*Verbindlichkeiten Laufzeit bis 1 Jahr*	19.400,–	16.400,–
Waren	127.800,–	120.000,–			
Forderungen Laufzeit bis 1 Jahr	22.400,–	14.600,–			
Bankguthaben	43.800,–	6.200,–			
Kasse	800,–	1.200,–			
	493.000,–	458.000,–		493.000,–	458.000,–

Anhand der vorliegenden einfachen Muster für die rechtlich verlangten Stichtagsinformationen können deren Merkmale nochmals zusammengefaßt werden:

GEMEINSAMKEITEN UND UNTERSCHIEDE BEI INVENTAR UND BILANZ

INVENTAR	BILANZ
Stichtagsinformation	Stichtagsinformation
vermittelt Detailinformationen	vermittelt Globalinformationen
mengen- und wertmäßige Darstellung der Unternehmensstruktur	wertmäßige Darstellung der Unternehmensstruktur
Ausweis personenbezogener Merkmale bei Ansprüchen und Verpflichtungen (Namen von Kunden und Lieferanten)	Verzicht auf den Ausweis personenbezogener Merkmale
Darstellung in tabellarischer Form	Darstellung in Kontoform
auch bei publizitätspflichtigen Untermen nicht zu veröffentlichen	bei publizitätspflichtigen Unternehmen zu veröffentlichen

Nach Klärung der grundsätzlichen Fragen zur Bestandsaufnahme und deren Wiedergabe in Inventar und Bilanz sollen kurz noch einige rechtliche Besonderheiten angesprochen werden, die zwar im allgemeinen nicht von Belang sind, die aber zur Vervollständigung des Überblicks über Bilanzfragen notwendig erscheinen. Sie betreffen zunächst die **Bilanzierungsfähigkeit** bzw. **-pflicht** von Wirtschaftsgütern. Zuvor wurde unterstellt, daß alle Vermögensgegenstände, die bei den Inventurarbeiten erfaßt werden, in die Bilanz eingestellt werden. Diese Aussage ist nun einzuschränken. In Verfolgung des Anschaffungswertprinzips dürfen grundsätzlich – d.h. es gibt Ausnahmen – Vermögensgegenstände nur aktiviert werden, wenn sie entgeltlich erworben wurden. Diese Vorschrift führt beispielsweise dazu, daß ein käuflich erworbenes **Patent** in der Bilanz aufgeführt wird, ein entsprechender Posten nicht aber für ein selbst entwickeltes Patent angesetzt werden darf. Es fehlt hier die Funktion des Marktes, den Wert von Gütern im Vertragsverkehr mit Dritten zu bestätigen.

Auch in einem anderen Fall wird der Konflikt zwischen dem Anschaffungswertprinzip und dem Ausweis tatsächlicher Schuldendeckung deutlich. Er betrifft die Situation, die häufig beim Kauf ganzer Unternehmen auftritt. Dabei wird der Kaufpreis sowohl vom Bilanzwert der Vermögensgegenstände (abzüglich der Schulden) bestimmt als auch von den zukünftigen Gewinnchancen des Unternehmens. Bei guten Erfolgsaussichten und ggf. auch erkennbaren stillen Reserven im ausgewiesenen Vermögensbestand wird der Kaufpreis für das Unternehmen den substanzbezogenen Wert übersteigen. Der Differenzbetrag ist kein selbständig verkehrsfähiges Wirtschaftsgut, sondern ein Betrag, der den Wert von Kundenstamm, Firmenname, Produktsortiment, Fertigungsverfahren u.ä. zum Ausdruck bringt. Hierfür ist die Bezeichnung **Firmenwert** (good will) gebräuchlich.

Das HGB stellt es dem Kaufmann frei, ob er den zu zahlenden Firmenwert als Aktivposten des Anlagevermögens ansetzt oder ihn sofort als Eigenkapitalverbrauch behandelt: „Als Geschäfts- oder Firmenwert darf der Unterschiedsbetrag angesetzt werden, um den die für die Übernahme eines Unternehmens bewirkte Gegenleistung den Wert der einzelnen Vermögensgegenstände des Unternehmens abzüglich der Schulden im Zeitpunkt der Übernahme übersteigt. Der Betrag ist in jedem folgenden Geschäftsjahr zu mindestens einem Viertel durch Abschreibungen zu tilgen." (§ 255 Abs. 4 HGB)

Ein letzter – seltener – Fall soll die Grenzen des Anschaffungswertprinzips zeigen. Wenn ein Unternehmen **materielle Anlagewerte** (z.B. Grundstücke, Maschinen) **unentgeltlich** erwirbt, können sie nach überwiegender Literaturmeinung gleichwohl mit einem „vorsichtig zu schätzenden" Wert in die Bilanz eingestellt werden. Hier glaubt man, im „Markt" ausreichende Orientierung für einen willkürfreien Wertansatz zu finden.

KONTROLLFRAGEN:

(16) Neben dem Inventar muß jährlich eine Bilanz aufgestellt werden. Welches sind die Aufgaben der beiden Stichtagsinformationen?

(17) Nach Handels- und Steuerrecht dürfen Wertsteigerungen eines Gegenstandes über seinen Anschaffungswert hinaus nicht als Gewinn ausgewiesen werden. Wie kann diese Beschränkung des Einblicks in die Vermögenslage begründet werden?

(18) Bei der Inventur entsteht das Problem, daß nicht alle gezählten Vermögensgegenstände auch im Eigentum des Betriebes sind. Wie wird der Zusammenhang zwischen Verfügbarkeit über Gegenstände und Eigentum berücksichtigt?

(19) Welche Wertansätze kommen für das Anlagevermögen in Betracht?

(20) Welcher Zusammenhang besteht zwischen Anschaffungspreis und Anschaffungswert?

Aufgabe 3 (Inventar und Bilanz)

Der Einzelkaufmann R. FEDER betreibt ein Schreibwarengeschäft. Vom 28. bis 31. Dezember des Jahres t_i werden die Vermögensgegenstände und Schulden bestandsmäßig aufgenommen. Die Inventurarbeiten führen zu folgendem Ergebnis:

a) Bebautes Grundstück; um Abschreibungen verminderter Anschaffungswert DM 180.000,–. Im Grundbuch ist eine Hypothek von DM 100.000,– eingetragen. Es wurden noch keine Beträge zur Tilgung entrichtet.

b) 1 PKW, angeschafft zu Beginn von t_{i-2}; Anschaffungswert DM 18.000,–; die betriebsgewöhnliche Nutzungsdauer wurde mit 6 Jahren ermittelt. Gegenwärtig ließen sich am Gebrauchtwagenmarkt DM 5.000,– für diesen Wagen erzielen.

c) Gegenstände der Geschäftsausstattung (lt. besonderem Verzeichnis); der um Abschreibungen verminderte Buchwert beläuft sich auf DM 14.000,–.

d) Warenvorräte (lt. besonderem Verzeichnis) mit einem Anschaffungswert von DM 22.000,– per 28.12.t_i. In den aufgenommenen Warenvorräten sind 12 Kunstkalender für das Jahr t_i enthalten, die zu DM 15,–/Stück eingekauft worden waren. Der gegenwärtig noch erzielbare Verkaufserlös wird mit DM 4,–/Stück angenommen.

Die Bestandsaufnahme der Waren erfolgte am 28. Dezember. An den letzten 3 Verkaufstagen des Jahres t_i wurden verkauft:

Schreibwaren (lt. Verzeichnis), Anschaffungswert DM 140,–, Verkaufserlös DM 280,–;
3 Kunstkalender, Verkaufserlös DM 12,–.

e) Der Warenbestand ist mit DM 4.000,– auf Ziel gekauft worden. Diese Schulden wurden noch nicht beglichen.

f) Ein Universitätsinstitut hat eine Lieferung vom 20.8.t_i noch nicht beglichen; Verkaufspreis DM 1.600,–.

g) Der Kontoauszug der Bank weist zum 31.12.t_i ein Guthaben von DM 2.300,– aus.

h) Der Kassenbestand beläuft sich am 31. Dezember t_i auf DM 384,–.

Inventar und Bilanz sind per 31. Dezember t_i aufzustellen.

Der Inhaber R. FEDER versucht anhand der Stichtagsinformationen einen Überblick über seine geschäftliche Situation zu gewinnen. Als Vergleichswert liegt ein Eigenkapitalbestand zu Periodenbeginn in Höhe von DM 110.000,– vor. Welche Rückschlüsse lassen sich auf der Grundlage des vorliegenden Zahlenmaterials zur Finanz- und Erfolgslage des Unternehmens ziehen?

2.2. Erfassung und Auswertung von Wertbewegungen auf Bestandskonten

2.2.1. Staffel- und Kontorechnung

Inventar und Bilanz liefern Stichtagsinformationen. Sie zeigen, welche Bestände am Rechnungsstichtag nach Gesetz und Gesetzesinterpretation im Vermögens- und Kapitalbereich ermittelt wurden. Die Stichtagsinformation eines Jahres kann mit den entsprechenden Werten des Vorjahres verglichen werden. Der Eigenkapitalvergleich zeigt mit den Größen Gewinn oder Verlust die Erfolgswirksamkeit unternehmerischen Handelns. Verdeckt bleibt aber dabei, wie es zu den Veränderungen der Bestände gekommen ist.

Die rechtlichen Grundlagen zur Rechnungslegung verlangen neben der zeitpunktbezogenen Abbildung der Vermögensgegenstände und Schulden die zeitraumbezogene Erfassung aller Veränderungen bei diesen Posten. Der **Ist-Zustand** lt. Inventurergebnis konkretisiert sich also zunächst in einer **Eröffnungsbilanz**. Durch wirtschaftliche Ereignisse treten bei den Bilanzbeständen Veränderungen auf, die bei den einzelnen Posten rechnerisch zu erfassen sind. Die Möglichkeiten dieser Rechnungsführung sollen an einem Beispiel veranschaulicht werden.

Fallgestaltung: Erfassung der Wertbewegungen eines Bestandes

Zu Beginn des Jahres t_1 wies die FOTOSHOP OHG einen Kassenbestand in Höhe von DM 1.200,– aus. Nach Geschäftseröffnung am 2.1.t_1 traten folgende Ereignisse ein, die den Kassenbestand veränderten:

Ereignis-Nr.	*Datum (t_1)*		*Betrag DM*
1	*2.1.*	*Barverkauf*	*220,–*
2	*2.1.*	*Bareinkauf von Briefmarken*	*20,–*
3	*2.1.*	*Auszahlung für Paketgebühr*	*3,60*
4	*2.1.*	*Barverkauf*	*7,50*
5	*2.1.*	*Barverkauf*	*33,–*
6	*2.1.*	*Auszahlung für Büromaterial*	*44,–*

Auf der Grundlage von beweiskräftigen Belegen werden die Veränderungen beim Kassenbestand erfaßt. Dies könnte zunächst nach dem Verfahren der **Staffelrechnung** geschehen. Dabei werden die Zugänge und Abgänge – ausgehend von einem Anfangsbestand als **Istwert** –

in zeitlicher Reihenfolge verrechnet, wobei nach jedem Rechenschritt der aktuelle Bestand ausgewiesen wird:

STAFFELRECHNUNG

Anfangsbestand (AB)
± Zu- bzw. Abgang
= Zwischen- bzw. Endbestand
± Zu- bzw. Abgang
= Zwischen- bzw. Endbestand
± . . .

		im Beispiel:
AB		*1.200,–*
Ereignis 1	+	*220,–*
Stand	=	*1.420,–*
Ereignis 2	–	*20,–*
Stand	=	*1.400,–*
Ereignis 3	–	*3,60*
Stand	=	*1.396,40*
Ereignis 4	+	*7,50*
Stand	=	*1.403,90*
Ereignis 5	+	*33,–*
Stand	=	*1.436,90*
Ereignis 6	–	*44,–*
Stand	=	*1.392,90*

Die Erfassungstechnik der Staffelrechnung ist zeitraubend. Sie gewährt keinen Überblick über die Gesamtheit bestandsmehrender oder -mindernder Wertbewegungen. Am Ende eines Rechnungszeitraumes kann z.B. nicht unmittelbar festgestellt werden, wie groß der Barumsatz gewesen ist. Hierzu müßten erst alle mit „+“ gekennzeichneten Beträge addiert werden.

Die Staffelrechnung trägt Gefahren in sich, die in den unvermeidbaren Unzulänglichkeiten der rechnenden Personen liegen können. Ein einzelner Übertragungs- oder Rechenfehler wird auf alle folgenden Zwischenbestände übertragen. Eine Aufdeckung solcher Fehler ist sehr schwierig und führt zu zeitraubenden Korrekturvorgängen bei allen Rechengängen, die sich an die Fehlbuchung anschließen.

Die Nachteile der Staffelrechnung haben zur Entwicklung und Anwendung einer Rechnungstechnik geführt, die insbesondere dem Gedanken der Übersichtlichkeit entspricht. Dieses Rechnungssystem wird als **Kontorechnung** bezeichnet. Das Wesen eines Kontos wurde bereits bei Erörterungen zur Bilanz umschrieben als zweiseitige Rechnung zur getrennten Erfassung eines Sach- oder Rechtsbereiches aus unterschiedlicher Sicht.

Bei der Abbildung der Wirtschaftsgüter eines Unternehmens mit Hilfe der Bilanz wurde die zweiseitige Darstellungsform zur Trennung des Sachbereichs (Vermögen) vom Rechtsbereich (Kapital) benutzt. Wenn nun die Wertbewegungen bei einem Bilanzposten erfaßt werden sollen, bekommt die Zweiseitigkeit des Kontos einen anderen Inhalt: Sie ermöglicht eine rechentechnische Trennung von Vorgängen, die einen Bestand erhöhen, von solchen, die eine Bestandsabnahme bewirken, und führt durch Aufrechnung der Kontenseiten auf den größten Betrag zu dem jeweiligen buchmäßigen Endbestand als Differenzgröße (**Saldo**). Die Ermittlung eines Saldos ist vergleichbar mit der zeitpunktbezogenen Ermittlung des Eigenkapitalbestandes, der sich aus der Aufrechnung der Schulden mit dem Gesamtvermögen ergibt. Das Konto wird damit zur formalen Grundlage für die gesamte Bilanzrechnung:

KONTORECHNUNG

(Grundschema)

Anfangsbestand	.....	(–) Abgänge	.....
(+) Zugänge	.....	Endbestand (Saldo)	.....
	Σ		Σ

Abweichend von dem obigen Grundschema käme auch ein spiegelbildliches Rechnungssystem in Betracht, bei dem der Anfangsbestand auf der rechten Seite eingetragen würde. Zur Zweckbestimmung der Rechenseiten eines Kontos läßt sich demnach verbindlich nur festlegen, daß die Erfassung der Zugänge auf der Seite erfolgen muß, auf welcher der Anfangsbestand eingetragen ist. Welche Seite des Kontos aber diese ‚positive' Rechenspalte aufnimmt, kann nicht mit Verstandesgesetzen bestimmt werden. Vielmehr ergibt sich eine solche Zuordnung aus der Entscheidung darüber, wie der Aufbau einer Bilanz in Kontenform gestaltet werden soll.

In der Bilanz werden Vermögensgegenstände (Aktiva) auf der linken Seite aufgeführt. Wenn nun ein Posten für Abrechnungszwecke aus der Bilanz entnommen werden soll, müßte dies als Abgang auf der rechten Seite erfolgen. Auf dem Konto für diesen Posten (Fallgestaltung: Kasse) müßte der Bestand dann wieder auf der linken Seite eingetragen werden:

Bilanz

Aktiva			*Passiva*
....	....	....	....
....	....	....	....
Kasse	*1.200,–*	→ (*gedanklich: Abgang des Bestandes aus der Bilanz*) →	
....	....		

Kassenkonto

→ *Anfangsbestand (AB)*	*1.200,–*		

Auf diesem Konto zur Erfassung von Wertbewegungen bei einem Aktivbestand (**aktives Bestandskonto**) werden die Zugänge auf der linken Seite eingetragen. Abgänge (hier: Entnahmen aus der Kasse) erscheinen auf der rechten Kontoseite. Zu einem beliebigen Zeitpunkt läßt sich der buchmäßige Endbestand ermitteln, indem zunächst festgestellt wird, welche Kontenseite den größten Betrag aufweisen wird. Das kann im Beispiel „Kasse" immer nur die linke Seite sein, weil man aus der Kasse nicht mehr entnehmen kann, als in ihr enthalten ist. Dann wird die Gegenseite (hier: die rechte Seite) im Wege der additiven Substraktion auf dieselbe Summe aufgerechnet, die bereits auf der linken Seite eingetragen wurde. Dieser Aufrechnungsvorgang bestimmt auf der betragsschwächeren Seite die Differenz, die als Endbestand anzusehen ist. Im Beispiel führt das zu folgendem Kontenbild:

Kassenkonto

Datum	*Beleg-Nr.*	*Vorgang*	*DM*	*Datum*	*Beleg-Nr.*	*Vorgang*	*DM*
2.1.	*Bilanz*	*Anfangsbestand*	*1.200,–*	*2.1.*	*2*	*Briefmarkenkauf*	*20,–*
2.1.	*1*	*Barverkauf*	*220,–*	*2.1.*	*3*	*Paketgebühr*	*3,60*
2.1.	*4*	*Barverkauf*	*7,50*	*2.1.*	*6*	*Büromaterial*	*44,–*
2.1.	*5*	*Barverkauf*	*33,–*	*2.1.*		*Endbestand (SALDO)*	*1.392,90*
			1.460,50				*1.460,50*

Der angeführte Hinweis auf den Charakter des Saldos als buchmäßiger Endbestand soll ausdrücken, daß der tatsächliche **Istbestand** von diesem rechnerisch ermittelten **Sollbestand** abweichen kann. Ursachen hierfür sind Fehlhandlungen beim Herausgeben von Geldbeträgen (der Kunde bekommt zu viel oder zu wenig) oder strafbares Handeln (Diebstahl). Was tatsächlich im Unternehmen vorhanden ist, kann somit nicht über die Buchführung als Bestandsfortschreibung ermittelt werden, sondern bedarf einer körperlichen Bestandsaufnahme. Die Buchführung ermittelt Sollwerte auf der Grundlage von Anfangs-Istbeständen, die am Ende eines Kontrollzeitraumes den (neuen) Istbeständen laut Inventur gegenübergestellt werden. Maßgeblich für die neue Bilanz sind immer nur die Istbestände.

Der Abrechnungsgang auf einem aktiven Bestandskonto kann wie folgt zusammengefaßt werden:

Aktives Bestandskonto

(z.B. Kasse)

Anfangsbestand Zugänge	Abgänge Endbestand (Saldo)
Σ	Σ

Daß dieser Verrechnungsablauf nicht auch für passive Bestandskonten gelten kann, ergibt sich einmal, wenn die eingangs gebildete gedankliche Konstruktion zur „Entnahme von Anfangsbeständen aus der Bilanz" auf Schuldenposten übertragen wird: Weil diese Positionen auf der rechten Seite der Bilanz stehen, müßten sie auch zu Anfangsbeständen auf der rechten Seite eines passiven Bestandskontos führen. Aber auch ohne diesen Ansatz, der vielen Probleme bereitet, kann mit einer Abwandlung des obigen Falles für ein aktives Bestandskonto die Kontensystematik für Passivkonten entwickelt werden:

Fallgestaltung: Bankkonto

Ein Unternehmen weist zu Periodenbeginn lt. Kontoauszug ein Guthaben von DM 20.000,– bei der X-Bank aus. Im Abrechnungszeitraum finden folgende Wertbewegungen bei diesem Bestand statt:

1. Einzahlung bar	*DM 6.000,–*
2. Überweisung an Lieferanten	*DM 14.000,–*
3. Überweisung an Vermieter	*DM 8.000,–*

Fortsetzung umseitig

4. Überweisung vom Kunden *DM 2.000,–*
5. Überweisung an die Finanzkasse *DM 10.000,–*

Wie groß ist der Kontostand nach diesen Vorgängen? Auf welcher Seite des Bankkontos in der Buchführung des Unternehmens steht der Saldo?

Ausgehend vom Anfangsbestand, der auf der linken Kontenseite eingetragen wird, erfolgt die Erfassung der Wertbewegungen nach dem oben erläuterten Prinzip: Zugänge stehen auf der Seite des Anfangsbestandes, Abgänge auf der Gegenseite. Beim Kontenabschluß ist in der neuen Fallgestaltung aber festzustellen, daß nicht – wie für ein aktives Bestandskonto üblich – die linke Kontenseite die größte Summe aufweist, sondern die rechte Seite. Offensichtlich wurde vom Bankkonto mehr abgehoben, als an aktivem Bestand verfügbar war. Das Konto wurde „überzogen" – entsprechend „wandert" nun auch der Saldo auf die andere, linke Kontoseite:

Bankkonto *(Fallgestaltung)*

Anfangsbestand	*20.000,–*	*2. Auszahlung*	*14.000,–*
1. Einzahlung	*6.000,–*	*3. Auszahlung*	*8.000,–*
4. Einzahlung	*2.000,–*	*5. Auszahlung*	*10.000,–*
ENDBESTAND (SALDO)	*4.000,–*		
	32.000,–		*32.000,–*

Aus dem anfänglichen Bankguthaben sind nun Bankschulden geworden. Aus diesem Konteninhalt ist auch abzuleiten, daß offensichtlich die Belastung eines Bankkontos durch eine Auszahlung vor dem Hintergrund von zwei verschiedenen Sachverhalten möglich ist. Entweder wird ein Bankguthaben vermindert oder Bankschulden nehmen zu. Beide Sachverhalte führen aber zwangsläufig zu Buchungen auf derselben Seite des Bankkontos und lassen weitere Schlüsse zum Aufbau der Kontorechnung zu: Wenn Zugänge eines Bilanzpostens auf der Kontenseite erfaßt werden, auf welcher der Anfangsbestand verzeichnet ist, ergibt sich aus diesem Grundprinzip umgekehrt nun auch die Anforderung, daß der Anfangsbestand von Schulden auf der rechten Kontenseite eingetragen wird. Damit steht der Anfangsbestand auf der Kontenseite, auf welcher er auch als Bilanzbestand erscheint. Die Kontoführung für passive Bestandskonten erfolgt spiegelbildlich im Vergleich zur Abrechnung auf aktiven Bestandskonten. Das kann im Anschluß an die „Fallgestaltung Bankkonto" mit Beginn des neuen Abrechnungszeitraumes wie folgt dargestellt werden:

Passives Bestandskonto
(z.B. Bankschulden, Verbindlichkeiten)

Abgänge		Anfangsbestand	*(4.000,–)*
Endbestand (Saldo)		Zugänge	
	Σ		Σ

Für den Anfänger liegen hier große Hürden auf dem Wege zum Verständnis der Kontorechnung. Die Schwierigkeiten ergeben sich insbesondere daraus, daß eine Überweisung vom Bankkonto zuvor als „Abgang" bezeichnet wurde, nun aber derselbe Vorgang ein „Zugang" sein soll. Es erfordert einige Übung, bis die Worte „Zugang" oder „Abgang" immer automatisch mit der dahinter verborgenen Bilanzbewegung verbunden werden. Wenn durch einen Vorgang das Vermögen im Wert zunimmt, wird der Wertzugang immer auf der linken Seite eines Vermögenskontos eingetragen. Führt ein Vorgang zu einer Erhöhung von Schulden oder des Eigenkapitals, erfolgt die Eintragung des entsprechenden Betrages auf der rechten Kontenseite. Auch wenn man mit einer Schuldenzunahme gedanklich ein „Minus" verbindet, wobei an eine Verschlechterung der Risikolage gedacht wird, bleibt sie doch in der Buchungssystematik eine Zunahme bei der jeweiligen Schuldenart. Damit gilt auch die obige Übersicht zum Abrechnungsgang auf einem passiven Bestandskonto nicht nur für das Beispiel „Bankschulden", sondern für alle Bilanzbestände, die von der Passivseite einer Bilanz übernommen werden.

Ein Vorteil der Kontorechnung gegenüber der Staffelrechnung wurde darin gesehen, über die Ermittlung des Endbestandes hinaus die Wertentwicklung übersichtlich zu veranschaulichen.[1] Nach der dargestellten

1 Die Ermittlungstechnik für aktive und passive Umsätze eines Zeitraumes gilt nur unter Ausschluß von Korrekturvorgängen. Angenommen, zunächst seien Waren gegen bar verkauft worden. Der Vorgang führt auf dem Kassenkonto zu einer bestandserhöhenden Wertbewegung. Wenn nun der Kunde die Ware reklamiert und den Kaufpreis erstattet bekommt, führt dies zu einer bestandsmindernden Wertbewegung. Es stünden sich gegenüber:

Kasse

	AB	Rückzahlung	
Verkauf	...	des Kaufpreises	...

Ohne Kenntnis der Zusammenhänge könnten nun isoliert ein Umsatz und eine Auszahlung festgestellt werden – wenngleich die tatsächlichen Hintergründe zur Aussage führen, daß letztlich kein Verkauf (Umsatz) stattgefunden hat.

Verrechnungstechnik lassen sich die Vorgänge, die einen Bestand erhöht haben, als Differenz zwischen der Betragssumme beim Kontenabschluß und dem Anfangsbestand ermitteln. Die gesamten bestandsmindernden Vorgänge werden errechnet aus der Differenz zwischen der Betragssumme beim Kontenabschluß und dem buchtechnischen Endbestand (Saldo). Dieser, für die Auswertung der Kontenaufzeichnungen wesentliche Ausgangspunkt kann wie folgt dargestellt werden:

KONTENAUSWERTUNG

	im Beispiel (Kasse) DM
Summe beim Kontenabschluß	*1.460,50*
– Anfangsbestand	*– 1.200,–*
= bestandserhöhende Wertbewegungen	*= 260,50*
Summe beim Kontenabschluß	*1.460,50*
– buchtechnischer Endbestand (Saldo)	*– 1.392,90*
= bestandsmindernde Wertbewegungen	*= 67,60*

In Literatur und Rechnungspraxis wird die linke Kontenseite als die **Sollseite** bezeichnet, die rechte als **Habenseite**. Ein Konto wird entsprechend gekennzeichnet:

Soll	**Konto**	Haben

Bei Buchungen (Eintragungen) auf der linken Seite wird von **Sollbuchungen** gesprochen. Die Buchungen auf der rechten Seite werden als **Habenbuchungen** bezeichnet.

Für eine Begründung der Soll- und Habenbezeichnung fehlt es an befriedigenden Erläuterungen. Nicht wenige Autoren haben sich bemüht, den ausdrucksbezogenen Nutzen dieser Benennungen über Denkmodelle zu veranschaulichen. So wird etwa am Beispiel des Kontos For-

derungen ausgeführt: „ . . . nimmt die eine Seite die Posten auf, die der Abnehmer zahlen ‚soll', die andere Seite dagegen die Beträge, welche die Abnehmer bezahlt ‚haben'."[2] Diese Interpretation folgt der historischen Entwicklung der Buchführung. So war es zunächst eine vorrangige Aufgabe, neben den Kassenbewegungen die Kreditbeziehungen mit Kunden festzuhalten. *Hanns Linhardt* faßt diese Ausgangssituation treffend in dem Satz zusammen: „Aus dem Geist des Kredits ist die Buchhaltung geboren."[3] Im Mittelpunkt des Eigeninteresses an einer Kontrolle von Ansprüchen stand das Forderungskonto. Dort ist die Kontobenennung mit „**soll** zahlen" (links) und „gezahlt **haben**" (rechts) einleuchtend. Diese Interpretation könnte auch noch teilweise für ein Schuldenkonto herangezogen werden. So stehen auf dem Konto **Verbindlichkeiten** auf der rechten Seite die Beträge, welche die Gläubiger beanspruchen – sie wollen sie haben. Ebenso gut könnte aber auch gesagt werden: Auf diesem Verbindlichkeitenkonto stehen rechts die Beträge, die wir als Schuldner zahlen sollen. Erfaßt werden sie aber auf der **Habenseite** des Kontos! Letztlich zeigt auch ein Blick auf den sachlichen Inhalt eines Bankkontos, daß dort auf der linken Seite die Beträge stehen, die wir bei der Bank gut **haben** – oder aber wiederum inhaltlich gleichlautend, die Beträge, die uns die Bank bei entsprechender Anweisung auszahlen **soll** . . .

Die obigen Erläuterungen zeigen, daß eine Ableitung der Fachsprache vom allgemeinen Wortinhalt her inhaltlich konstruiert und didaktisch zweifelhaft ist.[4] Es gibt außer der fachlichen Konvention kein Argument dagegen, die Kontenseiten mit **links** und **rechts** zu benennen. Die Konventionen sind aber so verhaftet, daß es sinnvoller erscheint, den Zusammenhang **links = Soll** und **rechts = Haben** auch den weiteren Ausführungen zugrunde zu legen.

2 HASENACK, W.: Buchführung und Abschluß I, S. 22.
Bei ENGELHARDT/RAFFEE (Grundzüge der doppelten Buchhaltung, S. 25) wird dieser Ansatz zur Interpretation abgewandelt, ohne dadurch anschaulicher zu werden: „Auf der linken Seite des Kontos stehen die Beträge, die der Kunde noch zahlen *soll*. Die rechte Seite zeigt die Beträge, die er gut *hat*." Eine gleichlautenden Erklärungsversuch geben auch H.H. SCHULZE (in KOSIOL, E.: Handwörterbuch des Rechnungswesens, S. 850) oder W. KRESSE (Die neue Schule des Bilanzbuchhalters, Bd. 1, S. 23).

3 LINHARDT, H.: Unveröffentlichtes Vorlesungsmanuskript (1953), S. 55.

4 Als Negativbeispiele könnten Ausführungen dienen, in denen die Lernwirkung des Erklärungsversuchs kaum erkennbar ist. So führt W. HENNING (Doppelte Buchführung, 2. Aufl., S. 20) aus: „Die Worte Soll und Haben sind dadurch entstanden, daß man bei den aus dem Italienischen entnommenen auf der linken Seite stehenden Worten ‚soll geben' ‚geben', bei den auf der rechten Seite stehenden Worten ‚soll haben' aber ‚soll' strich." Ganz anders ist der Zusammenhang nach W.A. KLIMMER (Repetitorium der Buchführung, S. 43): „Es handelt sich hier um ein mathematisches Prinzip." (?)

2.2.2. Das System doppelter Buchführung

Die Erfassung von Wertbewegungen eines Bestandes **(Buchung)** erfolgt überwiegend als Kontorechnung. Zu klären wäre nun zusätzlich, ob jedes buchungsrelevante Ereignis (**Geschäftsfall**, auch: Geschäftsvorfall) mit einer einzelnen Buchung hinreichend erfaßt ist. Ein Ausgangsbeispiel soll zur Veranschaulichung weiterer Zusammenhänge dienen:

Fallgestaltung: Doppelte Buchführung

Ein Unternehmen U_1 kauft im Zeitpunkt $t_{1/I}$ von dem Unternehmen U_2 Waren zum Preis von DM 1.000,–. Die Waren werden sofort übergeben. Der Kaufpreis wird nicht sofort entrichtet. Als Zahlungstermin wird $t_{1/II}$ vereinbart.

Zunächst soll betrachtet werden, wie sich dieser sog. Zieleinkauf im Unternehmen U_1 auswirkt. Mit der Warenübergabe ist in U_1 eine realdingliche Auswirkung festzustellen: Der Warenbestand nimmt um die eingekauften Mengen im Wert von DM 1.000,– zu. Soll der Vorschrift des § 238 HGB, der eine Erfassung der Handelsgeschäfte fordert, entsprochen werden, müßte ein **Warenkonto U_1** diesen Zugang aufnehmen:

Soll	*Warenkonto U_1*	*Haben*
Anfangsbestand	*AB*	
$t_{1/I}$	*1.000,–*	

Für die Warenlieferung verlangt U_2 eine Gegenleistung. Sie wird von U_1 nicht unmittelbar erbracht. Die Finanzierung des Warenzugangs wird durch einen Liefererkredit möglich. In U_1 entstehen **Verbindlichkeiten** aufgrund von Warenlieferungen oder Leistungen, die vertragsgerecht zu erfüllen sein werden. Die Rechtsfolgen einer Zahlungsunfähigkeit (Konkursgrund!) machen deutlich, warum gerade die buchhalterische Erfassung solcher Kreditbeziehungen besonders wichtig ist.[1] U_1 wird die Zahlungsverpflichtungen auf einem Konto **Verbindlichkeiten** ausweisen:

1 In den Anfängen kaufmännischer Buchführung ging es allein um die Aufzeichnung dieser Kreditbeziehungen. Was am Warenlager oder in der Kasse vorhanden war, wurde per Augenschein ‚festgestellt'. Was noch zu fordern oder noch zu zahlen war, ließ sich nur über Aufzeichnungen kontrollieren. Kreditoren- und Debitorenkonten (Gläubiger- und Schuldnerkonten) waren der Ausgangspunkt der *einfachen Buchführung*.

Soll	*Verbindlichkeitenkonto U_1*	*Haben*
	Anfangsbestand	*AB*
	t_1/I	*1.000,–*

Der Geschäftsfall löst zwei Buchungen aus. Wie sind diese Buchungen inhaltlich zu umschreiben? Wird an den Ausgangspunkt der Bilanzgliederung erinnert, dann war es dort das Ziel, der **Wertverwendung** (links) die **Wertherkunft** (rechts) gegenüberzustellen. Derselbe Gedanke kennzeichnet nun auch die Erfassung von Geschäftsfällen. Einerseits steht die Buchung auf einer linken Kontenseite **(Sollbuchung)** für ein **„wofür verwendet?"** Im Beispiel: DM 1.000,– wurden für die Erhöhung des Warenbestandes verwendet. Ebenso könnte diese Sollbuchung – wie jede andere Sollbuchung auch – umschrieben werden mit der Frage: **„Wohin ist der Wert gegangen?"** Eine **Sollbuchung** wird demnach mit dem Merkmal **wofür** bzw. **wohin** gekennzeichnet.

Der Inhalt einer **Habenbuchung** zeigt an, daß jeder Wertverwendung eine betragsgleiche Wertherkunft entsprechen muß. Anschaulich umschrieben steht für eine Habenbuchung das Merkmal **„Woher kommt es?"** oder kurz: das **Woher.**

Im Zusammenhang gesehen besteht ein Geschäftsfall aus der Wertverwendung, die durch eine Wertherkunft möglich gemacht wird:

BUCHUNGSZUSAMMENHANG

Sollbuchung		**Habenbuchung**
Wertverwendung	ermöglicht durch	**Wertherkunft**
im Beispiel: **Warenzugang**	ermöglicht durch	**Schuldenzunahme**

Es soll bereits hier angemerkt werden, daß Geschäftsfälle nicht nur als Veränderung *beider* Bilanzseiten zu verstehen sind. Wäre nämlich der Warenzugang (als Wertverwendung) durch eine Auszahlung aus der Kasse finanziert worden, stünde die Habenbuchung auch auf einem aktiven Bestandskonto (Kasse). Eine Bilanzseite allein erfaßt dann den Buchungszusammenhang mit Wertverwendung und -herkunft.

Als buchhalterische Auswirkungen des zunächst behandelten Zielkaufs sind in U_1 festzustellen:

Soll	*Warenkonto U_1*	*Haben*
t_1/I	*AB 1.000,–*	

Soll	*Verbindlichkeitenkonto U_1*	*Haben*
	t_1/I	*AB 1.000,–*

Eine Zunahme des Warenbestandes in U_1 *bewirkt (ermöglicht)* *durch eine Schuldenaufnahme bei U_2*

Ein Geschäftsfall muß nicht unbedingt nur eine Soll- und eine Habenbuchung nach sich ziehen. Im Beispiel hätte es auch der Fall sein können, daß die Warenlieferung (DM 1.000,–) zu einem Teil bar bezahlt wurde (DM 600,–) und der Rest (DM 400,–) zu Verbindlichkeiten führte. Dann wäre in U_1 im Zeitpunkt t_1/I auf einem Konto im Soll und zwei Konten im Haben gebucht worden:

Sollbuchung			**Habenbuchung**	
Warenzugang	*DM 1.000,–*	*ermöglicht durch*	*Kassenbestand*	*DM 600,–*
			und	
			Schuldenzunahme	*DM 400,–*

Zur Erläuterung des Systems doppelter Buchführung kann zunächst festgestellt werden: Jeder Vorgang, der Wertveränderungen innerhalb der Sach- oder Rechtssphäre eines Unternehmens hervorruft, verursacht Buchungen auf mindestens zwei Konten. Durch den Bilanzaufbau vorgezeichnet, müssen sich Buchungen der Wertverwendung (Sollbuchungen) ausgleichen mit den korrespondierenden Buchungen der Wertherkunft (Habenbuchungen). Die einen Vorgang betreffenden Buchungen werden zusammenfassend als **Buchungssatz** ausgedrückt. Zuerst wird genannt, auf welchem Konto (welchen Konten) im Soll gebucht wird. Getrennt durch das Kennwort „**an**" folgt die Nennung der Konten, die im Haben berührt werden. Im Ausgangsbeispiel lautete der Buchungssatz für U_1 im Zeitpunkt t_1/I:

Warenkonto	*DM 1.000,–*	*an*	*Verbindlichkeitenkonto*	*DM 1.000,–*[2]

Für das erweiterte Beispiel ergäbe sich der Buchungssatz

			Kassenkonto	*DM 600,–*
Warenkonto	*DM 1.000,–*	*an*	*Verbindlichkeitenkonto*	*DM 400,–*

Vielen Lesern wird der Gedanke kommen, daß es sich bei dem System doppelter Buchführung letztlich um die Erfassung von ‚Plus-Minus-Zusammenhängen' handele. Sie könnten zudem für ihre Denkweise in Anspruch nehmen, daß in vielen Fachbüchern ebensolche Vorstellungen geäußert werden.[3] Bereits der Blick auf die eingangs gebildete Fallgestaltung (Zieleinkauf von Waren) zeigt aber, daß hier zwei ‚Plusvorgänge' vorliegen: Der Warenzunahme entspricht eine betragsgleiche Schuldenzunahme. Die Erweiterung der Fallgestaltung (Einkauf von Waren gegen bar und auf Ziel) veranschaulicht zudem die Vielfalt an möglichen arithmetischen Beziehungen: Der Warenzunahme steht eine Abnahme des Kassenbestandes und eine Schuldenzunahme gegenüber.

2 Eingeführt ist auch, vor die Nennung der Sollbuchung das Wort „per" zu setzen. Für die Wörter *per* und *an* fehlt es an hinreichenden sprachlichen Ableitungen. Sie sind ebenso wie die Ausdrücke *Soll* und *Haben* in der Rechnungspraxis gewachsen und verwachsen. Sie bieten dem Fachkundigen die Möglichkeit der Sachabgrenzung. Dem Unkundigen geben sie jedoch keinen allgemeinsprachlich abzuleitenden Hinweis auf ihre inhaltliche Bedeutung. Als Hilfestellung könnte hier nur empfohlen werden, für die Sollbuchung den Anruf *„Für"* zu verwenden und die Nennung der Habenbuchung gemäß ihrer Funktion mit *„Von"* abzuleiten. Damit ergäbe sich als Nennung für den ersten Buchungsvorgang:

PER (FÜR)	Warenkonto	DM 1.000,–	*AN (VON)*	Verbindlichkeitenkonto DM 1.000,–

3 Auch in neueren Veröffentlichungen sind derartige Interpretationen zu den Doppelbuchungen anzutreffen. H. VORMBAUM (Grundlagen, S. 38) führt aus: „Die doppelte Buchführung ist dadurch charakterisiert, daß . . . jedem Bestandszugang zwangsläufig ein Bestandsabgang . . . entsprechen muß." Ähnlich unzutreffend formuliert W. ZIMMERMANN (Erfolgs- und Kostenrechnung, S. 9): „Jeder zu buchende Geschäftsvorfall . . . ist also als Abgang auf einem Konto und als Zugang auf einem anderen Konto zu buchen."

Auch die Begriffswahl von W. KALVERAM (Industrielles Rechnungswesen, S. 45) führt zu wenig Klarheit in diesem – insbes. dem Anfänger kompliziert erscheinenden – Sachbereich: „Jeder buchungsfähige Geschäftsvorfall betrifft zwei Konten. Dem auf einem Konto zu buchenden Wertausgang muß der Werteingang auf einem anderen Konto entsprechen." Eine ganz andere Begründung für „doppelte Buchführung" gibt Dieter SCHNEIDER: „Der Zweck der doppelten Verbuchung ist allein rechentechnischer (mathematischer) Natur: Kontrolle der Rechenfähigkeiten. Rechenkenntnisse bilden jahrhundertelang einen Engpaß unter den menschlichen Fähigkeiten." (Geschichte betriebswirtschaftlicher Theorie, S. 97).

Von betrieblichen ‚Plus-Minus-Zusammenhängen' im Buchungssystem kann also nicht gesprochen werden.

Eine allgemeingültige Umschreibung des Wesens doppelter Buchführung erschließt sich erst, wenn an **zwischenbetriebliche Auswirkungen** der wirtschaftlichen Verkehrsvorgänge gedacht wird.[4] Auch hierzu soll die eingangs gebildete Fallgestaltung herangezogen werden:

Fallgestaltung: Doppelte Buchführung

Ein Unternehmen U_1 kauft im Zeitpunkt $t_{1/I}$ von dem Unternehmen U_2 Waren zum Preis von DM 1.000,–. Die Waren werden sofort übergeben. Der Kaufpreis wird nicht sofort entrichtet. Als Zahlungstermin wird $t_{1/II}$ vereinbart.

Die Veranschaulichung der buchungstechnischen Folgerungen aus diesem Vorgang soll jetzt so geschehen, daß parallel beide Unternehmen betrachtet werden. Zur Erfassung des Warenüberganges werden zunächst in beiden Unternehmen Warenkonten benötigt. Bei dem liefernden Unternehmen U_2 ist mit dem Warenübergang der Anfangs-Bestandswert (AB) zu verringern.[5] Bei dem Unternehmen U_1 dagegen ist dieser Güterübergang als Bestandszunahme zu erfassen:

S	Warenkonto U_1	H
	AB	
→ $t_{1/I}$	1.000,–	

S	Warenkonto U_2	H
AB	$t_{1/I}$	1.000,– → *Leistung des Verkäufers an den Käufer*

Dem Leistungsvorgang von U_2 steht der Anspruch auf die Gegenleistung gegenüber. Im Beispiel besteht er darin, daß U_1 das rechtswirksame Versprechen abgibt, innerhalb einer festgelegten Zeitspanne bis $t_{1/II}$ den Kaufpreis zu entrichten. Damit wird die Gegenleistung in U_1 als Schuldenzugang, in U_2 als Forderungszugang erfaßt:

---

4 Vgl. zu diesem Ansatz MATTESSICH, R.: Die wissenschaftlichen Grundlagen des Rechnungswesens, S. 60 ff.

5 Es soll hier zunächst vereinfachend angenommen werden, daß der Verkäufer die Waren zum Anschaffungswert veräußert. Fragen zur Erfolgswirksamkeit der Verkaufsvorgänge werden im Abschnitt 2.4. behandelt.

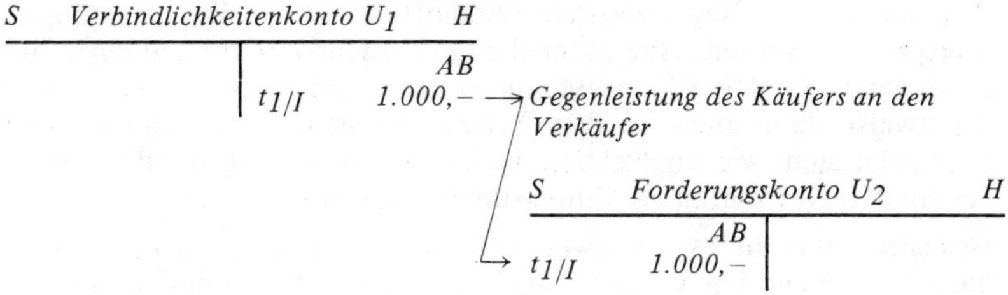

Zwischenbetrieblich entsprechen sich

U_1:	*Warenzugang*	= U_2:	*Warenabgang*
U_1:	*Schuldenzugang* (*Erhöhung von Zahlungsverpflichtungen*)	= U_2:	*Forderungszugang* (*Erhöhung von Zahlungsansprüchen*)

Die Buchungen stellen sich nunmehr dar als Erfassung eines Vorganges, der „zu einem bestimmten Zeitpunkt den Zustand der beiden Wirtschaftsobjekte in entgegengesetzter Weise verändert.“[6] Einer Zunahme des Warenbestandes in U_1 (+) steht eine entsprechende Abnahme in U_2 (–) gegenüber. Die Situation im finanziellen Bereich wird in U_1 durch den Schuldenzugang negativ verändert. Dem steht in U_2 mit dem Forderungszugang ein entsprechender positiver Vorgang gegenüber.

Die oben geschilderten zwischenbetrieblichen Plus-Minus-Zusammenhänge dürfen nicht zu der Folgerung fortgeführt werden, daß es das Wesen der doppelten Buchführung sei, bei jedem Vorgang in einem Betrieb einen Bestandswert zu erhöhen und einen anderen zu verringern. Die „Doppelnatur“[7] von Geschäftsfällen liegt außerhalb solcher mathematischen Plus-Minus-Zusammenhänge. Durch einen Geschäftsfall werden in jedem Betrieb immer zumindest zwei Sach- oder Rechtssphären berührt. Einer Wertverwendung steht eine Wertherkunft gegenüber. Dieser Zusammenhang läßt sich allgemeingültig nicht mathematisch, sondern nur wirtschaftlich ausdrücken: Mit jedem Geschäftsfall werden die wirtschaftlichen Leistungswerte eines Unternehmens in entgegengesetzter Weise verändert – wobei Schul-

6 MATTESSICH, R.: Die wissenschaftlichen Grundlagen des Rechnungswesens, S. 61.
7 SCHMALENBACH, E.: Die doppelte Buchführung, S. 23.

den immer als Negativposten (zukünftige finanzielle Belastungen) interpretiert werden. Nur unter diesem Gesichtspunkt kann ein Schuldenzugang als ‚Minus' angesehen werden. Letztendlich müßte diese Denkweise dann auch für den Wertzugang beim Eigenkapital gelten. Hier zeigt sich, wie unglücklich auch dieser Ansatz ist, der definitionsgemäß den Gewinnfall als Minusvorgang bezeichnen müßte.

Deshalb erscheint es am zweckmäßigsten, den Buchungszusammenhang immer aus den Veränderungen eines Bilanzbildes herzuleiten und nicht fragwürdige Plus-Minus-Zusammenhänge zu suchen.

2.2.3. Bilanzielle Wertbewegungen

Jeder Geschäftsfall führt zu einem Buchungssatz, der mit den folgenden Merkmalen gekennzeichnet ist:

BUCHUNGSSATZ

Konto der **Sollbuchung** (Wertverwendung)	an	Konto der **Habenbuchung** (Wertherkunft)

Ein Zielkauf von Waren für DM 1.000,– führte zum Buchungssatz des Käufers (U_1)

Warenkonto *an* *Verbindlichkeitenkonto DM 1.000,–*

und des Verkäufers (U_2)

Forderungskonto *an* *Warenkonto* *DM 1.000,–.*

Es soll angenommen werden, bei dem Verkäufer (U_2) handele es sich um die *Fotoshop OHG*. Der Verkaufsvorgang (1) führt in der Bilanz zu folgender Wertbewegung:

Aktiva BILANZ DER ALBERT FOTOSHOP OHG zu t_1/I

		ANLAGEVERMÖGEN	
		Bebaute Grundstücke	*240.000,–*
		Geschäftsausstattung	*40.000,–*
		Fuhrpark	*36.000,–*
		UMLAUFVERMÖGEN	
Fall 1	– ←	*Waren*	*120.000,–*
	+ →	*Forderungen*	*14.600,–*
		Bankguthaben	*6.200,–*
		Kasse	*1.200,–*
			458.000,–

Mit dem Buchungsgang

(1) Forderungen an Waren DM 1.000,–

wurde die Zusammensetzung der Aktivseite verändert. Durch diesen **Aktivtausch** bleibt die Bilanzsumme unverändert. Eine andere Fallgestaltung zur Veränderung des Bilanzbildes könnte lauten:

(2) Die Fotoshop OHG ist nicht in der Lage, fällige Zahlungsverpflichtungen in Höhe von DM 8.000,– zu erfüllen. Der Gläubiger stimmt zu, daß seine Forderung in ein Darlehen umgewandelt wird.

Die Wertverwendung (Sollbuchung) besteht in einer Schuldentilgung. Im Regelfall werden Schulden beglichen, indem Konten aus dem Finanzbereich die Wertherkunft ermöglichen (Kasse, Bank, Postscheck). In der Fallgestaltung (2) sind aber nicht genügend finanzielle Mittel vorhanden. Die Schulden werden getilgt, indem eine andere Schuldenart (Darlehen) begründet wird. Der Gläubiger stimmt diesem Vorgang zu, weil er nunmehr zusätzlich zum kreditierten Betrag von DM 8.000,– Zinsen fordern kann. Gebucht wird in der *Fotoshop OHG*

(2) Verbindlichkeiten an Darlehensschulden DM 8.000,–

Das Bilanzbild erhält folgende Wertbewegung:

BILANZ DER ALBERT FOTOSHOP OHG zu $t_{1/I}$ Passiva

	EIGENKAPITAL			
	Gesellschafter A	*274.400,–*		
	Gesellschafter B	*137.200,–*		
	FREMDKAPITAL			
	Darlehnsschulden	*30.000,–*	← +	*Fall 2*
	Verbindlichkeiten	*16.400*	→ –	
		458.000,–		

Der Buchungsgang verändert die Zusammensetzung der Passivseite. Durch diesen **Passivtausch** bleibt die Bilanzsumme unverändert.

Eine weitere Fallgestaltung lautet:

(3) Einkauf von Waren auf Ziel für DM 3.000,–.

Sie führt zu dem Buchungssatz

(3) Waren an Verbindlichkeiten DM 3.000,–.

Das Bilanzbild erfährt auf Aktiv- und Passivseite eine betragsgleiche positive Veränderung. Es handelt sich um eine **Aktiv-Passiv-Mehrung**.

Ein letztes Beispiel für bilanzielle Wertbewegungen:

(4) Erfüllung von Verbindlichkeiten in Höhe von DM 4.000,– durch Banküberweisung.

Einer Abnahme der Verbindlichkeiten steht eine Abnahme des Bankguthabens (oder ggf. auch eine Zunahme der Bankschulden!) gegenüber. In dem Rhythmus des Buchungssatzes ausgedrückt: Die Erfüllung von Zahlungsverpflichtungen wird durch die Bank ermöglicht. Der Buchungssatz lautet hier:

(4) Verbindlichkeiten an Bank DM 4.000,–.

Ausgehend von einem Bankguthaben erfährt das Bilanzbild auf Aktiv- und Passivseite eine betragsgleiche negative Veränderung. Es handelt sich um eine **Aktiv-Passiv-Minderung**. Bei vorliegenden Bankschulden würde dagegen ein Passivtausch vorliegen.

Die erläuterten Fallgestaltungen und deren Variationen können nun zu allgemeinen Aussagen über die Möglichkeiten bilanzieller Wertbewegungen fortgeführt werden. Ausgangspunkt für die Erarbeitung von Buchungssätzen ist immer die Frage nach dem Ort der Sollbuchung: „Wofür wurden die Werte verwendet?" Im Geschäftsablauf eines Unternehmens kommen nur zwei Verwendungsmöglichkeiten in Betracht:

- Entweder wurde das Vermögen erhöht (Aktivmehrung, A^+)
  oder
- es wurden Schulden beglichen bzw. Teile des Eigenkapitals verbraucht (Passivminderung, P^-).[1]

Wenn für einen Geschäftsfall geklärt wurde, wofür die **Wertverwendung** erfolgte, wird die Frage nach der **Wertherkunft** (Habenbuchung) angeschlossen: „Welche Bereiche haben die Wertverwendung ermöglicht; woher kamen die eingesetzten Mittel?" Auch hier sind wiederum nur zwei Möglichkeiten denkbar:

- Entweder wurden die Werte von einem aktiven Bestandskonto bereitgestellt und sind dort als Minderung festzuhalten (Aktivminderung, A^-)
  oder

1 Außerhalb des Geschäftsablaufs im engeren Sinne steht noch die Möglichkeit, daß Mittel für private Zwecke verwendet werden, also eine Eigenkapitalminderung auftritt. Aber auch hier handelt es sich dann um den Oberbegriff der Passivminderung als Form der Wertverwendung. Zu den Formen von Eigenkapitalveränderungen vgl. Abschnitt 2.3.

- es wurde mit Fremdmitteln, eingebrachtem Eigenkapital oder erwirtschaftetem Gewinn finanziert; auf der Passivseite der Bilanz ist eine Zunahme eingetreten (Passivmehrung, P^+).

Wenn für Soll- und Habenbuchungen jeweils nur zwei Möglichkeiten bestehen, um die bilanzielle Wertbewegung auszudrücken, können aufgrund der Kombinationsmöglichkeiten zwischen diesen Varianten insgesamt auch nur vier Möglichkeiten bilanzieller Wertbewegungen auftreten:

MÖGLICHKEITEN BILANZIELLER WERTBEWEGUNGEN

WERTVERWENDUNG bewirkt durch WERTHERKUNFT

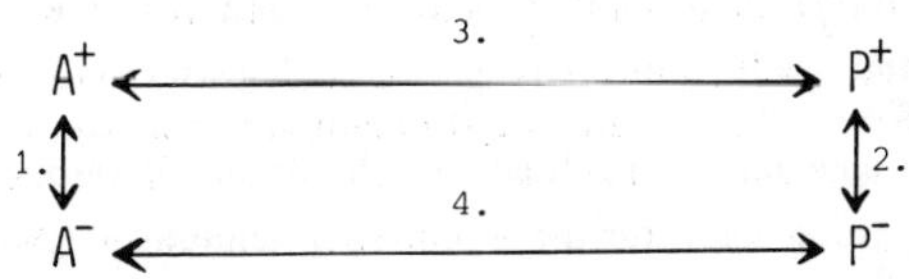

A	VERÄNDERUNGEN DES BILANZBILDES	P
1. Aktivtausch		2. Passivtausch
	3. Aktiv-/Passiv-Mehrung	
	4. Aktiv-/Passiv-Minderung	
Σ		Σ

Der obige Zusammenhang kann mit einigen Beispielen aus dem alltäglichen Geschäftsablauf nochmals wie folgt veranschaulicht werden:

- Der Zugang auf einem Vermögenskonto kann durch den Abgang eines Vermögensgegenstandes finanziert sein (Aktivtausch) oder durch Schuldenaufnahme ermöglicht worden sein (Aktiv-Passiv-Mehrung). Auch sind Kombinationen dieser beiden Fälle denkbar, z.B. PKW-Kauf unter Inzahlunggeben eines alten Wagens und Aufnahme eines Darlehens in Höhe der Restschuld.
- Die Abnahme einer Schuldenart kann erreicht werden, indem ein Finanzkonto den Betrag zur Verfügung stellt (Aktiv-Passiv-Minderung) oder eine Umwandlung in eine andere Schuldenart erfolgt (Passivtausch). Selbst wenn der Fall eintreten sollte, daß Schulden erlassen werden, handelt es sich letztlich um einen Passivtausch: Fremde Ansprüche werden in Eigenkapital umgewandelt.

Jedes buchhalterisch erfaßbare Ereignis läßt sich über die oben abgebildeten vier bilanziellen Wertbewegungen erklären. Damit liegt hier auch der Schlüssel für das Verständnis von Buchführung und Abschluß.

KONTROLLFRAGEN:

(21) Welche Vorteile bietet die Kontorechnung gegenüber der Staffelrechnung?

(22) Wie läßt sich auf einem aktiven Bestandskonto der Gesamtbetrag bestandsmindernder Vorgänge ermitteln?

(23) Durch Aufrechnung der beiden Kontenseiten auf den größten Additionsbetrag wird ein Saldo als „Endbestand" ermittelt. Warum handelt es sich dabei nur um einen buchmäßigen und nicht unbedingt realen Bestand?

(24) Zur Erklärung des Buchungssatzes wird auch gesagt, daß dabei der Zunahme auf einem Konto die Abnahme auf einem anderen Konto gegenübergestellt wird. Ist das eine allgemeingültige Umschreibung für Doppelbuchungen?

(25) Welche Erklärung kann für die Kontenbezeichnungen „Soll" und „Haben" gegeben werden?

Aufgabe 4

Ausgangspunkt ist die Bilanz R. FEDER, die sich als Lösung der Aufgabe 3 ergab:

Aktiva — *Bilanz R. FEDER per 1.1.t_j* — *Passiva*

Bebautes Grundstück	*180.000,–*	*Eigenkapital*	*121.000,–*
Geschäftsausstattung	*14.000,–*	*Hypothekenschulden*	*100.000,–*
Fuhrpark	*5.000,–*	*Verbindlichkeiten*	*4.000,–*
Waren	*21.716,–*		
Forderungen	*1.600,–*		
Bank	*2.300,–*		
Kasse	*384,–*		
	225.000,–		*225.000,–*

Anhand dieser Bilanz sind die aufgeführten Geschäftsfälle im Hinblick auf die ausgelösten Buchungsvorgänge und bilanziellen Wertbewegungen („4 Fälle") zu untersuchen. Die Wertbewegungen sind zu einer Zwischenbilanz (t_j/II) aufzurechnen.

Geschäftsfälle:	*DM*
1. Wareneinkauf gegen Barzahlung	*300,–*
2. Umwandlung einer Verbindlichkeit in eine Darlehensschuld	*600,–*

(Aufgabenfortsetzung auf der nächsten Seite)

Fortsetzung Aufgabe 4:

		DM
3.	*Wareneinkauf auf Ziel*	*700,–*
4.	*Ein Kunde erfüllt seine Zahlungsverpflichtungen mit Bareinzahlung*	*1.000,–*
5.	*Ein Kunde überweist zum Rechnungsausgleich auf das Bankkonto*	*450,–*
6.	*Ausgleich einer Liefererrechnung durch Banküberweisung*	*760,–*
7.	*Barverkauf einer gebrauchten Rechenmaschine zum Buchwert*	*120,–*
8.	*Tilgung eines Darlehns durch Banküberweisung*	*600,–*
9.	*Barkauf einer Rechenmaschine*	*1.200,–*
10.	*Kapitaleinlage des Inhabers durch Bareinzahlung auf das Bankkonto*	*4.000,–*
11.	*Rücksendung beschädigter Waren an den Lieferanten (Eingangsrechnung noch nicht beglichen, vgl. Fall 3.)*	*700,–*
12.	*Bankabhebung des Inhabers für private Zwecke*	*500,–*

2.2.4. Buchführung von Bilanz zu Bilanz

Die einzelnen Geschäftsfälle wurden zunächst isoliert im Hinblick auf den Einfluß untersucht, den sie auf das jeweilige Bilanzbild haben. In der Praxis werden nun aber die Bilanzposten nicht mit jedem Geschäftsfall auf einen neuen Bestandswert gebracht. Es wird nicht in der Bilanz gebucht. Die Buchführung wird vielmehr in den sog. Buchführungsbüchern vorgenommen. Sie sind nach verschiedenen Ordnungsgesichtspunkten aufgebaut. Deren Aufbau ist aus den gesetzlichen Vorschriften zur Buchführung abzuleiten.

§ 238 HGB fordert vom Kaufmann zunächst, „Bücher zu führen und in diesen seine Handelsgeschäfte . . . ersichtlich zu machen.“ Es soll also dokumentiert werden, in welcher zeitlichen Folge welche bilanzrelevanten Ereignisse eingetreten sind. Diesem Zweck dient das sog. **Grundbuch.** In ihm werden, ausgehend vom beweiskräftigen Buchungsbeleg, alle buchungsrelevanten Geschäftsfälle in **zeitlicher Reihenfolge** aufgeführt. Aus anderen Sprachen stammende Bezeichnungen erläutern die Funktion dieses Datenträgers deutlicher:

primanota	–	Buch der ersten Eintragung;
journal	–	Geschäftstagebuch;
memorial	–	Erinnerungsbuch.

§ 238 HGB verlangt nicht nur, die Geschäftshandlungen in zeitlicher Folge aufzuführen. Vielmehr soll die Buchführung insbesondere auch die Vermögenslage ersichtlich machen. Diese Aufgabe kann das zeitlich ordnende Grundbuch nicht erfüllen. Hierfür ist vielmehr eine **sachlich** geordnete Erfassung von Wertbewegungen erforderlich. Diesem Ordnungsgesichtspunkt folgt das **Hauptbuch**. In ihm werden die Bestandskonten geführt. Hier findet die Buchführung im eigentlichen Sinne statt: Die Bilanz wird in Konten aufgelöst. Für jeden vorhandenen Bilanzposten wird ein Konto eingerichtet. Auf dieses aktive oder passive Bestandskonto muß zunächst der Anfangsbestand übertragen werden, der aus der Bilanz ersichtlich ist. Bei der Übernahme dieser Anfangsbestände entsteht ein buchungstechnisches Problem: Wenn jede Buchung auf einem Konto auch eine Gegenbuchung haben soll, um das Grundprinzip „doppelter Buchführung" einzuhalten, entsteht die Frage nach der Gegenbuchung bei der Konteneinrichtung. Wird beispielsweise der Bilanzwert des Bebauten Grundstückes auf die Sollseite des Hauptbuchkontos übernommen, fehlt es an einer Gegenbuchung. In der Bilanz kann diese Gegenbuchung nicht erfolgen, weil sie (erstens) eine abgeschlossene Rechnung darstellt und (zweitens) nicht Buchungszwecken dient, sondern der Abbildung von Ergebnissen der Bestandsaufnahme zum Bilanzstichtag. Hier wird nun wieder deutlich, daß Buchführung und Bilanz zwei verschiedene Dinge sind, die demgemäß auch unterschiedlich behandelt werden müssen.

Die Buchführung erfaßt die Wertbewegungen, die – durch Geschäftsfälle ausgelöst – das Bilanzbild verändern. Eine neue Bilanz zeigt am Periodenende, welche Schlußbestände als Ergebnis der Buchführung ausgewiesen werden müßten. Zumeist fallen Inventurergebnis und Buchführungsergebnis aber auseinander. Wenn in einem Einzelhandelsunternehmen nur ein Artikel (Radiergummi, Farbfilm . . .) gestohlen wurde, weicht das Inventurergebnis schon vom Buchführungsergebnis ab, denn für Ladendiebstähle gibt es keine beweiskräftigen Belege, die in der Buchführung verarbeitet werden könnten. Hier wird wiederum deutlich, wie wesentlich eine Einschränkung ist, die zur Erklärung des Rechnungsablaufs auf einem aktiven Bestandskonto gemacht wurde: Die Buchführung liefert im Ergebnis Sollwerte, die am Periodenende auf die Istwerte laut Inventur korrigiert werden müssen. Es ist also keineswegs immer so, daß der Kontenabschluß am Periodenende automatisch auch zum Inventurergebnis hinführt und deshalb das Buchführungsergebnis zugleich die Bilanz darstellen könnte. Vielmehr ergibt sich aufgrund der unterschiedlichen Arbeitsabläufe in beiden

Abrechnungsbereichen ein durchaus positiver Kontrolleffekt, indem Abweichungen zwischen Ist- und Sollwerten sichtbar werden und Anlaß für organisatorische Änderungen sein können. Aus diesen Gründen also – und nicht vorrangig aus dem Grund einer Systemwahrung für „doppelte Buchführung" – ist das Hauptbuch ein eigenständiger Abrechnungsbereich, der auch am Periodenanfang und -ende mit „Bilanzen" abzuschließen ist.

Bei der Eröffnung der Hauptbuchkonten werden die Gegenbuchungen zur Übernahme der Anfangsbestände auf einem **Eröffnungsbilanzkonto** (EBK) vorgenommen. Dessen Aufgabe wird schon deutlicher, wenn zwischen den Wortteilen Eröffnung und Bilanz eine Trennung erfolgt – also der Charakter als **Eröffnungs-Bilanzkonto** deutlich wird: Um am Ende aller Eröffnungsbuchungen zu wissen, daß auch tatsächlich alle Bilanzbestände auf Hauptbuchkonten übertragen wurden, bildet dieses Eröffnungs-Bilanzkonto die übernommenen Bestände spiegelbildlich ab und weist als Bilanzsumme den Betrag aus, der auch in der Bilanz stand, die als Ausgangspunkt für diesen Rechnungszeitraum dient. Damit ergibt sich folgender Zusammenhang bei der Konteneröffnung:

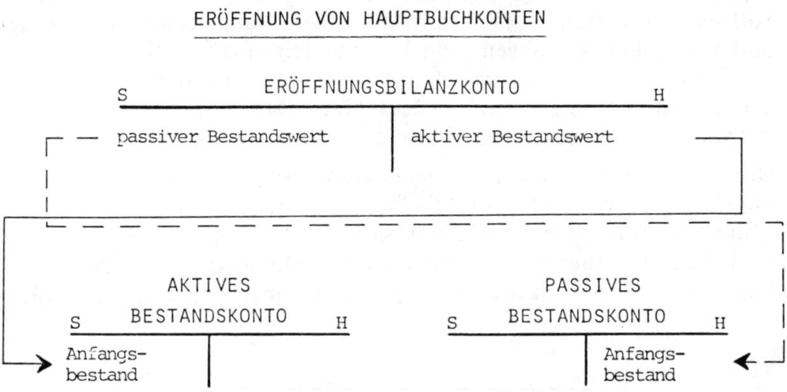

Am Beispiel der *Fotoshop OHG* sind auf der Seite 107 diese Abläufe beim Einrichten der Bestandskonten ersichtlich.

Nachdem die Bilanz in Konten aufgelöst ist, können die Geschäftsfälle mit den Doppelbuchungen sachlich korrekt den entsprechenden Posten zugeordnet werden. Soll nach diesen Buchungen ein Abschluß durchgeführt werden, der zu einer Zwischen- oder Schlußbilanz[1] führt, sind zunächst die Beträge auf den jeweiligen Kontenseiten gegeneinander aufzurechnen. Auf der betragsschwächeren Kontenseite wird der buchtechnische Schluß- bzw. Endbestand (SB) also **Saldo** ermittelt. Dieser vorläufige Saldo wird noch nicht in das Konto eingetragen. Vielmehr wird erst überprüft, ob dieser buchmäßige Endbestand auch mit dem Inventurergebnis übereinstimmt. Häufig taucht eine Abweichung zwischen Ist- und Sollwert auf: Es ist mehr oder weniger vorhanden als nach der Buchführung da sein müßte. In Fällen von Abweichungen sind die Hauptbuchkonten durch **Abstimmungsbuchungen** so zu korrigieren, daß der Kontensaldo mit dem Inventurergebnis übereinstimmt. Erst dann können die Bestandskonten abgeschlossen werden – nun auch wieder nicht über die Schlußbilanz, die ja schon aus dem Inventurergebnis aufgestellt wurde, sondern über ein **Schlußbilanzkonto**.

Mit dem oben erklärten Verrechnungsablauf stehen am Anfang und am Ende eines Rechnungsjahres aufgrund tatsächlicher Bestandsaufnahme **Istwerte**. Zwischen diesen Begrenzungspunkten erfolgt die Buchung von Geschäftsfällen auf den Konten. Hier werden dann nur **Sollwerte** abgerechnet, weil zwischen den Daten des Belegmaterials und tatsächlichen Mengen- und Wertvorgängen Abweichungen auftreten können, die zu den erklärten Abstimmungsbuchungen führen. Aus deren Umfang lassen sich Rückschlüsse auf Fehlerquellen in der Betriebsorganisation ziehen (Beispiel: Warendiebstähle!).

Die (Schluß-)Bilanz einer abgerechneten Periode ist zugleich die Eröffnungsbilanz der sich anschließenden neuen Abrechnungsperiode (**Bilanzidentität**). Damit schließt sich der Rechnungskreis von Bilanz zu Bilanz. In einer schematischen Übersicht sowie in einem Kontenbild, das auf den Buchungsfällen des vorangegangenen Abschnittes

1 Es ist üblich, den Ausdruck Schlußbilanz nur für die sog. Jahresbilanz zu verwenden. Oftmals werden aber auch Abschlüsse für kürzere Zeiträume aufgestellt. Es sollen zwischen zwei gesetzlich vorgeschriebenen Bilanzstichtagen weitere Informationen vermittelt werden. Obgleich auch hier letztlich für den Schluß eines – kürzer gewählten – Zeitraumes eine Bilanz aufgestellt wird, erscheint es nicht angebracht, diese zusätzliche Rechnung als ‚Zwischenbilanz' zu kennzeichnen, weil hier auch in der Regel nur ein Abschluß aufgrund der durchgeführten Buchungen – ohne Inventurkontrolle – durchgeführt wird. Im Interesse einer zweifelsfreien Benennung sollte dieser Abschluß deshalb als ‚Zwischenbilanzkonto' (ZBK) ausgewiesen werden.

DAS GESCHLOSSENE BUCHFÜHRUNGSSYSTEM

ERÖFFNUNGSBILANZKONTO (EBK) t_1/I

Soll		Haben	
Eigenkapital A	274.400,--	Bebaute Grundstücke	240.000,--
Eigenkapital B	137.200,--	Geschäftsausstattung	40.000,--
Darlehnsschulden	30.000,--	Fuhrpark	36.000,--
Verbindlichkeiten	16.400,--	Waren	120.000,--
		Forderungen	14.600,--
		Bankguthaben	6.200,--
		Kasse	1.200,--
	458.000,--		458.000,--

S	*Bebaute Grundstücke*		H
EBK	*240.000,-*	*ZBK*	*240.000,-*
	240.000,-		*240.000,-*

S	*Eigenkapital A*		H
ZBK	*274.400,-*	*EBK*	*274.400,-*
	274.400,-		*274.400,-*

S	*Geschäftsausstattung*		H
EBK	*40.000,-*	*ZBK*	*40.000,-*
	40.000,-		*40.000,-*

S	*Eigenkapital B*		H
ZBK	*137.200,-*	*EBK*	*137.200,-*
	137.200,-		*137.200,-*

S	*Fuhrpark*		H
EBK	*36.000,-*	*ZBK*	*36.000,-*
	36.000,-		*36.000,-*

S	*Darlehnsschulden*		H
ZBK	*38.000,-*	*EBK*	*30.000,-*
		(2)	*8.000,-*
	38.000,-		*38.000,-*

S	*Waren*		H
EBK	*120.000,-*	*(1)*	*1.000,-*
(3)	*3.000,-*	*ZBK*	*122.000,-*
	123.000,-		*123.000,-*

S	*Verbindlichkeiten*		H
(2)	*8.000,-*	*EBK*	*16.400,-*
(4)	*4.000,-*	*(3)*	*3.000,-*
ZBK	*7.400,-*		
	19.400,-		*19.400,-*

S	*Forderungen*		H
EBK	*14.600,-*	*ZBK*	*15.600,-*
(1)	*1.000,-*		
	15.600,-		*15.600,-*

S	*Bank*		H
EBK	*6.200,-*	*(4)*	*4.000,-*
		ZBK	*2.200,-*
	6.200,-		*6.200,-*

S	*Kasse*		H
EBK	*1.200,-*	*ZBK*	*1.200,-*
	1.200,-		*1.200,-*

ZWISCHENBILANZKONTO (ZBK) t1/II

Soll		Haben	
Bebaute Grundstücke	240.000,--	Eigenkapital A	274.400,--
Geschäftsausstattung	40.000,--	Eigenkapital B	137.200,--
Fuhrpark	36.000,--	Darlehnsschulden	38.000,--
Waren	122.000,--	Verbindlichkeiten	7.400,--
Forderungen	15.600,--		
Bank	2.200,--		
Kasse	1.200,--		
	457.000,--		457.000,--

aufbaut[2], ist dieser Zusammenhang dargestellt (vgl. Abbildungen auf den Seiten 107 und 109). Dabei soll die zentrale Bedeutung des Hauptbuches deutlich werden.

Eine Kombination von Grund- und Hauptbuch bietet die Organisationsform **Amerikanisches Journal**. Hier wird neben einer Grundbuchspalte ein tabellarisches Hauptbuch angeschlossen (vgl. Übersicht). Wegen seiner begrenzten Aufnahmekapazität ist dieses übersichtliche Buchführungsverfahren sinnvoll nur in kleineren Betrieben anwendbar.

Mit den vorgestellten Organisationsformen wird eine **zeitliche** und **sachliche** Ordnung der Buchungsfälle erreicht. Hinter sachlich gleichartig erscheinenden Geschäftsfällen stehen aber vielfältige Beziehungen des Betriebes mit seiner Umwelt. So verbirgt der sachliche Sammelbegriff „Forderungen" die einzelnen Vertragspartner, von denen noch Finanzmittel erwartet werden. Für Kontrollzwecke wird deshalb eine zusätzliche **persönliche Differenzierung** vorzunehmen sein. Sie geschieht in **Nebenbüchern**. Hierzu zählt das **Geschäftsfreundebuch** (sog. Kontokorrent), in dem die Kreditbeziehungen zu Kunden und Lieferanten detailliert erfaßt werden. Gleichartige Funktion hat das **Wechselbuch**. Zur Aussagesteigerung der Hauptbuchkonten tragen ebenso bei das **Warenbuch**, **Anlagenbuch** und andere, nach Informations- und Kontrollgesichtspunkten einzurichtende Neben- bzw. Hilfsbücher.

Eine Ergänzung sei zum Verständnis der Buchführungsorganisation angefügt. Der Ausdruck Buchführungs-„Bücher" umschrieb früher einmal die tatsächliche Organisationsform: Gebundene Bücher nahmen die Ausgangsdaten des Betriebes und die Wertbewegungen auf. Organisationstechnische Entwicklungen führten zu Kontenblättern, die mit dem Verfahren der **Durchschreibebuchführung** wesentliche Arbeitserleichterungen möglich machten. Die eigentliche bürotech-

---

2 Die diskutierten 4 Fallgestaltungen lauteten:

(1)	Warenverkauf auf Ziel	DM 1.000,–
(2)	Umwandlung von Verbindlichkeiten in Darlehnsschulden	DM 8.000,–
(3)	Wareneinkauf auf Ziel	DM 3.000,–
(4)	Erfüllung von Verbindlichkeiten durch Banküberweisung	DM 4.000,–

Die Buchungssätze lauteten:

(1)	Forderungen	an	Waren	DM 1.000,–
(2)	Verbindlichkeiten	an	Darlehnsschulden	DM 8.000,–
(3)	Waren	an	Verbindlichkeiten	DM 3.000,–
(4)	Verbindlichkeiten	an	Bank	DM 4.000,–

ORGANISATION DER BUCHFÜHRUNG

BELEGE

GRUNDBUCH

Beleg Nr.	Tag	Vorgang	DM
1	$t_{1/I}$	*Zielverkauf an* U_1	*1.000,--*

= ZEITLICHE ORDNUNG

HAUPTBUCH

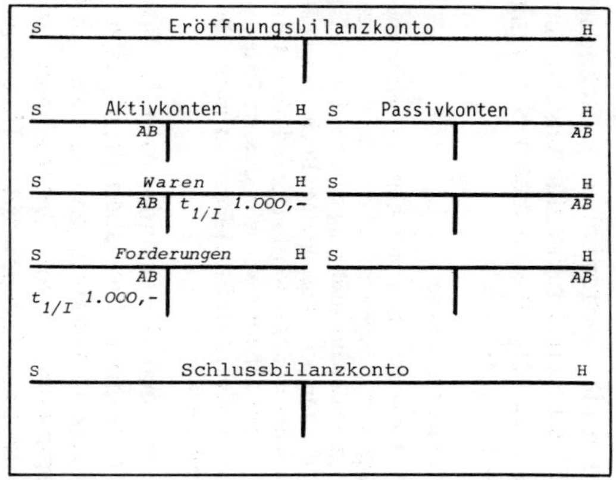

= SACHLICHE ORDNUNG

AMERIKANISCHES JOURNAL

Funktionsbereich Grundbuch | Funktionsbereich Hauptbuch

Beleg Nr.	Tag	Vorgang	Betrag DM	Waren Soll	Waren Haben	Forderungen Soll	Forderungen Haben	Kasse Soll	Kasse Haben	Verbindlichkeiten Soll	Verbindlichkeiten Haben
1	$t_{1/I}$	*Zielverkauf an* U_1	*1.000,--*		*1.000,--*	*1.000,--*					

nische Umwälzung brachten die elektronischen Abrechnungssysteme, bei denen ein unmittelbares Lesen der Buchführungsbücher gar nicht mehr möglich ist. Der Gesetzgeber hat sich diesen Neuerungen gegenüber aufgeschlossen gezeigt:

§ 239 Abs. 4 HGB (Führung der Handelsbücher)

„(4) Die Handelsbücher und die sonst erforderlichen Aufzeichnungen können auch in der geordneten Ablage von Belegen bestehen oder auf Datenträgern geführt werden, soweit diese Formen der Buchführung einschließlich des dabei angewandten Verfahrens den Grundsätzen ordnungsmäßiger Buchführung entsprechen. Bei der Führung der Handelsbücher und der sonst erforderlichen Aufzeichnungen auf Datenträgern muß insbesondere sichergestellt sein, daß die Daten während der Dauer der Aufbewahrungsfrist verfügbar sind und jederzeit innerhalb angemessener Frist lesbar gemacht werden können . . .“

Technische Entwicklungen haben das Grundprinzip der Buchführung von Bilanz zu Bilanz nicht verändert. Sie haben allerdings zu der Frage geführt, wie die Nachprüfbarkeit weiterhin gesichert werden kann. Insbesondere mit dem Zusammenbruch von Unternehmen sind die Gefahren des Computerbetruges deutlich geworden. Hier liegt ein Spannungsfeld von Interessen der Arbeitserleichterung einerseits und andererseits der Gefährdung einer gesetzlich zugesicherten Anspruchswahrung.

2.2.5. Bilanzenvergleich, Bilanzanalyse

Buchführung und Bilanz sollen informieren und zur Anspruchswahrung beitragen. Nach den erörterten Grundlagen zur doppelten Buchführung könnte bereits überprüft werden, welche Informationen ein Jahresabschluß vermitteln kann.

Die Bilanz liefert ein stichtagsbezogenes Abbild über den Vermögens- und Kapitalbestand. Sie stellt also nur eine Momentaufnahme dar. Eine Bilanz zeigt nicht, wie sich das abgebildete Unternehmen wirtschaftlich entwickelt hat. Aussagefähiger wird es deshalb sein, frühere Bilanzen zum Vergleich heranzuziehen. Auch könnte es naheliegen, die Bilanzen vergleichbarer Unternehmen in die Betrachtung einzubeziehen. So lassen sich unternehmensindividuelle Entwicklungen mit branchentypischen Merkmalen vergleichen.

Die Praxis hat in Zusammenarbeit mit der Fachwissenschaft viele Verfahren zur Gesamtanalyse der Bilanzen sowie zur Aussonderung und Zuordnung bestimmter Bilanzposten für spezielle Informationsziele entwickelt. Sie lassen sich unter dem Ausdruck **Bilanzanalyse** zusammenfassen.

Ein wesentliches Informationsinteresse ist darauf ausgerichtet, die Lebens- und Widerstandsfähigkeit des betrachteten Unternehmens zu beurteilen. Im ersten Teil dieses Buches wurde erläutert, daß Unternehmen dauerhaft nur unter Einhaltung finanzwirtschaftlicher und bilanzstruktureller Nebenbedingungen arbeiten können. Zahlungsunfähigkeit und ggf. Überschuldung sind die konkursrelevanten Tatbestände. Entsprechend sind diese Begrenzungspunkte wirtschaftlicher Tätigkeit zu überwachen. Zwar wird für die zeitpunktgenaue betriebliche Planung von Finanzmittelbedarf und -deckungsmöglichkeiten eine isolierte Rechnung aufzustellen sein (Finanzplanung) und -kontrolle[1]). Gleichwohl kann aber auch bereits die Bilanz dem externen Unternehmensinteressenten wichtige Anhaltswerte für die Analyse des Bestandsrisikos im rechtlich relevanten Sinne liefern. Dies vor allem, wenn von der Einzelanalyse zum **Zeitvergleich** übergegangen wird oder auch die entsprechenden Kennziffern branchengleicher Unternehmen in die Beurteilung eingeschlossen werden (sog. **Betriebsvergleich**).

Zur Überprüfung des Bestandsrisikos könnte zunächst auf die **Überschuldungsgefahr** abgestellt werden. Hierfür wäre das Verhältnis zwischen Vermögen und Schulden maßgebend. Das Vermögen muß die Schulden übersteigen. Je nach Risikoscheu wird ein Gläubiger eigene Vorstellungen entwickeln, wie groß die Schuldendeckungsrelation sein muß, um mit einem Unternehmen weiter zusammenzuarbeiten.

Andere Informationsinteressen sind auf die Kontrolle der **Zahlungsfähigkeit** ausgerichtet. Hierfür wäre z.B. festzustellen, ob kurzfristig fällige Schulden auch durch kurzfristig verfügbare Finanzmittel gedeckt sind. Die Bilanz liefert für solche Kontrollzwecke aber nur unzureichende Informationen. Häufig vorkommende Fehlinterpretationen der Bilanz betreffen vor allem diesen Bereich. Deshalb soll nochmals hervorgehoben werden, daß die handelsrechtliche Bilanz keine unmittelbaren finanzwirtschaftlichen, liquiditätsbezogenen Lenkungsaufgaben erfüllen soll.[2] Als Stichtagsinformation mit grober zeitlicher Gliederung der Bilanzpositionen kann sie nicht für die zeitpunktbezogenen Aussagen im Finanzbereich ausgewertet werden. Sie liefert

1 Vgl. hierzu auch die Ausführungen im Abschnitt 2.3.2. sowie ausführlich DEPPE, H.-D.: Grundriß einer analytischen Finanzplanung und die dort angegebene Literatur.

2 Mit der Frage, welche Bedingungen erfüllt sein müßten, um die Finanzplanung in den Bereich ‚Buchführung und Bilanz' zu integrieren, hat sich auseinandergesetzt BRÜNING, G.: Planbuchführung und Finanzplanung.

lediglich Risikoindikatoren für globale Analysen. Dabei wird es dann aussagefähiger sein, Kennziffern für die zeitliche Bindung von Vermögensgegenständen zu entwickeln. So wird grundsätzlich ein Betrieb mit einem großen Bestand im Anlagevermögen risikoreicher sein als ein Betrieb, bei dem die Güter des Umlaufvermögens überwiegen. Gleichwohl ist bei Risikoanalysen vor Verallgemeinerungen zu warnen. Es ist ja auch denkbar, daß im Umlaufvermögen eines Betriebes vor allem schwer verkäufliche Ladenhüter ausgewiesen sind – andererseits das Geschäftsgebäude kurzfristig zu einem Preis verkauft werden könnte, der weit über dem ausgewiesenen Bilanzwert liegt[3], und anschließend in dem Gebäude als Mieter weiter gearbeitet werden könnte. Gerade diese „Entlastungen" des Finanzbereichs wurden in letzten Jahren häufig vorgenommen.

Der Aussagewert von Bilanzkennzahlen ist begrenzt. Erforderlich ist in jedem Fall eine eingehende Beschäftigung mit den branchentypischen Besonderheiten. Dann erst werden die Kennzahlen als Entscheidungshilfen dienen können. Die gebräuchlichen Kennzahlen[4] unterscheiden sich zunächst im Hinblick auf den Ausgangspunkt ihrer Ermittlung: So werden Positionen derselben Bilanzseite zueinander in Beziehung gesetzt – es werden **vertikale Bilanzkennzahlen** gebildet:

VERTIKALE BILANZKENNZAHLEN

$$\text{Vermögensspannung} = \frac{\text{Anlagevermögen}}{\text{Umlaufvermögen}}$$

$$\text{Verschuldungsgrad} = \frac{\text{Fremdkapital}}{\text{Gesamtkapital}}$$

Einer anderen Zielrichtung dienen **horizontale Bilanzkennzahlen**. Mit ihnen wird das Verhältnis zwischen zeitlich vergleichbaren Bindungsprozessen auf Aktiv- und Passivseite ermittelt. Damit wird die Situa-

3 Sofern hier Probleme beim Verständnis auftreten, sollten nochmals die Ausführungen zum *Imparitätischen Realisationsprinzip* durchgearbeitet werden: Der Anschaffungswert bildet die Wertobergrenze.

4 Vgl. insbes. HOFMANN, R.: Bilanzkennzahlen; Industrielle Bilanzanalyse und Bilanzkritik, sowie das ZVEI-Kennzahlensystem, hrsg. v. Betriebswirtschaftlichen Ausschuß des Zentralverbandes der Elektrotechnischen Industrie e.V., Frankfurt/Main.
Aus dem Bereich zusammenhängender Darstellungen hierzu sind hervorzuheben COENENBERG, A.G.: Jahresabschluß und Jahresabschlußanalyse sowie LEFFSON, U.: Bilanzanalyse.

tion im Finanzierungssektor erfaßt. Sie kann kritisch anhand von Vergleichs- oder Sollwerten durchleuchtet werden:

HORIZONTALE BILANZKENNZAHLEN

$$\text{Barliquidität} = \frac{\text{verfügbare Finanzmittel}}{\text{kurzfristige Schulden}}$$

$$\text{Anlagendeckung} = \frac{\text{Eigenkapital}}{\text{Anlagevermögen}}$$

In der Literatur ist eine Vielfalt von Vorschlägen dazu enthalten, wie nun ein Unternehmen richtig finanziert sei.[5] Der umseitig umschriebene Grundsatz der Fristenentsprechung fand dabei mit der sog. **goldenen Finanzierungsregel** eine einprägsame Benennung: Die Wiedergeldwerdungsdauer eines Vermögensgegenstandes sollte mit der Überlassungsdauer der hierfür verwendeten Kapitalien übereinstimmen. Diesen zeitlichen Bindungsprozeß auf Aktiv- und Passivseite veranschaulicht die Bilanz aber nur in beschränktem Maße.

Die Verfahren zur Bilanzanalyse erschöpfen sich nicht nur in der Ermittlung von Struktur- oder Finanzierungskennzahlen. Einen anderen Weg verfolgen solche Ansätze, welche die **Bilanzveränderungen** zwischen zwei Stichtagen ermitteln, um daraus Rückschlüsse auf die wirtschaftliche Entwicklung des abgebildeten Unternehmens zu ziehen. Ein solches Verfahren führt zur **Beständedifferenzen-Bilanz**.[6] Dabei werden zwei Bilanzen so ausgewertet, daß für jeden Bilanzposten die Abweichung ermittelt wird. Nach den Grundsätzen zum Bilanzaufbau und dessen Veränderungen müssen die gegeneinander aufgerechneten Beständedifferenzen auf Aktiv- und Passivseite betragsgleich sein:

BESTÄNDEDIFFERENZEN-BILANZ t_j

Aktiva	Passiva
Aktivmehrungen, A^+ – Aktivminderungen, A^-	Passivmehrungen, P^+ – Passivminderungen, P^-
notwendige betragsmäßige Übereinstimmung	

5 Vgl. z.B. die Darstellung bei WÖHE, G.: Bilanzierung und Bilanzpolitik, S. 206 ff.
6 Vgl. hierzu COENENBERG, A.G.: Jahresabschluß und Jahresabschlußanalyse, S. 337 ff.

Hatte beispielsweise die FOTOSHOP OHG zu Beginn t_1 Bebaute Grundstücke mit DM 240.000,– ausgewiesen und am Ende dieses Zeitraumes hierfür nur noch DM 235.200,– angesetzt, dann ist eine Bestandsdifferenz (A^-) in Höhe von – DM 4.800,– festzustellen. Wird eine Aufrechnung aller Bilanzposten vorgenommen, führte das im Beispiel zu folgender Beständedifferenzen-Bilanz:

BESTÄNDEDIFFERENZEN-BILANZ
FOTOSHOP OHG $t_{1/I} - t_{1/XII}$

Aktiva		*Passiva*	
ANLAGEVERMÖGEN:		*EIGENKAPITAL:*	
Bebaute Grundstücke	– 4.800,–	*Gesellschafter A*	+ 16.664,–
Geschäftsausstattung	– 4.000,–	*Gesellschafter B*	+ 19.336,–
Fuhrpark	– 9.000,–		
		FREMDKAPITAL:	
UMLAUFVERMÖGEN:		*Darlehnsschulden*	– 4.000,–
Waren	+ 7.800,–	*Verbindlichkeiten*	+ 3.000,–
Forderungen	+ 7.800,–		
Bank	+ 37.600,–		
Kasse	– 400,–		
	+ 35.000,–		+ 35.000,–

Die Bilanzsumme sagt aus, daß es in dem Rechnungszeitraum bei Vermögen und Kapital zu einer Erhöhung um DM 35.000,– gekommen ist. Beide Bilanzseiten veranschaulichen, welche Bilanzposten dazu in welcher Weise beigetragen haben.[7]

Ausgehend von einem klarer umschriebenen Informationsziel wird der oben vorgestellte Ansatz zur Analyse von Beständedifferenzen modifiziert. Wenn Aufschluß darüber gewonnen werden soll, welche betrieblichen Bestandsveränderungen auf welche Weise bewirkt wurden, ist an die Grundidee vom Bilanzaufbau zurückzukehren. Dort werden Vermögensgegenstände und Kapitalposten gegenübergestellt. Die Erhöhung eines Aktivpostens (A^+) kann bewirkt werden, indem entweder ein anderer Aktivposten abnimmt (A^-) oder eine Passivmehrung (P^+) in den Formen Kreditaufnahme oder Eigenkapitalmehrung vorliegt. Entsprechend können Finanzierungsvorgänge für den Schuldenabbau (P^-) interpretiert werden. Nach den Grundsätzen der Bilanzgliederung

7 Die Privatvorgänge bleiben allerdings verdeckt. Es ist nicht zu sehen, daß im Rechnungszeitraum bereits beträchtliche Finanzmittel an die Gesellschafter geflossen sind. Dieses Instrument zur Betriebsanalyse verarbeitet nur, welche Werte im Betrieb waren und gegenwärtig noch vorhanden sind.

lassen sich diese Zusammenhänge in der Entwicklung von Bilanzbeständen global erfassen mit:

$$A^+ + P^- = A^- + P^+$$

In einer **Veränderungsbilanz**[8] würden die Beständedifferenzen nach den Kriterien der Mittelverwendung und Mittelherkunft gegliedert:

Mittelverwendung	Veränderungsbilanz t_i	Mittelherkunft
Aktivmehrungen, A^+		Aktivminderungen, A^-
+ Passivminderungen, P^-		+ Passivmehrungen, P^+
	notwendige betragsmäßige Übereinstimmung	

Im Beispiel „*Fotoshop OHG*" ergäbe sich folgende Veränderungsbilanz:

VERÄNDERUNGSBILANZ FOTOSHOP OHG $t_{1/I} - t_{1/XII}$

Mittelverwendung		*Mittelherkunft*	
AKTIVMEHRUNGEN:		*AKTIVMINDERUNGEN:*	
Waren	*7.800,–*	*Bebaute Grundstücke*	*4.800,–*
Forderungen	*7.800,–*	*Geschäftsausstattung*	*4.000,–*
Bank	*37.600,–*	*Fuhrpark*	*9.000,–*
		Kasse	*400,–*
PASSIVMINDERUNGEN:		*PASSIVMEHRUNGEN:*	
		Verbindlichkeiten	*3.000,–*
Darlehnsschulden	*4.000,–*	*Eigenkapitalien (nach Entnahmen)*	*36.000,–*
	57.200,–		*57.200,–*

KONTROLLFRAGEN:

(26) Worin liegen die Unterschiede zwischen der Eröffnungsbilanz und dem Eröffnungsbilanzkonto?

8 Vgl. u.a. COENENBERG, A.G.: Jahresabschluß und Jahresabschlußanalyse, S. 340 f. Für diese Rechnung ist auch der Begriff „Bewegungsbilanz" eingeführt (vgl. BAUER, W.: Die Bewegungsbilanz, S. 485 ff.). Wenn Bewegung hier ausdrücken soll, daß alles, was zwischen zwei Stichtagen geschehen ist, wertmäßig erfaßt wird, dann trifft der Ausdruck Bewegungsbilanz für die obige Rechnung nicht zu. Zwischenzeitlich können durchaus größere oder kleinere Bestandsdifferenzen vorgekommen sein. Die möglichen Bewegungen werden also hier nicht erfaßt (vgl. zur Kritik an den Benennungen WEILBACH, E.A.: Der Inhalt von Bewegungsbilanzen, insbes. S. 38; BUCHNER, R.: Bilanzanalyse und Bilanzkritik, Sp. 225 f).

(27) Die Handelsgeschäfte werden in sog. Buchführungsbüchern erfaßt. Welche Gründe haben zur Bildung dieser Bücher geführt?

(28) Die grundsätzliche Anforderung an die Buchführung lautet: „Keine Buchung ohne Beleg!“ Warum muß dieser Grundsatz eingehalten werden?

(29) Über die Bildung von Kennziffern soll die wirtschaftliche Entwicklung eines Betriebes analysiert werden. Welche Kontrollziele lassen sich mit welchen Bilanzkennziffern verfolgen?

(30) Welche Informationen vermittelt die Veränderungsbilanz?

Aufgabe 5

Ausgangspunkt ist das Zwischenbilanzkonto der FOTOSHOP OHG zu $t_{1/II}$:

Soll		*ZWISCHENBILANZKONTO $t_{1/II}$*	*Haben*
Bebaute Grundstücke	240.000,–	*Eigenkapital A*	274.400,–
Geschäftsausstattung	40.000,–	*Eigenkapital B*	137.200,–
Fuhrpark	36.000,–	*Darlehnsschulden*	38.000,–
Waren	122.000,–	*Verbindlichkeiten*	7.400,–
Forderungen	15.600,–		
Bank	2.200,–		
Kasse	1.200,–		
	457.000,–		457.000,–

a) Die unten aufgeführten Geschäftsfälle sind zu buchen. Danach ist ein neuer Zwischenabschluß zu $t_{1/III}$ aufzustellen.

GESCHÄFTSFÄLLE:	*DM*
1. Wareneinkauf auf Ziel	2.800,–
2. Banküberweisung vom Kunden zum Rechnungsausgleich	1.050,–
3. Der Gesellschafter B entnimmt der Kasse für private Zwecke	400,–
4. Verkauf eines gebrauchten PKW zum Buchwert gegen Barzahlung	1.600,–
5. Bankgutschrift für eine aufgenommene Hypothek	40.000,–
6. Tilgung eines Darlehens durch Banküberweisung	12.000,–
7. Kauf eines PKW gegen Bankscheck	16.000,–
8. Rücksendung eines Teils der Warenlieferung (Fall 1.) wegen Beschädigung	800,–
9. Banküberweisung vom Kunden zum Rechnungsausgleich	400,–

b) Die vorliegenden Bilanzen sind isoliert und im Zeitvergleich auf der Grundlage der Risikokennziffern kritisch zu würdigen.

2.3. Erfassung von Erfolgsvorgängen

2.3.1. Erfolgswirkungen aus der Sicht des Unternehmers

Wenn Privatpersonen ein Unternehmen gründen, verfolgen sie dabei überwiegend das erläuterte Überschußziel – also das eingesetzte Eigenkapital zu mehren. Solche Überschüsse werden erzielt, wenn von den Abnehmern der erbrachten Leistungen mehr bezahlt wird als für die dafür eingesetzten Produktionsmittel ausgegeben werden mußte. Somit zeigt sich die Erfolgswirkung unternehmerischer Handlungen im wertmäßigen Verhältnis zwischen Güterverbrauch und Güterentstehung:[1]

	positive Erfolgsbeiträge einer Periode (= Güterentstehung)
–	**negative Erfolgsbeiträge einer Periode** (= Güterverbrauch)
=	**Periodenerfolg** (+ = positiv / – = negativ)

Wird die Erfolgswirkung auf die gesamte Lebensdauer eines Unternehmens ($t_1 - t_n$) bezogen, ergibt sich ein solcher Erfolg der Totalperiode als Differenz zwischen den finanziellen Außenbeziehungen:

	erhaltene Einzahlungen $t_1 - t_n$ (ohne Privateinlagen)
–	**geleistete Auszahlungen $t_1 - t_n$** (ohne Privatentnahmen)
=	**Gesamterfolg $t_1 - t_n$** (+ = positiv / – = negativ)

Mit dem Abschluß der Unternehmenstätigkeit schließt sich endgültig der Kreislauf Geld – Güter – Geld. Der Gesamterfolg, auch Totaler-

1 Auf der Grundlage der Ausführungen von E. KOSIOL läßt sich dieser Zusammenhang auch umfassender erläutern: Der wirtschaftliche Leistungsprozeß ist zu kennzeichnen mit den Ereignissen Wertvernichtung und Werteschaffen. Der Untergang eingesetzter Produktionsmittel geschieht zweckbestimmt. Güterentstehung setzt die Vernichtung anderer Güter voraus. Es besteht eine „gegenseitige real-kausale Prozeßbezogenheit" zwischen Güterverbrauch und Güterentstehung (vgl. KOSIOL, E.: Kostenrechnung und Kalkulation, S. 30).

folg genannt, ist als Einnahmeüberschuß bestimmt.[2] Zwei Gründe sprechen dagegen, sich mit der Ermittlung eines Totalerfolges zufriedenzugeben. Zunächst ist der Aussagewert der Totalrechnung relativ gering: Wenn ein Unternehmen liquidiert ist, sind Informationen über dessen Erfolgswirkungen für Lenkungszwecke nicht weiter verwendbar. Die Aufgabe des Rechnungswesens besteht aber gerade in der Vermittlung entscheidungsrelevanter Informationen, weshalb Vergangenheitsdaten allein nicht sinnvoll ausgewertet werden können.[3] Andererseits haben Vergangenheitsdaten den Vorteil relativer Genauigkeit – was für rechtlich relevante Rechnungen von großer Bedeutung ist. Deshalb zwingen auch Rechtsvorschriften die Unternehmer dazu, sich selbst und den weiteren Unternehmensinteressenten in Jahresabständen Rechenschaft über alle Geschäftshandlungen zu geben. Dazu zählen nicht nur solche Vorgänge, wie sie bislang zur Erläuterung des Buchführungssystems herangezogen wurden: Alle bisherigen Geschäftsfälle ließen den Bereich des Eigenkapitals – also den Erfolgsbereich des Unternehmers – unberührt. Welches sind nun die Besonderheiten von periodischen Erfolgsvorgängen? Eine Fallgestaltung soll zur Veranschaulichung dienen:

Fallgestaltung: Erfolgsbeiträge (1)

Auf der Grundlage einer Einzugsermächtigung, die dem Versorgungsunternehmen gegeben wurde, werden für Energieverbrauch DM 200,– vom Bankkonto eines Unternehmens abgebucht.

Unzweifelhaft hat das Bankguthaben um DM 200,– abgenommen bzw. wurden mit diesem Vorgang die Bankschulden erhöht, sofern kein ausreichendes Bankguthaben vorlag. Die Habenbuchung ist auf dem Bankkonto vorzunehmen. Die Bestimmung der Sollbuchung gestaltet sich schwieriger. Erst die Erfassung der Ursache dieses Wertentganges leitet hinüber zu den buchungstechnischen Folgerungen.

---

2 Aus der Sicht des Unternehmers kann dieser Zusammenhang auch anders formuliert werden. Sein Totalerfolg $t_1 - t_n$ ist bestimmt als Differenz zwischen allen Privateinlagen und allen getätigten Privatentnahmen. Der an ihn überwiesene Liquidationserlös gilt dabei als letzte Privatentnahme. Zu diesem Zusammenhang vgl. ausführlich HASENACK, W.: Zur schriftstellerischen Fechtkunst von Hanns Linhardt, S. 542.

3 Überzeichnet ausdrückt, läßt sich der Informationswert der Totalrechnung damit vergleichen, daß ein Arzt zu einem Patienten sagt, er könne dessen Lebenserwartung endgültig erst bei Unterzeichnung des Totenscheines beurteilen. Wenn es nichts mehr zu planen, zu gestalten gibt, sind auch Informationen über den früheren Gestaltungsbereich von relativ geringer Bedeutung.

Eine Sollbuchung umschreibt immer den Tatbestand, *wofür* etwas verwendet wurde. Bislang wurden Finanzmittel immer dafür ausgegeben, Vermögensgegenstände zu beschaffen ($A^{\uparrow}$) oder Schulden (S) zu begleichen (A^{-}/S^{-}). Für die DM 200,– erhält das Unternehmen nun aber weder bilanzierungsfähige Vermögensbestände, noch wird eine zuvor gebuchte Verbindlichkeit erfüllt. Wofür werden dann die DM 200,– ausgezahlt? Wenn kein Vermögensgegenstand erworben wurde und auch keine Schulden getilgt wurden, sind die DM 200,– offensichtlich als **Verbrauch** zu interpretieren. Die Verbrauchswerte für Energie entstehen z.B. aus der Beleuchtung von Ladenlokal und Schaufenster sowie der Beheizung des Verkaufsraumes. Dieser Einsatz von letztlich finanziellen Mitteln geschieht in der Absicht, hierdurch Grundlagen für eine erfolgreiche Verkaufstätigkeit zu legen. Damit ist der Erfolgsbereich allgemein durch negative und positive Erfolgsbeiträge gekennzeichnet. Und wenn die Erfolgswirksamkeit unternehmerischer Maßnahmen und Handlungen dem Eigenkapital als Gewinn oder Verlust zugerechnet werden soll, müssen auch die erfolgsbestimmenden Vorgänge isoliert als Mehrung oder Minderung des Eigenkapitals begriffen werden:

S **Eigenkapitalkonto**	H
Negative Erfolgsbeiträge	**Anfangsbestand**
Endbestand (Saldo)	**Positive Erfolgsbeiträge**
Σ	Σ

Auf die Fallgestaltung bezogen müßte buchungstechnisch gefolgert werden:

Buchungssatz (1):
Eigenkapitalkonto an Bankkonto DM 200,–.

Weitere Fallgestaltungen sollen diesen Zusammenhang vertiefen:

(2) Gehaltszahlung durch Bankscheck DM 4.000,–

Für die Arbeitsentgelte erhält der Unternehmer Arbeitsleistungen. Damit werden die Arbeitnehmer aber nicht zum bilanzierungsfähigen Betriebsvermögen. Die Arbeitsentgelte sind aus der Sicht des Unternehmers zunächst negative Erfolgsbeiträge, die hoffentlich zu positiven Erfolgswirkungen führen – durch Umsatzerlöse.[4]

Buchungssatz (2):
Eigenkapitalkonto *an* *Bankkonto* *DM 4.000,–*

Eine weitere typische Fallgestaltung im Geschäftsablauf:

(3) Mietzahlung durch Banküberweisung DM 1.200,–

Mit der Zahlung des vereinbarten Mietzinses erwirbt der Unternehmer einen Vorrat an Raumnutzung, nicht aber das Gebäude, das er bilanzieren könnte. Er verbraucht also Finanzmittel, ohne dafür einen Vermögensgegenstand zu erhalten oder vorher ausgewiesene Schulden zu begleichen. Die Mietzahlung stellt Eigenkapitalverzehr dar.

Buchungssatz (3):
Eigenkapitalkonto *an* *Bankkonto* *DM 1.200,–*

(4) Gutschrift der Bank für Zinsen DM 500,–

Die Vermögensmehrung wird hervorgerufen durch einen Vorgang, der nicht auf einer betragsgleichen Vermögensminderung beruht (A^T) und auch nicht durch eine Schuldenzunahme entstanden ist (A^+/S^+). Vielmehr handelt es sich um eine Aktiv-Passiv-Mehrung (A^+/P^+), bei der das Passivkonto Eigenkapital werterhöhend berührt wird. Eine positive Erfolgswirkung ist festzustellen:

Buchungssatz (4):
Bankkonto *an* *Eigenkapitalkonto* *DM 500,–*

Angenommen, der Anfangsbestand beim Eigenkapital hätte sich auf DM 10.000,– belaufen. Dann führten die 4 diskutierten Erfolgsvorgänge zu folgendem Konteninhalt:

S	*Eigenkapitalkonto*		*H*
(1) Energie	*200,–*	*Anfangsbestand*	*10.000,–*
(2) Gehälter	*4.000,–*	*(4) Zinsen*	*500,–*
(3) Miete	*1.200,–*		
Endbestand	*5.100,–*		
	10.500,–		*10.500,–*

4 Stellt man sich auf den Standpunkt, der Auftrag eines Betriebes sei es, Einkommen zu erwirtschaften, dann wäre dieser Fall anders zu beurteilen. Einkommen ist dann nicht nur im Unternehmergewinn zu sehen. Hierzu zählt vielmehr der gesamte Wertauftrieb, die Wertschöpfung, die als Arbeits- und Kapitaleinkommen verteilt werden kann. Zusätzlich beansprucht auch der Staat hiervon einen Teil als Einkommen der Allgemeinheit (vgl. hierzu die Ausführungen im Abschnitt 2.9.).

Wenn nach diesen 4 Buchungsfällen der „Periodenerfolg" ermittelt werden soll, kann dies zunächst nach dem schon früher erläuterten Rechenansatz geschehen:

Eigenkapitalbestand zu Periodenende	*DM*	*5.100,–*
– Eigenkapitalbestand zu Periodenanfang	*– DM*	*10.000,–*
= Periodenerfolg (Gewinn/Verlust)	*= – DM*	*4.900,–*

Dasselbe Ergebnis wird erzielt, wenn man alle eigenkapitalverändernden Positionen des Abrechnungszeitraumes gegeneinander aufrechnet. Dieser Zusammenhang ergibt dann aus der Gegenüberstellung der positiven Erfolgsbeiträge (DM 500,–) mit den negativen Erfolgsbeiträgen (DM 5.400,–) wieder den Periodenerfolg (–DM 4.900,–). Nur wenn zwischenzeitlich auch **Privatvorgänge** stattgefunden haben, weichen Eigenkapitaldifferenz und Differenz der Erfolgsbeiträge voneinander ab: Da eine Privatentnahme kein Verbrauch des Unternehmens ist, wird sie auch nicht als negativer Erfolgsbeitrag in der Rechnung erfaßt, die den Unternehmenserfolg abbilden soll. Gleichwohl handelt es sich um einen Eigenkapitalverzehr, der den Eigenkapitalbestand zu Periodenende niedriger ausfallen läßt, als es aufgrund der erfolgswirksamen Handlungen sein müßte. Für den Fall von Privateinlagen gilt dieser Zusammenhang mit umgekehrter Wirkung. Deshalb sind – wie bereits am Beispiel der Aufgabe 2 behandelt wurde – zur Eigenkapitaldifferenz die Privatvorgänge zusätzlich zu erfassen, um zum Periodenerfolg zu gelangen, der auch als Differenz der Erfolgsbeiträge ermittelt wird:

MÖGLICHKEITEN ZUR BESTIMMUNG DES

EIGENKAPITALBEZOGENEN PERIODENERFOLGES

Eigenkapitalbestand ($t_{i/n}$)	positive Erfolgsbeiträge (t_i)
– Eigenkapitalbestand ($t_{i/I}$)	– negative Erfolgsbeiträge (t_i)
+ Privatentnahmen	
– Privateinlagen	
= Periodenerfolg (t_i) (+ = Gewinn/– = Verlust)	= Periodenerfolg (t_i) (+ = Gewinn/– = Verlust)

Nicht wenige Autoren nehmen diese zwei Möglichkeiten zur Bestimmung des Eigentümererfolges zum Ausgangspunkt, um das Wesen der „doppelten Buchführung“ – unzutreffend – zu erklären.[5]

2.3.2. Erfassungskriterien von Finanz- und Erfolgsbeiträgen

Positive und negative Erfolgsbeiträge verändern das Eigenkapital oder andere Bezugsgrößen, mit deren Veränderung Erfolge gemessen werden.[1] Für Eigentümer steht die Entwicklung des Eigenkapitals im Mittelpunkt von Erfolgsanalysen. Die angesprochenen Erfolgsbeiträge werden in Literatur und Sprachgebrauch auch anders benannt. So verursachen wirtschaftliche Vorhaben

Ausgaben, Auszahlungen, Aufwand, Kosten – oder auch Unkosten.[2]

Auf der anderen Seite werden positive Wirkungen der Betriebstätigkeit umschrieben mit

Einnahmen, Einzahlungen, Ertrag, Erlös oder **Leistung.**

Im alltäglichen Sprachgebrauch werden diese Ausdrücke recht willkürlich benutzt. Eine solche Wortwahl mag solange zulässig sein, wie

---

5 Damit können nun folgende Erklärungsversuche zum Wesen „doppelter Buchführung“ festgehalten werden: (1) Jeder Geschäftsvorgang wird doppelt, also betragsgleich mit Soll- und Habenbuchung erfaßt. Der Bilanzaufbau führt zu diesem Rechnungssystem. Dieser Interpretation setzen beispielsweise REINHEIMER/ERB (Die Prüfung der Bilanzbuchhalter, S. 33) „ganz entschieden die Auffassung entgegen, ... daß der Erfolg auf zweifachem (doppeltem) Wege ermittelt werde....“ Diesen Erklärungsversuch (2) geben auch VORMBAUM (Grundlagen, S. 38) und KOSIOL (Buchhaltung, S. 114). Offensichtlich wird hier die Möglichkeit, den Periodenerfolg auf zweifache Weise zu bestimmen, fehlinterpretiert. Denn es ergibt sich diese Möglichkeit, indem jeder Geschäftsfall den Erfolgsbereich – also das Eigenkapital – buchungstechnisch nur einmal berührt. Letztlich könnte auch geprüft werden, ob dann nicht ein weiterer Erklärungsversuch (3) der zutreffende sei. Danach soll sich der Zusatz „doppelt“ darauf beziehen, daß jeder Geschäftsfall im Grund- und Hauptbuch zu erfassen ist (vgl. KÄFER, K.: Grundzüge, S. 26 und auch THOMS, W.: Grundzüge der funktionalen Kontorechnung, S. 9). Wenn aber auch in Nebenbüchern gebucht wird, müßte es sich wohl um dreifache Buchführung handeln ... Vgl. zu diesen Gegensätzen im Schrifttum auch BUSSMANN, K.F.: Buchhaltung, Sp. 323 f. sowie vor allem SCHMALENBACH, E.: Dynamische Bilanz, 5. Aufl., S. 104!

1 So kann die *Wertschöpfung* als Mehrung des Betriebsvermögens aus Leistungsvorgängen interpretiert werden. Auch könnte an die Bestimmung eines Erfolges für das gesamte eingesetzte Kapital gedacht werden. Dabei würden z.B. Zinsauszahlungen als positive Erfolgsteile anzusehen sein. Im Vergleich zum Gewinn als *Eigenkapitalerfolg* handelt es sich dann um den *Gesamtkapitalerfolg*.

2 Dieser Ausdruck ist sprachlich unglücklich gewählt. Wenn die ‚Kosten‘ bereits als Negativgröße benutzt werden, kann die Vorsilbe ‚Un‘ für die Verneinung nicht mehr angewendet werden. Trotzdem war – und ist – dieser Ausdruck in Darstellungen vornehmlich von Praktikern anzutreffen, was oftmals zum besseren Verständnis dienen soll.

ein Gesprächspartner weiß, was gemeint ist. Schwieriger wird es jedoch, wenn im Einzelfall genaue Analysen vorgenommen werden und dabei der zutreffende wissenschaftliche Wortinhalt zu wählen ist. Dann zeigt sich, daß die oben vorgestellten Ausdrücke keineswegs für eine abwechslungsreiche Wortwahl austauschbar sind. Vielmehr sind sie mit genauen, voneinander abweichenden Wortinhalten belegt. Diese Inhalte sind geprägt vom Informationsziel der Rechnungen, in denen z.B. Ausgaben, Aufwand oder Kosten verarbeitet werden. Die verschiedenen Informationsziele im betriebswirtschaftlichen Rechnungswesen haben zu unterschiedlichen Benennungen der Rechenelemente geführt.[3]

Die bereits erläuterten Aufgaben des betriebswirtschaftlichen Rechnungswesens umfassen vor allem:

- die Kontrolle des finanziellen Gleichgewichts (**Liquiditätsplanung**),
- die Kontrolle der Überschuldungsgefahr (**Bilanzrechnung**),
- die Ermittlung des erwirtschafteten Erfolges (**Erfolgsrechnung**) und
- die Bereitstellung von Daten zur **Betriebsdisposition und Leistungskontrolle**.

Die **Liquiditätsplanung** bekommt ihre Bedeutung aus dem Konkursrecht. Eine dauerhafte Unternehmenstätigkeit setzt die uneingeschränkte Erfüllung eingegangener Zahlungsverpflichtungen voraus. Andauernde Zahlungsunfähigkeit führt zum Konkurs. Deshalb müssen die finanzwirtschaftlichen Außenbeziehungen im Gleichgewicht gehalten werden. Eine zeitpunktgenaue Abstimmung des Finanzmittelbedarfs mit den Deckungsmöglichkeiten geschieht mit dem Rechenwerk **Finanzplanung und -kontrolle**. In ihm werden die finanzwirtschaftlichen Strömungsgrößen erfaßt. Dabei bekommen die unter-

---

3 Auch im Bereich der Wirtschaftswissenschaften stehen hinter jedem Ausdruck Merkmale, die bewußt nur dieser Begriffskategorie vorbehalten sind – was aber wiederum nicht heißt, daß es für jeden Fachausdruck auch nur eine anerkannte Definition geben muß. So gibt es zwar bei allen Wissenschaftlern einen gewissen Umfang an Gemeinsamkeiten in der Ausrichtung begrifflicher Grundlagen. Unterschiedliche Erkenntnisziele oder Systemansätze führen dann jedoch zu Abweichungen im Detail.
Zu Interpretationen der hier erörterten Grundbegriffe vgl. vor allem DEPPE, H.-D.: Betriebswirtschaftliche Grundlagen der Geldwirtschaft I, S. 20 ff.; GUTENBERG, E.: Einführung in die Betriebswirtschaftslehre, S. 132 ff.; KOSIOL, E.: Kostenrechnung und Kalkulation, S. 92 ff.; LÜCKE, W.: Finanzplanung und Finanzkontrolle, S. 14 ff.; SCHMALENBACH, E.: Kostenrechnung und Preispolitik, S. 5 ff.; SCHÖNFELD, H.M.: Grundlagen des Rechnungswesens, S. 19 ff.; SEISCHAB, H.: Betriebswirtschaftliche Grundbegriffe, S. 60 ff.; WEBER, H.K.: Betriebswirtschaftliches Rechnungswesen, S. 17 ff., 39 ff., 110 ff. u. 155 ff. sowie die von einem abweichenden Erkenntnisziel ausgehende Darstellung bei NICKLISCH, H.: Die Betriebswirtschaft, S. 512 ff.

schiedlichen sachlichen und zeitlichen Hintergründe von Vorgängen spezielle Ausdrücke zugeordnet:

Ausgabe und **Einnahme**

umschreiben die Rechtsverpflichtung zur Zahlung von Geldbeträgen (Ausgabe) und die Rechtsansprüche auf den Zufluß von Geldbeträgen (Einnahme). Ausgedrückt werden Rechtsgrundlagen in der Geldwirtschaft des Unternehmens. Solche Rechtspflichten oder -ansprüche sollen durch entsprechende Zahlungsvorgänge erfüllt werden. Die tatsächlichen Zahlungsvorgänge werden umschrieben mit

Auszahlung und **Einzahlung**.

In einem Unternehmen besteht somit zu einem Zeitpunkt ein Volumen an Ausgaben und Einnahmen, das zu unterschiedlichen Zeitpunkten zu (sog. liquiditätswirksamen) Auszahlungen und Einzahlungen führt – oder führen soll. Mit diesen finanzwirtschaftlichen Größen sind die rechtlichen und zahlungswirksamen finanziellen Außenbeziehungen erfaßt.

GRUNDSCHEMA EINES FINANZPLANES

Tag	Bestand an Finanzmitteln	vertraglich fällige Einzahlungen	vorauss. Bestand	vertraglich fällige Auszahlungen	plangemäße ÜBERDECKUNG (+) UNTERDECKUNG (-)
4.5.	10.000,--	4.000,--	14.000,--		
5.5.				12.000,--	2.000,-- (+)
7.5.	2.000,--	3.000,--	5.000,--		
...	.....				
...	.....				
					aktuelle Kreditreserve 25.000,--

Wegen der weitreichenden Folgen, die Störungen des finanziellen Gleichgewichts mit sich bringen, ist eine zeitpunktgenaue **Finanz-** bzw. **Liquiditätsplanung** erforderlich. Darin werden – ausgehend von einem aktuellen Bestand an Finanzmitteln – die künftigen Finanzvorgänge erfaßt und gegeneinander aufgerechnet. Dabei müssen die zu einem

Zeitpunkt fälligen Auszahlungsverpflichtungen durch den Bestand an Finanzmitteln und eine Kreditreserve zum Überbrücken zeitlich befristeter Engpässe gedeckt sein. Der Grundaufbau einer solchen Finanzplanung ist in einer Übersicht veranschaulicht. Deutlich wird dabei der Aussagewert des Kernbereichs, in dem die vertraglich fälligen Auszahlungen mit dem voraussichtlichen Tagesbestand verglichen werden.

Wenn zur Konkursvorsorge die **Überschuldungsgefahr** kontrolliert werden soll, reichen finanzwirtschaftliche Planungsrechnungen nicht mehr aus. Bereits der Zieleinkauf von Waren zeigt die unterschiedlichen Bezugspunkte der gesetzlichen Konkursgründe und ihrer Kontrollrechnungen: Nach der Leistungsbewirkung durch den Lieferanten hat der Käufer eine Zahlungsverpflichtung (Ausgabe), die im Finanzplan nach den vereinbarten Zahlungsfristen termingerecht als Auszahlung vermerkt wird. Hier tritt also eine Anspannung im Bereich der Finanzwirtschaft ein. Anders sieht es aus, wenn für denselben Vorgang die Verhältnisse bei Vermögen und Schulden betrachtet werden. Hier ist keine unmittelbare Verschlechterung in einem konkursrelevanten Bereich festzustellen. Zwar wird mit dem Einkauf eine Zahlungsverpflichtung ausgelöst. Dieser Schuldenzunahme steht aber eine betragsgleiche Aktivmehrung beim Warenbestand gegenüber. Erst ein möglicher Wertverlust bei den Waren (durch Verderb, Preisverfall) zeigt eine Verschlechterung im Verhältnis zwischen Vermögen und Schulden. Hier liegt der Kontrollbereich der Bestandsrechnung, die sich zunächst an den finanzwirtschaftlichen Größen Einnahme und Ausgabe orientiert und deshalb auch **Finanzbuchführung** genannt wird. Der Leitgedanke dieser Rechnung, nämlich die Schuldendeckung abzubilden, verlangt dann zusätzlich die Kontrolle von Wertentwicklungen bei den Bestandsgrößen.

Die zuvor erläuterten Zusammenhänge sollen an einem Beispiel veranschaulicht werden:

Fallgestaltung: Bestands- und Strömungsgrößen

Ein Unternehmen U_1 kauft am 10.1.t_1 vom Unternehmen U_2 Waren für DM 1.000,–. Der Verkäufer liefert die Waren am 12.1.t_1 an den Käufer aus. Als Zahlungstermin wird der 22.1.t_1 vereinbart.

Am 21.1.t_1 erfolgt der Rechnungsausgleich durch Barzahlung. Am 10.2.t_1 stellt der Käufer fest, daß die Waren inzwischen verdorben und unverkäuflich sind.

Die Auswirkungen der Fallgestaltung in den Rechnungszweigen beider Unternehmen können in einer zeitlich geordneten Übersicht wie folgt gezeigt werden:

VERTRAGSABLAUF UND VORGÄNGE IM RECHNUNGSWESEN

RECHTSVORGANG	AUSWIRKUNG IN U_1 (Käufer)	AUSWIRKUNG IN U_2 (Verkäufer)
10.1. VERTRAGSABSCHLUSS	(In der Finanzplanung ggf. Vormerkposten für die nach Leistungsbewirkung entstehende Zahlungsverpflichtung)	keine
12.1. LEISTUNGSBEWIRKUNG	*FINANZBUCHFÜHRUNG: Buchung Waren an Verbindlichkeiten*	*FINANZBUCHFÜHRUNG: Buchung Forderungen an Waren*
	FINANZPLANUNG: Erfassung der Ausgabe (Verpflichtung per 22.1.)	FINANZPLANUNG: Erfassung der Einnahme (Anspruch per 22.1.)
21.1. RECHNUNGSAUSGLEICH BAR	*FINANZBUCHFÜHRUNG: Buchung Verbindlichkeiten an Kasse*	*FINANZBUCHFÜHRUNG: Buchung Kasse an Forderungen*
	FINANZPLANUNG: Erfassung der Auszahlung (Mittelabfluß)	FINANZPLANUNG: Erfassung der Einzahlung (Mittelzufluß)

Noch unberücksichtigt blieben in dieser Übersicht die Folgerungen, die aus dem Warenverderb gezogen werden müssen:

Nach den Rechtsvorschriften zur Finanzbuchführung müssen erkennbare Verluste sofort erfaßt werden. Auf dem Warenkonto U_1 dürften diese verdorbenen Waren nicht mehr ausgewiesen werden. Dem Abgang auf dem Warenkonto U_1 (Habenbuchung) steht nun aber keine Vermögensmehrung oder Schuldentilgung gegenüber. Die Fehldisposition ist dem Eigenkapital als negativer Erfolgsbeitrag zuzurechnen. Mit dem Anschaffungswert (Ausgabe) ist der Betrag bestimmt, der als Eigenkapitalminderung gebucht werden muß. Für diesen Güterverbrauch, der in der Finanzbuchführung grundsätzlich an Ausgaben gemessen wird, ist der Ausdruck **Aufwand** eingeführt:

Vorgang	Auswirkung in U_1 (Käufer)
10.2.t_1: Warenverderb	**Aufwand** Buchung: Eigenkapital an Waren

Damit kann allgemein festgehalten werden:

> Der **Aufwand** umfaßt den grundsätzlich[4] an Ausgaben gemessenen Wertverbrauch während eines abzurechnenden Zeitraumes.

Der Aufwand hat im **Ertrag** seinen begrifflichen Gegenpol. Ausgangspunkt für einen Ertrag – als Wertzuwachs – ist in der Regel die Situation, daß ein Unternehmen aufgrund eines Rechtsgeschäfts Ansprüche auf den Zufluß von Finanzmitteln erwirbt. Dieser Anspruch auf Finanzmittelzufluß wurde zuvor als Einnahme erklärt. Steht einer Einnahme keine betragsgleiche Abnahme beim Vermögen (A^T) und keine entsprechende Schuldenzunahme (= A^+/P^+) gegenüber, ist sie als Eigenkapitalmehrung aufzufassen:

> Der **Ertrag** umfaßt den grundsätzlich an Einnahmen gemessenen Wertzuwachs während eines abzurechnenden Zeitraumes.

Entscheidend für eine Ertragsbuchung ist grundsätzlich der Rechtsanspruch auf Vermögensmehrung. Eine Wertsteigerung von Aktiva über ihren Anschaffungswert hinaus ist kein Ertrag. Es wurde ja noch nicht verkauft. Es liegt (noch) kein Anspruch auf eine Gegenleistung vor.[5] Andererseits ist zu beachten, daß nicht jede Einnahme auch als Ertrag angesehen werden darf. Werden beispielsweise Aktien zu ihrem Buchwert verkauft, liegt in Höhe des Verkaufserlöses eine Einnahme vor. Dieser Betrag geht aber nicht über den Wert hinaus, der bereits als Vermögen ausgewiesen wurde. Es wird kein Wertzuwachs realisiert. Ein Aktivtausch liegt vor. Erst wenn ein Wertzuwachs erzielt wird, kommt

4 Die Einschränkung „grundsätzlich" muß erfolgen, weil es auch Ausnahmen gibt. So wird etwa bei einer Spendenzahlung ein Aufwand erfaßt, der nicht aus einer Rechtsverpflichtung entsteht. Entsprechend wird die Finanzplanung auch hierfür keine Vorsorgemaßnahme treffen; die tatsächliche Zahlung führt zu einer Verringerung des aktuellen Bestandes bei den Finanzmitteln. Vergleichbare Aussagen sind für die Ertragsdefinition im Fall der Schenkung zu machen. Aber auch Zuschreibungsbeträge (Wertaufholungen) zählen zu diesem Grenzbereich der Begriffsdefinition.

5 Diese Aussagen sind nur im Zusammenhang mit handelsrechtlichen Wert- und Bewertungskonventionen verständlich. Bei Unklarheiten vgl. nochmals Abschnitt 2.1.3. (Bewertungsgrundsätze).

eine Ertragsbuchung in Betracht – in Höhe der Differenz zwischen Verkaufserlös und niedrigerem Buchwert.[6]

Für Erfolgsvorgänge in der Finanzbuchführung kann festgehalten werden: Die an Einnahmen und Ausgaben gemessenen Erfolgsbeiträge, begrifflich gefaßt als Erträge und Aufwendungen, verändern den Eigenkapitalbestand:

Soll	**Eigenkapitalkonto** Haben
Aufwendungen	**Anfangsbestand**
Endbestand	**Erträge**
Σ	Σ

Ein Periodenerfolg entsteht – unter Ausschluß von Privatvorgängen – als Differenz zwischen Anfangs- und Endbestand. Diese Differenz muß zwangsläufig übereinstimmen mit dem Ergebnis, das sich aus der Aufrechnung der Positionen ergibt, die als Eigenkapitalveränderungen gebucht werden:

Erträge t_i (= positive Erfolgsbeiträge)
– **Aufwendungen** t_i (= negative Erfolgsbeiträge)

= **Periodenerfolg** (Gewinn$^{(+)}$ / Verlust $^{(-)}$)

Weil erfahrungsgemäß die Entscheidung, ob ein Vorgang zu Erfolgsbeiträgen führt oder nicht, anfangs schwer zu treffen ist, soll nochmals auf die wesentlichen Kriterien rechtlicher Erfolgsbeiträge eingegangen werden:

Aufwand ist eine Abnahme des Eigenkapitals.[7] Ein Aufwand entsteht durch eine Aktivminderung oder Schuldenzunahme, der keine Aktivmehrung oder Schuldenabnahme gegenübersteht. Auf den ersten Blick

6 Eine Besonderheit wird im Warenverkehr zu beachten sein. Ertrag ist dort an sich der Wert, der über den Anschaffungswert hinaus erzielt wird. Gleichwohl werden hier Erweiterungen des Ertragsbegriffs (*Brutto-, Nettoertrag*) sinnvoll sein. Vgl. hierzu den Abschnitt 2.4.1.

7 Privat begründete Veränderungen beim Eigenkapital (Entnahmen) bleiben hier zunächst unberücksichtigt.

gleichartig erscheinende Sachverhalte haben bei näherer Betrachtung doch unterschiedliche Inhalte – wie aus Beispielen hervorgeht:

Aufwand:	*kein Aufwand:*
1. Bankabbuchung für Darlehnszinsen	1. Bankabbuchung zur Darlehnstilgung
2. Barzahlung für Fahrzeugversicherung	2. Bareinkauf eines Fahrzeugs

Ertrag ist eine Zunahme des Eigenkapitals.[8] Ein Ertrag entsteht durch eine Aktivmehrung oder Schuldenabnahme, der keine Aktivminderung oder Schuldenzunahme gegenübersteht:

Ertrag:	*kein Ertrag:*
1. Bankgutschrift der Wertpapierzinsen	1. Bankgutschrift für Verkauf von Wertpapieren zum Buchwert
2. Bankgutschrift für Miete	2. Bankgutschrift für eine aufgenommene Hypothek

Ein weiteres Aufgabenfeld des Rechnungswesens liegt in der Kontrolle von Sortiment und Produktpreisen. Für interne Lenkungszwecke sollen entscheidungsrelevante Informationen vermittelt werden. Dabei kann es nun nicht darum gehen, alle Aufwendungen auf die hergestellten Produkte aufzuteilen. Es kann ja sein, daß bestimmte Verbrauchsvorgänge gar nicht in Verfolgung des Produktionszieles angefallen sind. So wird es beispielsweise fragwürdig sein, den durch Verderb von Waren entstandenen Verlust über eine Erhöhung der Produktpreise auszugleichen. Hier können Fehlplanungen des Unternehmers leicht zu einer noch schlechteren Situation am Absatzmarkt führen. Andererseits kann die sog. Kalkulation sich nicht nur auf eine Verrechnung von Aufwendungen beschränken. Sie muß vielmehr auch solche Verbrauchsvorgänge erfassen, die über den (gesetzlichen) Rahmen der Finanzbuchführung hinausgehen. So ist es hier beispielsweise nicht zulässig, für den Arbeitseinsatz des Eigentümers ein Gehalt zu buchen. Mit sich selbst können rechtswirksam keine Arbeitsverträge abgeschlossen werden. Also liegt auch keine Ausgabe, kein Aufwand vor. Für die Preiskalkulation müßten aber alle Erfolgsbeiträge, die zur Hervorbringung von Leistungen beigetragen haben, erfaßt werden. Deshalb wird für interne Lenkungszwecke ein weiteres Rechenwerk eingerichtet, die

Kosten- und Leistungsrechnung.

8 Privat begründete Veränderungen beim Eigenkapital (Einlagen) bleiben hier zunächst unberücksichtigt.

In ihr werden leistungsbezogene Verbrauchsvorgänge (**Kosten**) dem Erfolg aus Betriebstätigkeit (**Leistung**) gegenübergestellt.[9] Bei den Wertansätzen kann frei gewählt werden. Wo nicht Dritten Rechenschaft gegeben werden soll, können auch die Grenzen rechtlicher Bewertungsvorschriften durchbrochen werden. So ist es möglich (und üblich), die verbrauchten Güter nicht mit ihren Anschaffungswerten zu bewerten, sondern vom Markt die in der Regel gestiegenen Wiederbeschaffungspreise zu fordern. Entsprechend erfahren die Vermögensgegenstände in ihrer internen Rechnung, der sog. **Betriebsbuchführung**[10], auch Wertsteigerungen über ihren Anschaffungswert hinaus.

Mit den unterschiedlichen Aufgaben und organisatorischen Vorkehrungen im betriebswirtschaftlichen Rechnungswesen kann folgende Übersicht über die Rechnungszweige und deren Elemente gegeben werden:

AUFGABENBEZOGENE ORGANISATORISCHE GLIEDERUNG DES BETRIEBSWIRTSCHAFTLICHEN RECHNUNGSWESENS

Rechenwerk	FINANZPLANUNG UND -KONTROLLE	FINANZ-BUCHFÜHRUNG (Unternehmens-rechnung)	KOSTEN- UND LEISTUNGSRECHNUNG (Betriebsbuch-führung)
Rechen-kategorien	Ausgabe und Einnahme bzw. Auszahlung und Einzahlung	Vermögen und Kapital Aufwand und Ertrag	kalkulatorisches Vermögen/Kapital Kosten und Leistung
Rechenziel	Sicherung des finanziellen Gleichgewichts	Einblick in die Vermögens- und Ertragslage	Leistungskontrolle und Betriebs-disposition

9 Genauere inhaltliche Erläuterungen zu diesem Aufgabenbereich des betriebswirtschaftlichen Rechnungswesens folgen im Abschnitt 2.7.1 und im Teil 3.

10 Die Begriffsbildungen im Bereich des Rechnungswesens folgen dem allgemeinen Sprachgebrauch. Auch im Berufsalltag wird davon gesprochen, „in den Betrieb zu gehen", wenn der Bereich des Handlungsvollzuges einer rechtlich umgrenzten Wirtschaftseinheit gemeint ist. Entgegen den in der Betriebswirtschaftslehre überwiegenden Interpretationen vom Betrieb als ‚systemindifferenter Kategorie' und der Unternehmung als besonderem, systembezogenem Betriebstyp, wird hier unterschieden zwischen der (Forts. umseitig)

In der Fachliteratur findet die Gliederung des betriebswirtschaftlichen Rechnungswesens überwiegend noch eine Ergänzung um die Bereiche **Statistik** und **Planung** bzw. Vorschaurechnung. Selbstverständlich wird das betriebliche Datenmaterial sachgerecht geordnet und für Vergleichsbetrachtungen aufbereitet werden müssen. Ebenso werden für alle Rechenziele nicht nur Vergangenheitswerte gefragt sein, sondern auch Planungsrechnungen über Zukunftswerte erstellt. Es ist aber nicht einzusehen, warum für diese Aufgaben wiederum eigene Arbeitsbereiche verselbständigt werden sollen. Eher erscheint es angebracht, innerhalb der drei oben vorgestellten Rechenwerke eine entsprechende Unterteilung in Teil-Aufgabenbereiche vorzunehmen.[11] Damit wird eine einheitliche Aufgabenerfüllung bei geringerer Arbeitsbelastung erreicht.

2.3.3. Die Aufwands- und Ertragsrechnung (Erfolgsrechnung)

Im Rahmen der handelsrechtlichen Buchführung wird der Periodenerfolg ermittelt. Ein Rechengang hierzu ist der Vergleich der Eigenkapitalbestände von Eröffnungs- und Schlußbilanz. Unter Berücksichtigung der Privatvorgänge können Gewinn oder Verlust bestimmt werden:[1]

  Eigenkapital Periodenende
– Eigenkapital Periodenanfang
+ Privatentnahmen
– Privateinlagen

= Periodengewinn/-verlust

Fortsetzung Fußnote 10:
Unternehmung als rechtlichem und finanziell-organisatorischem Rahmen einer Wirtschaftseinheit und dem
Betrieb als Ausführungsbereich eines genau beschriebenen Leistungsauftrags.
In der Sprache des Rechnungswesens kann also ein Unternehmen mehrere (Teil-)Betriebe umfassen. Diese Anmerkung ist als Hinweis zum besseren Verständnis der Fachliteratur aufzufassen – nicht aber als Wertung methodologischer Ansätze. Gleichwohl wäre es wünschenswert, einheitliche Ableitungen zu Begriffen zu finden wie: Betriebsabrechnung, Betriebsaufspaltung, Betriebsausgabe, Betriebsferien, Betriebsmittel, Betriebsprüfer, Betriebsrat, Betriebsrente, Betriebsvergleich, . . .

11 In diesem Sinne WEBER, H.K.: Betriebswirtschaftliches Rechnungswesen, S. 6 f.

1 Vgl. hierzu nochmals Abschnitt 1.1.2.2. (Ermittlung des Unternehmererfolges).

Dieser Bestandsvergleich ermöglicht zwar eine Erfolgsbestimmung. Er zeigt aber noch nicht, *wie* es zu dem Erfolg gekommen ist, welche Erfolgsquellen für den Periodenerfolg maßgeblich waren. Der Einblick in die **Erfolgsquellen** wird erst erschlossen, wenn von der Stichtagsanalyse zur Zeitraumrechnung übergegangen wird. Handels- und steuerrechtliche Vorschriften zwingen dazu, neben den Stichtagsinformationen Inventar und Bilanz einen lückenlosen Überblick für alle zwischenzeitlichen Wertbewegungen zu geben (Buchführung). Das für Inventar und Bilanz gültige Anschaffungswertprinzip gilt auch für diese Zeitraumrechnung. Rechnungsgrundlagen sind Einnahmen und Ausgaben. Einnahmen entstehen bei der Verwertung von Gütern und Diensten am Markt. Ausgaben werden vor allem beim Erwerb von Produktionsmitteln verursacht. Zwischen den Polen Einnahme und Ausgabe liegt der betriebliche Leistungsprozeß. In ihm werden die beschafften Produktionsmittel verbraucht, werden Güter ggf. be- oder verarbeitet, in neue Güter umgewandelt, zum Verkauf bereitgestellt und abgesetzt. Die Vorgänge von Güterverbrauch und Güterentstehung, an Ausgaben und Einnahmen gemessen, verändern das Eigenkapital. Für diese eigenkapitalverändernden Vorgänge sind die Ausdrücke Aufwand und Ertrag eingeführt:

EIGENKAPITALKONTO

Soll	Haben
- AUFWENDUNGEN (= an Ausgaben gemessener Verbrauch)	ANFANGSBESTAND
SCHLUSSBESTAND	+ ERTRÄGE (= an Einnahmen gemessener Zuwachs)

Sicherlich ist es möglich, in der oben abgebildeten Form jeden Erfolgsbeitrag direkt über das Eigenkapitalkonto abzurechnen. Jedoch würde dieses Verfahren keinen Überblick darüber geben, welche Erfolgsbereiche für den Periodenerfolg ursächlich waren. Es könnte nicht unmittelbar festgestellt werden, wie groß der Betrag war, der z.B. als Löhne und Gehälter an die Arbeitnehmer gezahlt wurde, wieviel Mieten, Zinsen, Steuern und andere Aufwendungen entstanden und welche Ertragsarten angefallen sind. Für eine Analyse der unterschiedlichen Erfolgsquellen müßten alle einzelnen Erfolgsbuchungen nach gleichartigen Verursachungsmerkmalen geordnet werden. Dies geschieht zweckmäßigerweise nicht erst, nachdem alle Vorgänge bereits über das Eigenkapitalkonto abgerechnet wurden. Vielmehr hat es sich als sinnvoll erwiesen, als Vorstufe der Eigenkapitalbuchung eine eigenständige Erfolgsrechnung aufzubauen. In ihr werden auf sachlich genau benannten Erfolgskonten (Aufwands- und Ertragskonten) die Erfolgsvorgänge eines Zeitraumes erfaßt. Zu einem Abschlußstichtag werden die Salden der Erfolgskonten auf ein Abschlußkonto übertragen. Auf diesem Abschlußkonto, dem sog. **Gewinn- und Verlustkonto**, werden Erträge und Aufwendungen gegeneinander aufgerechnet. Der Saldo (Gewinn oder Verlust) wird auf das Eigenkapitalkonto übertragen. Das Abrechnungssystem in dieser Erfolgsrechnung ist in einer Übersicht mit seinen grundsätzlichen Merkmalen abgebildet, wobei von der Situation ausgegangen wird, daß die gesamten Erträge die gesamten Aufwendungen übersteigen:

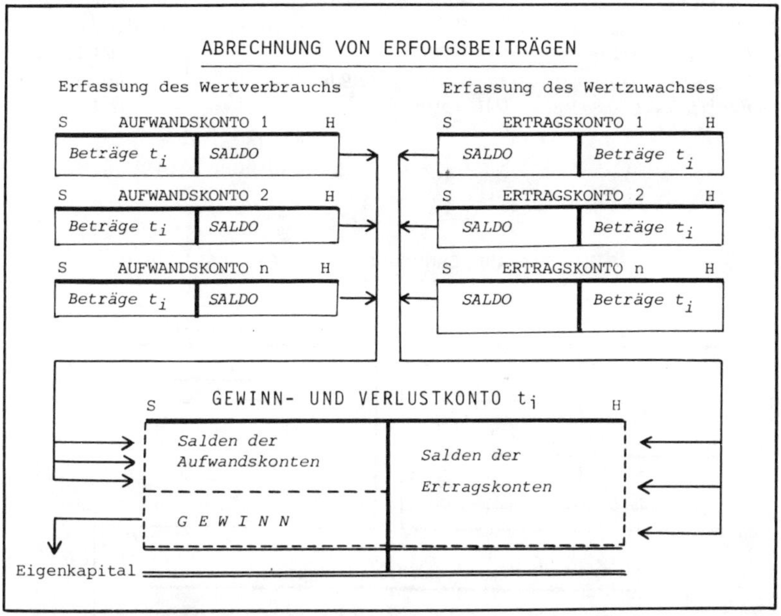

Der Abrechnungsgang in der Erfolgsrechnung kann beispielhaft mit den Fallgestaltungen zu Erfolgsvorgängen veranschaulicht werden. Die bereits erörterten 4 Geschäftsfälle werden nun nach den Ursachen des Verbrauchs bzw. der Quelle des Zuwachses beim Eigenkapital genauer untersucht. Abhängig von dem Anspruch an Detailinformationen über Erfolgsvorgänge wird eine Tiefengliederung in Erfolgskonten vorgenommen. Wenn bei einer Bankabbuchung für Energieverbrauch im einen Fall die Zuordnung zum Raumaufwand angemessen erscheinen mag, kann ein anderer Kontrollaspekt eine weitere Unterscheidung der Raumaufwendungen verlangen und hier zum Energieaufwand neben Mieten, Reinigung, Renovierung führen. In der einfachsten Abrechnungsform führen die 4 Geschäftsfälle zu folgenden Buchungssätzen – die zudem in ihrer Abwicklung in der untenstehenden Übersicht wiedergegeben sind:

Geschäftsfall		*Buchungssatz*			
1. Bankabbuchung für Energieverbrauch	*DM 200,–*	*1. Raumaufwand*	*an*	*Bank*	*DM 200,–*
2. Gehaltszahlung durch Bankscheck	*DM 4.000,–*	*2. Personalaufwand*	*an*	*Bank*	*DM 4.000,–*
3. Mietzahlung durch Banküberweisung	*DM 1.200,–*	*3. Raumaufwand*	*an*	*Bank*	*DM 1.200,–*
4. Zinsgutschrift der Bank	*DM 500,–*	*4. Bank*	*an*	*Zinsertrag*	*DM 500,–*

BEISPIEL ZUM ABRECHNUNGSGANG IM ERFOLGSBEREICH

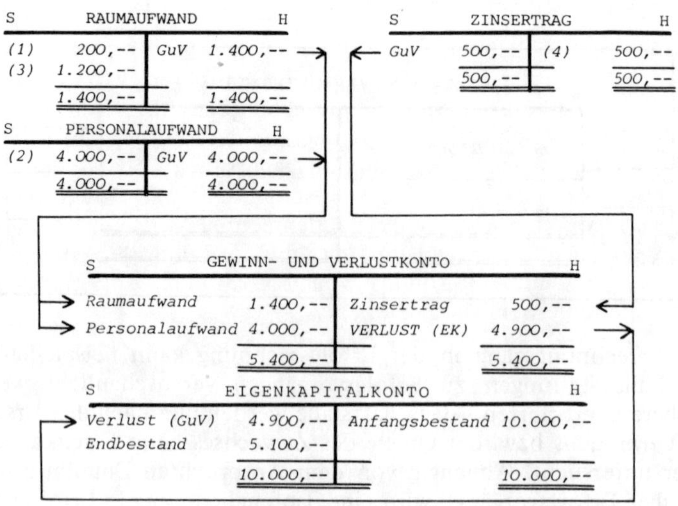

Die Abbildung der Buchungs- und Abschlußtechnik im Erfolgsbereich zeigt, daß in dem Sammelkonto nicht Gewinn und Verlust aufgenommen werden, sondern Aufwendungen und Erträge. Deshalb ist es sprachlich fragwürdig, von einem Gewinn- und Verlustkonto zu sprechen. Auf diesem Konto werden Aufwendungen und Erträge gegenübergestellt, um Gewinn *oder* Verlust zu ermitteln. Dem Konteninhalt entspräche es sicher eher, wenn von einer Aufwands- und Ertragsrechnung oder einer **Erfolgsrechnung** gesprochen würde.[2]

Im umseitigen Beispiel wurde das Grundschema der Erfolgsrechnung erläutert. Die Vielfalt unterschiedlicher Erfolgsvorgänge führt in der Praxis zu einem breit und tief gegliederten Abrechnungssystem. Diese Aufteilung des Erfolgsbereichs in Abrechnungsteilbereiche ist abhängig von der betriebsindividuellen Breite erfolgswirksamer Vorgänge, der angestrebten Transparenz in die Erfolgsentwicklung und rechtlichen Anforderungen.

Im Anhang ist ein Abrechnungssystem abgebildet, das als Organisationsmuster für den Handelsbetrieb gelten soll. Über die dort gezeigte Systematik hinaus kommt oft zusätzlich die Heranziehung räumlicher, personeller und ablauforientierter Gliederungsgesichtspunkte in Betracht. So könnten die Phasen der Leistungsbewirkung für eine Rahmengliederung herangezogen werden:

→ **Beschaffung** → **Lagerung** → **Verkauf** → **Finanzierung** →

ergänzt durch den umfangreichen Bereich **Allgemeine Verwaltung.**

Innerhalb dieses Rahmens wäre dann wieder die obige Breiten- und Tiefengliederung der Erfolgsfaktoren durchzuführen, womit eine Aufwandsart, z.B. die Gehälter, auf die gebildeten Ablaufphasen weiter aufgeteilt wird (Gehälter Beschaffung, Gehälter Lagerung, . . .). Die Praxis hat für spezielle Informationsbedürfnisse äußerst detaillierte Abrechnungssysteme im Erfolgsbereich geschaffen. Nicht zu übersehen ist jedoch, daß mit der zunehmenden Differenzierung von Erfolgsbereichen der Arbeitsumfang anwächst und die Probleme verursachungsgerechter Zuordnung von Erfolgsteilen auf die Abrechnungseinheiten erheblich zunehmen.

---

2 Frühzeitig wurde auf die Problematik der Wortwahl beim Gewinn- und Verlustkonto hingewiesen (vgl. insbes. HASENACK, W.: Buchführung und Abschluß I, S. 65). Der Ausdruck Aufwands- und Ertragsrechnung wurde vor allem von H.K. WEBER (Betriebswirtschaftliches Rechnungswesen) eingeführt.

Abschließend soll zu diesem Bereich erwähnt werden, daß für die Aufrechnung positiver und negativer Erfolgsteile statt der Kontoform auch die **Staffelrechnung**[3] gewählt werden kann.

Bei diesem Abschlußverfahren für den Erfolgsbereich eines Unternehmens werden – ausgehend von den Umsatzerlösen als umfangreichster Ertragsart – andere Erfolgsteile nach und nach in die Abrechnung einbezogen, wobei Zwischenaufrechnungen zur Ermittlung von speziellen Teil-Erfolgen vorgenommen werden. Das übersichtlichste Schema einer solchen Staffelrechnung zur Abrechnung des Erfolgsbereichs wurde mit dem Bilanzrichtlinien-Gesetz geschaffen. Dessen Aufbau und Aussagewert wird nach der zuvor erforderlichen Darstellung von Einzelproblemen des Erfolgsbereichs behandelt.[4]

KONTROLLFRAGEN:

(31) Auf welche Weise läßt sich der Periodenerfolg eines Unternehmens ermitteln?

(32) Worin liegt der Ansatzpunkt zur Erklärung von Erfolgsbeiträgen?

(33) In den Zweigen des Rechnungswesens werden die Erfolgsbeiträge unterschiedlich bezeichnet. Wie lauten die Bezeichnungen und wie lassen sie sich unter Berücksichtigung verschiedener Informationsziele gegeneinander abgrenzen?

(34) Warum werden die Eigenkapitalveränderungen nicht unmittelbar auf dem Eigenkapitalkonto gebucht?

(35) Worin besteht der Unterschied zwischen „Ertrag" und „Einzahlung"?

Aufgabe 6

Die Eröffnungsbilanz eines Einzelhandelsunternehmens weist aus:

Aktiva	*ERÖFFNUNGSBILANZ G. SCHNEIDIG*		*Passiva*
Bebautes Grundstück	*400.000,–*	*Eigenkapital*	*232.000,–*
Geschäftsausstattung	*40.000,–*	*Hypothekenschulden*	*240.000,–*
Fuhrpark	*20.000,–*	*Darlehnsschulden*	*70.000,–*
Waren	*130.000,–*	*Verbindlichkeiten*	*58.000,–*
Bank	*8.500,–*		
Kasse	*1.500,–*		
	600.000,–		*600.000,–*

(Aufgabenfortsetzung auf der nächsten Seite)

3 Vgl. zu den unterschiedlichen Abrechnungsverfahren den Abschnitt 2.2.1.

4 Vgl. Abschnitt 2.7.2.1. (Erfolgsanalysen und Erfolgsabgrenzungen).

Fortsetzung Aufgabe 6:

Zur Verbuchung der auftretenden Geschäftsfälle muß ein Kontensystem entwikkelt werden. Der Unternehmer ist an einer genauen Abgrenzung der verschiedenartigen Erfolgsbeiträge interessiert, damit eine gute Kontrolle der Geschäftstätigkeit möglich wird. Bereits nach dem ersten Geschäftsmonat möchte er ein Zwischenergebnis über die Erfolgswirkungen seiner unternehmerischen Tätigkeit bekommen. Hierzu sind in der Buchführung folgende Geschäftsfälle zu erfassen:

		DM
1.	Zieleinkauf von Waren	11.200,–
2.	Ein Angestellter erhält einen Gehaltsabschlag durch Banküberweisung	2.000,–
3.	Eingang einer Rechnung des Versorgungsunternehmens (Stromverbrauch)	300,–
4.	Einkauf von Briefmarken gegen bar	60,–
5.	Eingang der Monatsrechnung der Tankstelle	420,–
6.	Banküberweisung zum Ausgleich der Stromrechnung (vgl. Fall 3)	300,–
7.	Ein Lieferant gewährt nach Mängelrüge einen Preisnachlaß auf die noch nicht bezahlte Ware	700,–
8.	Bankgutschrift für Geschäftsvermittlung	4.000,–
9.	Banküberweisung zum Ausgleich der Monatsabrechnung der Tankstelle (vgl. Fall 5)	420,–
10.	Kauf einer Schreibmaschine gegen Bankscheck	1.200,–
11.	Barauszahlung für eine Werbeanzeige	180,–
12.	Bankbelastung für Darlehenszinsen	1.750,–
13.	Barentnahme des Inhabers für private Zwecke	1.000,–
14.	Eingang der Malerrechnung für durchgeführte Arbeiten – im Verkaufsraum DM 1.800,– – in der Wohnung des Inhabers DM 2.200,–	4.000,–
15.	Kauf eines neuen Personenkraftwagens unter Zahlung des Kaufpreises von – durch Inzahlunggeben des Altfahrzeuges für DM 17.000,– (Buchwert DM 20.000,–) – und Aufnahme eines Händlerdarlehns über den Restkaufpreis	30.000,–
16.	Einkauf eines Wintermantels für die Ehefrau gegen Barscheck	700,–
17.	Banküberweisungen für – Kraftfahrzeugsteuer DM 240,– – Kraftfahrzeugversicherung DM 1.200,–	1.440,–
18.	Barabhebung vom Bankkonto für private Zwecke	800,–

2.3.4. Eigenkapitalentwicklung in Personenunternehmen und Kapitalgesellschaften

Im Rahmen des Jahresabschlusses wird der Periodenerfolg (Gewinn/Verlust) ermittelt und dem Eigenkapital als Mehrung oder Minderung zugewiesen. Die betrachteten Fallgestaltungen aus dem Bereich der Personenunternehmen[1] (Einzelkaufmann R. Feder, Fotoshop OHG) veranschaulichten die Erfolgszuweisungen auf **variable Eigenkapitalkonten.**

Bei der Erfolgsverteilung in Personenunternehmen tritt eine Besonderheit auf. Im Abschnitt 1.1.2. wurde bereits darauf hingewiesen, daß Veränderungen beim Eigenkapitalbestand nicht nur aus den Auswirkungen der Unternehmenstätigkeit herrühren müssen. Vielmehr ist es das Merkmal der Personenunternehmen, daß die persönlich haftenden Mitarbeiter zur Bestreitung des Lebensunterhalts Entnahmevorgänge durchführen. Dabei kann es sich um finanzwirtschaftliche und güterwirtschaftliche Übertragungen vom Unternehmen an den Unternehmer handeln. Beide Entnahmevorgänge führen zu einer Verminderung des Eigenkapitalbestandes beim entsprechenden Gesellschafter. Diese Privatvorgänge müssen bei der Bemessung von Gewinn- und Verlustanteilen berücksichtigt werden.[2] Vergleichbar mit dem Bestreben, durch die Aufgliederung der Erfolgsbereiche eines Unternehmens in Erfolgskonten Aufschlüsse über die Entwicklung von Erfolgsvorgängen zu gewinnen, wird auch eine abrechnungstechnische Aussonderung des Privatbereichs vorgenommen. Für jeden persönlich haftenden entnahmeberechtigten (Teil-)Eigentümer wird ein **Privatkonto** geführt. Auf ihm werden die periodischen **Privatentnahmen** und **-einlagen** gebucht. Am Periodenende wird der **Privatsaldo** auf das zugehörige Eigenkapitalkonto übertragen:

---

1 Das bestimmende Merkmal für die Gruppierung der Unternehmungsformen sind Haftungsmodalitäten. In allen Fällen, in denen mindestens eine *natürliche Person* mit ihrem Privatvermögen zur Erfüllung von Zahlungsverpflichtungen herangezogen werden kann, wird von *Personenunternehmen* gesprochen. Die Beispiele reichen hier vom Einzelkaufmann bis zu den Gesellschaftsformen OHG und KG. Bei der Kommanditgesellschaft ist jedoch zu beachten, daß die Entwicklungen der Praxis zu *Grundformenvermischungen* geführt haben, welche die Grundanlage der Rechtsform in den Hintergrund drängen. So stellt die GmbH & Co. KG zwar formell eine KG dar – jedoch läßt die Einsetzung der juristischen Person GmbH als Vollhafter das personenbezogene Moment dieser Unternehmungsform in den Hintergrund treten. Rechtlich liegt zwar noch eine Personengesellschaft vor. Wirtschaftlich dagegen wurde der Übergang zum Bereich der *Kapitalgesellschaften* (mit den Grundtypen GmbH und AG) vollzogen.

2 Vgl. zum Zusammenhang nochmals Aufgabe 2.

SACHZUSAMMENHANG
BEI DER ABRECHNUNG VON BESTANDS-, ERFOLGS-, UND
PRIVATVORGÄNGEN

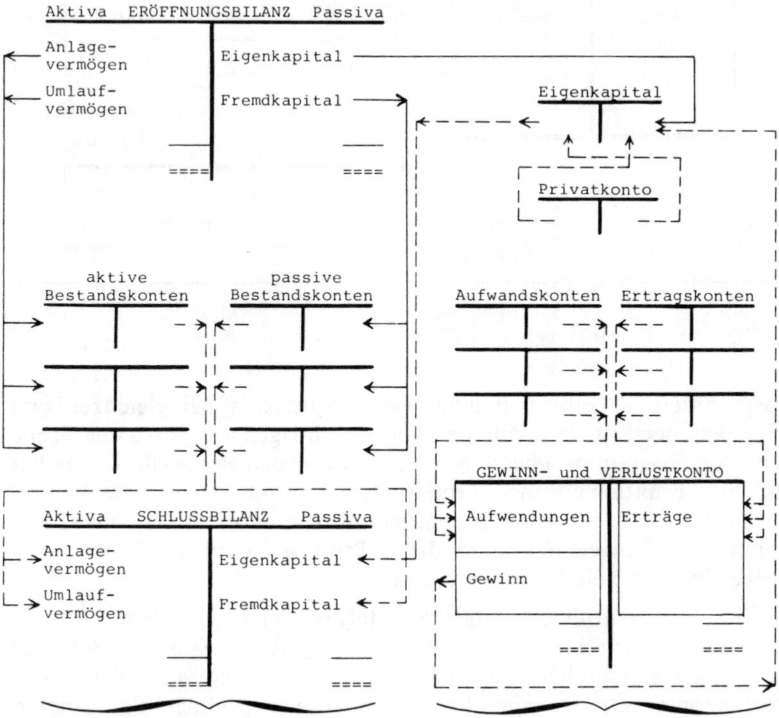

Bereich zur Abrechnung von Bestandsvorgängen

Bereich zur Abrechnung von Erfolgs- und Privatvorgängen

ABRECHNUNG VON EIGENKAPITALVERÄNDERUNGEN

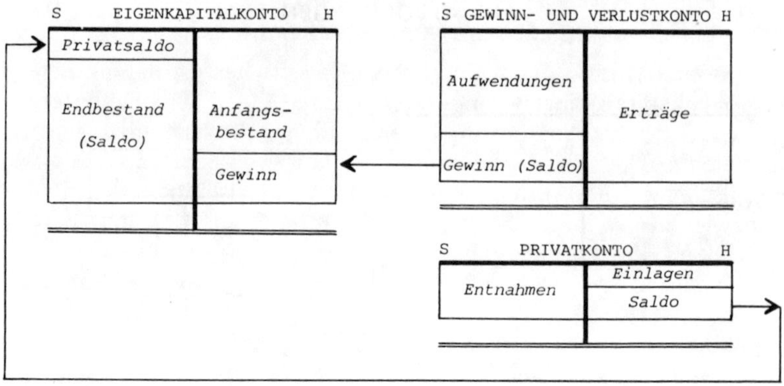

Das Kontenbild geht von einer Gewinnsituation bei gleichzeitigem Überhang der Privatentnahmen über die -einlagen aus. Nach der Größe der Blockdiagramme übersteigt der Gewinn den Privatsaldo – es hat also eine Kapitalmehrung stattgefunden. Es sind aber weitere Varianten in den Größenrelationen denkbar. Wurde beispielsweise mehr entnommen als eingelegt und ist dieser Privatsaldo größer als der Periodengewinn, fand ein Kapitalabbau statt.

Die Rechtsverhältnisse bei den **Kapitalgesellschaften** haben zu anderen Gestaltungen im Eigenkapitalbereich geführt. Zunächst scheidet bei diesen juristischen Personen ein Privatbereich aus: Weil diese Rechtskonstruktionen nur über die handlungsbevollmächtigten natürlichen Personen tätig werden können, sind alle ausgelösten Eigenkapitalveränderungen geschäftlicher Natur. Hier gibt es i.d.R. keinen Privatbereich und keine Haftungsmöglichkeit, die über das Gesellschaftsvermögen hinausgeht. Andererseits haben die Rechtsverhältnisse im Eigenkapitalbereich der juristischen Personen zu relativ komplizierten Gestaltungen im Bilanzbild geführt. Am Beispiel der Aktiengesellschaft sollen die Zusammenhänge zwischen Haftungsanforderungen und Eigenkapitalausweis veranschaulicht werden.

Das Wesen einer Aktiengesellschaft wird in § 1 des Aktiengesetzes (AktG) wie folgt umschrieben:

„(1) Die Aktiengesellschaft ist eine Gesellschaft mit eigener Rechtspersönlichkeit. Für die Verbindlichkeiten der Gesellschaft haftet den Gläubigern nur das Gesellschaftsvermögen.

(2) Die Aktiengesellschaft hat ein in Aktien zerlegtes Grundkapital.“

Aus dieser Definition geht unmittelbar bereits hervor, daß im Bereich des Eigenkapitals eine Besonderheit gegenüber den Personenunternehmen auftritt: Zur Ausstattung einer Aktiengesellschaft mit Eigenkapital zeichnen – d.h. übernehmen – die Gesellschafter (Aktionäre) Anteilscheine, die Aktien. Auf diesen Aktien ist deren **Nennbetrag** ausgewiesen, der in der Bundesrepublik mindestens DM 50,– beträgt. Im Umfang des gezeichneten Nennbetrages sind vom Aktionär **Einlagen** zu leisten, die im Regelfall als sog. Bareinlage und im Sonderfall als Sacheinlage (durch Übergabe von Vermögensgegenständen wie Gebäude oder Maschinen) erfolgen.[3] Die Summe der Nennbeträge von Aktien einer Gesellschaft ist das **Grundkapital**. Wenn die Gesellschaft zur Finanzierung ihrer Vorhaben auch Fremdkapital einsetzt, kann in einfachster Form die Ausgangslage für eine Aktiengesellschaft wie folgt abgebildet werden:

Aktiva	**AG-BILANZ** (vereinfacht)		Passiva
Anlagevermögen	140	**Gezeichnetes Kapital** (Grundkapital)	100
Umlaufvermögen	160	**Fremdkapital**	200
	300		300

Nach den Vorschriften zur Aufstellung eines Jahresabschlusses ermittelt die Gesellschaft den Jahreserfolg (**Jahresüberschuß/-fehlbetrag**). Angenommen, es wurde ein Gewinn erwirtschaftet, so ist dieser natürlich auch in der Aktiengesellschaft eine Mehrung des Eigenkapitals. Nur kann der Gewinn nicht als Erhöhung des Grundkapitals gebucht werden, weil für diesen Betrag von den Aktionären keine Einzahlungen zu leisten sind, bzw. weil hier keine neuen Anteilsrechte gewährt werden. Das gezeichnete Kapital ändert sich also nicht in Abhängigkeit vom Jahreserfolg.

3 Hier soll zunächst unterstellt werden, daß die Aktionäre nur den Nennbetrag der Aktien leisten müssen, also kein Aufgeld (*Agio*) verlangt wird. Im weiteren Verlauf der Darstellung wird auch dieser Sachverhalt einbezogen.

Aus dieser Sachlage könnte dann auch der Schluß gezogen werden, daß Gewinne in Form der **Dividende** an diejenigen auszuschütten sind, die mit ihrem Beitrag die Eigenkapitalaufbringung sicherstellten. Vor dieses – verständliche – Interesse der Aktionäre hat aber der Gesetzgeber eine Hürde gestellt. Wegen der Unsicherheiten jeder Gewinnermittlung und wegen der Haftungsrisiken bei einer juristischen Person darf erst dann der ganze Gewinn ausgeschüttet werden, wenn zusätzlich zum Grundkapital ein „Risikopolster" gebildet wurde. Zur Erweiterung der Eigenkapitalausstattung sind Anteile vom Gewinn in eine **gesetzliche Rücklage** einzustellen. Nach § 150 AktG sind 5 % des Jahresüberschusses als gesetzliche Rücklage einzubehalten, solange das „Zusatz-Eigenkapital" nicht 10 % oder einen satzungsgemäß höheren Anteil des Grundkapitals erreicht.

Mit der Einbehaltung von Gewinnanteilen wird in der Aktiengesellschaft – wie in anderen Unternehmungsformen auch – das Eigenkapital erhöht. Wegen des grundsätzlich festen Grundkapitals wird die Gewinneinbehaltung in der Bilanz auf besonderen Posten für **Gewinnrücklagen** ausgewiesen.

Rücklagen werden nicht nur durch gesetzlichen Zwang gebildet. Weil die Finanzierung mit Eigenkapital die Bestandssicherheit des Unternehmens erhöht und zudem keine Zinszahlungen verursacht, neigen die Verwaltungsorgane zu einer hohen **Überschußfinanzierung** – einer Finanzierung aus nicht ausgeschütteten Gewinnen. Bei diesen Interessen kommt ihnen der Gesetzgeber entgegen. Nach § 58 II AktG können Vorstand und Aufsichtsrat „einen Teil des Jahresüberschusses, höchstens jedoch die Hälfte, in andere Gewinnrücklagen einstellen." Neben die gesetzliche Rücklage tritt so die **freie Rücklage** als weitere Position, die zum Eigenkapital der AG gehört.[4]

Nachdem aus dem Jahresüberschuß gesetzliche und (durch Verwaltungsbeschluß) freie Rücklagen gebildet wurden, verbleibt als Gewinnrest der **Bilanzgewinn**. Er wird der Hauptversammlung zur Beschluß-

4 Die freie Rücklage wird häufig auch *freiwillige Rücklage* genannt, weil es dem Unternehmen im Gegensatz zur gesetzlich erzwungenen Rücklage hier freisteht, Gewinnteile einzubehalten. Dieser Sachverhalt soll aber mit dem Ausdruck „freie Rücklage" nicht umschrieben werden. Bei dieser Wortgebung geht es eher um die Verwendungsformen gebildeter Rücklagen. So soll die gesetzliche Rücklage in erster Linie dazu dienen, eingetretene Verluste auszugleichen, wenn dazu die freien Rücklagen nicht mehr ausreichen (§ 150 AktG). Dagegen kann über die freie Rücklage – weil sie freiwillig gebildet wurde – auch frei verfügt werden. Insbesondere kann sie zur Umwandlung in Grundkapital verwendet werden (sog. Kapitalerhöhung aus Gesellschaftsmitteln).

fassung vorgelegt. Als Verteilungsarten kommen hier die Gewinnausschüttung und eine (weitere) Rücklagenbildung in Betracht (§ 174 AktG). Im Grenzfall ist es also möglich, daß der gesamte Jahresüberschuß über die Bildung gesetzlicher und **anderer Gewinnrücklagen** im Unternehmen verbleibt.[5]

Das Eigenkapital von Aktiengesellschaften kann nicht nur durch Gewinnrücklagen erhöht werden. Vergleichbar mit den Privateinlagen von Gesellschaftern kommt es hier zur Kapitalerhöhung, indem neue Aktien gegen Zahlung des Ausgabebetrages ausgegeben werden. Es handelt sich um eine **Kapitalerhöhung gegen Einlagen**. Dabei wird das gezeichnete Kapital (Grundkapital, Nennkapital) um den Betrag erhöht, der insgesamt auf den neuen Aktien verzeichnet ist. Bei bereits länger arbeitenden Unternehmen wird häufig zusätzlich zum Nennwert der Aktie ein Aufgeld (**Agio**) gefordert. Die Rechtfertigung solcher „Über-Pari-Emissionen" liegt darin, daß die alten Aktionäre bereits durch die Gewinnthesaurierung zusätzliches Eigenkapital gebildet hatten – durch die Zuzahlung eines Aufgeldes bei der Ausgabe neuer Aktien damit nur eine relativ gleiche Situation im Eigenkapitalbereich bestehen bleibt. In Höhe der Differenz zwischen dem Ausgabekurs und dem Nennwert der Aktien kommt es zu **Kapitalrücklagen**, die in der Bilanz unmittelbar nach dem gezeichneten Kapital auszuweisen sind und die den Charakter gesetzlicher Rücklagen haben.

Mit den Kapitalrücklagen sowie den gesetzlichen und anderen Gewinnrücklagen einer Aktiengesellschaft sind im wesentlichen die **offenen Rücklagen** erfaßt. Der Hinweis in der Begriffswahl auf die Offenheit dieser Rücklagen soll zeigen, daß hier im Gegensatz zu den stillen oder versteckten Rücklagen die Bilanz Auskunft über das geschaffene Zusatz-Eigenkapital gibt. Angenommen, die Ausgangslage im Eigen-

---

5 An dieser Stelle soll auch eine Sonderform zur Bildung von Gewinnrücklagen erläutert werden, die an sich schon im Abschnitt zur Bewertung des Bilanzvermögens angeführt werden müßte. Sie betrifft die Möglichkeit zur Verbuchung von Zuschreibungserträgen bei Wertaufholungen. Das WERTAUFHOLUNGSGEBOT bei Kapitalgesellschaften trägt die Gefahr in sich, daß nur buchtechnisch erscheinende Gewinne in der Hauptversammlung auch der Beschlußfassung über eine Gewinnausschüttung unterfallen. Der Gesetzgeber stellt es daher Vorstand und Aufsichtsrat frei, „den Eigenkapitalanteil von Wertaufholungen von Vermögensgegenständen des Anlage- und Umlaufvermögens ... in andere Gewinnrücklagen einzustellen. Der Betrag dieser Rücklagen ist entweder in der Bilanz gesondert auszuweisen oder im Anhang anzugeben." (§ 58 Abs. 2a AktG)

kapitalbereich der Gesellschaft, die zuvor mit einem vereinfachten Bilanzbild dargestellt wurde, habe sich in einigen Geschäftsjahren wie folgt verändert:

- *Erhöhung des gezeichneten Kapitals um 40 Geldeinheiten zum Ausgabekurs von 150 % (= DM 75,– je Aktie im Nennwert von DM 50,–);*
- *Einstellung von 10 Geldeinheiten in die gesetzliche Rücklage und von 30 Geldeinheiten in die anderen Gewinnrücklagen.*

Dann lassen sich die Verhältnisse im Eigenkapitalbereich in einer wiederum vereinfachenden Bilanzdarstellung wie folgt abbilden:

Aktiva **AG-Bilanz** (vereinfacht) Passiva

Anlagevermögen	180	**Eigenkapital**	
		I. Gezeichnetes Kapital (Grundkapital)	140
		II. Kapitalrücklage	20
Umlaufvermögen	200	III. Gewinnrücklagen	
		1. gesetzliche Rücklage	10
		2. andere Gewinnrücklagen	30
		Fremdkapital	180
	380		380

Gegenüber der Ausgangssituation ist das Eigenkapital von 100 auf 200 angewachsen. Die Aktionäre erfahren i.d.R. einen Ausgleich für unterbliebene Gewinnausschüttungen über Kurserhöhungen der Wertpapiere, die sie aber nur durch Verkauf ihrer Anteile realisieren können. Die Bilanzanalytiker drücken die Entwicklung des Eigenkapitals in prozentualer Form mit dem sog. **Bilanzkurs** aus. Damit soll eine Näherungslösung zur Bestimmung eines substanzorientierten Kurses vorliegen.[6] Anhand des einfachen Beispieles zeigt sich folgender Bilanzkurs:

im Beispiel

Ausgangslage *nach einigen Jahren*

$$\textbf{Bilanzkurs} = \frac{\textbf{Eigenkapital x 100}}{\textbf{Grundkapital}}; \quad \frac{100 \times 100}{100} = 100\,\% \quad \frac{200 \times 100}{140} = 143\,\%$$

6 Zur Bestimmung des Anteilswertes werden darüber hinaus zusätzliche Einflußfaktoren, insbes. die Erfolgslage des Unternehmens, heranzuziehen sein. Vgl. zu diesen Zusammenhängen u.a. COENENBERG, A.G.: Jahresabschluß und Jahresabschlußanalyse, S. 305 ff.

Einmal angenommen, der Aktienwert würde sich tatsächlich so entwickeln, wie es dem Bilanzkurs entspricht – was eine sehr einfache und unrealistische Annahme ist. Dann müßte der Kurs einer Aktie im Nennwert von DM 50,– im Beispiel von ursprünglich DM 50,– auf DM 71,50 gestiegen sein. Vergleichbar mit dem Eigenkapitalkonto eines Gesellschafters in Personenunternehmen kann der einzelne Aktionär so seinen Eigenkapitalanteil in einer Aktiengesellschaft über die Auswertung einer Bilanz bestimmen.

2.4. Bestands- und Erfolgsvorgänge im Warenbereich

2.4.1. Netto- und Bruttoabschluß der Warenkonten

Bei den bisherigen Betrachtungen wurde der Bereich des Warenverkehrs nur unvollständig erörtert. Es wurden ausschließlich erfolgsneutrale Warenvorgänge erfaßt.[1] Das Unternehmensziel des Warenhandels ist es aber, durch den Warenumschlag Gewinne zu erwirtschaften. Ursächlich für diesen Erfolgsvorgang sind die unterschiedlichen Wertkomponenten auf dem Beschaffungs- und Absatzmarkt des Unternehmens. Den **Anschaffungswerten**[2] auf der Warenbeschaffungsseite stehen die **Verkaufspreise** auf der Absatzseite gegenüber. Die positive Differenz zwischen diesen Werten stellt im konkreten Fall den Wertauftrieb dar, den die Handelsleistung bewirken konnte.

Eine wesentliche Aufgabe der Buchführung von Warenhandelsunternehmen ist es, den Wertauftrieb zu ermitteln, der im Umsatzprozeß der Handelswaren erzielt wurde. Für diese isolierte Erfolgsziffer ist auch der Begriff **Warengewinn** oder **Rohgewinn** (bzw. -verlust) eingeführt[3] – besser geeignet erscheinen die auch den Verlustfall umschließenden Bezeichnungen **Warenerfolg (EW)** oder **Rohergebnis.**

1 Vgl. z.B. den Abschnitt 2.2.3.

2 Zum Umfang des Anschaffungswertes vgl. Abschnitt 2.1.3.

3 Bewußt vernachlässigt werden soll hier der entsprechende Ausdruck im Aktienrecht von 1965. Dort wurde in § 157 (Gliederung der Gewinn- und Verlustrechnung) von diesem Zwischenerfolg als *Rohertrag* gesprochen. Diese Wortwahl sollte offensichtlich bildhaft zum Ausdruck bringen, daß hier ein noch zu bearbeitender Erfolg vorliegt, gleichsam ein Rohling im Erfolgsbereich. Wie allgemein, zeigt sich auch hier, daß die Wortbildungen mit „Roh-" oder „Rein-" nicht dazu beitragen, sachgerecht die Zusammenhänge zu erläutern. Roh, nämlich unbearbeitet, ist als Ertrag hier der Umsatzerlös. Der so genannte Rohertrag ist dagegen schon das Bearbeitungsergebnis nach Abzug des Betrages, der für die umgesetzten Güter selbst eingesetzt werden mußte. Allenfalls könnte also bei diesem Zwischenerfolg von *Rohgewinn* gesprochen werden. Das Bilanzrichtlinien-Gesetz hat hier mit dem Ausdruck *Rohergebnis* (§ 276 HGB) zweifellos einen Fortschritt gebracht.

Diese positive Erfolgsziffer sagt nur aus, daß für die verkauften Güter mehr erzielt werden konnte als für sie ausgegeben wurde. In der Regel wird es sich hier auch um einen positiven Wert handeln, denn auch ein konkursgefährdetes Unternehmen wird durchschnittlich mehr erlösen als den Anschaffungswert der Waren. Keineswegs darf aber schon von einem positiven Rohergebnis auf einen Unternehmensgewinn geschlossen werden. Es müssen ja erst noch die Aufwendungen für Personal, Geschäftsräume, Werbung usw. vom Rohergebnis abgezogen werden.

Aus der Darstellung von Erfolgszielen im Warenbereich wird deutlich, daß es hier um die rechentechnische Erfassung unterschiedlicher Werteströme geht. Einmal werden auf der Beschaffungsseite des Unternehmens Waren zu Anschaffungswerten bezogen. Sie führen – wie bei anderen Vermögensgegenständen – zu einem Bestand auf einem Aktivkonto ‚Waren'. Auf der Absatzseite werden diese Güter dann zu Verkaufspreisen verkauft, die in der Regel über den Anschaffungswerten liegen. In der Rechnungsführung muß nun sichergestellt werden, daß die Bestandsrechnung für Warenbestände erfolgt und zugleich der Warenerfolg ermittelt wird. Wie kann man diese zwei Aufgaben bei der buchungstechnischen Abwicklung des Warenverkehrs erfüllen? Der zweckmäßigste Lösungsansatz soll mithilfe einer Fallgestaltung entwickelt werden:

Fallgestaltung: Warenverkehr

Waren-Anfangsbestand	*50 Stück zu DM 10,– je Stück*
1. Einkauf auf Ziel	*60 Stück zu DM 10,– je Stück*
2. Verkauf gegen Barzahlung	*50 Stück zu DM 15,– je Stück*
3. Einkauf auf Ziel	*75 Stück zu DM 10,– je Stück*
4. Verkauf gegen Barzahlung	*30 Stück zu DM 15,– je Stück*

Problemlos ist zunächst die Übernahme des Anfangsbestandes auf die Sollseite des Warenkontos und die Verbuchung des Warenzuganges auf derselben Kontoseite:

S		*Warenkonto*	*H*
Anfangsbestand	*50/10,–*	*500,–*	
1. Zugang	*60/10,–*	*600,–*	

Mit dem zweiten Fall entstehen aber Probleme: Der Warenverkauf hat zu einer Minderung des Warenvorrates am Lager geführt – was für eine Habenbuchung des Verkaufsvorganges auf dem Warenkonto spricht. Dagegen ist anzuführen, daß diese Buchungstechnik zu Unklarheiten bei der Analyse von Wertbewegungen auf dem Warenkonto führen wird. Derartige Habenbuchungen werden ebenso erfolgen, wenn Waren an die Lieferanten zurückgeschickt werden oder die Lieferanten aufgrund einer Mängelrüge Nachlässe gewähren. Es käme also auf diesem Konto zu einer Vermengung beschaffungs- und absatzbezogener Tatbestände, die mit unterschiedlichen Wertkomponenten arbeiten. Besonders deutlich wird dieser Einwand gegen die Einrichtung nur *eines* Warenkontos, wenn an die Möglichkeit gedacht wird, daß der Kunde (Fall 2) die Ware nach einigen Tagen beanstandet und den Kaufpreis erstattet bekommt. Dann müßte die Warenrücknahme auf dem Konto gleichsam als ‚Einkauf' erscheinen . . . Alle diese Gründe lassen die Notwendigkeit zur Einrichtung getrennter Warenkonten erkennen.

Der übersichtlichen Erfassung von Wertbewegungen im Warenbereich dienen Konten, die Vorgänge auf der Beschaffungs- und Absatzseite voneinander trennen. So wird das bisher als ‚Warenkonto' bezeichnete Bestandskonto nun genauer bezeichnet als **Wareneinkaufskonto** (WEK). Auf ihm werden alle Warenbewegungen auf der Beschaffungsseite gebucht – einschließlich der Rücksendung beschädigter Waren an Lieferer und anderer, den Wert bezogener Waren verändernder Vorgänge. Das Wareneinkaufskonto arbeitet mit den Werten des Beschaffungsmarktes.

Für die Vorgänge auf der Absatzseite von Handelsunternehmen wird ein **Warenverkaufskonto** (WVK) eingerichtet. Es ist als Ertragskonto aufzufassen.[4] Auf ihm werden die Beträge von Ausgangsrechnungen im Haben gebucht. Seine Wertkomponenten sind Verkaufspreise und die sie ändernden Vereinbarungen (Rücksendungen von Kunden, Nachlässe an Kunden). Den unterschiedlichen Grundaufbau beider Warenkonten zeigt eine Übersicht:

4 Bezogen auf die Erfolgswirkung von Warenverkäufen kann zunächst nur von einem *Bruttoertrag* gesprochen werden. Erst den Beträgen, die über den Anschaffungswert hinausgehen, kommt die (*Netto*-)Ertragswirkung im engeren Sinne zu.

WARENKONTEN

Beschaffungsseite:		Absatzseite:	
S **Wareneinkaufskonto**	H	S **Warenverkaufskonto**	H
Anfangsbestand	Rücksendungen an Lieferanten	Rücksendungen von Kunden	Umsatzerlöse lt. Ausgangsrechnungen
Zugänge lt. Eingangsrechnungen	Preisnachlässe von Lieferanten	Preisnachlässe an Kunden	

Für die obige Fallgestaltung ergibt sich damit als Konteninhalt nach Abrechnung der Ein- und Verkäufe:

S *Wareneinkaufskonto*	H	S *Warenverkaufskonto*	H
AB 50/10,– 500,–			*2. 50/15,– 750,–*
1. 60/10,– 600,–			*4. 30/15,– 450,–*
3. 75/10,– 750,–			

Ist zu einem Zeitpunkt ein Kontenabschluß durchzuführen, muß zunächst der Warenendbestand ermittelt werden. Dies geschieht im allgemeinen

a) durch Inventur (Bestandsaufnahme am Lager) oder
b) durch permanente Inventur (Buchwertfortführung).[5]

Im Beispiel soll davon ausgegangen werden, daß die Differenz zwischen dem Anfangsbestand zuzüglich Zugängen (185 Stück) und den Verkaufsmengen (80 Stück) als Lagerbestand vorhanden ist (105 Stück). Eine Wertänderung auf dem Beschaffungsmarkt sei nicht eingetreten. Damit sind auf der Habenseite des Wareneinkaufskontos DM 1.050,– als Warenendbestand einzutragen.

(1) Übernahme des Warenendbestandes in die Schlußbilanz:
Schlußbilanz an Wareneinkaufskonto DM 1.050,–

Mit Einsetzen des Warenendbestandes ist das Wareneinkaufskonto noch nicht betragsgleich abgeschlossen. Vielmehr ergibt sich bei getätigten Umsätzen ein Habensaldo, der den Anschaffungswert der verkauften Warenmengen darstellt. Für diesen Saldo sind auch die Ausdrücke **Wareneinsatz** bzw. **Umsatz zu Einstandspreisen** (U/EP) eingeführt. (Im Beispiel: 80 Stück/10,– = DM 800,– U/EP) Man darf sich

5 Vgl. zu diesen Verfahren Abschnitt 2.1.2.

diesen Betrag in der Praxis nicht immer so eindeutig als tatsächlichen Lagerabgang für Verkaufszwecke vorstellen, denn auch Ladendiebstähle führen dazu, daß am Periodenende zwischen den aufaddierten Beständen (Anfangsbestand zuzüglich Zugängen) und dem laut Inventur ermittelten Endbestand eine Differenz auftritt, die in der Sprache der Buchführung nur ‚Wareneinsatz' sein kann. Genauer wäre deshalb schon der Ausdruck Warenaufwand, weil er den Wareneinsatz für Verkaufsvorgänge ebenso berücksichtigt wie die angeführten Schwundprozesse strafbarer und natürlicher Art (Verderben, Eintrocknen). Auch die als Folge des strengen Niederstwertprinzips bei Preissenkungen eintretenden Verluste am Warenbestand erhöhen den ‚Wareneinsatz' und zeigen deutlich die Vielschichtigkeit dieses Werteverbrauchs.

Der Wareneinsatz umschreibt die Verbrauchsseite im Warenverkehr. Die positive Erfolgswirkung wird mit den Umsatzerlösen erreicht. Dabei handelt es sich um die vereinbarten Verkaufspreise abzüglich der Korrekturen, die durch Nachlässe verschiedenster Art auftreten. Zu nennen sind hier Minderungen aufgrund mangelhaft gelieferter Waren, Rabatte und Skontovergünstigungen. Aus der Aufrechnung der Umsatzerlöse (DM 1.200,–) mit dem Wareneinsatz (DM 800,–) ergibt sich der Warenerfolg (DM 400,–). Wie soll diese Abrechnung buchungstechnisch vorgenommen werden?

Begreift man das Warenverkaufskonto als Erfolgskonto des Warenbereichs, wird eine Ermittlung des Warenerfolges auf diesem Konto naheliegen. Hierzu wird der Wareneinsatz auf die Sollseite des Warenverkaufskontos übertragen, womit sich folgender Buchungssatz beim Eintragen des Wareneinsatzes ergibt:

(2) Übernahme des Wareneinsatzes auf das Warenverkaufskonto:
Warenverkaufskonto an Wareneinkaufskonto DM 800,–

Nachdem damit das Wareneinkaufskonto abgeschlossen ist, kann auch der Abschluß des Warenverkaufskontos erfolgen: Aus der Aufrechnung der Umsatzvorgänge mit dem Wareneinsatz wird als Saldo der Warenerfolg bestimmt und als Erfolgsziffer des Warenbereichs auf das Gewinn- und Verlustkonto übertragen:

(3) Ermittlung und Übertragung des Warenerfolges in die Erfolgsrechnung:
Warenverkaufskonto an Gewinn- und Verlustkonto DM 400,–.

Wie die Übersicht zu dieser Abrechnungstechnik im Warenbereich zeigt, wird hier in der Erfolgsrechnung nur die Nettowirkung der

Warengeschäfte gezeigt, weshalb diese **Abschlußtechnik** für Wareneinsatz und Warenerfolg auch als **Nettoabschluß** bezeichnet wird.

KONTENINHALT UND -ABSCHLUSS IM WARENBEREICH (NETTOABSCHLUSS)

(in Klammern Beträge aus der Fallgestaltung)

S Wareneinkaufskonto	H
Anfangsbestand (500,–)	Wareneinsatz (800,–) (2) →
Zugänge lt. Eingangsrechnungen (1.350,–)	Endbestand lt. Inventur (1.050,–) (1) →

S Warenverkaufskonto	H
Wareneinsatz (800,–)	Umsatzerlöse lt. Ausgangsrechnungen (1.200,–)
Warengewinn (400,–) (3)	

A Schlußbilanz	P
.....	...
.....	...
→Waren (1.050,–)	

S Gewinn- und Verlustkonto	H
	Warengewinn (400,–) ←

In den Fällen, bei denen die Informationsinteressenten Zugang zu dem gesamten Buchführungsmaterial haben, ist der Nettoabschluß hinreichend für die Leistungskontrolle.[6] Gerade dieser Einblick ist aber dem externen Adressatenkreis der publizitätspflichtigen Rechnungslegung verwehrt. Er sieht nur Bilanz und Erfolgsrechnung (GuV). Die zur Beurteilung von Absatzleistungen wesentliche Größe Wareneinsatz hat er nicht zur Verfügung. Für Erfolgsanalysen kann lediglich der Warengewinn herangezogen werden. Dieser sagt aber nichts darüber aus, mit welchen Verkaufsanstrengungen der Erfolg

6 Zu denken wäre hier an warenspezifische Kennziffern wie

$$\text{durchschnittlicher Lagerbestand} = \frac{\text{Warenanfangsbestand + -endbestand}}{2},$$

$$\text{Umschlagshäufigkeit} = \frac{\text{Umsatz zu Einstandspreisen}}{\text{durchschnittlicher Lagerbestand}},$$

$$\text{realisierter Kalkulationsaufschlag} = \frac{\text{Warengewinn} \cdot 100}{\text{Umsatz zu Einstandspreisen}},$$

$$\text{Handelsspanne} = \frac{\text{Warengewinn} \cdot 100}{\text{Umsatz zu Verkaufspreisen (Saldo)}}$$

erzielt wurde. Der Einblick in Wertbewegungen des Verkaufsbereiches bleibt verwehrt.

Für den Gesetzgeber ist es nicht leicht, eine Entscheidung zugunsten einer besseren Information externer Interessenten zu treffen, denn deren Informationswünsche stehen im Gegensatz zu den Interessen der Unternehmen an einem Konkurrenzschutz: Wenn nämlich die Umsatzerlöse und der Wareneinsatz veröffentlicht werden müssen, hat jeder die Möglichkeit einer Analyse von (durchschnittlichen) Kalkulationssätzen – was er dann für eigene geschäftliche Maßnahmen verwerten kann. Nach dem HGB sind wohl deshalb nur große Kapitalgesellschaften dazu verpflichtet, beide Erfolgsbeiträge des Warenbereichs offenzulegen (§ 276 HGB). Hier muß aus der Erfolgsrechnung hervorgehen, welcher Wareneinsatz zu welchen Umsatzerlösen geführt hat. Buchungstechnisch wird diese Anforderung mit dem **Bruttoabschluß** erreicht. Dabei wird nun der Wareneinsatz nicht mehr über das Warenverkaufskonto abgeschlossen, sondern unmittelbar in das Gewinn- und Verlustkonto übertragen. Dort steht er dann den Umsatzerlösen gegenüber – bzw. wird im Anschluß an diese ausgewiesen, damit in der Staffelform der Erfolgsrechnung mit dem Rohergebnis ein erster Teil des Unternehmenserfolges ausgewiesen werden kann.[7]

KONTENINHALT UND -ABSCHLUSS IM WARENBEREICH (BRUTTOABSCHLUSS)

(in Klammern Beträge aus der Fallgestaltung)

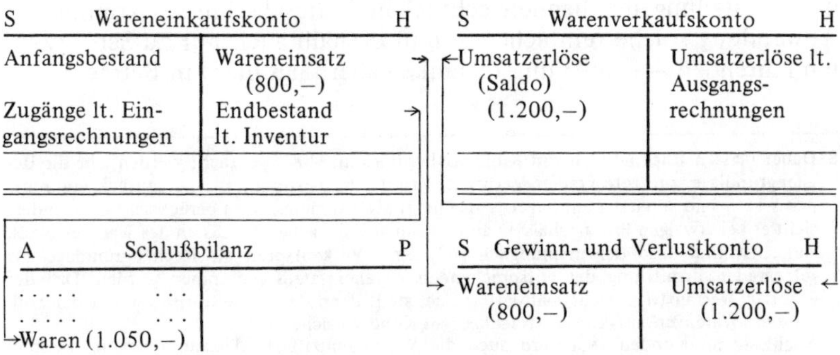

7 Vgl. hierzu die im Anhang abgebildete gesetzlich vorgeschriebene Form der Erfolgsrechnung. Im weiteren Verlauf der Darstellung wird gleichwohl immer wieder zur Kontoform zurückgekehrt, weil sie für die laufenden Abrechnungsarbeiten bestimmend ist und auch zur Veranschaulichung von Erfolgswirkungen besser geeignet erscheint.

Bei der Abrechnung beider Erfolgsbestandteile über das Gewinn- und Verlustkonto wird der Warenerfolg über eine Nebenrechnung ermittelt, indem vom Umsatzerlös der Wareneinsatz abgezogen wird. Liegen diese umfassenden Informationen über die Erfolgswirkungen im Warenbereich vor, können die Ergebnisse verschiedener Jahre oder vergleichbarer Unternehmen über die Bildung von warenspezifischen Kennziffern ausgewertet werden. Im Beispiel führt das zu folgendem Ergebnis:

realisierter Kalkulationsaufschlag $= \frac{400,- \text{ x } 100}{800,-} = \underline{\underline{50\ \%}}$

Handelsspanne $= \frac{400,- \text{ x } 100}{1.200,-} = \underline{\underline{33,3\ \%}}$

Neben dem Informationswert der Warenkennziffern für eine Erfolgsanalyse kommt ihnen eine zusätzliche Bedeutung zu, wenn es um die Erstellung von (kurzfristigen) Zwischenabschlüssen geht. Zur Ermittlung solcher Erfolge, die für eine reaktionsschnelle Betriebslenkung unerläßlich sind, wird man keine umfangreichen Inventurarbeiten zur Feststellung des Wareneinsatzes vornehmen. Besteht Kenntnis über den durchschnittlich angewendeten Kalkulationsaufschlag oder die durchschnittlich erzielte Handelsspanne, kann aufgrund der vorliegenden Umsatzerlöse überschlägig auf den entsprechenden Wareneinsatz geschlossen werden **(retrograde Ermittlung des Wareneinsatzes)**.[8] Für die Aufstellung des handelsrechtlichen Jahresabschlusses kommt die Anwendung solcher einfachen – und deshalb auch nur zu Schätzwerten führenden – Ermittlungstechniken allerdings nicht in Betracht.

---

8 Dabei müssen Rücknahmen von Kunden allerdings in Abzug gebracht werden, ehe die Rechengrundlage zur retrograden Verbrauchsermittlung bestimmt ist. Die zurückgenommenen Waren sind ja wieder am Lager – also nicht als Wareneinsatz zu berücksichtigen. Anders sieht es bei etwaigen Preisnachlässen an Kunden aus. Sie gehen zu Lasten des Warenerfolges. Zunächst muß also der ursprünglich geforderte Verkaufspreis als Rechengrundlage zur retrograden Ermittlung des entsprechenden Wareneinsatzes genommen werden. Daß der erhoffte Wertauftrieb nicht realisiert wurde, stellt dann der Korrekturposten auf der Sollseite des Warenverkaufskontos (Nachlässe an Kunden) sicher.
Nachlässe an Kunden verändern auch die Warenkennziffern. Angenommen, im Beispiel hätte ein Kunde einen Preisnachlaß von DM 20,– erhalten. Dann bliebe der Wareneinsatz mit DM 800,– unverändert. Der gesunkene Warenerfolg führt aber zu einem realisierten Kalkulationsaufschlag von nur noch 47,5 %, und die tatsächlich erwirtschaftete Handelsspanne verringert sich auf $(\frac{380}{1180} \cdot 100 =)$ 32,2 %.

Aufgabe 7

Das zu $t_{j/II}$ aufgestellte Zwischenbilanzkonto des Kaufmanns R. FEDER (vgl. Aufgabe 4) ist der Ausgangspunkt für weitere Abrechnungsvorgänge:

Zwischenbilanzkonto R. FEDER $t_{j/II}$

Soll		Haben	
Bebautes Grundstück	180.000,–	Eigenkapital	124.500,–
Geschäftsausstattung	15.080,–	Hypothekenschulden	100.000,–
Fuhrpark	5.000,–	Verbindlichkeiten	2.640,–
Waren	22.016,–		
Forderungen	150,–		
Bank	4.890,–		
Kasse	4,–		
	227.140,–		227.140,–

Die unten aufgeführten Geschäftsfälle sind zu buchen:

(In der Vergangenheit wurden folgende Erfolgskonten geführt: Zinsaufwand, Allgemeiner Verwaltungsaufwand, Personalaufwand, Raumaufwand, Werbeaufwand, Provisionserträge, Zinserträge, Warenverkaufskonto.)

		DM
1.	Verkauf von Waren auf Ziel	3.163,–
2.	Aufnahme eines Bankdarlehns (Bankgutschrift)	5.000,–
3.	Begleichung von Verbindlichkeiten durch Banküberweisung	1.700,–
4.	Überweisung für Hypothekenzinsen und -tilgung (1. Quartal), Tilgungsanteil DM 250,–	2.500,–
5.	Verkauf von Waren gegen bar	2.360,–
6.	Banküberweisung vom Kunden (Rechnungsausgleich)	1.600,–
7.	Barauszahlung an eine Verkaufshilfe	80,–
8.	Bankabbuchung der Telefonrechnung	110,–
9.	Verkauf von Waren auf Ziel	4.440,–
10.	Ein Kunde reklamiert Waren und erhält den Kaufpreis bar erstattet	30,–
11.	Die reklamierte Ware wird an den Lieferanten zurückgeschickt (Eingangsrechnung noch nicht beglichen)	20,–
12.	Bankabbuchung für Stromverbrauch	140,–
13.	Für eine Geschäftsvermittlung wurden auf das Bankkonto überwiesen	2.800,–
14.	Barauszahlung für eine Zeitungsanzeige	150,–
15.	Verkauf von Waren gegen bar	1.580,–

Nach diesen Geschäftsfällen soll ein Zwischenabschluß durchgeführt werden. Der Warenbestand ist buchmäßig festzustellen (einheitlicher Kalkulationsaufschlag = 50 %).

Die übrigen Bestände sind mit ihren Buchwerten anzusetzen.

2.4.2. Einkaufspreis – Anschaffungswert, Verkaufspreis – Umsatzerlös

In der Praxis vollziehen sich die Verkehrsvorgänge im Warenbereich zumeist nicht so unproblematisch, wie es in den vorangehenden Darstellungen angenommen wurde. Mit der Buchung eines vereinbarten Einkaufs- oder Verkaufspreises sind nicht alle Vorgänge erfaßt, die im Zusammenhang mit dem Warenumsatz auftreten. Im zeitlichen Ablauf können sich folgende, auf ein Beispiel bezogene Ereignisse einstellen:

Fallgestaltung: Abwicklung des Warenverkehrs

Die Fotoshop OHG bestellt am 2.1.t_j bei einem ausländischen Kamera-Großhändler die Lieferung von 10 Kameras. Der Stückpreis beträgt bei Einzelabnahme DM 600,–. Bei Abnahme von mindestens 10 Stück wird eine Kaufpreisminderung um 5 % gewährt.

Bei Anlieferung und Rechnungseingang am 14.1.t_j entstehen DM 120,– Ausgaben für Fracht und Transportversicherung sowie DM 400,– Einfuhrzoll (bar).

Als Zahlungsbedingungen wurden vereinbart: Zahlung innerhalb von 10 Tagen unter Abzug von 3 % Skonto bzw. innerhalb von 30 Tagen ohne Abzug. Am 22.1.t_j wird der Rechnungsausgleich durch Banküberweisung vorgenommen.

Die Fallgestaltung gliedert sich in folgende Einzelvorgänge:

1. Warenbezug,
2. Ausgaben bei der Anlieferung (Transport, Versicherung, Zoll),
3. Zahlungsvorgang.

Der Warenbezug (1.) führt zunächst zu der bekannten Buchung (WEK an Verbindlichkeiten). Fraglich ist jedoch, mit welchem Wert zu buchen ist. Einerseits haben die bezogenen Waren einen Listenpreis von (10 x DM 600,– =) DM 6.000,–. Andererseits verlangt der Lieferant aber nur einen um den Rabatt auf DM 5.700,– gekürzten Betrag. Unzweifelhaft ist damit zunächst nur die Habenbuchung auf dem Konto Verbindlichkeiten in Höhe der Zahlungsverpflichtung gegenüber dem Lieferanten mit DM 5.700,– durchzuführen.

Für die Buchung des Warenzuganges kommen in Betracht

a) Stückpreis x Liefermenge = DM 6.000,–,
b) geschuldeter Rechnungsbetrag = DM 5.700,–.

Wird der Lösungsweg a) gewählt, müßten die DM 300,– Rabatt zusätzlich berücksichtigt werden:

S	*Wareneinkaufskonto*		H
	AB		
14.1.	*6.000,–*		

S	*Verbindlichkeitenkonto*		H
			AB
		14.1.	*5.700,–*

S	*Rabattkonto*		H
		14.1.	*300,–*

Für die Zwecke einer Erfolgskontrolle ist dieser Lösungsweg vorteilhaft. Die Buchführung zeigt, welche Einsparungen durch die Mengenabnahme erzielt werden konnten. Allerdings ist mit dieser Aussage noch nicht festgelegt, welchen Charakter diese Einsparungen haben. Nicht selten wird vom Rabatt*ertrag* gesprochen – entsprechend ein Kontenabschluß über die Erfolgsrechnung vorgeschlagen. Angenommen, es sei nach diesem Beschaffungsvorgang ein Zwischenabschluß durchzuführen. Dann könnte der Rabatt-„Ertrag" zu einem Gewinnanteil von DM 300,– führen. Gewinn ist eine grundsätzlich entnahmefähige Größe. Das Unternehmen hat in diesem Fall aber gar keinen Anspruch auf Finanzmittel erworben, sondern muß weniger zahlen als beim Bezug derselben Warenmenge in mehreren Teillieferungen. Die Betrachtung von Rabatten als Ertragspositionen führt also zu einer Situation, die nicht mit den Gedanken einer anspruchsorientierten Rechnung in Einklang steht. Danach „darf ein Gewinn erst nach Abschluß eines Verkaufsaktes ausgewiesen werden oder bei Vorliegen eines analogen Vorganges, durch den das Unternehmen einen Anspruch auf eine Gegenleistung erwirbt".[1] Diese Sachlage ist aber im vorliegenden Fall nicht gegeben.

Rabatte von Lieferanten sind kein Ertrag. Sie sind eine Minderung des Anschaffungswertes der bezogenen Güter. Das Rabattkonto wird nicht als Ertragskonto geführt, sondern als ein Unterkonto zum Wareneinkaufskonto. Die Sammlung der erzielten Rabatte einer Periode auf einem speziellen Konto ermöglicht einen Einblick in die Auswirkungen der getroffenen Dispositionen im Beschaffungsbereich. Der Abschluß über das Bestandskonto Wareneinkauf reduziert den Warenwert des Einkaufsvorganges auf das rechtlich geforderte Maß:

1 ADLER/DÜRING/SCHMALTZ: Rechnungslegung und Prüfung der Aktiengesellschaft, Bd. 1, § 149, Tz 69, S. 45. Dieselbe Aussage ergibt sich aus der Umschreibung des Anschaffungswerts im HGB: Hierzu „gehören auch die Nebenkosten sowie die nachträglichen Anschaffungskosten. Anschaffungspreisminderungen sind abzusetzen." (255 Abs. 1 HGB)

BUCHUNGSTECHNIK RABATTE

(Beschaffungsseite)

S Wareneinkaufskonto	H
Anfangsbestand Zugänge	Rabattbeträge (Summe) ←

S Rabatte von Lieferanten	H
Summe der Rabattbeträge (Saldo)	Rabattbeträge einzelner Beschaffungsvorgänge

(2) Ausgaben bei der Anlieferung

Die Ableitung der Buchung für den 2. Vorgang (Ausgaben bei der Anlieferung) läßt sich vergleichbar mit den obenstehenden Überlegungen vornehmen. Der unmittelbare Zusammenhang zwischen dem Bezug von Gütern und den Ausgaben, die über den Kaufpreis hinaus entstehen, läßt eine isolierte Aufwandsverrechnung nicht zu. Vielmehr bilden diese Vorgänge eine Einheit und führen zu entsprechenden Buchungen. Dabei dient es wiederum der Klarheit und Übersichtlichkeit, wenn gleichartige Vorgänge auf gesonderten Sachkonten abgerechnet werden, deren Abschluß dann wieder über das Bestandskonto „Wareneinkauf“ erfolgt:

Kontenbild zur Fallgestaltung

S	*Wareneinkaufskonto*		*H*
AB		*Rabatte*	*300,–* ←
14.1.	*6.000,–*		
→*Transport*	*120,–*		
→*Zölle*	*400,–*		

S	*Rabatte*		*H*
← *Saldo*	*300,–*	*14.1.*	*300,–*
	300,–		*300,–*

S	*Transport/-versicherung*		*H*
14.1.	*120,–*	*Saldo*	*120,–* →
	120,–		*120,–*

S	*Zölle*		*H*
14.1.	*400,–*	*Saldo*	*400,–* →
	400,–		*400,–*

Die obenstehende Interpretation des Anschaffungswertprinzips[2] in Verbindung mit Grundsätzen zum Gewinnausweis ist auch für die Bewertung anderer Fragen bei Beschaffungsvorgängen gültig. Für den Anschaffungswert von Vermögensgegenständen sind maßgebend

„die tatsächlichen Ausgaben oder Aufwendungen, die durch die Beschaffung des Gegenstandes entstanden sind. Es handelt sich hierbei um den Anschaffungspreis und alle weiteren Aufwendungen, die notwendig sind, um den Gegenstand zu erwerben und in Benutzung zu nehmen (Anschaffungsnebenkosten). Zu diesen aktivierungspflichtigen Nebenkosten gehören z.B. Provision, Courtage, Kommissionskosten, Eingangsfrachten, Transportkosten, Speditionskosten, Rollgelder, Transportversicherungsprämien, Verzollungskosten, Steuern und Abgaben, Notariats-, Gerichts- und Registerkosten. ... Vom Anschaffungspreis sind Rabatte und Nachlässe aller Art, wie Skonti, Boni u. dgl. in Abzug zu bringen, da nur tatsächliche Ausgaben aktiviert werden dürfen."[3]

(3) Zahlungsvorgang

Mit der Erläuterung des Anschaffungswertes ist auch die Buchung des Zahlungsvorganges festgelegt. Kann aufgrund von Vereinbarungen ein Skontoabzug vorgenommen werden, gilt dies als eine Minderung des Anschaffungswertes der bezogenen Waren. Für Kontrollzwecke werden die Skontobeträge auf einem speziellen Konto gesammelt **(Liefererskonti)**.

Buchung bei Rechnungsausgleich mit Skontoabzug:

22.1.:	*Verbindlichkeiten 5.700,–*	*an*	*Bank*	*5.529,–*
			Liefererskonti	*171,–*

Die Sammlung dieser Skontobeträge auf einem speziellen Konto ermöglicht die Analyse von Einflüssen, die aus dem finanziellen Sektor in den Warenbereich hinüberreichen. Der Kontenabschluß wird über das Wareneinkaufskonto vorgenommen. Weil es zu diesem Sachkomplex in Lehrbüchern zur Buchungstechnik immer noch die Anweisung für einen Abschluß des Skontokontos über die Erfolgsrechnung gibt, soll zur Begründung der gegensätzlichen Auffassung nochmals betont werden: Wenn man an einen Lieferanten weniger zahlt, erzielt man keinen Gewinn, der für Konsumzwecke entnommen werden könnte. Es werden lediglich die eingekauften Waren billiger! Das gilt dann auch für den Einkauf von Anlagegegenständen (z.B.

2 Vgl. Abschnitt 2.1.3.
3 Wirtschaftsprüfer-Handbuch S. 497; entsprechend § 255 HGB.

ein Auto). Auch diese Wirtschaftsgüter werden nur mit dem Wert bilanziert, der tatsächlich dafür entrichtet worden ist.

Die spiegelbildliche Betrachtung: Verkaufsvorgänge

Die Analyse von Besonderheiten im Warenverkehr erfolgte zunächst aus dem Blickwinkel des Käufers. Dieselben Beispiele sollen nun auf den Vertragspartner, das verkaufende Unternehmen, bezogen werden. Hier wird aufgrund des Kaufvertrages zunächst der vereinbarte Preis die Grundlage für eine Buchung auf dem Warenverkaufskonto sein. Kommt es aufgrund von Lieferungs- und Zahlungsbedingungen zu Abweichungen zwischen dem vereinbarten Entgelt und dem tatsächlich erhaltenen Betrag, handelt es sich um Minderungen der Umsatzerlöse: „Als Umsatzerlöse sind die Erlöse aus dem Verkauf ... nach Abzug von Erlösschmälerungen und der Umsatzsteuer auszuweisen.“[4] (§ 277 Abs. 1 HGB)

Damit das Unternehmen einen Überblick über den Gesamtumfang von Erlösschmälerungen hat, empfiehlt sich auch auf der Absatzseite die Einrichtung von **Unterkonten** zum Warenverkaufskonto, insbesondere für Rabatte und Skonti. Hier werden die im Laufe eines Abrechnungszeitraumes zugestandenen Vergünstigungen erfaßt, im Vergleich zu Vorjahreswerten analysiert und als Saldo auf das Warenverkaufskonto übertragen.

Ehe eine zusammenfassende Übersicht über die Konteninhalte im Warenbereich gegeben werden kann, müssen weitere Veränderungen bei Anschaffungswerten und Umsatzerlösen angesprochen werden. So weisen angelieferte oder veräußerte Waren zuweilen Mängel auf, die der Verkäufer vertreten muß. Fehlen den gelieferten Waren zugesicherte Eigenschaften, kann der Käufer gem. §§ 459, 462 BGB vom Vertrag zurücktreten **(Wandlung)** oder einen Preisnachlaß verlangen **(Minderung)**. Die sich beim Gattungskauf ergebende Möglichkeit des Umtauschs (Nachlieferung mangelfreier Ware, § 480 BGB) kann im zeitlichen Ablauf zu weiteren Korrekturvorgängen Anlaß geben. Im Interesse einer übersichtlichen Erfassung der Entwicklung im Beschaf-

4 Besonderheiten in der Abrechnung von Umsatzsteuerbeträgen werden im folgenden Abschnitt behandelt. Hier soll nur schon angeführt werden, daß die im Rechnungsendbetrag enthaltene Umsatzsteuer nicht zu den Umsatzerlösen des Verkäufers zählen kann, weil es sich um Schulden gegenüber dem Finanzamt handelt, die deshalb nicht zu den Erträgen des Verkäufers gerechnet werden können.

fungs- und Absatzbereich sollten für alle gleichartigen Sachverhalte Unterkonten zu den Bestandskonten eingerichtet werden. Für den Rechnungsbereich des Warenverkehrs ergäbe sich dann folgendes Kontenbild:

KONTENFÜHRUNG IM WARENVERKEHR

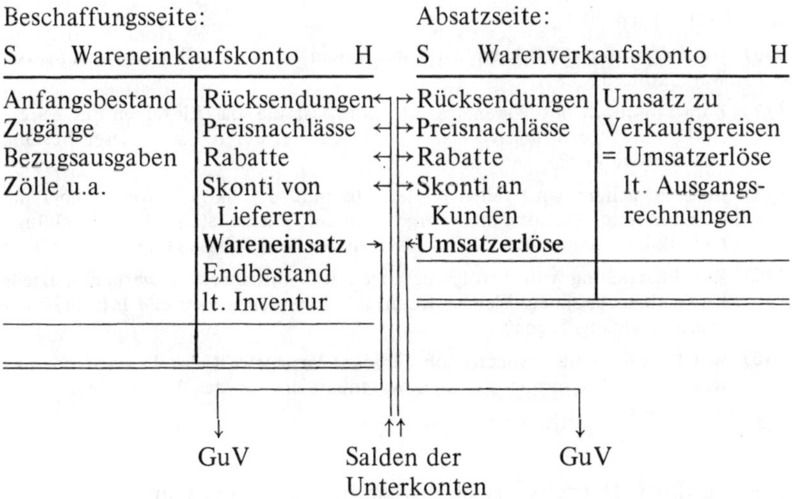

In der Gewinn- und Verlustrechnung erscheinen damit als Erfolgsbeiträge des Warenbereichs beim Bruttoabschluß einerseits der Wareneinsatz (sog. Umsatz zu Einstandspreisen[5]) und andererseits die Umsatzerlöse als Restgröße von Vertragsabwicklungen auf der Absatzseite. Der Wareneinsatz hat Aufwandscharakter. Die Umsatzerlöse sind als

5 Den Begriff „Umsatz zu Einstandspreisen" kennt das Handelsrecht nicht. Er entstammt der kaufmännischen Praxis und z.B. auch Rechtsvorschriften, die für die Preisbildung bei der Vergabe öffentlicher Aufträge maßgebend sind. So wird in den Leitsätzen für die Preisermittlung aufgrund von Selbstkosten (LSP) unter Nr. 18 aufgeführt:
„Einstandspreis
(1) Der Einstandspreis versteht sich im Regelfall frei Werk des Bestellers. Er beinhaltet den Preis der beschafften Güter einschließlich der mittelbaren Lieferkosten wie Fracht, Porto, Rollgeld und Verpackung.
(2) . . .
(3) Erzielte Mengenrabatte, Preisnachlässe, Gutschriften für Treue-, Jahres- und Umsatzrabatte, für zurückgesandte Verpackung und ähnliches sind zu belegen und bei Ermittlung des Einstandspreises abzusetzen, . . ."

Bruttoertrag zu interpretieren. Der Warenerfolg (E_W) wird aus der Aufrechnung beider Erfolgsbeiträge des Warenbereichs bestimmt. Er zeigt den Wertauftrieb, den die verkauften Waren am Absatzmarkt erzielen konnten. Bei einem Nettoabschluß der Warenkonten wird nur dieser Erfolgsbeitrag des Warenbereichs in die Erfolgsrechnung übernommen.

KONTROLLFRAGEN:

(36) Welcher Unterschied besteht zwischen dem Netto- und Bruttoabschluß von Warenkonten?

(37) Zum Abschluß des Wareneinkaufskontos ist u.a. das Einsetzen des Warenendbestandes erforderlich. Nach welchen Verfahren kann dieser Bestand ermittelt werden?

(38) In Lehrbüchern wird teilweise der Abschluß der Skonto-Konten über das Gewinn- und Verlustkonto vorgenommen. Warum steht diese Buchungstechnik im Widerspruch zu Grundsätzen der Rechnungslegung?

(39) Zur Beurteilung von Erfolgsvorgängen im Warenbereich werden spezielle Kennzahlen gebildet. Welche Kennzahlen werden für welche Informationswünsche herangezogen?

(40) Welche Probleme ergeben sich für den Aussagewert der Erfolgsrechnung, wenn als Erfolgsgröße aus dem Warenbereich nur das Rohergebnis ausgewiesen wird?

2.4.3. Exkurs: Betriebswirtschaftliche Interpretation von Skonto-Vorgängen und buchungstechnische Folgerungen

Die gegenwärtig anerkannte Gesetzesinterpretation zum Anschaffungswert erklärt

Skonto von Lieferern als Minderung des Anschaffungswertes und
Skonto an Kunden als Minderung des Umsatzerlöses.

Damit sollten Erfolgsbuchungen im Skontobereich ausgeschlossen sein. Gleichwohl wird in vielen Buchführungslehrbüchern weiterhin der Abschluß von Skontokonten über die Gewinn- und Verlustrechnung vorgeschlagen.[1] Diese Buchungstechnik folgt der Vorstellung, daß die Finanzkraft des Unternehmens hier eine Ertragsbewirkung ermöglicht habe. Letztlich kann diese Interpretation des Skontocharakters auch noch für sich in Anspruch nehmen, im Einklang mit steuerrechtlichen Möglichkeiten[2] zu stehen.

1 Lehrbücher, die zum Einsatz an Wirtschaftsschulen bestimmt sind, gehen fast ausnahmslos diesen Weg (vgl. u.a. SCHMOLKE-DEITERMANN, Bd. 2, S. 14, HAHN-LENZ-TUNNISSEN, S. 49). Auch ENGELHARDT-RAFFÉE formulieren: „Der Saldo des Kontos ‚Skontoerträge' geht in das Gewinn- und Verlustkonto." In einer Fußnote wird dort aber zumindest ergänzt: „Eine andere Möglichkeit besteht darin, die Skontierträge über das Warenbestandskonto abzubuchen, . . ." (S. 75)

2 Vgl. Wirtschaftsprüfer-Handbuch, S. 620.

Das Argument, das sich auf das Steuerrecht bezieht, ist leicht zu entkräften. Selbstverständlich hat der Steuerfiskus nichts dagegen einzuwenden, wenn ein Unternehmen seine Besteuerungsgrundlage Gewinn vergrößert und damit zu einem höheren Steueraufkommen beiträgt.[3]

Die Problemlösung auf der Grundlage handelsrechtlicher Normen und deren Interpretation gestaltet sich dagegen schwieriger. Hier hat eine Ertragsbuchung der Liefererskonti andere Folgen. Sie trägt dazu bei, daß die grundsätzlich als entnahmefähig anzusehende Gewinngröße erhöht wird – ohne daß hinter dieser Buchung ein entsprechender Anspruch auf Zufluß finanzieller Mittel steht. Die eingekauften Waren haben keinen Wertauftrieb erfahren. Die vorzeitige Bezahlung läßt sie billiger werden. Die Wertentwicklung des Vermögensgegenstandes rechtfertigt also keine Ertragsbuchung des Skontos.

Die Zuordnung der Liefererskonti zum Anschaffungswert heißt andererseits, daß eingekaufte Güter mit unterschiedlichen Werten ausgewiesen werden können – abhängig von der Finanzkraft des Unternehmens, einen Skontoabzug vorzunehmen oder nicht. Kann ein Unternehmen nicht vorzeitig zahlen, werden bei ihm die Güter mit dem höheren Rechnungspreis bilanziert. Vergleichsweise führt also die Finanzschwäche zur Werterhöhung von Gütern. Das ist ein betriebswirtschaftlich unbefriedigendes Ergebnis der anerkannten Buchungstechnik für Liefererskonti.

Eine betriebswirtschaftliche Interpretation der Skontovorgänge erschließt einen anderen Lösungsweg für die Buchungsabläufe. Hierzu ist an die Ausgangssituation eines Beschaffungsprozesses zurückzukehren. Aus der Sicht des **Lieferanten** setzt sich seine Preisforderung zusammen aus:

		Fallgestaltung:
	Warenwert	*5.529,–*
+	Vergütung für Kreditierung des Rechnungsbetrages	*171,–*
=	Angebotspreis	*5.700,–*

Nutzt ein Käufer die gesamte Zeitspanne zur Begleichung einer Rechnung aus, muß er neben dem Warenwert auch eine Vergütung für die Kreditierung des Rechnungsbetrages zahlen. Wirtschaftlich werden also mit dem Verkaufsvorgang zwei Geschäfte getätigt: ein Warengeschäft und ein Kreditgeschäft.[4] Dabei entstehen mit dem Vertragsabschluß zunächst sichere Erträge nur in Höhe des Warenwertes. Der zusätzliche Ertrag aus dem Kreditgeschäft ist daran gekoppelt, daß der Käufer

3 Auch diese Einstellung könnte sich längerfristig als gar nicht so selbstverständlich erweisen, wenn durch eine Vermögensauszehrung existenzbedrohende und damit steuerverkürzende Folgeerscheinungen auftreten.

4 Dieser Ansatz zur Analyse des Charakters von Skonto-Beträgen wurde von NICKLISCH entwickelt und zu buchhalterischen Folgerungen fortgeführt. Vgl. NICKLISCH, H.: Die Betriebswirtschaft, S. 190 ff. Bei ENGELHARDT-RAFFÉE findet sich eine entsprechende Diskussion unter dem zusammenfassenden, leider wenig aussagekräftigen Ausdruck „Nettoverbuchung" (S. 75 ff.); ähnliche Ausführungen bei WÖHE, G.: Bilanzierung und Bilanzpolitik, S. 85 ff.

von der Möglichkeit vorzeitiger Bezahlung keinen Gebrauch macht. Weil aber zwischen den Vertragspartnern die Übereinkunft besteht, zunächst einen Einnahme- bzw. Ausgabebetrag von insgesamt DM 5.700,– zu begründen, würde der **Lieferant** auch zum Zeitpunkt der Lieferung beide Ertragsposten buchen:

14.1.:	*Forderungen*	*5.700,–*	*an*	*Warenverkaufskonto*	*5.529,–*
				Skonto-(Zins-)Ertrag	*171,–*

Zahlt der Käufer erst nach Überschreiten der Zeitspanne, die zum Skontoabzug berechtigt, bleibt es bei den obigen Erfolgswirkungen. Die Gesamtforderung würde realisiert.

Anders sieht es aus, wenn der Käufer früher zahlt und den Skontobetrag abzieht. Beim Eingang des skontoverkürzten Betrages am 22.1. würde deutlich, daß ein Kreditgeschäft nicht abgewickelt wurde, also auch kein Zins- bzw. Skontoertrag durch die Kreditierung des Rechnungsbetrages auf 30 Tage erwirtschaftet wurde. Mit der Buchung des Lieferanten wird auch die erwartete und beim Verkauf gebuchte Ertragswirkung des Skontos korrigiert:

22.1.:	*Bank*	*5.529,–*	*an*	*Forderungen*	*5.700,–*
	Zinsertrag	*171,–*			

Es verbleibt nur die Ertragswirkung des Warengeschäftes:

KONTENBILD LIEFERANT

S	Forderungen		H
	AB	22.1.	5.700,–
14.1.	5.700,–		

S	Warenverkaufskonto		H
(GuV	5.529,–)	14.1.	5.529,–

S	Bank		H
	AB		
22.1.	5.529,–		

S	Skonto-(Zins-)Erträge		H
22.1.	171,–	14.1.	171,–

Aus betriebswirtschaftlicher Sicht wird der Skontovorgang demnach als nicht erzielter Ertrag des Lieferanten interpretiert und entsprechend gebucht.

Spiegelbildlich betrachtet kann nun beim **Käufer** zum Zeitpunkt des Vertragsabschlusses auch gefolgert werden, daß als Warenwert DM 5.529,– zu begleichen sind. Die mangelnde Finanzkraft des Unternehmens würde über den Warenwert hinaus einen Skonto-(Zins-)Aufwand verursachen. Und weil zunächst eine Rechtsverpflichtung zur Begleichung des Rechnungsendbetrages entstanden ist, wäre auch am 14.1. vom **Käufer** zu buchen:

14.1.:	*Wareneinkaufskonto*	*5.529,–*	*an*	*Verbindlichkeiten*	*5.700,–*
	Skonto-(Zins-)Aufwand	*171,–*			

Durch die vorzeitige Zahlung wird – analog zum Sachverhalt beim Lieferer – der Aufwandsposten neutralisiert:

22.1.: Verbindlichkeiten 5.700,– an Bank 5.529,–
Skonto-(Zins-)Aufwand 171,–

Damit ergibt sich bei einer Zahlung mit Skontoabzug letztlich dasselbe Ergebnis, das – zuvor – bei einem Abschluß des Skontokontos über das Wareneinkaufskonto erzielt wurde:

KONTENBILD KÄUFER

S	Wareneinkaufskonto		H
	AB		
14.1.	*5.529,–*		

S	Verbindlichkeiten		H
22.1.	*5.700,–*		*AB*
		14.1.	*5.700,–*

S	Bank		H
	AB	*22.1.*	*5.529,–*

S	Skonto-(Zins-)Aufwand		H
14.1.	*171,–*	*22.1.*	*171,–*

Einem Warenzugang von DM 5.529,– steht eine betragsgleiche Minderung des Bankguthabens gegenüber. Würde der Käufer dagegen erst später ohne Skontoabzug zahlen, bliebe es bei dem zunächst auch erwarteten Skonto- bzw. Zinsaufwand in Höhe von DM 171,–. Der Anschaffungswert der Waren bliebe von unterschiedlichen Finanzierungsvorgängen unberührt. Aus der Sicht des Käufers ist ein Skontoabzug als vermiedener Aufwand – und nicht als Ertragswirkung – zu beurteilen.

Die obige Buchungstechnik führt zu einer betriebswirtschaftlich überzeugenderen Lösung als der Weg, den Wareneinkaufs- oder -verkaufswert in Abhängigkeit von Zahlungsvorgängen variieren zu lassen. Auch rechtlich ist gegen diese Buchungspraxis nichts einzuwenden. Beim Verkäufer bleibt der Periodenerfolg unverändert gegenüber der Buchung des Skontos als Minderung des Umsatzerlöses. Nur wird der Einblick in die Erfolgsquellen verbessert. Beim Käufer entsteht eine weiterreichende Wirkung. Hat er die Skontomöglichkeit nicht wahrgenommen, wird durch die obige Buchungstechnik sein Aufwand um den Skontobetrag (DM 171,–) erhöht – im Vergleich zur traditionellen Buchung. Dafür werden die Waren aber auch nur zum Nettowert ausgewiesen. Werden die Begleitumstände kritisch gewürdigt, die zur Lagerhaltung und Nichtbeanspruchung von Skontovergünstigungen führen, so ist aus dem Grundsatz der Anspruchswahrung heraus dieser eher pessimistischen Bemessung vom Bestandswert am Warenlager und damit zusammenhängend auch vom Periodenerfolg der Vorzug zu geben. Damit wird deutlich, daß die Ordnungsmäßigkeitsgesichtspunkte von Recht und Praxis nicht unbedingt zu betriebswirtschaftlich befriedigender und letztlich auch zielkonformer Rechnungslegung hinführen. Vielleicht wird die stetige Weiterentwicklung der Grundsätze ordnungsmäßiger Buchführung dazu beitragen, die Abhängigkeit der Vermögenswerte von situationsbedingten Finanzierungsvorgängen zu beseitigen.

2.5. Erfassung von Abgaben, insbes. Umsatzsteuer

2.5.1. Steuertatbestände und Buchungstechnik

Bei den bisherigen Betrachtungen wurde vernachlässigt, daß mit den unternehmerischen Maßnahmen und Handlungen vielfältige Formen der Verpflichtung entstehen, die Allgemeinheit am wirtschaftlichen Leistungsvermögen teilhaben zu lassen. Zur Erfüllung der Aufgaben des Staates werden **Abgaben** erhoben. Sie umfassen Gebühren, Beiträge, Zölle und Steuern:

Gebühren = Entgelte für die Inanspruchnahme bestimmter öffentlicher Einrichtungen;

Beiträge = Geldleistungen, die als anteilige Erstattung des staatlichen Kapitaleinsatzes von den Bevorteilten einmalig oder wiederkehrend erbracht werden;

Zölle = Geldleistungen, die im grenzüberschreitenden Güterverkehr erhoben werden;

Steuern = Geldleistungen, die von staatlichen Hoheitsträgern in einseitig bestimmter Höhe und ohne die Gewährung einer spezifischen Gegenleistung von den natürlichen und juristischen Personen erhoben werden, bei denen die zur Steuererhebung gesetzten Tatbestände vorliegen.

Wesentliche Steuertatbestände sind zu sehen:

- im Vorhandensein von Werten (**Substanzsteuern**: Vermögensteuer, Grundsteuer, Kraftfahrzeugsteuer, Gewerbekapitalsteuer);
- im Wertzuwachs (**Gewinnsteuern**: Einkommensteuer, Körperschaftsteuer, Gewerbeertragsteuer);
- im steuertechnischen Güterverbrauch (**Verbrauchsteuern**: Mineralöl-, Tabak-, Branntwein-, . . . steuer);
- im Güterumschlag (**Verkehrsteuern**: Umsatzsteuer, Grunderwerbsteuer, Schenkungsteuer, Erbschaftsteuer).

Buchungstechnisch führt die Gesamtheit der Abgaben zu unterschiedlichen Folgen. Entscheidend ist die Ursache der Belastung. Knüpft eine Abgabenart an die **persönliche** Leistungsfähigkeit des Unternehmers an, werden die Beträge über das Privatkonto abgerechnet (Beispiel: Einkommensteuer der natürlichen Personen[1]).

Die meisten Abgaben belasten die Bereitstellung oder den Einsatz von Produktionsfaktoren. Sie sind der Einkommensquelle Betrieb zuzuordnen. Solche Abgaben, die mit der Beschaffung von Vermögensgegenständen verbunden sind, erhöhen grundsätzlich[2] den Anschaffungswert bzw. sind in ihm enthalten:

- Beim Kauf eines Grundstückes sind Eintragungsgebühren und Grunderwerbsteuer zu entrichten. Diese Abgaben erhöhen den Anschaffungswert des Grundstückes.
- Beim Import von Waren können Zölle anfallen. Sie erhöhen den Wert der beschafften Güter.
- Beim Erwerb von Gütern können im Kaufpreis Steuerbeträge enthalten sein (Beispiel: Mineralölsteuer). Diese Steuern werden beim Hersteller der belasteten Güter (Raffinerie) als Aufwand erfaßt und im Verkaufspreis auf den Käufer überwälzt. Beim Käufer sind sie Bestandteil des Anschaffungswertes der belasteten Güter.

In allen zuvor genannten Fällen sind die entrichteten Abgaben zunächst erfolgsneutral. Erst bei einem Verbrauch der Güter sind sie in der jeweiligen Aufwandsart enthalten (Zölle im Wareneinsatz; Mineralölsteuer in den Kosten des Fuhrparks).

Eine andere Wirkung haben Abgaben, welche an die Leistungsbereitschaft und die Erfolgswirkung des Betriebes anknüpfen. So sind z.B. Beiträge an berufsständische Organisationen zu zahlen (IHK). Die Bereitstellung des Fuhrparks führt zur Entrichtung der Kraftfahrzeugsteuer. Der Gewerbebetrieb wird mit seiner Substanz und seinem Erfolg besteuert (Gewerbesteuer). Diese Abgaben, welche die Leistungsbereitschaft und die Erfolge des Betriebes betreffen – also nicht mit dem Erwerb bestimmter Güter anfallen –, werden zumeist über das Aufwandskonto

Steuern, Gebühren, Beiträge

1 Auch die juristischen Personen (z.B. GmbH, AG) sind einkommensteuerpflichtig. Sie werden zur Körperschaftsteuer, der Einkommensteuer von juristischen Personen, veranlagt. Hier wird das Einkommen der Rechtseinheit besteuert. Also wird die Steuerlast auch bei ihr als Aufwand zu erfassen sein. Der Anteil an Körperschaftsteuer, der auf die auszuschüttenden Gewinnteile entfällt, wird bei dem Gewinnempfänger als Steuergutschrift behandelt. Damit wird eine zweifache Besteuerung derselben Bemessungsgrundlage vermieden *(Anrechnungsverfahren)*.

2 Die Ausnahme *Umsatzsteuer* wird nachfolgend detailliert behandelt.

erfolgswirksam erfaßt. Auch ist für dieses Aufwandskonto der Ausdruck **Betriebsabgaben** zweckmäßig. Weitergehende Interessen an einer Kontrolle der Erfolgsquellen können zu einer differenzierteren Betrachtung der Abgaben führen. So fällt die Kraftfahrzeugsteuer an, weil der Betrieb Transportleistungen erbringen will – die grundsätzlich auch von selbständigen Fuhrunternehmen erbracht werden könnten. Für Vergleichszwecke wird man die Aufwendungen des Fuhrparkes mit den Angebotspreisen der Transportunternehmen vergleichen – oder man will auch nur den Umfang dieser Aufwandsart im Zeitvergleich kontrollieren. Zum Aufwand des Fuhrparks zählt aber zweifelsfrei auch die Kraftfahrzeugsteuer, die bei einer Buchung über ein Abgabenkonto nicht in diese spezielle Erfolgskontrolle einbezogen würde. Aus betriebswirtschaftlicher Sicht ist daher der Kontenzuordnung von Abgaben nach dem tatsächlichen Verursachungsgrund der Vorzug zu geben, also hier als Fuhrparkaufwand.

Besondere Probleme treten bei einer Steuerart auf, die vom Häufigkeitsgrad ihres Anfalls, vom Volumen her und im Hinblick auf ihre Buchungsfragen eine herausragende Bedeutung hat: bei der **Umsatzsteuer.**

Die Rechtsgestaltung des Umsatzsteuergesetzes hat zum Ziel, konsumreife Güter bei ihrem Übergang an den **privaten Endverbraucher** mit einem für Gütergruppen einheitlichen Satz zu besteuern.[3] Die Belastung des Endverbraucherpreises mit Umsatzsteuer soll unabhängig von der Zahl der Handelsstufen erfolgen, die von diesen Gütern oder Teilen davon durchlaufen wurde.

Wenn der private Endverbraucher die Umsatzsteuer tragen soll, hätte daran gedacht werden können, nur den Verkauf an diesen Abnehmer der Steuerpflicht zu unterwerfen. Dann aber hätte jeder Käufer erklärt, er sei gewerblicher Weiterverwender und deshalb nicht mit Umsatzsteuer zu belasten. Rechtsunsicherheit und Steuerungerechtigkeit durch den ‚Beziehungshandel' wären die Folge gewesen.

---

3 Nicht alle Verkehrsvorgänge von Gütern und Dienstleistungen unterliegen der Umsatzbesteuerung. Aus der Vielzahl steuerfreier Umsätze soll hier nur genannt werden die *Steuerfreiheit*

- von Umsätzen der Bundespost in bestimmten Leistungsbereichen;
- im Geld- und Kapitalverkehr, mit der Besonderheit, daß der Warenkredit des Lieferanten nicht unter die steuerfreie Kreditgewährung fällt;
- von Vermietung und Verpachtung;
- bei Leistungen von Ärzten (Humanmedizin), Krankenhäusern, Altersheimen und kulturellen Einrichtungen mit Gemeinnützigkeitscharakter.

Der Gesetzgeber hat einen umständlichen aber gerechten Erhebungsweg für die Umsatzsteuer geschaffen. Nicht der Verkäufer entscheidet, ob bei einem Käufer die Belastung auftreten soll oder nicht. Diese Prüfung wird vom Finanzamt durchgeführt. Deshalb löst zunächst auch jeder Verkehrsvorgang beim **Verkäufer** die **Umsatzsteuerpflicht** aus. Der Verkäufer stellt jedem Käufer die Umsatzsteuer – neben dem Warenwert oder dem Wert der Dienstleistung (als sog. **Nettowert**) – zusätzlich in Rechnung. Er weist die Umsatzsteuerbeträge als Verbindlichkeit gegenüber dem Finanzamt aus, die der Käufer aber an ihn zahlen muß. Somit entsteht beim Verkäufer letztendlich keine Belastung durch die Umsatzsteuer. Der **Käufer** kann die in Rechnung gestellte Umsatzsteuer wieder gegenüber dem Finanzamt als Forderung geltend machen, sofern die Güterbeschaffung für betriebliche Zwecke erfolgte. Die Rechtssprache nennt dies den **Vorsteuerabzug**. Damit ist dem Staat – mit Ausnahme der Auswirkungen von Fälligkeits- und Erstattungsmodalitäten – zunächst kein Steueraufkommen zugewachsen. Erst beim Übergang der Güter an den privaten Endverbraucher steht der vom Verkäufer in Rechnung gestellten und vom Käufer getragenen Umsatzsteuer keine Abzugsmöglichkeit des Käufers mehr gegenüber. Hier erzielt der Staat effektiv sein Steueraufkommen aus Umsatzvorgängen.[4]

Das Umsatzsteuergesetz (UStG) stellt die gewollte Rechtswirkung im wesentlichen durch folgende Vorschriften sicher:

- Nach § 1 UStG unterliegen die Lieferungen und sonstigen Leistungen, die ein Unternehmer im Inland gegen Entgelt ausführt, der Umsatzbesteuerung.
- Besteuerungsgrundlage ist zunächst das **vereinbarte Entgelt**. Die Steuerschuld entsteht auf der Grundlage des Rechnungsbetrages beim Verkäufer.
- Die gesamte vereinbarte Gegenleistung ist als vereinbartes Entgelt anzusehen. Sie umfaßt also auch Transportmaterial, Versandspesen, Verzugszinsen usw. Andererseits vermindern die Formen der Preisnachlässe das Entgelt und entsprechend die Umsatzsteuer.

4 Um das Erhebungssystem lückenlos zu gestalten, kann nur derjenige die gezahlte Umsatzsteuer als Vorsteuer geltend machen, der selbst umsatzsteuerpflichtig ist. So führen die USt-Befreiungen (vgl. Fußnote 3) zugleich zu einer Versagung des Vorsteuerabzugs. Wenn z.B. ein Arzt Instrumente einkauft, zahlt er darauf anteilig Umsatzsteuer. Weil seine Leistungen an den Patienten aber nicht umsatzsteuerpflichtig sind, kann er die ihm in Rechnung gestellte Umsatzsteuer nicht vom Finanzamt zurückfordern.

- Auch nachträgliche **Abweichungen** zwischen **vereinbartem** und **vereinnahmtem Entgelt** führen zu anteiligen Korrekturvorgängen bei den Umsatzsteuerbeträgen von Wareneingangs- und -ausgangsseite (Beispiele: Minderung, Skonto und auch vollständige Rücksendung).

Die buchungstechnische Abwicklung von Verkehrsvorgängen unter Einschluß der Umsatzsteuer soll anhand eines Beispiels veranschaulicht werden.

Ungeachtet aktueller Tarifgestaltungen im Bereich der Umsatzbesteuerung wird zur Vereinfachung der Rechnung im weiteren Verlauf immer der Satz von 10 % zur Veranschaulichung von Buchungstechnik und Steuerwirkungen herangezogen.

Fallgestaltung: Umsatzsteuer (1)

Ein Unternehmen U_1 verkauft Waren auf Ziel zum Nettowert von DM 24.000,–. Dem Kunden U_2 werden zusätzlich 10 % Umsatzsteuer in Rechnung gestellt. Die Ausgangsrechnung hat somit folgendes Aussehen:

	Waren-Nettopreis	*DM 24.000,–*
+	*10 % Umsatzsteuer*	*DM 2.400,–*
=	*Rechnungsendbetrag*	*DM 26.400,–*

Betrachtet werden sollen die Buchungen des Geschäftsfalles

1. *beim Verkäufer U_1 (Großhandelsunternehmen) und*
2. *beim Käufer U_2 (Einzelhandelsunternehmen).*

1. Buchung beim Verkäufer (Unternehmen U_1):

Nach dem Erbringen der Sach- oder Dienstleistung wird bei der Rechnungserteilung auch die Umsatzsteuer berücksichtigt.[5] Die Forderung

5 Zu beachten sind Besonderheiten im zeitlichen Ablauf von Leistung und Gegenleistung. An sich entsteht eine Forderung des Verkäufers – und damit anteilig auch des Staates auf Umsatzsteuer – erst mit der Leistungsbewirkung. Bei langfristiger Fertigung (z.B. Anlagen- und Schiffbau) wird bei Anzahlungen bzw. Abschlagszahlungen des Kunden über DM 10.000,– bereits die Umsatzsteuerpflicht über den Teilbetrag ausgelöst.

an den Kunden umfaßt den vereinbarten Nettowert der Leistung und die Umsatzsteuer, die das verkaufende Unternehmen als Schuld gegenüber dem Finanzamt ausweist. In der Fallgestaltung wird mit der Leistungsbewirkung gebucht:

Buchungssatz U_1:

			Warenverkaufskonto	*DM 24.000,–*
Forderungen a. WL	*DM 26.400,–*	*an*		
			Umsatzsteuerkonto (Verbindlichkeiten gegenüber Finanzamt)	*DM 2.400,–*

2. Buchung beim Käufer (Unternehmen U_2):

Der Rechnungsendbetrag für die bezogenen Waren beläuft sich auf DM 26.400,–. Dieser Betrag ist die Verbindlichkeit gegenüber dem Lieferanten (Habenbuchung). Die in Rechnung gestellte Umsatzsteuer ist jedoch kein Bestandteil des Warenwertes. Vielmehr sind im gewerblichen Sektor die auf der Wareneingangsseite für Produktionsfaktoren berechneten Umsatzsteuerbeträge als **Forderung gegenüber dem Finanzamt (= Vorsteuer)** aufzufassen. Erst der private Endverbraucher trägt die Umsatzsteuer:

Buchungssatz U_2:

Wareneinkaufskonto	*DM 24.000,–*			
		an	*Verbindlichkeiten a. WL*	*DM 26.400,–*
Vorsteuerkonto (Forderungen gegenüber dem Finanzamt)	*DM 2.400,–*			

Ein Ausschnitt aus dem Kontengefüge der beiden betrachteten Unternehmen (Verkäufer/Käufer) zeigt die Systematik der Buchungen im Waren- und Umsatzsteuerbereich[6]:

6 Die dargestellten Zusammenhänge aus dem Bereich der Umsatzbesteuerung betreffen nicht nur Warenvorgänge im engeren Sinn, wie sie im Handelsunternehmen vorherrschen. Sie treten vielmehr bei fast allen Beschaffungsprozessen für Produktionsmittel und dem Absatz von Unternehmensleistungen auf. Wenn also eine Schreibmaschine oder ein Kraftfahrzeug für betriebliche Zwecke erworben wird, ist die im Rechnungsendbetrag enthaltene Umsatzsteuer erstattungs- bzw. anrechnungsfähig. Entsprechend löst auch der Verkauf von Teilen des Betriebsvermögens wieder die Umsatzsteuerpflicht aus.

KONTENBILD UMSATZSTEUER (Ausschnitt)

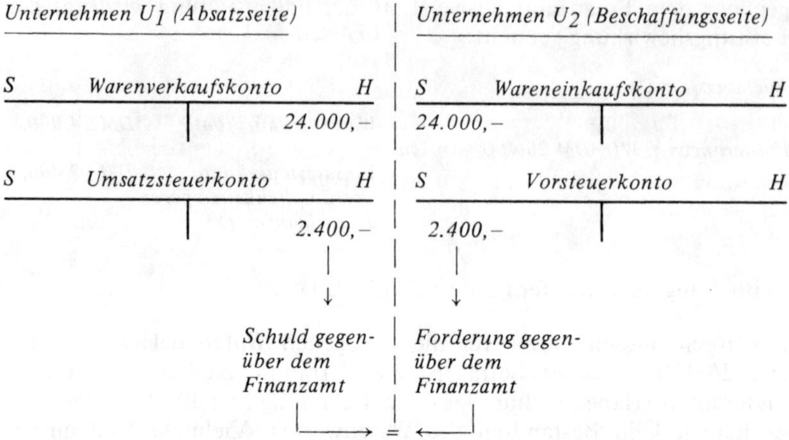

Der Kontenzusammenhang stellt sich also zunächst wie folgt dar:

- Die Umsatzsteuerbeträge von Eingangs- und Ausgangsrechnungen werden wegen ihrer unterschiedlichen Bedeutung auf getrennten Konten erfaßt.
- Die Umsatzsteuerbeträge von Eingangsrechnungen über bezogene Produktionsfaktoren werden auf dem aktiven Bestandskonto **Vorsteuer (VSt)** gebucht. Die Steuerbeträge von Ausgangsrechnungen werden auf dem passiven Bestandskonto **Umsatzsteuer (USt)** gebucht.

Um den Zusammenhang zwischen Umsatzsteuerverbindlichkeiten und -forderungen besser erkennen zu können, soll die Fallgestaltung in U_2 erweitert werden.

Fallgestaltung: Umsatzsteuer (2)

Das Unternehmen U_2 hatte Waren für DM 24.000,– (netto) eingekauft. Diese Waren werden gegen Barzahlung an den privaten Endverbraucher K verkauft:

	Waren-Nettopreis	*DM 30.000,–*
+	*Umsatzsteuer*	*DM 3.000,–*
=	*Rechnungsendbetrag*	*DM 33.000,–*

Mit dem Verkaufsvorgang bucht der Verkäufer U_2:

Kasse	*33.000,–*	*an*	*Warenverkaufskonto*	*30.000,–*
			Umsatzsteuerkonto	*3.000,–*

Die weiteren Buchungsabläufe außerhalb des Umsatzsteuerbereichs sind so vorzunehmen, wie es bei der Erläuterung von Warengeschäften erklärt wurde. Offen bleibt nun die Frage, wie in U_2 die beiden Umsatzsteuerkonten abzuschließen sind. Angenommen, Ein- und Verkaufsvorgang fallen bei U_2 in eine Abrechnungsperiode des Finanzamtes. Dann stehen sich gegenüber

Forderungen und Verbindlichkeiten im Umsatzsteuerbereich (U_2)

Vorsteuerforderung vom Einkaufsvorgang DM 2.400,–	*Umsatzsteuerschuld vom Verkaufsvorgang DM 3.000,–*
(an den Lieferer gezahlt)	*(vom Kunden erhalten)*

Zu einem steuerlichen Abrechnungstermin werden beide Konten gegeneinander aufgerechnet. Dabei werden zunächst isoliert die Summen der beiden Konten ermittelt. Das Konto mit dem größeren Betrag dient für das andere Konto als Abschlußkonto. Überwiegt der periodische Wert bezogener Güter, verbleibt eine Forderung gegenüber dem Finanzamt.[7] Überwiegt – wie im Beispiel – der Wert der umsatzsteuerpflichtig abgesetzten Güter, verbleibt eine **Umsatzsteuer-Zahllast**. Sie wird entweder durch eine Zahlung ausgeglichen (a) oder bei einem Abschluß passiviert (b). Die Kontenbilder im Umsatzsteuerbereich können damit wie folgt abgebildet werden (Fall: USt > VSt)[8]:

7 Ein Erstattungsanspruch besteht, wenn der Überhang des Vorsteuerabzuges, der in Wirklichkeit Vorleistungen an das Finanzamt darstellt, DM 1.000,– übersteigt. Er besagt, daß in dem steuerlichen Abrechnungszeitraum mindestens für DM 10.000,– (nach dem hier zugrunde gelegten Steuersatz von 10 %) mehr an Produktionsmitteln – nicht nur Waren – eingekauft als verkauft wurde. Ein kleinerer Vorsteuerüberschuß wird in den neuen Rechnungszeitraum übertragen und dort wieder mit den Umsatzsteuerschulden aufgerechnet, die auf der Absatzseite entstehen.

8 In der Buchführungspraxis ist es auch üblich, zum Kontenabschluß im Umsatzsteuerbereich ein spezielles Abschlußkonto einzurichten, auf dem der Vorsteuersaldo dem Umsatzsteuersaldo gegenübergestellt wird. Der hierfür gebräuchliche Ausdruck UMSATZSTEUERZAHLLASTKONTO unterstellt den (zumeist auch eintretenden) Überhang der Umsatzsteuerschulden.

BUCHUNG VON UMSATZSTEUERBETRÄGEN

(isolierte Betrachtung der Fallgestaltung, U_2)

Beschaffungsseite:

S	**Vorsteuerkonto**	H
Steuerbeträge von Eingangsrechnungen (2.400,–)		Saldo (2.400,–) →
Σ		Σ

Absatzseite:

S	**Umsatzsteuerkonto**	H
Vorsteuersaldo (2.400,–)		Steuerbeträge von Ausgangsrechnungen (3.000,–)
Saldo **Zahllast** (600,–)		
Σ		Σ

Gegenbuchung:

(a) Finanzkonto **oder**
(b) Bilanz

Im Warenverkehr treten häufig Abweichungen auf zwischen vereinbartem und vereinnahmtem Entgelt. Rabatte, Nachlässe, Skonti sind Beispiele für solche Änderungen des vereinbarten Kaufpreises. Wenn die Umsatzsteuer zunächst an den Kaufpreis bei Vertragsabschluß anknüpft, müssen spätere Änderungen dieses Wertes auch zu Umsatzsteuerkorrekturen führen. So mindern Preisnachlässe beim Verkäufer die Umsatzsteuerschuld – entsprechend darf der Käufer auch nur den tatsächlich gezahlten USt-Betrag als Vorsteuerforderung geltend machen. Analog zu dem Konteninhalt bei den Warenkonten[9] erweitert sich das Abrechnungssystem im Umsatzsteuerbereich:

9 Vgl. zu den Buchungen bei Nachlässen im Warenverkehr die Ausführungen unter 2.5. So buchen Verkäufer und Käufer einen Preisnachlaß parallel mit entgegengesetzter Wirkung:

Verkäufer:			Käufer:		
Warenverkauf Umsatzsteuer	an	Forderungen	Verbindlichkeiten	an	Wareneinkauf Vorsteuer

Für diese Korrekturen kommen beim Käufer auch andere Konten in Betracht. So führt der Verkauf eines Anlagegutes beim *Verkäufer* zwar wieder zur Buchung und späteren Korrektur auf dem Warenverkaufskonto – der *Käufer* erfaßt den Bestandsvorgang einschl. Wertkorrektur aber auf einem Konto des Anlagevermögens (z.B. Geschäftsausstattung). Denkbar ist auch, daß der Käufer bezogene Güter sofort über ein Aufwandskonto bucht, z.B. eine eingegangene Rechnung über Schreibmaterial (netto DM 80,–) als Allgemeine Verwaltungskosten erfaßt. Der Betrieb ist auch hier als gewerblicher Weiterverwender zum Vorsteuerabzug berechtigt. Ein Nachlaß führt beim Käufer dann zur Korrektur im Erfolgsbereich und bei der Vorsteuer (Habenbuchungen).

KONTENINHALTE UMSATZSTEUER

Beschaffungsseite:

S Vorsteuerkonto	H
Steuerbeträge von Eingangsrechnungen	Korrekturen für: Rücksendungen an Lieferer; Nachlässe von Lieferern; Liefererskonti; Vorsteuersaldo →
Σ	Σ

Absatzseite:

S Umsatzsteuerkonto	H
Korrekturen für: Rücksendungen von Kunden; Nachlässe an Kunden; Kundenskonti; Vorsteuersaldo; USt-Zahllast	Steuerbeträge von Ausgangsrechnungen
Σ	Σ

USt-Zahllast ↓ Ausgleich oder Passivierung

Aufgabe 8a

Die Übungsaufgabe 7 (Erfolgsvorgänge ohne Umsatzsteuer) ist im Hinblick auf umsatzsteuerrelevante Tatbestände zu betrachten. Dabei ist davon auszugehen, daß alle dort genannten Beträge Nettowerte darstellen. Die erforderlich werdenden Umsatzsteuerbuchungen sollen mit 10 % durchgeführt und zum Bilanzierungsbetrag aufgerechnet werden.

Aufgabe 8b

Zu den folgenden Geschäftsfällen sind die Buchungssätze zu bilden. Buchungen sind nur auf Waren-, Erfolgs- und Umsatzsteuerkonten durchzuführen.

		DM
1.	*Zielverkäufe von Waren, Warenwert*	*14.100,–*
	+ Umsatzsteuer	*1.410,–*
2.	*Kunde schickt nach Zielverkauf mangelhafte Waren zurück, Warenwert*	*150,–*
	Steuerberichtigung	*15,–*
3.	*Wareneinkäufe auf Ziel, Warenwert*	*9.200,–*
	+ Umsatzsteuer	*920,–*

(Aufgabenfortsetzung auf der nächsten Seite)

4.	*Barzahlung für Eingangsfrachten, netto*	*180,–*
	+ Umsatzsteuer	*18,–*
5.	*Gutschriftanzeige des Lieferers wegen Preisnachlaß für beschädigte*	
	Waren nach Zielkauf, Warenwert	*210,–*
	Steuerberichtigung	*21,–*
6.	*Kunde begleicht Rechnung über*	*4.400,–*
	durch Banküberweisung ./. 2 % Skonto (netto)	*80,–*
	Steuerberichtigung	*8,–*
7.	*Kunde erhält Preisnachlaß wegen mangelhaft gelieferter Ware,*	
	Warenwert	*140,–*
	Steuerberichtigung	*14,–*
8.	*Wir begleichen Liefererrechnung über*	*3.300,–*
	durch Banküberweisung ./. 2 % Skonto (netto)	*60,–*
	Steuerberichtigung	*6,–*
9.	*Gewerbesteuerzahlung durch Postgiroüberweisung*	*1.210,–*
10.	*Gehaltszahlung bar*	*3.920,–*
11.	*Fachzeitschriften werden bar bezahlt, Nettowert*	*50,–*
	+ Umsatzsteuer	*5,–*
12.	*Ausgleich der USt-Zahllast durch Banküberweisung*	*?*

Der Zwischenerfolg ist zu ermitteln. Dabei ist von einem Kalkulationsaufschlag von 100 % auszugehen.

2.5.2. Umsatzsteuer = Mehrwertsteuer?

Die Umsatzbesteuerung soll die Güter beim Übergang an den privaten Endverbraucher belasten. Hier erst erzielt der Staat endgültig sein Steueraufkommen. Der Endverbraucher ist nicht mehr zum Vorsteuerabzug berechtigt.

Der allgemeine Sprachgebrauch folgert aus dem gebräuchlichen Ausdruck „Mehrwertsteuer", daß dabei ein Wertzuwachs der Besteuerung unterworfen wird.[1] Bereits die Ergebnisse zu den Übungsaufgaben 8a/8b aber zeigen, daß kein unmittelbarer Zusammenhang zwischen Erfolgsgrößen und USt-Zahllast besteht:

---

1 An sich ist auch dieser Erklärungssatz vom Begriff her unglücklich. Unter dem Mehrwert wird sonst eine spezielle Aussage des wissenschaftlichen Sozialismus zusammengefaßt. Dabei handelt es sich um die Differenz zwischen dem Gebrauchswert der Arbeit und dem Tauschwert der Arbeit (Lohn). Der ‚Kapitalist' erstattet dem Arbeiter nur den niedrigeren Tauschwert und erzielt dadurch einen ‚Mehrwert'. In diesem Sinne hat also Mehrwert nichts mit Mehrwertsteuer zu tun.

	Aufgabe 8a[2]	*Aufgabe 8b*
Warengewinn	*3.837,67*	*6.755,–*
Reingewinn	*3.907,67*	*1.575,–*
Umsatzsteuer-Zahllast	*1.404,30*	*457,–*

Der Umsatzbesteuerung unterliegt auf jeder Handelsstufe das vereinbarte Entgelt. Die Erfolgswirkung des Verkaufsvorganges ist unbeachtlich. Für eine periodische Umsatzsteuerzahllast oder einen Vorsteueranspruch ist allein die Differenz zwischen dem periodischen Wert der beschafften Güter und dem Wert der abgesetzten Güter entscheidend. Und auch die Umsatzsteuersalden berühren den Betrieb nur rechentechnisch, nicht aber erfolgswirksam. Die Umsatzsteuer wird vom privaten Endverbraucher getragen.

Lediglich aus der Sicht des Staates ist der Ausdruck Mehrwertsteuer aussagefähig. Mit dem Verkaufsvorgang an einen privaten Endverbraucher erzielt er sein Steueraufkommen aus Umsatztätigkeit. Erst jetzt steht der Umsatzsteuerschuld eines Verkäufers kein betragsgleicher Vorsteueranspruch eines Käufers mehr gegenüber. Damit stellt sich das Umsatzsteueraufkommen dar als Anteil des Staates an dem Wertzuwachs, der den Gütern vom Ursprung bis zum Verkauf an den privaten Endverbraucher hinzugefügt wurde.

2.5.3. Die Besteuerung des Eigenverbrauchs

Die Gestaltung des Abrechnungssystems der Umsatzbesteuerung führt zu Problemen in Personenunternehmen. Dort ist zumeist eine enge Verbindung zwischen Betriebs- und Privatbereich festzustellen. Eigentümer entnehmen Waren für den Privatbedarf, sie benutzen einen Personenkraftwagen auch für Privatfahrten oder sie verursachen Aufwendungen, die bei der steuerlichen Gewinnermittlung nicht in Ansatz gebracht werden dürfen (z.B. erheblichere Geschenke an Geschäftsfreunde). In allen Fällen werden zunächst Güter beschafft, für die neben dem Nettowert Umsatzsteuer bezahlt werden muß. Diese Umsatzsteuer wird als Vorsteuerforderung gebucht, weil grundsätzlich von

2 In der Aufgabe 8a (= Aufgabe 7 o. USt) führen folgende Geschäftsfälle zu Umsatzsteuerbuchungen: 1., 5., 9., 10., 11., 12., 13., 14. und 15.

einer betrieblichen Weiterverwendung ausgegangen wird. Erst später stellt sich heraus, daß diese Annahme unzutreffend ist: Vermögensteile werden im sog. **Eigenverbrauch** verwendet.

Fallgestaltung: Eigenverbrauch

In der FOTOSHOP OHG entnimmt der Gesellschafter A einen Fotoapparat für dauerhafte private Verwendung. Der Anschaffungswert beträgt DM 200,–. Der vorgesehene Netto-Verkaufspreis war mit DM 300,– angesetzt.

Es findet ein Übergang des Gutes vom Betriebs- in den Privatbereich statt. Vergleichbar mit einer Barentnahme müßte das **Privatkonto** im Soll den Wert zugerechnet bekommen, der hier als Minderung des Eigenkapitals anzusehen ist. Welches ist nun aber dieser Wert?

Die Frage nach der Wertkomponente soll zunächst auf den Warenwert eingeengt werden. Kommt der Anschaffungswert (DM 200,–) oder der Verkaufspreis (DM 300,–) in Betracht? Der Ansatz des Verkaufspreises führt zu einem Warengewinn von DM 100,–. Der Unternehmer würde durch den Verkauf an sich selbst Geld „verdienen" – und müßte auch die steuerlichen Folgen tragen. Im eigenen Interesse wird er sich deshalb darauf berufen, daß durch einen Verkauf an sich selbst rechtlich kein Gewinn entstehen kann. Der Ansatz des Verkaufspreises kommt nicht in Betracht. Bei einer Bewertung des Eigenverbrauchs ist vom Anschaffungswert auszugehen (DM 200,–).[1]

Mit dem Eigenverbrauch ist an sich die Voraussetzung für den Vorsteuerabzug entfallen. Es könnte daran gedacht werden, die Buchungen der Beschaffung (Soll: Wareneinkauf und Vorsteuer) rückgängig zu machen. Dieses Vorgehen würde dem tatsächlichen Sachverhalt widersprechen: Waren wurden nicht zurückgeschickt, sondern an den privaten Endverbraucher übertragen. Systemkonform ist also nur eine Buchung, die einen Verkaufsvorgang des Betriebes an den Eigentümer unterstellt. Und für Warenverkäufe muß das ‚Kontenpaar' Warenverkauf und Umsatzsteuer herangezogen werden.[2]

1 Steuerrechtlich genau müßte hier mit den Wertkomponenten *Teilwert* und *gemeiner Wert* argumentiert werden (vgl. insbes. § 6 EStG). Die obige Vereinfachung verändert aber nicht die grundsätzliche Aussage zum Wertproblem.

2 Einwendungen gegen diese Buchungssystematik beziehen sich zumeist auf die Wertkomponente. Weil nichts verdient worden sei, müsse auch das Wareneinkaufskonto für die Habenbuchung herangezogen werden. Dieser Ansatz geht von der unzutreffenden Annahme aus, daß bei Umsatzakten immer ein Preis erzielt wird, der über dem Anschaffungswert liegt. Das ist aber in der Praxis nicht unbedingt der Fall! Auch wenn an Dritte unter Anschaffungswert veräußert wird, werden die Konten WVK/USt benutzt.
Zur entsprechenden Regelung im Umsatzsteuerrecht vgl. § 1 Abs. 1 Nr. 2a UStG.

Buchung Eigenverbrauch (Waren):

Privatkonto	*220,–*	*an*	*Warenverkaufskonto*	*200,–*
			Umsatzsteuerkonto	*20,–*

Vergleichbar mit der Entnahme von Waren oder anderen Gegenständen[3] für private Zwecke ist die private Nutzung betrieblicher Vermögensgegenstände. In der Praxis am häufigsten geschieht dies mit der privaten Nutzung von Personenkraftwagen. Rechtlich handelt es sich hierbei um umsatzsteuerpflichtige Leistungen des Betriebes an den privaten Endverbraucher. Aus den gesamten Aufwendungen für den Gegenstand ist der Privatanteil auszusondern und auch der Umsatzbesteuerung zu unterwerfen. Angenommen, der Fuhrparkaufwand beliefe sich in einem Zeitraum auf DM 3.000,– und der Anteil privater Nutzung sei nach Erfahrungswerten mit 25 % anzusetzen. Dann würde die **Eigennutzung** wie folgt erfaßt:

Buchung des Privatanteils an der Nutzung des Fuhrparks (Eigennutzung):

Privatkonto	*825,–*	*an*	*Fuhrparkaufwand*	*750,–*
			Umsatzsteuer	*75,–.*

KONTROLLFRAGEN:

(41) Das Umsatzsteuerrecht ist so ausgestaltet, daß nur der private Endverbraucher die Steuerlast tragen soll. Welche Maßnahmen sind zum Erreichen dieser Steuerwirkung im Erhebungsweg getroffen worden?

(42) Wodurch unterscheidet sich die Umsatzsteuer von anderen Verkehrsteuern?

(43) Die Umsatzbesteuerung erfolgt zunächst auf der Grundlage von vereinbarten Entgelten. Welche buchungstechnischen Aufgaben entstehen bei Abweichungen zwischen Zahlungsvereinbarung und tatsächlicher Zahlung – beispielsweise durch Skontovergünstigungen?

(44) Welche umsatzsteuerlichen und buchungstechnischen Folgerungen hat die Privatentnahme von Waren?

(45) Was ist unter einer „Passivierung der Umsatzsteuerzahllast" zu verstehen?

---

3 Wird z.B. eine Schreibmaschine vom Betrieb an den Unternehmer als Privatperson übertragen, handelt es sich ebenso um einen umsatzsteuerpflichtigen Vorgang:
Buchung:

Privatkonto	an	Geschäftsausstattung
		Umsatzsteuer

Aufgabe 9

Ausgangspunkt ist das Zwischenbilanzkonto der FOTOSHOP OHG zu t_1/III, das sich als Lösung zur Aufgabe 5 ergab:

S	ZWISCHENBILANZKONTO ALBERT FOTOSHOP OHG, t_1/III		H
ANLAGEVERMÖGEN:		*EIGENKAPITAL:*	
Bebaute Grundstücke	*240.000,–*	*Gesellschafter A*	*274.400,–*
Geschäftausstattung	*40.000,–*	*Gesellschafter B*	*136.800,–*
Fuhrpark	*50.400,–*		
		FREMDKAPITAL:	
UMLAUFVERMÖGEN:		*Hypothekenschulden*	*40.000,–*
Waren	*124.000,–*	*Darlehensschulden*	*26.000,–*
Forderungen	*14.150,–*	*Verbindlichkeiten*	*9.400,–*
Bank	*15.650,–*		
Kasse	*2.400,–*		
	486.600,–		*486.600,–*

Folgende Geschäftsfälle sind zu buchen:

				DM
1.	*Warenverkauf gegen Barzahlung,*	*Nettowert*	*1.700,–*	
		+ USt	*170,–*	*1.870,–*
2.	*Einkauf von Büromaterial gegen Barzahlung; Kaufpreis einschl. 10 % Umsatzsteuer*			*110,–*
3.	*Warenverkauf gegen Barzahlung,*	*Nettowert*	*720,–*	
		+ USt	*72,–*	*792,–*
4.	*Bankabbuchung für Energieverbrauch (einschl. USt)*			*187,–*
5.	*Warenverkauf auf Ziel,*	*Nettowert*	*2.600,–*	
		+ USt	*260,–*	*2.860,–*
6.	*Gehaltszahlung durch Banküberweisung*			*2.200,–*
7.	*Privatentnahme von Waren durch Gesellschafter A, Nettowert*			*400,–*
8.	*Briefmarkeneinkauf bei der Post gegen Barzahlung*			*22,–*
9.	*Banküberweisung vom Kunden zum Rechnungsausgleich unter Abzug von 3 % Skonto; Überweisungsbetrag*			*1.600,50*
10.	*Mängelrüge eines Kunden (Fall 1.) führt zu einem bar erstatteten Preisnachlaß von netto*			*300,–*
11.	*Warenverkauf auf Ziel,*	*Nettowert*	*820,–*	
		+ USt	*82,–*	*902,–*
12.	*Banküberweisung an Lieferer zum Rechnungsausgleich unter Abzug von 3 % Skonto; Überweisungsbetrag*			*4.268,–*

(Aufgabenfortsetzung auf der nächsten Seite)

Zu t_1/IV soll ein Zwischenabschluß unter Berücksichtigung folgender Angaben aufgestellt werden:

1. *Warenbestand lt. Fortschreibung* *DM 121.180,–*
2. *Der Saldo der Umsatzsteuerkonten ist zu bilanzieren;*
3. *Der Zwischenerfolg ist summarisch zu bilanzieren.*

2.6. Erfassung von Entwertungsvorgängen bei Gebrauchsgütern

2.6.1. Abschreibungen und Anlagenspiegel

Bei den bislang behandelten Erfolgsvorgängen blieb der Bereich des Anlagevermögens unberücksichtigt. Im Gegensatz zu den Gütern des Umlaufvermögens, die – durch den Ausdruck **Verbrauchsgüter** gekennzeichnet – sich mit einmaligen Beiträgen im Leistungsprozeß umschlagen, handelt es sich hier um **Gebrauchsgüter**, die längerfristig nutzbar sind. Sie sind also in der Lage, über mehrere Jahre hinweg Nutzleistungen zu erbringen (Fahrkilometer, Arbeitsgänge). Damit fällt auch ihre Anschaffungsausgabe als Aufwand nicht nur in eine Periode, sondern die voraussichtlichen Jahre der Nutzung werden mit Anteilen an der Anschaffungsausgabe belastet. Anhand eines Beispieles sollen Ausgangspunkt und Ablauf der Abrechnung solcher Entwertungsvorgänge gezeigt werden:

Fallgestaltung: Anlagenentwertung

In einem Warenhandelsunternehmen wird im Zeitpunkt t_1/I eine Anlage zur Datenverarbeitung gekauft.

Kaufpreis (netto)	*DM 100.000,–*
+ Umsatzsteuer	*DM 10.000,–*
= Rechnungsendbetrag	*DM 110.000,–*

Mit Anlieferung der Anlage wird der in Rechnung gestellte Nettowert auf dem Konto Geschäftsausstattung aktiviert. Die Anlage wird bestimmungsgemäß für betriebliche Zwecke eingesetzt. Am Ende des ersten Nutzungsjahres entsteht bei der Aufstellung von Inventar und Bilanz die Frage nach dem Wertansatz für diesen Vermögensgegenstand. Zweifellos kommt eine Beibehaltung des Anschaffungswertes nicht in Betracht. Wirtschaftliche und technische Einflußfaktoren haben zu einer Entwertung geführt. Der periodische Entwertungsbetrag ist vom Aktivposten abzuschreiben. In der Sprache der Rechtsquelle, die für die Rechnungslegung allgemein gültig ist, werden Abschreibungen wie folgt definiert:

§ 253 Abs. 2 HGB

(2) Bei Vermögensgegenständen des Anlagevermögens, deren Nutzung zeitlich begrenzt ist, sind die Anschaffungs- oder Herstellungskosten um planmäßige Abschreibungen zu vermindern. Der Plan muß die Anschaffungs- oder Herstellungskosten auf die Geschäftsjahre verteilen, in denen der Vermögensgegenstand voraussichtlich genutzt werden kann.

Die Gesetzesformulierung führt zu einer begrifflichen Umschreibung der **Abschreibungen** als planmäßige Verteilung des Anschaffungs- oder Herstellungswertes von abnutzbaren Gütern des Anlagevermögens auf die voraussichtlichen Jahre der Nutzung im Unternehmen.[1] In der Buchführung sind damit zwei Aufgaben zeitgleich zu erfüllen: Einmal muß der Vermögensausweis des abnutzbaren Wirtschaftsgutes plangemäß vermindert werden. Das geschieht durch eine Habenbuchung (Aktivminderung). Der periodische Entwertungsbetrag stellt zugleich einen negativen Erfolgsbeitrag – einen Aufwand – dar. Er ist mit einer Sollbuchung auf einem sachentsprechenden Aufwandskonto[2] zu buchen:

Aufwandskonto (z.B. Abschreibungen, Fuhrparkaufwand, o.ä.)	*an*	*aktives Bestandskonto (Geschäftsausstattung, Fuhrpark, o.ä.)*

Isoliert betrachtet führt der periodische Abschreibungsbetrag (a) zu einem verringerten Vermögenswert und korrespondierend hierzu als Erfolgswirkung zu einem Abbau des Eigenkapitals. Im Zusammenhang des ganzen Buchführungssystems sind Abschreibungen also genauso

1 In einer umfassenderen Begriffsverwendung werden auch die Buchungen zur Erfassung von Wertminderungen beim Umlaufvermögen als „Abschreibungen" bezeichnet (vgl. § 253 Abs. 3 HGB).

2 Die Zuordnung des Abschreibungsbetrages auf ein Aufwandskonto muß wiederum nach den Informationsinteressen an einer Erfolgsquellenanalyse erfolgen – wie es schon am Beispiel der Kraftfahrzeugsteuer im vorangehenden Abschnitt gezeigt wurde. Wenn ein Kraftfahrzeug abgeschrieben wird, kommt deshalb auch für die Aufwandsbuchung nicht das Abschreibungskonto, sondern das Konto Fuhrparkaufwand in Betracht. Andernfalls würde ein sehr erheblicher Teil dieser Aufwandsart bei einer Erfolgskontrolle vergessen. Dasselbe gilt für die Gebäudeabschreibung, die über das Konto Hausaufwand gebucht wird. Auf dem Konto Abschreibungen werden dann nur die Entwertungsteile für die Betriebs- und Geschäftsausstattung (des Handelsbetriebes) erfaßt. Im Industriebetrieb treten die umfangreichen Abschreibungen für maschinelle Anlagen hinzu.

BUCHUNG VON ABSCHREIBUNGSBETRÄGEN

(Isolierte Betrachtung der Fallgestaltung)

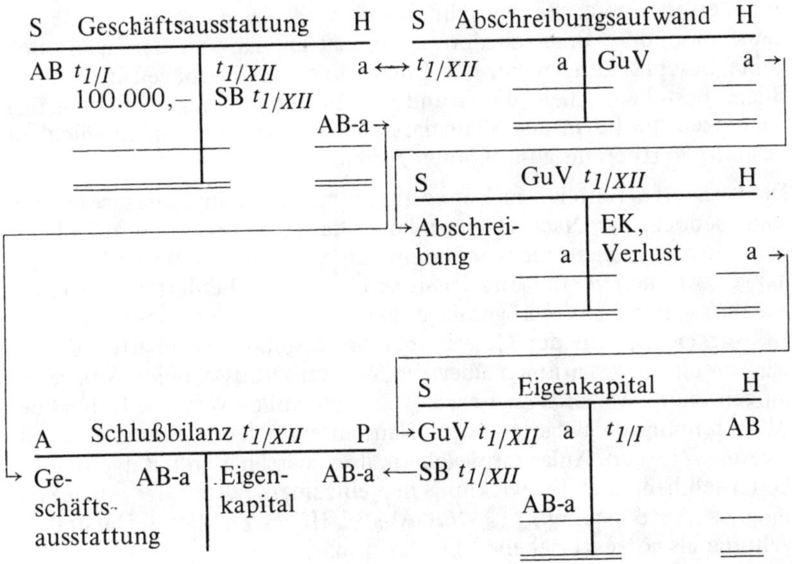

ein Aufwand wie es auch der Wareneinsatz oder andere negative Erfolgsbeiträge sind. Der Unterschied besteht nur darin, daß die aus dem Umlaufvermögen verbrauchten Güter auch körperlich das Unternehmen verlassen haben, während das abnutzbare Gut des Anlagevermögens noch vorhanden ist und nur wertmäßig ‚weniger' geworden ist.

Die oben vorgestellte Buchungstechnik, bei der ein abnutzbarer Gegenstand durch die Vornahme von Abschreibungen unmittelbar, direkt im Wert vermindert wird, ist die **direkte Abschreibung**. Sie allein ist bei Kapitalgesellschaften zulässig, um die planmäßige Entwertung bilanziell wirksam vorzunehmen. Eine andere, früher allgemein zulässige Buchungstechnik geht folgenden buchungstechnischen Weg: Der Bilanzausweis der Vermögensgegenstände wird nicht direkt, sondern indirekt vermindert, indem auf der Passivseite der Bilanz ein **Wertberichtigungskonto** die bereits vorgenommenen Abschreibungen aufnimmt. Es handelt sich um die (selten angewendete) **indirekte Abschreibung**. Dem außenstehenden Bilanzleser kann so ein guter Einblick in Altersstruktur und Abschreibungsvorgänge im Anlagevermögen gegeben werden, weil aus der Bilanz unmittelbar der historische Anschaffungswert und die bereits abgerechneten Abschreibungen ersichtlich werden.[2] Diese Buchungsmethode steht nach dem HGB nur Personenunternehmen zur Wahl, weil der Gesetzgeber für sie keine besondere Bilanzgliederung geschaffen hat und demnach auch keine Beschränkungen bei der Darstellung der Vermögenslage in der Bilanz bestehen. Allein die Grundsätze ordnungsmäßiger Buchführung begrenzen die Form der Bilanzdarstellung, so daß hier die Möglichkeit besteht, Wertberichtigungskonten zu führen.

Dem besseren Einblick in Entwertungsprozesse beim Anlagevermögen steht jedoch der Nachteil gegenüber, daß die Aktivseite aufgebläht wird und bei einem nicht so intensiven Studium der Wertzusammenhänge zwischen Aktiv- und Passivseite durchaus Fehlinterpretationen zur tatsächlichen Vermögenslage denkbar sind. Um diese Nachteile zu vermeiden, will der Gesetzgeber bei Kapitalgesellschaften die erwünschten Informationen über die Wertverhältnisse beim Anlagevermögen anders vermitteln. Er wählt den sinnvollen Weg, die Daten über Abschreibungsvorgänge aus der Bilanz in eine Nebenrechnung zu verlagern – in den **Anlagenspiegel**. In ihm müssen publizitätspflichtige Unternehmen „die Entwicklung der einzelnen Posten des Anlagevermögens . . . darstellen." (§ 268 Abs. 2 HGB) Zu dieser Darstellung gehören als vorgeschriebene Einzelinformationen:

- *Anschaffungs- oder Herstellungskosten der Anlagegegenstände,*
- *Zugänge, Abgänge, Umbuchungen und Zuschreibungen im Geschäftsjahr,*
- *insgesamt vorgenommene Abschreibungen,*
- *Abschreibungen des Geschäftsjahres, ggf. auch in der Bilanz ausgewiesen.*

Diese Informationsvermittlung ist zwar nur für publizitätspflichtige Unternehmen vorgeschrieben, doch es ist kaum vorstellbar, daß ein Personenunternehmen bei Verhandlungen über eine Kreditvergabe ohne einen solchen Nachweis seiner Anlagenstruktur auskommen wird. Im Zusammenwirken mit der vorzuziehenden aktivischen Ab-

2 Zur Verdeutlichung dieser Buchungstechnik soll das obige Beispiel herangezogen werden. Für den Abschreibungsbetrag (a) würde am Ende des ersten Nutzungsjahres gebucht:
Abschreibungsaufwand *an* *Wertberichtigung auf Geschäftsausstattung*
In der Schlußbilanz führte diese Buchung dann zu folgendem Ergebnis:

A — Schlußbilanz $t_{1/XII}$ — P

Geschäftsausstattung	AB	Eigenkapital	AB-a
		Wertberichtigung auf Geschäftsausstattung	a

setzung der Abschreibungen vom bilanziellen Vermögen hat der Gesetzgeber hier gute Voraussetzungen für einen sicheren Einblick in die Vermögenslage – insbesondere bei anlagenintensiven Industrieunternehmen – geschaffen, die auch Personenunternehmen nutzen sollten.

Eine informationsfreundliche Form des Anlagenspiegels könnte wie folgt aussehen:

ANLAGENSPIEGEL

Gegenstände des Anlagevermögens	Anschaffungswert	im Geschäftsjahr t_i erfolgte				Abschreibungen		Restbuchwert	
		Zugänge	Abgänge	Umbuchungen	Zuschreibungen	kumuliert	davon in t_i	31.12. t_i	31.12. t_{i-1}
	DM	DM	DM	DM	DM	DM	DM	DM	DM
bebaute Grundstücke	...	...	...			...	...	...	...
Fuhrpark						...	...	...	...

Zum Abschluß der mehr buchungstechnischen Erläuterungen zu Abschreibungsvorgängen soll eine Ergänzung angefügt werden, die sich mit dem vorzeitigen Ausscheiden von Anlagegütern befaßt. In der Praxis ist es nämlich keinesfalls immer so, daß Wirtschaftsgüter bis zum Ende ihrer technischen oder wirtschaftlichen Nutzbarkeit im Unternehmen verbleiben. Vielmehr werden relativ oft aufgrund spezieller Wirtschaftlichkeitsüberlegungen durchaus noch gebrauchstüchtige Anlagen veräußert, um mit neueren Anlagen erfolgsgünstiger zu arbeiten oder weil die entsprechenden Anlagen nicht mehr benötigt werden. Bei einem solchen **Anlagenverkauf** wird in den seltensten Fällen der aktuelle Buchrestwert mit dem Netto-Verkaufserlös übereinstimmen. Treten Abweichungen zwischen Buchwert des Gegenstandes und Nettoverkaufspreis auf, kommt es zu Gewinnen oder Verlusten aus Anlagenverkauf. Für den Fall eines Mindererlöses würde gebucht:

Bank oder anderes Finanzkonto / *und* / *Verlust aus Anlagenverkauf* *an* *Anlagenkonto (Buchwert)* / *und* / *Umsatzsteuer.*

Bei einem Erlös, der über den Buchwert des Anlagegutes hinausgeht, lautet die Buchung:

Bank oder anderes Finanzkonto *an* *Anlagenkonto (Buchwert),* / *Gewinn aus Anlagenverkauf* / *und* / *Umsatzsteuer.*

2.6.2. Abschreibungsmethoden und Methodenwechsel

Bei den bisherigen Betrachtungen von Entwertungsvorgängen wurde zunächst nur die ausweistechnische Seite in den Vordergrund gestellt, also unterstellt, daß die Abschreibungsbeträge bereits vorliegen. Nun soll sich der Frage zugewendet werden, wie sich diese Beträge ermitteln lassen und welche Probleme dabei insbesondere unter dem Gesichtspunkt des „sicheren Einblicks in die Vermögens- und Ertragslage" auftreten. Ausgangspunkt für diesen bedeutenden Bereich der periodischen Rechnungslegung ist der Tatbestand, daß sich die Entwertung von Anlagegütern immer nur schätzen läßt. Technische und wirtschaftliche Einflußfaktoren auf die Anlagen und deren Nutzung können zu unvorhersehbaren Wertverläufen führen. Wegen der Schwierigkeiten, die mit einer Wertfindung zum Stichtag verbunden sind, begnügen sich Recht und Rechnungspraxis mit einem **Abschreibungsplan**, der zunächst den im Einsatzzeitpunkt einer Anlage erwarteten Entwertungsprozeß aufnimmt.

Die nach Rechtsvorschriften durchzuführende Abschreibung umfaßt die planmäßige Verteilung der Anschaffungs- oder Herstellungsausgaben eines abnutzbaren Wirtschaftsgutes als Aufwand auf die voraussichtlichen Nutzungsjahre.

Bestimmend für den periodischen Abschreibungsbetrag sind damit folgende Elemente im Abschreibungsplan:

1. der Anschaffungswert (Anschaffungs- oder Herstellungsausgaben);
2. die Nutzungsdauer (vom Einsatzzeitpunkt t_1 bis zum Ende der Nutzungszeit t_n);
3. der Entwertungsverlauf innerhalb der Nutzungszeit.

Der **Anschaffungswert** als Rechengrundlage ist problemlos zu ermitteln. Er ergibt sich aus den Vorschriften über den Wertansatz der Vermögensgegenstände und „umfaßt die Aufwendungen[1], die geleistet werden, um einen Vermögensgegenstand zu erwerben und ihn in einen betriebsbereiten Zustand zu versetzen, soweit sie dem Vermögensgegenstand einzeln zugeordnet werden können." (§ 255 Abs. 1 HGB)

1 Nach den bislang vorgestellten Begriffsinhalten im Rechnungswesen müßte es eigentlich hier „Ausgaben" bzw. „Auszahlungen" heißen, weil die zu aktivierenden Beträge gerade (noch) nicht Aufwendungen sind, sondern es erst später bei der Abschreibungsverrechnung werden!

Größere Probleme bereitet die Festlegung der **„betriebsgewöhnlichen Nutzungsdauer"**. Sie richtet sich nach den einsatzspezifischen Entwertungsursachen, die aufgrund betrieblicher Erfahrungswerte und entsprechender Herstellerangaben in einen Planwert umgesetzt werden. Welche Differenzierungen die Praxis im Hinblick auf die geplanten Einsatzzeiträume von Anlagegütern vornimmt, zeigt der Auszug aus einem Geschäftsbericht der Volkswagenwerk-AG:

„Den planmäßigen Abschreibungen liegt jeweils die folgende geschätzte Nutzungsdauer zugrunde:

Gebäude	überwiegend 30 – 50 Jahre
Technische Gebäude- und Grundstückseinrichtungen	überwiegend 10 – 18 Jahre
Produktionsmaschinen und Maschinen zur Energieerzeugung	überwiegend 7 – 14 Jahre
Betriebs- und Geschäftsausstattung	überwiegend 3 – 8 Jahre."

Der **Entwertungsverlauf** schließlich richtet sich nach technischen Gesichtspunkten (Abnutzung durch Inanspruchnahme) und wirtschaftlichen Kriterien (Wertentwicklung, beeinflußt vor allem durch technische Neuentwicklungen bei Anlagen sowie Marktchancen der Güter, die mit den Anlagen hervorgebracht werden können). In der Praxis werden technische und wirtschaftliche Einflußfaktoren auf Entwertungsvorgänge gleichermaßen in den Abschreibungsplänen berücksichtigt.

Unter der Annahme, daß sich eine Anlage über die gesamte Nutzungszeit gleichmäßig nutzen läßt, käme eine gleichmäßige Verteilung des Anschaffungswertes auf die Nutzungsjahre in Betracht. Das Einkommensteuergesetz (EStG) sieht grundsätzlich eine solche **lineare Abschreibung** vor. So fordert § 7 Abs. 1 EStG für mehrjährig nutzbare Wirtschaftsgüter, daß „jeweils für ein Jahr der Teil der Anschaffungs- oder Herstellungskosten abzusetzen (ist), der bei gleichmäßiger Verteilung dieser Kosten auf die Gesamtdauer der Verwendung auf ein Jahr entfällt (Absetzung für Abnutzung in gleichen Jahresbeträgen)." Für die eingangs gebildete Fallgestaltung sollen zur Veranschaulichung dieser linearen Entwertung folgende zusätzliche Annahmen gemacht werden:

Erweiterung der Fallgestaltung Anlagenentwertung

Für die Datenverarbeitungsanlage im Anschaffungswert von DM 100.000,– wird über eine erwartete Nutzungszeit von 5 Jahren eine gleichmäßige Entwertung unterstellt.

Die erwarteten 5 Nutzungsjahre werden gleichmäßig mit Entwertungsteilen belastet:

LINEARE ABSCHREIBUNG

$$\text{periodischer Abschreibungsbetrag } (a_{t_i}) \; (i = 1, 2, \ldots, n) = \frac{\text{Anschaffungswert}}{\text{Nutzungsjahre}} = \frac{A_W}{n}$$

$$a_{t_i} \text{ in der Fallgestaltung} = \frac{100.000,-}{5} = \underline{\underline{\text{DM } 20.000,-}}\,.$$

Ebenso kann die gleichmäßige Belastung der Nutzungsjahre mit Abschreibungsaufwand als Prozentsatz angegeben werden – im Beispiel: $p = \frac{100}{n} = 20\,\%$ Jahresabschreibung vom Anschaffungswert. Wenn der Gegenstand am Ende der geplanten Nutzungszeit nicht aus dem Vermögen ausscheidet, muß zur Wahrung rechtlicher Anforderungen an einen Vermögensausweis in Inventar und Bilanz im letzten Nutzungsjahr eine um DM 1,– verkürzte Abschreibung verrechnet werden. Nur so kann der inventurmäßig erfaßte Gegenstand auch mit einem **Erinnerungswert** (pro-memoria-Posten) von DM 1,– ausgewiesen werden. Bei voller Abschreibung ergäbe sich ein Restwert von Null – und weil Null kein Wert ist, könnte ein vorhandener Gegenstand nicht „nach Menge und Wert" erfaßt werden.

Es ist sicherlich müßig, darüber zu streiten, ob bei einer indirekten Abschreibungs- und Ausweismethode im letzten Nutzungsjahr auch nur ein um DM 1,– verringerter Aufwandsbetrag gebucht werden soll. Hier steht ja weiterhin der gesamte Anschaffungswert in der Bilanz und ihm wird nun derselbe Betrag als vollständige buchtechnische Entwertung gegenübergestellt.

Anhand der Fallgestaltung kann ein zeitlicher Zusammenhang zwischen Anschaffung und Aufwandsverrechnung abnutzbarer Anlagegüter gezeigt werden:

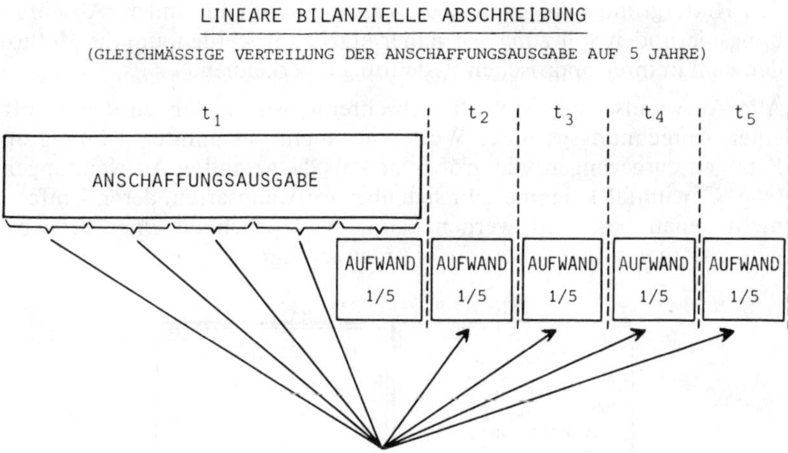

In der Periode t_1 wird nur ein Teil der Anschaffungsausgabe zu Aufwand.[2] In den folgenden Jahren erfolgt dann eine Nachverrechnung früherer Ausgaben als Aufwand. Das ist der wesentliche Unterschied zu den meisten anderen Aufwandsarten, bei denen Ausgabe und Aufwand in engerem zeitlichen Zusammenhang stehen.

Wenn durch unterschiedliche Inanspruchnahme von Anlagen die Voraussetzungen für die lineare Abschreibung verlassen werden, könnte die Bemessung einer **leistungsproportionalen Abschreibung** in Betracht kommen. Dabei wird zunächst der Anschaffungswert auf die Summe erwarteter Nutzleistungen (Arbeitsgänge u.ä.) aufgeteilt und jedes Jahr dann nach Maßgabe in Anspruch genommener Anlagennutzung belastet. Dieser Weg zum Abschreibungsansatz wird in der externen Rechnungslegung wenig beschritten. Dies nicht vorrangig deshalb, weil es zu große Ermittlungsschwierigkeiten gibt, sondern weil die betriebswirtschaftlichen Folgen der Aufwandsverrechnung den an sich richtigen Bewertungsansatz zugunsten bilanztaktischer Maßnahmen in

2 In der Praxis werden die Gegenstände nicht unbedingt mit Jahresbeginn angeschafft und eingesetzt. Dann gilt der Grundsatz zeitanteiliger Abschreibung (pro rata temporis). Für bewegliches Anlagevermögen wird vom Steuerrecht eine Vereinfachung zugestanden. Für Anschaffungen im 1 Halbjahr ist die volle, für Anschaffungen im 2. Halbjahr nur die halbe Jahresabschreibung anzusetzen.

den Hintergrund drängen. Dieser Ausgangspunkt für andere Abschreibungsmethoden soll zunächst näher erarbeitet werden, um die Methodenwahl in ihrer praktischen Bedeutung zu erkennen.

Alle Aufwandsarten, auch die Abschreibungen, verkürzen den Erfolg einer Abrechnungsperiode. Wird von einem bestimmten Umfang an Erträgen ausgegangen, die größer sind als die gesamten Aufwendungen (sog. Gewinnfall), dann ergibt sich über Aufwandsarten, deren Umfang nicht genau bestimmt werden kann, die Möglichkeit einer betriebswirtschaftlich interessanten Erfolgsregulierung:

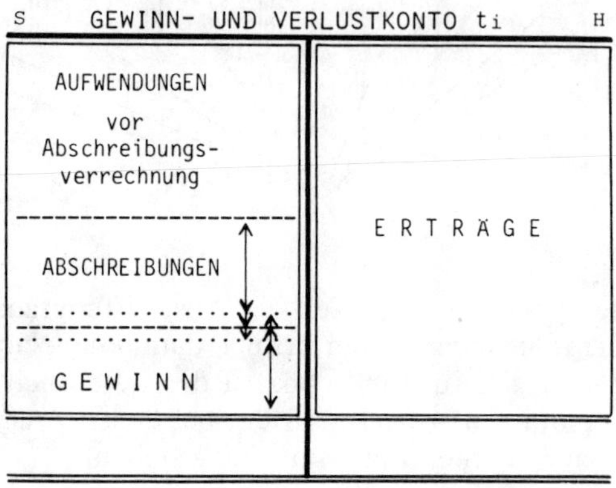

Abhängig vom Umfang periodischer Abschreibungen fällt der Gewinn unterschiedlich groß aus. Das ist insbesondere unter Gesichtspunkten der Gewinnbesteuerung von Bedeutung: Ist der Gewinn niedriger, müssen weniger Steuern bezahlt werden. Das führt zu einer Entlastung im finanzwirtschaftlichen Bereich des Unternehmens, die sehr gern gesehen wird.[3]

3 Einen extremen Sonderfall nimmt hier die sog. *Sofortabschreibung* ein: Steuerrechtlich ist es zulässig, daß ‚geringwertige Wirtschaftsgüter', deren Anschaffungswert DM 800,– (netto) nicht übersteigt und die eine selbständige Nutzbarkeit aufweisen, bereits im Anschaffungsjahr vollständig abgeschrieben werden (§ 6 Abs. 2 EStG). Liegt der Anschaffungswert über DM 100,–, hat das Unternehmen buchungstechnisch den Verbleib der Gegenstände nachzuweisen (Abschnitt 40 Abs. 4 EStR). Das geschieht im allgemeinen so, daß die angeschafften Güter zunächst auf einem Bestandskonto „Geringwertige Wirtschaftsgüter (GWG)" erfaßt werden. Beim Jahresabschluß wird der Saldo dieses Kontos auf ein Aufwandskonto (z.B. sonstiger Aufwand, AVK) übertragen.

Ein Instrument zur Erfolgsregulierung ist die Abschreibungsgröße. Zwar lassen sich über die gesamte Nutzungszeit nur die Anschaffungsausgaben als Aufwand verrechnen. Innerhalb dieser Zeit kann aber eine unterschiedliche Periodisierung der Aufwandsteile beträchtliche Vorteile bringen. So kann man durchaus rechtfertigen, daß die Gefahr von Fehlinvestitionen in Anlagen in den Anfangsjahren der Nutzung aufgrund marktbezogener Risiken größer sei als in Folgejahren und deshalb auch die ersten Jahre stärker mit Entwertungsteilen belastet werden müßten. Dann wird der Gewinn in den ersten Jahren (vergleichsweise zur linearen Abschreibung) niedriger und die Steuerbelastung entsprechend verkürzt. In den späteren Nutzungsjahren muß zwangsläufig eine Gegenwirkung eintreten, weil es jetzt im Vergleich zur linearen Methode an ‚Abschreibungsmasse' fehlt. Unter sonst gleichen Bedingungen wird nun der Gewinn größer – früher gesparte Steuern werden jetzt fällig, womit letztlich nur eine **Steuerstundung** eintritt. Weil die später fälligen Steuerzahlbeträge zwischenzeitlich aber Fremdkapital ersetzen, führen sie zu einem **Zinseffekt.** Aktuelle **Liquiditätswirkung** und **Zinseffekte aus Steuerstundung** sind also die herausragenden Motive zum Vorziehen des Abschreibungsaufwandes vor den tatsächlichen Verbrauch des Anlagegutes.

Die Interessen an einer steuerpolitischen Erfolgsregulierung könnten im Rahmen der handelsrechtlichen Rechnungslegung unberücksichtigt bleiben, wenn es keine zwingenden Zusammenhänge zwischen Handels- und Steuerrecht gäbe. Das ist aber nicht der Fall. So sind Steuervorteile (aus höheren Abschreibungsbeträgen) daran gebunden, daß in der handelsrechtlichen Erfolgsermittlung entsprechende Wertansätze gewählt werden. Diese Verflechtung der an sich unterschiedlichen Rechnungen erklärt sich daraus, daß man sich gegenüber dem Finanzamt nicht ärmer stellen darf als gegenüber sich selbst oder den Gesellschaftern: Vorenthaltene Steuern können nicht als handelsrechtlicher Gewinn zur Verteilung kommen (s. § 6 Abs. 3 EStG).

Das Handelsrecht erlaubt ausdrücklich den Ansatz höherer als der eigentlich angemessenen Abschreibungen, soweit dadurch Steuervorteile erlangt werden. Diese **Steuervorteilswahrung** ist in § 254 HGB geregelt:

§ 254 HGB, Steuerrechtliche Abschreibungen

„Abschreibungen können auch vorgenommen werden, um Vermögensgegenstände des Anlage- oder Umlaufvermögens mit dem niedrigeren Wert anzusetzen, der auf einer nur steuerrechtlich zulässigen Abschreibung beruht. ..."

Im Steuerrecht sind nun einige Abschreibungsmethoden neben der linearen Abschreibung aufgeführt, die über die sog. **umgekehrte Maßgeblichkeit** der Steuerbilanz für die Handelsbilanz in die handelsrechtliche Rechnungslegung einfließen. So läßt das Einkommensteuerrecht (§ 7 Abs. 2 EStG) die Anwendung der **Abschreibung in fallenden Jahresbeträgen** zu und erwähnt hier die Ermittlungstechnik der **geometrisch-degressiven Abschreibung.** Dabei entstehen die abnehmenden Jahresabschreibungen daraus, daß ein gleichbleibender Prozentsatz auf den jeweiligen Buchwert des Wirtschaftsgutes angewendet wird – woraus bei abnehmenden Buchwerten über die Nutzungszeit auch sinkende Abschreibungsbeträge folgen. Wegen dieser Ermittlungstechnik jährlicher Abschreibungsbeträge ist auch der Ausdruck **Buchwertabschreibung** – im Gegensatz zur linearen Abschreibung als Anschaffungswertabschreibung – geläufig.

Vorteile können sich aus der Anwendung der Buchwertabschreibung nur ergeben, wenn der Prozentsatz höher ist als derjenige bei linearer Abschreibung. Während sich der lineare Satz automatisch mit der Festlegung der Nutzungszeit ergibt ($\frac{100}{n}$, also für 5 Jahre = 20 %, für 4 Jahre = 25 %, . . .), ist für die Buchwertabschreibung eine rechtliche Vorgabe erforderlich.

Im Zuge von staatlichen Interessen an einer aktiven Konjunkturpolitik wird die Höhe dieses Satzes verändert: Wenn der Staat die Unternehmen zum Kauf von Investitionsgütern ermuntern will, setzt er den Prozentsatz hoch, damit die Steuerentlastung den Kauf erleichtern soll – umgekehrt wird bei Interessen an einer Konjunkturdämpfung verfahren. Im Zuge dieser aktiven staatlichen Konjunkturpolitik wurde beispielsweise 1981 der Höchstsatz auf das **Dreifache** des vergleichbaren linearen Satzes, höchstens aber 30 % festgelegt. (Zuvor hatte die Begrenzung beim Zweieinhalbfachen bzw. 25 % gelegen). Damit wird diese Abschreibungsmethode erst ab einer Nutzungszeit von 4 Jahren sinnvoll, weil dann der linearen Abschreibung von jährlich 25 % die höhere geometrisch-degressive Abschreibung von 30 % gegenübersteht – im ersten Jahr also eine Erfolgsverkürzung eintritt. Daraus folgt – im Gewinnfall – eine niedrigere Steuerbelastung. Sie ist allerdings grundsätzlich daran gebunden, daß auch in der Handelsbilanz entsprechend abgeschrieben wird: Man kann sich steuerlich nicht ärmer machen als man gegenüber sich selbst und seinen Gesellschaftern abrechnet. So bestimmen Interessen der Steuervorteilswahrung auch den handelsrechtlichen Jahresabschluß.

GEOMETRISCH-DEGRESSIVE ABSCHREIBUNG

(Anschaffungswert DM 100.000,–; Buchwertabschreibung mit 30 %)

Nutzungsjahr	*Buchwert (B) (Bemessungsgrundlage)*	*Abschreibungsbetrag* ($a = \frac{B \cdot 30}{100}$)	*Restwert (B-a)*
t_1	*100.000,–*	*30.000,–*	*70.000,–*
t_2	*70.000,–*	*21.000,–*	*49.000,–*
t_3	*49.000,–*	*14.700,–*	*34.300,–*
t_4	*34.300,–*	*10.290,–*	*24.010,–*
$t_5 = t_n$	*24.010,–*	*7.203,–*	*16.807,–*

Im Vergleich zur linearen Methode, bei der jährlich gleichbleibend DM 20.000,– abgeschrieben werden, tritt hier in den ersten beiden Nutzungsjahren die Aufwandsvorverlagerung (mit DM 10.000 aus t_1 + DM 1.000,– aus t_2) deutlich hervor. Im dritten Nutzungsjahr werden allerdings schon niedrigere Abschreibungen verzeichnet, als sie bei Anwendung der linearen Methode angefallen wären. Man könnte nun der Meinung sein, daß dies der Preis für die Steuervorteile in den ersten beiden Jahren sei und deshalb für eine Beibehaltung dieser Methode eintreten. Dabei wird aber übersehen, daß die Ermittlungstechnik der Buchwertabschreibung noch aus einem anderen Grund einen **Methodenwechsel** nahelegt: Am Ende der Nutzungszeit verbleibt ein hoher Restwert, der im Gegensatz zur rechtlichen Anforderung steht, den Anschaffungswert vollständig zu verteilen. Wird planmäßig nach der Buchwertmethode verfahren, muß dieser Restwert im letzten Jahr – bis auf den Erinnerungswert von DM 1,– – als **außerplanmäßige Abschreibung** zusätzlich zur planmäßigen Jahresabschreibung verrechnet werden. Weitaus sinnvoller ist allerdings die Vornahme eines gesetzlich erlaubten Methodenwechsels **von der degressiven zur linearen Abschreibungsmethode**. „In diesem Fall bemißt sich die Absetzung für Abnutzung vom Zeitpunkt des Übergangs an nach dem dann noch vorhandenen Restwert und der Restnutzungsdauer des einzelnen Wirtschaftsguts.“ (§ 7 Abs. 3 Satz 2 EStG)

Unter den eingangs gemachten Annahmen einer Steuervorteilswahrung ist der Methodenwechsel dann angebracht, wenn die Verteilung des Buchwertes auf die restliche Nutzungszeit nach der linearen Methode zu höheren Jahresabschreibungen führt als die Beibehaltung der degressiven Methode. Der Methodenwechsel ist also auch die Folgerung aus dem Bestreben, Aufwendungen so früh wie möglich zu verrechnen, wodurch die Belastung mit Gewinnsteuern hinausgeschoben wird. Im Beispiel übersteigt schon im dritten Jahr die lineare Verteilung des Buchwertes (DM 49.000,–) auf die restlichen 3 Nutzungsjahre mit DM 16.333,33 Jahresabschreibung die weitere Anwendung der Buchwertabschreibung, die im dritten Nutzungsjahr nur DM 14.700,– beträgt und in den Folgejahren weiter sinkt.[4]

BUCHWERTABSCHREIBUNG MIT METHODENWECHSEL

im Vergleich zur planmäßigen Buchwertabschreibung und linearen Abschreibung

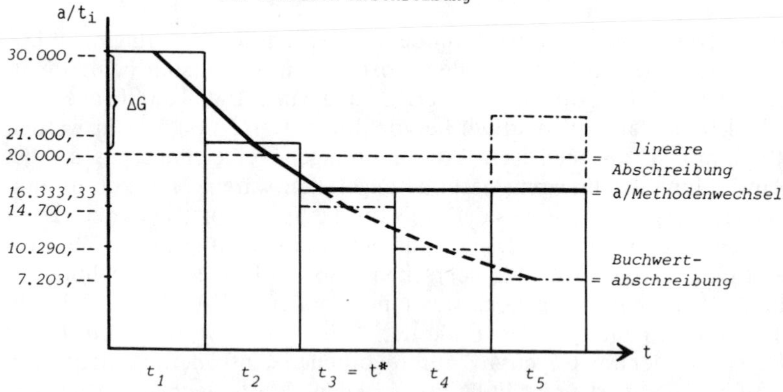

Der Verlauf der Buchwertabschreibung mit Methodenwechsel geht aus der Übersicht hervor, in der zum Vergleich – und mit den Zahlen aus der Fallgestaltung – die fortlaufende Buchwertabschreibung und die vergleichbare lineare Abschreibung gegenübergestellt sind. Im ersten Nutzungsjahr wird mit ΔG (DM 10.000,–) die Gewinnkürzung aufgrund der höheren Buchwertabschreibung ausgewiesen. Im zweiten

4 Deutlich wird dieser Methodenwechsel aus dem Vergleich der Prozentsätze, die jeweils auf den Buchrestwert angewendet werden. Bei 2 Restjahren bekommt jedes Jahr 50 %, bei 3 Restjahren 33,3 %, bei 4 Restjahren 25 % nunmehr linear zugerechnet. Liegt ein bestimmter Prozentsatz (p) für die geometrisch-degressive Abschreibung vor, ergibt sich der Zeitpunkt für den Methodenwechsel (t*) aus der Gegenüberstellung der Prozentsätze und der Bedingung

$$t^* \text{ bei } p < \frac{100}{\text{Restzeit}}.$$

Jahr werden nochmals DM 1.000,– Gewinnkürzung bewirkt (verglichen mit einer Anwendung der linearen Abschreibung über die gesamte Nutzungszeit). Im dritten Jahr tritt erstmals die **Zweischneidigkeitswirkung** von Aufwandsvorverlagerungen auf: Gewinnkürzungen der Vorperioden werden unter sonst gleichen wirtschaftlichen Umständen zu Gewinnerhöhungen – entweder in Höhe der Differenz zwischen der vergleichbaren linearen Abschreibung und der beibehaltenen Buchwertabschreibung (DM 5.300,–) oder der Differenz im Vergleich zur linearen Abschreibung nach Methodenwechsel (DM 3.666,67). Zwischen diesen Differenzen in der Zweischneidigkeitswirkung liegt wieder der Vorteil des Methodenwechsels in diesem Jahr. Die Zusammenhänge in den folgenden Jahren lassen sich analog entwickeln.

Neben der Buchwertabschreibung gibt es eine andere Methode zur Bestimmung von Abschreibungen mit fallenden Jahresbeträgen: die **arithmetisch-degressive Abschreibung**. Im Gegensatz zur geometrisch-degressiven Abschreibung wird hier mit einer konstanten jährlichen Fallrate eine vollständige Verteilung der Anschaffungsausgabe erreicht. Diese Fallrate, der **Degressionsfaktor** ($\frac{1}{d}$) als Bruchteil des Anschaffungswertes, wird aus der Summenzahl der Nutzungsjahre nach dem Verfahren der arithmetischen Reihe abgeleitet, also

$$\frac{1}{d} = \frac{1}{\left(\frac{1+n}{2}\right) n}, \quad \textit{im Beispiel für } t_n = 5 \quad = \frac{1}{\left(\frac{1+5}{2}\right) 5} = \frac{1}{15}.$$

Der Degressionsfaktor ist die Abschreibungsquote des letzten Nutzungsjahres. Jedes davor liegende Jahr bekommt soviel mal mehr wie das letzte Nutzungsjahr angelastet, wie es in Jahren gerechnet noch Restzeit aufweist – also das vorletzte Jahr $\frac{2}{d}$, das drittletzte Jahr $\frac{3}{d}$, . . . und das erste Nutzungsjahr somit $\frac{n}{d}$, im Beispiel $\frac{5}{15}$.

Für die Fallgestaltung ergibt sich der folgende planmäßige Abschreibungsverlauf:

$$t_1 = A_W \cdot \frac{5}{15},\ t_2 = A_W \cdot \frac{4}{15},\ t_3 = A_W \cdot \frac{3}{15},\ t_4 = A_W \cdot \frac{2}{15},\ t_5 = A_W \cdot \frac{1}{15}.$$

DM 33.333,33, DM 26.666,67, DM 20.000,–, DM 13.333,33, DM 6.666,6$\bar{7}$ ·
(– DM 1,–)

(jährliche Fallrate = DM 6.666,6$\bar{7}$)

Sicherlich ist die Jahressummenabschreibung (wegen der ‚Fingerhilfe' beim Aufaddieren der Jahreszahlen auch **digitale Abschreibung** genannt) ein weitaus eleganteres Verfahren als die Buchwertabschreibung, weil einerseits der Gedanke jährlich gleichbleibend fallender Beträge logisch überzeugt und zudem die volle Verrechnung des Anschaffungswertes planmäßig erfolgt. Ein wichtiges Hemmnis zur breiteren Einführung lag in dem häufigen Wechsel von steuerrechtlicher Anerkennung oder Unzulässigkeit. Seit 1985 sieht das Steuerrecht nur noch die Buchwertabschreibung als degressives Verfahren vor – wohl deshalb, weil die betriebswirtschaftlich überzeugendere digitale Abschreibung aufgrund ihres festliegenden Rechenschemas nicht an aktuelle Konjunkturbedürfnisse angepaßt werden kann.

Die Einflüsse des Steuerrechts auf handelsrechtliche Abschreibungsvorgänge erschöpfen sich nicht nur im Wahlproblem für planmäßige Abschreibungsmethoden. Hinzu kommen noch die Einflüsse spezieller Rechtsvorschriften, die als Anreiz geschaffen werden, um Investitionen zur Reinhaltung von Luft und Wasser, zur Energieeinsparung oder zur Zukunftssicherung über Forschung und Entwicklung anzuregen. Je nach Ausgestaltung der speziellen Vorschriften sind für solche Gegenstände des Anlagevermögens *anstelle* der normalen linearen oder degressiven Abschreibungen **erhöhte Absetzungen** zulässig.[5] Eine andere steuerrechtliche Begünstigungsform stellen **Sonderabschreibungen** dar, die *neben* der normalen Abschreibung angesetzt werden dürfen. Hierzu zählt die „Sonderabschreibung zur Förderung kleiner und mittlerer Betriebe" (§ 7g EStG). Danach können im ersten Nutzungsjahr 10 % des Anschaffungswerts zusätzlich abgeschrieben werden – auch neben der degressiven Abschreibung.[6] Allerdings ist diese Kürzung des steuerlichen Jahreserfolges an ein entsprechendes Vorgehen im handelsrechtlichen Abschluß gebunden (§ 6 Abs. 3 EStG).

---

5 So können nach § 7d Abs. 1 EStG für Güter des Anlagevermögens, die dem Umweltschutz dienen und bis 1991 angeschafft oder hergestellt worden sind, „im Wirtschaftsjahr der Anschaffung oder Herstellung bis zu 60 vom Hundert und in den folgenden Wirtschaftsjahren bis zur vollen Absetzung jeweils bis zu 10 vom Hundert der Anschaffungs- oder Herstellungskosten abgesetzt werden." Andere Steuervorschriften für erhöhte Absetzungen weisen ähnliche Vergünstigungen auf. Sie sind natürlich nur für solche Unternehmen von Interesse, die bereits in der Gewinnzone arbeiten und somit auch tatsächliche Vorteile erzielen.
Bei genauer Betrachtung führen erhöhte Absetzungen nicht zu eigentlichen Steuervorteilen im Sinne einer dauerhaften Einsparung, sondern zu Liquiditäts- und Zinswirkungen aus insgesamt gleich großen, aber zeitverschobenen Steuerzahlbeträgen. Bei einer Veränderung der Gewinnsteuerbelastung kann dieser Vorteil – im Falle einer Steuersenkung in späteren Jahren – sogar zum Nachteil werden.

6 Zu den vielfältigen Formen steuerrechtlicher Abschreibungsvergünstigungen und deren Auswirkungen auf den handelsrechtlichen Jahresabschluß vgl. insbes. GLADE, A.: Rechnungslegung und Prüfung nach dem Bilanzrichtlinien-Gesetz, S. 206 ff. u. S. 734 ff.

Werden die steuerlichen Mehrabschreibungen auch in den handelsrechtlichen Jahresabschluß übernommen, leidet der Einblick in die tatsächliche Vermögens- und Erfolgslage, sofern nicht spezielle Buchungs- und Ausweistechniken Aufschluß über diese Gestaltung von Entwertungsvorgängen geben. Der beste Weg hierzu ist die – in diesem Fall auch für Kapitalgesellschaften – zulässige Einrichtung eines passiven Bilanzpostens im Umfang der steuerlich begründeten Mehrabschreibungen (s. § 281 HGB). Hier hat die indirekte Buchungsmethode für Vermögensminderungen eine besondere Aussagekraft. Damit auch der Abschreibungsaufwand aussagefähig bleibt, sollte die steuerlich begründete Mehrabschreibung auf einem anderen Aufwandskonto vorgenommen werden, z.B. als sonstiger Aufwand. In einer Erweiterung der Fallgestaltung um eine 10 %ige Sonderabschreibung ergibt sich im ersten Nutzungsjahr folgender Buchungsablauf:

1. planmäßige Abschreibung:
   Abschreibungsaufwand *an Geschäftsausstattung* *DM 30.000,–*
2. Sonderabschreibung:
   sonstiger Aufwand *an* *Wertberichtigung für Steuerzwecke auf Geschäftsausstattung* *DM 10.000,–.*

Der Bilanzausschnitt zeigt dann für dieses Wirtschaftsgut folgendes Bild:

A	*BILANZAUSSCHNITT*		*P*
Geschäftsausstattung	*70.000,–*	*Eigenkapital*	*(–40.000,–)*
		Wertberichtigung für Steuerzwecke auf Geschäftsausstattung	*10.000,–*

Was sagt nun ein solcher Wertberichtigungsposten aus? Ist er wirklich nur eine andere Form zur Darstellung von Vermögensminderungen oder gibt er nicht auch Zusatzinformationen über andere Bilanzposten? Zunächst handelt es sich natürlich um die Wertkorrektur zum Anlagevermögen. Es wurden ja nicht nur planmäßig DM 30.000,– abgeschrieben, sondern die Steuervergünstigung von DM 10.000,– (Sonderabschreibung) kam als „Anlagenverbrauch" hinzu, womit dieses Wirtschaftsgut von seinem Wert buchtechnisch bereits 40 % verbraucht hat. Naheliegen könnte es nun, die Wertberichtigung als verdecktes Eigenkapital anzusehen, weil ohne die Sonderabschreibung ein entsprechend höheres Eigenkapital ausgewiesen würde. Das ist aber nur teilweise richtig: Aus dem höheren Gewinn ergibt sich auch eine höhere Steuerbelastung, sodaß nur ein Teil der Wertberichtigung gedanklich Eigenkapitalcharakter hat – ein anderer Teil die aufgeschobene Steuerbelastung darstellt. Weil bei Kapitalgesellschaften die Gewinneinbehaltung über Rücklagenkonten geschieht, wird im § 247 Abs. 3 des HGB das Wertberichtigungskonto speziell als **Sonderposten mit Rücklageanteil** bezeichnet. Aus dieser Benennung geht deutlich hervor, daß es sich hier um anteiliges Eigenkapital handelt, das bei anderer Aufwandsperiodisierung als verwendungsfähiger Gewinn aufgetreten wäre. Deshalb erfolgt die bilanzielle Einordnung im Anschluß an das Eigenkapital.

Im Zeitablauf zeigt sich auch nach durchgeführten Sonderabschreibungen die **Zweischneidigkeitswirkung**, die zuvor schon aus dem Vergleich linearer und degressiver Abschreibung entwickelt wurde: Insgesamt kann nur der Anschaffungswert abgeschrieben werden. Eine Aufwandsvorverlagerung führt später zu einem positiven Ausgleich in der Erfolgsrechnung, wenn den Erträgen keine Abschreibungen mehr gegenüberstehen. Jetzt ist die Steuerstundung beendet. Im letzten Nutzungsjahr würde dann – unter Anwendung der Fallgestaltung mit Methodenwechsel – das letzte Mal planmäßig abgeschrieben und die Wertberichtigung aufgelöst:

1. Planmäßige Abschreibung (auf den Erinnerungswert):

Abschreibungsaufwand	*an*	*Geschäftsausstattung*	*DM 16.332,34*

2. Erfolgswirksame Auflösung der Wertberichtigung:

Wertberichtigung für Steuerzwecke auf Geschäftsausstattung	*an*	*sonstige Erträge*	*DM 10.000,–*

Damit sind im letzten Nutzungsjahr effektiv nur DM 6.332,34 erfolgswirksam. Die Auflösung der Wertberichtigung zeigt, daß früher einmal aus steuerlichen Gründen DM 10.000,– als Sonderabschreibung in Ansatz gebracht wurden.

Nach dieser – sicherlich für einen Anfänger sehr schwierigen Buchungsmaterie – steht das Wirtschaftsgut nur noch mit DM 1,– in der Bilanz und alle Steuervorteile sind ausgelaufen. Übrig geblieben sind die Liquiditäts- und Zinseffekte, die der Staat als Anreiz für eine Investitionstätigkeit in Aussicht stellt. Daß diese Bemühungen einer aktiven Konjunkturpolitik in der Vergangenheit nur geringen Erfolg hatten, geht schon aus dem Buchungszusammenhang hervor. Die Steuervorteile sind nur für Unternehmen interessant, die in der Gewinnzone arbeiten – nur hier kann es zu eingesparten Gewinnsteuern kommen. Diese Unternehmen würden sicherlich bei entsprechenden Marktchancen auch ohne die zugestandenen Sonderabschreibungen investieren. Sie erhalten also letztlich eine Belohnung dafür, daß es ihnen bislang wirtschaftlich schon gut ging. Diejenigen Unternehmen, die durch Modernisierungsinvestitionen aus der Verlustzone herauskommen könnten, gehen beim Verteilen von solchen Steuergeschenken, die den Gewinnfall voraussetzen, leer aus.

KONTROLLFRAGEN:

(46) Welche Faktoren wirken auf den Bilanzwert eines abnutzbaren Anlagegegenstandes ein?

(47) Über die Entwertung von Gebrauchsgütern innerhalb einer bestimmten Nutzungszeit kann es unterschiedliche Vorstellungen geben. Wie sind diese Ansichten in Abschreibungsmethoden aufgenommen worden?

(48) Neuere Ansätze zur Verbuchung von Abschreibungen sehen nur noch die direkte Buchungsmethode vor. Welche Aufgabe kommt in diesem Zusammenhang dem sog. Anlagenspiegel zu?

(49) Was versteht man im Zusammenhang mit der Wahl von Abschreibungsmethoden unter der „Zweischneidigkeitswirkung"?

(50) Welche zeitlichen Zusammenhänge zwischen Ausgabe und Aufwand gibt es im Bereich des abnutzbaren Anlagevermögens?

Aufgabe 10

In einem Handelsunternehmen waren zu Beginn der Periode t_i folgende Gegenstände des abnutzbaren Anlagevermögens bilanziell erfaßt:

	Anschaffungswert	*bisherige Abschreibungen*
Bebaute Grundstücke	*DM 297.600,–*	*DM 67.600,–*
Geschäftsausstattung	*DM 60.000,–*	*DM 26.250,–*
Fuhrpark	*DM 38.000,–*	*DM 22.800,–*

1. *Im Januar t_i wurde einer der beiden Personenwagen (Anschaffungswert DM 18.000,–, bisherige Abschreibungen DM 10.800,–) für einen Nettopreis von DM 6.000,– gegen Barzahlung verkauft. Als Ersatz für den verkauften PKW wurde ein neuer Wagen für DM 30.000,– (netto) angeschafft. Die Bezahlung erfolgt durch Aufnahme eines Händlerdarlehns (DM 20.000,– ohne Bearbeitungsgebühr) und Restzahlung mit Bankscheck bei Übergabe des Fahrzeuges.*

(Aufgabenfortsetzung auf der nächsten Seite)

Welche Buchungen waren durchzuführen
a) beim Verkauf des Altfahrzeuges,
b) bei der Anschaffung des Neufahrzeuges?

2. *Am Ende der Periode t_i sollen die Anlagegegenstände unter Beibehaltung der bisherigen Methoden und Prozentsätze abgeschrieben werden:*
   - *Bebaute Grundstücke: 2 % vom Anschaffungswert des Gebäudes (DM 200.000,–).*
   - *Geschäftsausstattung: 25 % Buchwertabschreibung mit planmäßigem Übergang auf die lineare Abschreibung in dem Jahr, in dem die lineare Abschreibung vom Buchwert die degressive Abschreibung übersteigt. Für die ausgewiesenen Gegenstände wurde bislang von einer Gesamtnutzungsdauer von 5 Jahren ausgegangen.*
   - *Fuhrpark: 20 % lineare Abschreibung.*

     Aufgrund steuerrechtlicher Vorschriften kann für den neu angeschafften Wagen im Jahr der Anschaffung zusätzlich eine Sonderabschreibung von 10 % des Anschaffungswertes vorgenommen werden. Zur Wahrung von Steuervorteilen muß diese Sonderabschreibung auch bei der Aufstellung des handelsrechtlichen Jahresabschlusses berücksichtigt werden.

   a) Wie lauten die Buchungssätze für die Abschreibungen des Jahres t_i?

   b) Welche Erfolgswirkungen sind – bei einem unterstellten Gewinnfall – durch die Abschreibungsbuchungen eingetreten?

   c) Wie sind die gesamten Vorgänge im Bereich des Anlagevermögens in einem Anlagenspiegel für die Periode t_i abzubilden?

   d) Welches Aussehen hat ein Bilanzausschnitt zum Ende t_i, der die Wertverhältnisse im Bereich des Anlagevermögens erfaßt?

3. *Welche Buchungsprobleme treten zu Beginn des nächsten Jahres auf, wenn der Geschäftsinhaber den verbliebenen alten PKW seinem Sohn zur dauerhaften Privatnutzung überläßt?*

Aufgabe 11

Am 26. Dezember des Jahres t_1 weist die ALBERT FOTOSHOP OHG die folgende Summenbilanz aus. Sie ist eine Abbildung der Kontensummen in Soll und Haben jedes Kontos, das in der Abrechnungsperiode für Bestands- oder Erfolgsbuchungen eingerichtet wurde. Lediglich die zwischenzeitlichen Abrechnungen im Umsatzsteuerbereich führen auf diesen Konten zum Ausweis von Beträgen kürzerer Zeiträume.

(Aufgabenfortsetzung auf der nächsten Seite)

SUMMENBILANZ ALBERT FOTOSHOP OHG 26.12.t1

Konto	*Soll DM*	*Haben DM*
Bebaute Grundstücke	*240.000,–*	
Fuhrpark	*50.400,–*	*14.400,–*
Geschäftsausstattung	*40.000,–*	
Darlehnsschulden		*26.000,–*
Eigenkapital Gesellschafter A		*274.400,–*
Eigenkapital Gesellschafter B		*137.200,–*
Forderungen	*156.080,–*	*129.280,–*
Vorsteuer	*1.370,–*	*56,–*
Bank	*313.287,–*	*267.911,50*
Kasse	*133.840,–*	*128.714,–*
Privatkonto A	*36.000,–*	
Privatkonto B	*28.000,–*	
Verbindlichkeiten	*37.477,–*	*60.012,–*
Umsatzsteuer	*94,50*	*3.715,–*
Verlust aus PKW-Verkauf	*4.200,–*	
Zinsaufwand	*2.505,–*	
Haus- und Grundstücksaufwand	*2.000,–*	
Spenden	*800,–*	
Gewinn aus Wertpapierverkäufen		*2.000,–*
Wareneinkaufskonto	*439.025,–*	*2.200,–*
Bezugskosten	*1.210,–*	
Kundenskonti	*840,–*	
Liefererskonti		*1.460,–*
Personalkosten	*30.900,–*	
Raumkosten	*4.200,–*	
Betriebssteuern	*3.800,–*	
Werbekosten	*1.100,–*	
Kosten Fuhrpark	*3.600,–*	
Allg. Verwaltungskosten	*4.580,–*	
Warenverkaufskonto	*4.720,–*	*492.680,–*
	1.540.028,50	*1.540.028,50*

Vor Aufstellung des Jahresabschlusses sind noch die folgenden Geschäftsfälle zu buchen:

		DM
1.	*Barauszahlung für die vorgelegte Monatsabrechnung der Tankstelle, einschl. 10 % USt*	*440,–*
2.	*Rücksendung beschädigter Ware an Lieferer (Eingangsrechnung noch nicht beglichen); Warenwert*	*720,–*

(Aufgabenfortsetzung auf der nächsten Seite)

3.	*Banküberweisung vom Kunden zum Rechnungsausgleich unter Abzug von 3 % Skonto, Überweisungsbetrag*		*4.268,–*
4.	*Gehaltszahlung bar einschl. Umsatzvergütung*		*3.600,–*
5.	*Bankabbuchung für Darlehnszinsen*		*195,–*
6.	*Einkauf eines Büroschreibtisches auf Ziel*		
	Nettowert	*620,–*	
	+ USt	*62,–*	*682,–*
7.	*Banküberweisung zur Begleichung einer Liefererrechnung unter Abzug von 2 % Skonto; Rechnungsendbetrag einschließlich 10 % USt*		*3.025,–*
8.	*Barauszahlung für eine Zeitungsanzeige in der Sylvesterausgabe; einschließlich 10 % USt*		*286,–*
9.	*Bankabbuchung der Energiekosten, einschließlich 10 % USt*		*484,–*
10.	*Banküberweisung zum Ausgleich der Umsatzsteuer-Zahllast*		*?*

Abschlußangaben:

1. *Bruttoabschluß der Warenkonten; Warenendbestand lt. Inventur* *127.800,–*
2. *Direkte Abschreibungen vom Anschaffungswert:*

*a) auf bebaute **Grundstücke***	*2,5 % vom Gebäudewert*	*192.000,–*
b) auf Fuhrpark	*25 %*	
c) auf Geschäftsausstattung	*10 %*	

3. *Es ist davon auszugehen, daß die übrigen Buchführungsergebnisse mit dem Inventurergebnis übereinstimmen.*
4. *Der Periodenerfolg wird nach handelsrechtlichen Vorschriften auf die Gesellschafter verteilt. Dabei ist der Entnahmezeitpunkt für die Privatentnahmen mit dem 1. Juli t_1 anzusetzen.*

Auswertung:

Der Jahreserfolg ist aus der Sicht der Eigentümer kritisch zu würdigen. Dabei soll eine genaue Analyse der Erfolgsquellen durchgeführt werden: Welche Leistungsbereiche des Unternehmens haben welche positiven und negativen Erfolgsbeiträge herbeigeführt?

2.7. Einzelprobleme beim Jahresabschluß

2.7.1. Probleme der Erfolgsperiodisierung

2.7.1.1. Das bilanzrechtliche Verursachungsprinzip

Die Aufgabe der Periodenrechnung besteht darin, über einen zeitlichen Ausschnitt aus der Gesamtlebensdauer eines Unternehmens zu informieren. Auf der Grundlage dieser Informationen werden Entscheidungen gefällt. Sie betreffen einerseits die Verteilung von Gewinn oder Verlust. Andererseits sind die ermittelten Daten eine Grundlage für weitergehende Dispositionen im Unternehmen oder auch zum Erwerb oder der Veräußerung von Unternehmensanteilen u.ä. Solche Entscheidungen werden insbesondere als Ergebnis von Vergleichsanalysen getroffen. Vorjahreswerte, Branchenwerte oder individuelle Vorgabewerte werden mit den Ergebnissen eines vorliegenden Jahresabschlusses verglichen. Um aus dem Vergleich von Rechnungsdaten zutreffende Schlüsse ziehen zu können, müssen diese Daten nach einheitlichen Grundsätzen ermittelt werden. Solche Grundsätze betreffen zunächst die Darstellung der Rechenergebnisse. Der Einblick in die wirtschaftliche Entwicklung muß **klar** und **übersichtlich** erfolgen.

Neben die formalen Ansprüche aussagefähiger Jahresabschlüsse treten materielle Ermittlungsgrundsätze. Ausgehend vom Informationsanspruch wird gefordert, daß die Daten **vollständig** und **richtig** ermittelt werden. Die Probleme richtiger Zeitraumrechnung werden deutlich, wenn daran gedacht wird, daß viele zu erfassende Wertvorgänge in ihrer Entstehung und Abwicklung nicht auf einen Abrechnungszeitraum beschränkt sind. Am Beispiel Abschreibungen wurde dieser Zusammenhang bereits erörtert[1]: Ausgehend von einer Anschaffungsausgabe für einen abnutzbaren Vermögensgegenstand sind die Nutzungsjahre **verursachungsgerecht** mit Entwertungsteilen zu belasten. Richtig im mathematischen Sinn kann eine solche Aufwandsperiodisierung schon deshalb nicht sein, weil in ihre Berechnung Annahmen über die zukünftigen Wirtschaftsperioden einfließen.

Die wirtschaftliche Zukunft wird immer mit Unsicherheiten behaftet sein. Es obliegt daher demjenigen, der für die Lösung von Bilanzierungs- und Bewertungsfragen verantwortlich ist, **subjektive Erwartungswerte** für zukünftige Entwicklungen festzulegen. Dabei kann er

---

1 Vgl. Abschnitt 2.6.

einerseits **willkürfrei** verfahren, indem er die ihm wahrscheinlichsten Entwicklungen berücksichtigt und in entsprechende Bilanzwerte umsetzt. Andererseits kann dieser Ermittlungsprozeß aber auch von Erwägungen beeinflußt werden, die nicht den Bewertungsvorgang selbst betreffen, sondern gewinn- und bilanzpolitischen Zielen entspringen. Im Abschnitt 1.1.3. wurde bereits dieses Spannungsfeld zwischen erzieltem und belastbarem Gewinn diskutiert. Die gewinnpolitischen Interessen können somit Vorgabecharakter für die Lösung von Bilanzierungs- und Bewertungsfragen erhalten: So würden z.B. Abschreibungsbeträge gleichsam retrograd – von einem angestrebten Erfolgsausweis ausgehend – festgelegt. Ein solches Vorgehen wird nicht mehr als verursachungsgerecht und willkürfrei bezeichnet werden können. Für eine richtige, willkürfreie Rechnungslegung ist vom Bewertungsobjekt und seinem Nutzungspotential auszugehen. Unter Abwägen aller Einflußfaktoren aus Betrieb und Umwelt muß eine sachgerechte Wertsetzung erfolgen, die auch für einen sachverständigen Dritten nachvollziehbar ist.

Die Anforderung, jedem Geschäftsjahr verursachungsgerecht die Erfolgsbeiträge zuzuordnen, kann nur in den Grenzen des

imparitätischen Realisationsprinzips

erfüllt werden.[2] Danach können Erträge grundsätzlich nur ausgewiesen werden, wenn sie durch einen Rechtsanspruch gedeckt sind, wenn sie einen rechtskräftigen Realisationswert haben. Wertsteigerungen am ruhenden Vermögen begründen deshalb keinen Gewinn. Das gilt zunächst für den Wertzuwachs über den Anschaffungswert hinaus, wie er bei Grundstücken, Wertpapieren, Waren u.a. auftreten kann. Solange die Vermögensgegenstände nicht zu dem höheren Wert verkauft wurden, liegt kein realisierter Gewinn, kein rechtlich durchsetzbarer Anspruch auf entsprechende Vermögensmehrung vor. Ebenso gilt das aber auch für den Ausweis von Erträgen aus Lieferungen und Leistungen:

Fallgestaltung: Erfolgsperiodisierung

In der FOTOSHOP OHG trifft am 18.12.t_1 die Bestellung über die Lieferung eines Spezialobjektives ein. Die Auslieferung der Ware ist erst möglich, nachdem der Hersteller am 14.1.t_2 geliefert hat. Der Kunde will zur Bezahlung das vereinbarte Zahlungsziel in Anspruch nehmen.

2 Diese Zusammenhänge wurden bereits im Abschnitt 2.1.3. behandelt. Auch wurde dort auf die begriffliche Aufteilung des Sachverhalts in REALISATIONSPRINZIP und IMPARITÄTSPRINZIP hingewiesen.

Die bisher behandelten Buchführungsfälle wurden jeweils losgelöst vom Problem zeitlicher Grenzziehung behandelt. Mit dem Vertragsabschluß wurden Leistung und Gegenleistung bereits als erfolgswirksam verrechenbar unterstellt. Die Fallgestaltung zeigt nun aber deutlich, daß Gefahren in dieser Grundannahme reibungslosen Geschäftsverkehrs liegen können. Auf einen Zeitstrahl übertragen, ließe sich der Zusammenhang wie folgt darstellen:

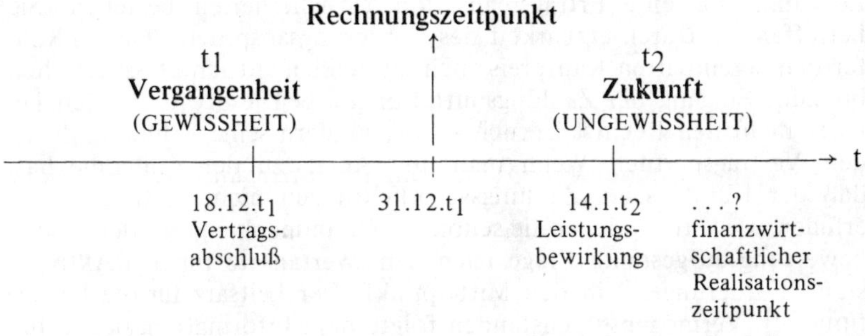

Mit dem Abschluß des Kaufvertrages (als sog. **Verpflichtungsgeschäft)** entstehen für beide Vertragspartner Rechte und Pflichten. Das Recht des Verkäufers, den vereinbarten Kaufpreis zu fordern, kann jedoch erst nach der Leistungsbewirkung durchgesetzt werden. Bis dahin handelt es sich um ein **schwebendes Geschäft,** d.h. es hat bislang keine Seite vertragliche Pflichten erfüllt. Deshalb kann auch mit dem Vertragsabschluß allein noch keine Ertragsbuchung begründet werden. In der Fallgestaltung wird deutlich, daß andernfalls im Jahr t_1 Ertragsteile ausgewiesen würden, denen noch keine durchsetzbaren Rechtsansprüche gegenüberstehen. Selbst bei vertragsgemäßer Abwicklung des Rechtsgeschäfts wäre zudem der Jahreserfolg für t_1 falsch ermittelt: Dem Umsatzerlös stünde (isoliert) noch kein Wareneinsatz gegenüber. Der Umsatzerlös würde voll als Warengewinn ausgewiesen und eine Erfolgslage vortäuschen, die gar nicht vorhanden ist.[3]

3 Die Gefahren für die Sicherung des Rechtsverkehrs, die aus dem obigen Zusammehang unzutreffender Ertragsrealisation erwachsen können, mögen bei Handelsbetrieben relativ gering sein. In einem anderen Wirtschaftszweig, der Bauindustrie, haben sie aber beträchtlichen Umfang erreicht. So war es existenzgefährdeten Unternehmen möglich, den Konkurs hinauszuschieben, indem Umsatzerlöse gebucht wurden, noch ehe Bauleistungen erbracht wurden. Die so unentdeckt geschönten Jahresabschlüsse veranlaßten Kreditgeber zu Fristverlängerungen oder neuen Zusagen. Der Gesamtschaden wurde durch solche Bilanzdelikte erheblich vergrößert.

Eine Ertragsbuchung setzt die Leistungsbewirkung voraus. In der Fallgestaltung kann also erst am 14.1.t_2 gebucht werden:

Buchung zur Ertragsrealisierung nach Leistungsbewirkung:

14.1.t_2:	*Forderungen*	*an*	*Warenverkauf* *Umsatzsteuer.*

Gleichwohl bleiben auch bei dieser Annahme zum bilanzrechtlichen Zeitpunkt für eine Ertragsrealisation Unsicherheiten bestehen. Sie betreffen die Durchsetzbarkeit des Forderungsanspruchs. Ob ein Käufer den vereinbarten Kaufpreis auch tatsächlich entrichtet, ist letztlich bis zum Eingang der Zahlungsmittel ungewiß. Diese Unsicherheit betrifft nicht den Rechtsanspruch selbst, sondern seine Erfüllung durch den Vertragspartner. Wenn man nun Anlaß zu der Annahme hat, daß der Kunde seine Zahlungsverpflichtungen nicht vertragsgerecht erfüllen wird, tritt wieder die schon im Zusammenhang mit der Bilanzbewertung aufgestellte Frage nach dem Wertansatz für den Aktivposten „Forderungen" in den Mittelpunkt: Der Leitsatz für die Bewertung von Vermögensgegenständen folgte dem Informationsziel **Abbildung der Schuldendeckung**. Schulden können nur aus sicher realisierbaren Wirtschaftsgütern beglichen werden. Also müssen erkennbare Vermögensminderungen nicht erst dann erfaßt werden, wenn sie zu rechtlichen Folgerungen, wie die Eröffnung eines Konkursverfahrens, geführt haben. Hier tritt wiederum die Ungleichheit in den materiellen Grundlagen für die Realisationszeitpunkte von positiven und negativen Erfolgsbeiträgen hervor: Verluste müssen bereits beim Erkennen von Vermögensminderungen berücksichtigt werden, damit sich der Unternehmer nicht besser stellt, als es bei einer kritischen Betrachtung von Realisierungschancen der Vermögenswerte der Fall ist. Welche Einzelfragen nun bei der Verfolgung dieses bilanzrechtlichen Verursachungsprinzips auftreten können, soll in den folgenden Abschnitten erläutert werden.

2.7.1.2. Forderungsrisiken, Forderungsausfälle

2.7.1.2.1. Spezielle Forderungsrisiken

Die am Bilanzstichtag erkennbaren Vermögensminderungen müssen bei der Aufstellung von Inventar und Bilanz berücksichtigt werden. Entsprechend wird der Periodenerfolg mit den Aufwendungen belastet, die sich aus der Erfassung erkennbarer Vermögensminderungen ergeben. Diese Anforderung an die Rechnungslegung bekommt bei der

Beurteilung des Sicherheitsgrades von Forderungen eine besondere Bedeutung. Zwar erwirbt der Leistende einen Anspruch auf die vereinbarte Gegenleistung. Jedoch treten oftmals Ereignisse ein, die eine Realisierung des Forderungsbetrages zweifelhaft oder sogar unmöglich erscheinen lassen.

Erste Anzeichen für Zahlungsschwierigkeiten des Schuldners können schon darin gesehen werden, daß die eingeräumten Skontovergünstigungen nicht in Anspruch genommen werden.[1] Verstreicht auch die eingeräumte Kreditspanne ohne Zahlung, wird die Beitreibung des Forderungsbetrages zumeist nur mit Schwierigkeiten möglich sein. Im konkreten Fall muß ein Gläubiger deshalb abwägen, ob es sich bei dem Zahlungsverhalten seines Schuldners nur um eine vorübergehende Anspannung im Finanzbereich handelt oder ob dessen Wirtschaftslage Anlaß für eine kritischere Betrachtung der Realisierbarkeit von Ansprüchen verlangt. Diese Ermessensentscheidung wird dann nicht mehr mit Unsicherheiten behaftet sein, wenn zusätzliche Informationen über den Schuldner vorliegen, beispielsweise mit einer Meldung aus der Tagespresse:

Fallgestaltung: Forderungsrisiken, Forderungsausfälle

Ein Unternehmer entnimmt am 5. Oktober t_2 der Tageszeitung, daß über das Vermögen seines Kunden G. SCHNEIDIG das Konkursverfahren eröffnet wurde. Weiter heißt es in der amtlichen Bekanntmachung:

> *„Als Konkursverwalter wurde Herr Rechtsanwalt E. MÜNCH bestellt. Die Gläubiger werden hiermit aufgefordert, ihre Ansprüche bis zum 5. November t_2 geltend zu machen."*

Aus dem Buchführungsmaterial wird festgestellt, daß gegen die Firma SCHNEIDIG noch eine Forderung vom 10. September t_2 in Höhe von DM 2.200,– (einschließlich 10 % Umsatzsteuer) besteht.

Zweifellos haben die Forderungen gegen einen Schuldner mit der Eröffnung des Konkursverfahrens eine qualitative – nicht rechtliche – Veränderung erfahren. Obgleich der Rechtsanspruch weiterhin in voller Höhe besteht, ist doch abzusehen, daß nun die Ansprüche nicht in

1 Skontovergünstigungen sollen zu einem reibungslosen Ablauf im Finanzbereich beitragen (vgl. 2.4.3.). Der Anreiz für den Schuldner übersteigt bei weitem die Belastung, die er – als kreditwürdiger Geschäftspartner – bei einem Bankkredit zu tragen hätte. Angenommen, die Zahlungsbedingungen lauten: „Zahlbar 10 Tage unter Abzug von 3 % Skonto oder 30 Tage ohne Abzug". Für eine Kreditspanne vom 10. bis zum 30. Tag (= 20 Tage) wird ein Abzug von 3 % zugestanden. Das entspricht einem Jahreszins von (18 · 3 =) 54 %. Solche Kreditzinsen sind kaum banküblich.

vollem Umfang erfüllt werden. Also ist der Sicherheitsgrad der Forderung zweifelhaft geworden. Deshalb muß beim Erkennen von Tatsachen, die eine Gefährdung der Forderungseinlösung erwarten lassen, eine **Aussonderungsbuchung** vorgenommen werden. Dabei sind aus dem Umfang der ,normalen' Forderungen diejenigen auszusondern, deren Erfüllung zweifelhaft geworden ist (sog. dubiose Forderungen):

Aussonderungsbuchung am 5.10.t2:

zweifelhafte Forderungen an Forderungen DM 2.200,–

Bei der Aufstellung des Jahresabschlusses stellt sich die Frage nach dem Wertansatz und dem Bilanzausweis für **zweifelhafte Forderungen**. Wenn diese unsicheren Realisationswerte innerhalb des Umlaufvermögens gesondert ausgewiesen würden, wäre schon ein großer Schritt im Hinblick auf den sicheren Einblick in die Vermögenslage getan. Aus verständlichen Gründen müssen offenlegungspflichtige Unternehmen aber einen solchen Einblick in die Forderungsstruktur nicht geben: Im Interesse des Konkurrenzschutzes sieht der Gesetzgeber von einem gesonderten Ausweis bislang zweifelsfreier und schon zweifelhafter Forderungen ab. Damit gehen beim Jahresabschluß alle Forderungen wieder in den einheitlichen Posten „Forderungen aus Lieferungen und Leistungen" ein.[2] Ehe jedoch die Übertragung des Gesamtbetrages ausgesonderter (zweifelhafter) Forderungen geschieht, muß das Bewertungsproblem gelöst werden. Es ist ja keineswegs so, daß der Forderungsbestand – trotz einheitlicher Rechtsgrundlage – eine gleiche Qualität ausdrückt. Nach dem **Grundsatz der Einzelbewertung** ist für jede im Forderungsbestand enthaltene Position der zeitpunktbezogene Wert zu ermitteln. Damit bildet der ausgewiesene Bilanzwert der Forderungen den Betrag ab, der unter Abwägung von Erfüllungsrisiken als tatsächlicher Einlösungsbetrag erwartet werden kann. Wie kann im konkreten Fall ein solcher Einlösungsbetrag festgelegt werden?

In der alten Formulierung des HGB war noch ausdrücklich angeführt: „Zweifelhafte Forderungen sind nach ihrem wahrscheinlichen Werte anzusetzen" (§ 40 Abs. 3 HGB). In den Vorschriften des neuen HGB von 1985 fehlt dieser Spezialhinweis, weil es sich hier letztlich um dieselben Bewertungsprobleme handelt, die für alle Gegenstände des

2 Nicht offenlegungspflichtige Unternehmen werden das Konto „zweifelhafte Forderungen" unmittelbar über die Schlußbilanz abschließen und dort neben den bislang ungefährdeten Forderungen die speziell gefährdeten Ansprüche ausweisen.

Umlaufvermögens gelten: Danach müssen Wertabschläge (Abschreibungen) vorgenommen werden, soweit am Bilanzstichtag der Anschaffungswert tatsächlich unterschritten wird.

Die Notwendigkeit einer Abschreibung auf zweifelhafte Forderungen wird auch aus dem Blickwinkel der Erfolgsperiodisierung deutlich. Zunächst wird bei dem Verkaufsvorgang unterstellt, daß eine vereinbarte Gegenleistung irgendwann entrichtet wird – und entsprechend wird ein Ertrag gebucht. Wenn nun am Jahresende schon Kenntnis darüber besteht, daß der Kunde die Verpflichtung nicht in vollem Umfang erfüllen wird, muß dem Ausweis einer ungeschmälerten Erfolgswirkung aus diesem Verkaufsvorgang begegnet werden. Dies kann nicht dadurch geschehen, daß der Ertrag verringert wird, denn diese Größe ergibt sich aus dem Rechtsgeschäft (Kaufvertrag). Die Korrektur in der Erfolgsrechnung wird durch eine **Abschreibung auf Forderungen** erreicht.

Zur Feststellung des wahrscheinlichen Einlösungsbetrages zweifelhafter Forderungen müssen Informationen eingeholt werden. In der gebildeten Fallgestaltung kann davon ausgegangen werden, daß der Konkursverwalter eine entsprechende Anfrage mit einem Zwischenbescheid beantworten wird:

Ablauf des Konkursverfahrens (1)

Das Konkursverfahren über das Vermögen des Kaufmanns SCHNEIDIG wird nicht in t_2 abgeschlossen. Am Jahresende ist nach Auskunft des Konkursverwalters mit einer Konkursquote von 20 % zu rechnen.

Wahrscheinlich wird der Schuldner nur 20 % der Forderung erfüllen, 80 % werden ausfallen. Zur Ermittlung des wahrscheinlichen Ausfallbetrages ist zunächst nur der Nettowert der Forderung maßgeblich – nur dieser Wert beeinflußte ja auch beim Verkaufsvorgang den Erfolgsbereich. Im Hinblick auf die im Forderungsbetrag enthaltene Umsatzsteuer entsteht eine unglückliche Situation, die ihre Ursache im Umsatzsteuerrecht hat. So kann die Differenz zwischen vereinnahmtem und vereinbartem Entgelt erst nach Abschluß des Konkursverfahrens zur Korrektur bei der Umsatzsteuerschuld des Verkäufers führen (§ 17 Abs. 2 UStG). Deshalb wird der Einblick in die Vermögenslage durch die weiterhin ausgewiesene volle Umsatzsteuer innerhalb des verminderten (erwarteten) Erfüllungsbetrages gestört, wie das Ergebnis der fallbezogenen Rechnung zeigt:

Forderungsbetrag
(insgesamt)
DM 2.200,–

Nettobetrag + Umsatzsteuer
DM 2.000,– DM 200,–

– wahrscheinlicher Ausfall
80 % = DM 1.600,–

= wahrscheinlicher
Erfüllungsbetrag
DM 400,–

+ Umsatzsteuer lt.
Ausgangsrechnung
DM 200,–

= Aktivposten
zweifelhafte Forderungen
am Bilanzstichtag
($31.12.t_2$) DM 600,–

Die Berücksichtigung des wahrscheinlichen Forderungsausfalls führt zum Buchungsgang:

Buchung des wahrscheinlichen Forderungsausfalls am 31.12.t_2:

Abschreibungen auf Forderungen (sonstiger Betriebsaufwand)	*an*	*zweifelhafte Forderungen*	*DM 1.600,–*

In Höhe des erwarteten Ausfalls wird das Periodenergebnis belastet und der Vermögensausweis korrigiert[3] – allerdings mit der nicht offen

3 Abhängig von der Unternehmungsform kommt es zu unterschiedlichem Ausweis des abgeschriebenen Bestandes an zweifelhaften Forderungen in der Bilanz: Die nicht offenlegungspflichtigen Personenunternehmen führen diesen Bestand als Bilanzposten; Kapitalgesellschaften dagegen schließen das Konto „zweifelhafte Forderungen" über das Konto „Forderungen" ab und verwehren so den Einblick in den Bestand speziell gefährdeter und teilweise abgeschriebener Ansprüche. Und weil auch die Erfolgswirkung der Forderungsverluste hier zumeist im Sammelkonto „sonstiger Aufwand" untergeht, verbleiben dem außenstehenden Bilanzleser keine Einblicksmöglichkeiten in diesen Risikobereich.

erkennbaren Beeinträchtigung des Einblicks in tatsächliche Wertverhältnisse, weil in dem Aktivposten auch noch die ursprünglichen Beträge für die Umsatzsteuer (DM 200,–) enthalten sind, für die erst eine Korrektur nach Abschluß des Konkursverfahrens möglich ist.

Ablauf des Konkursverfahrens (2)

Am 6. April t3 wird das Konkursverfahren SCHNEIDIG mit einer Konkursquote von 15 % abgeschlossen (Bankgutschrift DM 330,–).

Statt der erwarteten 20 % werden nur 15 % des ursprünglichen Forderungsbetrages überwiesen. Der Forderungsrest kann wirtschaftlich als uneinbringlich angesehen werden. Mit Abschluß des Konkursverfahrens steht auch fest, auf welchen Teil des ursprünglich vereinbarten Entgelts die endgültige Berechnung der Umsatzsteuer erfolgt – woraus sich dann im Vergleich zum gebuchten Umsatzsteuerbetrag die Korrekturbuchung ergibt:

Buchung beim Abschluß des Konkursverfahrens am 6.4.t3:

Bank	*DM 330,–*			
Abschreibungen auf Forderungen	*DM 100,–*	*an*	*zweifelhafte Forderungen*	*DM 600,–*
Umsatzsteuer	*DM 170,–*			

Kommt es beim Abschluß des Konkursverfahrens zu einer höheren Erfüllungsquote als angenommen, werden mit dem Mehrbetrag „sonstige betriebliche Erträge" erzielt. Das gilt auch für den Fall, daß später auf bereits ausgebuchte Forderungen noch Zahlungen erfolgen, die dann wieder die Umsatzsteuerpflicht auslösen.

2.7.1.2.2. Allgemeine Forderungsrisiken

Die zuvor behandelten Forderungsrisiken gingen von einer Situation aus, bei der Kenntnis über den Unsicherheitsgrad einer bestimmten Forderung – besser: deren unsichere Realisierung – bestand. Derart spezielle Forderungsrisiken ziehen eine Aussonderungsbuchung zur internen Kontrolle unsicherer Vermögenswerte und eine Abschreibung auf den wahrscheinlichen Einlösungsbetrag nach sich. Mit diesen materiellen und buchungstechnischen Voraussetzungen sind aber noch nicht alle Probleme gelöst, die in Verfolgung des imparitätischen Realisationsprinzips im Bereich der Forderungen auftreten. Weil erkennbare Vermögensrisiken bereits die Aufwandsbuchung auslösen, muß neben dem speziellen auch ein allgemeines (latentes) Forderungsrisiko berücksichtigt werden, das allein aus Erfahrungswerten hergeleitet wird: Wenn zunächst davon ausgegangen wird, daß es sich nach Aussonderung der zweifelhaften Forderungen bei dem Schlußbestand des Forderungskontos um ‚zweifelsfreie' Forderungen handelt, ist doch im nachhinein festzustellen, daß auch von diesen Forderungen ein Teil unvollständig oder gar nicht realisiert werden konnte. Es lagen eben zum Bilanzstichtag nur noch keine Informationen über die verschlechterte Bonität bestimmter Kunden vor. Erst nachträglich erweisen sich die Wertansätze in der Bilanz und der entsprechende Periodenerfolg als überhöht.

Nach den Grundsätzen zur Aufstellung von Jahresabschlüssen müssen auch die wahrscheinlich auftretenden Vermögensverluste bereits dem Jahr ihrer Verursachung zugerechnet werden. Das heißt für den Bereich der Forderungen, daß der nach Erfahrungen anzunehmende Ausfall von Forderungen bei der Ermittlung von Jahreserfolg und Bilanzvermögen berücksichtigt werden muß. Sinnvolle Grundlage für diese Berechnung des allgemeinen oder **pauschalen Forderungsrisikos** ist der Forderungsbestand am Jahresende, der nach Ausbuchung zweifelhafter Forderungen – als den einzelnen, speziellen Risiken – vorliegt. Auf der Grundlage früherer Zusammenhänge zwischen stichtagsbezogenen Ansprüchen und deren Erfüllung kann ein durchschnittliches Ausfallrisiko als Prozentsatz bestimmt werden. Im Anschluß an die Fallgestaltung, die im vorigen Abschnitt verwendet wurde, soll eine Ausgangssituation wie folgt veranschaulicht werden:

Fallgestaltung: Allgemeine Forderungsrisiken

Vor der Durchführung des Jahresabschlusses weist ein Unternehmen im Bereich der Forderungen aus Warenlieferungen und Leistungen folgende Werte aus:

S	*Forderungskonto*		*H*
Anfangsbestand t_2 zzgl. Zugänge t_2	*100.000,–*	*erfüllte Forderungen*	*42.800,–*
		ausgesonderte Forderungen aufgrund spezieller Kreditrisiken	*2.200,–*

Aufgrund von Erfahrungswerten ist mit einem Ausfall von 5 % der noch nicht speziell gefährdeten Forderungen zu rechnen.

Nach Abschluß der Verbuchung aller Geschäftsfälle eines Abrechnungszeitraumes liegt der Schlußbestand bislang nur latent gefährdeter Forderungen vor, der jedoch noch nicht als Bilanzwert gelten kann (im Beispiel DM 55.000,–). Ein Teil dieser Forderungen wird in der Zukunft nicht zu Einzahlungen führen – nach Erfahrungen beträgt der Ausfall 5 %. Da sich alle Vermögensminderungen immer nur auf Nettowerte beziehen – die in den Forderungen enthaltene Umsatzsteuer wird später aufgrund tatsächlicher Kundenzahlungen korrigiert – wird der voraussichtliche Forderungsausfall auch nur anhand der Nettoforderungen (von DM 50.000,–) berechnet. Mit dem erwarteten zukünftigen Ausfallbetrag (DM 2.500,–) liegt ein Aufwandsposten vor, der über das Konto „Abschreibungen auf Forderungen" oder bei nicht so tief gegliedertem Erfolgsbereich über das Konto „sonstiger Betriebsaufwand" in die Gewinn- und Verlustrechnung einfließt. In welcher Form ist nun die Gegenbuchung durchzuführen?

Aufgrund der traditionellen Buchungstechnik ist für den angenommenen zukünftigen Ausfallbetrag der Ausdruck **Pauschalwertberichtigung** eingeführt: Der Aufwandsbuchung auf dem Konto „Abschreibungen auf Forderungen" steht das passive Bilanzkonto „Wertberichtigungen auf Forderungen" gegenüber – es handelt sich um die indirekte Verbuchung von Abschreibungsbeträgen, wie sie nach neuem Handelsrecht nur noch für nicht offenlegungspflichtige Unternehmen möglich ist. Für Kapitalgesellschaften müssen dagegen alle Vermögensminderungen aktivisch, d.h. bei dem betreffenden Wirtschaftsgut auf der Aktivseite der Bilanz vorgenommen werden. Damit bekommt der Ausdruck „Wertberichtigung" einen anderen Inhalt: Er umschreibt die Verminderung eines Vermögenswertes, ohne daß damit auf die Buchungstechnik abgestellt wird. In diesem Sinne soll auch im weiteren Verlauf der Darstellung von Wertberichtigungen gesprochen werden und die Verbuchung des Abschreibungsbetrages für das allgemeine Kreditrisiko nach den Vorschriften für publizitätspflichtige Unternehmen erfolgen:

Buchung der Pauschalwertberichtigung auf Forderungen:

Abschreibungen auf Forderungen (bzw. sonstiger Betriebsaufwand)	*an*	*Forderungen*	*DM 2.500,–.*

Die Bemessung der pauschalen Wertberichtigung wird nicht selten unter dem Gedanken der Erfolgsregulierung vorgenommen – ohne daß es wegen des Unsicherheitsgrades zukünftiger wirtschaftlicher Entwicklungen bei den Schuldnern schon eine offensichtliche Erfolgsgestaltung darstellen muß. Nicht zuletzt trägt das Steuerrecht auch hier wieder über die Festsetzung tolerierter Höchstsätze für den mutmaßlichen Ausfall zu einer nicht immer betriebsindividuellen Risikoschätzung bei. Leider muß (nach HGB) für offenlegungspflichtige Unternehmen aus der Bilanz selbst oder dem Anhang zum Jahresabschluß nicht hervorgehen, in welchem Umfang eine Abschreibung für das allgemeine Kreditrisiko erfolgte. Im Interesse eines sicheren Einblicks in die Vermögenslage geschähe das zweckmäßigerweise in der Bilanz über die Einrichtung einer Vorspalte, die Wertzusammenhänge bei den ausgewiesenen Forderungen deutlich macht, im Beispiel:

Aktiva *SCHLUSSBILANZ (Auszug)*

....		*31.12.t_2* *DM*	*Vorjahr* *DM*	
....				
UMLAUFVERMÖGEN				
....				
....				
Forderungen				
Bestand am 31.12.t_2	*DM 55.600,–*			
– Pauschalwertberichtigung	*DM 2.500,–*	*53.100,–*	......	

Der Bilanzausweis für Forderungen zeigt in der oben vorgestellten ausführlichen Form im einzelnen:

- den Betrag latent gefährdeter Forderungen (netto DM 50.000,–) zuzüglich der wahrscheinlich realisierbaren zweifelhaften Forderungen (netto DM 400,–) sowie die Umsatzsteuerbeträge aller Ausgangsrechnungen, die zu dem ausgewiesenen Forderungsbestand gehören (DM 5.000,– + DM 200,–), also insgesamt DM 55.600,–.
- die vorgenommene Pauschalwertberichtigung auf latent gefährdete Forderungen (DM 2.500,–) und
- mit dem eigentlichen Bilanzposten für Forderungen die Summe aller wahrscheinlichen Einlösungsbeträge zuzüglich der ursprünglichen Umsatzsteuerbeträge (DM 53.100,–). Diese Größe zeigt die rechtliche Mindestanforderung an den Forderungsausweis.

Die genauen Zusammenhänge zwischen allgemeinen und speziellen Forderungsrisiken sind nur aus dem internen Buchführungsmaterial ersichtlich.[1] Hier leistet das Nebenbuch für die Abwicklung des unbaren Geschäftsverkehrs auf der Absatzseite – die **Debitorenbuchführung** – die Kontrollfunktion zur Anspruchswahrung.

Nachdem die Vorsorgemaßnahmen für wahrscheinliche Ausfälle getroffen wurden, stellt sich die Frage, wie im nächsten Rechnungsabschnitt buchungstechnisch verfahren werden soll. Ausgehend von dem einfachsten Fall sollen die insgesamt relativ schwierigen Zusammenhänge zwischen Buchungsabläufen im Forderungsbereich gezeigt werden: Angenommen, die Zahlungsmoral der Kunden ist wider Erwarten gut; alle am Ende des Vorjahres nur latent gefährdeten Forderungen werden auch erfüllt. Dann entsteht das buchungstechnische Problem, daß dem direkt abgeschriebenen Forderungsbestand ein größerer Erfüllungsbetrag gegenübersteht, im Beispiel würden für die auf DM 52.500,– abgeschriebenen ‚zweifelsfreien' Forderungen tatsächlich DM 55.000,– erlöst. In Höhe des Betrages, der über die abgeschriebenen Forderungen hinaus erzielt wird (DM 2.500,–), kommt es zu „sonstigen betrieblichen Erträgen". Soll eine solche Ertragsbuchung – als Ausgleichswirkung zu der früher vorgenommenen pauschalen Wertberichtigung – nur in Betracht kommen, wenn sich die Vorsorgemaßnahmen als unbegründet herausstellen?

Forderungsausfälle treten immer auf, wenn ein *bestimmter* Kunde nicht in vollem Umfang seine Zahlungsverpflichtungen erfüllt. Die Kenntnis über eine spezielle Risikolage bei einem Kunden löst – wie behandelt – die Aussonderungsbuchung aus. Entsprechend tritt die effektive Erfolgswirkung von Forderungsausfällen auch nur über die Abschreibung einzelner, bestimmter Forderungen ein. An diesem Buchungsverfahren ändert sich auch durch die pauschale Abschreibung zunächst ungefährdet erscheinender Forderungen nichts. Diese Maßnahme dient lediglich der periodengerechten Erfassung wahrscheinlicher – späterer – Ausfälle. Mit der erfolgswirksamen Verbuchung dieses Postens ist auch dessen Aufgabe erfüllt. Für einen übersichtlichen Buchungsablauf ist es am besten, wenn zu Beginn des näch-

1 Nicht offenlegungspflichtige Unternehmen werden den Posten „zweifelhafte Forderungen" mit dem wahrscheinlichen Erfüllungsbetrag nicht über das allgemeine Forderungskonto abschließen, sondern als selbständiges Bilanzkonto führen. Bei der zuvor – unter dem Gesichtspunkt des Konkurrenzschutzes – vorgeschlagenen Ausweistechnik wird die Kontrolle der rechtlich wesensverschiedenen allgemeinen und bereits einzeln abgeschriebenen Forderungen wieder zu einer Aussonderungsbuchung in Höhe des Abschlußsaldos bei „zweifelhaften Forderungen" führen, wenn im neuen Jahr die Einrichtung der Bestandskonten erfolgt.

sten Jahres die nur latent gefährdeten Forderungen wieder auf ihren ursprünglichen Anspruchswert gebracht werden. Das geschieht mit der Buchung

Zuschreibung der pauschalen Wertberichtigung auf Forderungen zu Beginn t_3:

Forderungen	*an*	*sonstige betriebliche Erträge (Erträge aus der Auflösung der Pauschalwertberichtigung)*	*DM 2.500,–*

Alle auftretenden Einzelrisiken werden dann genau so gebucht, wie es im vorangehenden Abschnitt erläutert wurde. Am Jahresende liegt mit dem Bestand auf dem Konto „Forderungen" wieder der Ausgangsbetrag für eine neue Pauschalwertberichtigung vor. Je nach Entwicklung der Risikolage wird der Abschreibungsbetrag bestimmt, der das allgemeine Kreditrisiko bereits in dem Jahr erfolgswirksam erfaßt, in dem die zunächst nur allgemein gefährdeten Forderungen entstanden.

In der Gewinn- und Verlustrechnung wirken sich die hier vorgeschlagenen Buchungsvorgänge materiell wie folgt aus – wobei es in der Praxis nicht unbedingt zu denselben Bezeichnungen der Erfolgspositionen kommen muß:

S *GEWINN- UND VERLUSTKONTO t_3 (Ausschnitt)* *H*

	DM		*DM*
Abschreibungen aufgrund spezieller Forderungsrisiken	....	*Erträge durch Zuschreibung des Abschreibungsbetrages für das allgemeine Kreditrisiko des Vorjahres (= Auflösung der Pauschalwertberichtigung t_2)*	*(2.500,–)*
Abschreibungen aufgrund des allgemeinen Forderungsrisikos auf den bislang ungefährdeten Forderungsbestand	....		

Bei unverändertem Forderungsbestand und unveränderter Risikoschätzung treten neue Erfolgswirkungen nur durch die Abschreibungen aufgrund spezieller Risiken ein. In derselben Höhe wie im Vorjahr wird ein „Risikopolster" gebildet. Es kommt hier zu einer Verlängerung der alten Erfolgswirkung. Abweichungen beim Forderungsbestand oder dem angewendeten Prozentsatz für den wahrscheinlichen Ausfall führen zu einer höheren oder niedrigeren Belastung der Erfolgsrechnung für wahrscheinliche Ausfälle und damit auch zu veränderten Auswirkungen auf die Belastung des Unternehmens mit Gewinnsteuern.[2] Hier liegt letztlich derselbe Zusammenhang vor, der bereits beim Abschreibungsproblem erläutert wurde: Aus der Aufwandsvorverlagerung entstehen aufgrund der aufgeschobenen Steuern Liquiditäts- und Zinseffekte. Erst wenn gar keine Forderungen mehr vorhanden sind, entfällt auch diese Möglichkeit, neben den objektiv begründeten Vorsorgemaßnahmen bei der Erfolgsermittlung auch steuerpolitische Zielsetzungen zu verfolgen.

---

2 Dieselben Erfolgswirkungen haben selbstverständlich andere Buchungstechniken, mit denen das allgemeine Kreditrisiko beim Forderungsbestand erfaßt werden soll. So bleibt grundsätzlich die eingeführte indirekte Abschreibung wählbar – nur kann es bei offenlegungspflichtigen Unternehmen nach der Rechtsreform nicht mehr in der Bilanz zum indirekten Ausweis wahrscheinlicher Ausfälle beim bislang nur allgemein gefährdeten Bestand kommen. Die Ausweistechnik, die nur noch für Personenunternehmen zulässig ist, führt zu folgendem Ablauf in der Erfassung des allgemeinen Kreditrisikos:

Am Jahresende wird aufgrund von Erfahrungswerten über Forderungsausfälle das pauschale Kreditrisiko beziffert und gebucht:

Einstellungen in die Pauschalwertberichtigung auf Forderungen (Aufwandskonto)	*an*	*Pauschalwertberichtigung auf Forderungen* (passives Bestandskonto)

In der Schlußbilanz ergibt sich dann folgender Zusammenhang bei dem Ausweis der Forderungen:

Aktiva — Ausweis „Forderungen" bei	passivischer Wertkorrektur — Passiva
Forderungen (= Nettowert aller latent gefährdeten Forderungen zzgl. wahrscheinlicher Erfüllungsbetrag einzeln abgeschriebener zweifelhafter Forderungen zzgl. Umsatzsteuerbeträge der zugehörigen Ausgangsrechnungen)	Pauschalwertberichtigung auf Forderungen (= Anwendung eines Erfahrungssatzes auf latent gefährdete Nettoforderungen zur Berücksichtigung des allgemeinen Kreditrisikos)

Am Ende des nächsten Jahres wird die Pauschalwertberichtigung auf den Wert korrigiert, der sich aufgrund einer veränderten Risikolage bzw. aufgrund eines anderen Forderungsbestandes ergibt; bei einem zu erhöhenden ‚Risikofonds':

Einstellungen in die Pauschalwertberichtigung auf Forderungen	*an*	*Pauschalwertberichtigung auf Forderungen*

oder bei einem kleineren Forderungsrisiko:

Pauschalwertberichtigung auf Forderungen	*an*	*Erträge aus der Herabsetzung der Pauschalwertberichtigung auf Forderungen*

In der Erfolgsrechnung wird bei dieser früher allgemein üblichen Buchungstechnik – neben den Auswirkungen spezieller Kreditrisiken – nur der Differenzbetrag zwischen altem und neuem Wertberichtigungsbetrag ausgewiesen. Das hat den Nachteil, daß der Gedanke einer ‚Selbstversicherung gegen wahrscheinliche Forderungsausfälle' nicht in der Weise verfolgt wird, wie es bei vergleichbaren Versicherungsaufwendungen für andere Risiken der Fall ist: So würden z.B. Jahre mit demselben Forderungsendbestand wie dem des Vorjahres gar keine Aufwendungen für das allgemeine Kreditrisiko aufweisen! Im Interesse vergleichbarer Erfolgsrechnungen erscheint es sinnvoller, wenn auch bei indirektem Bilanzausweis des Pauschalrisikos zu Beginn des nächsten Jahres diese Wertberichtigung voll aufgelöst wird und am Jahresende die Neubildung erfolgt – so wie es zuvor auch bei der direkten Ausweistechnik empfohlen wurde.

Aufgabe 12

Zu Beginn der Periode t_3 weist der Bilanzausschnitt eines nicht publizitätspflichtigen Unternehmens aus:

Bankguthaben	*DM 24.000,–*
Forderungen aus Warenlieferungen	*DM 38.500,–*
Umsatzsteuer	*DM 4.000,–*

Im Laufe der Perioden t_3 und t_4 sind einige Vorgänge auf buchhalterische Folgen zu überprüfen und in ihren Auswirkungen auf dem obigen Bilanzausschnitt darzustellen.

1. *Banküberweisung vom 11.1.t_3 zum Ausgleich der Umsatzsteuer-Zahllast (DM 4.000,–).*
2. *Am 15.1.t_3 werden an einen bereits gut bekannten Kunden K. Waren für DM 550,– (einschl. 10 % USt) auf Ziel verkauft und ausgeliefert. Die Zahlungsbedingungen lauten: „Rechnungsbetrag zahlbar innerhalb 10 Tagen mit 2 % Skonto, 30 Tage ohne Abzug".*
3. *Am 18.1.t_3 wird bekannt, daß über das Vermögen des Kunden F. das Konkursverfahren eröffnet wurde. Der Gesamtbetrag noch ausstehender Forderungen an F. beläuft sich auf DM 1.100,–.*
4. *Am 15.3.t_3 wird dem Kunden K. zur Rechnung vom 15.1.t_3 eine erste Zahlungserinnerung geschickt.*
5. *Am 10.4.t_3 wird ein Betrag von DM 220,– auf das Bankkonto überwiesen. Er betrifft eine Forderung, die im Vorjahr als uneinbringlich abgeschrieben worden war.*
6. *Am 15.4.t_3 wird dem Kunden K. eine Zahlungsaufforderung mit Fristsetzung geschickt.*
7. *Am 20.4.t_3 ist der Tagespresse zu entnehmen, daß die Eröffnung des Konkursverfahrens gegen den Kunden K. „mangels einer die Kosten des Verfahrens deckenden Masse" abgelehnt wurde.*
8. *Am 10.5.t_3 werden an den Kunden Z. Waren für DM 2.750,– (einschl. 10 % USt) auf Ziel verkauft.*
9. *Am 22.6.t_3 werden zum Abschluß des Konkursverfahrens vom Kunden F. DM 165,– überwiesen.*
10. *Am 25.6.t_3 wird über das Vermögen des Kunden Z. das Konkursverfahren eröffnet. Die ausstehenden Gesamtforderungen betragen DM 2.750,–.*
11. *Bis zum Jahresende t_3 treten keine weiteren Buchungsfälle auf, die Forderungsrisiken betreffen. Bei der Aufstellung des Jahresabschlusses für t_3 sind folgende Angaben und Schätzwerte zu berücksichtigen:*
    a) Im Fall des Kunden Z. wird mit einem Forderungsausfall von 80 % gerechnet.

b) Der Endbestand auf dem Konto „Forderungen“ beläuft sich auf DM 44.000,– (nach Ausbuchung zweifelhafter Forderungen und unter Einschluß in dieser Aufgabe nicht berücksichtigter Vorgänge). Nach den in der Periode t_3 gemachten Erfahrungen soll erstmals das allgemeine Kreditrisiko mit 3 % vom Forderungsendbestand berücksichtigt werden.

12. Am 2.2.t_4 werden nach Abwicklung des Konkursverfahrens vom Kunden Z. DM 880,– überwiesen.

2.7.1.3. Rückstellungen

Die Erfolgsperiodisierung nach dem imparitätischen Realisationsprinzip erfordert einen Ausweis von Vermögensminderungen im Zeitpunkt ihres Erkennens. Damit soll sichergestellt werden

1. ein zutreffender Einblick in die tatsächliche Vermögenslage zu einem Rechnungszeitpunkt und
2. eine Erfolgsermittlung, die den Gesichtspunkt der Unternehmenssicherung in den Vordergrund stellt. Es sollen im Jahresabschluß keine Beträge als verteilungsfähiger Gewinn ausgewiesen werden, die sich später als Scheingewinn erweisen. Einfacher ausgedrückt: Was heute aufgrund einer zu optimistischen Beurteilung der Erfolgslage zuviel als Gewinn entnommen wird, kann später zur Befriedigung von Gläubigeransprüchen fehlen.

Das imparitätische Realisationsprinzip gewinnt bei solchen Sachverhalten besondere Bedeutung, bei denen eine Erfolgsperiodisierung nur mit bedingter Genauigkeit vorgenommen werden kann:

Fallgestaltung: Prozeßfolgen

Ein Unternehmen ist in einen Rechtsstreit über die Zulässigkeit bestimmter Werbemethoden verwickelt. Zum Jahresende t_1 ist erkennbar, daß der Prozeß voraussichtlich negativ ausgehen wird. Es muß mit einer zukünftigen finanziellen Inanspruchnahme des Unternehmens in Höhe von DM 2.000,– gerechnet werden.

Nach den Grundsätzen zur Erfolgsperiodisierung ist demjenigen Jahr der Aufwand zuzuordnen, in dem er begründet wurde. Die Erfolgsrechnung des Jahres t_1 müßte also die nach vernünftiger kaufmännischer Beurteilung anzusetzende voraussichtliche Vermögensminderung als Aufwand zugewiesen bekommen. Damit wäre die Sollbuchung geklärt.

Bei der Gestaltung der Habenbuchung wäre zu prüfen, ob nicht eine Form der bislang erörterten Passivpositionen herangezogen werden könnte. Zunächst käme eine Zuordnung zu **Verbindlichkeiten** in Betracht. Deren Wesen ist es,

- einen bestimmten späteren Leistungswert,
- zu dessen Erbringung das Unternehmen mit Rechtskraft verpflichtet ist,
- als zukünftige Belastung des Vermögensbereiches auszuweisen.

In der Fallgestaltung fehlen bislang die Merkmale „bestimmter Betrag" und „Rechtskraft". Es ist noch nicht entschieden, ob überhaupt eine Belastung auf das Unternehmen zukommt. Also scheidet eine Buchung der erwarteten späteren Verpflichtung als Verbindlichkeit aus.

Es könnte auch daran gedacht werden, die im Zusammenhang mit der Erfassung des allgemeinen Forderungsrisikos näher besprochene **Wertberichtigung** heranzuziehen. Deren Wesen ist die indirekte Wertkorrektur eines bestimmten Vermögensgegenstandes und nicht der Ausweis einer Zahlungsverpflichtung, weshalb im vorliegenden Fall eine solche Zuordnung der Habenbuchung ausscheidet.

Für die buchungstechnische Erfassung der jetzt noch ungewissen, aber erwarteten zukünftigen finanziellen Belastung ist eine neue Passivposition zu bilden. Sie ist gekennzeichnet durch

- einen erwarteten, aber nicht sicheren späteren (finanziellen) Leistungswert,
- dessen Betrag noch unbestimmt ist
- und/oder bei dem der Rechtszwang zur Erbringung noch zweifelhaft ist.

Aus dem wirtschaftlichen Ergebnis eines Jahres werden gleichsam Beträge verursachungsgerecht für eine erwartete spätere finanzielle Belastung zurückgestellt. Also dienen derartige **Rückstellungen**

„der Erfassung von Aufwendungen und Verlusten, die am Bilanzstichtag dem Grunde, aber nicht der Höhe nach bekannt sind, sowie von Verbindlichkeiten und Lasten, die am Bilanzstichtag bereits bestehen, sich aber dem Betrage nach nicht genau bestimmen lassen oder deren Bestehen zweifelhaft ist."[1]

1 Wirtschaftsprüfer-Handbuch, S. 581; vgl. zu den begrifflichen Abgrenzungen auch u.a. COENENBERG, A.G.: Jahresabschluß und Jahresabschlußanalyse, S. 173 ff.; WEBER, H.K.: Betriebswirtschaftliches Rechnungswesen, S. 75 ff.; WÖHE, G.: Bilanzierung und Bilanzpolitik, S. 380 ff.
Zur grundsätzlichen und speziellen Problematik der Bildung von Rückstellungen vgl. BARTKE, G.: Rückstellungen für Bergschäden, S. 1 ff.

In der Fallgestaltung wird bereits im alten Jahr (t_1) der wahrscheinliche Aufwand erfolgswirksam verbucht[2] und für den erwarteten Auszahlungsbetrag eine Rückstellung gebildet:

Buchung bei Bildung der Rückstellung:

Aufwandskonto	*an*	*Rückstellungen*	*DM 2.000,–*

Das Rückstellungskonto wird über die Schlußbilanz abgeschlossen. Dort erscheint auf der Passivseite dieser erwartete Auszahlungsbetrag als – noch unsichere – spätere Zahlungsverpflichtung.

Die Ursache für eine gebildete Rückstellung wird irgendwann ihre tatsächlichen Folgen haben. Im Beispiel wird der Richterspruch zu einer rechtskräftigen finanziellen Belastung führen – oder auch die Vorsorgemaßnahme als unbegründet erscheinen lassen. Einmal angenommen, die der Fallgestaltung zugrunde liegenden Sachverhalte hätten zu einem negativen Prozeßausgang geführt:

Erweiterung der Fallgestaltung Prozeßfolgen:

Nach Abschluß des Rechtsstreites sind an den Prozeßgegner, Gerichtskasse und Anwalt insgesamt DM 3.300,– zu zahlen. (Etwaige Umsatzsteuervorgänge bleiben im Beispiel unberücksichtigt.)

Offensichtlich reicht die Rückstellung (DM 2.000,–) zur Abdeckung der nun rechtskräftigen Prozeßfolgen nicht aus. Deshalb kommt es mit dem Zahlungsvorgang nicht nur zu einer Buchung, die der Begleichung einer Verbindlichkeit ähnlich ist (Rückstellungen an Bank), sondern in Höhe des unterschätzten Prozeßrisikos tritt eine zusätzliche Erfolgswirkung ein:

Buchung bei Fälligkeit eines (unterdeckten) Rückstellungsbetrages:

Aufwandskonto	*DM 1.300,–*	*an*	*Bank (o.ä.)*	*DM 3.300,–*
Rückstellungen	*DM 2.000,–*			

Mit Abschluß des Rechtsvorganges hat die Rückstellung ihre Aufgabe erfüllt. Sie wird aufgelöst. Reicht der Rückstellungsbetrag nicht aus, kommt es zu einer zusätzlichen – dem Verursachungsprinzip widersprechenden, aber wegen des Schätzungscharakters bei der Aufwandsperiodisierung letztlich unvermeidbaren – Aufwandsbuchung. Bei

2 Es soll hier keine genauere Bezeichnung gewählt werden, um eine generelle Erklärung für Rückstellungen zu geben und auch den Gestaltungsfreiraum der Unternehmen nicht einzuengen: Je nach Kontrollgesichtspunkten wird ein Konto „Prozeßaufwand" zunächst die Jahresbeträge aufnehmen, die beim Jahresabschluß in ein Sammelkonto für verschiedenste Aufwandsarten übertragen werden – oder es wird gleich ein solches Sammelkonto belastet.

einer Risikoüberdeckung führt die Auflösung der Rückstellung zu einer Ertragsbuchung in Höhe des Differenzbetrages zwischen Rückstellung und tatsächlicher Inanspruchnahme.

Die oben festgestellten Unsicherheiten bei der Bemessung von Rückstellungen bringen es mit sich, daß hier ein weites Feld zur Verfolgung von Vorstellungen zur Erfolgsregulierung liegt – soweit nicht der Gesetzgeber für eine Begrenzung von Ermessensspielräumen sorgt. Diese Begrenzung von Wahlfreiheiten zur Bilanz- und Erfolgspolitik muß in zwei Richtungen erfolgen: Einmal muß das Gesetz festlegen, für welche Zwecke Rückstellungen gebildet werden *müssen*, damit auch im Verlustfall die bereits erkennbaren Belastungen unabhängig von dem dadurch noch vergrößerten Fehlbetrag berücksichtigt werden. Auf der anderen Seite werden sicher Spielräume verbleiben müssen, in deren Grenzen die „vernünftige kaufmännische Beurteilung" zu einer Entscheidung über die Notwendigkeit einer Rückstellungsbildung hinführt. Hier geht es dann um die Frage, wofür Rückstellungen gebildet werden *dürfen*.

Nach dem reformierten Handelsrecht, das im wesentlichen die entsprechenden Vorschriften aus dem Aktiengesetz von 1965 übernommen hat, fallen gemäß § 249 HGB unter die **Passivierungspflicht** zunächst

- Rückstellungen für ungewisse Verbindlichkeiten;
  (Steuern, die im laufenden Jahr als Schuld entstanden sind, die aber noch nicht rechtskräftig veranlagt sind; Jahresabschluß- und Prüfungskosten, Prozeßrisiken, Gewährleistungsverpflichtungen, Inanspruchnahme aus Bürgschaften, . . .)
- Rückstellungen für drohende Verluste aus schwebenden Geschäften; (Zwar hat hier noch keine Vertragsseite Leistungen erbracht, doch muß aufgrund wirtschaftlicher Einflüsse – z.B. Preissenkung bei gekauften Gütern – mit einem Verlust aus dem Rechtsgeschäft gerechnet werden.)
- Rückstellungen „für im Geschäftsjahr unterlassene Aufwendungen für Instandhaltung, die im folgenden Geschäftsjahr innerhalb von drei Monaten nachgeholt werden";
- Rückstellungen für „Gewährleistungen, die ohne rechtliche Verpflichtung erbracht werden", sog. Kulanzleistungen.

Neben diesem Zwang zur Periodisierung des entsprechenden Aufwandes über die Bildung einer Rückstellung sind Wahlmöglichkeiten für andere Bereiche vorhanden, die zu Rückstellungen führen können. So kann der voraussichtliche Aufwand zur Erhaltung der betrieblichen

Leistungsbereitschaft von Gütern des Anlagevermögens bereits erfolgswirksam verrechnet werden, wenn die Erhaltungsmaßnahme noch nicht erfolgt ist (**Aufwandsrückstellung**). Zweck dieser Regelung ist die gleichmäßige, verursachungsgerechte Verteilung solcher Aufwendungen auf die Jahre, die zum Entstehen dieses Aufwandes beigetragen haben – gedanklich handelt es sich also um eine Verteilung eines späteren Aufwandsbetrages auf die ihn verursachenden Leistungszeiträume. In welchem Umfang gerade hier Gefahren für eine bewußte Gestaltung des Periodenerfolges liegen, ist offensichtlich.[3]

Eine Sonderstellung nehmen die betrieblichen Pensionszusagen ein, auf deren Grundlage die Mitarbeiter nach ihrem Ausscheiden aus dem Erwerbsleben – zusätzlich zur gesetzlichen Altersversorgung – eine sog. Betriebsrente erhalten sollen. In den Jahren der Betriebszugehörigkeit wird ein solcher Anspruch aufgebaut, weshalb diese Jahre auch mit Anteilen der später zu zahlenden Rente belastet werden müßten. Innerhalb dieser **Anwartschaftszeit** würde gebucht:

JÄHRLICHE ZUFÜHRUNG ZU PENSIONSRÜCKSTELLUNGEN:

Sozialer Aufwand (Personalaufwand) *an* *Pensionsrückstellungen*

Der jährliche Zuführungsbetrag errechnet sich nach versicherungsmathematischen Regeln, wobei jeder Anspruchsberechtigte einzeln erfaßt wird. Im Bilanzausweis für **Pensionsrückstellungen** kommt die voraussichtliche spätere Inanspruchnahme des Unternehmens für Rentenzahlungen zum Ausdruck – wobei zur Deckung dieser späteren Belastung in den früheren Jahren Vorsorge getroffen wurde. Nach Eintritt des Versorgungsfalles finden dann in der Regel nur noch erfolgsneutrale Buchungen für die Rentenzahlungen statt:

ZAHLUNG VON BETRIEBSRENTEN:

Pensionsrückstellungen *an* *Bank*

Vor dem Hintergrund der Tragweite dieser Maßnahmen für den betroffenen Personenkreis, der sich im Erwerbsleben den Anspruch auf eine spätere Rente verdient, muß es überraschen, daß es für die eingegangenen Pensionsverpflichtungen der Unternehmen bis zur Reform des Bilanzrechts im Jahre 1985 keine Passivierungspflicht gab.

3 Vgl. zur speziellen Problematik dieser Neuregelung im HGB ausführlicher NIEHUS, R.J.: Rechnungslegung, S. 347 ff.

Den Hintergrund für diese eigenartige Rechtslage bildete ein Urteil des Bundesgerichtshofs von 1961, das den Unternehmen ein Passivierungswahlrecht für Pensionsverpflichtungen einräumte. Damit wurden grundsätzlich zwei inhaltlich verschiedene Möglichkeiten zur Sicherung von Arbeitnehmeransprüchen geschaffen: Entweder erarbeitet sich der Berechtigte selbst einen späteren Rentenbetrag, der bis zur Auszahlung im Unternehmen angelegt bleibt (Rückstellungsfall) oder er muß darauf vertrauen, daß die Leistungskraft des Unternehmens in den Jahren seines Ruhestandes dazu ausreicht, aus dem laufenden Unternehmensergebnis solche Rentenverpflichtungen zu erfüllen. Daß die erste Möglichkeit aus betriebswirtschaftlicher Sicht und auch unter dem Aspekt der erarbeiteten Grundsätze zur Erfolgsperiodisierung allein sachgerecht ist, muß sicher nicht weiter begründet werden. Zur Ernsthaftigkeit einer Pensionszusage gehören auch die entsprechenden wirtschaftlichen Vorsorgemaßnahmen. Andernfalls kann es vorkommen, daß heute etwas als Gewinn entnommen wird, was an sich Rentenzahlung späterer Jahre darstellt – und dort aufgrund einer schlechteren wirtschaftlichen Lage ein unsicherer Anspruch wird. An dieser Situation hatte dann das Gesetz zur Verbesserung der betrieblichen Altersversorgung vom 19.12.1974 materiell etwas geändert, indem ein ‚Pensionssicherungsverein' für die ihm angeschlossenen Unternehmen eine Rentengarantie übernahm. In einigen spektakulären Fällen hat diese Sicherungsmaßnahme bereits ihre positive Wirkung gezeigt.

Erst mit dem neuen HGB wurde endlich die allgemeine **Passivierungspflicht** für Pensionsverpflichtungen eingeführt – allerdings auch nur für Neuzusagen an Arbeitnehmer ab dem 1.1.1987! Damit wird es für lange Zeit eine unterschiedliche materielle Grundlage für Alt- und Neuzusagen von Betriebsrenten geben.

2.7.1.4. Posten der Rechnungsabgrenzung

Die buchhalterischen Folgerungen aus den entwickelten Grundsätzen zur Erfolgsperiodisierung wurden bislang an zwei verschiedenen Bereichen gezeigt. Einmal handelte es sich um die periodengerechte Erfassung von erkennbaren Vermögensminderungen (Forderungsrisiken). Im anderen Fall ging es im wesentlichen um den vollständigen Ausweis von wahrscheinlichen Zahlungsverpflichtungen (Rückstellungen). Beide Bereiche umschreiben zunächst nur die Habenbuchungen (Forderungsabgang, ggf. Wertberichtigungszugang; Schuldenzugang), denen als Sollbuchung immer eine Aufwandsposition gegenübersteht

(Abschreibungen auf Forderungen, Prozeßaufwand bzw. Betriebsaufwand, sozialer Aufwand, . . .). Mit diesen Beispielen ist aber das Problem der verursachungsgerechten Jahresabrechnung noch nicht umfassend bearbeitet. Eine Fallgestaltung soll eine neue Ausgangslage veranschaulichen:

Fallgestaltung: Rechnungsabgrenzung (1)

Ein Unternehmen (U_1) überweist am 28. Dezember t_1 die Miete für einen Lagerraum an den Vermieter (U_2). Der Mietzins in Höhe von DM 500,– betrifft die Raumnutzung im Januar des nächsten Jahres.

Wenn zunächst gar nicht daran gedacht wird, daß hier ein Problem der Erfolgsperiodisierung vorliegen könnte, würde dieser Zahlungsvorgang in U_1 wie üblich gebucht:

U_1 28.12.t_1: Raumaufwand an Bank DM 500,–.

Spätestens bei der Aufstellung des Jahresabschlusses und dem dabei erfolgenden Abschluß des Erfolgskontos für Raumnutzung wird festgestellt, daß diesem Jahr 13 Mietzahlungen angelastet werden – wenn nicht eine Korrektur erfolgt. Dabei könnte zunächst daran gedacht werden, die Buchung des Zahlungsvorganges ganz einfach rückgängig zu machen bzw. die Mietzahlung im alten Jahr erst gar nicht zu erfassen. Dem steht aber der Abgang auf dem Bankkonto entgegen, weshalb bereits im alten Jahr eine Buchungstechnik gewählt werden muß, die einerseits den Zahlungsvorgang erfaßt, andererseits aber auch eine richtige Erfolgsabgrenzung zwischen den Rechnungsabschnitten gewährleistet:

Jahresabschluß
↑

Jahr t_1		Jahr t_2
Zahlungsvorgang	|	Erfolgsvorgang

Wirtschaftlich betrachtet hat U_1 einen Vorrat an Raumnutzung eingekauft. Dieser Vorrat ist aber kein aktivierungsfähiges Wirtschaftsgut, das in der Bilanz t_1 ausgewiesen werden könnte. Um trotzdem die Erfolgswirkung der Mietzahlung in das Jahr t_2 hinüberzuleiten, ist am 31.12.t_1 eine bilanztechnische Hilfskonstruktion anzuwenden. Ein aktives Übergangskonto nimmt solche Beträge auf, die bereits im voraus für Aufwendungen des nächsten Wirtschaftsjahres geleistet wurden. Die Zulässigkeit einer solchen Buchungstechnik wird mit § 250 Abs. 1 HGB wie folgt begrenzt:[1]

„Als Rechnungsabgrenzungsposten sind auf der Aktivseite Ausgaben vor dem Abschlußstichtag auszuweisen, soweit sie Aufwand für eine bestimmte Zeit nach diesem Tag darstellen."

Durch die Einrichtung eines aktiven bilanziellen Übergangskontos **(aktive Rechnungsabgrenzung)** kann die Erfolgswirkung eines Auszahlungsvorganges in den nächsten Abrechnungszeitraum hinübergeleitet werden. Aus der Funktion dieses Bilanzpostens ist auch eine andere begriffliche Umschreibung verständlich – die der **transitorischen Posten** (von lat. transire = hinübergehen).

Bei der Aufstellung des Jahresabschlusses werden die Aufwandskonten auf zeitübergreifende Beträge überprüft und zeitanteilig entlastet. In Betracht kommen hierfür alle Aufwandsarten, die einen Zeitbezug als Bemessungsgrundlage aufweisen, etwa Versicherungen für Gebäude, Fahrzeuge u.ä., Kraftfahrzeugsteuer, Zinsen usw. In jedem Einzelfall muß geprüft werden, ob nicht bereits in der abgelaufenen Periode Zahlungen für Leistungen des Zahlungsempfängers im neuen Jahr entrichtet wurden. Die festgestellten Vorausbeträge werden aus dem entsprechenden Aufwandskonto ausgebucht – im Beispiel mit der Buchung

U_1 31.12.t_1: aktive Rechnungsabgrenzung an Raumaufwand DM 500,–.

Wenn bei dem Zahlungsvorgang schon eindeutig feststeht, daß es sich um einen Aufwand des nächsten Jahres handelt, kann auch sofort das Konto zur Rechnungsabgrenzung herangezogen werden (im Beispiel am 28.12.t_1: aktive Rechnungsabgrenzung an Bank DM 500,–). Das Konto aktive Rechnungsabgrenzung wird in der Schlußbilanz als aktives Bestandskonto am Ende der Auflistung aller Vermögensgegenstände aufgeführt. Es zeigt einen Anspruch auf Leistung, die von einem Vertragspartner in der nächsten Periode erbracht werden muß und auch erst dann als Verbrauch des Unternehmens erfaßt werden kann.

Mit Beginn des neuen Abrechnungszeitraumes hat das aktive Übergangskonto seinen Auftrag erfüllt und kann erfolgswirksam aufgelöst werden:

1 In seiner Formulierung verwendet der Gesetzgeber – anders als hier zuvor entwickelt – den Begriff Ausgabe für die Abwicklung des Zahlungsvorganges, die Auszahlung.

U_1 1.1.t_2: Raumaufwand an aktive Rechnungsabgrenzung DM 500,–.

Die Erfolgswirkung des Zahlungsvorganges ist in den neuen – verursachungsgerechten – Abrechnungszeitraum hinübergeleitet worden. Dieser Zusammenhang wird auch aus der Übersicht über den Buchungsablauf deutlich:

BUCHUNGSABLAUF AKTIVE RECHNUNGSABGRENZUNG

(Fallgestaltung, Unternehmen 1)

Periode t_1

S	Raumaufwand		H
...	...	31.12.	500,– →
...	...		
28.12.	500,–		

S	aktive Rechnungsabgrenzung		H
31.12.	500,–	31.12. SB	500,– →

Aktiva	**Schlußbilanz t_1**	Passiva
....	...	
....	...	
....	...	
→ aktive Rechnungsabgrenzung	500,–	

==

Periode t_2

S	aktive Rechnungsabgrenzung		H
1.1.EBK	500,–	2.1.	500,– →

S	Raumaufwand		H
2.1.	500,–		

Handelt es sich um Zahlungsvorgänge, die ihre Erfolgswirkung nur zu einem Teil in einem späteren Abrechnungszeitraum haben, werden auch nur die entsprechenden Teilbeträge auf das Abgrenzungskonto überwiesen. Werden beispielsweise am 1. Juli t_1 DM 900,– als Jahresprämie für eine Fahrzeugversicherung überwiesen, sind beim Jahresabschluß t_1 6/12 (= DM 450,–) zeitlich abzugrenzen:

1. 7.t_1:	*Aufwand Fuhrpark*	*an*	*Bank*	*DM 900,–*
31.12.t_1:	*aktive Rechnungsabgrenzung*	*an*	*Aufwand Fuhrpark*	*DM 450,–*

Die Vorgänge zur aktiven Jahresabgrenzung des einen Unternehmens haben beim Empfänger der (vorzeitigen oder zeitanteiligen) Zahlungen ihre spiegelbildliche Wirkung. So ist in der Fallgestaltung (1) beim Vermieter (U_2) im alten Jahr ein Vermögenszugang auf dem Bankkonto erfolgt, der seine Ertragswirkung erst im nächsten Jahr haben soll. Vergleichbar mit dem Vorgehen in U_1 leitet auch der Vermieter die Erfolgswirkung in das neue Jahr hinüber, indem er ein – nun passives – Übergangskonto einrichtet, das die vorzeitig erhaltenen Zahlungen aufnimmt, die eine Leistungsverpflichtung im neuen Jahr darstellen. In der Formulierung des Handelsrechts (§ 250 Abs. 2 HGB):

„Auf der Passivseite sind als Rechnungsabgrenzungsposten Einnahmen vor dem Abschlußstichtag auszuweisen, soweit sie Ertrag für eine bestimmte Zeit nach diesem Tag darstellen."

Damit ergeben sich im Beispiel für den Vermieter folgende Buchungen zur Überleitung der positiven Erfolgswirkung in das nächste Jahr:

Buchungen im alten Jahr:

1. beim Eingang des Überweisungsbetrages:

Bank	*an*	*Hauserträge*
		oder auch bei offensichtlich zeitlich abzugrenzendem Erfolgsvorgang sofort
	an	*passive Rechnungsabgrenzung*

2. beim Jahresabschluß:

Ausbuchung des zeitraumfremden Ertragsanteils aus dem Erfolgskonto:

Hauserträge	*an*	*passive Rechnungsabgrenzung (entfällt, wenn beim Zahlungseingang bereits die Abgrenzungsbuchung vorgenommen wurde;)*

Abschluß des Abgrenzungskontos:

passive Rechnungsabgrenzung	*an*	*Schlußbilanz*

Buchung im neuen Jahr (zeitraumgerechte Erfolgsbuchung):

passive Rechnungsabgrenzung	*an*	*Hauserträge*

Mit den erläuterten Posten der Rechnungsabgrenzung wird die Erfolgswirkung von Zahlungsvorgängen in einen späteren Abrechnungszeitraum hinübergeleitet. Denkbar ist natürlich auch der entgegengesetzte Fall: Ein Rechnungsabschnitt soll verursachungsgerecht einen Erfolgsbeitrag zugerechnet bekommen, obwohl noch keine Zahlungsvorgänge abgelaufen sind:

Jahr t_1	Jahresabschluß ↑	Jahr t_2
Erfolgsvorgang		Zahlungsvorgang

Nun ist dieses zeitliche Auseinanderfallen von Zahlungs- und Erfolgsvorgang an sich kein spezielles Problem der Jahresabgrenzung. Vielmehr ist es der typische Fall bei der Abwicklung von Rechtsgeschäften zwischen Unternehmen, wie das einfache Beispiel eines Zielverkaufs von Waren zeigt: Mit der Leistungsbewirkung bucht der Verkäufer

Forderungen *an* *Warenverkaufskonto*
Umsatzsteuer

und stellt dem Anspruch auf Zahlungsmittel die Ertragswirkung des Verkaufsvorganges gegenüber.

Wenn jeder Anspruch auf eine Vermögensmehrung und jeder Schuldenzugang zeitlich korrekt erfaßt würden, dürfte es das Problem einer besonderen Erfolgsantizipation, eines Vorziehens der Erfolgswirkung vor den Zahlungsvorgang, nicht geben. Verfahrensweisen der Praxis führen aber doch zu entsprechenden Fragestellungen:

Fallgestaltung: Rechnungsabgrenzung (2)

Ein Unternehmen (U_1) hat bis zum Jahresende t_1 die Dezembermiete in Höhe von DM 1.000,– noch nicht beglichen. Die Mietzahlung erfolgt am 5. Januar t_2 durch Banküberweisung.

Nach den Grundsätzen zur Erfolgsperiodisierung muß das alte Jahr den Aufwand angelastet bekommen. Kommt für die Gegenbuchung wieder ein spezielles Konto zur Jahresabgrenzung in Betracht? Eine genauere Betrachtung der Fallgestaltung macht deutlich, daß es sich hier gar nicht um ein besonderes Problem der Rechnungsabgrenzung handelt, sondern nur um das Beheben von gewissen Nachteilen einer vereinfachenden Buchungstechnik der Praxis. An sich müßte dort zu jedem Zeitpunkt, an dem vertragsgerecht eine Zahlung geleistet werden muß, zunächst der Aufwandsbuchung die Zahlungsverpflichtung gegenübergestellt werden (im Beispiel: Raumkosten an sonstige Verbindlichkeiten). Mit dem Zahlungsvorgang würde dann die erfolgsneutrale Aktiv-Passiv-Minderung gebucht. Weil es sich hier um regelmäßig wiederkehrende Zahlungsvorgänge handelt, die in der Regel auch fristgerecht ablaufen, verzichtet man auf die gesonderte Erfassung der Zahlungsverpflichtung und bucht erst mit dem Zahlungsvorgang (Raumkosten an Bank). Innerhalb eines Abrechnungszeitraumes ist dieses Vorgehen unproblematisch, solange auch die zeitraumbezogen fälligen Verpflichtungen erfüllt werden. Erst wenn am Jahresende noch Verpflichtungen bestehen, die eigentlich längst hätten erfüllt werden müssen, wird der Aufwandsbuchung auch die Zahlungsverpflichtung gegenübergestellt. In der Fallgestaltung ergibt sich folgender Buchungsablauf:

31.12.t_1:	*Raumaufwand*	*an*	*Sonstige Verbindlichkeiten*	*DM 1.000,–*
5. 1.t_2:	*Sonstige Verbindlichkeiten*	*an*	*Bank*	*DM 1.000,–.*

In spiegelbildlicher Betrachtung entstehen beim Vermieter im alten Jahr Forderungen auf Bezahlung der Dezembermiete, die auch als Hausertrag in diesen Abrechnungszeitraum gehört (sonstige Forderungen an Hauserträge). Die Begleichung der Mietschuld im neuen Jahr ist dann ein Aktivtausch (Bank an sonstige Forderungen). Jetzt hat das Unternehmen für die im alten Jahr erbrachte Leistung auch die vertragsgemäße Gegenleistung erhalten.

KONTROLLFRAGEN:

(51) Im Mittelpunkt von Grundsätzen zur Erfolgsperiodisierung steht das imparitätische Realisationsprinzip. Was wird dabei „imparitätisch" behandelt?

(52) Welcher Unterschied besteht zwischen speziellen und allgemeinen Forderungsrisiken?

(53) Warum begrenzt das Steuerrecht den allgemein anerkannten Prozentsatz für die Pauschalwertberichtigung auf Forderungen?

(54) Welcher Unterschied besteht zwischen Rückstellungen und Rücklagen?

(55) Die eigentlichen Posten der Jahresabgrenzung sind „transitorischer" Art. Was wird dabei – nach dem Sinn der Wortgebung – hinübergeleitet?

Aufgabe 13

In einem Unternehmen entstehen am Jahresende Fragen zur Erfolgsperiodisierung. Für jeden der unten aufgeführten Fälle muß geklärt werden, welche Buchungsfolgen entstehen und welche Erfolgswirkungen auftreten.

1. *Am 25. Juli wurde die Jahresprämie (Versicherungszeitraum 1.8. bis 31.7.) für Gebäude-Feuerversicherung und Gebäude-Haftpflichtversicherung in Höhe von DM 960,– mit Verrechnungsscheck bezahlt.*
2. *Am 1. August hat ein Mieter für Büroräume, die er in unserem Geschäftshaus gemietet hat, seine lt. Vertrag halbjährlich im voraus zu zahlende Miete in Höhe von DM 1.800,– auf unser Bankkonto überwiesen.*
3. *Am 30. September wurde einem Kunden ein Darlehen in Höhe von DM 5.000,– bar gewährt. Die vertraglich im voraus zu zahlenden Jahreszinsen von 6 % wurden vereinbarungsgemäß bei Auszahlung des Darlehens einbehalten.*
4. *Bei der Abwicklung eines Garantiefalls, für den eine Rückstellung in Höhe von DM 2.000,– gebildet wurde, wird nicht mehr mit einer Belastung des Unternehmens gerechnet.*
5. *Die Telefongebühren für Dezember werden regelmäßig erst im Januar dem Bankkonto belastet. Aufgrund der Ablesung an dem Gebührenzähler wird mit einer Belastung von DM 350,– für Dezember gerechnet.*
6. *Ein Kunde hat Waren, die er am 3.12. gegen Barzahlung für DM 440,– (einschl. USt) gekauft hat, gerügt. Er verlangt einen Preisnachlaß von DM 100,– (netto), den wir ihm im neuen Jahr überweisen wollen.*
7. *Ein Lieferant wird mit Beginn des nächsten Jahres seine Produktpreise erhöhen. Damit wir noch zum alten Preis kaufen können, ziehen wir eine Bestellung in den Monat Dezember vor. Der erwartete Einkaufspreis beläuft sich auf DM 2.200,– (einschl. USt) und liegt DM 200,– (netto) unter dem Preis, der für Bestellungen ab Jahreswechsel gilt. Bis zum Jahresende ist die Lieferung noch nicht erfolgt.*
8. *Am 30. Dezember werden an frühere Mitarbeiter DM 44.000,– als jährliche Betriebsrenten überwiesen.*
9. *Der nach versicherungsmathematischen Grundsätzen ermittelte Zuführungsbetrag zu den Pensionsrückstellungen beträgt für dieses Jahr DM 38.000,–.*
10. *Am 30. Dezember wird ein Bürostuhl für DM 750,– (netto) gegen Barzahlung gekauft. Die Anlieferung erfolgt am 3.1. des nächsten Jahres.*
11. *Die Miete für einen vermieteten Lagerraum beträgt monatlich DM 250,–. Beim Jahresabschluß wird festgestellt, daß die Dezembermiete noch nicht gezahlt wurde.*
12. *Für die Bearbeitung des Jahresabschlusses durch einen Steuerberater werden voraussichtlich Ausgaben von DM 4.000,– anfallen.*

2.7.2. Aufgaben und Instrumente der Abgrenzung zwischen Betriebs- und Unternehmensbereich

2.7.2.1. Erfolgsanalysen und Erfolgsabgrenzungen

Mit der Aufstellung eines Jahresabschlusses schließt sich der Rechnungskreis von Bilanz zu Bilanz. Ehe der Aussagewert dieser Jahresrechnung näher betrachtet wird, sollen zusammenfassend die unterschiedlichen Ausgangspunkte und Informationen von Buchführung und Bilanz verglichen werden. Hierfür sollen auch die Aufgaben 2 und 11 herangezogen werden, um die Aussagen zu verdeutlichen.

- Mit zwei Stichworten lassen sich die Ausgangspunkte des Rechnungswesens umschreiben: **Selbstinformation** (des Unternehmers) und **Fremdinformation** (von Anspruchsträgern). Zur Lösung möglicher Interessenkonflikte zwischen Selbst- und Fremdinformation hat der Gesetzgeber Rechtsvorschriften zur Rechnungslegung erlassen.
- Ausgangspunkt der Rechnungslegung ist die Bestandsaufnahme. Auf einen Zeitpunkt bezogen wird festgestellt, welche Vermögensgegenstände und Schulden vorhanden sind (Inventur, Inventar). Die Differenz zwischen Vermögen und Schulden zeigt das Eigenkapital der Unternehmer bzw. der Gesellschafter.
- Vor allem für externe Informationen wird das Inventar zusammengefaßt zur Bilanz. Sie zeigt in zeitlicher Gliederung nach Wiedergeldwerdung bzw. Fälligkeit den Einsatz der Mittel im Unternehmen und deren Herkunft, verdeckt dabei aber personenbezogene Hintergründe (Lieferanten, Abnehmer).
- Aus dem Vergleich von Stichtagsinformationen verschiedener Zeitpunkte sind zwischenzeitliche Veränderungen erkennbar. Im Vordergrund solcher Rechnungen steht die Veränderung beim Eigenkapital (Gewinn/Verlust). Diesen Zusammenhang zeigte die Aufgabe 2.
- Der Vergleich von Bilanzbeständen verschiedener Zeitpunkte führt zu Beständedifferenzen. Er gibt aber keinen Aufschluß darüber, wie es zu diesen Veränderungen gekommen ist. So ist eine Eigenkapitaldifferenz (Gewinn/Verlust)[1] mit durchaus unterschiedlichen

1 Bei Personenunternehmen sind zusätzlich die *Privatvorgänge* (Einlagen, Entnahmen) zu berücksichtigen, um den Erfolg des Unternehmens zu bestimmen. Privatentnahmen kommt dabei das Merkmal einer „Abschlagszahlung auf den Jahreserfolg" zu. Zur rechnerischen Erfassung der Privatvorgänge vgl. Abschnitt 1.1.2.1.1.

Erfolgsvorgängen zu erreichen. Auf das Beispiel der Aufgabe 2 übertragen, sagt der ermittelte Gewinn von DM 100.000,– nichts darüber aus,

ob hierzu ein Umsatz von DM 200.000,– oder vielleicht DM 1.000.000,– beigetragen hat;
ob die eingekauften Waren mit niedrigem oder hohem Aufschlag verkauft werden konnten;
ob für die Entlohnung der Mitarbeiter (vergleichsweise) niedrige oder hohe Beträge anfielen;
ob niedrige oder hohe Zinszahlungen für Fremdkapital den Erfolg der Eigenkapitalgeber wesentlich veränderten.

- Für einen Einblick in die Erfolgsquellen ist die Aufzeichnung aller Geschäftshandlungen erforderlich. Im wesentlichen aus diesem Grunde ist neben die Pflicht zur Aufstellung von Inventar und Bilanz die Buchführungspflicht getreten. Wenn dabei alle Geschäftshandlungen lückenlos erfaßt werden, müßten grundsätzlich die fortgeschriebenen Bilanzbestände mit dem Inventurergebnis am Periodenende übereinstimmen. Gleichwohl führen natürliche und strafbare Schwundarten sowie Bewertungsprobleme zu Abstimmungsbuchungen, um den buchtechnischen Endbestand mit dem Istwert lt. Inventur in Einklang zu bringen. Mit der Aufgabe 11 liegt ein solches Buchführungsergebnis vor. Für Erfolgsanalysen steht folgende Gewinn- und Verlustrechnung zur Verfügung:

S Gewinn- und Verlustkonto ALBERT FOTOSHOP OHG, t_1/XII H

Pos.			*Pos.*		
a	*Wareneinsatz*	*308.000,–*	*m*	*Umsatzerlöse*	*487.000,–*
b	*Verlust aus PKW-Verkauf*	*4.200,–*	*n*	*Gewinn aus Wertpapierverkäufen*	*2.000,–*
c	*Zinsaufwand*	*2.700,–*			
d	*Hausaufwand*	*6.800,–*			
e	*Spenden*	*800,–*			
f	*Personalaufwand*	*34.500,–*			
g	*Raumaufwand*	*4.640,–*			
h	*Steuern*	*3.800,–*			
i	*Werbeaufwand*	*1.360,–*			
j	*Fuhrparkaufwand*	*13.000,–*			
k	*Verwaltungsaufwand*	*5.200,–*			
l	*Abschreibungen*	*4.000,–*			
	REINGEWINN	*100.000,–*			
		489.000,–			*489.000,–*

Auf der Grundlage der vorliegenden Erfolgsbeiträge kann eine Erfolgsanalyse durchgeführt werden. Hierzu werden die einzelnen Daten den Planwerten (Vorgaben) oder früheren Vergleichswerten gegenübergestellt. Diese Betrachtung läßt nur dann Rückschlüsse auf die Leistungskraft des Unternehmens zu, wenn der mengenmäßige Leistungsumfang unverändert blieb – was aber in der Praxis der Ausnahmefall ist. Deshalb ist für eine aussagefähige Vergleichsbetrachtung die Bildung von **Kennzahlen** sinnvoll, mit denen man zu relativierten Aussagen über die Erfolgslage kommt. Beispielsweise bedeutet eine Erhöhung der Personalkosten nicht zwingend eine Verschlechterung der Arbeitsergiebigkeit – hierzu muß zusätzlich berücksichtigt werden, wieviele Arbeitsstunden geleistet wurden bzw. wie groß die Umsatzleistung oder die Herstellungsmenge war. Im Zusammenwirken von Rechnungspraxis und Fachwissenschaften wurden vielfältige Kennzahlensysteme entwickelt.[2] Im Mittelpunkt erfolgsbezogener Kennziffern stehen Rentabilitäten und Produktivitäten:

Rentabilitäten:

1) Eigenkapitalrentabilität (R_{EK}) $= \frac{\text{Reingewinn x 100}}{\text{Eigenkapital}}$

2) Gesamtkapitalrentabilität (R_{GK}) $= \frac{\text{(Reingewinn + Fremdkapitalzinsen) x 100}}{\text{Gesamtkapital}}$

3) Umsatzrentabilität (R_U) $= \frac{\text{Umsatzbezogener Gewinn x 100}}{\text{Umsatzerlöse}}$

Produktivitäten:

1) Arbeitsproduktivität (P_A) $= \frac{\text{Erzeugte Menge}}{\text{Arbeitsstunden}}$ auch: $\frac{\text{Leistungswert}}{\text{Personalkosten}}$

2) Materialproduktivität (P_{Ma}) $= \frac{\text{Erzeugte Menge}}{\text{Materialeinsatz}}$ auch: $\frac{\text{Leistungswert}}{\text{Materialkosten}}$

2 Von den zahlreichen Quellen, die zur Vertiefung des Bereichs Bilanz- und Erfolgsanalyse herangezogen werden könnten, seien hier nur genannt LEFFSON, U.: Bilanzanalyse, das ZVEI-Kennzahlensystem (hrsg. vom betriebswirtschaftlichen Ausschuß des Zentralverbandes der Elektrotechnischen Industrie e.V.) sowie WEBER, H.K.: Rentabilität, Produktivität, Liquidität der Unternehmung.
Die folgenden Ausführungen zur Erfolgsanalyse orientieren sich an traditionellen Ansätzen, die zu standardisierten Abrechnungssystemen geführt haben. Zu einem neuen, selbständigen Lösungsansatz vgl. insbes. DEPPE, H.-D.: Finanzielle Haftung heute, S. 190 ff.

Über die hier vorgestellten Kennzahlen hinaus gibt es weitergehende Ansätze, insbesondere im Bereich der Ergiebigkeitsanalyse der Produktionsfaktoren über die Bildung von spezielleren Produktivitäten.

Die Erfolgsanalyse soll **entscheidungsrelevante Informationen** für den Ablauf neuer Leistungsprozesse liefern. Damit erfüllt die Rückmeldephase nicht nur die Funktion der Vergangenheitsbetrachtung. Vielmehr tragen ihre Informationen auch zur zielentsprechenden Gestaltung zukünftiger Abläufe bei. Die wichtigste Voraussetzung für eine aussagefähige Erfolgsanalyse ist die Abstimmung des Datenmaterials auf den jeweiligen **Kontrollbereich**, denn es können für Leistungsanalysen nur solche Erfolgsteile herangezogen werden, die dem Kontrollbereich auch im Hinblick auf den Entstehungsgrund und den Verursachungszeitraum zuzurechnen sind.

Der obige Ansatz zur Erfolgsanalyse soll anhand eines Beispieles erweitert werden. Angenommen, es sei mit einer vorliegenden Erfolgsrechnung die Leistung eines Geschäftsführers zu beurteilen. Der würde nun Wert darauf legen, daß er nur solche Aufwendungen zugerechnet bekommt, auf die er selbst gestaltend Einfluß nehmen kann. Andererseits würde der Eigentümer ihm auch nur Erträge zurechnen wollen, die den Dispositionen des Geschäftsführers entstammen. Kontrolle setzt also Verantwortlichkeit voraus. Verantwortlich wäre der Geschäftsführer nur für den engeren Leistungsbereich, den **Betrieb.**[3] Er umfaßt die Stätte des vorgeregelten Leistungsvollzuges im jeweiligen Geschäftszweig. Für diesen engeren Leistungsbereich sind Kontroll- und Planungsdaten erforderlich.

Anhand der Erfolgsrechnung der Fotoshop OHG (S. 228) können die Grundsätze einer sachlich und zeitlich verursachungsgerechten Bestimmung des Betriebserfolges diskutiert werden. Bei einer näheren Betrachtung der Erfolgsbeiträge fällt zunächst auf, daß es Aufwendungen und Erträge gibt, die nicht in unmittelbarem Zusammenhang mit dem Leistungsauftrag eines Handelsbetriebes stehen. So sind die Spendenzahlung (Position e, DM 800,–) und der Gewinn aus Wertpapierverkäufen (Position n, DM 2.000,–) als **betriebsfremde** Erfolgsbeiträge anzusehen. Wären diese zwei betriebsfremden Erfolgsbeiträge

3 Das Wort „Betrieb" wird hier dazu benutzt, den engeren Leistungsbereich, den Handlungsvollzug in einem sachlich abgegrenzten Aufgabenbereich zu umschreiben. Die „Unternehmung" ist demnach die rechtliche, finanziell-organisatorische Hülle, innerhalb der ein Betrieb arbeitet. Vgl. zu diesen Problemen begrifflicher Abgrenzungen im Rechnungswesen nochmals den Abschnitt 2.3.2.

nicht aufgetreten, bzw. würden sie aus der Erfolgsrechnung ausgesondert, ergäbe sich ein um DM 1.200,– niedrigerer Periodenerfolg. Ausgehend vom Erfolg des Unternehmens als Rechtseinheit kann damit zunächst festgestellt werden, daß nicht der Betrieb als eigentlicher Leistungsbereich den Jahresgewinn allein erwirtschaftet hat – deshalb also auch für eine Beurteilung des Betriebsbereichs die betriebsfremden Erfolgsbeiträge ausgesondert werden müssen.[4]

Mit der Aussonderung betriebsfremder Erfolgsbeiträge sind noch nicht alle Voraussetzungen für eine Analyse der betrieblichen Erfolgswirkungen geschaffen. Schon die Aufwandsposition (b) Verlust aus PKW-Verkauf gibt Anlaß zu einer andersgerichteten Fragestellung. Sie bezieht sich nicht darauf, ob die Nutzung eines Kraftwagens überhaupt betriebszweckbedingt ist. Davon kann grundsätzlich ausgegangen werden. Auch soll angenommen werden, daß die Privatanteile an der Wagennutzung unerheblich sind – oder aber sachgerecht als Eigennutzung gebucht wurden. Für eine kritische Überprüfung dieser Position sorgt die Kollision mit einer anderen Aufwandsart, die an sich die vollständigen Beträge für die Fahrzeugnutzung aufnimmt: (j) Fuhrparkaufwand. In ihm sollten alle Verbrauchsvorgänge erfaßt sein, die zur ‚normalen' Nutzung von Fahrzeugen gehören – also Steuer, Versicherung, Treibstoff, Wartung aber auch die Abschreibung, die am Jahresende auf die noch vorhandenen Fahrzeuge entfällt. Wenn ein Verlust aus PKW-Verkauf auftritt, kann daraus nicht geschlossen werden, daß es sich um einen **wertangemessenen** Ersatz für die jetzt entfallende Jahresabschreibung handelt, ob es sich um den Wertverlust beim Verkauf nach einem Unfall handelt oder ob die Abweichung zwischen dem Verkaufserlös und dem Buchwert die Folge einer falschen Bewertung des Fahrzeuges in der letzten Bilanz war. Im Einzelfall können also hinter einer solchen Aufwandsposition **außerordentliche** Erfolgsteile stehen. Dieser Betrag verändert zwar das Unternehmensergebnis. Wenn Zweifel an dem Zeitbezug und der Wertangemessenheit bestehen, muß er aber aus einer Betriebsabrechnung ferngehalten werden. Andernfalls wäre die Vergleichbarkeit gestört: Einer

4 Widerspruch gegen diese Beurteilung der Spendenzahlung könnte damit begründet werden, daß mit dieser Zahlung ggf. neue Kunden geworben oder bisherige Kunden erhalten werden sollen. Denkbar sind solche Zusammenhänge – und damit auch andere Beurteilungen des Sachverhalts. Das Beispiel zeigt damit nur deutlich, daß es bei solchen Erfolgsanalysen nicht um richtig oder falsch in einem rechtlichen oder mathematischen Sinn gehen kann. Es soll vielmehr versucht werden, ausgehend von Informationswünschen einen besseren Einblick in die Erfolgsquellen zu gewinnen.

zu günstigen Darstellung der Erfolgslage im letzten Jahr steht nun als Gegenwirkung eine – ungerechtfertigt – verschlechterte Erfolgslage gegenüber.

In differenzierter Form stellt sich das Problem außerordentlicher Erfolgsbeiträge auch bei den Positionen (c) Zinsaufwand und (d) Hausaufwand. Der Zinsaufwand ist in seiner Höhe abhängig vom Kreditbetrag und dem vereinbarten Zins. Wird mit viel Eigenkapital gearbeitet, entstehen niedrige Aufwendungen, bei hohem Fremdkapitalanteil umfangreichere Aufwendungen. Zudem beeinflussen Zinshöhen aus Zeiten der Vertragsabschlüsse gegenwärtige Rechnungen. Aus der Sicht des Betriebes kann es aber nur darum gehen, losgelöst von individuellen Sachlagen bei den Eigentümern eine Ausstattung bereitgestellt zu bekommen, die zu einer wertangemessenen Belastung für den Kapitaldienst führt. Und weil man zudem nicht weiß, ob die Fremdkapitalien ausschließlich für betriebsnotwendige Vermögensgegenstände aufgenommen wurden, ist grundsätzlich eine Aussonderung dieser leistungszweckfremden oder **wertunangemessenen** Zinsaufwendungen angebracht. Der Ansatz von angemessenen Werten für den Einsatz des betriebsnotwendigen Kapitals muß dann für die speziellen Aufgaben interner Rechnungen in einem zusätzlichen Arbeitsgang erfolgen, der später behandelt wird.[5]

Weil es gewisse Schwierigkeiten bereitet, sich mit diesen praxisrelevanten Fragen zur Aussonderung betriebsfremder oder wertunangemessener Erfolgsteile sachgerecht auseinanderzusetzen, soll zum besseren Verständnis nochmals auf weitergehende Aufgabenstellungen des Rechnungswesens hingewiesen werden: Will man beispielsweise Grundlagen für eine Kontrolle von Produktpreisen erarbeiten, dürfen auch nur solche Verbrauchsteile erfaßt werden, die ursächlich mit der Leistungsbewirkung anfallen und deshalb auch über den Leistungserlös zurückgewonnen werden müssen. In Konkurrenzsituationen begrenzt der Absatzmarkt ohnehin die Spielräume bei der Preisgestaltung und macht damit die Notwendigkeit genauer Erfolgsanalysen besonders deutlich.

Vergleichbar mit dem Zinsaufwand ist der Hausaufwand. In ihm werden Gebäudeabschreibungen, Reparaturen, Versicherungen, grundstücksbezogene Abgaben u.ä. erfaßt. Diese Aufwendungen betreffen zunächst immer das ganze Grundstück. Dem Betrieb dürften aber

5 Vgl. hierzu die Ausführungen über sog. kalkulatorische Zinsen (Zinsbeträge für Kalkulationszwecke) im Abschnitt 3.2.2.2.

nur solche Aufwendungen angelastet werden, die sich auf die genutzte Fläche beziehen. Deshalb könnten Teile des Hausaufwandes betriebsfremder Natur sein. Zusätzlich ist es fragwürdig, Reparaturen als zeitraumgerecht anzusehen, bzw. die oftmals von steuertaktischen Erwägungen beeinflußte Abschreibung als wertangemessen zu bezeichnen. Alle vorgenannten Möglichkeiten führen also wiederum zu einer Aussonderung des Hausaufwandes aus der Betriebsabrechnung, weil nicht zweifelsfrei geklärt ist, daß er wirklich nur einen wertangemessenen Betrag für Raumnutzung darstellt.[6]

Neben die Aussonderung der **betriebsfremden** (betriebszweckfremden) Erfolgsbeiträge tritt die Aussonderung der **außerordentlichen** (zeitraumfremden und wertunangemessenen) Aufwendungen und Erträge. Beide Arten der ausgesonderten Erfolgsbeiträge scheiden für die Beurteilung der Betriebsleistung zunächst aus. Unter diesem Gesichtspunkt werden sie vom Betriebserfolg abgegrenzt – neutralisiert. Es handelt sich um sog. **neutrale Aufwendungen** und **Erträge** (vgl. die Übersicht).

ZUSAMMENHÄNGE ZWISCHEN BETRIEBS- UND UNTERNEHMENSERFOLG

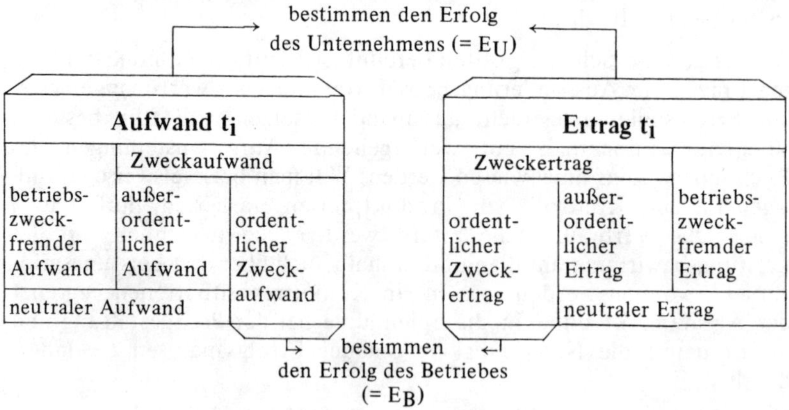

6 Im Abschnitt 3.2.2.1. wird behandelt, wie für interne Kontroll- und Lenkungszwecke für den oben ausgesonderten Hausaufwand eine kalkulatorische Größe (kalkulatorische Miete) in die Berechnung der tatsächlichen Verbrauchsvorgänge eingearbeitet wird. Dabei steht das Denken in Alternativgrößen (entgangener Nutzen bei eigener Verwendung/vermiedene Ausgabe durch eigenes Haus) – das sog. *Opportunitätskonzept* – im Mittelpunkt.

Aus dem besprochenen Beispiel geht bereits hervor, daß es für die Erfolgsanalyse keine Vorschriften geben kann. Im Einzelfall können sich die Beurteilungskriterien in den unterschiedlichsten Formen zeigen. Besonders deutlich wird dieser Gesichtspunkt aus dem Blickwinkel verschiedenartiger Wirtschaftszweige. Während beispielsweise die Vermietung von Wohnungen zum Leistungsauftrag einer Wohnungsgesellschaft gehört, stellt derselbe Ertrag bei einem Handelsbetrieb nicht Zweckertrag, sondern betriebs(zweck)fremden Ertrag dar. Ähnliches kann man zu Zinsen in Bank- oder Handelsbetrieben sagen. Wenn Grundlagen zur Betriebsdisposition erarbeitet werden, kommt es auf die branchentypischen Merkmale an, die erst eine Beurteilung über zweckbezogene oder zweckfremde Erfolgsteile ermöglichen.

Die Notwendigkeit von Erfolgsanalysen wurde oben zunächst vorrangig aus dem Blickwinkel der Unternehmensleitung gesehen, die wissen will, welche Teilbereiche in welchem Umfang zum Gesamtergebnis beigetragen haben. Aus dem Vergleich dieser Daten mit Vorgabegrößen sollen Grundlagen für die Planung zukünftiger Leistungsprozesse entwickelt werden. Wenn diese Betrachtungsweise für „den Unternehmer" typisch ist, gilt sie natürlich auch für eine Mehrzahl von Unternehmern bis hin zu der Vielzahl von Gesellschaftern, die nicht alle unmittelbar die Geschäftsführung wahrnehmen, trotzdem aber von der wirtschaftlichen Entwicklung des Unternehmens betroffen sind. Auch für diesen Kreis von Unternehmensinteressenten ist nicht nur die Kenntnis der (verteilbaren) Gewinngröße von Belang. Vielmehr möchten auch sie Einblick in die Erfolgsquellen bekommen – nicht zuletzt um die Vorteilhaftigkeit einer weiteren Beteiligung an diesem Unternehmen zu überprüfen. Für große Kapitalgesellschaften ist deshalb in § 275, Absatz 2 HGB ein Abschlußverfahren für den Erfolgsbereich vorgeschrieben, in dem stufenweise die unterschiedlichen Erfolgsquellen zu Zwischenergebnissen aufgerechnet werden – allerdings ohne die anschauliche Unterscheidung in Betriebs- und Unternehmenserfolg vorzunehmen. Die Übersicht auf der folgenden Seite zeigt (links) den Aufbau dieser Gewinn- und Verlustrechnung und (rechts) die Möglichkeiten, die sich daraus für eine Erfolgsanalyse ergeben. Kleine und mittelgroße Kapitalgesellschaften dürfen die Positionen 1 bis 5 zusammenfassen und als „Rohergebnis" ausweisen. Anders als vor 1986 vorgeschrieben, kann auf diese Weise ein Einblick in wesentliche Erfolgsbeiträge und deren Entwicklung im Zeitablauf verwehrt werden.

GLIEDERUNG UND AUSSAGEN DER ERFOLGSRECHNUNG gemäß § 275 HGB (gekürzt)

Erfolgsbeiträge	aufgerechnet zu Teilergebnissen
1. Umsatzerlöse 2. ± Veränderung des Bestands an fertigen und unfertigen Erzeugnissen 3. + andere aktivierte Eigenleistungen 4. + sonstige betriebliche Erträge 5. – Materialaufwand a) für Roh-, Hilfs- und Betriebsstoffe und für bezogene Waren b) für bezogene Leistungen	**Rohergebnis (Rohgewinn/-verlust)**
6. – Personalaufwand a) Löhne und Gehälter b) soziale Abgaben und Aufwendungen für Altersversorgung und Unterstützung 7. – Abschreibungen a) **auf immaterielle Vermögensgegenstände und Sachanlagen** b) **auf Vermögensgegenstände des Umlaufvermögens, soweit diese die in der Kapitalgesellschaft üblichen Abschreibungen überschreiten**	./. **Aufwand für Be- oder Verarbeitung bzw. Bereitstellung**
8. – sonstige betriebliche Aufwendungen u.a. Verluste aus dem Abgang von Gegenständen des Anlage- und Umlaufvermögens	./. **sonstiger Betriebsaufwand** z.T. außerordentlich
	= **Betriebserfolg** (ohne Kapitaldienst)
9. + Erträge aus Beteiligungen 10. + Erträge aus Wertpapieren, Finanzanlagen 11. + sonstige Zinsen und ähnliche Erträge 12. – Abschreibungen auf Finanzanlagen 13. – Zinsen und ähnliche Aufwendungen	+/– Saldo betriebsfremder Erfolgsbeiträge
14. = Ergebnis der gewöhnlichen Geschäftstätigkeit	= ordentlicher **Unternehmenserfolg**
15. außerordentliche Erträge 16. – außerordentliche Aufwendungen 17. = außerordentliches Ergebnis	+/– **außerordentliches Ergebnis**
	± **Unternehmenserfolg** vor Steuern
18. – Steuern vom Einkommen und vom Ertrag 19. – sonstige Steuern	./. **Steuern**
20. = Jahresüberschuß / Jahresfehlbetrag	= **Unternehmenserfolg** nach Steuern

2.7.2.2. Der Kontenrahmen als Ordnungssystem

Für Kontroll- und Planungszwecke werden die Daten des betriebswirtschaftlichen Rechnungswesens aufbereitet. Wenngleich auch viele Aufgabenstellungen auf den jeweiligen Fall besonders zugeschnitten sind, gibt es doch immer wieder grundlegende Gemeinsamkeiten, die eine Standardisierung des Abrechnungssystems nahelegen. Insbesondere kann damit auch eher den Interessen an zwischenbetrieblichen Vergleichen entsprochen werden. Weil aber die branchentypischen Besonderheiten teilweise so bedeutend sind, daß ein einziges Abrechnungsmuster zu viele Sonderfälle erfassen müßte, wurden Kontengefüge – sog. **Kontenrahmen** – nach Branchenmerkmalen aufgestellt. Dabei handelt es sich um eine Standardisierung des Abrechnungsverlaufs unter Verwendung des dekadischen Systems als Ordnungsmerkmal. Offen bleibt dabei zunächst der Ansatzpunkt für diesen Ordnungsprozeß. In dem Kontenrahmen für den Groß- und Einzelhandel wird eine Aufgliederung sachentsprechender Rechnungsbereiche nach einer gedanklichen Kette des Leistungsprozesses durchgeführt **(Prozeßgliederung)**. Das Ergebnis dieser Gedanken ist die Bildung von **Kontenklassen**:

KONTENGLIEDERUNG NACH DER PROZESSFOLGE

———————→ Geschäftsablauf ———————→

Anlagekonten	Finanzkonten	Abgrenzungskonten	Wareneinkaufskonten	Skonti Boni	Kostenarten	Kostenverrechnung	Warenverkaufskonten	Abschlußkonten
KONTENKLASSE								
0	1	2	3	4	5	6/7	8	9

Zur Benennung eines bestimmten Kontos erfolgt auch innerhalb der Kontenklassen eine Aufgliederung nach dem dekadischen System. Dabei wird weiter unterteilt nach Kontengruppe, Kontenart und Kontenunterart.[1] Am Beispiel eines Ausschnittes aus der Kontenklasse 1 soll dieses Klassifizierungsprinzip veranschaulicht werden:

1 Vgl. den im Anhang wiedergegebenen Kontenrahmen für den Groß- und Einzelhandel.

Kontenklasse	1	=	Finanzkonten
Kontengruppe	13	=	Banken und Sparkassen
Kontenart	130	=	Banken
	131	=	Sparkassen
Kontenunterart	1300	=	Vereinsbank
	1301	=	Deutsche Bank
	1302	=	Commerzbank
	1303	=	Bank für Gemeinwirtschaft
	...		

Der Kontenrahmen wird von jedem Unternehmen herangezogen, um den individuellen Kontenplan aufzustellen. Es werden nur diejenigen Konten übernommen, die auch tatsächlich benötigt werden:

ORDNUNGSSYSTEME

branchentypisch = **Kontenrahmen**

betriebsindividuell = **Kontenplan**

Kontenrahmen, die nach der oben erläuterten Prozeßgliederung aufgebaut sind, trennen nicht ausreichend zwischen aktiven und passiven Bestandskonten sowie Aufwands- und Ertragskonten.

So werden z.B. in der Kontenklasse 0 einerseits Gegenstände des Anlagevermögens ausgewiesen und andererseits auch langfristige Kapitalteile. Ähnliche Vermischungen, die insbesondere dem Anfänger Schwierigkeiten bereiten, sind in anderen Kontenklassen vorhanden. Damit entspricht diese Kontengliederung vom formalen Aspekt her nicht dem Grundsatz, einen möglichst sicheren Einblick in die Vermögens- und Ertragslage eines Unternehmens zu gewähren. Besser hierzu geeignet ist die Verfolgung des **Bilanzgliederungsprinzips**, das dem 1971 vorgestellten Industriekontenrahmen (IKR) zugrunde liegt. Dabei werden Kontenklassen nach dem sachlich gleichartigen Merkmal von Vermögens- oder Kapitalteilen gebildet. Es gibt Kontenklassen für ausschließlich aktive Bestandskonten, für passive Bestandskonten, für Aufwendungen, Erträge usw.[2] Verwechslungen von Soll- oder Habenbuchungen werden damit weitgehend ausgeschlossen.

Ungeachtet der Vorteile des Prinzips einer bilanzorientierten Kontengliederung verbleibt die Rechnungspraxis bei dem altbekannten Sy-

2 Vgl. Abschnitt 2.8.

stem. So ist gegenwärtig weder eine allgemeine Einführung des neuen Kontierungssystems in die industrielle Praxis abzusehen noch eine Übernahme dieser Gliederungsgrundsätze in die Strukturierung von Kontenrahmen für den Groß- und Einzelhandel. Im weiteren Verlauf der Darstellung wird deshalb bei Kontenbenennungen dem gegenwärtig eingeführten Großhandelskontenrahmen (Prozeßgliederung) gefolgt.

Im Erfolgsbereich wird der Vorteil einer eindeutigen Benennung sachlich von einander abgegrenzter Vorgänge besonders deutlich. Der Kontenrahmen weist hier den Weg für eine Trennung der neutralen Aufwendungen und Erträge von den ordentlichen Zweckaufwendungen **(Kosten)** und ordentlichen Zweckerträgen **(Leistungen).** Damit wird eine wichtige Vorstufe auf dem Weg zu einer aussagefähigen Kosten- und Leistungsrechnung erarbeitet. Aus den Merkmalen zur Erfolgsanalyse kann dann auch der **Inhalt des Kostenbegriffs** entwickelt werden:

Kosten umfassen den leistungsbezogenen und zweckgerichtet bewerteten Verbrauch von Gütern und Diensten im Rahmen des Betriebsablaufs und zur Sicherstellung der Betriebsbereitschaft.

Die **Leistungen** umfassen dann das positive Ergebnis des zweckgerichteten Werteschaffens.

Für die eingangs gewählte Fallgestaltung (Fotoshop-Erfolgsrechnung) sind folgende Erfolgskonten zu unterscheiden:

Kontenklasse 2	**Kontenklasse 5**	**Kontenklasse 8**
Abgrenzungskonten	Kostenartenkonten	Warenverkaufskonten
20 Außerordentliche und betriebsfremde Aufwendungen 200 Spenden ... ... 203 Verluste aus Anlageverkäufen 21 Zinsaufwendungen ... 23 Hausaufwendungen ... ... 27 Außerordentliche u. betriebsfremde Erträge ... 272 Erträge aus Anlageverkäufen	50 Personalkosten 51 Raumkosten 52 Steuern, Abgaben und Pflichtbeiträge ... 54 Werbekosten ... ... 57 Kosten des Fuhr- und Wagenparkes 58 Allg. Verwaltungskosten (AVK) 59 Abschreibungen	80 Warenverkaufskonto ... ...

In der Rechnungspraxis wird die Gliederung von Erfolgsbeiträgen nach den Merkmalen Leistungszweck, Zeitbezug und Wertangemessenheit nicht erst am Jahresende vorgenommen, sondern bei jedem Erfolgsvorgang wird sofort die Zuordnung zum Betriebs- oder Abgrenzungsbereich geprüft und entschieden. Die neutralen, abgegrenzten Erfolgsbeiträge werden beim Jahresabschluß zunächst auf einem sog. **Abgrenzungssammelkonto** (Konto 90) erfaßt. Auf ihm wird der Saldo aller neutralen Erfolgsbeiträge, das **neutrale Ergebnis** (E_N), ermittelt:

S 90 Abgrenzungssammelkonto ALBERT FOTOSHOP OHG $t_{1/XII}$ H

200	Spenden	800,–	272	Erträge aus Anlageverkäufen	2.000,–
203	Verlust aus Anlagenverkauf	4.200,–	93	NEUTRALES ERGEBNIS	12.500,–
21	Zinsaufwand	2.700,–			
23	Hausaufwand	6.800,–			
		14.500,–			14.500,–

Das neutrale Ergebnis[3] (Verlust von DM 12.500,–) wird auf das Gewinn- und Verlustkonto (93) übertragen. Es wird dort mit den ordentlichen periodischen Zweckaufwendungen und -erträgen zum Unternehmensergebnis (E_U) aufgerechnet:

S 93 Gewinn- und Verlustkonto ALBERT FOTOSHOP OHG $t_{1/XII}$ H

300	Wareneinsatz	308.000,–	80	Umsatzerlöse	487.000,–
50	Personalkosten	34.500,–			
51	Raumkosten	4.640,–			
52	Steuern	3.800,–			
54	Werbekosten	1.360,–			
57	Kosten Fuhrpark	13.000,–			
58	AVK	5.200,–			
59	Abschreibungen	4.000,–			
90	Neutrales Ergebnis	12.500,–			
08	REINGEWINN	100.000,–			
		487.000,–			487.000,–

3 Die Bezeichnung des Abgrenzungserfolges mit ‚neutrales Ergebnis' ist mißverständlich, aber im Sprachgebrauch eingeführt. Bezogen auf den Betriebs- oder Unternehmenserfolg sind die Erfolgsbeiträge, die in der Kontenklasse 2 gesammelt werden, keineswegs neutral, d.h. ohne Wirkung. Durch die Aussonderung leistungsfremder Erfolgsteile wird der Betriebserfolg bewußt zielgerichtet gestaltet. In das Unternehmensergebnis (Reingewinn/-verlust) gehen die vom Betriebsbereich abgegrenzten Erfolgsteile über das ‚neutrale Ergebnis' ein. Neutral heißt also, daß bei der Bestimmung des Betriebserfolges bestimmte Erfolgsbeiträge unbeachtet bleiben, die dagegen ihre Erfolgswirkung bei der Ermittlung des Unternehmensergebnisses behalten.

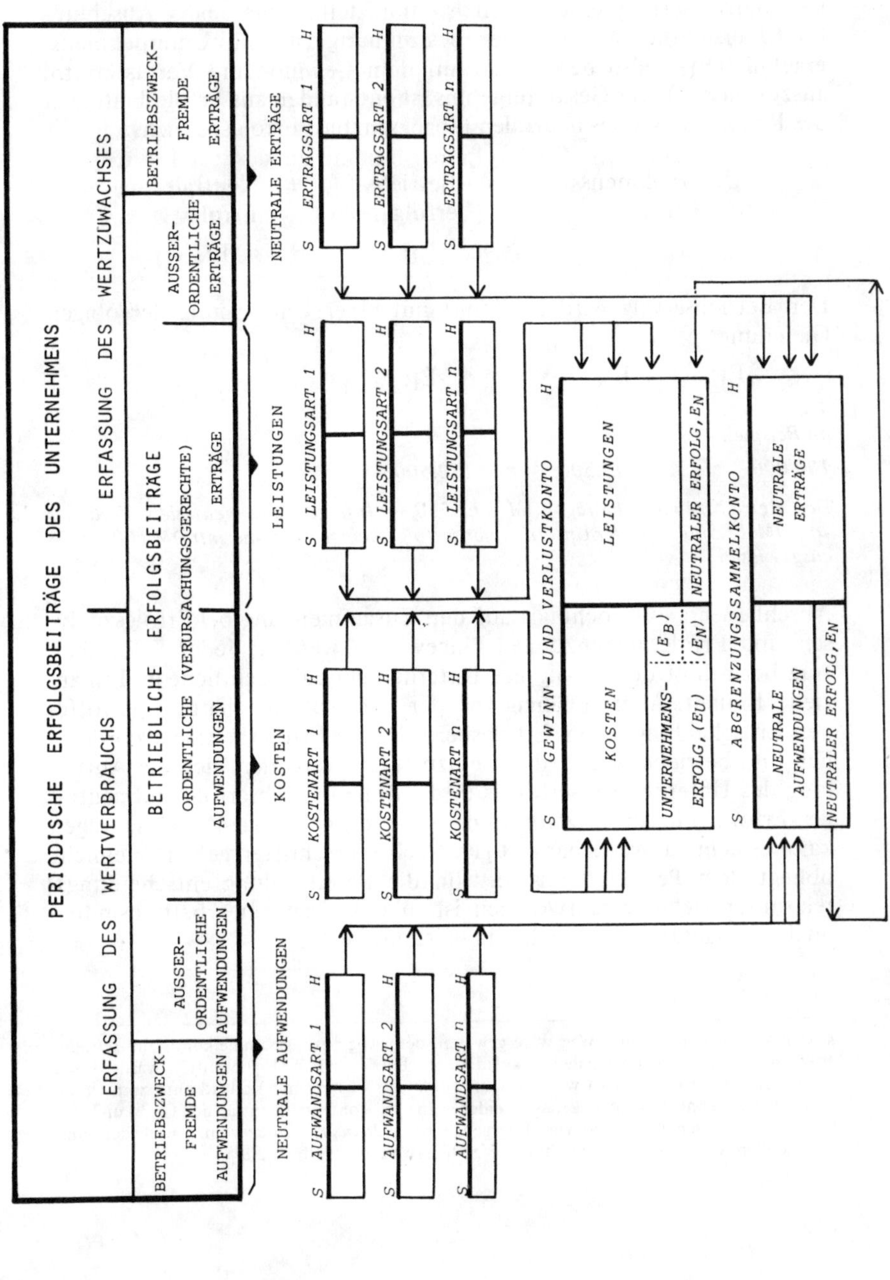
PERIODISCHE ERFOLGSBEITRÄGE DES UNTERNEHMENS
ERFASSUNG DES WERTVERBRAUCHS
ERFASSUNG DES WERTZUWACHSES
BETRIEBLICHE ERFOLGSBEITRÄGE
BETRIEBSZWECK-FREMDE AUFWENDUNGEN
AUSSER-ORDENTLICHE AUFWENDUNGEN
ORDENTLICHE (VERURSACHUNGSGERECHTE) AUFWENDUNGEN
ERTRÄGE
AUSSER-ORDENTLICHE ERTRÄGE
BETRIEBSZWECK-FREMDE ERTRÄGE
NEUTRALE AUFWENDUNGEN
KOSTEN
LEISTUNGEN
NEUTRALE ERTRÄGE
S AUFWANDSART 1 H
S AUFWANDSART 2 H
S AUFWANDSART n H
S KOSTENART 1 H
S KOSTENART 2 H
S KOSTENART n H
S LEISTUNGSART 1 H
S LEISTUNGSART 2 H
S LEISTUNGSART n H
S ERTRAGSART 1 H
S ERTRAGSART 2 H
S ERTRAGSART n H
S GEWINN- UND VERLUSTKONTO H
KOSTEN
UNTERNEHMENS-ERFOLG, (EU)
(EB)
(EN)
LEISTUNGEN
NEUTRALER ERFOLG, EN
S ABGRENZUNGSSAMMELKONTO H
NEUTRALE AUFWENDUNGEN
NEUTRALER ERFOLG, EN
NEUTRALE ERTRÄGE

Der Betriebserfolg (E_B) ist nicht unmittelbar aus einem Abschlußkonto ersichtlich.[4] Zu seiner Bestimmung ist vom Unternehmensergebnis (E_U), also dem Saldo auf dem Gewinn- und Verlustkonto, auszugehen. Dieses Gesamtergebnis ist entstanden aus Erfolgsbeiträgen des Betriebes und des neutralen (abgegrenzten) Erfolgsbereichs:

Unternehmens-Erfolg	=	**Betriebs-erfolg**	+	**Neutraler Erfolg**
E_U	=	E_B	+	E_N

Der Betriebserfolg wird bestimmt mit einer Umformung der obigen Gleichung:

$$E_U \quad - \quad E_N \quad = \quad E_B$$

im Beispiel:

100.000,– ./. – 12.500,– = 112.500,–.

Der Betriebsgewinn beträgt DM 112.500,–. Infolge eines neutralen Verlustes von DM 12.500,– ist der Unternehmenserfolg (Reingewinn) nur mit DM 100.000,– ausgewiesen.

Abschließend soll nochmals auf den Zusammenhang bei Erfolgsanalysen und Erfolgsabgrenzungen hingewiesen werden: Jeder Erfolgsbeitrag beeinflußt den Erfolg des Unternehmens als rechtliche und finanzielle Einheit. Aber abhängig von der informationsorientiert getroffenen Entscheidung, einen Erfolgsbereich oder Erfolgsbeitrag als ordentlich und betriebszweckbedingt einzustufen, verändert sich die Aufteilung des Unternehmenserfolges in die Teile Betriebserfolg und neutraler Erfolg. Für diese Zuordnung von Aufwendungen und Erträgen kann es keine unmittelbar gültigen Rechtsvorschriften geben. Vielmehr obliegt dem Personenkreis, der für die Bereitstellung entscheidungsrelevanter Daten verantwortlich ist, der Aufbau eines betriebsindividuell aussagefähigen Abrechnungssystems.

---

4 Der logisch konsequente Weg wäre gewesen, dem Abgrenzungssammelkonto ein *Betriebsergebniskonto* gegenüberzustellen, auf dem der Betriebserfolg (E_B) ermittelt würde. Beide Erfolgsarten (E_N und E_B) würden dann auf dem Gewinn- und Verlustkonto zum Unternehmensergebnis zusammengefaßt. Leider sieht der Kontenrahmen für den Groß- und Einzelhandel diesen Weg nicht vor. Dagegen wird im *Industriekontenrahmen* nach der naheliegenden Abschlußtechnik verfahren. Vgl. hierzu auch Abschnitt 2.8.

KONTROLLFRAGEN:

(56) Welche Gründe haben zur Entwicklung des Kontenrahmens geführt?

(57) Wie wird im Rechnungswesen zwischen „Betrieb“ und „Unternehmung“ unterschieden, insbesondere im Hinblick auf die Ermittlung von Periodenerfolgen?

(58) Welcher Unterschied besteht zwischen der Rentabilität des Gesamtkapitals und der Rentabilität des Eigenkapitals?

(59) Welche Aufgabe hat die Kontenklasse 2 im Kontenrahmen für den Einzelhandel?

(60) Warum wird der Hausaufwand nicht als Kostenart behandelt?

Aufgabe 14

Die unten aufgeführten Geschäftsfälle sind im Hinblick auf die Kriterien zu diskutieren, die zuvor bei der Analyse von Erfolgsbeiträgen erörtert wurden. Dabei wird es zum Teil unterschiedliche Lösungswege geben, die jeweils im Hinblick auf die Höhe des Betriebserfolges analysiert werden sollen.

Nachdem die Erfolgszuordnung vorgenommen wurde, sind die entsprechenden Buchungen auf Erfolgskonten durchzuführen. Die Konten des Erfolgsbereichs sind abzuschließen.

		DM
1.	*Barauszahlung der Miete für einen Lagerraum*	*500,–*
2.	*Spendenzahlungen durch Überweisung an*	
	a) das Rote Kreuz	*100,–*
	b) den Gesangverein „Frohsinn“	*50,–*
3.	*Eingang einer Rechnung für Reparaturleistungen an den Büromaschinen, netto*	*400,–*
4.	*Banküberweisungen für*	
	a) Umsatzsteuer	*1.900,–*
	b) Kraftfahrzeugsteuer	*640,–*
	c) Einkommensteuer des Inhabers	*800,–*
	d) Gewerbesteuer	*580,–*
	e) Grundsteuer	*420,–*
5.	*Eingang von Malerrechnungen, betreffend*	
	a) Büroräume, netto	*2.200,–*
	b) Wohnung des Inhabers, netto	*1.600,–*
	c) Außenanstrich des Hauses, netto	*5.300,–*
6.	*Verkauf von Wertpapieren,*	
	Anschaffungswert (Buchwert)	*2.000,–*
	Verkaufserlös	*2.600,–*
7.	*Zur Pensionierung erhält ein Betriebsangehöriger bar*	*1.000,–*

(Aufgabenfortsetzung auf der nächsten Seite)

8.	*Infolge eines selbstverschuldeten Unfalls entstehen Ausgaben für die Instandsetzung eines PKW, netto*	*3.000,–*
9.	*Ein Kunde gibt zum Rechnungsausgleich einen Wechsel in Zahlung*	*4.730,–*
10.	*Diskontierung des Wechsels (Fall 9) bei der Bank, Diskontabzug (Umsatzsteuer berichtigen!)*	*44,–*
11.	*Die Betriebsangehörigen erhalten die ihnen tarifvertraglich zustehende Erfolgsbeteiligung überwiesen, insgesamt*	*18.000,–*
12.	*Ein Mieter, der im Geschäftshaus einige Räume bewohnt, zahlt die Dezembermiete zusammen mit der Miete für Januar nächsten Jahres durch Banküberweisung; insgesamt*	*1.200,–*
13.	*Gutschrift der Bank für Zinsen (aus der zwischenzeitlichen Anlage von Abschreibungsgegenwerten)*	*6.000,–*
14.	*Beim Kontenabschluß im Erfolgsbereich ist der Warengewinn vom Warenverkaufskonto zu übernehmen*	*82.000,–*

Aufgabe 15 (Revision einer Abschlußübersicht)

Die Eheleute BUCHMANN führen gemeinschaftlich ein Einzelhandelsunternehmen. Am 31.12.t_i wollen sie sich einen Überblick über die Vermögens- und Erfolgslage verschaffen. Sie wählen dazu die Form der ABSCHLUSSÜBERSICHT, auch Hauptabschlußübersicht oder Betriebsübersicht genannt. Ausgangspunkt hierbei ist eine Summenbilanz (vgl. folgende Seite: a). Eine Vorbereitung zum Jahresabschluß ist die Saldenbilanz (b). Für die sog. vorbereitenden Abschlußbuchungen ist eine Buchungsspalte (c) angefügt. Sie nimmt mit Soll- und Habenbuchungen die Umbuchungen von Unterkonten auf Abschlußkonten auf (z.B. 304/300, 115/195, 41/800). Ebenso werden hier die Abschreibungen und andere beim Jahresabschluß anfallende Buchungsvorgänge erfaßt. Nach Vornahme aller Abschlußbuchungen sind aus der Aufrechnung der Spalten b und c die Beträge festzustellen, die als Bestands- oder Erfolgsgrößen in die Beständebilanz (d) oder die Erfolgsübersicht (e) übertragen werden.

Die Spalten a, b und c müssen nach dem System doppelter Buchführung jeweils in Soll und Haben betragsgleiche Summen ausweisen. Die Spalten d und e dagegen weisen als Differenz zwischen Soll- und Habenseite jeweils den Periodenerfolg aus.

Die Eheleute BUCHMANN sehen die oben dargestellten Anforderungen nur in Summen- und Saldenbilanz erfüllt. Auch mehrfache Kontrollen der Spalte c (Abschlußbuchungen) führen zu Betragsdifferenzen zwischen Soll- und Habenseite. Ihre Aufgabe ist es, als „Revisor" die möglichen Fehlbuchungen aufzudecken und die Abschlußübersicht fertigzustellen. Anschließend soll aus der Abschlußübersicht ein Jahresabschluß mit den Konten 90, 93 und 941 entwickelt werden.

(Aufgabenfortsetzung S. 247/248)

ABSCHLUSSÜBERSICHT DER FIRMA M.F. BUCHMANN per 31.12.ti

Konto-Nr.	Bezeichnung	a SUMMENBILANZ		b SALDENBILANZ		c ABSCHLUSS-BUCHUNGEN		d BESTÄNDEBILANZ		e ERFOLGSRECHNUNG	
		SOLL	HABEN	SOLL	HABEN	SOLL	HABEN	AKTIVA	PASSIVA	AUFWENDUNGEN	ERTRÄGE
02	Fahrzeuge	50.000,--		50.000,--							
03	Geschäftsausstattung	36.000,--		36.000,--							
08	Eigenkapital		147.530,--		147.530,--	34.200,--					
090	Wertberichtigungen 02,03		40.250,--		40.250,--		10.000,--				
092	Rückstellungen		1.000,--		1.000,--	1.000,--	800,--				
100	Forderungen	33.350,--	12.750,--	20.600,--							
101	zweifelhafte Forderungen	2.750,--		2.750,--			1.250,--				
115	Vorsteuer	14.949,--		14.949,--			14.949,--				
13	Bank	312.400,--	212.735,--	99.665,--							
15	Kasse	10.850,--		10.850,--							
16	Privatkonto	34.200,--		34.200,--			34.200,--				
17	Verbindlichkeiten	13.453,--	49.110,--		35.657,--						
195	Umsatzsteuer		24.049,--		24.049,--	14.949,--					
20	a.o./betriebsfr. Aufwand	900,--		900,--							
21	Zinsaufwand	2.400,--		2.400,--							
27	a.o./betriebsfr. Ertrag		18.700,--		18.700,--		1.000,--				
30	Wareneinkaufskonto	2.220.350,--	110.000,--	2.110.350,--		820,--	111.050,--				
304	Bezugskosten	820,--		820,--			820,--				
41	Kundenskonti	18.780,--		18.780,--			18.780,--				
50	Personalkosten	157.080,--		157.080,--							
51	Raumkosten	25.080,--		25.080,--							
51	Steuern, Abgaben	7.875,--		7.875,--		800,--					
57	Fahrzeugkosten	35.317,--		35.317,--		10.000,--					
58	Allg. Verwaltungskosten	44.450,--		44.450,--							
59	Abschreibungen					4.500,--					
800	Warenverkaufskonto	10.120,--	2.415.000,--		2.404.880,--	18.780,--					
594	Abschreibungen auf Ford.					618,--					
091	Wertber. auf Forderungen						618,--				
		3.031.124,--	3.031.124,--	2.672.066,--	2.672.066,--						
	GEWINN/VERLUST										

Es waren folgende Abschlußangaben zu berücksichtigen:

1. *Indirekte Abschreibungen*
   a) auf 02, Fahrzeuge, 20 % vom Anschaffungswert;
   b) auf 03, Geschäftsausstattung, 12,5 % vom Anschaffungswert.
2. *Im Vorjahr wurde ein Betrag von DM 1.000,– zur Deckung erwarteter Prozeßrisiken zurückgestellt. Jetzt aber wird nicht mehr mit einer Belastung aus dem noch schwebenden Rechtsstreit gerechnet.*
3. *Für das abgelaufene Geschäftsjahr ist noch mit einer Belastung für Gewerbesteuer in Höhe von DM 800,– zu rechnen.*
4. *Zur Erfassung des allgemeinen Kreditrisikos soll eine Pauschalwertberichtigung gebildet werden. Der Erfahrungssatz für durchschnittliche Forderungsausfälle ist mit 3 % vom Endbestand anzunehmen und passivisch abzusetzen.*
5. *Das Ausfallrisiko bei der zweifelhaften Forderung (DM 2.750,– einschl. 10 % USt) wird auf 50 % geschätzt. Die Forderung wurde in t_i begründet.*
6. *Warenendbestand lt. Inventur DM 111.050,–.*
7. *Die Salden der Bestandskonten stimmen mit den Inventurergebnissen überein.*

2.8. Besonderheiten des industriellen Rechnungswesens

2.8.1. Charakterisierung des industriellen Leistungsprozesses und seiner Abrechnungssystematik

Bislang wurden Leistungsprozesse und deren Abbildung am Beispiel der Warenhandelsbetriebe gezeigt, die Fertigfabrikate ohne wesentliche Form- oder Substanzveränderung umsetzen. Die produktive Leistung des Handels liegt in der Erhöhung der Konsumnähe von Gütern. Grundsätzlich die gleiche Aufgabe erfüllen auch Betriebe anderer Wirtschaftszweige: So kann davon gesprochen werden, daß ein Bankbetrieb Geld gegen Zins- und Rückzahlungsverpflichtung beschafft, um es zu günstigeren Bedingungen auf der Absatzseite umzusetzen. Auch der Industriebetrieb erfüllt eine vergleichbare Aufgabe, aus den beschafften Produktionsmitteln (Arbeit, Anlagen, Stoffe) eine marktfähige Leistung hervorzubringen, die mehr Geld einbringt, als zu ihrer Herstellung eingesetzt werden mußte. Gleichwohl treten bei näherer Betrachtung des Leistungsprozesses besondere Merkmale auf, die zu einer Anpassung des Rechnungswesens an branchentypische Anforderungen zwingen. Am Beispiel eines Industriebetriebes sollen diese Aufgaben näher erläutert werden.

Kontenklasse

0	1	2	3	4	5	6	7	8	9

Kontenrahmen nach dem Prozeßgliederungsprinzip (Pflichtkontenrahmen von 1937)

0	1	2	3	4	5	6	7	8	9
Ruhende Konten	Bewegte Konten								
	Finanzkonten	Konten für innerbetriebliche Vorgänge							
		zeitliche und sachliche Abgrenzung	betriebliche Zeitraumrechnung						
			Roh-, Hilfs- u. Betriebsstoffe	Kostenarten	Kostenverrechnung	Kostenstellen	Kostenträger	Erlöse	Abschluß

Kontenrahmen nach dem Bilanzgliederungsprinzip (Industriekontenrahmen von 1971)

0	1	2	3	4	5	6	7	8	9
Bilanzkonten					Erfolgskonten			Abschluß	Neutrales Ergebnis Abgrenzungen Betriebsabrechnung
Aktive Bestandskonten			Passive Bestandskonten		Ertragskonten	Aufwandskonten			
Sachanlagen	Finanzanlagen	Vorräte Forderungen	Eigenkap. Rückstellg.	Verbindlichktn.	Erträge	Aufwand Material, Personal, Abschr.	übriger Aufwand		

Der industrielle Leistungsprozeß und seine Abrechnungssystematik kann anschaulich mit dem alten Kontenrahmen von 1937[1] vorgestellt werden:

Kontenklasse 0

dient zur Erfassung der langfristig im Betrieb eingesetzten Vermögensgegenstände und der langfristig verfügbaren Kapitalteile. Die Gegenstände des Anlagevermögens (Grundstücke, Maschinen) nehmen im Industriebetrieb einen vergleichsweise beträchtlichen Umfang an. Sie führen auch zu weitaus größeren Problemen im Hinblick auf die Bestimmung verursachungsgerechter Abschreibungsbeträge.

Kontenklasse 1

erfaßt die finanziellen Außenbeziehungen des Betriebes. Die Abstimmung von Zahlungsverpflichtungen und Geldbeständen ist in diesem Bereich der sog. **Betrieblichen Finanzwirtschaft** zu lösen.

Kontenklasse 2

übernimmt wie im Handelsbetrieb Aufgaben der Erfolgsabgrenzung. Hier werden die leistungszweckfremden und nicht verursachungsgerechten Erfolgsbeiträge vom Betriebsbereich abgegrenzt.

Kontenklasse 3

erfüllt grundsätzlich dieselbe Funktion wie im Handelsbetrieb und nimmt die **Bestände** auf, die als Produktionsstoffe benötigt werden. Während aber im Handelsbetrieb hierfür der Sammelausdruck ‚Waren' ausreichend war, ist im Industriebetrieb eine Aufteilung dieser Güterarten sinnvoll. Je nach der Art ihres Beitrages zum Leistungsprozeß lassen sich die Stoffe unterscheiden:

Rohstoffe (Konto 30)	werden wesentlicher Bestandteil eines Fertigerzeugnisses (z.B. Holz – Schreibtisch, Steine – Haus, Blech – Auto).

1 Diese Gliederungssystematik entspricht dem Aufbau des Kontenrahmens für den Groß- und Einzelhandel *(Prozeßgliederung)*. Zwar wurde 1971 ein Aufbau nach dem *Bilanzgliederungsprinzip* vorgeschlagen, der wesentliche Vorteile aufweist (vgl. Übersicht). Das Beharrungsvermögen der Praxis bei dem älteren Aufbau läßt es allerdings gegenwärtig noch fraglich erscheinen, ob sich das neue Kontensystem durchsetzen wird. Im weiteren Verlauf der Darstellung werden deshalb die Kontenziffern nach dem Gemeinschaftskontenrahmen für die Industrie (GKR) von 1937 verwendet.

Hilfsstoffe (Konto 33) umfassen Materialien, die als ergänzender Bestandteil des Erzeugnisses gelten (Holz – Leim, Steine – Zement, Blech – Schrauben).

Betriebsstoffe (Konto 34) gehen nicht unmittelbar in das zu produzierende Erzeugnis ein (Treibstoffe, Schmiermittel).

Kontenklasse 4

erfaßt die Vorgänge, die beim Verbrauch der Produktionsmittel auftreten. Hier findet die **Kostenerfassung** statt.[2] Die Rohstoffe gehen im Produktionsprozeß unter:

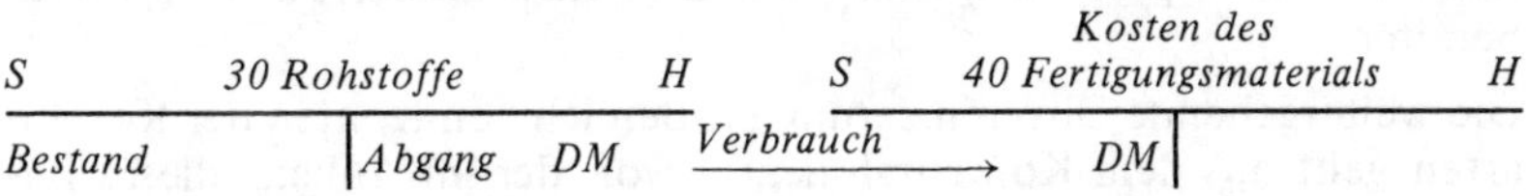

Diese für jedes Erzeugnis nachweisbar einzeln anfallenden Kosten werden auch als (Material-)**Einzelkosten** bezeichnet.

Anders als bei den Rohstoffen läßt sich der Verbrauch von Hilfs- und Betriebsstoffen im allgemeinen nicht für jedes produzierte Stück feststellen. Solche Kosten fallen für die Hervorbringung mehrerer Erzeugnisse gemeinsam an. Weil hier der objektive Stückbezug des Verbrauchsvorganges fehlt oder aus Vereinfachungsgründen auf eine stückbezogene Kostenerfassung verzichtet wird, werden sie als **Gemeinkosten** bezeichnet. Zur Buchung wird das Konto 41 Gemeinkostenmaterial herangezogen:

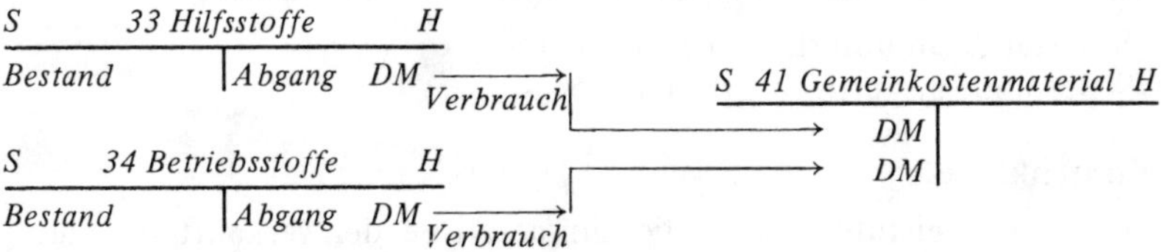

2 Wie schon mehrfach angesprochen, umfassen *Kosten* den leistungsbezogenen und zweckgerichtet bewerteten Verbrauch von Gütern im Rahmen des Betriebsablaufs und zur Sicherstellung der Betriebsbereitschaft. Wenn es um die Erfüllung gesetzlicher Vorschriften zur Rechnungslegung geht, kommt allerdings nur eine Orientierung am Anschaffungswert (als oberster Kostenwert) in Betracht.

Die Unterscheidung zwischen Einzel- und Gemeinkosten wird auch bei den Personalkosten durchgeführt. Solche Arbeitskosten, die unmittelbar bei der Erzeugung des Produktes anfallen, also aus objektbezogener Arbeitsverrichtung herrühren, werden als **Fertigungslöhne** (Lohn-Einzelkosten) erfaßt. Zwar fehlt in der Regel auch hier der exakte Stück-Geld-Bezug, wie er an sich für Einzelkosten maßgebend sein sollte, aber tatsächlich nur im – äußerst seltenen – reinen Akkordsystem vorkommt. Zur Abgrenzung objektbezogener Arbeit von solcher mehr administrativer und dispositiver Art gibt es aber doch genügend Merkmale, die es ermöglichen, bereits im Stadium der Kostenerfassung die später folgende Stückkostenrechnung sinnvoll vorzubereiten.

Die weitergehende Differenzierung im Bereich von Konten der Kostenarten geht aus dem Kontenrahmen hervor, der im Anhang dieses Buches abgebildet ist. In der Praxis werden die Konten nach betriebsindividuellen Anforderungen weiter untergliedert, so daß die Kostenrechnung oftmals hunderte von sachlich getrennten Verbrauchsvorgängen erfassen und weiter verarbeiten muß.

Kontenklassen 5 und 6

dienen der Kostenzurechnung auf betriebliche Leistungsbereiche **(Kostenstellenrechnung).**

Kontenklasse 7

enthält die Bestandskonten für solche Erzeugnisse, die noch nicht verkaufsfähig sind oder noch nicht verkauft werden konnten:

78 Bestände an unfertigen Erzeugnissen,
79 Bestände an fertigen Erzeugnissen.

Kontenklasse 8

nimmt als **Leistung** insbes. die Umsatzerlöse der verkauften Erzeugnisse auf.

Kontenklasse 9

stellt die Konten bereit, die zur Durchführung des Jahresabschlusses erforderlich sind. Dabei wird eine klare Trennung zwischen den Leistungsbereichen Betrieb und Unternehmung durchgeführt:

980 Betriebsergebniskonto
987 Neutrales Ergebnis
989 Gewinn- und Verlustkonto
999 Schlußbilanz

Die Anwendung der zuvor dargestellten Abrechnungssystematik soll mit folgendem Beispiel veranschaulicht werden:

Fallgestaltung: Industriebuchführung

Ein Industrieunternehmen wurde in t_1 gegründet. Für die durchzuführende Produktionstätigkeit wurde ein Gebäude gemietet, das pro Jahr DM 18.000,– Mietaufwand verursacht.

Die Anschaffungsausgaben für maschinelle Anlagen betrugen DM 1.000.000,–. Es wird angenommen, daß sich diese Anlagen über die zu erwartende Nutzungsdauer von 10 Jahren gleichmäßig entwerten werden (lineare Abschreibung).

Mit dem vorhandenen Bestand an Produktionsmitteln lassen sich pro Jahr höchstens 800 Fertigungseinheiten herstellen.

Je Fertigungseinheit ergeben sich folgende Einzelkosten:

Stoffverbrauch DM 180,–,
Fertigungslöhne DM 245,–.

Die Gehälter für das kaufmännische Personal betragen im Jahr DM 180.000,–. Davon entfallen DM 60.000,– auf den Verkaufsleiter.

Der Verkaufspreis beträgt (netto) DM 990,–/Stück. Im Jahr t_1 wurden 800 Stück hergestellt und verkauft.

Die Ermittlung des Betriebsergebnisses (E_B) für die erste Wirtschaftsperiode wird wie folgt durchgeführt:

Soll — *980 BETRIEBSERGEBNISKONTO t_1* — *Haben*

Soll			Haben		
40	*Fertigungsmaterial (800 · DM 180,–)*	*144.000,–*	*83*	*Umsatzerlöse (800 · DM 990,–)*	*792.000,–*
431	*Fertigungslöhne (800 · DM 245,–)*	*196.000,–*			
439	*Gehälter*	*180.000,–*			
470	*Raumkosten*	*18.000,–*			
48	*Abschreibung*	*100.000,–*			
989	*GuV (Betriebserfolg)*	*154.000,–*			
		792.000,–			*792.000,–*

2.8.2. Erfassung von Bestandsveränderungen bei Halb- und Fertigfabrikaten im Jahresabschluß

2.8.2.1. Gesamtkosten- und Umsatzkostenverfahren

Die Abrechnung der Erfolgsvorgänge in Industriebetrieben erhält ihre Problematik aus dem Umstand, daß die im Produktionsprozeß eingesetzten Rohstoffe ihre Gutseigenschaft verändern. Werden in einer Periode nicht alle hergestellten Erzeugnisse abgesetzt, entsteht die Frage nach der Erfassung der auftretenden Lagerbestände an Halb- und Fertigfabrikaten. Diese Frage stellt sich unter zwei Aspekten:

1. Wie ist die Lagerproduktion buchungstechnisch zu erfassen?
2. Welcher Wert ist den auf Lager produzierten Erzeugnissen beizulegen?

Eine Erweiterung der eingangs gebildeten *Fallgestaltung Industriebuchführung* soll zur Veranschaulichung dieser Zusammenhänge dienen:

Fallgestaltung: Bestandsveränderungen (1)

Das Industrieunternehmen hat von den in der Periode t_1 hergestellten 800 Stück nur 700 Stück verkaufen können.

Mit dem Auftreten von Lagerbeständen erfährt das Mengengerüst der Erfolgsrechnung eine Veränderung gegenüber der Ausgangssituation. Auf der Sollseite werden verzeichnet

Herstellungskosten für 800 Stück,
Vertriebskosten für 700 Stück.

Auf der Habenseite stehen zunächst nur

Umsatzerlöse für 700 Stück (x).

Wenn die Habenseite des Betriebsergebniskontos die betriebliche Gesamtleistung abbilden soll, wäre zu klären, ob eine Leistung nur beim Absatz von Gütern vorliegt. Gegen diese Einstellung spricht der Bestand, der im Fertigwarenlager liegt. In diesem Vorrat an marktfähigen Erzeugnissen ist doch auch der Wert an verbrauchten Produktionsmitteln enthalten. Es handelt sich hier nicht um Ausschuß, sondern um einen Teil der Betriebsleistung, der (hoffentlich) bald am Markt abgesetzt wird. Deshalb dürfen auch die gesamten Herstellungskosten nicht nur dem Wert der verkauften Güter gegenübergestellt werden.

Die Erfolgsrechnung muß in Soll und Haben auf übereinstimmenden Mengen aufbauen. Wenn also in einer Erfolgsrechnung auf der Sollseite der Werteverzehr für Gesamtproduktion und -verkauf verzeichnet wird **(Gesamtkostenverfahren)**, dann müssen auf der Habenseite neben den Umsatzerlösen etwaige Bestandserhöhungen berücksichtigt werden. Ein späterer Verkauf dieser Lagerbestände führt entsprechend zum Ansatz einer Bestandsabnahme als Güterverbrauch:

Betriebsergebniskonto

S	Gesamtkostenverfahren	H
Kosten für Gesamtproduktion und -verkauf		Umsatzerlöse verkaufter Erzeugnisse
Wert der Bestandsabnahme	oder	Wert der Bestandserhöhung
Betriebsgewinn		
Σ		Σ

Als Zwischenergebnis bei der Lösung der Fallgestaltung Bestandsveränderungen (1) könnte folgender Konteninhalt festgehalten werden:

Betriebsergebniskonto

S	*Fallgestaltung Bestandsveränderungen (1)*				*H*
40-48	*Kosten für Herstellung von 800 x und Vertrieb von 700 x (unverändert)*	*638.000,–*	*80*	*Umsatzerlöse für 700 x*	*693.000,–*
				Bestandserhöhung 100 x	*?*
989	*BETRIEBSGEWINN*	*?*			

Der genaue buchungstechnische Ablauf geschieht unter Einschub eines Kontos 89 Bestandsveränderungen bei unfertigen und fertigen Erzeugnissen. Hier werden die Bestandsveränderungen aller Produktarten gesammelt. Nur der Saldo aller Bestandsmehrungen und -minderungen wird in die Erfolgsrechnung übernommen:

Buchung von Bestandsveränderungen nach dem Gesamtkostenverfahren

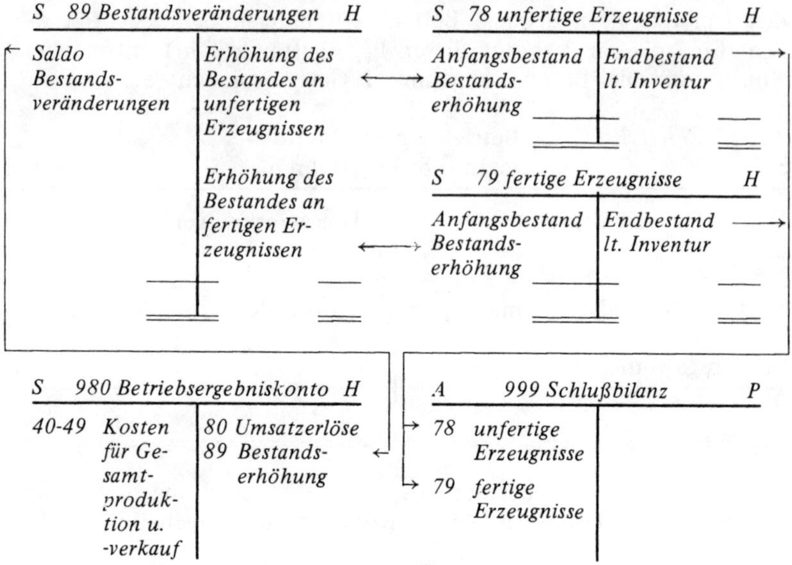

Bei Anwendung des **Gesamtkostenverfahrens** werden die Kosten der Lagerproduktion durch den Gegenposten „Bestandserhöhung" ausgeglichen, damit der Erfolg nur auf die verkauften Güter bezogen wird. Dasselbe Ziel kann auch erreicht werden, indem man den Umsatzerlösen nur die Kosten der umgesetzten Produkte gegenüberstellt. Bei diesem **Umsatzkostenverfahren** wird die Erfolgsrechnung – im Vergleich zum Gesamtkostenverfahren – auf beiden Seiten um den Wert der auf Lager genommenen Güter verkürzt. Hierzu ist eine ausgebaute Kostenrechnung erforderlich, die den Leistungsprozeß vom Einsatz der Produktionsfaktoren bis hin zum Fertigprodukt verfolgt und so zu den Herstellungskosten der verkauften Güter hinführt (vgl. Übersicht S. 257). Weil dieses – nach § 275 Abs. 3 HGB zulässige – Verfahren weitergehende Instrumente der Kostenrechnung voraussetzt[1], sollen grundsätzliche Fragen zur Bewertung der Lagerprodukte anhand des Gesamtkostenverfahrens behandelt werden.

1 Zur Kostenstellen- und Kostenträgerrechnung vgl. die Abschnitte 3.3. und 3.4.

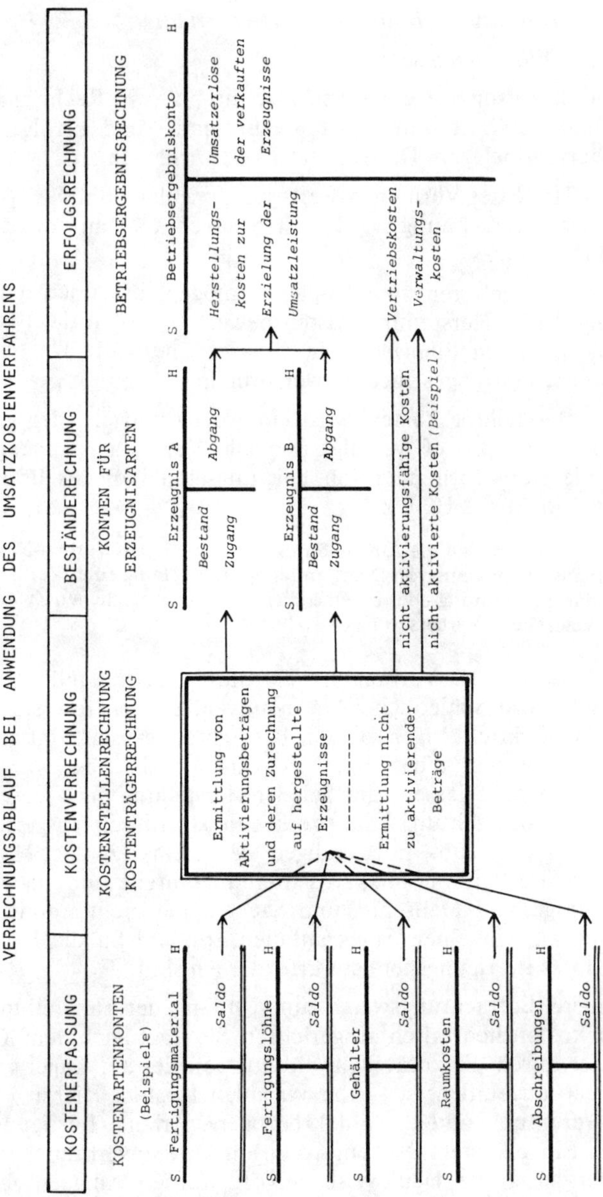
VERRECHNUNGSABLAUF BEI ANWENDUNG DES UMSATZKOSTENVERFAHRENS
KOSTENERFASSUNG
KOSTENVERRECHNUNG
BESTÄNDERECHNUNG
ERFOLGSRECHNUNG
KOSTENARTENKONTEN (Beispiele)
KOSTENSTELLENRECHNUNG KOSTENTRÄGERRECHNUNG
KONTEN FÜR ERZEUGNISARTEN
BETRIEBSERGEBNISRECHNUNG
S Fertigungsmaterial H
Saldo
S Fertigungslöhne H
Saldo
S Gehälter H
Saldo
S Raumkosten H
Saldo
S Abschreibungen H
Saldo
Ermittlung von Aktivierungsbeträgen und deren Zurechnung auf hergestellte Erzeugnisse
Ermittlung nicht zu aktivierender Beträge
S Erzeugnis A H
Bestand
Zugang
Abgang
S Erzeugnis B H
Bestand
Zugang
Abgang
nicht aktivierungsfähige Kosten
nicht aktivierte Kosten (Beispiel)
S Betriebsergebniskonto H
Herstellungskosten zur Erzielung der Umsatzleistung
Vertriebskosten
Verwaltungskosten
Umsatzerlöse der verkauften Erzeugnisse

2.8.2.2. Wertansatz für Halb- und Fertigfabrikate

2.8.2.2.1. Vollkostenansatz

Die Produktionsmenge einer Periode, die bis zum Rechnungsstichtag noch nicht verkauft wurde, ist als Bestands- und Erfolgsgröße mit einem Wert zu belegen. Dieser Wertansatz wirkt sich aus

1. auf die Höhe des Vermögenswertes in der Bilanz und
2. über die Verrechnung in der Erfolgsrechnung auf die Höhe des Periodenerfolges.

Lagerbestände gehören zum Umlaufvermögen, das höchstens zu Anschaffungs- oder Herstellungskosten bewertet werden darf. Ist der tatsächliche Wert am Bilanzstichtag niedriger, muß die Wertminderung erfaßt werden (strenges Niederstwertprinzip).

Mit den **Herstellungskosten** wird ein Wert ermittelt, der gedanklich den Produktionsprozeß verfolgt und alle Verbrauchsvorgänge erfaßt, die für die Hervorbringung von Leistungseinheiten des Betriebes anfallen (§ 255 Abs. 2 HGB):

„Herstellungskosten sind die Aufwendungen, die durch den Verbrauch von Gütern und die Inanspruchnahme von Diensten für die Herstellung eines Vermögensgegenstands, seine Erweiterung oder für eine über seinen ursprünglichen Zustand hinausgehende wesentliche Verbesserung entstehen."

Zu dem Umfang des Verbrauchs, der durch die Herstellung entsteht, gibt es sehr unterschiedliche Auffassungen. Sie erklären sich aus den möglichen Blickrichtungen, die der Betrachter verfolgt. Entweder wird davon ausgegangen, die Summe der Leistungsbeiträge von Produktionsfaktoren zu erfassen, die bei der Herstellung der Güter beteiligt sind – eine Betrachtung, die **produktionstechnisch** ausgerichtet ist. Danach gehören zum notwendigen Mitteleinsatz der Materialverbrauch, die Fertigungslöhne, Abschreibungsanteile und auch alle Leistungsbeiträge von Menschen und Sachen, die nicht unmittelbar als Verbrauch am einzelnen Stück anfallen, sondern für die Leistungsbereitschaft des Fertigungsbereichs erforderlich sind.

Eine andere Betrachtungsweise zum Umfang der Herstellungskosten ist mehr **kostentheoretisch** ausgerichtet. Sie fragt nach dem Kostenzuwachs, der durch die zusätzliche Produktion der auf Lager genommenen Stücke angefallen ist – die **variablen Kosten**. Hierzu zählen der Materialverbrauch und die objektbezogene Arbeit (Fertigungslöhne), erfaßt als **Einzelkosten**. Bei dem Anteil am Anlagenverbrauch tritt schon die andersgerichtete Denkweise hervor: Werden Anlagen zeitanteilig abgeschrieben, entsteht (rechentechnisch) durch die Mehrproduktion auch kein Mehrverbrauch, den man den Lagerprodukten zurechnen müßte. Noch deutlicher wird dieser Ansatz zur Bestandsbewertung bei den Kostenarten, die mittelbare Leistungsbeiträge liefern. So wird z.B. der Meister des Fertigungsbereichs sein Gehalt unabhängig von der Produktionsmenge bekommen. Für die Mehrproduktion eines Stückes fällt dann auch kein zusätzlicher Kostenbetrag an, der diesem Stück ursächlich zugerechnet werden müßte. Hier handelt es sich um periodenfixe Kostenarten **(fixe Kosten)**, die für die Hervorbringung vieler Stücke gemeinsam anfallen und auf sie verteilt werden **(Gemeinkosten)**.

Vor dem Hintergrund von grundsätzlichen Möglichkeiten zur Interpretation der Herstellungskosten sollen handelsrechtliche Vorschriften zum Wertansatz näher betrachtet werden. Dies geschieht nicht nur, um Rechenprobleme zu lösen, sondern damit soll auch der Einfluß von Wahlrechten bei Bewertungsmethoden auf die Darstellung der Vermögens- und Erfolgslage deutlich werden. Den Ausgangspunkt hierzu bildet die Rechtsvorschrift zum **Umfang der Herstellungskosten** (§ 255 Abs. 2 HGB, Auszug):

„Dazu gehören die Materialkosten, die Fertigungskosten und die Sonderkosten der Fertigung. Bei der Berechnung der Herstellungskosten dürfen auch angemessene Teile der notwendigen Materialgemeinkosten, der notwendigen Fertigungsgemeinkosten und des Werteverzehrs des Anlagevermögens, soweit er durch die Fertigung veranlaßt ist, eingerechnet werden. Kosten der allgemeinen Verwaltung sowie Aufwendungen für soziale Einrichtungen des Betriebs, für freiwillige soziale Leistungen und für betriebliche Altersversorgung brauchen nicht eingerechnet zu werden. Aufwendungen im Sinne der Sätze 3 und 4 dürfen nur insoweit berücksichtigt werden, als sie auf den Zeitraum der Herstellung entfallen. Vertriebskosten dürfen nicht in die Herstellungskosten einbezogen werden.“

Aus der Formulierung ist zunächst die Einschränkung hervorzuheben, daß **Vertriebskosten** nicht in den Bestandswert eingehen dürfen. Nur die „Herstellungs“-Kosten sollen ermittelt werden. Vertriebskosten können nur auf den bewirkten Verkauf bezogen werden. Für die am Lager befindlichen Produkte waren die Vertriebsanstrengungen offensichtlich (noch) nicht erfolgreich. Bei Aktivierung von Vertriebskosten würden sonst die noch nicht verkauften Güter durch Lagerkosten und Werbekosten immer mehr wert werden . . .

Aus dem Umfang der Gesamtkosten werden alle Teile ausgesondert, die auf den Vertriebsbereich entfallen. Hierzu gehören Gehälter des Personals, das diesem Bereich zugehört, Lagerkosten für die Produkte,

Werbekosten, Messekosten und andere Verbrauchsvorgänge, die bei Maßnahmen zum Absatz hergestellter Güter anfallen.

Das Gesetz trifft eine weitere Einschränkung im Hinblick auf die im Lagerbestand zu aktivierenden Werte. Bei den Herstellungskosten muß es sich um zeitraumgerechte und leistungsbezogene Werte handeln. Deshalb müssen solche Kostenarten genauer betrachtet werden, bei denen oftmals aus bilanzpolitischen und steuertaktischen Erwägungen eine Wertsetzung erfolgt, die nicht dem leistungsbezogenen Verursachungsdenken entspricht. Vor allem die Abschreibungen auf Gegenstände des Anlagevermögens sind eine Aufwandsart, bei der Interessen an einer (ausschüttungs- und steuerpolitischen) Erfolgsregulierung zu Neubewertungen führen müssen.

Im ersten Arbeitsschritt werden alle Aufwandsarten unter dem Gesichtspunkt überprüft, der schon für den Umfang des Kostenbegriffs entwickelt wurde: Leistungsbezug, Zeitbezug und Wertangemessenheit. Mit der Summe aller Aufwandspositionen, die diesem Anspruch genügen bzw. die unter diesem Anspruch im Wertansatz verändert wurden, ist der Gesamtbetrag des aktivierungsfähigen Aufwands bestimmt ($A^*_{t_i}$). Wäre gar kein Stück verkauft worden, läge mit diesem Betrag auch der Wertansatz für die Bestandserhöhung vor. Im Regelfall sind aber nur Teile der Gesamtproduktion nicht verkauft worden. Für diese Lagerbestände wird der Anteil an den aktivierungsfähigen Aufwendungen bestimmt **(Vollkostenansatz)**. Dies geschieht, indem man die Herstellungskosten für ein Stück ermittelt und diesen Stückwert mit der jeweiligen Lagermenge multipliziert. Für den Fall, daß nur eine einzige Produktart hergestellt wird – wie in der Fallgestaltung angenommen – wird der aktivierungsfähige Betrag (B) für ein auf Lager genommenes Stück (x) wie folgt ermittelt:[1]

$$B_{(x)} = \frac{A^*_{t_i}}{x_{t_i}} \qquad A^* = \text{aktivierungsfähiger Aufwand (sog. Herstellungskosten)}$$

Mit der Beschränkung der aktivierungsfähigen Aufwendungen ist eine **Obergrenze** für den Wertansatz festgelegt worden. Angenommen, in

1 Dieser einfache Rechengang zur Bestimmung eines Stückkostenwertes ist nur dann anzuwenden, wenn lediglich eine einzige Güterart produziert wird. In den meisten Fällen werden aber verschiedenartige Güter hergestellt. Dort gestaltet sich die Zurechnung von Herstellungskosten auf unterschiedliche Güter schwieriger. Die hierfür anzuwendenden Verfahren der *Kostenträgerrechnung* werden im Abschnitt 3. näher erläutert. Hier soll es zunächst nur darum gehen, das grundsätzliche Zurechnungsproblem von Kosten auf Güter zu veranschaulichen.

der Fallgestaltung wären für die Herstellung von 800 x nur zeit- und wertangemessene Aufwendungen verrechnet worden. Dann müßte vom Gesamtaufwand (DM 638.000,–) lediglich das Gehalt des Verkaufsleiters (DM 60.000,–) abgezogen werden, um die gesamten Herstellungskosten für 800 x zu bestimmen (DM 578.000,–). Die Obergrenze der Herstellungskosten je Stück würde ermittelt mit

$$B_{(x)} = \frac{578.000,-}{800} = \underline{\underline{DM\ 722,50}}$$

Das Betriebsergebniskonto würde wie folgt abgeschlossen:

BETRIEBSERGEBNISKONTO
S 980 (Fallgestaltung 1; Bestandsbewertung zu Vollkosten) H

40-48	*Aufwand für Herstellung von 800x und Vertrieb von 700x*	*638.000,–*	*83*	*Umsatzerlöse für 700x*	*693.000,–*
989	*BETRIEBS-GEWINN*	*127.250,–*	*89*	*Bestandserhöhung (100x/722,50)*	*72.250,–*
		765.250,–			*765.250,–*

2.8.2.2.2. Teilkostenansatz

Der Umfang aktivierungsfähiger Herstellungskosten bildet eine **Wertobergrenze**: Einem Erzeugnis dürfen höchstens diejenigen Kosten zugerechnet werden, die als Anteil aller zeitraumbezogenen, leistungsbezogenen und wertangemessenen Aufwandsarten angesehen werden können – wobei der Vertriebsbereich außer acht gelassen werden muß.

Die aus dem Herstellungsprozeß entwickelte rechtliche Wertobergrenze kann schon nicht mehr für den Wertansatz von Lagerbeständen verwendet werden, wenn der Börsen- oder Marktpreis der hergestellten Gegenstände unter diesen Wert gesunken ist. Das strenge Niederstwertprinzip verschiebt hier ggf. die Obergrenze zur Aktivierung von Halb- und Fertigfabrikaten. Mit diesem niedrigeren marktbezogenen Wert ist aber noch nicht die **Wertuntergrenze** bestimmt. Das ergibt sich aus der Spannweite des gesetzlichen Ermittlungsbereichs für „Herstellungskosten“. In dem bereits angeführten § 255 Abs. 2 HGB wird unterschieden zwischen Kosten, die zur Herstellung „gehören", solchen, die dazu gerechnet werden „dürfen" und anderen, die nicht eingerechnet zu werden „brauchen". Wie erklärt sich diese Zersplitterung eines Sachbereichs, der doch nur als einheitliches Leistungsgefüge das Produktionsergebnis bewirken kann?

Aus der Sicht einer wertbezogenen Interpretation des Begriffs Herstellungskosten dürfte es in diesem Punkt keine Unklarheiten geben: Der Wert eines Gutes müßte den in ihm enthaltenen Leistungsbeträgen von Produktionsfaktoren entsprechen. Zur Herstellung eines Gutes werden menschliche Arbeitsleistungen, Anlagennutzung und Stoffe beitragen. Die Herstellungskosten für ein Erzeugnis werden also aufgrund folgender Fragestellung ermittelt:

- Wie groß waren die gesamten Herstellungskosten des Leistungszeitraumes und welcher Anteil entfällt davon auf eine Produktionseinheit? Diese Denkweise führt zum **Vollkostenansatz**.

Auf der Grundlage kostentheoretischer Überlegungen wurden aber auch andere Vorstellungen zur Bestimmung von Herstellungskosten entwickelt. Sie folgen einem ausgeprägten **Verursachungsdenken**. Danach können einem Erzeugnis nur solche Kosten zugerechnet werden, die ursächlich bei seiner Produktion als Mehrverbrauch angefallen sind. Die Frage lautet nun:

- Welcher Kostenzuwachs ist durch die Lagerproduktion entstanden und als verursachungsgerechter Bestandswert der Lagerprodukte anzusehen? Diese Denkweise führt zum **Teilkostenansatz**.

Die Spannweite zwischen Voll- und Teilkostenansatz wird im § 255 Abs. 2,3 HGB deutlich:

Materialeinzelkosten Fertigungslöhne Sondereinzelkosten der Fertigung	aktivierungspflichtig (Wertuntergrenze)
Material- und Fertigungsgemeinkosten Leistungsbedingte Anlagenabschreibung Kosten der allgemeinen Verwaltung Aufwendungen für soziale Einrichtungen, freiwillige soziale Leistungen und betriebliche Altersversorgung Fremdkapitalzinsen zur Finanzierung der Herstellung des Vermögensgegenstandes	aktivierungsfähig (Wertobergrenze)

Worin sich die wertbezogene Vorstellung zum Charakter der Herstellungskosten von der kostentheoretischen Interpretation letztlich unterscheidet, wird aus einer näheren Analyse der *Fallgestaltung Industriebuchführung* deutlich. Wie entwickeln sich dort die gesamten Herstellungskosten vom Produktionsbeginn (x = 1) bis hin zur Kapazitätsgrenze (x = 800)?

Entgegen verbreiteter Annahmen entstehen Kosten nicht erst mit der Produktionstätigkeit. Vielmehr wird zunächst die **Betriebsbereitschaft** herbeigeführt, indem die menschlichen und sachlichen Voraussetzungen zur zweckgerichteten Tätigkeit geschaffen werden. Ehe das erste Stück produziert wird, fallen also bereits Kosten an für Miete, Gehälter, Versicherungen usw.

Diese zeitbezogen anfallenden Kosten bleiben bei wechselnden Ausbringungsmengen unverändert. Deshalb werden sie als **Fixkosten** oder auch als kapazitätsfixe Periodenkosten bezeichnet. Im Beispiel betragen sie DM 298.000,–.

Ausgehend vom Betrag der Fixkosten (K_f) steigen die **Gesamtkosten** (K) mit Zunahme der Ausbringungsmenge (x) an. Jedes zusätzlich produzierte Stück verursacht einen Kostenzuwachs. Er ist vor allem bestimmt durch den Verbrauch von Material und ausführender Arbeit (Fertigungslöhne). Der Kostenzuwachs, der durch die zusätzliche Produktion einer weiteren Einheit (x) entsteht, wird als **Grenzkosten** (K') bezeichnet. Im Beispiel gehören hierzu

Fertigungsmaterial / x =	*DM 180,–*
Fertigungslöhne / x =	*DM 245,–*
insgesamt	*DM 425,–*

Die Gesamtkosten (K) steigen also bei Erhöhung der Produktion um eine Einheit mit dem Betrag von DM 425,–:

Gesamtkosten = Fixkosten + 425x
= 298.000,– + 425x

Für x=1 betragen die Gesamtkosten (298.000,– + 425,– =) DM 298.425,–, für x=2 dann DM 298.850,–; für x=100 werden DM 340.500,– ermittelt und für die größtmögliche Ausbringungsmenge von 800x werden (298.000,– + 340.000,– =) DM 638.000,– Gesamtkosten bestimmt.

Die Gesamtkosten setzen sich zusammen aus fixen und variablen Kostenteilen. Die **variablen Kosten (K_v)** umfassen die Summe der für eine Gesamtmenge angefallenen Grenzkosten. Sind die Grenzkosten (wie im Beispiel mit DM 425,–) konstant, handelt es sich um einen gleichmäßigen (linearen) Anstieg der Gesamtkosten. In der Praxis sind auch

KOSTENVERLAUF UND KAPAZITÄTSAUSLASTUNG

(Fallgestaltung)

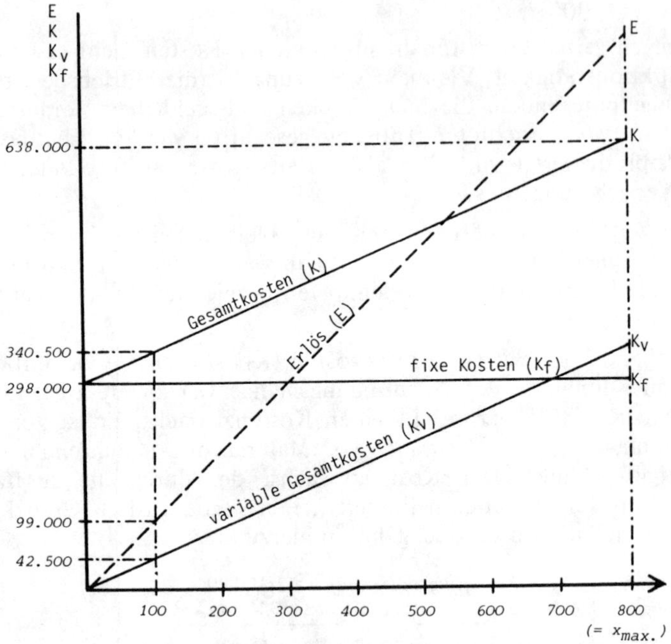

andere – degressive oder progressive – Kostenverläufe möglich.[1] Für die hier diskutierte Fragestellung sind weitere kostentheoretische Einzelheiten entbehrlich. Wesentlich ist nur die Erkenntnis, daß nicht alle Kostenarten von Änderungen der Ausbringungsmenge berührt werden.

Wenn mit dem Kostenbegriff auf einen stückbezogen verursachten Werteverzehr abgestellt wird, können für den Umfang der Herstellungs-

1 Zur Diskussion von Kostenverläufen in Abhängigkeit unterschiedlicher Einflußfaktoren (Menge, Qualitäten, Preise) vgl. u.a. GUTENBERG, E.: Produktion, S. 228 ff., WÖHE, G.: Einführung, S. 230 ff., KILGER, W.: Einführung in die Kostenrechnung, S. 34 ff., HABERSTOCK, L.: Grundzüge, S. 22 ff.

kosten von Lagerprodukten auch nur solche Kostenarten in Betracht kommen, die allein der Mehrproduktion zuzurechnen sind. Der Wertansatz würde auf die variablen Kosten der Lagerbestände beschränkt. Im Beispiel ist für die Mehrproduktion von 100 x lediglich ein Kostenzuwachs (ΔK) von (100 · DM 425,– =) DM 42.500,– entstanden. Ein Ausschnitt aus dem Verlauf der Gesamtkostenkurve veranschaulicht diesen Kostenzuwachs für 100 x:

KOSTENZUWACHS DURCH LAGERPRODUKTION

(Fallgestaltung)

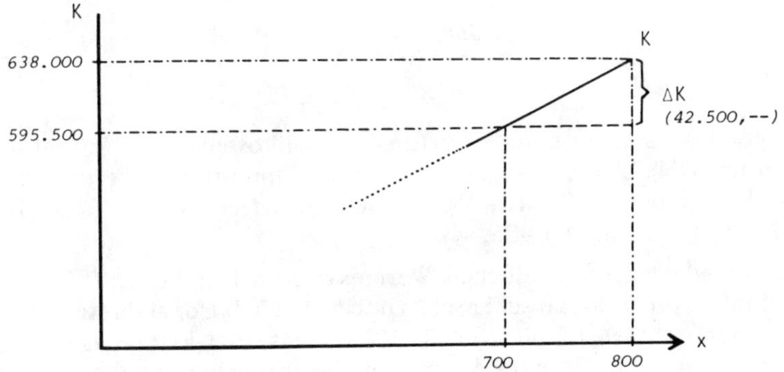

Die Beschränkung des Aktivierungsbetrages auf die variablen Kosten ist handelsrechtlich erlaubt.[2] Der begriffliche Unterschied zwischen den hier verwendeten „variablen Kosten" zu den zumeist in Rechtsvorschriften benutzten „Einzelkosten" ist darin begründet, daß zwischen Theorie und Rechnungspraxis ein Unterschied bestehen kann: Einzelkosten umfassen den einer Abrechnungseinheit verursachungsgerecht zugerechneten Kostenzuwachs – also die entstandenen variablen Stückkosten, soweit das Kostenrechnungssystem, wie auch im verwendeten Beispiel unterstellt, eine solche Zurechnung möglich macht.

2 Steuerrechtlich gibt es diesen Bewertungsspielraum nicht. Im Abschnitt 33 IV der Einkommensteuerrichtlinien 1969 wird ausdrücklich auf den Aktivierungszwang der Anlagenabschreibung, Raumkosten, Lager- und Transportkosten sowie weiterer leistungsbezogener Verbrauchswerte hingewiesen.

Der Unterschied zwischen dem **Vollkostenansatz** und dem zuletzt erläuterten **Teilkostenansatz** für die Lagerbestände wird anhand des Beispiels in der folgenden Ergebnisrechnung deutlich:

BETRIEBSERGEBNISKONTO t_1
980 (Fallgestaltung 1; Bestandsbewertung zu Teilkosten)

S					H
40-48	*Gesamtkosten für Herstellung von 800x und Verkauf von 700x*	*638.000,–*	*83*	*Umsatzerlöse für 700x*	*693.000,–*
989	*BETRIEBS-GEWINN*	*97.500,–*	*89*	*Bestandserhöhung (100x/425,–)*	*42.500,–*
		735.500,–			*735.500,–*

Im Vergleich zur Bestandsbewertung zu Vollkosten ist der Betriebsgewinn um DM 29.750,– niedriger. Diese Gewinndifferenz beruht allein auf dem unterschiedlichen Wertansatz der Lagerbestände (statt DM 722,50/x nunmehr DM 425,–/x).

Wie sind die unterschiedlichen Wertansätze im Hinblick auf die Aussagekraft von Jahresabschlüssen zu beurteilen? Der Jahresabschluß soll einen sicheren Einblick in die Vermögens- und Ertragslage geben. Ein sicherer Einblick in die Vermögenslage wäre eher vermittelt, wenn Lagerbestände mit einem Wert angesetzt werden, der dem Vollkostenkonzept folgt. Denn sicherlich sind die Gegenstände mehr wert als nur die in ihnen enthaltenen Anteile von Materialverbrauch und Fertigungslöhnen. Andererseits kann aber auch dem besseren Einblick in die Erfolgssituation der Vorzug gegeben werden. Und unter diesem Gesichtspunkt bietet das Teilkostenkonzept Vorteile. Es belastet die Erfolgsrechnung mit allen zeitbezogenen Kostenteilen. Die ermittelte Erfolgsziffer stimmt mit dem Gewinn oder Verlust überein, der auch erwirtschaftet worden wäre, wenn es keine Lagerproduktion gegeben hätte. In der Fallgestaltung bewirkt der Teilkostenansatz ein Neutralisieren des Verbrauchs variabler Kostengüter. Wären nur 700x anstelle der 800x hergestellt worden, lautete der Betriebsgewinn auch DM 97.500,–. Beide Bewertungskonzeptionen können also aus unterschiedlicher Sicht gerechtfertigt werden. Letztlich ist der Methodenstreit auch unfruchtbar, wenn an die Verrechnungsabläufe in den Folgeperioden gedacht wird:

Fallgestaltung: Bestandsveränderungen (2)

Im Jahr t_2 werden in dem Industrieunternehmen bei unveränderter Situation auf Beschaffungs- und Absatzmarkt 800x hergestellt und 900x verkauft.

Wurden im Jahr t_1 die Lagerbestände mit Vollkosten angesetzt, hat die Erfolgsrechnung von t_2 folgendes, zusammengefaßtes Aussehen:

BETRIEBSERGEBNISKONTO t_2
980 (Fallgestaltung 2; Bestandsbewertung zu Vollkosten)

S			H		
40-48	Gesamtkosten für Herstellung von 800x und Verkauf von 900x	638.000,–	83	Umsatzerlöse (900x/990,–)	891.000,–
89	Bestandsabnahme (100x/722,50)	72.250,–			
989	BETRIEBS-GEWINN	180.750,–			
		891.000,–			891.000,–

Wäre dagegen in der Vorperiode eine Bestandsbewertung zu Teilkosten durchgeführt worden, ergäbe sich in t_2 folgende Rechnung:

BETRIEBSERGEBNISKONTO t_2
980 (Fallgestaltung 2; Bestandsbewertung zu Teilkosten)

S			H		
40-48	Gesamtkosten für Herstellung von 800x und Verkauf von 900x	638.000,–	83	Umsatzerlöse (900x/990,–)	891.000,–
89	Bestandsabnahme (100x/425,–)	42.500,–			
989	BETRIEBS-GEWINN	210.500,–			
		891.000,–			891.000,–

Wiederum beträgt die Gewinndifferenz wie in t_1 DM 29.750,–. Allerdings ist nunmehr der Gewinn in der Rechnung größer, die den Lagerbestand zu Teilkosten ausweist. Die in t_1 vorgenommene niedrigere Bewertung führt in t_2 zu einem entsprechend niedrigeren Ansatz der

Bestandsabnahme als Sollposten und wirkt somit vergleichsweise gewinnsteigernd. Im allgemeinen wird also über die Zeit ein Ausgleich von Wertdifferenzen aufgrund unterschiedlicher Bewertungsmethoden erreicht (sog. **Zweischneidigkeitswirkung**). Es kommt zu einem zeitverschobenen Ausweis von Gewinnteilen, die insgesamt betragsmäßig übereinstimmen.

Ähnlich wie es bereits im Zusammenhang mit Problemen der Abschreibungsbemessung erörtert wurde, zeigt sich auch hier, daß an den Aussagewert *eines* Jahresabschlusses keine allzu großen Anforderungen im Hinblick auf die Vermittlung eines zutreffenden Einblicks in die Vermögens- und Ertragslage gestellt werden sollten. Lediglich im Zeitablauf lassen sich die Rückschlüsse gewinnen, die helfen sollen, eine Aussage über den Stand des Unternehmens im Markt zu treffen. Das aber setzt voraus, einen einmal als richtig erkannten Bewertungsgedanken auch bei späteren vergleichbaren Fällen anzuerkennen und somit vergleichbare Jahresabschlüsse herbeizuführen. In den gesetzlich zugestandenen Wahlrechten bei der Anwendung unterschiedlicher Bewertungsmethoden sollte nicht vorrangig ein Instrument zur Gewinn- bzw. Bilanzpolitik gesehen werden, sondern ein Wahlbereich, der, auf die speziellen Belange des Einzelfalls abgestimmt, zu einer zielgerichteten Rechnungslegung beiträgt.

KONTROLLFRAGEN:

(61) Welche Unterschiede bestehen zwischen einer Erfolgsrechnung nach dem Gesamtkosten- und Umsatzkostenverfahren?

(62) Warum müssen bei der Ermittlung von Herstellungskosten die Vertriebskosten ausgesondert werden?

(63) Welche Auswirkungen ergeben sich bei einer Bewertung der Lagerbestände zu Teilkosten im Hinblick auf die Darstellung von Vermögens- und Erfolgslage?

(64) Welche kostentheoretische Rechtfertigung führt zum Teilkostenansatz?

(65) In welcher Weise gibt es auch im Hinblick auf unterschiedliche Wertansätze für Lagerbestände eine „Zweischneidigkeitswirkung"?

Aufgabe 16

Ein Industrieunternehmen wurde zum Zeitpunkt $t_{1/I}$ gegründet. Für die durchzuführende Produktionstätigkeit wurde ein Gebäude gemietet, das pro Jahr Mietausgaben in Höhe von DM 60.000,– verursacht. Die Anschaffungsausgaben für maschinelle Anlagen betrugen DM 1.000.000,–.

Personalausgaben entstehen pro Jahr in Höhe von DM 800.000,–. Sie verteilen sich auf die Bereiche

Fertigung	*DM 600.000,–,*
Allgemeine Verwaltung	*DM 120.000,–,*
Vertrieb	*DM 80.000,–.*

Mit dem vorhandenen Bestand an menschlichen und sachlichen Produktionsmitteln können pro Jahr höchstens 8.000 Fertigungseinheiten (x) hervorgebracht werden. Der mengenmäßige Materialverbrauch/x umfaßt 3 kg eines Werkstoffes.

Fragestellungen:

a) *Zum Rechnungszeitpunkt $t_{1/XII}$ ist eine Periodenerfolgsrechnung nach dem Gesamtkostenverfahren aufzustellen. Zu unterstellen ist, daß*
   1. *sich die maschinellen Anlagen über einen Zeitraum von 5 Jahren gleichmäßig entwerten werden (lineare Abschreibung),*
   2. *die Werkstoffe für DM 30,–/kg beschafft wurden und*
   3. *8000 x hergestellt und zum Preis von DM 250,–/x verkauft wurden.*

b) *Welche Veränderungen treten in der Erfolgsrechnung auf, wenn zum Zeitpunkt $t_{1/XII}$ von den hergestellten 8.000 x noch 2.000 x am Lager sind?*

c) *Welches Aussehen haben die Erfolgsrechnungen bei Anwendung des Umsatzkostenverfahrens?*

2.9. Ganzheitliche Erfolgsanalyse

2.9.1. Aufgabenstellung

Im ersten Gliederungsteil wurden Aufgabenstellungen des betriebswirtschaftlichen Rechnungswesens erörtert. Sie ließen sich in folgender Umschreibung ausdrücken:[1]

> Ziffernmäßige Erfassung betrieblicher Strukturen und Prozesse und die Aufbereitung des Datenmaterials nach zweckgerichteten Gesichtspunkten für spezielle Informationsbedürfnisse.

Informationsbedürfnisse haben alle Personen, die auf der Grundlage eines Vertragsverhältnisses von der wirtschaftlichen Entwicklung eines

1 Vgl. Abschnitt 1.1.3.

Unternehmens berührt werden oder werden könnten. Das gilt für Eigentümer bzw. Gesellschafter und Gläubiger ebenso wie für die Arbeitnehmer und letztlich auch die Allgemeinheit.

Durch gesetzlichen Zwang sind die Unternehmen verpflichtet, die wirtschaftliche Entwicklung abzubilden. Die Rechtsvorschriften rücken dabei die Erfolgsermittlung durch eine Gewinn- und Verlustrechnung in den Mittelpunkt. Sicherlich entsprechen sie damit dem Informationsbedürfnis derjenigen, die an die Größe „Gewinn" Ansprüche stellen können. Für sie ist der Gewinn ein Maßstab wirtschaftlichen Handelns. Für Arbeitnehmer dagegen hat die Größe Gewinn eine nachrangige Bedeutung. Ihren Interessen entspricht eher die Auffassung von *H. Nicklisch*, der es als „irrige Ansicht" bezeichnete, „im Gewinn einen Maßstab für die Wirtschaftlichkeit eines Betriebes zu sehen."[2] Sie sind vielmehr an der Vermittlung solcher Informationen interessiert, die den „Interessenpluralismus im Unternehmen"[3] betragsmäßig zur Geltung bringen. Diese Aufgabenstellung wird auch von vielen Wissenschaftlern formuliert. Gleichwohl werden daran die unterschiedlichsten Vorschläge zur Ausgestaltung der entsprechenden Rechnung angeknüpft.[4] So wollen einige Autoren den Beitrag von Unternehmen zur „Lebensqualität" oder ihren „gesellschaftlichen Nutzen" messen – was immer subjektive Vorgabewerte voraussetzt und zu entsprechend subjektiven Wertungen führt. Im folgenden soll ein anderer Ansatz verfolgt werden. Mit ihm wird versucht, den betrieblichen Leistungsprozeß auf das letztlich gemeinsame Interesse aller daran beteiligten Gruppen zurückzuführen und entsprechend betragsmäßig abzubilden.

Gemeinsames Interesse aller Leistungsträger im Betrieb ist die dauerhafte Einkommenserzielung. Je nach Vertragsgestaltung der Leistungs-

---

2 NICKLISCH, H.: Die Betriebswirtschaft, S. 535.

3 KÖHLER, H.: Die Einkommensverteilung im Unternehmen, S. 3.

4 Mit Ausdrücken wie „Sozialbilanz", „gesellschaftsbezogene Rechnungslegung" oder „Sozialindikatorenrechnung" sind unterschiedliche Lösungsansätze umschrieben. Vielfach gehen sie von einer Normvorstellung über „richtiges" Verhalten der Wirtschaftssubjekte aus. Es werden Urteile über soziales Verhalten gefällt, die wiederum durchaus subjektiv sein können. Hier stellt sich dann die Frage nach dem Leitgedanken des marktwirtschaftlichen Systems in seiner Entfaltung als soziale Marktwirtschaft. Es erscheint fragwürdig, wenn Wirtschaftswissenschaftler die politisch zu lösenden gesellschaftlichen Spannungsverhältnisse zwischen den sozialen Gruppen mit Rechenkonzepten lösen wollen, die letztlich nur solche Wertungen zulassen, die durch die Struktur der Rechnung vorgezeichnet sind.
Zu den Ansätzen sozialer Rechnungslegung vgl. insbes. FISCHER-WINKELMANN, W.F.: Gesellschaftsorientierte Unternehmensrechnung, Wuppertal 1979 und die dort ausführlich angegebene Literatur.

beziehungen werden die Einkommensteile zugewiesen. Arbeitnehmer erhalten vertraglich vereinbarte Vergütungen, Darlehensgeber Zinsen, Eigenkapitalgeber Gewinnteile und der Staat Steuerbeträge. Letztlich hängen alle Einkommensteile der Leistungsträger voneinander ab. Sie werden aus dem **Wertauftrieb** gezahlt, den der Betrieb mit fremdbezogenen Gütern erwirtschaftet hat. Deshalb wird es eine aussagefähige Information sein, wenn die Leistungsträger im Betrieb neben der Größe Gewinn das verteilbare Einkommen, die **Wertschöpfung**, als Erfolgsmaßstab ausgewiesen bekommen. Deren Wesen soll mit einer Übersicht näher veranschaulicht werden:

ENTSTEHUNG UND VERTEILUNG DER WERTSCHÖPFUNG

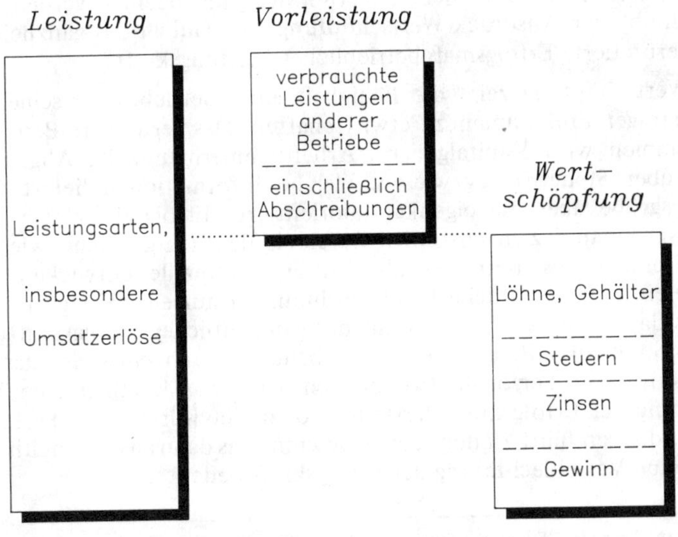

Mit der Abbildung kann der ganzheitliche Überschuß eines Betriebes wie folgt erklärt werden:

- Der Betrieb bezieht materielle und immaterielle Güter als Ergebnis des Leistungsprozesses anderer Wirtschaftseinheiten. Dieser Güterstrom auf der Beschaffungsseite umfaßt die **Vorleistungen** anderer Betriebe. Dem Güterstrom entgegengerichtet verläßt ein Geldstrom den Betrieb.
- Der Betrieb verarbeitet die Vorleistungen zu neuen marktfähigen Leistungen, die auf der Absatzseite an andere Wirtschaftseinheiten verkauft werden. Auch hier läuft dem Güterstrom ein Geldstrom – als Gegenwert für die abgesetzten Güter – entgegen.
- Aus den Wertbewegungen auf der Beschaffungs- und Absatzseite kann eine globale Erfolgsgröße (ein verteilbarer Überschuß) ermittelt werden. Mit diesem Überschuß wird der Wertzuwachs abgebildet, den die fremdbezogenen Güter (Vorleistungen) durch Maßnahmen und Tätigkeiten in dem betrachteten Betrieb erfahren haben. Weil hier vorhandenen Werten neue hinzugefügt werden, umschreibt der Ausdruck **Wertschöpfung** anschaulich das ganzheitlich interpretierte Erfolgsmaß betrieblicher Leistungskraft.[5]

Die Wertschöpfung zeigt die Fähigkeit eines Betriebes, für seine Leistungsträger Einkommen zu erwirtschaften. Das verteilbare Periodeneinkommen wird Kapitalgebern, Arbeitnehmern und der Allgemeinheit (über Steuern) zugewiesen. Welche Informationen liefert diese Erfolgsgröße über die eigenkapitalorientierte Erfolgsziffer (Gewinn/Verlust) hinaus? Zunächst wird durch sie deutlich gemacht, wie sich die Stellung des Betriebes als Einkommensquelle entwickelt hat. Hier liefert die rechtliche Erfolgsrechnung ja nur eine Restgröße, die nichts darüber aussagt, wie es mit der ganzheitlichen Erfolgskraft aussieht. So kann z.B. ein gleichgebliebener Gewinn entweder das Ergebnis höherer Personalaufwendungen sein, was letztlich eine Verbesserung der Erfolgskraft darstellt – oder eine Kürzung der Personalaufwendungen führt zu demselben Gewinn, was dann aus ganzheitlicher Sicht eine Verschlechterung der Erfolgskraft bedeutet.

---

5 Den grundlegenden Wortsinn erfaßt die englische Bezeichnung „value added" (hinzugefügter Wert) am deutlichsten.
In der Literatur wird der oben beschriebene Zusammenhang zumeist nur für gesamtwirtschaftliche Analysen aufgearbeitet. So wird im Rahmen der volkswirtschaftlichen Gesamtrechnung die Wertschöpfung aller Betriebe auf einem nationalen Produktionskonto als *Volkseinkommen* ausgewiesen. Die Wertschöpfung eines Betriebes zeigt somit den Anteil dieser Wirtschaftseinheit am insgesamt erwirtschafteten Volkseinkommen. Zu der Differenzierung von Rechengrößen im gesamtwirtschaftlichen Bereich vgl. insbes. STOBBE, A.: Volkswirtschaftliches Rechnungswesen, S. 99 ff.

Wie es schon bei den eigenkapitalbezogenen Erfolgsanalysen zweckmäßig war, von dem Vergleich absoluter Beträge (Gewinn/Verlust) zur Entwicklung und Beurteilung von relativierten Erfolgsgrößen (Kennziffern) überzugehen, ist es auch bei Wertschöpfungsbetrachtungen sinnvoll, aussagefähige Beziehungszusammenhänge zwischen dem Erfolgsmaß und Grundlagen seiner Entstehung zu entwickeln. In der einfachsten Form würde die umsatzbezogene **Wertschöpfungsquote** zeigen, wie es um die Entwicklung der gesamtbetrieblichen Leistungskraft bestellt ist. Aber auch andere Bezugsgrundlagen – wie die Mitarbeiterzahl, der Kapitaleinsatz, der Umfang des Anlagevermögens u.ä. – führen zu Wertschöpfungsquoten, die im Zeitvergleich aussagefähige Informationen liefern.

Ein anderer Ansatz verfolgt die Entwicklung von Verteilungsrelationen der Wertschöpfung. Es ist ja keineswegs so, daß es festgefügte Zusammenhänge zwischen Wertauftrieb und Arbeits- bzw. Kapitaleinkommen gibt. Abhängig von den konjunkturbedingten Verhandlungspositionen bei tariflichen Auseinandersetzungen kommt es zu Veränderungen im Verhältnis der betrieblichen Lohnquote zur Kapitalquote – womit jeweils der Anteil der Einkommensgruppe an der Wertschöpfung ausgedrückt wird.

Im Gegensatz zur eigenkapitalbezogenen Erfolgsgröße könnte hier eine Grundlage für interessenausgleichende Verhandlungsergebnisse liegen. Vor allem bekommen Fragen der Betriebserhaltung eine neue Perspektive: Insbesondere in Zeiten schwieriger Wirtschaftslagen mit hohen Arbeitslosenzahlen und vielen Unternehmenszusammenbrüchen kann nicht nur mit den überkommenen Maßstäben der Kapitalergiebigkeit argumentiert werden. Dort, wo schon Verluste anfallen, muß die Erhaltens- und Förderungswürdigkeit mit anderen Maßstäben gemessen werden. Man kann ja nicht sagen, solange der Verlust nur wenige Prozente des Eigenkapitals ausmacht, soll der „Staat“ mit Zuschüssen helfen. Vielmehr muß dort, wo die Gemeinschaft zur Erhaltung von Betrieben beitragen soll, auch die Fähigkeit dieses Betriebes zur Stiftung von Nutzen für die Gemeinschaft vorhanden sein. Ein Beurteilungsmaß zur Gewährung von öffentlicher Hilfe an notleidende Betriebe kann deshalb in dem ganzheitlichen Erfolgsmaß „Wertschöpfung“ gesehen werden. Interessenpluralistische Aufgaben können eben nicht mit interessenmonistischen Zielgrößen, wie es die eigenkapitalbezogene Erfolgsziffer der rechtsbezogenen Rechnungen ist, kontrolliert werden. Damit ist nun nicht gesagt, daß dieser Beurteilungsmaßstab für die betriebliche Leistungskraft die Gewinn- und

Verlustrechnung ersetzen soll. Nur ist es offensichtlich, daß *eine* Rechnung nicht zur Lösung aller Entscheidungsprobleme beitragen kann.[6]

2.9.2. Grundkonzeption der Wertschöpfungsrechnung

Die Wertschöpfung umfaßt das **verteilbare Einkommen** einer Wirtschaftseinheit. Da das verteilbare Einkommen auch immer irgendwie verteilt wird, läßt sich dessen Betrag auch grundsätzlich auf zwei Wegen ermitteln:

WERTSCHÖPFUNGSRECHNUNG

Entstehungsrechnung	Verteilungsrechnung
Gesamtleistung	*Arbeitseinkommen*
– *Vorleistungen*	+ *Kapitaleinkommen*
	+ *Gemeineinkommen*
= *WERTSCHÖPFUNG*	= *WERTSCHÖPFUNG*

In diesem Zusammenhang wäre zu klären, ob es sich bei den beiden Ermittlungswegen wirklich um Alternativen zur Bestimmung der Wertschöpfung handelt – also beide Rechenkonzeptionen zu demselben Ergebnis führen. Wäre das der Fall, könnte sich ausschließlich der einfacheren additiven Ermittlungsmethode zugewendet werden.

Nur wenn in einem Betrieb ausschließlich das als Einkommen verteilt wurde, was auch dort erwirtschaftet wurde, kann eine Übereinstimmung in den Rechenergebnissen von Entstehungs- und Verteilungsrechnung erwartet werden. Diese Annahme würde also für einen Betrieb zutreffen, der keine kapitalmäßigen Verflechtungen mit anderen Wirtschaftseinheiten aufweist oder dem nicht aufgrund vertraglicher Regelungen Einkommensteile von anderen Betrieben zufließen bzw. an diese abgeführt werden müssen. In diesem Fall wird sich über die

6 Vgl. zur Vielschichtigkeit der Auswertung von Wertschöpfungsrechnungen insbes. KINK, K.: Wertschöpfungsprozeß und Verrechnungslehre, S. 151 ff.; KROEBER-RIEL, W.: Die betriebliche Wertschöpfung, S. 132 ff.; LEHMANN, M.R.: Wertschöpfungsrechnung, S. 87 ff.; WEBER, H.K.: Die Bedeutung der betrieblichen Wertschöpfungsrechnung, S. 33 ff.. DERS.: Wertschöpfungsrechnung, S. 38 ff., sowie WEDELL, H.: Die Wertschöpfung als Maßgröße für die Leistungskraft eines Unternehmens.

Totalperiode der Leistungszeit eine Betragsgleichheit zwischen erwirtschafteter und verteilter Wertschöpfung einstellen.

In der Praxis führen Kapitalbeteiligungen zur Übertragung von Einkommensteilen auf andere Unternehmen. Diese bei der übernehmenden Stelle als **Beteiligungserträge** erscheinenden Posten vergrößern den Betrag verteilbaren Unternehmenseinkommens. Eine Verteilungsrechnung erfaßt zwangsläufig derartige Beträge als Wertschöpfung des empfangenden Unternehmens. Vom Rechnungsziel her ist dies ein Störfaktor im Ermittlungsweg der additiven Ermittlungsmethode.

Rechnungsziel ist die Ermittlung des Wertauftriebs, der innerhalb der Sozialgemeinschaft „Betrieb" durch die Nutzung von Arbeit, Anlagen und Stoffen erzielt wurde. Dieser Wertauftrieb muß dort erfaßt werden, wo er bewirkt wurde und nicht bei der Stelle, an die er aufgrund von Eigentums- und Forderungsrechten abzuführen ist. Sollen die umverteilten Einkommen nur an der Stelle ihres Entstehens erfaßt werden, müßte eine als Verteilungsrechnung aufgebaute Wertschöpfungsrechnung um diese Positionen korrigiert werden.

Wenn aus der Verteilungsrechnung keine Rückschlüsse auf die Quellen der Einkommensentstehung zu ziehen sind, sollte auch der Wertschöpfungsrechnung als Entstehungsrechnung der Vorzug gegeben werden. Dieses Vorgehen rechtfertigt sich aus den angeführten Ermittlungsproblemen heraus und letztlich wiederum aus dem Ansatzpunkt der Rechnung. Danach sind nicht retrograd Formen der Einkommensverteilung zu addieren, sondern es ist zunächst zu bestimmen, was auf der Betriebsleistung aufbauend als Einkommen verteilt werden kann. Im gegenwärtigen Stadium erweiterter Rechnungslegung der Unternehmen sind Wertschöpfungsrechnungen beschränkt auf eine Umgruppierung aktienrechtlicher GuV-Positionen. Es handelt sich nicht um originäre, sondern um abgeleitete Rechnungen. Damit stellen die vom Ansatz her lobenswerten Zusatzinformationen lediglich eine besondere Form der Analyse handelsrechtlicher Jahresabschlüsse dar. Die Wertschöpfungsrechnung wird aus den Ergebnissen eines anderen Informationsinstruments abgeleitet. Damit ist auch gesagt, daß alle Unzulänglichkeiten des handelsrechtlichen Anschaffungswertprinzips hingenommen werden müssen.[1]

1 Zum Problem originärer und abgeleiteter Wertschöpfungsrechnung, insbes. auch den Periodisierungs- und Bewertungsfragen siehe ausführlich WEDELL, H.: Die Wertschöpfung als Maßgröße für die Leistungskraft eines Unternehmens.

In obigem Zusammenhang zeigen die Jahresabschlüsse, daß sich eine **abgeleitete Wertschöpfungsrechnung** nicht nur an den Beträgen der Gewinn- und Verlustrechnung orientieren darf. Vielmehr geben die Erläuterungen im Geschäftsbericht wesentliche Zusatzinformationen über aperiodische Erfolgsteile. Insbesondere der Bereich Abschreibungen zeigt die Notwendigkeit einer zusätzlichen Erfassung solcher periodenfremden Verrechnungsposten. Dabei sind steuerlich motivierte Zusatzabschreibungen als Wertschöpfungsteile aufzufassen und nur die handelsrechtliche Normalabschreibung kann als periodisierte Vorleistung verrechnet werden.

Für eine Wertschöpfungsrechnung, die aus der handelsrechtlichen Gewinn- und Verlustrechnung abgeleitet wird, käme der untenstehende Ansatz in Betracht:

ABGELEITETE WERTSCHÖPFUNGSRECHNUNG

Zeile	*Pos. gem. § 275 HGB*		*Bezeichnung*	*Betrag DM*
1	1.		*Umsatzerlöse*	....
2	2.	±	*Bestandsveränderungen*	± ....
3	3.	+	*andere aktivierte Eigenleistungen*	+ ....
4	4.	+	*sonstige betriebliche Erträge*	+ ....
5		=	*BETRIEBSERTRAG*	....
6	5.	–	*Materialaufwand (Stoffe, Waren, Leistungen)*	– ....
7	(7.a)	–	*Normalabschreibungen Sachanlagen*[2]	– ....
8	8.	–	*sonstige betriebliche Aufwendungen*	– ....
9		=	*WERTSCHÖPFUNG DER ABRECHNUNGSPERIODE*	....

Zu diesem Rechenkonzept sind einige Erläuterungen anzufügen. Sie betreffen zunächst die problematische Erfassung einiger Beträge, die von Betrieben an die „Allgemeinheit“ gezahlt werden.

Schon bei der Behandlung indirekter Steuern und deren Buchungstechnik wurde festgestellt, daß beispielsweise Verbrauchsteuern,

2 Die Aufspaltung des Abschreibungsbetrages in ‚normale‘ und außerordentliche Teile läßt sich auf der Grundlage von Pflichtangaben im Anhang des Jahresabschlusses vornehmen.

wie die Mineralölsteuer, nicht als ‚Steuern' gebucht werden, sondern beim Käufer der Ölprodukte im Bestandswert bzw. in dem Aufwand für das steuerbelastete Gut (Treibstoff) enthalten sind. Als Steuern erscheinen diese Beträge nur dort, wo sie auch als Schuld gegenüber dem Finanzamt anfallen. Im Beispiel der Mineralölsteuer erfolgt der Ausweis in der Rechnungslegung des Mineralölherstellers (Raffinerie), bei der Biersteuer ist es die Brauerei, . . . Demnach werden Verbrauchsteuern nicht dort als erwirtschaftetes Staatseinkommen erfaßt, wo die belasteten Produkte tatsächlich verbraucht werden. Damit ist schon eine „richtige", d.h. vollständige Erfassung aller Wertschöpfungsteile ausgeschlossen. Das Statistische Bundesamt überbrückt dieses Problem damit, daß es hier von „Produktionssteuern" spricht und ihnen Vorleistungscharakter beilegt – was aber ein wenig überzeugender Weg ist.

Noch größere Probleme bereitet bei der externen Wertschöpfungsanalyse die Umsatzsteuer. Zweifelsfrei handelt es sich dabei um Anteile des Staates an der Betriebsleistung – was ja schon mit dem Ausdruck ‚Mehrwertsteuer' betont wird. Nur wird durch das Steuersystem und die Buchungstechnik dieser Anspruch an eine Besteuerung des betrieblichen Wertauftriebs nicht erfüllt.[3] Für den außenstehenden Bilanzleser ist es überhaupt nicht möglich, diesen wesentlichen Beitrag des jeweiligen Unternehmens zum Staatseinkommen zu ermitteln.

Eine andere Ergänzung betrifft Arbeitsentgelte, die nicht zu den ‚normalen' Personalaufwendungen gehören: die Vergütungen an Aufsichtsratsmitglieder. Weil es sich hier nicht um Angestellte des Unternehmens handelt, werden ihre Vergütungen in den Sammelposten der „sonstigen Aufwendungen" aufgenommen – was dann zu einer ungerechtfertigten Minderung der Wertschöpfung führt, weil diese Aufwendungen oben als Vorleistungen eingeordnet wurden. Eine nähere Beschäftigung mit dieser Aufwandsart zeigt dann aber auch noch andere Posten, die eigentlich auch Wertschöpfungscharakter haben oder genauer gesagt, die als Einkommensteile an Arbeitnehmer eingeordnet werden könnten. So sind Aufwendungen für Kantinen, Erholungs- und Sportanlagen nicht nur eine Maßnahme zur Leistungsbewirkung im Betrieb, sondern zu einem Anteil auch immer ersparte Ausgaben der Arbeitnehmer. Hier zeigt sich, wie unvollkommen die Umwandlung eines Rechensystems ist, das für einen anderen Informationsauftrag entwickelt wurde und wie wichtig die Erarbeitung einer originären Wertschöpfungsrechnung sein wird.

3 Vgl. zur Erhebungsmethode und Buchungstechnik der Umsatzsteuer nochmals S. 164 ff.

In Kenntnis möglicher Unzulänglichkeiten einer abgeleiteten Wertschöpfungsrechnung soll zu dem eingangs entwickelten Informationsziel zurückgekehrt werden.

Das Wertschöpfungsdenken soll Leistungs- und Verteilungsvorgänge ersichtlich machen. Neben die Ermittlung der Wertschöpfung tritt die Abbildung von Vorgängen der Einkommensverteilung. Die vielfältigen Formen der Konzernbildung zeigen deutlich, daß Einkommen nicht nur an den unmittelbar mit seiner Erwirtschaftung befaßten Personenkreis verteilt wird. Mit einer zusammenfassenden Übersicht auf der Seite 279 sollen diese Zusammenhänge deutlich gemacht werden. Die Anwendung des Rechengerüstes auf veröffentlichte Jahresabschlüsse wird sicherlich am ehesten in das Wertschöpfungsdenken einführen.

Der Stellenwert der Wertschöpfung im Gefüge von Erfolgskennziffern kann abschließend wie folgt umrissen werden: Die Wertschöpfung umfaßt das erwirtschaftete und verteilbare Einkommen eines Betriebes. Sie wird in einem derzeit informationsbegrenzten (abgeleiteten) Rechengang bestimmt, der nicht anstrebt, der interessenmonistischen Kennzahl „Jahresüberschuß/-fehlbetrag" eine andere, etwa ausschließlich arbeitnehmerbezogene Erfolgsziffer gegenüberzustellen. Damit wird vielmehr dem Umstand Rechnung getragen, daß die Erfolgsspaltung in Einkommensteile ein von der gemeinschaftlichen Wertvermehrung losgelöstes Problem von Handels-, Steuer- und Tarifrecht darstellt. Als interessenpluralistische Leistungskennziffer erscheint die Wertschöpfung jedoch eher in der Lage, im Zeitvergleich Beurteilungsgrundlagen für die Lösung von Interessenkonflikten im Unternehmen zu liefern, als es interessenmonistische Erfolgsmaße tun können.

KONTROLLFRAGEN:

(66) Welche Gründe haben dazu geführt, neben die Gewinn- und Verlustrechnung eine Wertschöpfungsrechnung zu stellen?

(67) Worin liegt der Unterschied zwischen einer Wertschöpfungsrechnung nach Entstehungs- und Verwendungskonzept?

(68) Welche Rolle spielen die indirekten Steuern in der Wertschöpfungsrechnung?

(69) Welcher Zusammenhang besteht zwischen der betrieblichen Wertschöpfung und dem Volkseinkommen?

(70) Für welche Problembereiche können Wertschöpfungsanalysen Entscheidungshilfen geben?

EINKOMMENSENTSTEHUNG IM UNTERNEHMEN

Nr.	Pos. § 275 HGB		Bezeichnung
1			WERTSCHÖPFUNG DER ABRECHNUNGSPERIODE
2	15.	+	außerordentliche Erträge
3	16.	–	außerordentliche Aufwendungen
4	*	–	Mehrabschreibungen auf Sachanlagen
5	7.b)	–	Mehrabschreibungen auf Umlaufvermögen
6		=	EINKOMMEN AUS UNTERNEHMENSTÄTIGKEIT i.e.S.
7	9.	+	Erträge aus Beteiligungen
8	10.	+	Erträge aus anderen Wertpapieren
9	11.	+	sonstige Zinsen u.ä. Erträge
10	*	+	Erträge aus Verlustübernahme
11	*	+	Erträge aus Gewinnabführungsverträgen
12	12.	–	Abschreibungen auf Finanzanlagen
		=	VERTEILBARES UNTERNEHMENSEINKOMMEN

EINKOMMENSVERTEILUNG IM UNTERNEHMEN

Nr.	Pos. § 275 HGB		Bezeichnung
1	6.a)		Löhne und Gehälter
2	6.b)	+	Soziale Abgaben und Aufwendungen für Altersversorgung und Unterstützung
3		=	EINKOMMEN AN ARBEITNEHMER
4	13.		Zinsen und ähnliche Aufwendungen
5	20.	±	Jahresüberschuß/Jahresfehlbetrag
6		=	EINKOMMEN AN KAPITALGEBER
7	18.		Steuern vom Einkommen und vom Ertrag
8	19.	+	sonstige Steuern
9		=	EINKOMMEN AN ALLGEMEINHEIT
		=	VERTEILTES UNTERNEHMENSEINKOMMEN

** Die Beträge sind aufgrund der Pflichtangaben gem. §§ 277 ff. HGB in der Gewinn- und Verlustrechnung oder im Anhang auszuweisen.*

Aufgabe 17

Die wirtschaftliche Lage von zwei Aktiengesellschaften soll isoliert und im branchenübergreifenden Vergleich umfassend analysiert werden.

1. Daten aus den Bilanzen (Beträge in Mio. DM)	Unternehmen A (Einzelhandel) Periodenanfang	Unternehmen A (Einzelhandel) Periodenende	Unternehmen B (Industrie) Periodenanfang	Unternehmen B (Industrie) Periodenende
Grundkapital	360,0	360,0	600,0	600,0
gesetzliche Rücklage	180,0	180,0	187,1	187,1
andere (freie) Rücklagen	800,0	790,0	808,2	973,0
Sonderposten mit Rücklageanteil	0,0	0,0	174,5	185,1
Bilanzgewinn (Vorjahr)	(50,4)	50,4	(144,0)	164,8
Anlagevermögen, insgesamt	1.901,2	1.989,9	2.487,3	2.410,6
davon Sachanlagen	1.553,6	1.637,3	2.217,1	2.165,7
Umlaufvermögen, insgesamt	1.918,2	1.843,6	2.712,7	3.495,0
davon Vorräte, Waren	1.191,8	1.265,0	791,3	724,5
Bilanzsumme	3.821,8	3.834,2	5.201,1	5.906,6

2. Daten aus den Erfolgsrechnungen für diese Periode (in Mio. DM)

	Unternehmen A	Unternehmen B
Umsatzerlöse (netto)	8.132,6	12.931,6
Bestandsveränderungen Erzeugnisse	–	– 78,9
Andere aktivierte Eigenleistungen	–	41,2
Gesamtleistung	8.132,6	12.893,9
Aufwendungen für Stoffe bzw. Waren	5.201,8	6.915,0
Erträge aus Gewinnabführungsverträgen	3,8	11,1
Erträge aus Beteiligungen	1,3	103,0
Erträge aus anderen Finanzanlagen	2,0	0,9
Sonstige Zinsen und ähnliche Erträge	143,5	171,0
Erträge aus dem Abgang von Anlagevermögen	5,9	3,3
Erträge aus der Auflösung v. Rückstellungen	2,7	55,7
Erträge a.d. Aufl. Sonderposten/Rücklageant.	0,0	8,0
Sonstige Erträge (davon außerordentliche)	180,6 (7,9)	145,6 (6,1)
Löhne, Gehälter	1.669,0	2.314,9
Soziale Abgaben	282,4	341,1
Aufwendungen Altersversorg., Unterstützg.	105,0	136,5
Abschreibungen auf Sachanlagen (dav. a.o.)	223,6 (4,4)	707,9 (55,1)
Abschreibungen auf Finanzanlagen	0,0	26,4
Verluste aus Wertminderungen/Umlaufvermögen	6,3	7,2
Verluste aus dem Abgang v. Anlagevermögen	0,4	3,6
Zinsen und ähnliche Aufwendungen	40,7	54,4
Steuern vom Einkommen, Ertrag, Vermögen	73,0	690,3
Sonstige Steuern	1,6	2,4
Aufwendungen aus Verlustübernahme	35,4	3,6
Einstellungen in Sonderposten/Rücklageanteil	0,0	18,5
Sonstige Aufwendungen	772,8	1.841,1
Jahresüberschuß	60,4	329,6
Einstellungen in andere (freie) Rücklagen	10,0	164,8
Bilanzgewinn	50,4	164,8

3. Ergänzende Angaben:

	Unternehmen A	Unternehmen B
Zahl der Mitarbeiter (Jahresdurchschnitt)	53.831	43.930
Dividende je 50,– DM/Aktie, (Vorjahr) DM	7,– (7,–)	12,50 (12,–)

3. Informationsgewinnung nach wirtschaftlichen Grundsätzen (Kosten- und Leistungsrechnung)

3.1. Rechnungsziele und Kriterien bei der Erfassung von Erfolgsbeiträgen

3.1.1. Aussagewert handelsrechtlicher Erfolgsrechnungen

Das betriebswirtschaftliche Rechnungswesen soll entscheidungsrelevante Informationen liefern. Entscheidungen sind von allen Beteiligten am betrieblichen Leistungsprozeß zu treffen. Sie sind aber auf unterschiedliche Bezugspunkte ausgerichtet. Im Abschnitt 1.1.3. wurden Entscheidungsfelder und Informationsinteressen dargestellt. Dabei wurden Spannungsfelder zwischen externen Informationsinteressenten und Unternehmensleitung deutlich. Sie haben ihre Ursache vor allem in den Rechtsfolgen, die an bestimmte Rechnungsgrößen anknüpfen. So führt ein ausgewiesener Gewinn zu finanzwirtschaftlichen Belastungen durch Entnahmevorgänge und Steuerzahlungen. Durchaus naheliegend kann es daher sein, nur das als Gewinn auszuweisen, was als belastbare Größe angesehen wird. Damit wird nicht der *erzielte* Gewinn, sondern nur der *belastbare* Gewinn ausgewiesen. Die externe Rechnungslegung mit Erfolgsrechnung und Bilanz ist von diesem Leitgedanken einer belastungsorientierten Informationsvermittlung geprägt.

Der oben dargestellte Ausgangspunkt externer Rechnungslegung ist für den Kreis außenstehender Anspruchsträger unbefriedigend. Ihre Hoffnung richtet sich auf den Gesetzgeber, der die Rechtsgrundlagen für die Bestands- und Ergebnisrechnungen schafft. Mit ihren Informationsansprüchen verkennen sie aber oft die grundsätzliche Schwierigkeit, die bei der Formulierung von Gesetzen auftritt: Gesetze sind hier nicht zur Lösung von Einzelfällen zu schaffen. Sie müssen vielmehr die Vielfalt möglicher Erscheinungsformen von Abrechnungsfragen in verschiedensten Wirtschaftszweigen umschließen. Deshalb können nur Rahmenbestimmungen erlassen werden, die nach anerkannten Auslegungsregeln auf konkrete Fälle anzuwenden sind. Um den Gedanken nochmals zu umreißen, sei auf die Bedeutung eines Bewertungsrechts für Unternehmen verschiedenster Branchen, aber derselben Rechtsform hingewiesen. Als Aktiengesellschaft organisiert sind z.B. Handels- und Industriebetriebe, jeweils wieder in den unterschiedlichsten Geschäftszweigen. Die Rechtsvorschriften zu Buchführung und Abschluß stellen aber auf die rechtliche Organisationsform ab. So wird dann beispielsweise im Gesetz gefordert, abnutzbare Gegenstände planmäßig abzuschreiben. Diese Vorschrift ist auf die Einrichtung eines Handelsbetriebes und seinen Fuhrpark ebenso anzuwenden wie auf die Maschinen in einem Industriebetrieb. Dabei müssen aber die Abschreibungsursachen durchaus unterschiedlich gewichtet werden. Selbst gleichartige Gegenstände werden in verschiedenen Unternehmen nicht unbedingt dieselben Entwertungsverläufe haben. Deshalb kann der Gesetzgeber keine speziellen Normen für diese Einzelfälle erlassen.[1] Er kann äußerlich gleichartige Rechnungsfragen nur grundsätzlich lösen und muß die sachentsprechende Anwendung dieser Grundsätze letztlich dem zur Rechnungslegung und deren Kontrolle verpflichteten Personenkreis überlassen.

Die rechtlichen Regelungen zur Bilanzierung und Bewertung schaffen einen auslegungsfähigen Rahmen, in dessen Grenzen jedes Unternehmen Bilanz und Erfolgsrechnung aufzustellen hat. Die Grenzen sind so gefaßt, daß sie einerseits den Ausweis unrealisierter Gewinne verhindern sollen, andererseits aber auch die Entnahmeinteressen der Eigentümer oder Gesellschafter berücksichtigen. Der **Anspruchswahrung** von Gläubigern glaubt der Gesetzgeber vor allem durch das **Anschaffungswertprinzip** zu folgen. Danach dürfen Vermögensgegenstände grundsätzlich nur ausgewiesen werden, soweit sie käuflich erworben wurden. Entsprechend finden sie ihren höchsten Wertansatz im Anschaffungswert. Marktpreissteigerungen über den Anschaffungswert hinaus dürfen nicht berücksichtigt werden. Ein niedrigerer, nachprüfbarer Börsen- oder Marktpreis von Gegenständen des Umlaufvermögens ist dagegen anzusetzen, bzw. ist auch bei Gegenständen des Anlagevermögens zu berücksichtigen, sofern es sich um eine voraussichtlich andauernde Wertminderung handelt.[2] Dieses **imparitätische Realisationsprinzip** bildet den Mittelpunkt der rechtlichen Rechnungslegung und ist zugleich der wesentliche Störfaktor für einen gegenwartsbezogenen Ausweis von Vermögen und Erfolg. Es verhindert

---

1 Vgl. zu Fragen bilanzieller Abschreibungen nochmals Abschnitt 2.6.
Zur Veranschaulichung grundsätzlicher Fragen der externen Rechnungslegung könnten auch andere Beispiele herangezogen werden. So kann der Wertansatz für Lagerbestände an Halb- und Fertigfabrikaten unterschiedlichsten gedanklichen Ausgangspunkten folgen. Im Abschnitt 2.8.2.2. wurden Unterschiede beim sog. Voll- und Teilkostenansatz erörtert und deren Auswirkungen auf die Erfolgsziffern von Jahresabschlüssen dargestellt.

2 Vgl. zu den handelsrechtlichen Bilanzierungs- und Bewertungsvorschriften nochmals Abschnitt 2.1.

den Einblick in die Vermögenslage nach aktuellen Preisen, was in Zeiten fortlaufender Preissteigerungen ein wesentlicher Nachteil ist. Daraus folgt, daß auch Verbrauchsteile (Aufwendungen) nur bis zu dem Gesamtbetrag angesetzt werden dürfen, der als Ausgabe angefallen ist. Auf das eingangs gebildete Beispiel der Abschreibungen bezogen heißt das, insgesamt nur soviel als Wertverbrauch ansetzen zu können, wie für den betreffenden Vermögensgegenstand früher einmal ausgegeben wurde. Damit kann aber bei gestiegenen Wiederbeschaffungspreisen aus dem Gegenwert des ingesamt verrechneten Aufwandes keine Ersatzbeschaffung durchgeführt werden. Unter dem Gesichtspunkt einer Betriebserhaltung erweist sich die handelsrechtliche Erfolgsrechnung als gefährlich. Sie zeigt Gewinne, die aus wirtschaftlicher Sicht zum Teil nur **Scheingewinne** sein können.

Mit den obigen Ausführungen sollte nochmals betont werden, daß der handelsrechtliche Jahresabschluß nur für solche Informationszwecke verwendbar ist, für die er nach dem Willen des Gesetzgebers aufgestellt werden muß. Er ist ein Instrument, das die Schuldendeckung in den Grenzen des Anschaffungswertprinzips abbildet und den Erfolg im Rahmen willkürfreier Anwendung des imparitätischen Realisationsprinzips bestimmen soll. Die Absichten des Gesetzgebers werden in der Praxis allerdings nur unvollkommen beachtet. So werden die eingeräumten Bewertungsspielräume nicht als Hilfestellung für eine aussagefähige Rechnungslegung aufgefaßt, sondern benutzt als Instrument für die Ermittlung ausschüttungs- und steuertaktisch regulierter Erfolgsziffern.

3.1.2. Ausgangspunkte kalkulatorischer Rechnungen

Vom betriebswirtschaftlichen Rechnungswesen sind neben der Vermittlung von Informationen für den Kreis externer Unternehmensinteressenten auch Daten für interne Lenkungszwecke zu erarbeiten. Im Mittelpunkt der Entscheidungsprobleme zum Betriebsablauf steht die Frage, welche Erzeugnisse in welcher Menge und zu welchem Preis hergestellt und verkauft werden sollen, damit ein vorgegebenes Erfolgsziel erreicht wird. Es geht also um die Planung und Kontrolle des Leistungsprozesses. Dabei lassen sich insbesondere aus der Analyse von abgeschlossenen Leistungszeiträumen die Erfolgsquellen beurteilen. Das gilt einmal für die gesamte Leistungseinheit „Betrieb“. Sie umfaßt diejenigen technischen und organisatorischen Bereiche, die mit der Hervorbringung und Verwertung von Gütern befaßt sind.[1] Für sie wird eine **Betriebsergebnisrechnung** eingerichtet.

Betriebspolitische Entscheidungen betreffen weniger die gesamte Leistungseinheit Betrieb als vielmehr die Bereiche, die im Zuge der Arbeitsteilung gebildet werden. Dabei handelt es sich um organisatorisch abgegrenzte Leistungsstellen wie Beschaffung, Fertigung, Verwaltung, Vertrieb – oftmals bezeichnet als Abteilung, Sektion oder Bereich. Die Leistungsstellen stehen unter der Verantwortung von Stellenleitern (Bereichsleiter, Abteilungsleiter o.ä.). Diese sind gegenüber der Betriebsleitung rechenschaftspflichtig. Eigenverantwortlichkeit zieht Kontrolle nach sich. Andererseits setzt Kontrolle auch Verantwortlichkeit voraus. Jemand wird sich nur das als Leistungsergebnis zurechnen lassen, was auch durch seine Maßnahmen und Handlungen bewirkt wurde. Aufgabe des internen Rechnungswesens wird es deshalb sein, die Erfolgsbeiträge des Betriebes verantwortungsgerecht den Leistungsbereichen zuzuordnen. Neben die Analyse des Betriebserfolges tritt die Auswertung von **Bereichsrechnungen.**

Zur Betriebsdisposition muß nicht nur ermittelt werden, *welche* Erfolge *wo* angefallen sind. Es ist auch festzustellen, *wofür* Güter und Dienste verbraucht wurden und welche Erfolgswirkungen diese sog. **Kostenträger** hatten.

Aus den Betriebs- und Bereichsrechnungen werden **Stückrechnungen** abgeleitet. Ihr Informationsauftrag ist gerichtet auf die Erfolgskontrolle unterschiedlicher Güter des Angebotssortiments, die Preiskontrolle und die optimale Zusammensetzung des Sortiments.

Nach den oben erläuterten Aufgabenstellungen des internen Rechnungswesens kann die Frage beantwortet werden, ob für die dargestellten Kontroll- und Lenkungszwecke nicht das Zahlenmaterial der Finanzbuchführung ausreichend ist. Es könnte doch naheliegen, die Gewinn- und Verlustrechnung unter solchen Gesichtspunkten auszuwerten, die für anstehende Entscheidungsprobleme kennzeichnend sind. Die Ausführungen im vorangegangenen Abschnitt 3.1.1. lassen aber bereits den Schluß zu, daß ein großer Abstand zwischen externer Rechnungslegung und internen Informationsbedürfnissen besteht.

Interne Rechnungen müssen auf den Kontroll- bzw. Planungsbereich abgestimmt sein. Alle Erfolgsbeiträge, die nach Ursache, Zeit und

1 Vgl. zur begrifflichen Unterscheidung zwischen Betrieb und Unternehmung im Rechnungswesen nochmals die Abschnitte 2.3.1. sowie 2.7.1.1.

Wertansatz als nicht verursachungsgerecht anzusehen sind, müssen aus der internen Rechnung ausgeschlossen werden. Aus den Aufwendungen und Erträgen (der externen Erfolgsrechnung) sind die **Kosten** und **Leistungen** herauszufiltern. Die Kosten umfassen dabei – nach dem bereits entwickelten Begriffsinhalt[2] – den leistungsbezogenen und zweckgerichtet bewerteten Verbrauch von Gütern und Diensten im Rahmen des Betriebsablaufs und zur Sicherstellung der Betriebsbereitschaft. Leistungen umfassen den sachentsprechenden positiven Gegenpol: das zweckgerichtete Werteschaffen.

Nun könnte angenommen werden, daß die Organisation der Finanzbuchführung diese Aussonderung von Kosten und Leistungen hinreichend erfülle: der Kontenrahmen für Handelsbetriebe z.B. schaffe doch schon mit den Kontenklassen 2, 3, 5 und 8 sowie dem Abgrenzungssammelkonto die Voraussetzungen für eine aussagefähige Betriebsabrechnung – zumindest was die Betrachtung abgeschlossener Leistungszeiträume anbelangt. Bei dieser Annahme wird zu wenig berücksichtigt, daß viele Aufwendungen und Erträge, auch wenn sie vom Entstehungsgrund her leistungsbezogen sind, in ihrer **Wertkomponente** nicht den Ansprüchen interner Rechnungen genügen. Hierfür sind zwei Gründe maßgeblich. Zum einen steht die externe Rechnungslegung unter dem Leitgedanken ausschüttungs- bzw. belastungsorientierter Information. Deshalb werden Bandbreiten der Wertsetzung nach jeweiligen Anforderungen zur Erfolgsregulierung ausgenutzt. Diese Rechnung wird beherrscht vom **Tragfähigkeitsdenken**, während die internen Rechnungen vom **Verursachungsdenken** geprägt sein sollen. Auf der anderen Seite verhindern auch die Vorschriften zur Rechnungslegung eine verursachungsgerechte Erfolgsbestimmung. Indem der Anschaffungswert die Obergrenze des Vermögensausweises darstellt, läßt er beispielsweise eine gegenwartsnahe Festsetzung von Abschreibungsbeträgen nicht zu. Die interne Rechnung kann aber nicht die Preise früherer Zeiten verarbeiten. Sie muß aktuelle (höhere) Preise der Kostengüter für eine Beurteilung gegenwärtiger Erfolgssituationen heranziehen.

Ein weiterer Störfaktor bei der Auswertung von Ergebnissen der Finanzbuchführung ist das **Anschaffungswertprinzip (Pagatorik)**. In welchem Maße diese Rechtsgrundlage der externen Rechnungslegung zu Problemen führt, soll mit einer einführenden Fallgestaltung veranschaulicht werden:

---

2 Vgl. Abschnitt 2.7.1.1.

Fallgestaltung: Kontrolle des Unternehmererfolges

Die beiden Gesellschafter der FOTOSHOP OHG erzielten in der Periode t_1 einen Reingewinn von DM 100.000,–. Bei der Analyse dieser Erfolgsziffer stehen sie vor dem Problem, ihren Unternehmererfolg zu würdigen. Der Gesellschafter A zeigt sich nicht mehr weiter an einer Fortsetzung der Unternehmenstätigkeit interessiert. Der Gesellschafter B hingegen rechtfertigt seine Interessen an weiterer Unternehmertätigkeit mit dem Hinweis auf die in t_1 erzielte Eigenkapitalrentabilität in Höhe von 38,4 Prozent.[3]

Welche Gesichtspunkte werden dagegen den Gesellschafter A zu seiner Meinung veranlaßt haben?

Die Fallgestaltung zeigt einen Sachverhalt, der viele Personenunternehmen kennzeichnet. Die Eigentümer oder vollhaftenden Gesellschafter nehmen selbst die Geschäftsführung wahr. Aus wirtschaftlicher Sicht liegt mit dem Arbeitseinsatz des Unternehmers zweifelsfrei ein leistungsbezogener Verbrauch von Diensten vor, der in der betrieblichen Erfolgsrechnung berücksichtigt werden muß. Letztlich müssen dann auch die Produkte anteilig mit einem Beitrag für den Arbeitseinsatz der Unternehmer belastet werden. Innerhalb der handelsrechtlichen Erfolgsrechnung darf ein solcher **„Unternehmerlohn"** jedoch nicht als Aufwandsposten erscheinen. Es fehlt hier die Rechtsgrundlage, die erst eine Aufwandsverrechnung möglich macht. Wenngleich zwar gedanklich konstruiert werden kann, daß hier der Betrieb den Unternehmer entlohnen muß, ist damit keine rechtswirksame Verpflichtung zur Auszahlung von Finanzmitteln entstanden. Mit sich selbst kann der Unternehmer keine rechtswirksamen Verträge abschließen. Eine erfolgswirksame Erfassung dieses Arbeitseinsatzes ist im Rahmen der handelsrechtlichen Erfolgsrechnung nicht möglich. Andernfalls würde der willkürlichen Bestimmung des Periodenerfolges zu breiter Raum gelassen.

Das Handelsrecht weist nicht nur den „Unternehmerlohn" dem Bereich der Gewinnverwendung zu. Auch für den Einsatz des Eigenkapi-

3 Der Gesellschafter B bekam einen Gewinnanteil von DM 47.336,– zugewiesen. Unter Berücksichtigung der Entnahmevorgänge zur Jahresmitte ergab sich für ihn folgende Rechnung zur Ermittlung der Rentabilität des Eigenkapitals (vgl. Aufgabe 2):

$$R_{EK} = \frac{G \cdot 100}{EK \cdot t}$$

$$\text{also ist } R_{EK(B)} = \frac{47.336,- \cdot 100}{\frac{137.200,- \cdot 1}{2} + \frac{109.200,- \cdot 1}{2}} = \underline{\underline{38,422\,\%}}$$

tals darf kein gewinnmindernder „Zins" angesetzt werden, weil zwischen dem Betrieb und dem Unternehmer keine Kreditbeziehungen bestehen. Nur Zinsbelastungen, die aus dem Fremdkapitalbereich herrühren, verändern den Jahresgewinn oder -verlust.[4] An diesem Beispiel wird besonders deutlich, daß für interne Lenkungszwecke andere Rechengrundlagen benötigt werden. Hier geht es nicht um die Periodisierung von Zahlungsvorgängen, sondern um die wirtschaftliche Betrachtung von Leistungsprozessen. In diesen Rechnungen werden *kalkulatorische* und nicht *pagatorische* Rechengrößen verarbeitet.

Die Ausgangspunkte kalkulatorischer Rechnungen lassen sich nun wie folgt umschreiben: Eine Kontrolle und Gestaltung des Leistungsprozesses bedingt Zahlenmaterial über Betriebsstrukturen und -prozesse, das größte

Mengen- und Wertgenauigkeit

aufweist. Diese Anforderung an entscheidungsrelevante Informationen steht im Widerspruch zu den Gepflogenheiten, die für externe Rechnungen kennzeichnend sind. Deshalb werden für interne Lenkungszwecke kalkulatorische Rechnungen durchgeführt. Die Anforderungen, die an solche Rechnungen gestellt werden, lassen sich in Stichworten wie folgt zusammenfassen:

ANFORDERUNGEN AN ERFOLGSBEITRÄGE IN KALKULATORISCHEN RECHNUNGEN

- **Vollständigkeit**
- **Leistungsbezug**
- **Zeitbezug**
- **Mengengenauigkeit**
- **Wertgenauigkeit**

4 Der Kontenrahmen weist Fremdkapitalzinsen der Kontenklasse 2 zu, behandelt sie als sog. neutrale Aufwendungen. Das Betriebsergebnis enthält demnach keine Kosten für Kapitalnutzung. Damit wird lediglich eine aussagefähige Betriebsabrechnung vorbereitet, denn zur Bestimmung eines leistungsbezogenen Periodenerfolges müßte noch ein (kalkulatorisches) Entgelt für den Kapitaldienst angesetzt werden. Anforderungen an die Bemessung solcher Kostenarten werden später erörtert. Hier sollte es zunächst nur darum gehen, aus einer kritischen Betrachtung der Gewinn- und Verlustrechnung die Notwendigkeit kalkulatorischer Rechnungen abzuleiten.

3.1.3. Rechnungsziele und Kostenbegriffe

Im praktischen Sprachgebrauch und im wissenschaftlichen Schrifttum wurden für die Elemente kalkulatorischer Rechnungen eine Vielzahl von Begriffen geprägt. Sie beziehen sich vor allem auf die speziellen Rechenziele und die dabei auftretenden Ermittlungsprobleme. Im folgenden soll zunächst ein kurzer Überblick über diejenigen Begriffselemente der Kostenrechnung gegeben werden, die als nähere Erläuterung „der Kosten" angesehen werden. Es handelt sich um informationsbezogene Eingrenzungen des allgemeinen Kostenbegriffs.[1] Mit dieser Erläuterung soll frühzeitig die Bedeutung eindeutiger Benennungen hervorgehoben und Mißverständnissen beim eigenständigen Literaturstudium begegnet werden. Eingehendere Analysen der Rechenelemente erfolgen dann in den jeweiligen Abschnitten bei der Einzelanalyse von kalkulatorischen Rechnungen.

Eine erste Differenzierung des Kostenbegriffs ergibt sich aus dem Zeitbezug von Abrechnungen: So können kalkulatorische Rechnungen einmal zur Erfassung abgeschlossener Leistungszeiträume dienen. Solche Vergangenheitsbetrachtungen befassen sich mit sicher be-

---

1 Überwiegend lassen sich entsprechende Wortbildungen für die positiven Erfolgsbeiträge, die *Leistungen*, bilden. Weil aber, wie später noch zu zeigen sein wird, die Kostenbetrachtung im Vordergrund steht, kann auch in diesem Stadium die Analyse von Leistungsbegriffen vernachlässigt werden.

Die oben folgenden Begriffserklärungen sind der Versuch, die wesentlichen Differenzierungen in einfachster Form darzustellen. Dieses Vorgehen ist nicht unproblematisch, weil im Schrifttum wenig Übereinkunft bei den Begriffsgebungen besteht. Das beginnt bereits bei der Interpretation des allgemeinen Kostenbegriffs. Einige Umschreibungen seien zur Information angeführt. Unter „Kosten" wird u.a. verstanden

- „normalisierte betriebsbezogene Aufwendungen sowie fiktive Aufwendungen für entgangenen Nutzen" (WEBER, H.K.: Betriebswirtschaftliches Rechnungswesen, S. 300);
- „Güterverbrauch, der bestimmte Leistungen (Produkte) hervorgerufen hat" (KOSIOL, E.: Kostenrechnung und Kalkulation, S. 23);
- „periodenechter betrieblich bedingter Güterverbrauch für die Leistungserstellung" (SCHÖNFELD, H.-M.: Kostenrechnung I, S. 23);
- „Summe der für die eingesetzten Produktionsmittel entrichteten Entgelte" (KOCH, H.: Betriebliche Planung, S. 21);
- „Ausgaben für alles von draußen Beschaffte" (NICKLISCH, H.: Wirtschaftliche Betriebslehre, S. 527).

Im wesentlichen unterscheiden sich die Interpretationen darin, daß sie entweder nur auf einen Verbrauch abstellen, der an Zahlungsvorgängen zu messen ist *(pagatorischer Kostenbegriff)* oder den tatsächlichen Verbrauchsvorgang betrachten *(wertmäßiger Kostenbegriff).* Im vorangegangenen Abschnitt wurde erarbeitet, warum hier dem wertmäßigen Kostenbegriff gefolgt wird.

Zu den Inhalten der Unterbegriffe zu „Kosten" vgl. vor allem die Erläuterungen bei SCHWEITZER, HETTICH, KÜPPER: Systeme der Kostenrechnung, S. 25 ff. und S. 427 ff. und bei KILGER, W.: Einführung, S. 54 ff.

stimmbaren Istwerten. Entsprechend heißen die Kosten abgeschlossener Leistungszeiträume **Istkosten.** Häufiger ist die Blickrichtung kalkulatorischer Rechnungen auf die Zukunft ausgerichtet. Für die Planung von Betriebsabläufen sind Daten zu erarbeiten. Für die künftige Produktion werden **Plankosten** ermittelt. Sie erhalten Vorgabecharakter für eine bestimmte Ausbringungsmenge, die der Betrieb hervorbringen soll. Der Kostenplanung folgt nach einem Leistungszeitraum die Kostenkontrolle. Wurde eine andere als die geplante Produktionsmenge hervorgebracht, müssen zunächst die Plankosten auf die geänderte Bezugsbasis umgerechnet werden. Diese ‚Plankosten der Istbeschäftigung' werden als **Sollkosten** bezeichnet. Die Abweichungsanalyse erstreckt sich dann auf die Unterschiede zwischen Istkosten und Sollkosten.

Andere begriffliche Unterscheidungsmerkmale von Kosten ergeben sich im Vergleich zu den Verbrauchsteilen in der Finanzbuchführung, den Aufwendungen. Werden in der Kostenrechnung für bestimmte Verbrauchsvorgänge dieselben Beträge eingesetzt wie in der periodengleichen Erfolgsrechnung, handelt es sich um **aufwandsgleiche Kosten**. Hierzu zählen in der Regel die Personalkosten; Löhne und Gehälter, die im Betriebsbereich anfallen, werden mit der Aufwandshöhe auch als Kosten übernommen.

Im vorangehenden Abschnitt wurde bereits erläutert, daß viele Kostenarten anders bemessen werden als die vergleichbaren Aufwandspositionen. Als Beispiel zur Veranschaulichung dieses Sachverhalts sollen wiederum die Abschreibungen auf Sachanlagen dienen: Ziele der Steuervorteilswahrung oder Ausschüttungspolitik führen in der Finanzbuchführung dazu, den Abschreibungsbetrag nicht nach der tatsächlichen Entwertung anzusetzen. Für Zwecke der Kostenrechnung kommt aber nur eine verursachungsgerechte Bemessung des Anlagenverbrauchs in Betracht. Aufgrund unterschiedlicher Ermittlungsziele in beiden Rechnungszweigen wird so ein und derselbe physikalische Verbrauchsvorgang unterschiedlich erfaßt. Es handelt sich um **Anderskosten**. Die Abweichung gegenüber dem artgleichen Aufwand kann in einem anderen periodischen Mengen- oder Wertbezug bestehen.[2] Bezogen auf die

2 Die Begriffsbildung „Anderkosten" stammt von Erich KOSIOL. Im folgenden wird jedoch von dessen Definition der Anderskosten abgewichen. KOSIOL spricht von Anderskosten, wenn „das gleiche Gütervolumen auch ‚anders' als pagatorisch, nämlich kalkulatorisch bewertet" wird. (Kostenrechnung, S. 35 f.). Damit werden nur andere Bewertungsvorgänge erfaßt. Oben werden jedoch auch andere periodische Mengengrößen des Verbrauchs eingeschlossen.

Abschreibungen kann einmal ein anderer Entwertungsverlauf – statt degressiv jetzt linear – gewählt werden. Oder die Bewertungsgrundlage wird vom Anschaffungswert der Finanzbuchführung auf den Wiederbeschaffungswert der Kostenrechnung verändert.

Einigen Kostenarten stehen überhaupt keine entsprechenden Aufwandspositionen gegenüber. Diese Kostenarten entspringen dem wertmäßigen Kostendenken, das nicht auf einen rechtlichen Anschaffungsvorgang des Verbrauchsgutes abstellt, wie er für eine Aufwandsverrechnung zwingend ist. Beispiele für solche **Zusatzkosten**[3] sind u.a. der Unternehmerlohn und ein kalkulierter Eigenkapitalzins. Weil Anderskosten und Zusatzkosten lediglich losgelöst von den Werten der Aufwandsrechnung bestimmt werden, ist hierfür auch der (unglückliche) Ausdruck **kalkulatorische Kosten** eingeführt.

Kontroll- und Planungsrechnungen werden nicht nur für den gesamten Betriebsbereich aufgestellt. Viele Entscheidungsprobleme betreffen die Teilbereiche der Leistungserstellung. Hierfür sind Bereichsrechnungen oder Stellenrechnungen durchzuführen. Sie führen zu **Bereichs-** oder **Stellenkosten** (bzw. -leistung). Bei der Zuordnung von Kosten auf Abrechnungseinheiten ergeben sich Probleme: Zwar lassen sich einige Kostenarten verursachungsgerecht nach tatsächlichem Verbrauch zuordnen **(Einzelkosten).** Andere Kostenarten fallen dagegen für mehrere Stellen oder andere Teilbereiche gemeinsam an und müssen nach Verbrauchsannahmen verteilt werden **(Gemeinkosten).** Ein Beispiel für solche Stellengemeinkosten sind die Raumkosten, die nach dem Flächenanteil der Kostenstellen verteilt werden.

Wesentliche Entscheidungsprobleme ergeben sich bei der Kontrolle und Planung des Leistungsangebotes. Hierfür müssen die Kosten der einzelnen Produkte (Fertigungseinheiten, Artikel) festgestellt werden. Es sind die **Stückkosten** (auch Selbstkosten) zu ermitteln. Hier stellt sich wiederum das Problem verursachungsgerechter Kostenzuordnung. Einige Kostenarten werden auch stückbezogen verbrauchsgenau bestimmt werden können, wie es beim Materialverbrauch oder dem Wareneinsatz der Fall ist. Es handelt sich um stückbezogene **Einzelkosten**, die sich einem bestimmten Erzeugnis direkt zurechnen lassen (auch: **direkte Kosten**). Andere Kostenarten fallen für die Hervorbringung verschiedenartiger Güter an. Sie werden nach Verbrauchsannah-

3 Vgl. zu den begrifflichen Abgrenzungen zwischen Kostenelementen und Aufwand insbes. KOSIOL, E.: Kostenrechnung, S. 35 ff. und KILGER, E.: Einführung in die Kostenrechnung, S. 23 ff. sowie die dort angegebene Literatur.

men als **Gemeinkosten** verteilt, also indirekt zugerechnet **(indirekte Kosten)**.

Eine weitere begriffliche Unterscheidung von Kostenkategorien ergibt sich aus einer Betrachtung der periodischen Kostenentwicklung, die bei veränderten Ausbringungsmengen auftritt. Einige Kostenarten bleiben innerhalb einer bestimmten Kapazität konstant. Beispiele für solche **Fixkosten** (genauer: kapazitätsfixe Periodenkosten) sind Beträge für Mieten, Gehälter des kaufmännischen Personals oder auch zeitbezogen angesetzte Abschreibungen. Andere Kostenarten verändern ihren Umfang mit veränderter Ausbringung.[4] Derart **variable Kosten** sind die Materialkosten, die Energiekosten, leistungsbezogene Arbeitskosten u.a. Die **variablen Stückkosten** ergeben sich als Durchschnittswert aus der Division aller variablen Kosten für eine gesamte Produktionsmenge durch diese Menge. Eine andere Stückbetrachtung fragt nach dem Kostenzuwachs, der durch die jeweils letzte Fertigungseinheit hervorgerufen wurde. Sie folgt dem Denken der sog. Marginalanalyse und führt hin zu den **Grenzkosten**, die den Anstieg der Gesamtkostenkurve, die erste Ableitung der Kostenfunktion, angeben.

Welche Zusammenhänge bestehen nun zwischen Einzelkosten und variablen Kosten bzw. Gemeinkosten und fixen Kosten? Ist es zulässig, jeweils von übereinstimmenden Inhalten zu sprechen? Zur Erklärung soll davon ausgegangen werden, daß die Kosten für eine Leistungseinheit, also die Stückkosten, ermittelt werden sollen. Dabei können solche Kosten, die unabhängig von der Ausbringungsmenge anfallen, das sind die fixen Kosten, den einzelnen Stücken nur über einen Verbrauchsschlüssel zugerechnet werden. Fixe Kosten gehen demnach nur als Gemeinkosten in die Stückrechnung ein.

Die Erklärung der Einzelkosten – als stückbezogen anfallender Mehrverbrauch – führt zwangsläufig zu der Aussage, daß Einzelkosten auch immer variable Kosten sein müssen. Kann man dann auch umgekehrt annehmen, daß variable Kosten immer auch Einzelkosten sind? Verfahrensweisen der Kostenrechnungspraxis führen aus Gründen einer sinnvollen Arbeitserleichterung dazu, daß diese Gleichsetzung durchbrochen wird: So hängt beispielsweise der Verbrauch von Hilfsstoffen

4 Hier wird unterstellt, daß die Kostenänderungen bei Zu- oder Abnahme der Ausbringungsmenge in relativ gleichem Umfang auftreten. Das muß in der Praxis nicht der Fall sein. Frühzeitig kommt HASENACK zu einer weiteren Verfeinerung der Begriffselemente in „vorhandene und entstehende Kosten" sowie „verbleibende und wegfallende Kosten". Vgl. hierzu HASENACK, W.: Das Rechnungswesen der Unternehmung, S. 65.

(z.B. Leim) und Betriebsstoffen (z.B. Energie) zwar von der Ausbringungsmenge ab. Es ist aber kaum möglich bzw. abrechnungstechnisch wenig sinnvoll, den Verbrauch je Stück genau zu bestimmen. Bei solchen zumeist auch wertmäßig relativ unerheblichen variablen Kostenarten wird die Stückbelastung mit Durchschnittswerten vorgenommen. Variable Kosten werden hier als Gemeinkosten verrechnet. Bei genauer Betrachtung der Gemeinkosten kann dann von **echten Gemeinkosten** gesprochen werden, sofern sich wirklich keine Möglichkeit für eine verursachungsgenaue Stückzurechnung bietet. **Unechte Gemeinkosten** liegen entsprechend vor, wenn aus Gründen der Arbeitsvereinfachung von einer – möglichen – stückgenauen Ermittlung abgesehen wird:[5]

UNTERGLIEDERUNGEN DES KOSTENBEGRIFFS, AUSSCHNITT

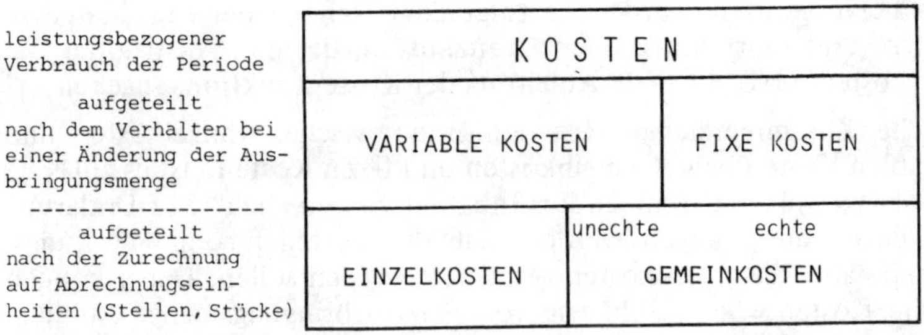

3.1.4. Der organisatorische Zusammenhang zwischen Finanzbuchführung und Kosten- und Leistungsrechnung

Der Vergleich zwischen dem Aussagewert handelsrechtlich ausgerichteter Periodenrechnungen und den Ansprüchen an interne Entscheidungsrechnungen hat die Notwendigkeit erkennen lassen, neben die Aufwands- und Ertragsrechnung eine Kosten- und Leistungsrechnung zu stellen. Mit dieser Aussage ist nicht festgelegt, daß die beiden Rechnungszweige vollständig voneinander getrennt sein müssen. Vielmehr wird es sich aus Gründen der Arbeitserleichterung und -beschleuni-

5 Vgl. hierzu auch die ausführliche Darstellung und weitergehende Differenzierung zwischen den Rechengrößen bei SCHWEITZER, HETTICH, KÜPPER: Systeme der Kostenrechnung, S. 314 ff.

gung zunächst anbieten, diejenigen Daten in *beiden* Rechnungen zu verarbeiten, die den jeweiligen Informationszielen genügen. Erst die erforderlich werdenden Mengen- und Wertkorrekturen führen zu der Frage, in welcher organisatorischen Form die zweigleisige Rechnungsführung aufgebaut werden soll.

Bei der Analyse von Erfolgsvorgängen wurde die Trennung von Betriebs- und Unternehmenserfolg durchgeführt.[1] Innerhalb des gesetzlichen Rahmens wurden somit bereits Informationen für die Kosten- und Leistungsrechnung erarbeitet. Die Betriebsbuchführung ist in diesem Fall in den Rechnungskreis der Finanzbuchführung eingeschlossen. Der Kontenrahmen für den Groß- und Einzelhandel zeigt diesen Weg mehrgleisiger Informationsvermittlung innerhalb eines geschlossenen Rechnungskreises **(Einkreissystem)**. Die Gesamtbuchführung bleibt ungeteilt. Die Kontenklasse 2 erfüllt die Aufgaben einer verursachungsgerechten Abgrenzung von Erfolgsbeiträgen.

Das reine Einkreissystem wird zur Rechnungsführung nicht mehr ausreichen, wenn an die Breite der Aufgabenstellungen im internen Rechnungswesen gedacht wird. So müssen bei der rechnerischen Erfassung innerbetrieblicher Vorgänge auch Betragszuordnungen auf Leistungseinheiten vorgenommen werden. Diese Zuordnung ist nur über die Rechengänge der Multiplikation und Division möglich. Die Kontorechnung läßt aber nur Addition und Subtraktion zu. Für spezielle Aufgaben sind neben dem geschlossenen Kontensystem Ergänzungsrechnungen durchzuführen. Besonders umfangreich fallen solche Arbeiten im Industriebetrieb an. Deshalb wurden für diesen Wirtschaftszweig auch zusätzliche Abrechnungssysteme entwickelt. Dabei wird in der einfachsten Form an den geschlossenen Rechnungskreis der Finanz- und Betriebsbuchführung eine **Auswertungsrechnung** angehängt, in welcher insbesondere die Kostenarten weiter aufgeteilt und Abrechnungseinheiten zugerechnet werden (sog. **angehängte Betriebsbuchhaltung**[2]). Der Gemeinschaftskontenrahmen für die Industrie von 1937 (GKR) folgt diesem Organisationsprinzip des erweiterten Einkreissystems.

Umfangreiche Aufgaben im internen Rechnungswesen haben dazu geführt, ein besonderes Abrechnungssystem zur Erfassung des be-

1 Vgl. Abschnitt 2.7.1.

2 Begriff nach KOSIOL, E.: Kostenrechnung und Kalkulation, S. 84; zum Zusammenhang vgl. ebenda, S. 81 ff. sowie SCHWEITZER, HETTICH, KÜPPER: Systeme der Kostenrechnung, S. 91 ff.; MÖLLER, P.: Kosten- und Leistungsrechnung, S. 221 ff.

trieblichen Leistungsprozesses einzurichten. Die Charakterisierung dieser Organisationsform als **Zweikreissystem** soll veranschaulichen, daß zunächst für die Finanzbuchführung ein geschlossener Rechnungskreis besteht und daneben für die Betriebsbuchführung eine verselbständigte organisatorische Form gefunden wurde. Die Betriebsbuchführung bildet also ebenfalls ein in sich geschlossenes Abrechnungssystem. Der Industriekontenrahmen von 1971 (IKR) folgt diesem Organisationsprinzip.

Auch innerhalb der „isolierten Betriebsbuchhaltung" (Kosiol) wird nach den Regeln der Doppik verfahren. Wenn aber z.B. der Material- und Personalaufwand in der Klasse 6 der Finanzbuchführung verbleiben, ist zur Vornahme von Kostenbuchungen in der Betriebsbuchführung die Einrichtung eines **Ausgleichskontos** erforderlich. Mit der Aufnahme der Gegenbuchungen (stellvertretend für Bestandsvorgänge) wird die Verbindung zwischen Finanz- und Betriebsbuchführung geschaffen.

Im weiteren Verlauf der Darstellung wird das Einkreissystem betrachtet, weil es den besten Einblick in die Zusammenhänge zwischen den Rechnungszweigen vermittelt. Der Übergang zu den in der Praxis angewendeten Abrechnungssystemen kann so am ehesten vorbereitet werden.

KONTROLLFRAGEN:

(71) Die Aufgabengliederung im betriebswirtschaftlichen Rechnungswesen entspringt unterschiedlichen Informationsinteressen. Welche hauptsächlichen Unterschiede bestehen deshalb zwischen handelsrechtlichen und kalkulatorischen Erfolgsrechnungen?

(72) Welche informationsbezogenen Ausgangspunkte haben zu einer Differenzierung der „Kosten" geführt?

(73) Welcher Unterschied besteht zwischen den Begriffepaaren: „fixe und variable Kosten" – „Einzel- und Gemeinkosten"?

(74) Welche Unterschiede bestehen zwischen dem pagatorischen und dem wertmäßigen Kostenbegriff?

(75) Welche Anforderungen werden an die Erfolgsbeiträge in kalkulatorischen Rechnungen gestellt?

3.2. Kalkulatorische Betriebsergebnisrechnung

3.2.1. Erfassung von Zusatzkosten (Unternehmerlohn)

Für interne Kontroll- und Planungszwecke wird eine aussagefähige Betriebsergebnisrechnung gefordert. In ihr sind alle wertmäßigen Erfolgsvorgänge zu erfassen, die leistungszweckbezogen, zeit- und wertangemessen sind. Damit unterscheidet sich diese Rechnung vom pagatorischen Betriebsergebnis, wie es die Finanzbuchführung ermittelt. Dort werden nur solche periodenechten Zweckaufwendungen und -erträge erfaßt, die auf Ausgaben und Einnahmen aufbauen. Weil sich die interne Rechnung von diesen rechtlichen Wertkonventionen löst, ist es sinnvoll, sie zur Unterscheidung als **kalkulatorische Betriebsergebnisrechnung** zu bezeichnen. Und weil hier nach den Grundsätzen der Kostenrechnung zunächst ein Zeitraumerfolg der Kostenträger ermittelt wird, kann auch von einer **Kostenträgerzeitrechnung** gesprochen werden.

Der Unterschied zwischen kalkulatorischer und pagatorischer Betriebsergebnisrechnung wird in Personenunternehmen besonders deutlich. Hier muß man berücksichtigen, daß die geschäftsführenden Eigentümer oder Gesellschafter Arbeitsleistungen erbringen, die nicht zu rechtswirksamen Gehaltsansprüchen führen. Für eine wirtschaftliche Analyse von Leistungsprozessen ist es aber unerheblich, woher die Leistungsbeiträge stammen. Entscheidend ist der Verbrauch von Gütern und Diensten, die zur Leistungsbewirkung beigetragen haben. Und deshalb muß auch für die Arbeitsleistung des Eigentümers ein Kostenbetrag angesetzt werden.

Probleme bereitet die Festlegung des Wertansatzes für diese **Zusatzkosten.** Richtschnur für den Unternehmerlohn könnte der Betrag sein, den der Eigentümer bei einem Einsatz seiner Arbeitskraft im Angestelltenverhältnis eines anderen Unternehmens bekommen würde. Es würde der entgangene Nutzen durch eine bestmögliche andere Verwendung seiner Arbeitskraft angesetzt. Die Zusatzkosten würden als **Opportunitätskosten**[1] bewertet.

1 Nach KILGER wird unter Opportunitätskosten „der Nutzenentgang bzw. die Gewinneinbuße verstanden, die daraus resultiert, daß man eine Einheit eines knappen Produktionsfaktors einer bestimmten Verwendung zuführt und sie dadurch einer anderen Verwendungsmöglichkeit entzieht.“ (KILGER, W.: Einführung in die Kostenrechnung, S. 24). Er stützt sich dabei vor allem auf ADAM, D.: Entscheidungsorientierte Kostenbewertung, S. 35 ff. Der Ursprung der „Opportunitätskosten“ ist in der amerikanischen Literatur zu finden. Eine verbreitete Publikation erklärt opportunity costs als „the potential benefit that is foregone in rejecting some course of action“. (GARRISON, R.H.: Managerial Accounting, S. 38)

Im konkreten Fall wird es schwierig sein, den entgangenen Nutzen **(Alternativnutzen)** zu bestimmen.[2] Verfügt ein Unternehmer beispielsweise nicht über die – in Deutschland stets verlangte – branchentypische Fachausbildung, wird das ermittelte Alternativgehalt kaum als wertangemessen für seine Dispositionsleistung bezeichnet werden. In diesem Fall wird es sinnvoller sein, das Alternativkonzept anders zu interpretieren. Gesucht würde nun der Betrag, der für eine gleichwertige Arbeitskraft, die als Angestellter an die Stelle des geschäftsführenden Eigentümers treten könnte, gezahlt werden müßte **(Alternativopfer)**. Da man meistens die eigene Arbeitsleistung höher bewerten wird als den Arbeitseinsatz von Angestellten, kann es zu Abweichungen zwischen den Ergebnissen der Ermittlungsmethoden kommen. In diesem Zusammenhang müßte dann aber kalkulatorischem Wunschdenken entgegengetreten werden. Wenn ein Angestellter für weniger Geld dieselbe Arbeit verrichten würde, kann nach dem entwickelten Kostenbegriff auch nur dieser Wertansatz in Frage kommen.

Fallgestaltung: Unternehmerlohn

Die Gesellschafter A und B der FOTOSHOP OHG wollen bei einer Analyse des Jahreserfolges t_1 berücksichtigen, daß jeder bei einer gleichwertigen Beschäftigung im Angestelltenverhältnis ein Jahresgehalt von DM 40.000,– erhalten könnte.

Soll die Erfassung von Zusatzkosten innerhalb eines reinen Einkreissystems geschehen, muß durch die Buchungstechnik sichergestellt werden, daß

- der Betriebserfolg abhängig vom Wertansatz der Zusatzkosten verändert wird, aber zugleich
- der Unternehmenserfolg der pagatorischen Rechnung davon unbeeinflußt bleibt.

Auf die Fallgestaltung bezogen muß also erreicht werden, daß der Betriebserfolg um DM 80.000,– gekürzt wird, dabei aber der Unterneh-

2 Dies gilt auch unter Beachtung von Vorschlägen, wie die unternehmerische Leistung im allgemeinen zu entgelten ist. So hat sich lange Zeit die 1940 zur Preiskontrolle eingeführte sog. *Seifenformel* als Richtschnur zur Bemessung des jährlichen Unternehmerlohnes angeboten:

$$\text{Unternehmerlohn} = 18\sqrt{\text{Jahresumsatz}}$$

Eine solche Standardformel wird aber kaum auf alle Branchen übertragbar sein. Der Umsatz ist nicht als allgemeingültige Erfolgswirkung unternehmerischer Leistung anzusehen. Eher wäre dagegen schon in der *Wertschöpfung* ein Anknüpfungspunkt zu sehen. Vergleichbar mit der Lohnquote (als Anteil der Arbeitnehmer) könnte eine Unternehmerquote entwickelt werden.

menserfolg weiterhin mit DM 100.000,– ausgewiesen wird (vgl. zu den Ausgangsdaten nochmals Abschnitt 2.7.).

Soll mit dem Unternehmerlohn ein Kostenfaktor erfaßt werden, kommt für die Sollbuchung nur ein (neues) Kostenkonto in Betracht. Die Bezeichnung „kalkulatorischer Unternehmerlohn" zeigt deutlich, welchem Kostendenken dieser Erfolgsbeitrag folgt. Wo soll nun die Gegenbuchung erscheinen?

Gäbe es nicht den Grundsatz doppelter Buchführung, würde jetzt mancher auch gern auf die Gegenbuchung zur Kostenerfassung verzichten. Das hätte dann zur Folge, daß mit dem verringerten Betriebserfolg auch der Unternehmenserfolg um DM 80.000,– schlechter ausfiele. Das darf aber in der rechtlich ausgerichteten Unternehmensrechnung nicht vorkommen. Also muß die Gegenbuchung mit der Wirkung durchgeführt werden, daß der Unternehmenserfolg durch den Ansatz von Zusatzkosten nicht verändert wird. Aus diesem Zusammenhang kann für die Habenbuchung nur ein (neutrales) Ertragskonto in Betracht kommen.

Die buchhalterische Erfassung des Alternativnutzens der eingesetzten unternehmerischen Arbeitsleistungen geschieht nach dem Handelskontenrahmen über den Buchungsgang

500	*kalkulatorischer Unternehmerlohn*	*an*	*26*	*verrechnete kalkulatorische Kosten*	*DM 80.000,–*

Aus den Auswirkungen dieses Buchungsganges auf den Abschlußkonten werden die unterschiedlichen Informationswirkungen deutlich (vgl. den Buchungsablauf auf der folgenden Seite). Während ursprünglich ein Betriebserfolg von DM 112.500,– (vgl. Seite 239 ff.) ermittelt wurde, ist nun nur noch ein um DM 80.000,– niedrigerer Betriebserfolg festzustellen. Das Unternehmensergebnis bleibt allerdings von dieser aussagesteigernden Kostenverrechnung unberührt. Die rechtliche Unbedenklichkeit des Buchungsganges ist offensichtlich.

Der buchungstechnische Zusammenhang bei der Erfassung von „Zusatzkosten im Einkreissystem" soll zusätzlich mit einer Übersicht abgebildet werden.

Anhand dieser Übersicht soll der (relativ komplizierte) Sachverhalt nochmals in einzelne gedankliche Schritte zerlegt werden (vgl. S. 296).

VERBUCHUNG DES UNTERNEHMERLOHNES

(Fotoshop OHG, t1/XII)

S 500 kalkulatorischer Unternehmerlohn (A, B) H

	S		H
A	40.000,–	93	80.000,–
B	40.000,–		
	80.000,–		80.000,–

S 26 verrechnete kalkulatorische Kosten H

	S		H
90	80.000,–	500/A	40.000,–
		500/B	40.000,–
	80.000,–		80.000,–

S 90 Abgrenzungssammelkonto H

	S			H	
200	Spenden	800,–	26	verrechnete kalkulatorische Kosten	80.000,–
203	Verlust aus PKW-Verkauf	4.200,–	272	Erträge aus Anlageverkäufen	2.000,–
21	Zinsaufwendungen	2.700,–			
23	Haus- u. Grundstücksaufwendungen	6.800,–			
93	Neutrales Ergebnis	67.500,–			
		82.000,–			82.000,–

S 93 Gewinn- und Verlustkonto H

	S			H	
300	Wareneinsatz	308.000,–	800	Umsatzerlöse	487.000,–
500	Unternehmerlohn	80.000,–	90	Neutrales Ergebnis	67.500,–
501	Gehälter	34.500,–			
51	Raumkosten	4.640,–			
52	Steuern	3.800,–			
54	Werbekosten	1.360,–			
57	Kosten Fuhrpark	13.000,–			
58	Allg. Verw.-kosten	5.200,–			
59	Abschreibungen	4.000,–			
08	REINGEWINN	100.000,–			
		554.500,–			554.500,–

Die Ergebnisanalyse weist aus:

Unternehmenserfolg (Reingewinn)	./.	neutrales Ergebnis	=	Betriebserfolg
DM 100.000,–	./.	DM 67.500,–	=	DM 32.500,–

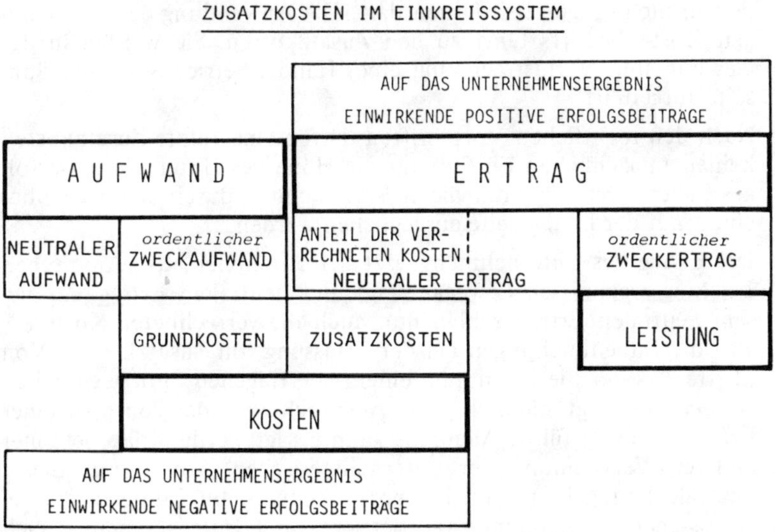

- Ausgangspunkt ist der **Aufwand**, der den gesamten Werteverbrauch eines Unternehmens erfaßt, wie er für Zwecke der externen Rechnungslegung angesetzt wird.
- Die Informationsziele des internen Rechnungswesens verlangen zunächst die Aussonderung solcher Aufwendungen, die nichts mit dem Betriebszweck zu tun haben. Dieser betriebsfremde Aufwand ist vom **Zweckaufwand** zu trennen. Der verbleibende Zweckaufwand ist nach den Erfassungsgrundsätzen der Finanzbuchführung bemessen. Bei einigen Aufwandsarten kann es vorkommen, daß dieser Wertansatz nicht nur auf die Abrechnungsperiode bezogen ist oder ausweistaktischen Erwägungen folgt. Dann sind im Zweckaufwand außerordentliche Teile enthalten, die auch nicht von der Betriebsabrechnung übernommen werden. Nur der ordentliche Zweckaufwand stellt eine Grundlage dar, auf welcher die Betriebsabrechnung aufbauen kann.
- Der ordentliche Zweckaufwand aus der Finanzbuchführung wird als **Grundkosten** in die Kostenrechnung übernommen. Für eine vollständige Erfassung aller Verbrauchsvorgänge müssen auch Kosten für solche Leistungsbeiträge angesetzt werden, für die ein Aufwands-

posten nicht angesetzt werden darf. Die Anwendung des wertmäßigen Kostenbegriffs führt zu den **Zusatzkosten**. Sie werden in der Gewinn- und Verlustrechnung eines Handelsbetriebes auf der Sollseite aufgeführt.

- Nach den rechtlichen Vorschriften dürfen eingesetzte Zusatzkosten keinen tatsächlichen Einfluß auf die Höhe des Unternehmenserfolges haben. Deshalb muß die Kostenbuchung durch eine Gegenbuchung auf der Ertragsseite ausgeglichen werden.
- Der **Ertrag** des Unternehmens setzt sich zusammen aus periodischen Leistungsergebnissen **(Zweckertrag)** und **neutralem Ertrag**. Zu diesem neutralen Ertrag zählen nun auch die **verrechneten Kosten** – also die Habenbuchungen bei der Erfassung von Zusatzkosten. Von „Ertrag" kann hierbei nur in einem übertragenen Sinn gesprochen werden. Es liegt nämlich kein Anspruch vor, der sonst zu einer Ertragsbuchung führt. Allenfalls kann gesagt werden, daß bei einer anderen Verwendung der unternehmerischen Arbeitskraft dieser neutrale Ertrag hätte erzielt werden können. Im Interesse der geschlossenen Abrechnung von Betriebs- und Unternehmensbereich kommt es hier zu einer Durchbrechung des Grundsatzes für Ertragsbuchungen, die aber materiell bedeutungslos ist, da diesem Betrag unmittelbar ein Kostenfaktor gegenübersteht, der den Ausgleich zur Ertragsbuchung darstellt.
- Mit dem Zweckertrag ist der Ausgangswert für die Bestimmung der **Betriebsleistung** ermittelt. Aus der Gegenüberstellung von Leistung und Kosten wird der (kalkulatorische) Betriebserfolg ermittelt. Dabei tritt die eigentliche Wirkung der Zusatzkosten ein: Sie erhöhen die Kostensumme und führen so zu einer Kürzung des Betriebserfolges gegenüber einer Abrechnungsweise, die solche nicht-pagatorischen Verbrauchsvorgänge unberücksichtigt läßt.
- Auf das Unternehmensergebnis wirken beide Buchungen zur Erfassung von Zusatzkosten ein: der Kostenansatz auf der Sollseite des Gewinn- und Verlustkontos und die Verrechnungsbuchung („Ertrag") über das Abgrenzungssammelkonto als Erhöhung des Neutralen Ergebnisses. Da beide Einwirkungen auf das Unternehmensergebnis betragsgleich sind, heben sie sich gegenseitig auf. Die rechtliche Unbedenklichkeit des Ansatzes von Kosten, die nicht auf Ausgaben beruhen, wird ersichtlich.

Mit den zuvor erläuterten Auswirkungen von Zusatzkosten wurde erst ein Teil des Rechnungszweckes dieser Kostenart erklärt. Nur für den Fall, daß sich ein Unternehmen festen Marktpreisen gegenübergestellt sieht, kommt es zu der oben dargestellten Verkürzung des Betriebserfolges. In den Fällen dagegen, in denen ein Unternehmen seine Preisforderungen auch in Abhängigkeit von seiner individuellen Kostenlage am Markt durchsetzen kann, führt der Kostenfaktor Unternehmerlohn zu einer weitergehenden Auswirkung: Der kalkulierte Unternehmerlohn erhöht den Umfang der Selbstkosten und bewirkt als Ergebnis der Stückrechnung entsprechend höhere Preisforderungen. Werden diese höheren Preise am Markt akzeptiert, steigen die Umsatzerlöse um den realisierten Unternehmerlohn. In isolierter Betrachtung würde sich in der Erfolgsrechnung folgender Zusammenhang ergeben:

UNTERNEHMERLOHN ALS KOSTEN- UND ERLÖSFAKTOR

AUSWIRKUNGEN DES UNTERNEHMERLOHNES AUF DIE ERFOLGSRECHNUNG EINES HANDELSBETRIEBES

S			*H*
500	Unternehmerlohn als Kostenfaktor	800	realisierter Unternehmerlohn als Anteil im Umsatzerlös
	realisierter Unternehmerlohn als Anteil im Gewinn des Unternehmens	90	Anteil des verrechneten Unternehmerlohnes (Kto. 26) im Neutralen Ergebnis

Werden die kalkulierten Zusatzkosten vom Markt zusätzlich vergütet, zeigt das **Betriebsergebnis** zunächst denselben Erfolg, der auch schon ohne den Ansatz von Zusatzkosten ermittelt wurde: Der Kostenbetrag vom Konto 500 wird vom gestiegenen Umsatzerlös kompensiert. Es hat sich also nicht der Betriebserfolg verändert, sondern der Aussagewert dieser Erfolgsziffer. Ursprünglich wurde der Erfolg ohne Berücksichtigung des unternehmerischen Arbeitseinsatzes ausgewiesen. Nun liegt dagegen eine Erfolgsziffer vor, die nach Belastung des Betriebes mit Unternehmerlohn verbleibt und die im Umsatzerlös einen (entnahmefähigen) Betrag für diese Arbeitsleistung enthält.

Wird der Unternehmerlohn am Markt zusätzlich vergütet, erfährt das **Unternehmensergebnis** eine entsprechende Verbesserung. Hier handelt es sich nicht mehr – wie beim Betriebserfolg – um verdiente Kosten, sondern um Gewinnanteile. Nur pagatorische Vorgänge beeinflussen den Unternehmenserfolg. Dem Umsatzerlös steht keine pagatorische Verbrauchsgröße gegenüber. Im Unternehmenserfolg von Personenunternehmen ist also immer eine Vergütung des unternehmerischen Arbeitseinsatzes enthalten – unabhängig davon, ob sie durch eine entsprechende Kalkulation vom Markt bezahlt wurde oder aber nur aufgrund des wirtschaftlichen Wertdenkens als Erfolgsbestandteil unterstellt wird.

3.2.2. Erfassung von Anderskosten

3.2.2.1. Hausaufwand – Raumkosten

Für interne Planungs- und Kontrollzwecke müssen alle leistungszweckbezogenen Verbrauchsvorgänge periodengerecht und wertangemessen erfaßt werden. Diese Anforderung führte zunächst zum Ansatz des Unternehmerlohns als Zusatzkosten: Der Leistungsbeitrag eines Produktionsfaktors, der keine Ausgaben verursacht und deshalb in der Finanzbuchführung unberücksichtigt bleibt, wird in der Betriebsabrechnung zusätzlich als Kostenbetrag wirksam.

Wird die Betriebsabrechnung unter dem Grundsatz der Vollständigkeit und Wertangemessenheit überprüft, entsteht bei einigen Leistungsbeiträgen der Zwang zu Mengen- und Wertkorrekturen. Zwar erfaßt auch die Finanzbuchführung für bestimmte Verbrauchsvorgänge den periodischen Aufwand. Jedoch kommt unter den Leitgedanken der Kostenrechnung eine Übernahme nicht in Betracht. Als erstes Beispiel für einen solchen Sachverhalt soll die Gebäudenutzung angesprochen werden.

Für Betriebe, die ihre Geschäftsräume oder Produktionsanlagen gemietet haben, ergeben sich im allgemeinen keine Probleme beim Ansatz der Raumkosten. Die entrichteten Entgelte für Überlassung und leistungsbezogene Nutzung werden aus der Finanzbuchführung als aufwandsgleiche Kosten übernommen. Anders sieht es aus, wenn die Geschäftsräume zum Eigentum des Unternehmers gehören. Dann muß genauer überprüft werden, in welcher Weise der Betrieb mit einem Kostenbetrag für Raumnutzung belastet wird. Nach den Grundsätzen der Kostenrechnung muß für die Raumnutzung ein Betrag angesetzt werden, der bei einer Vermietung an Dritte als Einnahme erzielt werden könnte **(Alternativnutzen)** bzw. der bei einer Anmietung als Ausgabe anfiele **(Alternativopfer)**. Der Hausaufwand einer Periode – also der an Ausgaben gemessene Verbrauch – stimmt in der Regel nicht mit diesem marktorientierten Gebäudenutzen überein. Zwar werden im Hausaufwand Gebäudeabschreibung, Hypothekenzins, Grundsteuer und andere mit der Bereitstellung des Objektes anfallende Aufwendungen erfaßt. Die Besonderheiten bei der Finanzierung (Eigen- und Fremdkapital) sowie Aspekte der Steuerbelastung (Sonderabschreibungen!) stehen aber einem Ansatz aufwandsgleicher Kosten entgegen. Für den kostenwirksamen Gebäudenutzen werden deshalb kalkulatorische Raumkosten als **Anderskosten**[1] **ermittelt.**

Der Wertansatz für kalkulatorische Raumkosten umfaßt den Beitrag für Überlassung und bestimmungsgemäße Nutzung des Gebäudes – vergleichbar mit dem Mietzins, der bei der Anmietung eines entsprechenden Objektes gezahlt werden müßte. Mit der „Vergleichsmiete" sind dann vor allem Verzinsung, Abschreibung, Versicherung und Abgaben entgolten. Lediglich solche Kosten, die auch im Mietverhältnis vom Mieter zusätzlich zu tragen sind, werden als zusätzliche, variable Kostenteile zu den Raumkosten gezählt.[2] Hierzu gehören Ausgaben für Heizung, Energie, Reinigung und Instandhaltung. Reparaturen dagegen, die zu einer Erneuerung von Gebäudeteilen führen, sind bereits mit der Alternativmiete erfaßt.

Fallgestaltung: Pagatorische und kalkulatorische Raumkosten

In der FOTOSHOP OHG fielen in der Periode t_1 pagatorische Raumkosten an in Höhe von DM 4.640,–. Sie betrafen ausschließlich die Nutzung von Laden und Lager (Beleuchtung, Reinigung, u.ä.).

Für das Gebäude entstand Hausaufwand von DM 6.800,– (und zwar DM 4.800,– Abschreibung und DM 2.000,– sonstiger Hausaufwand).

Bei einer Vermietung des Ladens könnte ein monatlicher Mietertrag in Höhe von DM 1.000,– erzielt werden.

---

1 Es gibt auch andere, mißverständliche Erklärungen zu diesem Ausgangspunkt für einen Wertansatz kalkulatorischer Raumkosten. VORMBAUM führt aus: „Bei der kalkulatorischen Miete (oder auch Pacht) handelt es sich wie beim kalkulatorischen Unternehmerlohn . . . um Kosten, denen kein Aufwand gegenübersteht." Und noch deutlicher formuliert er: „Arbeitet eine Unternehmung . . . dagegen in eigenen Werkshallen und Verwaltungsgebäuden, so entstehen ihr keinerlei Aufwendungen" (VORMBAUM, H.: Grundlagen, S. 167). Es bleibt unklar, welchen Charakter die Gebäudeabschreibung und -versicherung, Grundstücksabgaben und Reparaturen haben – von etwaigen Hypothekenzinsen gar nicht gesprochen.

2 Bei größeren Betrieben wird es sich anbieten, für diese oftmals erheblichen Unterpositionen der Raumkosten spezielle Konten einzurichten, um eine tiefergehende Kostenkontrolle zu ermöglichen, z.B. Kosten Heizung, Beleuchtung, Reinigung, Renovierung, . . .

Weil in der Regel feststeht, daß die tatsächlichen Hausaufwendungen nicht nur für den Leistungsbereich anfallen oder wertunangemessen sind, werden sie in voller Höhe vom Betriebsbereich abgegrenzt. Der Handelskontenrahmen sieht hierfür das Konto 23 Hausaufwand vor.

Buchungen zur Erfassung von Hausaufwendungen:

23 Hausaufwand an 00 Bebautes Grundstück (betr. Abschreibungen)
23 Hausaufwand an Finanzkonten (betr. sonstigen Hausaufwand)

In der Fallgestaltung wären dann in der Periode t_1 insgesamt DM 6.800,– als neutraler Aufwand angefallen. Für Zwecke der Betriebsabrechnung müssen die tatsächlichen Ausgaben für Ladennutzung und die fiktiven Einnahmen (Alternativnutzen) kostenwirksam werden. Die pagatorischen Kostenteile werden als aufwandsgleiche Kosten übernommen, soweit festgestellt wurde, daß sie den Anforderungen an „Kosten" entsprechen.

Buchung für pagatorische Raumkosten:

51 Raumkosten an Finanzkonten

Damit sind in der *FOTOSHOP OHG* zunächst erst DM 4.640,– für die Ladennutzung erfaßt. Dieser Betrag entspricht den Kosten, die auch vom Mieter bei Anmietung eines vergleichbaren Geschäftsraumes als Belastung neben der Miete getragen werden müßten. Für einen vollständigen Ansatz der (wertmäßig) angefallenen Raumkosten fehlt nun noch die Buchung für die Vergleichsmiete, hier angesetzt in Höhe des Nutzenentganges durch eigene Verwendung des Ladens (**Opportunitätskosten**). Zur Abgrenzung von den ausgabewirksamen, pagatorischen Raumkosten ist dieser Betrag auch als **kalkulatorische Miete** (bzw. kalkulatorische Raumkosten) zu bezeichnen.

Die Sollbuchung zur Erfassung der kalkulatorischen Miete wird allgemein über ‚Raumkosten' geführt. Zur genaueren Trennung der pagatorischen Kosten von allein wertmäßigen Kostenteilen erscheint es sinnvoll, die ‚Raumkosten' aufzuteilen – im Beispiel:

51	*Raumkosten*	
510	*ausgabewirksame Raumkosten*	*DM 4.640,–*
519	*kalkulatorische Miete*	*DM 12.000,–*

Für die Habenbuchung der kalkulatorischen Miete kommt nur ein neutrales Ertragskonto (Klasse 2) in Betracht. Hierfür wird beispielsweise das Konto Haus- und Grundstückserträge vorgeschlagen.[3] Dieser Buchungssatz würde dann das Alternativdenken in Soll- und Habenbuchung ausdrücken:

SOLLBUCHUNG		*HABENBUCHUNG*
Raumkosten	*an*	*Hauserträge*
(„Was hätte bei Anmietung eines vergleichbaren Objektes gezahlt werden müssen?")		*(„Was hätte bei einer Vermietung des Objektes als Einnahme erzielt werden können?")*
= VERMIEDENE AUSGABE		*= ENTGANGENE EINNAHME*

Diesem Buchungsvorschlag ist nur dann zu folgen, wenn das Unternehmen keinerlei tatsächliche (pagatorische) Mieterträge hat. Wenn aber Mieteinnahmen erzielt werden, führt die Habenbuchung der kalkulatorischen Miete auf dem Konto Hauserträge zu einer Vermengung pagatorischer und kalkulatorischer Ertragsteile. Eine Ertragskontrolle wäre erschwert. In diesen Fällen – wie auch grundsätzlich – sollte zweifelsfrei ausgewiesen werden, daß hier bei Soll- und Habenbuchung kalkulatorische und nicht pagatorische Rechengrößen verarbeitet werden. Dies geschieht am besten, indem die kalkulatorischen Raumkosten gebucht werden mit dem Buchungssatz

519 kalkulatorische Miete *an* *26 verrechnete kalkulatorische Kosten.*

In der Fallgestaltung ergibt sich nach Vornahme aller Buchungen zur Erfassung der Raumkosten folgender Inhalt der Abschlußkonten des Erfolgsbereichs:

S *90 Abgrenzungssammelkonto* *H*

200	*Spenden*	*800,–*	*26*	*verrechnete kalkulatorische Kosten*	*92.000,–*
203	*Verlust aus PKW-Verkauf*	*4.200,–*	*272*	*Erträge aus Anlageverkäufen*	*2.000,–*
21	*Zinsaufwendungen*	*2.700,–*			
23	*Haus- und Grundstücksaufwendungen*	*6.800,–*			
93	*Neutrales Ergebnis*	*79.500,–*			
		94.000,–			*94.000,–*

3 Stellvertretend für viele Bücher, die zum Schuleinsatz bestimmt sind und entsprechende Buchungen vorschlagen, sei genannt SCHMOLKE-DEITERMANN: Kaufmännische Buchführung, S. 186.

S 93 Gewinn- und Verlustkonto ALBERT FOTOSHOP OHG H

300	Wareneinsatz	308.000,–	80	Umsatzerlöse	487.000,–
500	Unternehmerlohn	80.000,–	90	Neutrales Ergebnis	79.500,–
501	Gehälter	34.500,–			
510	pagatorische Raumkosten	4.640,–			
519	kalkulatorische Miete	12.000,–			
52	Steuern	3.800,–			
54	Werbekosten	1.360,–			
57	Kosten Fuhrpark	13.000,–			
58	Allgemeine Verwaltungskosten	5.200,–			
59	Abschreibungen	4.000,–			
08	Reingewinn	100.000,–			
		566.500,–			566.500,–

Die Ergebnisanalyse weist nun aus:

Unternehmenserfolg (Reingewinn)	./.	*Neutrales Ergebnis*	=	*Betriebserfolg*
DM 100.000,–	./.	*DM 79.500,–*	=	*DM 20.500,–*

Gegenüber dem ersten Schritt zur Erfassung kalkulatorischer Kosten – der Berücksichtigung des Unternehmerlohnes – ist nun eine weitere Kürzung des Betriebserfolges eingetreten. In Höhe der angesetzten kalkulatorischen Miete wurde der Betriebserfolg um DM 12.000,– auf nur noch DM 20.500,– gekürzt. Im Vergleich zur Ausgangssituation, als (nach den Grundlagen externer Rechnungslegung) ein Betriebserfolg von DM 112.500,– ausgewiesen wurde, hat sich die Grundlage zur Beurteilung der Leistungskraft des Betriebes wesentlich geändert. Bei dieser Sachlage können den beiden Gesellschaftern ernsthafte Zweifel an einer Fortführung ihrer unternehmerischen Tätigkeit kommen. Dies um so mehr, wenn sie erkennen müssen, daß sie noch nicht alle Verbrauchsvorgänge erfaßt haben, die unter dem Opportunitätsgesichtspunkt zu einer Kostenverrechnung führen.

3.2.2.2. Zinsaufwand – kalkulatorische Zinsen

Zur Aufrechterhaltung der Unternehmenstätigkeit ist der Einsatz von Finanzmitteln erforderlich. Die Bereitstellung der Geldbeträge kann aus eigenen oder fremden Mitteln erfolgen. Im Falle der Fremdfinanzierung erwachsen Verpflichtungen zur periodischen Zinszahlung und zur Kredittilgung am Vertragsende.

Zinsverpflichtungen führen zu Zinsaufwand. Mit dieser Zuordnung der Zinszahlungen ist noch nicht geklärt, ob die Betriebsabrechnung den Zinsaufwand als aufwandsgleiche Kosten übernehmen soll oder ob Gründe dafür sprechen, den Zinsaufwand über die Kontenklasse 2 abzugrenzen. Die Übernahme von Aufwandsbeträgen in die Kosten- und Leistungsrechnung setzt voraus:

- den Leistungsbezug des Verbrauchsvorganges,
- den Periodenbezug des Mengenverbrauchs und
- die Wertangemessenheit.

Zweifel gegenüber dem Leistungsbezug des Kapitals ergeben sich aus dem Umstand, daß hier keine unmittelbare Beziehung zwischen Einsatz und Ausstoß besteht: Nur die mit dem Kapitaleinsatz bereitgestellten sachlichen Produktionsmittel erbringen ja unmittelbar die Betriebsleistung. Andererseits ist aber auch eine Leistungserbringung ohne den Kapitaleinsatz nicht denkbar. Somit sind auch beim Kapital als Produktionsfaktor[1] die Voraussetzungen für einen Kostenansatz erfüllt. Damit treten neben die Kosten der unmittelbaren Leistungsträger (Arbeit, Anlagen, Stoffe) die Kosten des Kapitaleinsatzes.

Bei der Bemessung von Kapitalkosten könnte daran gedacht werden, sie in Abhängigkeit von der periodischen Fremdfinanzierung festzulegen. Diese Berechnung eines Entgelts für Kapitalnutzung wäre jedoch auf einer unvollständigen Bemessungsgrundlage aufgebaut. Leistungszweckbedingt ist nicht nur die Aufnahme von Fremdkapital, sondern die Bereitstellung des gesamten betriebsnotwendigen Kapitals.

Darin enthalten sind dann auch die Anteile des Eigenkapitals, die für betriebliche Zwecke eingesetzt sind. Und für dieses Eigenkapital wird nach dem Gedanken des Alternativnutzens wieder ein kalkulatorischer Kostenansatz vorgenommen. Naheliegen könnte nun eine Aufteilung der Kapitalkosten in pagatorische und kalkulatorische Zinsen. Dann aber wäre die Wertangemessenheit in Frage gestellt: Die Fremdkapitalien würden mit Zinssätzen abgerechnet, die aus Perioden stammen,

1 Vgl. zur mehr methodologischen Betrachtung des Systems betriebswirtschaftlicher Produktionsfaktoren, insbesondere im Hinblick auf die Rolle des Geldkapitals im marktwirtschaftlichen System, WEDELL, H.: Das Geldkapital als systemabhängiger betriebswirtschaftlicher Produktionsfaktor.

in denen die Kreditverträge abgeschlossen wurden. Für das Eigenkapital würde der gegenwärtige mögliche Ertragssatz angesetzt, womit dann für die Betriebsabrechnung ein und derselbe Leistungsbetrag mit unterschiedlichen Bemessungsgrundlagen bestimmt würde.

Für den Ansatz von Zinskosten kommt nur eine einheitliche Bemessungsgrundlage in Betracht, die der gegenwärtigen Situation im Betrieb und am Kapitalmarkt entspricht. Andernfalls wäre der Lenkungsnutzen der Kosten- und Leistungsrechnung – insbesondere in Konkurrenzsituationen – in Frage gestellt. Mit dieser Aussage ist dann auch schon eine Entscheidung über die Buchungstechnik für den (pagatorischen) Zinsbereich gefällt: Alle gezahlten Zinsaufwendungen werden als neutraler Aufwand, alle Zinserträge als neutraler Ertrag erfaßt. Der Betrieb wird also losgelöst von den tatsächlichen (pagatorischen) Zinsvorgängen mit einem Betrag für die Kapitalnutzung belastet. Wie ist nun diese Bemessungsgrundlage, das **betriebsnotwendige Kapital**, zu ermitteln?

Ausgangspunkt zur Berechnung des betriebsnotwendigen Kapitals ist das **betriebsnotwendige Vermögen**. Es umfaßt alle Vermögensgegenstände, die zur betrieblichen Leistungserstellung und zur Aufrechterhaltung der Leistungsbereitschaft erforderlich sind und für deren Leistungsbeitrag noch kein Kostenfaktor angesetzt wurde, der inhaltlich dem Zinsansatz folgt. Als erster Ermittlungsschritt wird es sich anbieten, aus dem Inventar des Unternehmens diejenigen Vermögensgegenstände mengenmäßig aufzulisten, die diesem Zweckbezug entsprechen. Ein besonderes Problem ergibt sich hier beim Umlaufvermögen. Die Bestandsmengen an Rohstoffen, Waren oder liquiden Mitteln, die zu einem Bilanzstichtag vorliegen, müssen nicht dem durchschnittlichen periodischen Vorratsbedarf an diesen Gegenständen entsprechen. Deshalb sind über eine Betrachtung der Bestandsentwicklungen die **durchschnittlich gebundenen Umlaufgüter** festzustellen.

In Einzelfällen kann das Inventar nicht zu einer vollständigen mengenmäßigen Erfassung der Vermögensteile hinführen. Schuld daran ist wieder das Anschaffungswertprinzip. Im Inventar sind grundsätzlich nur die Gegenstände aufzuführen, die käuflich erworben wurden. Deshalb darf zum Beispiel ein selbstentwickeltes Patent nicht ausgewiesen werden. Bei wirtschaftlicher Betrachtung des Leistungsprozesses ist aber oft gerade hier ein wesentlicher Leistungsträger zu sehen, der in das betriebsnotwendige Vermögen mit einbezogen werden muß.

Besondere Probleme treten unter dem oben zusätzlich angeführten Gesichtspunkt auf, nach dem für einen Verbrauchsvorgang auch nur einmal ein Kostenbetrag angesetzt werden darf – also **Doppelerfassungen** von Kostengütern auszuschließen sind. Deutlich erkennbar wird dieser Sachverhalt, wenn auf die Ausführungen im vorangehenden Abschnitt zurückgegriffen wird. Dort wurde für das eigene Geschäftsgebäude eine kalkulatorische Miete als Kostenfaktor angesetzt. Mit dieser Miete ist gedanklich auch der im Gebäude investierte Kapitalbetrag mit seinem Alternativnutzen erfaßt. Eine nochmalige Berücksichtigung des Gebäudes bei der Auflistung der betriebsnotwendigen Vermögensgegenstände scheidet somit aus.

Nach der Ermittlung aller betriebsnotwendigen Vermögensteile erfolgt die Bewertung. Für kalkulatorische Rechnungen sind historische Anschaffungswerte unmaßgeblich. Für jeden Gegenstand wird der aktuelle Wert bestimmt. Als erstes Teilergebnis liegt dann mit der Summe aller erfaßten und bewerteten Gegenstände das betriebsnotwendige Vermögen vor.

Im Normalfall wird das betriebsnotwendige Vermögen allein vom Betrieb ‚zu finanzieren' sein, d.h. daß es zugleich das **betriebsnotwendige Kapital** darstellt. Es gibt jedoch auch Ausnahmefälle, in denen dem Betrieb erhebliche Geldbeträge **zinslos** zur Verfügung stehen. So ist es üblich, daß bei langfristigen Produktionsgängen die Kunden bereits bei Vertragsabschluß **Anzahlungen** leisten. Der Betrieb kann dann benötigte Produktionsmittel teilweise mit diesem zinslosen Fremdkapital finanzieren. Damit ist das betriebsnotwendige Kapital niedriger anzusetzen als das betriebsnotwendige Vermögen:

Betriebsnotwendiges Vermögen
– Abzugskapital (zinsloses Fremdkapital)

= Betriebsnotwendiges Kapital

Zum Abzugskapital sind nur solche Posten zu zählen, die wirklich zinslos überlassen werden. Zinslos heißt hier, daß keine Zinsen zu zahlen sind, aber auch keine Vorteile aus einer vorzeitigen Begleichung von Schulden erlangt werden können. Deshalb scheiden auch die Verbindlichkeiten gegenüber Lieferanten insoweit aus, als durch vorzeitige Begleichung ein Skontoabzug möglich wäre.[2]

Der Betrieb muß den Kapitaleinsatz entgelten, d.h. das betriebsnotwendige Kapital soll sich angemessen verzinsen. Der anzuwendende Zinssatz müßte dem Alternativnutzen entsprechen, der bei einer risikogleichen, langfristigen Anlage erzielt werden könnte. Im praktischen Fall wird es recht schwierig sein, diesen entgangenen Vorteil zu beziffern. Deshalb wird auch vorgeschlagen, den Zinssatz für festverzinsliche Wertpapiere heranzuziehen[3] – obgleich er vom Ansatzpunkt her wegen der andersgearteten Risikolage kaum übertragen werden kann. Eher geeignet erscheint die durchschnittliche Rentabilität des Sachanlagevermögens innerhalb der Volkswirtschaft, weil hier der notwendige Risikozuschlag für Unternehmensinvestitionen berücksichtigt wird. Die Deutsche Bundesbank veröffentlicht in ihren Jahresberichten solche Daten. Letztlich kann aber eine Entscheidung über den zweckmäßigen Zinssatz nur in Kenntnis der subjektiven Erwartung des Unternehmers erfolgen, wobei allerdings wieder wie im Fall des Unternehmerlohnes dem Wunschdenken begegnet werden muß.

Fallgestaltung: Kalkulatorische Zinsen

In der FOTOSHOP OHG wurden bei der Ermittlung des Betriebserfolges für die Periode t_1 bislang keine Kapitalkosten berücksichtigt. Die Gesellschafter wollen den Alternativnutzen des betriebsnotwendigen Kapitals mit 8 % ansetzen.

Zur Ermittlung des kalkulatorischen Zinses liegen zwei Bilanzen vor (vgl. Aufgabe 2, Ausgangssituation und Lösung). Bei den Vermögensgegenständen soll es sich ausschließlich um betriebsnotwendige Güter handeln. Bei vorzeitiger Bezahlung der Verbindlichkeiten aus Warenlieferungen kann ein Skontoabzug vorgenommen werden.

Im konkreten Fall erfolgt die Ermittlung des kalkulatorischen Zinses und dessen Verbuchung in folgenden Schritten:

---

2 Dieses an sich elementare kaufmännische Grundwissen wird oftmals vergessen. Angenommen, ein Betrieb habe Rohstoffe gekauft und die Zahlungsbedingungen lauten: Die Rechnung ist zahlbar innerhalb von 10 Tagen unter Abzug von 3 % Skonto oder innerhalb 30 Tagen ohne Abzug. Die Kreditspanne beträgt in diesem Fall 20 Tage, für die 3 % Zinsvorteil entgehen würden. Als Jahreszins beträgt dieser Vorteil ($\frac{360}{20} \cdot 3\,\% =$) 54 %! Deshalb wird es fast in allen Fällen vorteilhafter sein, einen Bankkredit aufzunehmen, um den Skontovorteil wenigstens noch zu einem Teil auszunutzen.

3 Vgl. zur Diskussion um die Bemessung des kalkulatorischen Zinses insbesondere LÜCKE, W.: Die kalkulatorischen Zinsen, S. 3 ff. und KILGER, W.: Einführung in die Kostenrechnung, S. 133 ff.

ERMITTLUNGSSCHRITTE ZUR BEMESSUNG KALKULATORISCHER ZINSEN

1. Ermittlung des betriebsnotwendigen Vermögens, das noch nicht zum Ansatz von Opportunitätskosten geführt hat:	*in der Fallgestaltung:*		*DM*
a) Anlagevermögen	*Geschäftsausstattung*		*40.000,–*
	Fuhrpark		*36.000,–*
+	*(Gebäude entfällt, da hierfür bereits die kalkulatorische Miete angesetzt wurde.)*		*76.000,–*
b) durchschnittlich gebundenes betriebsnotwendiges Umlaufvermögen	*Umlaufvermögen*	*DM*	
	t_1/I	*142.000,–*	+
	Umlaufvermögen t_1/XII	*+ 194.800,–*	
		336.800,–	
		davon die Hälfte	*168.400,–*
= **betriebsnotwendiges Vermögen** (ermittelt für Zwecke der kalkulatorischen Verzinsung)		=	*244.400,–*
2. Berücksichtigung von **Abzugskapital** (zinsloses Fremdkapital)	*entfällt lt. Fallgestaltung*		
3. Berechnungsgrundlage für kalkulatorische Zinsen: **betriebsnotwendiges Kapital**		=	*244.400,–*
4. Anwendung des gewählten Zinssatzes führt zum kalkulatorischen Zins	$\frac{244.400 \cdot 8}{100}$	=	*19.552,–*
5. Buchungsablauf (vergleichbar mit der Verfahrensweise zur Erfassung der kalkulatorischen Miete)	*531 kalkulatorische Zinsen*	*an 26 verrechnete kalkulatorische Kosten*	*19.552,–*

PAGATORISCHE UND KALKULATORISCHE ZINSEN IM EINKREISSYSTEM

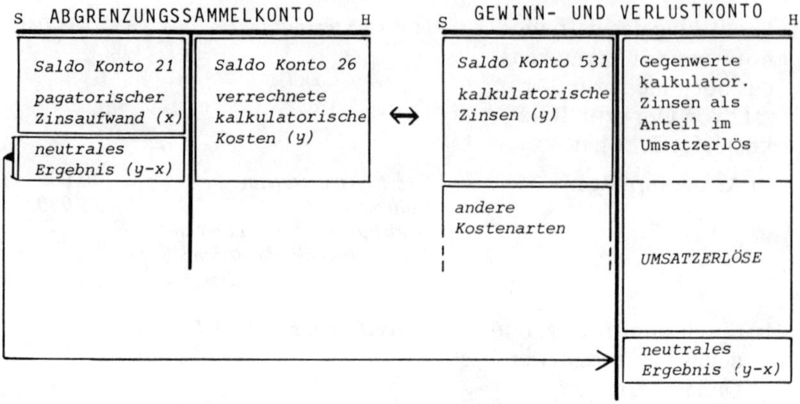

Der Ansatz kalkulatorischer Zinsen erhöht den Kostenbetrag in der Gewinn- und Verlustrechnung. Bei sonst unveränderter Erfolgslage sinkt damit der Betriebserfolg. In der Fallgestaltung verbleiben von DM 20.500,– (vgl. den vorangehenden Abschnitt) nur noch DM 948,– Betriebsgewinn. Das ist die „Risikoprämie“ – der Unternehmergewinn im engeren Sinn, der den Vorteil ausdrückt, der den Unternehmern über den Einsatz eines (risikofreien) Alternativnutzens eingesetzter Produktionsfaktoren hinaus verblieben ist.

In der Fallgestaltung wird auch besonders deutlich, wie wichtig das Ausschalten von Doppelzählungen bei Verbrauchsvorgängen ist. Wenn das Gebäude zusätzlich in das betriebsnotwendige Vermögen eingerechnet wird, obwohl dessen Alternativnutzen bereits durch die kalkulatorische Miete erfaßt wurde, wäre die Bemessungsgrundlage für kalkulatorische Zinsen um DM 240.000,– größer. Bei einem Zinssatz von 8 % würde dann der kalkulatorische Zins um DM 19.200,– höher ausfallen, was zugleich einen Betriebs*verlust* von (DM 948,– ./. DM 19.200,– =) DM 18.252,– nach sich zieht. Damit wäre sofort ein „Nein“ zur Frage einer Unternehmensfortführung begründet. Allerdings ist diese Entscheidung auf unrichtigen Annahmen über tatsächlich erzielbaren Alternativnutzen aufgebaut. Wenn die Kosten- und Leistungsrechnung wirklich entscheidungsrelevante Informationen liefern soll, müssen ihre Daten auch tatsächlichen Wertverhältnissen entsprechen.

Exkurs:

Der letztgenannte Hinweis kann auch zu Denkansätzen weitergeführt werden, die hier nur angerissen werden sollen.[4] Es geht dabei im erweiterten Sinn wieder um die Gefahr einer Doppelerfassung von Kosten. Sie ergibt sich daraus, daß die zur Leistungserstellung notwendigen Vermögensgegenstände mit ihrem **Tageswert** in die Berechnung eingehen. Unter der – realistischen – Annahme von periodischen Preissteigerungen wird der Vermögenswert erhöht. Werden jetzt beispielsweise Abschreibungen für abnutzbare Gegenstände auf der Grundlage der höheren Tageswerte berechnet (was geschieht), sind in den Anlagenkosten schon einmal Anteile enthalten, die zum Auffangen der Geldentwertung beitragen sollen. Dasselbe tritt ein, wenn früher billiger gekaufte Rohstoffe mit ihrem Tageswert in die Verbrauchsrechnung eingehen. Auch hier wird die Kostenrechnung zusätzlich zum Anschaffungswert schon einmal mit einem Betrag belastet, der in Konkurrenz zu dem kalkulatorischen Zins steht. Diese Konkurrenz tritt ein, wenn mit dem kalkulatorischen Zins der Alternativnutzen des Eigenkapitals erfaßt werden soll. Bei einer Orientierung am Marktzins wäre dann aber der zusätzliche Kostenanteil für die Geldentwertung überflüssig: Man kann beim Kauf von festverzinslichen Wertpapieren neben dem Zinsertrag nicht auch noch eine dauerhafte Wertsteigerung erzielen. Der Rückzahlungsbetrag des Schuldners ist schon bei der Geldhingabe festgelegt.

Anders wird diese Betrachtung ausfallen, wenn der kalkulatorische Zins auf der Grundlage des Alternativopfers berechnet wird. Nun würde der Zinssatz herangezogen, der gegenwärtig für eine vollständige Finanzierung mit Fremdkapital gilt. Dabei ist der Unternehmer dann in der Position des Sachwerteigners: Ihm und nicht dem Gläubiger fallen Wertsteigerungen zu, die er über den Kostenansatz auch vom Markt vergütet haben möchte – neben dem kalkulatorischen Zins.

Dieser Einschub soll verdeutlichen, daß es in einem Rechnungszweig, der frei von rechtlichen Begrenzungen arbeitet, Schwierigkeiten in der ‚richtigen', d.h. entscheidungsrelevanten Informationsvermittlung gibt.

---

4 Für Anregungen zu diesem Problemkreis bin ich Herrn Kollegen Dr. KARL LOHMANN dankbar. Der Sachverhalt ist eng verzahnt mit dem Bewertungsgrundsatz der Kostenrechnung, der erst ausführlich im Abschnitt 3.2.3. behandelt wird. Diese Überschneidungen erschweren die gliederungstechnische Einordnung. Wegen der Nähe zum Grundsatzproblem der Doppelerfassung wurde diese Einordnung gewählt.

Aufgabe 18

Ein Industrieunternehmen ermittelte für den Leistungszeitraum t_1 folgendes Betriebsergebnis (vgl. Aufgabe 16 a):

S	980 BETRIEBSERGEBNISKONTO $t_{1/XII}$				H
40	*Fertigungsmaterial*	*720.000,–*	83	*Umsatzerlöse*	*2.000.000,–*
431	*Fertigungslöhne*	*600.000,–*			
439	*Gehälter*	*200.000,–*			
47	*Mietkosten*	*60.000,–*			
48	*Abschreibungen*	*200.000,–*			
989	*BETRIEBS-GEWINN*	*220.000,–*			
		2.000.000,–			*2.000.000,–*

In dieser Erfolgsrechnung wurden der Arbeitseinsatz und der Kapitaleinsatz des Unternehmers nicht berücksichtigt. Für eine wirtschaftliche Erfolgsanalyse sollen auch diese Kostenfaktoren erfaßt werden. Dabei geht der Unternehmer von folgenden Vorstellungen aus:

1) *Der entgangene Nutzen seiner Arbeitskraft sollte mit DM 120.000,– pro Jahr angesetzt werden. Andererseits liegen aber sichere Informationen darüber vor, daß der Geschäftsführer eines vergleichbaren Konkurrenzunternehmens gegenwärtig ein Jahresgehalt von DM 70.000,– erhält.*
2) *Der entgangene Nutzen des ausschließlich eingesetzten Eigenkapitals wird mit DM 80.000,– angenommen. Er orientiert sich am Marktzins für langfristige Kapitalanlagen.*

Aufgabenstellung:

a) *Für die unter 1) und 2) angesprochenen Verbrauchsvorgänge sind Buchungssätze zu bilden, die den Erfassungsgrundsätzen der Kosten- und Leistungsrechnung entsprechen.*
b) *Welche Auswirkungen haben die unter a) vorgenommenen Buchungssätze auf das Betriebs- und Unternehmensergebnis für die Periode t_1?*
c) *Angenommen, der Betrieb würde ab $t_{1/XII}$ den Produktpreis um den Stückanteil kalkulatorischer Kosten erhöhen. Diese Preissteigerung würde von den Kunden hingenommen. Welche Auswirkungen hat dann die Erfassung kalkulatorischer Kosten auf das Betriebs- und Unternehmensergebnis von t_2?*
d) *In Aufgabe 16 b wurden von den hergestellten 8.000 Stück 2.000 Stück nicht verkauft. Der Lagerbestand wurde angesetzt mit DM 212,50/x (Vollkostenansatz) bzw. DM 165,–/x (Teilkostenansatz). Welche Auswirkung haben die oben unter a) vorgenommenen kalkulatorischen Buchungen auf den Wert von Lagerbeständen in der Finanzbuchführung?*

KONTROLLFRAGEN:

(76) Aus welchen Gründen wird neben die handelsrechtliche Erfolgsrechnung eine kalkulatorische Betriebsergebnisrechnung gestellt?

(77) Aus rechtlichen Gründen darf der Ansatz von Zusatzkosten das Unternehmensergebnis nicht verändern. Wie wird im Einkreissystem diese Anforderung erfüllt?

(78) Kalkulatorische Zinsen werden nicht vom Eigenkapital sondern vom betriebsnotwendigen Kapital berechnet. Wie gelangt man zu dieser Berechnungsgrundlage?

(79) Der Zinssatz zur Berechnung kalkulatorischer Zinsen kann frei gewählt werden. Welche Gesichtspunkte bestimmen seine Höhe?

(80) Wie kann es beim Ansatz kalkulatorischer Kostenarten zu Doppelerfassungen kommen?

3.2.2.3. Bilanzielle und kalkulatorische Abschreibungen

3.2.2.3.1. Ausgangssituation und buchungstechnische Folgerungen

Unter den Gegenständen des betrieblichen Anlagevermögens sind abnutzbare Güter wie Gebäude, Maschinen, Fahrzeuge, Geschäftsausstattung. Deren Nutzenentgang wird innerhalb der betrieblichen Einsatzzeit über die Abschreibungen erfaßt. Solche Abschreibungen umfassen also den periodisierten Verbrauch von Gegenständen, die ihre Nutzleistungen über mehrere Leistungsperioden abgeben. Bereits im Abschnitt 2.6. wurden die vielfältigen Gesichtspunkte erörtert, die das Abschreibungsproblem als einen zentralen Punkt aussagefähiger Rechnungslegung erkennen ließen. Weil es immer schwierig sein wird, die **Nutzungszeit** und den **Entwertungsverlauf** vorauszudenken, kommt jedem **Abschreibungsplan** nur ein begrenzter Richtigkeitsgrad zu. Was objektiv als unvermeidbarer Schätzungsfehler anzuerkennen ist, kann andererseits aber auch zum Anlaß genommen werden, subjektive Vorstellungen von einem belastbaren Periodenerfolg durchzusetzen. In der Finanzbuchführung ist es Brauch, die Abschreibungen als ein solches Erfolgsregulativ zu benutzen. Damit verliert dieser Rechnungszweig unnötig an Aussagekraft. Für die kalkulatorischen Rechnungen heißt das zugleich, daß bei dem Wertansatz von

Abschreibungen eigenständige Ermittlungen durchgeführt werden müssen, obgleich dasselbe Problem bereits in der Finanzbuchführung zufriedenstellend hätte gelöst werden können.[1]

Kalkulatorische Abschreibungen sollen den leistungszweckbedingten, periodengerechten Entwertungsbetrag abnutzbarer Anlagegüter erfassen. Daraus folgt, daß nur die **betriebsnotwendigen Anlagegüter** berücksichtigt werden. Hat z.B. ein Betrieb infolge von Absatzschwierigkeiten Betriebsteile stillgelegt, können deren Maschinen nicht als Kostenverursacher angesehen werden. Sie entwerten sich zwar auch, aber da sie es nicht leistungszweckbezogen tun, kommt eine Buchung des Abschreibungsbetrages nur als neutraler Aufwand in Betracht. Fehldispositionen der Betriebsgröße können nicht dem Betrieb angelastet werden. Sie sind dem unternehmerischen Risiko zuzuordnen. Lediglich die Abschreibungen auf Reserveanlagen, die für die Sicherstellung eines reibungslosen Betriebsablaufs nötig sind, werden zusätzlich in die Betriebsabrechnung übernommen.

Wenn der Umfang betriebsnotwendiger Anlagegüter festgestellt ist, ergibt sich das Problem, die unterschiedlichen Entwertungsbeträge in Finanzbuchführung und Betriebsabrechnung buchungstechnisch zu erfassen. Zur Veranschaulichung der buchungstechnischen Folgen

---

1 Bei diesem Verhalten, das den gesetzlich geforderten „sicheren Einblick in die Vermögens- und Ertragslage" unnötig begrenzt, können sich die Unternehmen leider auch auf entsprechende Fachkommentare stützen. So hatte schon der Standardkommentar der Wirtschaftsprüfer ADLER/DÜRING/SCHMALTZ nichts gegen einen Wechsel der Abschreibungsmethode einzuwenden, „wenn dies aus bilanzpolitischen Erwägungen heraus geschieht" (ADLER/DÜRING/SCHMALTZ, S. 765). So wird es als „allgemein üblich" angesehen, von der degressiven zur linearen Abschreibungsmethode überzugehen, „sobald dieser Übergang zu höheren Abschreibungsbeträgen führt" (GOERDELER, R.: Geschäftsbericht, S. 117).

In der Buchführungspraxis tritt der Entwertungsverlauf des Anlagegutes hinter bilanztaktische Maßnahmen zurück. Damit werden neue Abschreibungsgründe geschaffen, die es eigentlich nicht geben kann. HEINEN stellt sie als „geschäftspolitische Gründe" (das sind „Finanzpolitische Vorsorgemaßnahmen oder Gründe der Gewinnausschüttung") gleichwertig neben solche Abschreibungsursachen, die an sich allein für den Entwertungsverlauf maßgebend sein sollten. (Zitate aus HEINEN, E.: Handelsbilanzen, S. 135, 137).

Nicht übersehen werden darf in diesem Zusammenhang aber auch die – unglückliche – Verzahnung zwischen handels- und steuerrechtlicher Gewinnermittlung. Um Steuervorteile aus vorgezogenen Abschreibungen zu erhalten, bedarf es einer entsprechenden Abschreibung für handelsrechtliche Erfolgsermittlung. Durch die Bestrebungen des Staates, über solche Investitionsanreize die Probleme am Arbeitsmarkt zu verringern, erwachsen zugleich negative Einflüsse auf den Aussagewert der publizierten Rechnungslegung.

dieser **Anderskosten** soll auf die mit den Aufgaben 16 und 18 bereits erarbeiteten Grundlagen zurückgegriffen werden:

Fallgestaltung: Bilanzielle und kalkulatorische Abschreibungen

Ein Industriebetrieb hat maschinelle Anlagen im Anschaffungswert von DM 1.000.000,– für betriebliche Zwecke eingesetzt. Im Rahmen der Finanzbuchführung könnten diese abnutzbaren Anlagen innerhalb von 5 Jahren linear abgeschrieben werden. Aufgrund von Erfahrungen kann jedoch damit gerechnet werden, daß diese Anlagen über einen Zeitraum von 8 Jahren ohne größere Störungen die ihnen zugedachte Aufgabe erfüllen.

Im Gegensatz zu den bisher behandelten kalkulatorischen Kosten geht es hier nicht um das Beheben von Unzulänglichkeiten in der Verbrauchserfassung, die ihre Ursache in dem pagatorischen Grundsatz der Finanzbuchführung haben – wie es beim Unternehmerlohn der Fall war. Vielmehr führen unterschiedliche Ermittlungsziele in den Rechnungszweigen zur unterschiedlichen Verrechnung ein und desselben Verbrauchsvorganges. Diese Ziele stellen auf die Folgen eines Erfolgsausweises ab: In der Finanzbuchführung werden die Grundlagen zur Bemessung von Gewinnanteilen und Steuerzahlbeträgen erarbeitet. Es ist das legitime Interesse des Steuerpflichtigen, seine Belastung möglichst niedrig zu halten. Er wird deshalb Aufwendungen, die eine Verrechnung früherer Ausgaben (z.B. für Maschinen) darstellen und die *irgendwann* anfallen werden, so früh wie möglich ansetzen, damit der für eine Gewinnbesteuerung maßgebliche Erfolg gekürzt wird. So wird zumindest eine Steuerverlagerung in spätere Jahre erzielt, was Liquiditätsentlastungen bewirkt und Zinseffekte bei den zunächst aufgeschobenen Gewinnsteuern mit sich bringt. Befindet sich also das oben vorgestellte Unternehmen in einer Gewinnsituation, wird es beim Ansatz von Abschreibungen insbesondere zur **Steuervorteilswahrung**[2] von der kürzeren Nutzungszeit ausgehen. Der Anschaffungswert (DM 1.000.000,–) wird gleichmäßig mit jeweils DM 200.000,– auf 5 Jahre verteilt.

Für die Kostenerfassung kommt der belastungsorientierte Abschreibungsbetrag nicht in Betracht. Hier geht es um den tatsächlichen Nutzenentgang, den die Anlagen im Leistungszeitraum erfahren haben.

2 Hier wirkt das Steuerrecht auf die handelsrechtliche Rechnungslegung ein. Steuervorteile können grundsätzlich nur erzielt werden, wenn der handelsrechtliche Gewinn ebenso gekürzt wird. Man kann sich nicht gegenüber dem Finanzamt arm darstellen und aufgeschobene Steuern durch Gewinnentnahme späteren Steuerforderungen entziehen.

Nach den Angaben in der Fallgestaltung kann nicht nur 5, sondern 8 Jahre mit einer gleichmäßigen Leistungsabgabe gerechnet werden. Statt DM 200.000,– werden nur DM 125.000,– als periodischer Entwertungsbetrag verzeichnet, der für Zwecke interner Erfolgskontrolle heranzuziehen ist. Damit stehen sich zwei Abschreibungsbeträge gegenüber: Einmal der Betrag, der in der externen Rechnungslegung das Bilanzvermögen verringert (= **bilanzielle Abschreibung**) und daneben ein Betrag, der internen Informationszwecken folgt (= **kalkulatorische Abschreibung**).

Zur Abgrenzung der bilanziellen von der kalkulatorischen Abschreibung dient eine Buchungstechnik, die der Vorgehensweise beim Zinsaufwand entspricht. Alle Erfolgsbuchungen, die aus dem Blickwinkel der Betriebsabrechnung zu **Anderskosten** führen, werden innerhalb der Finanzbuchführung als neutraler Aufwand behandelt. In der Kontenklasse 2 wird ein Konto für **bilanzielle Abschreibungen** eingerichtet. Im Beispiel ergibt sich im Jahr t_1 folgende Buchung (nach dem Gemeinschaftskontenrahmen der Industrie):

Buchungssatz für direkte bilanzielle Abschreibungen:

230	*Abschreibungen auf Sachanlagen*	*an*	*010*	*maschinelle Anlagen*	*DM 200.000,–*

Die verursachungsgerechte **kalkulatorische Abschreibung** (DM 125.000,–) ist mit der Sollbuchung auf einem Kostenartenkonto durchzuführen. Der Kontenrahmen (GKR) sieht hierfür das Konto 480 kalkulatorische Abschreibungen vor. Für die Gegenbuchung kommt nun aber nicht mehr ein Bestandskonto in Betracht. Die Korrektur des Bestandswertes der Anlagen wurde bereits mit der bilanziellen Abschreibung durchgeführt. Da die kalkulatorische Abschreibung unmittelbar nur das Betriebsergebnis, nicht aber das Unternehmensergebnis beeinflussen darf, wird wieder ein Konto herangezogen, das den Kostenbetrag im Unternehmensergebnis ausgleicht. Hierfür wird das Konto 280 verrechnete kalkulatorische Abschreibungen eingerichtet. Bei dem Abrechnungsweg im Einkreissystem nach dem Gemeinschaftskontenrahmen für die Industrie ergibt sich dann folgender Buchungssatz zur Erfassung der kalkulatorischen Abschreibungen:

Buchungssatz für kalkulatorische Abschreibungen:

480	*kalkulatorische Abschreibungen*	*an*	*280*	*verrechnete kalkulatorische Abschreibungen*	*DM 125.000,–*

Das Zusammenwirken bilanzieller und kalkulatorischer Abschreibungen auf den Abschlußkonten zum Erfolgsbereich eines Unternehmens soll anhand der Aufgabe 18 b gezeigt werden. Dabei wird die Lösung zur Aufgabe 18 b, die sich nach Vornahme der Buchungen für Unternehmerlohn und kalkulatorischen Zins ergab, nunmehr ergänzt um die Differenzierungen im Abrechnungsgang für Anlagenentwertung:

S *980 BETRIEBSERGEBNISKONTO* *H*

40	Fertigungsmaterial	720.000,–	83	Umsatzerlöse	2.000.000,–
431	Fertigungslöhne	600.000,–			
439	Gehälter	200.000,–			
47	Miete (Raumkosten)	60.000,–			
480	kalk. Abschreibung.	125.000,–			
482	kalk. Zinsen	80.000,–			
483	kalk. Unternehmerlohn	70.000,–			
989	Betriebsgewinn (GuV)	145.000,–			
		2.000.000,–			2.000.000,–

S *987 NEUTRALES ERGEBNIS* *H*

230	bilanzielle Abschreibungen	200.000,–	280	verrechnete kalk. Abschreibungen	125.000,–
989	neutrales Ergebnis (GuV)	75.000,–	282	verrechnete kalk. Zinsen	80.000,–
			283	verrechneter kalk. Unternehmerlohn	70.000,–
		275.000,–			275.000,–

Der ursprünglich mit DM 220.000,– ausgewiesene Betriebserfolg (vgl. Aufgabe 16) wurde zunächst durch die Einrechnung des kalkulatorischen Unternehmerlohns und der kalkulatorischen Zinsen um DM 150.000,– auf DM 70.000,– verkürzt. Indem die Abschreibungen nun nicht mehr den bilanzpolitischen Zielen folgen, sondern den tatsächlichen Entwertungsvorgang erfassen, wird in Höhe der Differenz zwischen bilanziellen und kalkulatorischen Abschreibungen (DM 75.000,–) der Betriebserfolg wieder erhöht. Von allen diesen Vorgängen zur aussagesteigernden Abrechnung des Leistungsbereichs bleibt das Unternehmensergebnis unberührt. Da im Beispiel angenommen wurde, daß zunächst gar keine Vorgänge im neutralen Bereich berücksichtigt werden mußten, stimmten zunächst auch Betriebs- und Unternehmenserfolg überein. Nachdem alle kalkulatorischen Kosten verbucht wurden, weist nun der Abgrenzungsbereich einen neutralen Gewinn von DM 75.000,– auf. Dieser „Gewinn" ist inhaltlich aber nur als Korrekturposten zu begreifen, der seine Begründung in den kalkulatorischen Buchungsgängen hat: Diese im Interesse der Leistungskontrolle vorgenommenen Ergänzungen bzw. Wertkorrekturen haben insgesamt zu einem Anstieg des Kostenumfanges um DM 75.000,– geführt. Einerseits sollten Unternehmerlohn und Zinsen (insgesamt DM 150.000,–) zusätzlich als Kosten berücksichtigt werden – die aber nicht das Unternehmensergebnis verändern dürfen. Deshalb sind die verrechneten kalkulatorischen Zinsen und der verrechnete kalkulatorische Unternehmerlohn als „Ertrags"-Gegenposten im Neutralen Ergebnis enthalten. Andererseits sollten aber die Abschreibungen um DM 75.000,– niedriger ausfallen als es in der Ausgangssituation der Fall war. Innerhalb des Unternehmenserfolges müssen dann (isoliert gesehen) die Abschreibungen wieder in ursprünglicher Höhe wirksam werden. Auch diese Aufgabe wird mit dem **Abgrenzungssammelkonto** geleistet. So stehen dort die bilanziell wirksamen Abschreibungen den kalkulatorischen Verrechnungsposten gegenüber. Der Saldo (DM 75.000,–) stellt den Betrag dar, um den das Betriebsergebnis erhöht werden muß, um wieder auf den ursprünglichen, pagatorischen Erfolg zu kommen, der losgelöst von kalkulatorischen Gesichtspunkten ermittelt wurde:

Betriebserfolg	+	neutraler Erfolg	=	Unternehmenserfolg
DM 145.000,–	+	DM 75.000,–	=	DM 220.000,–

In einer schematischen Übersicht[3] sind die Zusammenhänge bei der Abrechnung von Zusatz- und Anderskosten – den sog. kalkulatorischen Kosten – wiedergegeben:

3 In der Fachliteratur zum Rechnungswesen gibt es eine Vielzahl von Versuchen zur übersichtlichen Darstellung der Zusammenhänge zwischen *Aufwand* und *Kosten*. Abweichungen ergeben sich vor allem im Hinblick auf die inhaltliche Umschreibung des *Zweckaufwandes*. Überwiegend wird von Zweckaufwand gesprochen, „soweit sich Aufwand und Kosten decken" (WÖHE, G.: Bilanzierung und Bilanzpolitik, S. 10). In diesem Fall stimmen Zweckaufwand und Grundkosten überein.
Bei der Gleichsetzung von Zweckaufwand mit Grundkosten wird nicht hinreichend berücksichtigt, daß es Aufwand gibt, der auch in Verfolgung des Betriebszweckes anfällt, aber in seiner Höhe nicht für die Kostenrechnung übernommen werden kann (z.B. bilanzielle Abschreibungen). Aus der Sicht der Finanzbuchführung, die für die inhaltliche Umschreibung der Aufwendungen zuständig ist, handelt es sich hier um Zweckaufwand. Aus der Sicht der Kostenrechnung handelt es sich aber nicht um aufwandsgleiche Kosten, sondern um An-

Fortsetzung S. 321

KALKULATORISCHE KOSTEN IM EINKREISSYSTEM

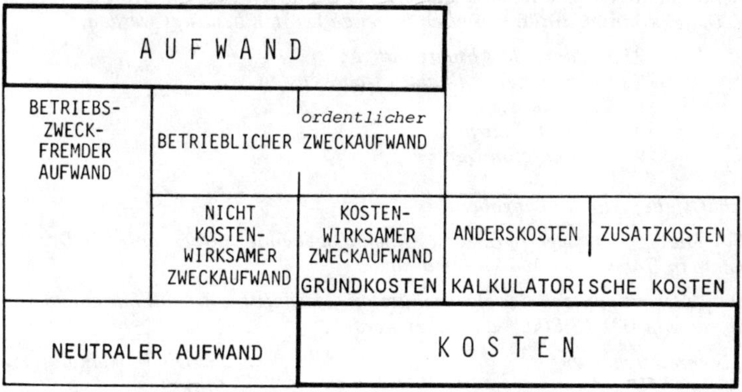

Aufgabe 19

Der Auszug aus der Summenbilanz eines Einzelhandelsbetriebes zeigt am Ende von t_1 folgende Werte:

Konto-Nr.	*Bezeichnung*	*Soll*	*Haben*
00	*Bebaute Grundstücke*	*200.000,–*	
020	*Maschinen und maschinelle Anlagen*	*95.000,–*	
022	*Personenwagen*	*48.000,–*	
03	*Betriebs- und Geschäftsausstattung*	*24.000,–*	
15	*Kasse*	*49.800,–*	
23	*Haus- u. Grundstücksaufwendungen*	*3.600,–*	
29	*Haus- u. Grundstückserträge*		*12.700,–*

(Aufgabenfortsetzung auf der nächsten Seite)

Fortsetzung Fußnote 3:
derskosten. Deshalb werden vom Zweckaufwand solche Aufwandsarten abgegrenzt, die wegen ihrer anders ausgerichteten Mengen- oder Wertkomponenten nicht in die Kostenrechnung übernommen werden sollen.
Die Vorstellung, daß nur ein Teil (der bilanziellen Abschreibung) zum Zweckaufwand, ein anderer Teil zum neutralen Aufwand gehört, ist zumindest in Bezug auf die Abrechnungstechnik falsch: Es wird ja der Gesamtbetrag bilanzieller Abschreibungen abgegrenzt und für die Kostenrechnung ein neuer Betrag für kalkulatorische Abschreibungen ermittelt. Deshalb wird hier in der Übersicht auch der umfassenderen Erklärung des Zweckaufwandes gefolgt, wie sie beispielsweise EISELE (Technik, S. 342) gibt und wie sie auch im Gliederungssystem des Industrie- und Handelskontenrahmens zum Ausdruck kommt.

Fortsetzung Aufgabe 19:
Am Periodenende sind noch die folgenden Geschäftsfälle bzw. Abschlußangaben zu berücksichtigen. Die dabei anfallenden Buchungen sind auf Konten vorzunehmen. Dabei könnten zusätzlich noch folgende Konten benötigt werden:

205 bilanzielle Abschreibungen
26 verrechnete kalkulatorische Kosten
51 Raumkosten
57 Kosten Fuhrpark
59 Abschreibungen

Geschäftsfälle, Abschlußangaben:

1. *Ein Mieter, der Lagerräume im Geschäftsgebäude nutzt, zahlt die Dezembermiete in Höhe von DM 250,– bar ein.*
2. *Der Alternativnutzen der eigengenutzten Geschäftsräume soll mit einem Jahresbetrag von DM 12.000,– angesetzt werden.*
3. *Abschreibungen auf*

	3. Abschreibungen auf	*bilanziell (direkt)*	*kalkulatorisch*
00	*Bebaute Grundstücke (Anschaffungswert ohne Grundstücksanteil DM 160.000,–)*	*2 %*	***
020	*Maschinen und maschinelle Anlagen*	*15 %*	*10 %*
022	*Personenwagen*	*25 %*	*20 %*
03	*Geschäftsausstattung*	*12,5 %*	*10 %*

** Die kalkulatorische Abschreibung auf Gebäude ist bereits in dem verrechneten Mietwert enthalten.*

Nach Vornahme der Buchungen ist der vorliegende Ausschnitt aus dem Erfolgsbereich isoliert abzuschließen. Die als Teile des Betriebs- und Unternehmenserfolges ermittelten Werte sollen im Hinblick auf den Informationsnutzen kalkulatorischer Kostenarten analysiert werden.

3.2.2.3.2. Nutzungsdauerschätzung und -fehlschätzung

Für die Rechnungsziele der Kosten- und Leistungsrechnung kommt die Übernahme bilanz- und steuerpolitisch bestimmter Abschreibungsbeträge nicht in Betracht. Diese Beträge werden nach einem bilanzpolitischen **Tragfähigkeitsdenken** ausgerichtet.[1] In kalkulatorischen

1 In welchem Umfang durch bilanzpolitisch bestimmte Abschreibungsbeträge die Indikatoroder „Kompaßfunktion des Jahresabschlusses" (SCHMALENBACH) verlorengeht, wird aus einem Beispiel deutlich. So hatten die regionalen, konjunkturellen und umweltbezogenen Steuerpräferenzen in einem Berliner Unternehmen dazu geführt, zusätzlich zu den handelsrechtlichen Normalabschreibungen (60,5 Mio. DM) weitere 86,8 Mio. DM Sonderabschreibungen vorzunehmen. Bezogen auf Zugänge an Sachanlagen von 193,6 Mio. DM wurden 119,0 Mio. DM (= 61,5 %) Abschreibungen im Jahr der Anschaffung bzw. Inbetriebnahme verrechnet. Ihre rechtliche Grundlage hat diese Rechnungspraxis im Berlinförderungsgesetz.

Rechnungen wird dagegen vom **Verursachungsdenken** ausgegangen. Danach sind **Abschreibungen** eine

Erfassung des Werteverzehrs abnutzbarer Anlagegüter innerhalb eines gesamten Nutzungszeitraumes und dessen Zuordnung auf Leistungszeiträume oder Leistungseinheiten.

Bei der Schätzung des Verbrauchsvorganges ist den unterschiedlichen Abschreibungsgründen (**Entwertungsursachen**) Rechnung zu tragen. In der betriebswirtschaftlichen Literatur sind zahlreiche Vorschläge zur Benennung und Systematisierung der Einflußfaktoren auf die Wertentwicklung von Gebrauchsgütern vertreten.[2] In einer Übersicht sind die unterschiedlichen Vorstellungen neu gegliedert und zusammengefaßt.

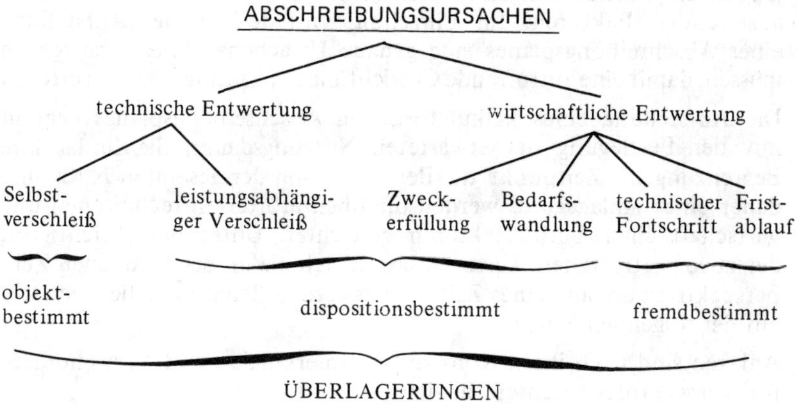

Die Entwertungsursachen sind Grundlage für die Schätzung von Nutzungsdauer und Entwertungsverlauf. Auszugehen ist zunächst von den objektbestimmten Einflüssen: Herstellerangaben zum gesamten Nutzungspotential und eigene Erfahrungswerte führen zu einem ferti-

2 Vgl. vor allem die Ausführungen von SCHMALENBACH, E.: Kostenrechnung und Preispolitik, S. 234 ff., GUTENBERG, E.: Einführung in die Betriebswirtschaftslehre, S. 179, KOSIOL, E.: Kostenrechnung und Preispolitik, S. 106 f, HAX, K.: Was ist betriebswirtschaftlich notwendige Abschreibung?, S. 147 ff., MELLEROWICZ, K.: Kosten und Kostenrechnung (2,1), S. 308, EISELE, W.: Technik des betrieblichen Rechnungswesens, S. 322 ff. und WÖHE, G.: Bilanzierung und Bilanzpolitik, S. 305 ff.

gungstechnisch ausgerichteten Planwert. Größeres Gewicht haben jedoch andere Entwertungsursachen. Sie bekommen ihren Einfluß durch Betriebsdispositionen oder externe Faktoren. So ist die technische Entwertung durch Inanspruchnahme abhängig vom gewählten Auslastungsgrad der Betriebsausstattung. Neben den in Grenzen variierbaren Taktzeiten beeinflußt die Zahl der täglichen Arbeitsschichten die leistungsabhängigen Entwertungsquoten.

Im Bereich mehr wirtschaftlich begründeter Entwertungsursachen wird es schwerer fallen, eine Trennung zwischen dispositions- und fremdbegründeten Entwertungsursachen vorzunehmen. Nur wenn rechtliche Hemmnisse wie Patente dem Ziel entgegenstehen, bestimmte Produkte mit einem Anlagenbestand hervorzubringen, werden isoliert die Fremdeinflüsse auf den Wert von Anlagegütern deutlich. Vorherrschend sind jedoch die Überlagerungen zwischen Entwertungsursachen und den sie auslösenden Faktoren. Im Einzelfall wird deshalb der Aufstellung eines Abschreibungsplanes eine genaue Ursachenanalyse vorausgehen müssen, damit eine zutreffende Gewichtung der Einflußfaktoren erfolgt.

Die Aufstellung eines kalkulatorischen Abschreibungsplanes beginnt mit der Festlegung der erwarteten **Nutzungsdauer**. Sie findet ihre Begrenzung im Zeitpunkt t_n. Bei Schätzung der gesamten Nutzungsdauer eines Anlagegutes werden die oben erörterten technischen und wirtschaftlichen Einflußfaktoren gewichtet., Unter Berücksichtigung der zuvor getroffenen Aussagen lassen sich die unterschiedlichen Zeitperspektiven anhand eines Zeitstrahles verdeutlichen (vgl. die Übersicht auf der folgenden Seite).

Anlagen sind nach ihren Konstruktionsmerkmalen und Verwendungsformen wie folgt zu unterscheiden:

1. **Spezialanlagen**, mit denen relativ stark **marktgefährdete Produkte** hervorgebracht werden. Sie sind nicht auf andere Fertigungsanforderungen umrüstbar. Es liegt eine nur teile- bzw. programmbezogene Einsetzbarkeit vor. Damit ist die Nutzungsdauer auch an den Verwertungszeitraum ihrer ganz speziellen Leistung gekoppelt. Handelt es sich dabei um modeabhängige oder auch durch technische Neuerungen schnell überholte Artikel, sind die Einsatz- und Amortisationszeiten teilweise schon auf ein oder zwei Jahre begrenzt.
2. **Spezialanlagen**, die zur Produktion **marktstabiler Produkte** dienen. Mit den grundsätzlich gleichen Eigenschaften und Abhängigkeiten wie die zuvor erörterten Anlagen versehen, führt bei ihnen die län-

gere Verwertbarkeit ihrer Leistungen auch zu längeren Einsatzzeiträumen. Gleichwohl wird es auch hier Schwierigkeiten bereiten, die Absatzsicherheit zutreffend zu beurteilen.

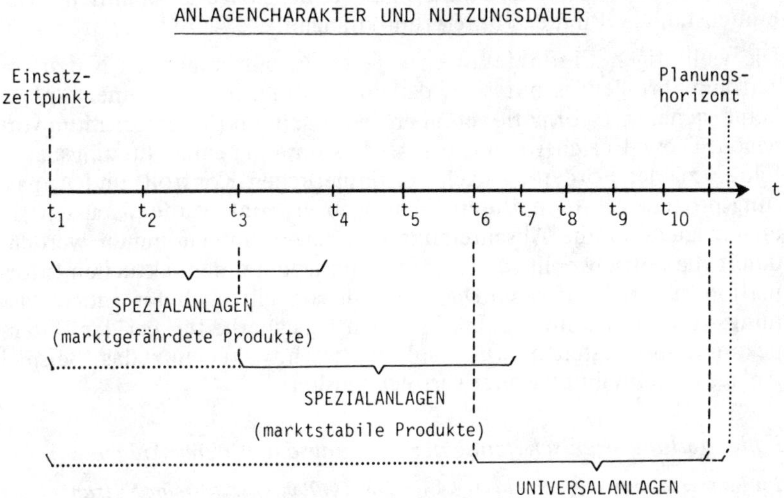

3. **Universalanlagen**, bei denen sich die Bearbeitungswerkzeuge auswechseln lassen und die damit auch für verschiedene Arbeitsgänge einsatzfähig sind. Deren Nutzungsdauer ist vorrangig von technischen Gesichtspunkten bestimmt, worunter auch die Auswirkungen technischer Neuerungen fallen.

Als Begrenzungspunkte des Einsatzzeitraumes sind damit zu erkennen:

t_n = min für Spezialanlagen zur Produktion von Modeartikeln mit Jahres- oder Saisonrhythmus der Produktionsumstellung und

t_n = max für Universalanlagen mit kaum feststellbarer Abnutzung und geringem Risiko technischer Veraltung (z.B. innerbetriebliche Transportvorrichtungen). Wegen der verbleibenden Unsicherheiten bei zukünftigen Entwicklungen wird hier die Nutzungsdauer vom individuell zu bestimmenden **Planungshorizont** begrenzt.

Wenn sich bei einer Nutzungsdauerschätzung aus unterschiedlicher Sicht zwei oder mehrere Alternativen ergeben, entspricht es auch in kalkulatorischen Rechnungen einem Vorsichtsprinzip, mit der Wahl des kürzesten Zeitraumes die vollständige Verrechnung des gesamten Nutzungspotentials sicherzustellen. So wird zumeist die überwiegend kürzere wirtschaftliche Nutzungsdauer die längere technische Gebrauchsfähigkeit in den Hintergrund drängen.

Die vielfältigen Einflußfaktoren auf den zu bestimmenden Nutzungszeitraum bringen es mit sich, daß im Einsatzzeitpunkt einer Anlage keine sicheren Informationen über den gesamten Einsatzzeitraum vorliegen. Diese Unsicherheiten bei der Bestimmung einer Nutzungsdauer führen zu der Forderung nach kontinuierlichen Kontroll- und Anpassungsprozessen. Wenn **Datenänderungen** erkannt werden, müssen sie unverzüglich in die Abschreibungsgrundlagen aufgenommen werden, damit die betriebspolitischen Entscheidungen auf dem aktuellen Informationsmaterial aufbauen.Dieser Grundsatz gilt auch für andere Planungs- und Kontrollbereiche, in denen Unsicherheiten bei der Datenbestimmung bestehen. Hier soll vertiefend aber nur das Beispiel Anlagenabschreibung weiter verfolgt werden:

Fallgestaltung: Fehlschätzung der Nutzungsdauer einer Anlage

Im Einsatzzeitpunkt einer Anlage (A_W = DM 10.000,–) wurde eine Nutzungsdauer von 6 Jahren geschätzt (t_n = 6). Ein gleichmäßiger Entwertungsverlauf wurde unterstellt. Ein unerheblicher Restwert blieb unberücksichtigt. Am Kontrollzeitpunkt $t_{3/I}$ wird festgestellt, daß nur noch mit 2 weiteren Nutzungsjahren gerechnet werden kann. Welche Folgerungen ergeben sich aus der neuen Information für die verbleibenden Planungsperioden?

Die Wahl des Lösungsweges muß folgenden Gesichtspunkten entsprechen:

Richtigkeit	im Sinne der Verursachung periodischer Erfolgsbeiträge und
Vergleichbarkeit	als Voraussetzung zur Erfüllung der Lenkungsfunktion.

Der bisherige Abschreibungsverlauf sowie die Alternativen für zukünftige Abschreibungen sind in einer Übersicht (**Korrektur von Fehlschätzungen**) ausgewiesen.

In t_3 sind 3 Alternativen zur künftigen Abschreibungshöhe (a) zu erkennen:

KORREKTUR VON FEHLSCHÄTZUNGEN DER NUTZUNGSDAUER

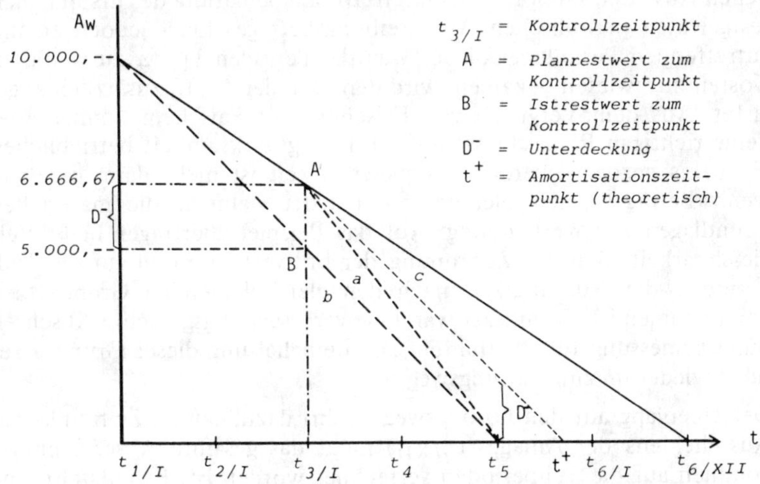

Lösungsweg a = *Der Plan-Restwert (A) von DM 6.666,67 wird gleichmäßig auf t_3 und t_4 verteilt; also $a_{t_{3,4}}$ = jeweils DM 3.333,33.*

Lösungsweg b = *Der Ist-Restwert (B) von DM 5.000,– wird gleichmäßig auf t_3 und t_4 verteilt; also $a_{t_{3,4}}$ = jeweils DM 2.500,–*

Lösungsweg c = *Entsprechend dem in t_1 aufgestellten Abschreibungsplan wird weiterhin abgeschrieben; $a_{t_{3\text{-}6}}$ = jeweils DM 1.666,67.*

Unter dem Gesichtspunkt **Richtigkeit** wird nur der Lösungsweg b in Betracht kommen. Nach den Informationen zu t_3 steht fest, daß eine verursachungsgerechte Zuordnung des gesamten Abschreibungswertes auf nur 4 Nutzungsjahre erfolgen muß. Die abgeschlossenen und abgerechneten Perioden t_1 und t_2 können nicht mehr mit Abschreibungsteilen belastet werden. Gleichwohl sollte nun aber nach dem neuen Informationsstand über tatsächliche Entwertungsvorgänge verfahren werden. Danach sind die verbleibenden 2 Perioden so zu belasten, wie es auch geschehen wäre, wenn bereits zum Einsatzzeitpunkt zuverlässige Informationen vorgelegen hätten. Die besagen, daß die Anlage nach 2 Jahren nur noch 50 % Nutzungskapazität aufweist. Deshalb entfällt auch der Lösungsweg a.

Unter dem Gesichtspunkt **Vergleichbarkeit** könnte der Lösungsweg c in Erwägung gezogen werden. Dann würde weiter nach dem ursprünglichen Abschreibungsplan verfahren. Die Beibehaltung des ursprünglich festgelegten periodischen Abschreibungsbetrages führt jedoch zu unzutreffenden Periodenerfolgen. Was die Perioden t_1-t_4 zu wenig an Kosten zugewiesen bekamen, wird den Perioden t_5, t_6 zusätzlich angelastet. Aus dem Vergleich von Falschem mit Falschem können aber keine richtigen Rückschlüsse auf die Erfolgswirksamkeit betrieblichen Handelns gezogen werden. Vergleichbarkeit ist nicht dann gegeben, wenn Beträge gleich bleiben. Sie betrifft vielmehr die materiellen Grundlagen zur Wertfindung. Auf das Beispiel übertragen heißt Vergleichbarkeit, daß die Zuordnung der Entwertungsraten auf die Teilperioden der Nutzungszeit nach den gleichbleibenden Grundsätzen vorzunehmen ist. Grundsatz war, eine verursachungsgerechte Abschreibungsbemessung durchzuführen. Die Beibehaltung dieses Grundsatzes führt wiederum zum Lösungsweg b.

Der Übergang auf den Lösungsweg b führt dazu, daß im Zeitpunkt des Ausscheidens der Anlage (t_4/XII) nicht das gesamte Abschreibungsvolumen auf die Teilperioden verrechnet worden ist. Es entsteht eine Unterdeckung (D^-) von DM 1.666,67. Sie umfaßt die Beträge, die in den ersten zwei Nutzungsjahren zu wenig abgeschrieben wurden und die wegen des Verursachungsprinzips nicht nachgeholt werden konnten.

ÜBER- UND UNTERDECKUNG VON ABSCHREIBUNGSWERTEN

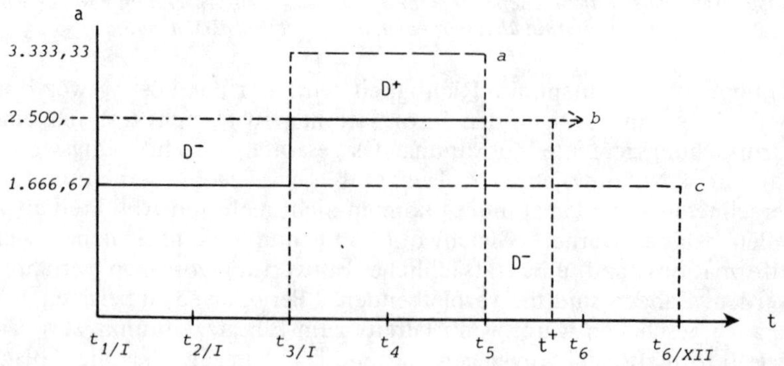

Es könnte nun doch naheliegen, durch eine Anpassung der Kostenrechnung zu t_3 auf den Lösungsweg a eine vollständige Verrechnung des Planrestwertes durchzuführen ($a_{t3,4}$ = DM 3.333,33). Diesem Amortisationsdenken wird zu gerne angehangen. Dabei bleibt unberücksichtigt, daß die Kostenrechnung ihre Lenkungsfunktion verliert. Angenommen, die Kostenrechnung solle als Grundlage zur Preisstellung dienen. Dann wäre (im Beispiel) in den ersten beiden Jahren zu billig angeboten worden. Im Preis war nicht der ganze Entwertungsanteil für Anlagen enthalten. Diesen Fehlbetrag wird man nun aber kaum von *den* Kunden zusätzlich fordern können, die nach Aufdecken des Planungsfehlers geworben werden. Insbesondere würden auch Konkurrenten, die ihren vergleichbaren Abschreibungsplan verursachungsgerecht aufgestellt haben, das Durchsetzen ungerechtfertigter Forderungen verhindern.

Die Aufgabe der Kostenrechnung ist es nicht, alle erkennbaren leistungsbedingten Verbrauchsvorgänge im Zeitpunkt ihres Erkennens zu verrechnen. Sie muß beachten, daß mit der Kostenverrechnung auch nur die Periode belastet wird, in welcher die Wertvernichtung zu Werteschaffen führte. Planungsfehler sind danach aber keine Kosten. Planungsfehler werden auch nicht nur als Kostenunterdeckung wirksam. Es wird ebenso vorkommen, daß Anlagen über einen angenommenen Ersatzzeitpunkt hinaus eingesetzt werden können. Dann wird natürlich auch weiter so abzuschreiben sein, wie wenn im Einsatzzeitpunkt die längere Nutzungszeit erwartet worden wäre. Es käme zu einer Überdeckung des gesamten Kostenbetrages von t_1 bis t_n.

Wenn anzunehmen oder aufgrund von Erfahrungen zu erkennen ist, daß die Unterdeckungen auf Dauer die auch möglichen Überdeckungen übersteigen, werden die durchschnittlichen periodischen Überstände ($D^- - D^+$) in der Kostenrechnung als **kalkulierte Wagnisse** berücksichtigt. Der Ansatz solcher Wagniskosten ist gleichsam als **Selbstversicherung** des Betriebes zu interpretieren.[3] Deren Buchungstechnik folgt dem Ansatz von Zusatzkosten (484 kalkulierte Wagnisse an 284 verrechnete Wagnisse).

Als Ergänzung ist hier anzufügen, daß auch andere Kontrollbereiche zum Ansatz zusätzlicher Beträge für kalkulatorische Wagnisse führen können. Hierzu zählen vor allem die bewerteten Risiken beim Lagerbestand durch Diebstahl, Schwund, Veralten **(Beständewagnis)**, die Belastungen aus Haftung und Kulanz bei Produktmängeln **(Gewährleistungswagnis)** und auch die Risiken im finanzwirtschaftlichen Bereich bei Forderungen und Fremdwährungen **(Vertriebswagnis)**.

3 Vgl. EISELE, W.: Technik des betrieblichen Rechnungswesens, S. 365 f.

3.2.2.3.3. Entwertungsverlauf bei Beschäftigungsschwankungen

Neben der Nutzungsdauer ist der unterstellte Entwertungsverlauf maßgebend für die Höhe eines periodischen Abschreibungsbetrages. Bisherigen Betrachtungen lag die Annahme eines periodisch gleichbleibenden Entwertungsanteils zugrunde. Es wurde linear abgeschrieben.

Ein Rückblick auf die Abschreibungsursachen macht deutlich, daß die Annahme eines linearen Entwertungsverlaufs nur unter ganz bestimmten Verhältnissen zutreffend sein wird. Ein solcher Fall könnte vorliegen, wenn der jährliche Auslastungsgrad einer Anlage über die gesamte Nutzungszeit gleich groß wäre. Das ist aber eine Situation, die in der Praxis kaum einmal angetroffen wird. Dort werden in der Regel häufige Veränderungen im Auslastungsgrad von Maschinen auftreten. Sie haben ihre Ursache vor allem in betriebspolitischen Entscheidungen zur Anpassung der Güterproduktion an veränderte Absatzbedingungen. Es kommt dann innerhalb einer bestimmten Arbeitszeit zur Veränderung der Leistungsabgabe **(intensitätsmäßige Anpassung)** oder der Zeitrahmen wird durch Überstunden oder Mehrschichtenbetrieb verändert **(zeitliche Anpassung)**.

Die Veränderungen des Auslastungsgrades von maschinellen Anlagen führen zu der Frage, wie die damit einhergehenden Schwankungen der leistungsbedingten Entwertungsraten rechentechnisch berücksichtigt werden können. Insbesondere müßte ermittelt werden, welcher Zusammenhang zwischen dem vorrangig marktbezogenen Zeitverschleiß und leistungsbedingten Entwertungsvorgängen besteht.

Theorie und Praxis haben die Frage nach dem Verhältnis zwischen zeitabhängigem und leistungs- bzw. beschäftigungsabhängigem Verschleiß unterschiedlich beantwortet. Von *Schmalenbach* wurde der zeitabhängige Verschleiß in den Vordergrund gestellt: „Die allgemeine Regel ist, daß Abschreibungen mit ihrem größten Umfang zu den fixen Kostenbestandteilen zu zählen sind."[1] Lediglich für die Sonderfälle der ausbringungsabhängigen Abschreibung von Förderrechten (Gerechtsame) sieht er „Proportionalabschreibungen" nach der Förderleistung als notwendig an.

Schmalenbachs Methode für Sonderfälle wird später zum Rechnungsgrundsatz. Kalkulatorische Abschreibungen werden umschrieben als

1 SCHMALENBACH, E.: Kostenrechnung und Preispolitik, S. 327.

„Leistungsabschreibungen" bzw. „beschäftigungsproportionale Abschreibungen"[2], die nach „verbrauchsbedingten Gesichtspunkten ermittelt"[3] werden. Allerdings wird bei diesen Formulierungen der Gesichtspunkt vernachlässigt, daß auch Perioden der Unterbeschäftigung wiederum stärker zeitbezogene Abschreibungsbeträge zuzuordnen sind. Damit wird deutlich, daß nur **Kombinationsformen** von zeit- und leistungsabhängiger Abschreibung eine verursachungsgerechte Kostenbestimmung sicherstellen werden.[4]

Wissenschaft und Praxis haben versucht, erkennbare zeit- und leistungsabhängige Entwertungsvorgänge in einfach zu handhabende Abschreibungspläne aufzunehmen. Diese berücksichtigen zunächst, daß leistungsbezogene Abschreibungsteile in Fällen, bei denen die wirtschaftliche Nutzungsdauer kürzer ist als der zu erwartende Zeitraum technischer Gebrauchsfähigkeit, nur innerhalb der (kürzeren) wirtschaftlichen Nutzungsdauer verrechnet werden können. Unter diesem Gesichtspunkt ist dann festzustellen, daß eine sinnvolle Verwendung der leistungsbezogenen Abschreibung erst ab einer gewissen Mindestnutzungszeit möglich ist. So müssen Spezialanlagen zur Fertigung marktgefährdeter Produkte unabhängig vom Auslastungsgrad schon innerhalb der relativ kurzen wirtschaftlichen Nutzungsdauer zeitanteilig über Abschreibungsbeträge verrechnet werden.

Bei Universalanlagen kann der Gedanke einer Verbindung von zeit- und leistungsabhängigem Verschleiß sinnvoll in Abschreibungsverfahren aufgenommen werden. Zwar können auch hier keine mathematisch richtigen Abschreibungspläne entwickelt werden, weil dem sowohl die marktbezogenen Risiken als auch die nur in Grenzen zutreffend definierten technischen Entwertungsvorgänge entgegenstehen. Gleichwohl kann mit „pragmatischen, zweckgebundenen Hypothesen"[5] ein Abschreibungsplan entwickelt werden, der eher einer verursachungsgerechten Kostenbemessung entspricht als die allein zeitbezogene Verrechnungstechnik linearer Abschreibung.

Der Ausgangspunkt zur Erfassung von zeit- und leistungsabhängigem Verschleiß soll für eine maschinelle Anlage wie folgt umschrieben werden:

2 MELLEROWICZ, K.: Kosten und Kostenrechnung (2,1), S. 302 u. 308.
3 SCHÖNFELD, H.-M.: Kostenrechnung I, S. 27.
4 Vgl. WEBER, H.K.: Betriebswirtschaftliches Rechnungswesen, S. 154 f.
5 MATTESSICH, R.: Messung und Bewertung (Art.), Sp. 1105.

Fallgestaltung: Zeit- und leistungsbezogene Abschreibung

Eine Anlage wurde für DM 200.000,– angeschafft. Nach Angaben des Herstellers ist sie in der Lage, einen bestimmten Arbeitsgang 1.000.000 mal durchzuführen. Dann wird eine Erneuerungsreparatur erforderlich.

Nach Erfahrungen im Betrieb sind Erneuerungsreparaturen wenig sinnvoll. Der technische Fortschritt führt dazu, daß solche Anlagen nach 5 Jahren ausgesondert werden. (Restwerte sind unbeachtlich.)

Der Betrieb plant zunächst folgende Produktionsmengen:

$$t_1 = 150.000 \text{ Stück},$$
$$t_2 = 300.000 \text{ Stück}.$$

Eine Abschreibung, die sich allein an der Nutzungsdauer orientiert, würde jeden periodischen Abschreibungsbetrag mit ($\frac{200.000,-}{5}$ =) DM 40.000,– ansetzen. Hierbei bleiben die Leistungsabgaben und deren Schwankungen unberücksichtigt. Eine ausschließlich leistungsbezogene Abschreibung würde dagegen für jeden Arbeitsgang einen Entwertungsbetrag von ($\frac{200.000,-}{1.000.000}$ =) DM 0,20 ansetzen. Danach bekäme die Periode t_1 DM 30.000,– und t_2 DM 60.000,– zugerechnet.

Nach den Grundsätzen der Kostenrechnung – leistungsbezogene Verbrauchsmessung – scheint diese ausschließlich beschäftigungsproportionale Abschreibung der zweckmäßigste Rechenansatz zu sein.

Allein leistungsbezogene Verfahren führen jedoch zu Unterdeckungen, wenn ein Betrieb nicht alle technisch möglichen Leistungsabgaben in Anspruch nimmt. Da es nicht für jede Jahresleistung entsprechend ausgerüstete Anlagen gibt, muß über das Ermittlungsverfahren erreicht werden, daß auch Auslastungen von weniger als 100 % zu einer angemessenen Verrechnung des Abschreibungswertes führen. Eine einfache Möglichkeit für eine Berücksichtigung niedrigerer Auslastungen liegt darin, die erwartete **Auslastungsquote** in die Bemessung der Leistungsabschreibung aufzunehmen. Wenn – im Beispiel – nur damit gerechnet werden kann, die technisch möglichen 1.000.000 Arbeitsgänge zu 80 % auszunutzen, würde der Stückanteil für Anlagennutzung auch statt mit DM 0,20 nun mit $\frac{200.000,-}{800.000}$ = DM 0,25 angesetzt. Man könnte dieses Abschreibungsverfahren, das auf die Normalauslastung des Betriebes abstellt, auch als **normalisierte Leistungsabschreibung** bezeichnen.

Eine andere Möglichkeit zur Berücksichtigung von Auslastungsschwankungen besteht in einer Kombination zeit- und leistungsbezogener Rechengänge. Dabei wird ein Anteil des gesamten Abschreibungsvolumens zeitbezogen verrechnet, der andere Anteil nach Maßgabe möglicher oder erwarteter Leistungsabgaben kostenwirksam. Wenn im Beispiel eine gleichgewichtige **Kombination von Zeit- und Leistungsabschreibung** verfolgt würde[6], wäre zum Zeitanteil von $\frac{100.000,-}{5}$ = DM 20.000,– der jeweilige Leistungsanteil des Kontrollzeitraumes mit DM 0,10/Stück hinzuzurechnen. Für t_1 würden DM 35.000,– und für t_2 DM 50.000,– verzeichnet. Es obliegt dem zur Leistungskontrolle verantwortlichen Mitarbeiter, ein Rechensystem zu entwickeln, das den betriebsindividuellen Besonderheiten der Anlagennutzung entspricht.

In der Praxis vollziehen sich Anpassungsprozesse nicht nur in der zuvor beschriebenen Form flexibler Leistungsveränderung. Vielmehr treten mit dem Übergang von einer auf zwei oder drei Arbeitsschichten Beschäftigungs- oder Leistungssprünge auf. Die Veränderung des Entwertungsverlaufs wird in Abschreibungsplänen zumeist über die schichtenanteilige Abschreibung erfaßt. Einem Grundbetrag für den zeitabhängigen Verschleiß werden schichtenvariable Abschreibungsteile zugeschlagen, um zur periodischen Abschreibungsquote zu gelangen, beispielsweise:

Zeitabschreibung 6 %
Schichtenzuschlag 3 %

Die Übersicht „**schichtenvariable Abschreibung**" zeigt den Abschreibungsverlauf, der sich bei unterschiedlicher zeitlicher Auslastung der Anlagen ergibt.

In der Sprache der Kostentheorie werden mit dieser Abschreibungsbemessung Sonderformen der kapazitätsfixen Periodenkosten (K_f) gebildet. Jeweils für das Kapazitätsintervall einer Beschäftigungsschicht werden **intervallfixe Kosten** bestimmt. Beim Übergang von einer auf die nächste ausbringungssteigernde Schicht treten Kostensprünge auf. Der Leistungsbezug dieser Ermittlungstechnik ist also nur im Schichtenübergang zu erkennen. In der Regel werden die Kostensprünge ungleich sein. Wegen der Wartungsprobleme, die im 3-Schichten-Betrieb auftreten, wird beim Übergang auf die dritte Beschäftigungsschicht ein größerer Schichtenzuschlag gewählt – im obigen Beispiel statt 15 % jetzt 16,5 % bei einer Nutzung in drei Schichten.

---

6 Die Aufteilung in zeit- und leistungsbezogene Anteile hat nach Erfahrungswerten zur Auslastung zu erfolgen. Abweichend von der obigen gleichgewichtigen Aufteilung werden auch andere Gewichtungen vorgeschlagen. So geht GUTENBERG von einem 25 %igen Zeitanteil aus. (GUTENBERG, E.: Die Produktion, S. 266).

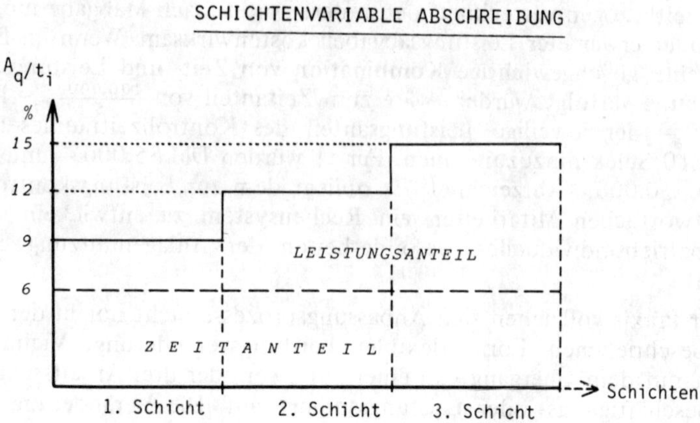

KONTROLLFRAGEN:

(81) Welche unterschiedlichen Ausgangspunkte bestehen bei der Ermittlung bilanzieller und kalkulatorischer Abschreibungen?

(82) Welche Einflußfaktoren sind für die periodische Entwertung eines abnutzbaren Anlagegutes maßgeblich?

(83) Was kann man sich bei einer leistungsbezogenen Abschreibung unter „sprungfixen Kosten" vorstellen?

(84) Bei Anpassungsprozessen in Abschreibungsplänen kann es zu Deckungslücken in der Wiedergeldwerdung von Anlagen kommen. Wie können solche Risiken im Rahmen der Kostenrechnung berücksichtigt werden?

(85) Mit welchen Rechensystemen können Auslastungsschwankungen am besten beim Ansatz von kalkulatorischen Abschreibungen berücksichtigt werden?

Aufgabe 20

a) In einem Industrieunternehmen wurde zu $t_{1/I}$ eine maschinelle Anlage neu eingesetzt. Der abzuschreibende Wert der Anlage beträgt DM 12.000,–. Die Nutzungsdauer wurde im Einsatzzeitpunkt mit 6 Jahren angenommen. Eine gleichmäßige Auslastung wurde erwartet.

Zu Beginn des dritten Nutzungsjahres führt eine Überprüfung des Entwertungsverlaufs zu einer geschätzten Nutzungsdauer von weiteren 6 Jahren – also einer Gesamtzeit von 8 Jahren.

1. *Welcher Abschreibungsbetrag ist jeweils in den Perioden $t_3 - t_n$ zu verrechnen?*
2. *Wann hat sich die Anlage durch Abschreibungsverrechnung ‚amortisiert'?*

(Fortsetzung nächste Seite)

b) Zu Beginn der Periode t_1 wurde eine maschinelle Anlage im Wert von DM 124.000,– eingesetzt. Die kalkulatorische Abschreibung wurde aufgrund von Erfahrungswerten zunächst festgesetzt auf

10,0 %/Periode bei Nutzung im 1-Schicht-Betrieb ($t_n = 10$),
12,5 %/Periode bei Nutzung im 2-Schichten-Betrieb ($t_n = 8$).

In den ersten drei Perioden wurde die Anlage im 1-Schicht-Betrieb eingesetzt.

Mit Beginn der Periode t_4 wird dauerhaft auf den 2-Schichten-Betrieb umgestellt. Zugleich wird festgestellt, daß die Anlage aufgrund ihrer technischen Ausstattung bereits nach 9 bzw. 6 Jahren gesamter Einsatzzeit im 1-Schicht- bzw. 2-Schichten-Betrieb vollständig entwertet sein wird.

1. *Wie groß ist der Betrag kalkulatorischer Abschreibung für die Periode t_4 – unter Berücksichtigung eines bei t_1 geschätzten Schrottwertes von DM 3.400,–?*
2. *Wie groß ist die Summe verrechneter kalkulatorischer Abschreibungen zum Zeitpunkt des Ausscheidens der Anlage (Zeitpunkt ermittelt auf der Grundlage der Planwerte von t_4)?*

c) Eine maschinelle Anlage wurde in t_1 für DM 50.000,– angeschafft. Ihre Gesamtleistung ist mit 500.000 Arbeitsgängen anzunehmen. Nach 5 Jahren wird die Anlage technisch überholt sein und unabhängig vom Abnutzungsgrad ausscheiden. Ein Restwert sei unbeachtlich.

Wie groß ist die kalkulatorische Abschreibung für t_1,

- *wenn in t_1 110.000 Arbeitsgänge verrichtet wurden und*
- *ein Verhältnis zwischen zeit- und leistungsbezogener Abschreibung von 25 % : 75 % zu wählen ist?*

3.2.3. Bewertung der Kostengüter

Kosten umfassen den leistungsbezogenen Verbrauch von Gütern. Im physikalischen Sinn besteht dieser Verbrauch in den arttypisch gemessenen Mengen der Produktionsfaktoren, also Kilogramm, Tonnen, Meter, Liter oder Kubikmeter als Verbrauch von Roh-, Hilfs- und Betriebsstoffen. Arbeitsleistungen werden in Stunden gemessen. Entwertungsteile von Anlagen sind als Abschreibungsquoten zu bestimmen. Damit wäre die **Mengenkomponente** der Kosten umschrieben. Um verschiedenartige Kostengüter rechenbar zu machen, müssen die Verbrauchsmengen bewertet werden. Der Bewertungsvorgang erfüllt eine **Verrechnungsfunktion.**[1] In der Literatur setzt sich hierfür der Aus-

1 Begriff nach HEINEN, E.: Betriebswirtschaftliche Kostenlehre, Bd. 1, S. 57.

druck **„Kostenbewertung"**[2] durch, obgleich doch schon von Kosten als bewertetem Güterverbrauch gesprochen wird. Um aber deutlich zu machen, daß Kosten neben der Mengenkomponente auch eine **Wertkomponente** aufweisen, mag diese Wortwahl akzeptabel sein.

Die Kostenrechnung kennt fast keine rechtlichen Zwänge, die den Bewertungsrahmen begrenzen könnten.[3] Abhängig vom jeweiligen Rechnungszweck können zweckentsprechende Wertansätze gewählt werden. Wenn die Kostenerfassung geschieht, um Leistungsprozesse zu kontrollieren bzw. um eine Betriebslenkung zu ermöglichen, dann leistet die Kostenbewertung neben der Verrechnungsfunktion eine **Lenkungsfunktion.**

Wie groß die Bandbreite möglicher Kostenwerte ist, soll am Beispiel der kalkulatorischen Betriebsergebnisrechnung diskutiert werden. Aus dem ermittelten Betriebsergebnis und dessen Komponenten sollen Rückschlüsse auf die Ergiebigkeit des Leistungsprozesses gezogen werden. Im Vordergrund stehen als Kontrollziele

1. die **Produktivitätskontrolle**, insbesondere der Arbeits- und Materialproduktivität und
2. die **Rentabilitätskontrolle** als Überprüfung des Betriebsergebnisses anhand von Vergleichs- und Vorgabegrößen.[4]

Als Kostenwerte kommen in Betracht

1. **Anschaffungspreise**, die beim Bezug der Kostengüter als Anschaffungsausgabe anfielen,
2. **Tagespreise**, die nach der Beschaffung für die Kostengüter festzustellen sind und
3. **Festpreise**, die als betriebsinterne Verrechnungseinheiten für Kostengüter festgelegt werden.

Anschaffungs- und Tagespreise sind zeitpunktentsprechende Marktpreise. Festpreise können beliebig gebildet werden. Ein Zeitstrahl

---

2 So HASENACK, W.: Kostenbewertung (Art.), Sp. 742 ff. mit Hinweisen auf die begriffliche Problematik.

3 Eine Ausnahme stellen die Regelungen dar, die für die Bildung von Angebotspreisen zur Vergabe öffentlicher Aufträge gelten. Vgl. hierzu DIEDERICH, H.: Leitsätze für die Preisermittlung aufgrund von Selbstkosten (LSP).

4 Zu den Ermittlungsgrundlagen und -techniken von Kennziffern zur Leistungskraft vgl. nochmals Abschnitt 2.7.1.1.

läßt die Möglichkeiten der Wertbestimmung deutlich werden und veranschaulicht den unterschiedlichen Charakter der Informationen:

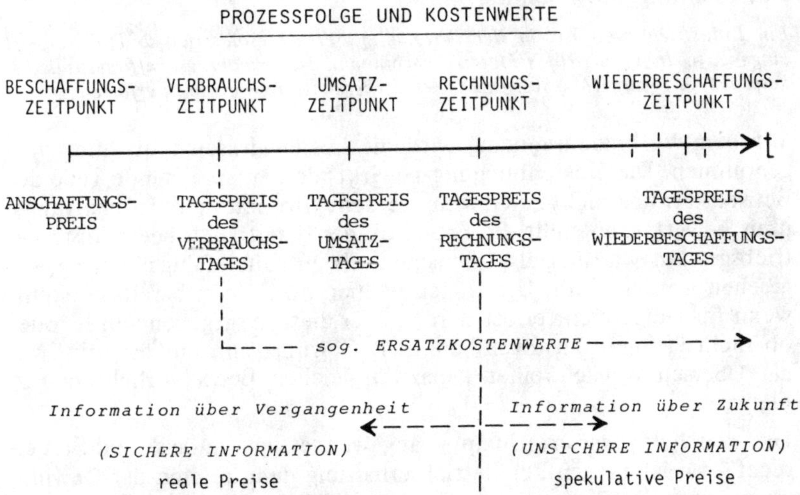

Welche Kostenwerte sind nun für welche Informationsziele heranzuziehen? Für eine **Produktivitätskontrolle** kommen Wertansätze, die Marktschwankungen unterliegen, nicht in Betracht. Wenn interne Vorgänge zu messen sind, müssen externe Einflüsse ausgeschaltet werden. Andernfalls würde bei steigenden Preisen der Kostengüter eine abnehmende Produktivität, eine schlechtere Nutzung der Einsatzfaktoren im Vergleich zu Vorperioden abgebildet. Festpreise (Standardpreise) lassen dagegen das Rechnungsziel erreichen, eine primär an Mengenrelationen ausgerichtete interne Ergiebigkeitskontrolle durchzuführen.

Bei der **Rentabilitäts-** oder **Dispositionskontrolle** soll die Betriebsleistung vom Beschaffungsvorgang bis hin zum Güterabsatz erfaßt werden. Dabei muß neben den Produktivitätsaspekten auch zum Ausdruck kommen, zu welchem Zeitpunkt welche Entscheidungen getroffen wurden. Durch eine Kostenbewertung mit Anschaffungspreisen würde vor allem die Dispositionsleistung bei der Beschaffung von Kostengütern erfaßt.

Ein Problem ergibt sich bei einer Bewertung der Kostengüter mit Anschaffungspreisen. Es betrifft den Aussagewert des Betriebserfolges in Zeiten steigender Preise. Eine Fallgestaltung soll den Sachverhalt veranschaulichen:

Fallgestaltung: Kostenbewertung (1)

Ein Industriebetrieb hat in der Periode t_1 Fertigungsmaterial für DM 500,–/t eingekauft. In t_2 wird das Material verbraucht. Der Wiederbeschaffungspreis beläuft sich in t_2 auf DM 650,–/t. Die Wiederbeschaffung wird in t_3 erfolgen.

Mit dem Verbrauchsvorgang wird die kostenwirksame Buchung vorgenommen. Die Kostenbuchung bewirkt, daß entsprechende Teile der Betriebsleistung nicht zu Gewinn werden. Wird mit dem Anschaffungspreis bewertet, entsteht die Frage, ob der damit auch beeinflußte Betriebsgewinn wirklich als Überschuß, als entnahmefähiger Betrag, angesehen werden kann. Umstritten ist hier, ob Gewinn bereits entsteht, wenn für Güter mehr erlöst wird, als für diese ausgegeben wurde, oder ob nicht vielmehr zu formulieren ist: Gewinn kann nur das sein, was als Überschuß nach einer kapazitätsgleichen **Betriebserhaltung** verbleibt.

Das Anschaffungswertprinzip – angewendet im Handels- und Steuerrecht – weist Fragen der Betriebserhaltung dem Bereich der Gewinnverwendung und nicht der Gewinnermittlung zu. Der Materialverbrauch darf hier nur mit DM 500,–/t angesetzt werden.[5] Aus dem Blickwinkel einer mengenmäßigen, reproduktiven Substanzerhaltung wäre dagegen sicherzustellen, daß aus dem Umsatzerlös ein ausreichender Teil zur Ersatzbeschaffung verbrauchter Kostengüter zur Verfügung steht. Die Nominalrechnung zur Ermittlung des handels- und steuerrechtlichen Erfolges weist unter dem Gedanken der Substanzerhaltung einen **Scheingewinn** in Höhe von (DM 650,– ./. DM 500,– =) DM 150,– aus. Scheingewinne können aber bei Interessen an einer zumindest kapazitätsgleichen Betriebserhaltung nicht für übliche Zwecke der Gewinnverwendung benutzt werden. Nur der über einen Ersatzkostenwert hinausgehende Teil des Umsatzerlöses steht für Erfolgsdispositionen zur Verfügung. Auf die Fallgestaltung übertragen, müßte bei dem Verbrauchsvorgang in t_2 die Preissteigerung der Kostengüter berücksichtigt werden.

Das substanzorientierte Erfolgsdenken kennzeichnet die kalkulatorische Betriebsergebnisrechnung. Mit dieser grundsätzlichen Aussage ist

5 Vgl. zu den Grundlagen und Rechtfertigungen des Anschaffungswertprinzips nochmals Abschnitt 2.1.3.

aber noch nicht gesagt, welcher Ersatzkostenwert anzusetzen ist. In der Fallgestaltung beträgt der **Tagespreis des Verbrauchstages** DM 650,–/t. Verbrauch heißt jedoch noch nicht Ersatzbeschaffung. Es könnte sein, daß zum Zeitpunkt der Wiederbeschaffung noch höhere Preise gezahlt werden müssen, beispielsweise DM 700,–/t. Muß nun dieser **Tagespreis des Wiederbeschaffungstages** gewählt werden?

Die Kosten- und Leistungsrechnung arbeitet mit heutigen Werten. Um sicherzustellen, daß damit auch eine reproduktive Betriebserhaltung erreicht wird, soll neben dem Bewertungsprinzip ein Investitionsprinzip beachtet werden. Verbrauchte Kostengüter sind unmittelbar zu ersetzen.[6] Wenn der Wiederbeschaffungswert am Verbrauchstag als Grundlage für die Ersatzbeschaffung dient, ist damit die Substanzerhaltung erreicht. Finanzierungsprobleme, die sich daraus ergeben könnten, daß die produzierten Güter noch nicht verkauft wurden, lassen sich mildern. So wird bei einer Ersatzbeschaffung entweder eine Preisgarantie für einen späteren Liefertermin ausgehandelt, oder es ist ein Ausgleich über ein entsprechendes Zahlungsziel anzustreben. Damit gilt in der kalkulatorischen Betriebsergebnisrechnung als Wertansatz für Kosten der Umlaufgüter im Industriebetrieb der **Tageswert des Verbrauchstages.** Da der Handelsbetrieb seinen größten Kostenumfang, den Wareneinsatz, nur zugleich mit dem Umsatzakt feststellt, gilt hier als Kostenwert der **Tagespreis des Umsatztages.**

Noch augenfälliger als oben erläutert wird die Notwendigkeit aktueller Kostenansätze, wenn an einen weiteren Aufgabenbereich des internen Rechnungswesens gedacht wird. Für Zwecke der Preiskontrolle sind Stückrechnungen erforderlich. Sie sollen z.B. zeigen, welcher Stückerlös zumindest erzielt werden muß, damit die Betriebsfortführung sichergestellt ist. Diesem Gedanken folgt nur eine Kostenbewertung zu Tagespreisen: Es muß langfristig eine Deckung der Stückkosten durch die Umsatzerlöse erreicht werden. Entsprechend muß ein kostenorientierter Preis – als Dispositionsgrundlage – zunächst nach den Wertverhältnissen ermittelt werden, die im Zeitpunkt des Güterverbrauchs bestehen. Nur so ist eine Beurteilung der reproduktiven Substanzerhaltung bzw. der dafür erforderlichen Maßnahmen möglich. Diese Verhaltensweise kennzeichnet auch die Arbeitsweise der Praxis.

6 Vgl. SCHMIDT, F.: Organische Tageswertbilanz, insbes. S. 182. – In diesem Zusammenhang ist darauf hinzuweisen, daß die Entwicklungsarbeit auf diesem Gebiet von F. SCHMIDT geleistet wurde. Auch heute ist es von großem Wert, die „Organische Tageswertbilanz“ als ein Original betriebswirtschaftlicher Forschung zu studieren.

Preiserhöhungen bei den Kostengütern werden unverzüglich in höhere Preisforderungen für die Betriebsleistungen umgesetzt. Leider ist bei Preissenkungen nicht dieselbe Handlungsweise festzustellen. Dann wird gerne wieder mit dem Anschaffungswertdenken argumentiert, das doch zumindest den Kostenersatz rechtfertige, der dem Unternehmen aufgrund selbst entrichteter Beschaffungspreise zustehe. Aber auch hier muß in folgerichtiger Anwendung kostenrechnerischer Grundsätze wieder festgestellt werden, daß Planungsfehler – also Materialeinkäufe zur falschen Zeit – keinen Kostenansatz rechtfertigen, der vom aktuellen Ersatzkostenwert der Verbrauchsgüter abweicht.

Das Tageswertprinzip führt zu weitergehenden Problemen, wenn an die Verbrauchsvorgänge bei Anlagegütern gedacht wird. Hier müssen in den einzelnen Nutzungsperioden Kostenwerte für Abschreibungsquoten festgelegt werden. Eine Übertragung des Bewertungskonzeptes, das zuvor für den Materialverbrauch entwickelt wurde, ist hier nicht genau durchzuführen. Es ist rechentechnisch wenig sinnvoll, mit jeder Leistungsabgabe von Maschinen auch eine tageswertbezogene Kostenbuchung vorzunehmen. Im allgemeinen erfolgt nur in zeitlich größeren Abständen eine Verbrauchserfassung. Wenn dabei auch mit zeitpunktbezogenen, realen Werten gerechnet werden soll, müssen Abschreibungen auf der Grundlage des aktuellen Wiederbeschaffungswertes der Anlagen berechnet werden. Es gilt der **Tageswert des Rechnungstages.** Gleichwohl verbleiben hier größere Probleme, die in Zeiten steigender Preise nur unvollkommen zu lösen sind. Zu deren Veranschaulichung soll wiederum ein Beispiel dienen:

Fallgestaltung: Kostenbewertung (2)

Zu $t_{1/I}$ wird eine maschinelle Anlage beschafft für DM 10.000,–. Über eine betriebsgewöhnliche Nutzungsdauer von 4 Jahren wird eine gleichmäßige Entwertung unterstellt.

Der Wiederbeschaffungspreis für eine leistungsmäßig identische Anlage beträgt zu

$t_{1/XII}$ = *DM 10.000,–,* $t_{3/XII}$ = *DM 12.000,–,*
$t_{2/XII}$ = *DM 12.000,–,* $t_{4/XII}$ = *DM 16.000,–.*

Die Bewertung der Abschreibungsquoten eines Jahres mit dem Tageswert des Rechnungstages führt zu folgendem Ablauf:

	Wiederbeschaffungspreis	*Abschreibungsquote*	*Abschreibungsbetrag*
t_1/XII	*DM 10.000,–*	*25 %*	*DM 2.500,–*
t_2/XII	*DM 12.000,–*	*25 %*	*DM 3.000,–*
t_3/XII	*DM 12.000,–*	*25 %*	*DM 3.000,–*
t_4/XII	*DM 16.000,–*	*25 %*	*DM 4.000,–*
	Summe verrechneter Abschreibungen		*DM 12.500,–*
	Wiederbeschaffungspreis im Ersatzzeitpunkt		*DM 16.000,–*
	„Finanzierungslücke" durch Kostenverrechnung		*DM 3.500,–*

Theoretisch ist auch diese Finanzierungslücke zu schließen, wenn an das zuvor bereits erläuterte **Investitionsprinzip** gedacht wird. Die in den Umsatzerlösen vergüteten Abschreibungsgegenwerte müßten in jedem Jahr benutzt werden, um „solche Werte zu erwerben, die mindestens in normalem Umfange die Preissteigerung mitmachen."[7] Dann erführen die DM 2.500,– aus dem ersten Nutzungsjahr bis zum Ersatzzeitpunkt t_5/I einen Wertauftrieb von 60 % – wie der Preis des Ersatzgutes. Aus den DM 2.500,– würden DM 4.000,–, was dem zur Ersatzbeschaffung erforderlichen Anteil von 25 % entspricht. Entsprechend müßte mit den Abschreibungswerten von t_2 und t_3 verfahren werden.

Um die reproduktive Betriebserhaltung durch die Anwendung des Tageswertprinzips sicherzustellen, müßten die Abschreibungsgegenwerte in gleichwertige Anlagegüter investiert werden. Ein Betrieb wird aber seine Produktionskapazität nicht nach Kriterien der Substanzsicherung ausdehnen, sondern nach Marktchancen. Insoweit hat das theoretisch überzeugende Investitionsprinzip nur modellhaften Charakter – ebenso wie die betriebswirtschaftlichen Untersuchungen zum **Kapazitätserweiterungseffekt** (sog. Lohmann-Ruchti-Effekt) mehr ein Denkmodell denn eine betriebspolitisch aussagestarke Analyse darstellen. Gleichwohl zeigen beide Ansätze, daß die Ertragswirkung von zeitlich befristet einzusetzenden Abschreibungsgegenwerten im Normal-

7 SCHMIDT, F.: Organische Tageswertbilanz, S. 182. Zur Diskussion um diese Erhaltungskonzeption s.a. WEDELL, H.: Die erneuerte Tageswert-Idee, S. 1881 ff., insbes. zu obigem Problemkreis S. 1884 f.

fall so stark ist, daß die im Tageswertkonzept isoliert auftretende Finanzierungslücke geschlossen werden kann. Unter dem Gesichtspunkt der Ermittlung eines Betriebserfolges bei reproduktiver Betriebserhaltung ist deshalb die Anwendung des Tageswertprinzips ausreichend.

3.2.4. Erfassung und Bewertung von Leistungen

Zur Ermittlung kalkulatorischer Periodenerfolge müssen den Periodenkosten die Periodenleistungen gegenübergestellt werden. Über die bereits vorgenommene Definition der Kosten sind wesentliche Interpretationsmöglichkeiten für deren begrifflichen Gegenpol vorbereitet bzw. ausgeschlossen. In einer Rechnung müssen die gedanklichen Grundlagen positiver und negativer Komponenten übereinstimmen, damit eine sinnvolle Aufrechnung zu einer Differenzgröße möglich wird. Gleiches ist mit Gleichem zu vergleichen.

Analog zur Ableitung des Wesensmerkmals der Kosten ist festzustellen: „Nicht jedes Werteschaffen ist eine Leistung, sondern nur das aus dem eigentlichen Betriebszweck resultierende Werteschaffen."[1] Ausgehend von der rechtlichen Erfolgskategorie Erträge ist für den Umfang der Leistungen die Angemessenheit nach Zweck, Zeit und Wert zu überprüfen. Vom Gesamtertrag werden zweck- und periodenfremde sowie wertunangemessene Erfolgsteile ausgesondert.

Der jeweilige Betriebszweck bestimmt, ob Ertragsteile auch als Leistung angesehen werden oder nicht. Zinserträge einer Bank sind Zweckleistung. Bei Zinserträgen einer Automobilfabrik wäre dagegen von betriebsfremden Erträgen zu sprechen.

Mit der Aussonderung betriebs- und periodenfremder Erträge ist die **Grundleistung** ermittelt. Der Leistungsumfang ist damit aber noch nicht umfassend bestimmt. Leistungen können über den von Handels- und Steuerrecht gesetzten Rahmen hinausgehen. So dürfen in rechtsbezogenen Rechnungen selbsterstellte immaterielle Werte nicht aktiviert werden. Ein selbstgeschaffenes Patent oder ein erlangter Gebrauchsmusterschutz stellen dort keinen Vermögensgegenstand dar. Es fehlt die Bestätigungsfunktion des Marktes in Form eines Kauf-

1 SCHMALENBACH, E.: Kostenrechnung und Preispolitik, S. 10.

vertrages. Am deutlichsten wird diese, zur Willkürfreiheit notwendige Rechtsinterpretation zum Begriff des Vermögensgegenstandes, wenn an die Filmindustrie gedacht wird. Nach Handels- und Steuerrecht ist ein Spielfilm, der nicht selten Produktionskosten in Millionenhöhe verursacht hat, nur das wert, was gegenständlich, konkret von ihm zu sehen ist. Das ist die Spule mit belichtetem und vertontem Filmmaterial. Weil aber belichtetes Filmmaterial für photographische Zwecke wertlos ist, kann auch für den Film kein Aktivposten angesetzt werden. Die bloße Chance, mit dem Film in der Zukunft Erträge zu erzielen, rechtfertigt keine Aktivierung etwa in Höhe erwarteter Einspielerfolge. Somit sind die Produktionskosten im Herstellungsjahr in voller Höhe als Verlustteile anzusehen.[2] Den möglichen Einspielergebnissen folgender Jahre stehen dann nur noch geringe Aufwendungen gegenüber.

Aus dem Blickwinkel innerbetrieblicher Leistungskontrolle führt die rechtliche Regelung für selbsterstellte immaterielle Werte zu einer verzerrten Erfolgsmessung. Wirtschaftlich betrachtet liegt hier ein Werteschaffen vor, das eine Betriebsergebnisrechnung als Leistung berücksichtigen muß. Entsprechend der Wortwahl im Kostenbereich handelt es sich um **Zusatzleistungen.**

Für den Wertansatz von Leistungen gilt grundsätzlich auch das Tageswertprinzip. Bei den bereits abgesetzten Leistungen, den Erlösen, ergeben sich keine Ermittlungsschwierigkeiten. Der Leistungswert ist mit dem vertraglich vereinbarten Umsatzerlös bestimmt (Tageswert des Verkaufstages). Für Zusatzleistungen fehlt eine derart eindeutige Bezugsgröße. Hier können nur Schätzwerte herangezogen werden. Nach dem entwickelten Alternativkonzept[3] wäre der Wert anzusetzen, der bei einem Verkauf des Patents (o. ä.) erzielt werden könnte. Buchungstechnisch wird der Ansatz von Zusatzleistungen im Einkreissystem so

2 In diesem Zusammenhang werden auch die Angebote zur „Kapitalanlage" verständlich, die von Verlustzuweisungen in Höhe von oft mehr als 200 % sprechen. Angenommen, ein Film würde in einem extra gegründeten Unternehmen mit 50 % Eigenkapitalanteil der Gesellschafter und 50 % Fremdkapital finanziert. Die gesamten Produktionskosten stellen den Verlust des ersten Wirtschaftsjahres dar. Verlust wird dem Eigenkapital zugewiesen. Der Verlust ist doppelt so hoch wie der Eigenkapitaleinsatz. Die Gesellschafter können diesen anteiligen Verlust von ihrem steuerpflichtigen Einkommen abziehen.
1980 wurde diesen Anlageformen mit dem § 15a EStG begegnet. Die Aufrechnung von Anlageverlusten mit anderen Einkünften von Gesellschaftern ist nur noch bis zur Höhe der Haftungssumme in der Gesellschaft möglich.

3 Vgl. zur Entwicklung von Grundlagen zur Bemessung kalkulatorischer Erfolgsbeiträge nochmals Abschnitt 3.2.1.

durchgeführt, daß lediglich das Betriebsergebnis, nicht aber das Unternehmensergebnis beeinflußt wird. Das geschieht, indem die Habenbuchung den Leistungswert in das Betriebsergebniskonto bringt – die Sollbuchung in der Kontenklasse 2 den Betragsausgleich in der Gewinn- und Verlustrechnung sicherstellt.[4]

Der Grundsatz, die Betriebsleistung vollständig zu erfassen, führt noch zu weiteren Aufgaben. Sie betreffen die Überprüfung von Erträgen, die in ihrem Umfang nicht dem Rechnungsziel der kalkulatorischen Erfolgsrechnung gerecht werden. Hier soll ein Beispiel für diese Umwertung nach dem Rechnungszweck angeführt werden. Im Rahmen der Fallgestaltung zur Industriebuchführung (2.8.2.2.) wurden die Probleme erörtert, die sich aus periodischen Abweichungen zwischen Fertigungs- und Absatzmengen ergeben. Dabei wurden die im Handelsrecht eingeräumten Wahlmöglichkeiten beim Wertansatz von Lagerbeständen (Voll- oder Teilkosten) näher betrachtet. Erfolgsausweis- oder Gewinnausschüttungsinteressen wurden als Kriterien zur Anwendung der verschiedenen Bewertungsmethoden erkannt.

Bilanztaktische Erwägungen haben nicht in die interne Rechnungsführung einzufließen. In einer Betriebsergebnisrechnung müssen Leistungswerte verrechnet werden, die zum Ausdruck bringen, welche Wertteile tatsächlich in den jeweils hervorgebrachten Leistungen enthalten sind. Für eine Bestimmung dieser Wertteile ist auf den Grundsatz zurückzugehen, der im Rahmen der Kostenbetrachtung aufgestellt wurde. Wenn es eine gegenseitige Prozeßbezogenheit zwischen Kosten und Leistung *(Kosiol)* gibt, dann kann z.B. nicht auf der Seite negativer Erfolgsbeiträge die Anlagenabschreibung als Kostenfaktor auftreten und auf der anderen Seite dieser Beitrag zum Werteschaffen ausgeklammert werden. Entsprechendes gilt für Verwaltungskosten. Dispositive und administrative Arbeitsleistungen werden nicht nur für verkaufte Erzeugnisse anfallen, sondern für die Hervorbringung der Gesamtmenge. In den Lagerbeständen sind auch diese Kosten anteilig zu Wert – zu Leistung – geworden.

Im Vergleich zu einer rechtlich zulässigen Einschränkung des Aktivierungsumfanges bei Bestandsmehrungen wäre hier von **Andersleistungen** zu sprechen. Damit läßt sich der Leistungsumfang im Vergleich zu Ansätzen in der Finanzbuchführung zusammenfassen:

4 Vgl. die Darstellung der Buchungsgänge zu kalkulatorischen Kosten, insbes. Zusatzkosten im Abschnitt 3.2.1., die hier als Umkehrung der jeweiligen Erfolgswirkungen zu interpretieren ist.

UMFANG DER BETRIEBSLEISTUNG

betriebliche, periodenbezogene und zweckgerichtet bewertete Erträge
(= Grundleistung)
\+ **Zusatzleistung**
\+ **Andersleistung**
= **Periodenleistung**

Aufgabe 21

In den Aufgaben 16a und 18 wurden die Entwicklungsstufen der Betriebsergebnisrechnung eines Industriebetriebes behandelt. Unter Einschluß kalkulatorischer Kosten hatte das Betriebsergebniskonto folgendes Aussehen (vgl. S. 319):

S	980 BETRIEBSERGEBNISKONTO				H
40	Fertigungsmaterial	720.000,–	83	Umsatzerlöse	2.000.000,–
431	Fertigungslöhne	600.000,–			
439	Gehälter	200.000,–			
47	Miete (Raumkosten)	60.000,–			
480	kalk. Abschreibungen	125.000,–			
482	kalk. Zinsen	80.000,–			
483	kalk. Unternehmerlohn	70.000,–			
989	Betriebsgewinn (GuV)	145.000,–			
		2.000.000,–			2.000.000,–

Die bislang vorliegenden Daten werden nun geändert oder ergänzt um Informationen, die zum Rechnungszeitpunkt vorliegen und die bei der Beurteilung der Erfolgssituation zu berücksichtigen sind:

1. *Der Wiederbeschaffungspreis der maschinellen Anlagen beträgt gegenwärtig DM 1.200.000,–. Die Nutzungsdauer wird mit 8 Jahren angenommen.*
2. *Der Einkaufspreis der Werkstoffe ist mit Wirkung $t_{1/XI}$ von DM 30,–/kg auf DM 35,–/kg gestiegen. Werkstoffe werden am 1. Tag eines Monats im Umfang des Monatsbedarfs angeliefert.*
3. *Eine Erhöhung des Verkaufspreises ist aufgrund eines langfristigen Liefervertrages nicht möglich.*

Es ist eine Betriebsergebnisrechnung aufzustellen, in der eine Kostenbewertung nach dem Tageswertprinzip durchgeführt wird.

KONTROLLFRAGEN:

(86) Welche Aufgaben soll die Kostenbewertung erfüllen?

(87) Für welche Rechnungszwecke kann die Verwendung von Festpreisen sinnvoll sein?

(88) Bei dem Ansatz von Wiederbeschaffungskosten des Rechnungs- oder Verbrauchstages kann es zu einer Finanzierungslücke bei der Ersatzbeschaffung kommen. Wie können diese Finanzierungsprobleme gemildert oder sogar ausgeschlossen werden?

(89) Bilden Sie Beispiele für Anders- und Zusatzleistungen und erläutern Sie deren Bewertungsprobleme.

(90) Wie werden selbstentwickelte Patente in den verschiedenen Zweigen des Rechnungswesens behandelt?

3.2.5. Aussagewert von Betriebsergebnisrechnungen

Mit den vorangegangenen Ausführungen sind Leistung und Kosten als die Erfolgsbeiträge in kalkulatorischen Rechnungen erfaßt. Über die Aufrechnung von Leistung und Kosten wird der Betriebserfolg ermittelt. Auf der Grundlage dieser zweckbezogenen Erfolgsgröße kann eine Beurteilung der Betriebstätigkeit erfolgen.

Damit der Betrieb über reaktionsschnelle Lenkungsinstrumente verfügt, werden solche Betriebsergebnisse zumeist in kürzeren Abständen (Monat, Quartal) erstellt **(kurzfristige Erfolgsrechnung).**

Auch die kalkulatorische Jahresrechnung liefert wichtige Informationen. So werden im Vergleich zu der handelsrechtlichen Erfolgsziffer die Einflüsse deutlich, die sich aus den Besonderheiten rechtlicher Wert- und Bewertungskonventionen ergeben. Damit ist zugleich gesagt, daß die kalkulatorische Rechnung Entscheidungshilfen geben kann, wenn es um die Trennung des handelsrechtlichen Gewinns in entnahmefähige und erhaltensnotwendige Teile geht.

Die Betriebsergebnisrechnung führt zu einer globalen Erfolgsziffer. Aus dem Zeitvergleich dieses Erfolges mit früheren Ergebnissen sowie aus einer Abweichungsanalyse mit Sollwerten für den nun abgeschlossenen Leistungszeitraum sollen Grundlagen für betriebspolitische Entscheidungen erwachsen. Dabei lassen sich nur relativ undifferenzierte Erkenntnisse gewinnen. Wenn über den Gesamtbetrieb abgerechnet wird, kann mit dem Leistungsergebnis letztlich nur die Ja-Nein-Entscheidung über eine Fortführung des Leistungsvorganges in bisheriger Weise begründet werden.

Die praxisrelevanten Entscheidungsbereiche werden anders formuliert. Dort wird grundsätzlich vom „Ja“ zur weiteren Produktionstätigkeit ausgegangen, solange nicht durch Rechtszwänge bei Zahlungsunfähigkeit oder Überschuldung ein fremdbestimmtes „Nein“ vorliegt. Entscheidungsrelevant sind hier eher die Möglichkeiten, durch produkt- und preisbezogene, personelle und organisatorische Maßnahmen das angestrebte Erfolgsziel (besser) zu erreichen. Entscheidungen betreffen dabei dann weniger die Totalplanung als vielmehr die zweckgerechte Gestaltung von Teilbereichen – woraus dann insgesamt ein leistungsfähiges Gesamtgebilde entstehen soll. Damit ist zugleich gesagt, daß der Wert der Betriebsergebnisrechnung auf die Kontrolle von Erfolgsvorgabewerten beschränkt sein wird. Inwieweit einzelne Teilbereiche des Betriebes zum Gesamterfolg beigetragen haben, kann sie nicht erklären. Hierzu ist der Übergang zu Bereichs- bzw. Abteilungsrechnungen erforderlich. Die Fragen, die sich dabei ergeben, werden im folgenden Abschnitt behandelt.

3.3. Bereichsrechnungen

3.3.1. Bereichsergebnisrechnung im Handelsbetrieb

Die Betriebsergebnisrechnung ermöglicht eine Kontrolle des Gesamtverantwortungsbereichs. Auf die personelle Ebene übertragen, wird damit das Arbeitsergebnis der Betriebsleitung gemessen. Gerade diese Leitungsträger sind aber an anderen Informationen interessiert: Von ihnen wird die Gesamtaufgabe arbeitsteilig zerlegt. Einzelne Leistungsteilbereiche werden gebildet und der Teilverantwortung von Bereichsleitern (Abteilungsleitern o.ä.) übergeben. Die Verantwortlichkeit für Maßnahmen und Handlungen zieht die Kontrolle über deren Erfolgswirksamkeit nach sich. Für diese Kontrolle muß abgebildet werden, welche Leistungsbereiche in welchem Umfang zur Betriebsleistung und zum Betriebserfolg beigetragen haben. Die Bereichserfolge werden im Zeitvergleich oder anhand von Vorgabewerten beurteilt. In welchem Umfang dieses Informationsziel erreicht werden kann und welche Abrechnungsprobleme dabei auftreten, soll zunächst am Beispiel eines Handelsbetriebes untersucht werden.

Fallgestaltung: Bereichsergebnisrechnung

Der Einzelkaufmann G. SCHÖN betreibt ein Fachgeschäft für Damen-, Herren- und Kinderbekleidung. Jeder Fachabteilung steht ein Abteilungsleiter vor, der weitreichende Dispositionsfreiheit hat. Die Umsatzerlöse jeder Abteilung (I, II, III) werden getrennt erfaßt. Am Ende eines Leistungszeitraumes t_i liegt folgende Gewinn- und Verlustrechnung vor:[1]

S — GEWINN- UND VERLUSTKONTO t_i G. SCHÖN — H

S			H		
300	*Wareneinsatz*	*1.242.000,–*	*80*	*Umsatzerlöse I*	*440.000,–*
500	*Unternehmerlohn*	*60.000,–*	*81*	*Umsatzerlöse II*	*700.000,–*
501	*Personalkosten*	*270.000,–*	*82*	*Umsatzerlöse III*	*860.000,–*
51	*Raumkosten*	*16.200,–*	*90*	*neutrales Ergebnis*	*20.000,–**
54	*Werbekosten*	*38.000,–*			
58	*Allg. Verw.-Kosten*	*60.000,–*			
08	*REINGEWINN*	*333.800,–*			
		2.020.000,–			*2.020.000,–*

** Offensichtlich wurden auch neutrale Aufwendungen verzeichnet. Andernfalls hätte die Gegenposition zum Unternehmerlohn (Konto 26, verrechnete kalkulatorische Kosten) zu einem neutralen Ergebnis von +DM 60.000,– führen müssen.*

Ausgehend vom Gewinn- und Verlustkonto kann zunächst der Betriebserfolg ermittelt und näher analysiert werden:

Unternehmenserfolg (Reingewinn)	–	neutraler Erfolg	=	Betriebserfolg
DM 333.800,–	–	*DM 20.000,–*	=	*DM 313.800,–*

Die Erfolgsziffer des Gesamtbetriebes läßt sich als Verhältnisgröße an Vergleichs- oder Vorgabewerten spiegeln. Übliche Kontrollgrößen sind die Umsatzrentabilität und die Handelsspanne:

$$\text{Umsatzrentabilität} = \frac{\text{umsatzbezogener Gewinn x 100}}{\text{Umsatzerlöse}}$$

$$= \frac{313.800,\text{–} \text{ x } 100}{2.000.000,\text{–}} = \underline{\underline{15{,}69\ \%}}$$

1 Die Fallgestaltung ist bewußt einfach gewählt, um beispielhaft an einigen wenigen Erfolgsbeiträgen die Besonderheiten von Bereichsergebnisrechnungen zu zeigen. Dem interessierten Leser mag es überlassen bleiben, dieses Konto zu ergänzen um Abschreibungen, kalkulatorische Zinsen und Raumkosten, Steuern, . . . u.ä.

$$\text{Handelsspanne} = \frac{\text{Warenerfolg x 100}}{\text{Umsatzerlöse}} = \frac{758.000,-\text{ x }100}{2.000.000,-} = \underline{\underline{37,9\ \%}}$$

Mit diesen Kennziffern wird die Leistungskraft des Gesamtbetriebes erfaßt. Angenommen, jeder Abteilungsleiter hat Anspruch auf eine **Erfolgsbeteiligung**. Dann wird es problematisch sein, die Daten des Gesamtbetriebes auch für eine Beurteilung von Abteilungsergebnissen heranzuziehen. Sicherlich wird jeder Abteilungsleiter verlangen, daß für eine Beurteilung *seiner* Tätigkeit auch nur solche Erfolgsbeiträge herangezogen werden, die durch *seine* Handlungen entstanden sind. Nur so kann der Weg zu einer leistungsgerechten Erfolgsbeteiligung aussehen.

In der Praxis wird oft ein recht einfacher Weg zur Abteilungskontrolle und Erfolgsbeteiligung gewählt. Dabei werden nur die Umsatzerlöse als Erfolgsmaßstab verwendet. Im Beispiel würden die Abteilungsleiter sehr stark voneinander abweichende Umsatzprämien erhalten.[2] Diese Form der Erfolgsbeteiligung kann nur dann als leistungsgerecht angesehen werden, wenn „mehr Umsatz" auch „mehr Gewinn" bedeutet. Eine derart einheitliche Erfolgsfähigkeit aller Artikel eines Handelsunternehmens ist aber unwahrscheinlich. Vielmehr ist es gerade typisch, daß aufgrund von Konkurrenzsituationen und saisonalen Einflüssen die verschiedenen Artikel eines Sortiments auch unterschiedliche (relative) Beiträge zum Betriebserfolg liefern. So wird auch die Erfolgsfähigkeit von Damen-, Herren- und Kinderbekleidung in der Fallgestaltung unterschiedlich hoch sein. Angenommen, es wurde der Wareneinsatz der Abteilungen ermittelt mit DM 220.000,– für I, DM 420.000,– für II und DM 602.000,– für Abteilung III. Dann zeigt schon ein Vergleich der erzielten Handelsspannen (I = 50 %, II = 40 % und III = 30 %) die unterschiedliche Leistungsfähigkeit der Abteilungen. Daraus ist dann auch die Forderung abzuleiten, daß zur Beurteilung von Abteilungsergebnissen nicht nur die Umsatzerlöse als Bruttoerfolge herangezogen werden dürfen. Vielmehr sind wirkliche Nettoerfolge – als Beitrag jeder Abteilung zum Betriebserfolg – zu ermitteln.

2 Ausgehend von einem bestimmten Anteil (G*) am Betriebsgewinn, der als Umsatzprämie zu verteilen wäre, bekämen die Abteilungsleiter Anteile im Verhältnis 44 : 70 : 86 bzw. 22 %, 35 % und 43 %. Daß sie auch wirklich entsprechende Beiträge zum Betriebsgewinn erwirtschaftet haben, ist damit nicht gesagt.

Zur Ermittlung von **Bereichsergebnissen** wird die Betriebsergebnisrechnung in Ergebnisrechnungen der Kontrollbereiche aufgespalten. Für jeden Kontrollbereich wird eine eigenständige Ergebnisrechnung eingerichtet, die nach denselben Grundsätzen arbeitet, die auch für die Betriebsergebnisrechnung kennzeichnend sind. Weil hier letztlich nur der Gesamtumfang aller Erfolgsbeiträge des Betriebes auf die Kontrollbereiche aufgeteilt wird, muß die Summe der Bereichserfolge auch immer mit dem Betriebserfolg übereinstimmen:

S Bereichsergebnisrechnung I	H	S Bereichsergebnisrechnung II	H	S Bereichsergebnisrechnung n	H
Kosten I	Leistung I	Kosten II	Leistung II	Kosten n	Leistung n
(+) E_I		(+) E_{II}			(−) E_n

$$E_I + E_{II} + \ldots + E_n = \text{Betriebserfolg}$$

Der Arbeitsablauf zur Ermittlung von Bereichsergebnissen vollzieht sich in folgenden Stufen:

1. Den Abrechnungsbereichen werden die Erfolgsbeiträge verursachungsgerecht zugewiesen: Aus der Gesamtleistung sind die **Bereichsleistungen** auszugliedern, was im Handelsbetrieb relativ einfach erreicht wird. Bei Verkäufen werden die Umsatzerlöse getrennt nach Warengruppen erfaßt. Moderne Abrechnungssysteme verfügen über die notwendige Speicherkapazität für die Daten breit gegliederter Geschäftszweige.
2. Den Bereichsleistungen werden die leistungsbezogenen Verbrauchswerte, die **Bereichskosten**, gegenübergestellt: Bei der umfangreichsten Kostenart im Handelsbetrieb, dem Wareneinsatz, wird mit entsprechenden Vorkehrungen in der Rechnungsführung eine genaue Bestimmung dieser Kosten möglich sein. Der Wareneinsatz kann verursachungsgerecht jeder einzelnen Abrechnungsstelle zugewiesen werden. Es handelt sich um **Stelleneinzelkosten**. Eine Zuordnung der Personalkosten gestaltet sich dagegen schon schwieriger. Nur wenn die Beschäftigten jeweils ausschließlich in diesem einen Abrechnungsbereich arbeiten, können die Gehälter als Stelleneinzelkosten verrechnet werden. Oftmals ist es aber so, daß die Verkaufs-

kräfte je nach Kundenbesuch auch in anderen Abteilungen ‚aushelfen'. Dann fallen die Personalkosten für Leistungen in verschiedenen Bereichen gemeinsam an. Sie müßten den Abrechnungsstellen nach Maßgabe von Arbeitsanteilen als **Stellengemeinkosten** zugerechnet werden. In der Fallgestaltung sollen Wareneinsatz und Kosten des Abteilungspersonals als Einzelkosten ermittelt worden sein. Alle anderen Kostenarten (Unternehmerlohn, Raum-, Werbe- und Verwaltungskosten) wären als Stellengemeinkosten abzurechnen.

Ehe sich der Gemeinkostenzurechnung mit ihren Problemen zugewendet wird, soll als Zwischenstand der Grundaufbau einer Bereichsergebnisrechnung festgehalten werden:

BEREICHSERGEBNISRECHNUNG t_i

KONTROLLBEREICHE / ERFOLGSBEITRÄGE	GESAMT-BETRIEB	TEILBEREICHE (Abteilungen, Stellen, o.ä.) I	II	III
LEISTUNG t_i (Umsatz)	*2.000.000,--*	*440.000,--*	*700.000,--*	*860.000,--*
KOSTEN t_i				
a. Einzelkosten				
1) Wareneinsatz	*1.242.000,--*	*220.000,--*	*420.000,--*	*602.000,--*
2) Personalkosten	*270.000,--*	*96.000,--*	*92.000,--*	*82.000,--*
b. Gemeinkosten				
1) Unternehmerlohn	*60.000,--*	*aufgeteilt nach*		
2) Raumkosten	*16.200,--*	*Verursachungshypothesen*		
3) Werbekosten	*38.000,--*	*(Verteilungsschlüsseln)*		
4) Verwaltungskosten	*60.000,--*			
KOSTENSUMME t_i (a+b)	*1.686.200,--*	K_I	K_{II}	K_{III}
ERFOLG t_i	*313.800,--*	E_I	E_{II}	E_{III}

$$E_B \longrightarrow = \Sigma E_{I,II,III}$$

Das eigentliche Abrechnungsproblem in Bereichsrechnungen stellt sich bei der verursachungsgerechten Zuweisung von Gemeinkostenteilen. An sich ist schon diese Aussage anzugreifen: Mit der Rechnung soll u. a. die Dispositionsleistung von Bereichsleitern gemessen werden.

Diese **Kontrolle** setzt **Verantwortlichkeit** voraus. Die Bereichsleiter können aber auf die Höhe der Gemeinkosten nur wenig Einfluß nehmen. Deshalb wird es bei der Zuweisung von Gemeinkostenteilen kaum konfliktfreie Lösungen geben. Eine Lösung muß aber gefunden werden, denn ohne die nun als Gemeinkosten zuzurechnenden Kostenarten wären die Bereichsleistungen nicht möglich gewesen. Es kommt also darauf an, für jede Gemeinkostenart einen **Verteilungsschlüssel** zu finden, der einen erkennbaren Leistungsbezug zum Ausdruck bringt und so zu einer gerechten, nicht unbedingt verursachungsgerechten Belastung jeder Abrechnungsstelle führt:

$$\text{Anteil der Abrechnungsstelle an der Gemeinkostenart} = \frac{\text{Gesamtbetrag der Kostenart}}{\text{Gesamtheit der gewählten Schlüsselgröße}} \times \text{Einheiten der Schlüsselgröße in der Abrechnungsstelle}$$

Die Probleme bei der Wahl von geeigneten Schlüsselgrößen sollen an der Fallgestaltung gezeigt werden. So kommen für den Unternehmerlohn als Verteilungsgrundlage in Betracht:

AUSWIRKUNGEN UNTERSCHIEDLICHER VERTEILUNGSSCHLÜSSEL

Kostenart Unternehmerlohn DM 60.000,–

mögliche Verteilungsgrundlage	*Stellenanteil*			*Kostenanteil/Stelle DM*		
	I	*II*	*III*	*I*	*II*	*III*
1. Zahl der Stellen (3)	*1/3*	*1/3*	*1/3*	*20.000,–*	*20.000,–*	*20.000,–*
2. Zahl der Mitarbeiter (11)	*4*	*4*	*3*	*21.818,18*	*21.818,18*	*16.363,64*
3. Personalkosten (i. Tsd.)	*96*	*92*	*82*	*21.333,33*	*20.444,45*	*18.222,22*
4. Umsatz (2.000.000,– = 100 %)	*22 %*	*35 %*	*43 %*	*13.200,–*	*21.000,–*	*25.800,–*
5. Arbeitsanteil (geschätzt)	*20 %*	*50 %*	*30 %*	*12.000,–*	*30.000,–*	*18.000,–*

Die Auswirkungen unterschiedlicher Verteilungsgrundlagen sind offensichtlich. Deutlich wird auch der Unterschied zwischen scheinbar objektiven Schlüsselgrößen (Umsatz, Mitarbeiterzahl, . . .) und subjektiv bestimmten, tatsächlichen Arbeitsanteilen als Verteilungsgrundlage.

In der Praxis wird kaum eine Lösung des Verteilungsproblems zu finden sein, die von allen Beteiligten als gerecht angesehen wird.

Mit den festgelegten Verteilungsschlüsseln kann die Bereichsergebnisrechnung abgeschlossen werden. Angenommen, es wären in der Fallgestaltung folgende Regelungen getroffen worden:

Ergänzung zur Fallgestaltung Bereichsergebnisrechnung

Kostenart	*Verteilungsgrundlage*	*Stellenanteil* I	II	III
Unternehmerlohn	*Arbeitsanteil*	*20 %*	*50 %*	*30 %*
Raumkosten	*m² Verkaufsfläche*	*400*	*900*	*1.400*
Werbekosten	*Umsatz*	*22 %*	*35 %*	*43 %*
Verwaltungskosten	*Umsatz*	*22 %*	*35 %*	*43 %*

Der Unternehmerlohn wird dann zu der bereits oben gezeigten Belastung der Kontrollbereiche führen. Die Raumkosten werden nach der von jeder Abteilung beanspruchten Verkaufsfläche verteilt:

$$\text{Abteilungs- bzw. Bereichsanteil an Raumkosten} = \frac{\text{gesamte Raumkosten}}{\text{gesamte Verkaufsfläche}} \times \text{Verkaufsfläche der Abteilung}$$

$$\text{z.B. für Abteilung I} = \frac{\text{DM } 16.200,-}{2.700 \text{ m}^2} \times 400 \text{ m}^2 = \underline{\underline{\text{DM } 2.400,-}}$$

Nach diesem Verteilungsverfahren werden alle Gemeinkosten unter Anwendung der jeweiligen Schlüsselgrößen auf die Abteilungen verrechnet.

Danach ergibt sich (zusammengefaßt) folgender Abschluß der Bereichsergebnisrechnung:

BEREICHSERGEBNISRECHNUNG (gekürzt)

Erfolgsbeiträge / *Kontrollbereiche*	*Gesamtbetrieb*	*Teilbereiche* I	*II*	*III*
Leistung t_i	*2.000.000,–*	*440.000,–*	*700.000,–*	*860.000,–*
– Kosten t_i	*1.686.200,–*	*351.960,–*	*581.700,–*	*752.540,–*
= Erfolg t_i	*+ 313.800,–*	*+88.040,–*	*+118.300,–*	*+107.460,–*

Auf der Grundlage der ermittelten Bereichserfolge ist eine differenzierte Erfolgsanalyse möglich. Sie zeigt die Erfolgsanteile der Teilbereiche und macht vergleichende Betrachtungen möglich. Diese führen in der Fallgestaltung u.a. zu einer aufschlußreichen Abweichung der Umsatzrentabilität in den 3 Abteilungen. Die für den Gesamtbetrieb ermittelte Größe 15,69 % wird mit recht unterschiedlichen Beiträgen der einzelnen Abteilungen erzielt (20,01 %, 16,9 %, 12,5 %). Damit wird die Bereichsergebnisrechnung zum Ausgangspunkt von Erfolgsanalysen – allerdings immer unter Beachtung der Einflüsse, die sich aus der problematischen Gemeinkostenzurechnung ergeben können.

3.3.2. Kostenstellenrechnung im Industriebetrieb

Die Aussagen, die für die Bereichsrechnungen in Handelsbetrieben ermittelt wurden, sind nicht in vollem Umfang auf Industriebetriebe übertragbar. Ursache hierfür ist der andersgeartete Leistungsprozeß. Im Handelsbetrieb erbringen die Abteilungen jeweils marktfähige Leistungen. Im Industriebetrieb dagegen erbringt nur der Gesamtbetrieb eine solche marktfähige Leistung, das jeweilige Fertigerzeugnis. Dieses Produkt, z.B. ein Auto, entsteht aus dem abgestimmten Leistungsprozeß in vielen betrieblichen Teilbereichen. Eine Grobgliederung solcher Leistungsbereiche könnte für ein Automobilwerk wie folgt skizziert werden:

BEREICHSGLIEDERUNG IM INDUSTRIEBETRIEB

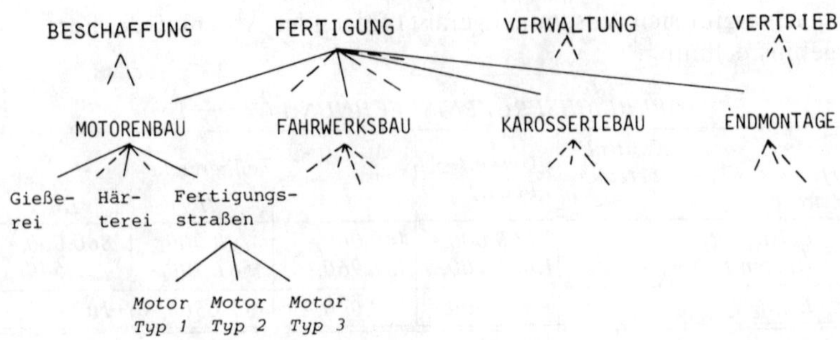

Die bereichsbezogene Ergebnisrechnung steht vor dem Problem einer willkürfreien Zuordnung von Kosten und Leistungen auf die gebildeten Abrechnungsbereiche. Nun erbringen aber die Bereiche vom Betriebszweck her gesehen regelmäßig keine selbständig verwertbaren Leistungen, sondern immer nur Teilleistungen im Rahmen des Gesamtprozesses. Die Gesamtleistung müßte also wertmäßig den Abrechnungsbereichen anteilig zugeordnet werden. Es wäre eine **Erfolgsspaltung** durchzuführen. In der Fachwissenschaft ist es unbestritten, daß eine solche willkürfreie Zuordnung von nicht marktfähigen Teilleistungen auf die gebildeten Abrechnungsbereiche unmöglich ist.[1] Aussagefähige Betriebsergebnisrechnungen können also nicht ergänzt werden durch entsprechend informationstüchtige Bereichsergebnisrechnungen.

Das unlösbare Problem der Erfolgsspaltung führt im Industriebetrieb zu einer Beschränkung von Bereichsanalysen auf die Kostenseite. Aus dem **Soll-Ist-Vergleich** und aus dem **Zeitvergleich** sollen Rückschlüsse gezogen werden auf die Entwicklung der Leistungskraft einzelner Bereiche. Zur Überwachung der Kostenentwicklung in betrieblichen Teilbereichen erfolgt die Bildung von verselbständigten **Kostenstellen.**[2] Im Vordergrund steht die Gliederung nach Funktionen oder Verantwortungsbereichen. Damit wird die Trennung zwischen wesensverschiedenen Arbeitsvorgängen im Wertekreislauf Beschaffung – Fertigung – Absatz erzielt. Zugleich wird Raum gelassen für weitere Kontrollmöglichkeiten, die auf die Ergiebigkeit von abgrenzbaren Leistungsteilbereichen abzielen. Diese Tiefengliederung in Kostenstellen kann bis zur Erfassung eines einzelnen Arbeitsplatzes durchgeführt werden (**Platzkostenrechnung**).

Der Rechnungsablauf in der **Kostenstellenrechnung** kann mit der Ermittlung der Bereichskosten (Handel) verglichen werden. Die Kostenarten aus der Betriebsergebnisrechnung werden den Kostenstellen nach dem Leistungsbezug in der Stelle zugeordnet als

---

1 Vgl. u.a. HASENACK, W.: Ertragsbildungsanalyse und Erfolgsspaltung, S. 283; WEBER, H.K.: (BWL Rechnungswesen, S. 191) formuliert: „Die Trennung des Erlöses nach betrieblichen Funktionen stellt ein unlösbares Problem der Betriebswirtschaftslehre dar."
Eine ausführliche und praxisbezogene Darstellung zu diesem zentralen Problem innerbetrieblicher Leistungskontrolle bei WILLE, Fr.: Fortschrittliche Kosten- und Erfolgsrechnung, S. 127 ff.

2 Die Wortwahl „Kostenstelle" entspricht nicht dem eigentlichen Auftrag dieser Bereiche. In ihnen sollen Teilleistungen hervorgebracht werden. Es müßte an sich von *Leistungsstellen* gesprochen werden. Weil aber die Kostenerfassung im Mittelpunkt der Kontrollrechnungen steht, hat sich die kostenbezogene Definition durchgesetzt.

Stelleneinzelkosten, die auf der Grundlage von Verbrauchsmeßeinrichtungen recht genau bestimmbar sind (lt. Lohnlisten, Belegen, Wasseruhr, Stromzähler, . . .)[3] und

Stellengemeinkosten, die als Anteil eines für mehrere Kostenstellen angefallenen Kostenbetrages nach möglichst verursachungsgerechter Stellenzuordnung verrechnet werden.

Für eine übersichtliche Darstellung der Kostenstellenrechnung ist der **Betriebsabrechnungsbogen** (BAB) gebräuchlich. Dessen Aufbau soll anhand eines Beispiels dargestellt werden:

Fallgestaltung: Kostenstellenrechnung (Betriebsabrechnungsbogen)

Die Betriebsergebnisrechnung eines Industriebetriebes hat folgendes Aussehen (= Lösung zur Aufgabe 21):

S		*BETRIEBSERGEBNISKONTO*			*H*
40	*Fertigungsmaterial*	*740.000,–*	*83*	*Umsatzerlöse*	*2.000.000,–*
431	*Fertigungslöhne*	*600.000,–*			
439	*Gehälter*	*200.000,–*			
47	*Miete*	*60.000,–*			
480	*Abschreibungen*	*150.000,–*			
482	*kalk. Zinsen*	*80.000,–*			
483	*kalk. U.-lohn*	*70.000,–*			
989	*GuV, Betriebsgewinn*	*100.000,–*			
		2.000.000,–			*2.000.000,–*

(Aufgabenfortsetzung auf der nächsten Seite)

3 An dieser Stelle soll ein Vorgriff auf die später zu behandelnden Stückrechnungen helfen, Mißverständnissen bei der Begriffswahl vorzubeugen. Wenn der Kostenbetrag ermittelt werden soll, der auf eine Leistungseinheit (x) entfällt, entsteht wieder das Zurechnungsproblem. Einige Kostenarten werden ursächlich genau jedem Stück als *Einzelkosten* zuzurechnen sein. Andere sind als *Gemeinkosten* zuzuschlüsseln. Wegen der unterschiedlichen Bezugsbasis stimmen aber die als Einzel- oder Gemeinkosten verrechneten Stückkosten nicht mit den jeweiligen Stellenkosten überein. Ein Beispiel veranschaulicht diese möglichen Schwierigkeiten im Verständnis der eingeführten Begriffsbildungen. Der Stromverbrauch einer Kostenstelle (z.B. Fertigung) läßt sich anhand eines Stromzählers einwandfrei als Stelleneinzelkosten bestimmen. Dagegen wird bei der Vielzahl von stromverbrauchenden Einrichtungen nicht ursächlich feststellbar sein, wie groß der Stromverbrauch je Leistungseinheit ist. Der Stromverbrauch wird stückbezogen als Gemeinkosten erfaßt. Sicherlich könnte daran gedacht werden, durch Meßeinrichtungen in Aggregaten die Aufteilung der Gesamtkosten zugunsten (relativer) Einzelkosten zu beeinflussen. Zugleich sollte aber bedacht werden, daß die zusätzlichen Ermittlungskosten in einem angemessenen Verhältnis zu dem erreichten Informationsvorteil stehen müssen.

Ausgehend von den Kostenarten ist eine Kostenanalyse nach Kontrollbereichen durchzuführen, und zwar für den

- *Materialbereich (Ma),*
- *Fertigungsbereich (Fe),*
- *Verwaltungsbereich (Vw) und*
- *Vertriebsbereich (Vt).*

Materialkosten und Fertigungslöhne sind als Stelleneinzelkosten zu behandeln. Ebenso sind die Gehälter als Einzelkosten des Verwaltungsbereichs (DM 120.000,–) und des Vertriebsbereichs (DM 80.000,–) zu verrechnen. Für die Verteilung der Gemeinkosten gelten folgende Schlüssel:

Kostenart	*Verteilungs-grundlage*	*Schlüssel*			
		Ma	*Fe*	*Vw*	*Vt*
Unternehmerlohn	*Arbeitsanteil*	*1*	*4*	*3*	*2*
Miete	*Fläche* m^2	*200*	*400*	*100*	*100*
Abschreibungen	*Anteil am AV*[4]	*2*	*6*	*1*	*1*
kalk. Zinsen	*Kapitalbindung*	*3*	*5*	*1*	*1*

Der Arbeitsablauf zum Aufbau eines BAB gestaltet sich folgendermaßen: Zunächst werden die aus der Kostenartenrechnung ersichtlichen Einzelkosten auf verursachende Kostenstellen übernommen.[5] Anschließend erfolgt die Zuordnung der Gemeinkosten auf der Grundlage von Verteilungsschlüsseln. Im Beispiel Unternehmerlohn heißt das, den mit DM 70.000,– bestimmten Betrag nach Maßgabe einer ermittelten Belastungs- bzw. Beanspruchungsrelation von 1:4:3:2 den Kostenstellen zuzuordnen. An dieser Kostenart wird deutlich, daß der Richtigkeitsgrad der Kostenverteilung nur begrenzt sein kann. Rechnungsziel ist so auch nicht primär Richtigkeit, sondern die Vergleichbarkeit der Kostenentwicklung.

4 Hier wird deutlich, daß oft aus Gründen der Arbeitsvereinfachung eine Zurechnung als Gemeinkosten erfolgt. Es wäre auch möglich und würde zu genaueren Ergebnissen führen, wenn die Abschreibungen als Stelleneinzelkosten ermittelt würden. Hierfür müßten die Daten der Anlagenkartei stellenbezogen aufgeteilt werden. Bei vielen Kostenarten muß dieser Konflikt zwischen Richtigkeit und Einfachheit der Rechnung unter dem Gesichtspunkt der Informationsziele gelöst werden.

5 In der Literatur wird zumeist auf die Übernahme der Einzelkosten verzichtet oder sie wird nur als zusätzliche Möglichkeit genannt (s. VORMBAUM, H.: Grundlagen, S. 183; EISELE, W.: Technik, S. 374; HABERSTOCK, L.: Grundzüge, S. 87; ZIMMERMANN, G.: Grundzüge, S. 102; KLÜMPER, P.: Grundlagen, S. 60 f.; umfassender dagegen SCHWEITZER, HETTICH, KÜPPER: Systeme, S. 166). In den meisten Fällen werden also keine gesamten Stellenkosten als Kontrollmaß bestimmt. Vielmehr ist die Kostenstellenrechnung nur eine Zwischenstufe auf dem Wege zur Stückrechnung. Es sollen Zuschlagssätze zur Gemeinkostenbelastung je Kostenträger bestimmt werden. Oben wird dagegen die Kostenstellenrechnung zunächst als selbständige Kontroll- und Entscheidungsrechnung interpretiert. Entsprechend sind alle Stellenkosten zu erfassen (*Kostenstellen-Gesamtrechnung*). Die Ermittlung von Zuschlagssätzen gehört dann in den Bereich stückbezogener Auswertung dieser Rechnung. Vgl. hierzu den Abschnitt 3.4.2.

KOSTENSTELLEN-GESAMTRECHNUNG BETRIEBSABRECHNUNGSBOGEN, BAB					
KOSTENARTEN / KOSTENSTELLEN		*KOSTENSTELLEN*			
		Ma	*Fe*	*Vw*	*Vt*
STELLENEINZELKOSTEN:					
Fertigungsmaterial	*740.000,-*	*740.000,-*			
Personalkosten	*800.000,-*		*600.000,-*	*120.000,-*	*80.000,-*
Einzelkosten/Stelle		*740.000,-*	*600.000,-*	*120.000,-*	*80.000,-*
STELLENGEMEINKOSTEN:					
Unternehmerlohn	*70.000,-*	*7.000,-*	*28.000,-*	*21.000,-*	*14.000,-*
Miete	*60.000,-*	*15.000,-*	*30.000,-*	*7.500,--*	*7.500,-*
Abschreibungen	*150.000,-*	*30.000,-*	*90.000,-*	*15.000,-*	*15.000,-*
kalk. Zinsen	*80.000,-*	*24.000,-*	*40.000,-*	*8.000,-*	*8.000,-*
Gemeinkosten/Stelle		*76.000,-*	*188.000,-*	*51.500,-*	*44.500,-*
+ *Einzelkosten/Stelle*		*740.000,-*	*600.000,-*	*120.000,-*	*80.000,-*
= STELLENKOSTEN		*816.000,-*	*788.000,-*	*171.500,-*	*124.500,-*

Weil in diesem Abrechnungsgang die Gesamtkosten auf der Grundlage von Annahmen zur Kostenverursachung auf Kontrollbereiche verteilt werden, muß die Summe aller Stellenkosten auch wieder mit den Gesamtkosten übereinstimmen.

Die Auswertung der ermittelten Stellenkosten geschieht zumeist in Form eines Soll-Ist-Vergleichs. Dabei werden die angefallenen – besser: die zugerechneten – Stellenkosten mit Vorgabewerten verglichen. Sind diese Vorgabewerte auf denselben Leistungsmengen aufgebaut, die dann auch tatsächlich in den Stellen hervorgebracht wurden, können die Abweichungen näher begründet werden; einmal als **Preisabweichungen**, die ihre Ursache in gestiegenen Preisen der Kostengüter haben. Andererseits kommen für Abweichungen zwischen geplanten und tatsächlich angefallenen Kosten auch Änderungen beim mengenmäßigen Verbrauch von Produktionsmitteln in Betracht (mehr oder weniger Bearbeitungsstunden, Materialmenge, . . .). Diese **Abwei-**

chungsanalyse[6] soll Hinweise für eine zielgerechte Gestaltung des Betriebsablaufs geben. Damit wird auch die Kostenstellen-Gesamtrechnung zu einem zentralen Instrument betrieblicher Leistungskontrolle.

Aufgabe 22

Ein Betrieb ist organisatorisch aufgeteilt in vier Kostenstellen:

Ma = Materialbereich
Fe = Fertigung
Vw = Verwaltung
Vt = Vertrieb

Für den Zeitraum t_i soll eine Kostenstellengesamtrechnung (BAB) aufgestellt werden. Die Stelleneinzelkosten wurden wie folgt ermittelt:

Fertigungsmaterial DM 240.000,– (Materialbereich),
Fertigungslöhne DM 336.000,– (Fertigung).

Eine Zuordnung der Stellengemeinkosten soll auf der Grundlage folgender Angaben durchgeführt werden:

Gemeinkostenarten	Gesamtbetrag DM	Verteilungsgrundlage	Verteilungsschlüssel Ma	Fe	Vw	Vt
Heizungskosten	84.000,–	Anzahl der Heizkörper	40	70	80	10
Hilfslöhne	800.000,–	Beschäftigte je Kostenstelle	6	22	9	3
Sozialkosten	76.000,–					
Reinigungskosten	45.000,–	Fläche in m²	3200	6700	2700	2400
Abschreibungen	198.000,–	Anteile der Kostenstellen am AV	3	8	5	2
Wagnisse	60.000,–	Verteilung nach Wagnisanteilen	12	46	20	22

Die Aufgabenlösung soll in folgenden Arbeitsschritten geschehen:

1. *Kritische Würdigung der gewählten Verteilungsgrundlagen,*
2. *Verteilung der Gemeinkosten auf die vier Kostenstellen,*
3. *Ermittlung der Gesamtkosten jeder Kostenstelle.*

Anmerkung:
Unter Hilfslöhnen werden in der Kostenrechnung Personalkosten erfaßt, die nicht unmittelbar am Werkstück anfallen. In einer engen Begriffsfassung sind sie nur dem Fertigungsbereich zuzuordnen (z.B. Maschineneinrichter). In einer weiten Fassung könnte selbst der Unternehmerlohn hier eingeordnet werden.

6 Eine nähere Analyse der Kostenabweichungen erfolgt im Abschnitt 3.5.

3.3.3. Innerbetriebliche Leistungsverrechnung

3.3.3.1. Grundkonzeption

Mit den Bereichsrechnungen sollen die Leistungen von abgegrenzten Verantwortungsbereichen geplant und kontrolliert werden. Bei der Bildung solcher Bereiche wurde bislang unterstellt, daß deren Leistungsbeiträge unmittelbarer Teil des betrieblichen Leistungsauftrages sind. So waren die im Handelsbetrieb gebildeten Bereiche mit dem Ein- und Verkauf von Gütern befaßt. Die Abrechnungsstellen im Industriebetrieb dienten unmittelbar der Herstellung und dem Absatz von marktfähigen Erzeugnissen. Es handelte sich um sog. **Hauptstellen**. Ein Blick in die Praxis von Betriebsabläufen zeigt, daß bei dieser Bereichsanalyse ein Sachverhalt unberücksichtigt blieb: Oftmals treten Leistungsbereiche auf, die nicht unmittelbar mit der Hervorbringung von solchen Endleistungen befaßt sind. Vielmehr besteht ihre Aufgabe in der Sicherstellung der Leistungsbereitschaft anderer Arbeitsbereiche. Deshalb können sie auch zunächst begrifflich umfassend als **Hilfsstellen** beschrieben werden. Beispiele für ‚helfende' Leistungsbereiche sind:

Fuhrpark	=	erbringt Transportleistungen für die Abteilungen eines Handelsbetriebes bzw. für die Kostenstellen des Industriebetriebes;
Kantine	=	liefert Essen an die Mitarbeiter aller Teilbereiche;
Reparatur	=	sorgt für die Leistungsbereitschaft technischer Anlagen vor allem im Fertigungsbereich;
Kraftwerk	=	schafft eine betriebseigene unabhängige Stromversorgung.

Übereinstimmendes Merkmal aller dieser **Hilfsbetriebe** ist die Tatsache, daß sie die Leistungsbereitschaft von Hauptstellen unterstützen, bzw. sie erst möglich machen. Wenn Hauptstellen die marktfähige Endleistung erbringen, können sie auch als **Endkostenstellen** bezeichnet werden. Bei den Hilfsstellen handelt es sich dann um **Vorkostenstellen**, deren Leistung von den Endkostenstellen übernommen werden.

In der Fachliteratur und in der Berufspraxis sind weitere begriffliche Unterscheidungen eingeführt, die sich auf den Abnehmerkreis von Hilfsleistungen beziehen:

Geben Hilfsstellen ihre Leistungen an (fast) alle anderen Leistungsbereiche ab, wird auch von **allgemeinen Kostenstellen** gesprochen. Das ist beispielsweise bei dem angeführten Kraftwerk der Fall. Es liefert Strom und andere Energie an alle anderen betrieblichen Leistungsbereiche. Manche Hilfsstellen erbringen dagegen ihre Dienste für nur wenige oder auch nur eine andere Stelle. Dieser Sachverhalt trifft in den gebildeten Beispielen auf die Reparaturabteilung zu. Sie wird vor allem für die Leistungsbereitschaft der maschinellen Anlagen des Fertigungsbereichs sorgen. Hier handelt es sich um **Hilfskostenstellen im engeren Sinn.** Weil aber die Abgrenzung zwischen diesen unterschiedlichen Hilfsstellen fließend sein kann und überdies diese Unterscheidung keinen nennenswerten Einfluß auf die im folgenden behandelten Abrechnungs- und Kontrollaufgaben hat, wird bei der weiteren Darstellung immer nur vereinfachend von **Hilfsstellen** gesprochen.

Wenn in Betrieben aus technischen, betriebswirtschaftlichen oder sozialen Gründen Hilfsstellen eingerichtet sind, unterliegen sie grundsätzlich denselben Maßstäben zur Beurteilung ihres Leistungsbeitrages wie die Hauptstellen. Bei den meisten Hilfsstellen kommt aber noch ein weiterer Kontrollgesichtspunkt hinzu, der über den Soll-Ist-Vergleich hinausreicht. Es geht dabei um die Beurteilung der Entscheidungsalternative **Eigenfertigung** oder **Fremdbezug**. Im Gegensatz zu den meisten Leistungen, die in Hauptstellen erbracht werden, ist es nämlich bei manchen Hilfsleistungen möglich, daß andere Unternehmen dieselben Güter oder Dienste liefern. So könnten Transportleistungen auch von Fuhrunternehmen erbracht werden, die Essen von Großküchen eingekauft werden, die Reparaturleistungen von Handwerksbetrieben erledigt werden oder die Energiemengen von regionalen Kraftwerken bezogen werden. Für alle diese Fremdleistungen gibt es Marktpreise, die solchen Kosten gegenüberzustellen sind, die bei der Eigenleistung durch Hilfsstellen anfallen. Sicherlich werden die Fremdleistungen der Spezialanbieter oftmals im Vergleich zu den Kosten der Eigenleistung billiger sein. Dann wird aber auch nicht unbedingt sofort auf die Fremdleistung übergegangen, weil neben dem reinen Leistungspreis auch Aspekte der schnellen Verfügbarkeit (z.B. des Reparaturdienstes) und der Unabhängigkeit eine Rolle spielen. Um aber überhaupt abwägen zu können, ob Kostenunterschiede zwischen Eigen- und Fremdleistung gerechtfertigt sein können, müssen zunächst die Hilfsstellenkosten ermittelt werden.

Nachdem die Hilfsstellenkosten eines Leistungszeitraumes ermittelt wurden, sind sie weiter auf die Abnehmer der Hilfsleistungen zu verrechnen. Es müssen diejenigen Stellen mit Hilfsstellenkosten belastet werden, die solche Leistungen in Anspruch genommen haben. Mit dieser zweiten Stufe der Abrechnung wird letztlich nur der Zustand hergestellt, der auch bestehen würde, wenn die Hilfsleistungen von Fremdanbietern bezogen worden wären. Für eine solche innerbetriebliche Leistungsverrechnung müssen Stückkostenwerte für jede Hilfsstellenleistung gebildet werden, damit jede abnehmende Stelle verursachungsgerecht belastet werden kann. Am Ende dieses Verteilungsprozesses für Hilfsstellenkosten bleiben dann als Kontrollgröße wiederum nur noch die Hauptstellenkosten übrig.

3.3.3.2. Ermittlung und Abrechnung von Hilfsstellenkosten

Nachdem das Grundkonzept zur Abrechnung von Hilfsleistungen veranschaulicht wurde, werden nachfolgend die einzelnen Abrechnungsschritte anhand einer Fallgestaltung näher betrachtet:

Fallgestaltung: Hilfsstellenabrechnung

In einem Industriebetrieb ist zur Versorgung der Belegschaft eine Kantine eingerichtet, in der jedem Beschäftigten ein kostenfreies Mittagessen angeboten wird. Zur organisatorischen Abwicklung der Essensausgabe erhält jeder Beschäftigte zu Monatsbeginn Berechtigungskarten im Umfang der monatlichen Arbeitstage. Auf diesen Karten ist zusätzlich vermerkt, welcher Abteilung der Mitarbeiter angehört.

Im Leistungszeitraum t_i wurden von der Kantine 109.440 Essen abgegeben. Diese Gesamtleistung wurde wie folgt von den Hauptkostenstellen in Anspruch genommen:

Materialbereich	*5.472*	*Verwaltungsbereich*	*2.280*
Fertigungsbereich	*87.552*	*Vertriebsbereich*	*14.136*

In einem ersten Abrechnungsschritt wird ermittelt, welche Kosten für die Gesamtleistung der betrachteten Hilfsstelle angefallen sind. Gefragt wird also nach dem Gesamtbetrag, den die Versorgung der Belegschaft mit ‚kostenfreiem' Mittagessen verursacht hat. Diese Kosten der Hilfsstelle sind zunächst noch in den Gesamtkosten des Betriebes enthalten, so wie sie in der Betriebsergebnisrechnung ausgewiesen wurden. Die Gesamtkosten werden jetzt wieder nach Verursachungs- bzw. Kontrollbereichen aufgeteilt – wobei nun zu den ursprünglich vorhandenen Kostenstellen die *Hilfsstelle Kantine* hinzukommt. Der Abrechnungsgang im Betriebsabrechnungsbogen wird also nur um eine senkrechte Spalte erweitert, in welche die Kostenanteile der Hilfsstelle übertragen werden.

Ausgehend von den Gesamtkosten des Betriebes erhalten nun neben den Hauptstellen auch die Hilfsstellen Kostenanteile zugewiesen, die als leistungsbezogener Verbrauch anzusehen sind. So werden alle Kostenarten (Material-, Personal-, Anlagenkosten, . . .) an die Stelle des tatsächlichen Verbrauchs gebracht. Diese Zurechnung wird sich bei einigen Kostenarten (insbes. Personal, Material) als **Stelleneinzelkosten** durchführen lassen. Andere Kostenarten werden wieder auf der Grundlage von sachgerechten Verbrauchsannahmen mithilfe von Schlüsselgrößen als **Stellengemeinkosten** verteilt. Am Ende dieses Abrechnungsganges sind dann alle Kostenarten aus der Betriebsabrechnung (K^1) mit ihren jeweiligen Stellenanteilen (k^1) abgerechnet. Mit der Summe der so auch auf die Hilfsstelle Kantine (h) verrechneten Kosten sind die Gesamtkosten für deren Hilfsleistungen im Kontrollzeitraum ($K^1{}_{(h)}$) bestimmt.

ERMITTLUNG VON HILFSSTELLENKOSTEN

KOSTENSTELLEN / KOSTENARTEN		Hilfsstelle Kantine (h)	HAUPTSTELLEN Ma	Fe	Vw	Vt
Materialkosten	$K^1_{(1)}$ →	$k^1_{(1)}$ →	→	→	→	$k^1_{(1)}$
Personalkosten	$K^1_{(2)}$ →	*verteilt als Stelleneinzel- und Stellengemeinkosten*				
....	$K^1_{(n)}$ →	$k^1_{(n)}$ →	→	→	→	$k^1_{(n)}$
		$\Sigma = K^1_{(h)}$				
im Beispiel angenommen		*415.872,--*				

Mit dem Betrag $K^1(h)$ ist der Anteil bestimmt, den die Hilfsstelle h an den Gesamtkosten des Leistungszeitraumes zugewiesen bekommen hat. Hat die Hilfsstelle nur homogene (einheitliche) Leistungen erbracht, lassen sich die Kosten einer Leistungseinheit ($k^2(h)$) – das sind im Beispiel die Kosten für ein Mittagessen – über einen einfachen Divisionsvorgang ermitteln:

$$\text{Stückkosten der Hilfsstellenleistung } (k^2(h)) = \frac{\text{Gesamtkosten der Hilfsstelle h}}{\text{Leistungseinheiten der Hilfsstelle h}}$$

im Beispiel: $\frac{415.872,-}{109.440}$ = *DM 3,80/Essen*

Im Zeitvergleich oder im Vergleich mit den Angebotspreisen von Fremdlieferanten werden die ermittelten Hilfsstellenkosten ausgewertet. Auch dabei kommen wieder die Kontrollinstrumente zum Einsatz, die zuvor grundsätzlich zur Kostenkontrolle von Leistungsbereichen angesprochen wurden.[1]

Mit dem oben erläuterten Rechengang ist die Abrechnung der Hilfsstellenkosten noch nicht beendet. Dies ergibt sich aus der Zielsetzung der Kostenplanung und Kostenkontrolle. Sie betrifft vorrangig solche Bereiche, die mit der Hervorbringung der Betriebsleistung im eigentlichen Sinn befaßt sind, also die Hauptstellen. Bei der Leistung der Hauptstellen wurden auch die Leistungen der Hilfsstellen verbraucht. Deshalb müssen die Hilfsstellenkosten $K^1(h)$ den Hauptstellen nach Maßgabe der Inanspruchnahme zugewiesen werden. Es wird deshalb ja auch von **Vorkostenstellen** und **Endkostenstellen** gesprochen. In diesem zweiten Rechenschritt werden nun alle Hilfsstellenkosten auf solche Stellen verteilt, welche die Leistungen der Hilfsstellen in Anspruch genommen haben. Im Beispiel Kantine bekäme jede Hauptstelle Kosten zugewiesen, die sich nach der Essenszahl bemessen, die an diese Hauptstelle abgegeben wurden:

Anteil einer Hauptkostenstelle an den Hilfsstellenkosten = Stückkosten der Hilfsstellenleistung x in Anspruch genommene Hilfsstellenleistungen

im Beispiel
(Anteil des Materialbereichs): *DM 3,80 x 5.472 = DM 20.793,60*

Der Betriebsabrechnungsbogen kann auch diesen zweiten Schritt bei der Verteilung von Hilfsstellenkosten aufnehmen, um anschließend die – letztlich interessierenden – Kosten der Hauptstellen auszuweisen. Die Übersicht „Verteilung von Hilfsstellenkosten“ zeigt den Abrechnungsweg.

1 Ggf. ist hier bereits auf die Ausführungen im Abschnitt 3.5. überzugehen, in denen die Instrumente zur Kostenkontrolle und Abweichungsanalyse näher betrachtet werden.

VERTEILUNG VON HILFSSTELLENKOSTEN					
KOSTENSTELLEN / KOSTENARTEN	Hilfsstelle h *(KANTINE)*	HAUPTSTELLEN Ma	Fe	Vw	Vt
PRIMÄRE VERTEILUNG *Materialkosten* $K^1_{(1)}$ →	$k^1_{(1)}$ →	$k^1_{(1)}$ →	$k^1_{(1)}$ →	$k^1_{(1)}$ →	$k^1_{(1)}$
Personalkosten .... $K^1_{(n)}$	$k^1_{(n)}$	$k^1_{(n)}$	$k^1_{(n)}$	$k^1_{(n)}$	$k^1_{(n)}$
SEKUNDÄRE VERTEILUNG *Hilfsstellenkosten*	$\Sigma = K^1_{(h)}$ → *415.872,--*	*verteilt nach Verbrauch in Hauptstellen* *20.793,60*	*332.697,60*	*8.664,--*	*53.716,80*
HAUPTSTELLENKOSTEN		K_{Ma}	K_{Fe}	K_{Vw}	K_{Vt}

Mit der Verteilung der Hilfsstellenkosten auf die Hauptstellen sind alle Kosten, die in der Kostenartenrechnung ausgewiesen wurden, auf Hauptstellen verrechnet.

Es ist eingeführt, die zwei Abrechnungsstufen bei der innerbetrieblichen Leistungsverrechnung mit Spezialbegriffen zu versehen. Bei dem ersten Schritt, der Verteilung aller Kostenarten auf tatsächliche Verbrauchsstellen, wird von „primären Kosten" (K^1) gesprochen. Der zweite Schritt, die Abrechnung von Hilfsstellenleistungen im Betrieb, führt dann zu „sekundären Kosten".[2] Diese Begriffe erscheinen nicht glücklich gewählt. Sie führen zu der Annahme, daß der zweite Schritt eigentlich nur nebensächlich sei. Angemessener erscheint es dann, eine **primäre** und **sekundäre Kostenverteilung** zu unterscheiden. Die wirklichen Unterschiede in beiden Abrechnungsstufen würden erfaßt,

2 Zu den Begriffsbildungen und zum Abrechnungszusammenhang vgl. u.a. EISELE, W.: Technik, S. 374 ff.; VORMBAUM, H.: Grundlagen, S. 181 ff.; KOSIOL, E.: Kostenrechnung, S. 124 ff.; HABERSTOCK, L.: Grundzüge, S. 86 ff.; ZIMMERMANN, G.: Grundzüge, S. 85 ff.
SCHWEITZER, HETTICH, KÜPPER: Systeme der Kostenrechnung, formulieren: „Die primären Kostenarten der Vorkostenstellen werden zu sekundären Kostenarten der empfangenden Stellen" (S. 170). Bei KILGER (Einführung, S. 170 ff.) treten weitere Schwierigkeiten bei der begrifflichen Unterscheidung auf. Neben primären und sekundären Kosten gibt es die Hauptstellen als „primäre" und die Hilfsstellen als „sekundäre Kostenstellen", was zweifellos zu Verwirrungen führen kann, wenn primäre Kosten auf primäre und sekundäre Kostenstellen aufgeteilt werden und dann sekundäre Kosten nur auf primäre Kostenstellen gebracht werden müssen.

wenn zwischen der Verteilung originärer (ursprünglicher) und derivativer (innerbetrieblich abgeleiteter) Kosten unterschieden würde.

3.3.3.3. Probleme bei innerbetrieblichem Leistungsaustausch

Zur Erläuterung von Grundlagen der innerbetrieblichen Leistungsverrechnung wurde zunächst ein einfaches Beispiel gewählt. Nur *eine* Hilfsstelle h leistet an andere Kostenstellen, ohne selbst Leistungen von anderen Hilfsstellen in Anspruch zu nehmen. Auch wenn es mehrere solcher Hilfsstellen gibt, bleibt es bei dem gezeigten Abrechnungsweg: Die jeweiligen Summen aus der primären Kostenverteilung werden in einem Rechenschritt den empfangenden Kostenstellen angelastet. Anschaulich könnte der Verteilungsvorgang als Blockverteilung, das Prinzip als **Blockverfahren** (auch: Anbauverfahren[1]) bezeichnet werden.

Das Blockverfahren kann nicht mehr angewendet werden, wenn zwischen den Hilfsstellen Leistungsbeziehungen bestehen. Dabei ist zwischen einseitigen und wechselseitigen Leistungsbeziehungen zu unterscheiden. Leistet eine Hilfsstelle h_1 auch an eine andere Hilfsstelle h_2, ohne selbst Leistungen von dieser zu empfangen, muß nur die Hilfsstelle h_2 mit Hilfsstellenkosten belastet werden. Damit erhöhen sich die Kosten der Stelle h_2, die nun wiederum auf die Hauptstellen als $k^2{}_{h_2}$ verteilt werden.[2]

Bei einseitigen Leistungsbeziehungen zwischen Hilfsstellen entsteht eine abgestufte sekundäre Kostenverteilung. Im Verteilungsvorgang sind die Kostenstellen „so zu ordnen, daß jede Kostenstelle Lieferer der nachfolgenden und Abnehmer der vorhergehenden Stellen ist. Den verrechnungstechnischen Abschluß bilden die Endkostenstel-

---

1 Der gebräuchliche Ausdruck „Anbauverfahren" gibt nicht Aufschluß über die besondere Abrechnungstechnik. Der Betriebsabrechnungsbogen erfährt nämlich für jeden möglichen Rechengang zur innerbetrieblichen Leistungsverrechnung einen „Anbau". In diesem speziellen Fall soll der Ausdruck „Blockverfahren" dagegen andeuten, daß die Hilfsstellenkosten jeweils nur einmal zu verteilen sind und nicht die oben anschließend erläuterten Formen abgestufter Verrechnung vorliegen.

2 Grundsätzlich wird ein kleingeschriebener Buchstabe k als Symbol für die Kosten einer Leistungseinheit (x), also die Stückkosten verwendet. Im Zusammenhang der Erläuterung des Abrechnungszusammenhangs bei Hilfsstellen- und Hauptstellenkosten wird der ‚Stückbezug' weiter gefaßt: Die Anteile einer Stelle an einem Gesamtbetrag bestimmter Kosten (K) werden hier als Stellenkosten auch mit dem kleinen k gekennzeichnet. Es erscheint unzweckmäßig, für diese Aufteilung von Gesamtkosten auf Einheiten andere Symbole zu verwenden, wenn aus dem Gesamtzusammenhang deutlich hervorgeht, wofür die verwendeten Symbole stehen.

len."[3] Weil dieser Rechengang nur einseitige Leistungsströme erfaßt, wird er als **Einbahnstraßensystem** bezeichnet; wegen der entstehenden Abrechnungsstufen wird auch vom **Treppenverfahren** gesprochen.[4]

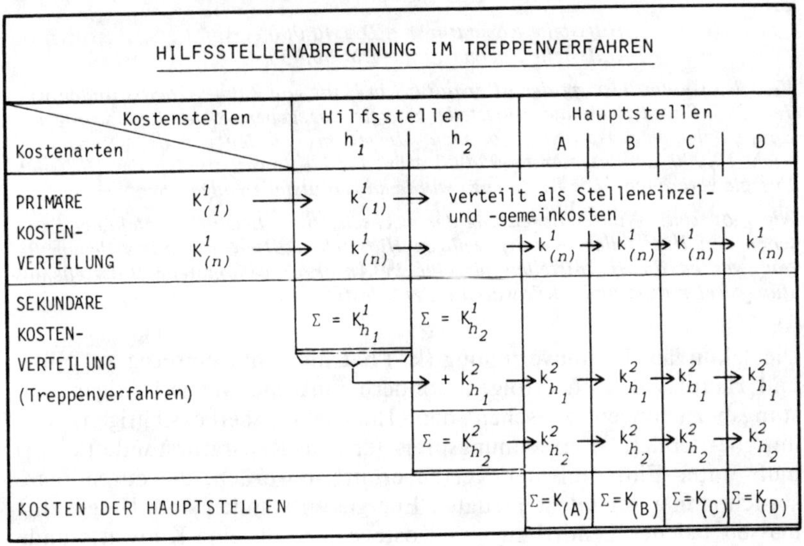

In der Praxis sind *einseitige* Leistungsbeziehungen zwischen Hilfsstellen der Ausnahmefall. Meist findet zwischen den Hilfskostenstellen ein Leistungsaustausch statt. Dann müssen auf der Stufe sekundärer Kostenverteilung umfangreichere Abrechnungsschritte durchgeführt werden. Eine Fallgestaltung soll zur Veranschaulichung dienen:

---

3 KOSIOL, E.: Kostenrechnung und Kalkulation, S. 124.

4 Für die Verfahren zur innerbetrieblichen Leistungsverrechnung ist eine Vielzahl von Begriffen eingeführt. Allgemein werden Systeme, die nur *einseitige* Leistungsbeziehungen erfassen, als *Stellenumlageverfahren* bezeichnet; andere, die *wechselseitige* Leistungsbeziehungen erfassen, als *Stellenausgleichsverfahren* benannt. Ausgehend von dieser Grobgliederung werden einzelne Verfahren dann durch Abwandlung der Grundbegriffe erklärt. So ist es üblich, das obige Treppenverfahren (Stufenleiterverfahren, step-ladder-system) auch als Stufenumlageverfahren zu bezeichnen. Wegen seiner Verbreitung im standardisierten Rechengang des Betriebsabrechnungsbogens wird auch nur kurz von der „BAB-Methode" gesprochen. Zu den verschiedenen Verfahren innerbetrieblicher Leistungsverrechnung vgl. insbes. KOSIOL, E.: Kostenrechnung und Kalkulation, S. 124 ff.; SCHWEITZER, HETTICH, KÜPPER: Systeme der Kostenrechnung, S. 168 ff. sowie ZIMMERMANN, G.: Grundzüge der Kostenrechnung, S. 83 ff.

Fallgestaltung: Innerbetriebliche Leistungsverrechnung

In einem Industriebetrieb sind neben vier Hauptkostenstellen auch zwei Hilfsstellen eingerichtet. Dabei handelt es sich um die zentrale Reparaturabteilung (a) und die zentrale Energieversorgung (b). Die Abrechnung der primären Kosten ergab:

Hilfsstelle Reparatur = DM 40.000,–,
Hilfsstelle Energie = DM 60.000,–.

Von der Gesamtleistung der „Reparatur" in Höhe von 2.000 Arbeitsstunden wurden 315 Stunden an die Hilfsstelle Energie abgegeben – der Rest wurde von Hauptstellen in Anspruch genommen. Umgekehrt wurden von der „Reparatur" auch 10.000 der insgesamt 400.000 erbrachten Kilowattstunden der Hilfsstelle Energie verbraucht. Die Restmenge wurde an Hauptstellen abgegeben.

Wie groß sind – unter Beachtung der wechselseitigen Leistungsbeziehungen zwischen den Hilfsstellen – die jeweiligen Hilfsstellenkosten und mit welchem Betrag werden die Hauptstellen für eine in Anspruch genommene Hilfsstellenleistung (Reparaturstunde, Kilowattstunde) belastet?

Die sekundäre Kostenverteilung (k^2) hat nicht nur einseitig auf Hilfs- und Hauptstellen zu erfolgen, sondern muß die wechselseitigen Leistungsbeziehungen zwischen den Hilfsstellen berücksichtigen. Der innerbetriebliche Verrechnungspreis für eine Reparaturstunde ($k^2(a)$) muß unter Einschluß der Kosten ermittelt werden, die durch Inanspruchnahme der selbsterzeugten Energie entstanden sind. Umgekehrt müssen bei der Ermittlung des Kostensatzes für eine Kilowattstunde ($k^2(b)$) die vom Kraftwerk verbrauchten Reparaturleistungen erfaßt werden.

An dieser Stelle soll nachdrücklich vor einem Mißverständnis gewarnt werden, das häufig im Zusammenhang mit der Abrechnung wechselseitiger Leistungsbeziehungen zwischen Hilfsstellen auftritt: Es wird angenommen, daß die Hilfsstellen nun auch Kosten ‚austauschen' müßten. Das ist aber nicht der Fall. Vielmehr werden alle Hilfsstellen für die in Anspruch genommenen Leistungen so belastet, wie es auch der Fall gewesen wäre, wenn der entsprechende Leistungsbeitrag von Dritten erbracht worden wäre. Damit erhöhen sich *immer* die Gesamtkosten in einer Hilfsstelle, wenn sie von einer anderen Hilfsstelle Leistungen in Anspruch genommen hat.

Wenn die abzurechnenden Hilfsstellenkosten wechselseitig voneinander abhängig sind, kann die Kostenabrechnung sinnvoll auch nur im Wege eines simultanen Lösungsverfahrens erfolgen. Der Rechenansatz für diesen Verteilungsvorgang der Hilfsstellenkosten kann wie folgt veranschaulicht werden:

RECHENANSATZ ZUR FALLGESTALTUNG

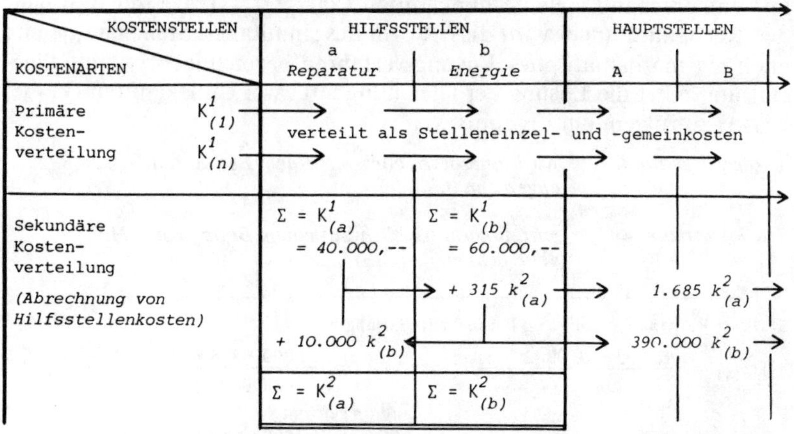

Der Verrechnungssatz für die Einheit einer Hilfsstellenleistung wird damit allgemein über folgende Rechnung ermittelt:

$$\text{Kosten je Leistungseinheit der Hilfsstelle i} = \frac{\text{Kosten aus primärer Kostenverteilung} + \text{Kosten durch Inanspruchnahme von Hilfsstellen (a ... z)}}{\text{Gesamtzahl der Leistungen in der Hilfsstelle i}}$$

Für die Fallgestaltung ergeben sich dann zwei solche Rechnungen zur Bestimmung des Kostensatzes für die Einheit jeder Hilfsstellenleistung (1 Reparaturstunde = $k^2(a)$, 1 Kilowattstunde = $k^2(b)$):

$$k^2(a) = \frac{40.000,\!- + 10.000\ k^2(b)}{2.000}$$

$$k^2(b) = \frac{60.000,\!- + 315\ k^2(a)}{400.000}$$

Der Wert jeder Hilfsstellenleistung ist nur unter Einschluß der Kosten zu berechnen, die sich aus der Inanspruchnahme anderer Hilfsstellenleistungen ergeben. Die Hilfsstellen tauschen Leistungen aus und müssen dann die entsprechenden Kostenwerte untereinander ausgleichen **(Stellenausgleichsverfahren)**. Abhängig von der Anzahl solcher Stellen, die untereinander Leistungen austauschen, ist ein Gleichungssystem mit entsprechend vielen Unbekannten ($k^2{}_{(a...z)}$) zu lösen.[5] Wegen des Rechenumfanges wird diese Form des simultanen Stellenausgleichs auch als **mathematisches Lösungsverfahren** bezeichnet. In der Fallgestaltung führt die Lösung der Gleichung mit zwei Unbekannten ($k^2{}_{(a)}$, $k^2{}_{(b)}$) zu folgendem Ergebnis:

1 Reparaturstunde — *wird innerbetrieblich mit einem Betrag von DM 20,832 abgerechnet.*

1 Kilowattstunde — *wird innerbetrieblich mit einem Betrag von DM 0,166 abgerechnet.*

---

5 Dieser Rechenansatz führt im Beispiel zum Lösungsweg:

$$k^2{}_{(a)} = \frac{40.000 + 10.000\,k^2{}_{(b)}}{2.000} \qquad k^2{}_{(b)} = \frac{60.000 + 315\,k^2{}_{(a)}}{400.000}$$

wird umgeformt zu

$$k^2{}_{(a)} = \frac{400.000\,k^2{}_{(b)} - 60.000}{315}$$

Gleichsetzen und überkreuz erweitern:

$$12.600.000 + 3.150.000\,k^2{}_{(b)} = 800.000.000\,k^2{}_{(b)} - 120.000.000$$

$$79.685\,k^2{}_{(b)} = 13.260$$

$$k^2{}_{(b)} = 0{,}1664052 \text{ (= Preis 1 kWh)}$$

entsprechend dann nach Einsetzen $k^2{}_{(a)} = 20{,}832026$ (= Preis 1 Rep.-Stunde)

Die Probe zur sekundären Kostenverteilung kann wie folgt durchgeführt werden: Die Summe aller primären Hilfsstellenkosten (DM 100.000,–) muß auf Hauptstellen verteilt werden. Im Beispiel haben die Hauptstellen zugerechnet bekommen

1.685 Reparaturstunden, je DM 20,832026 (315 Stdn. wurden bereits mit der Hilfsstelle Energie abgerechnet!)	= 35.101,96
390.000 Kilowattstunden, je DM 0,1664052 (10.000 kWh wurden der Hilfsstelle Reparatur angelastet)	= 64.898,03
	= 99.999,99

Recht häufig treten bei diesem Abrechnungsverfahren Verständnisprobleme auf, wenn an die Gesamtkosten der Hilfsstellen gedacht wird. Sie belaufen sich im Beispiel auf:

	Hilfsstellen	
	a (Reparatur)	b (Energie)
primäre Kosten	40.000,–	60.000,–
sekundäre Kosten	1.664,–	6.562,08
Hilfsstellenkosten	41.664,–	66.562,08

Werden diese Gesamtkosten durch die Gesamtleistung jeder Hilfsstelle (2.000 Stunden, 400.000 kWh) geteilt, kommt man wieder zu denselben Stückkostenwerten.

Mit steigender Anzahl von Hilfsstellen wächst der Rechenumfang des Stellenausgleichungsverfahrens beträchtlich. Aus Interesse an einer einfacheren Problemlösung wählt die Praxis oftmals einen bequemen Weg: Dabei wird der Leistungsaustausch zwischen Hilfsstellen nicht berücksichtigt. Es werden nur einseitige Leistungsbeziehungen erfaßt. Es sollen dann wenigstens solche Hilfsstellen mit Kosten anderer Hilfsstellen belastet werden, die relativ hohe Kostenanteile beansprucht haben. In der Fallgestaltung hat die Hilfsstelle Energie wertmäßig mehr Leistungen von der Hilfsstelle Reparatur in Anspruch genommen, als an diese Stelle abgegeben. Zur Abrechnung würde dann wieder das Treppenverfahren herangezogen:

ABRECHNUNG DER FALLGESTALTUNG (TREPPENVERFAHREN)

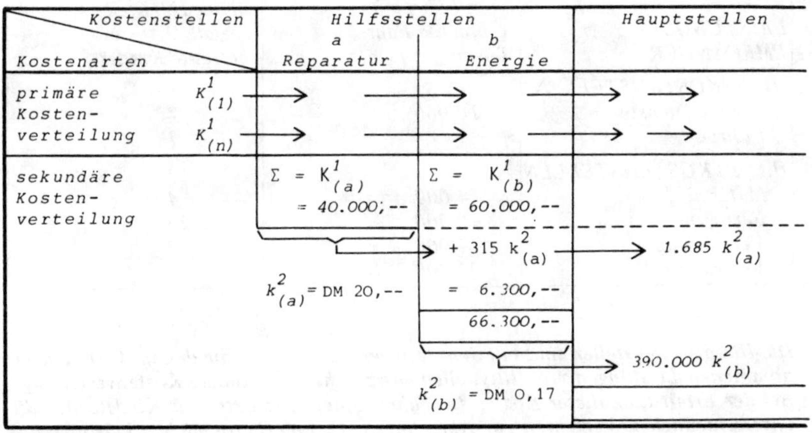

Ein Vergleich der innerbetrieblichen Verrechnungspreise zeigt, daß nunmehr die Reparaturleistungen zu billig angesetzt sind (DM 20,– statt DM 20,83 je Stunde), die Energiekosten dagegen teurer wurden (DM 0,17 statt DM 0,16 je kWh). Das kann zu Spannungen zwischen den Leitern von Hauptstellen führen, sofern die Leistungsanteile von a und b unterschiedlich groß sind. Bei dem heute erreichten Stand in der Verbreitung von elektronischen Abrechnungssystemen sollte deshalb auch dem mathematischen Lösungsverfahren unbedingt der Vorzug gegeben werden.

Aufgabe 23

In einem Unternehmen soll für die Periode t_1 eine Kostenstellen-Gesamtrechnung (BAB) durchgeführt werden. Die primäre Kostenverteilung ergibt folgendes Bild:

Hilfskostenstellen		*Hauptkostenstellen*			
Fuhrpark	*Soziale Dienste*	*Ma*	*Fe*	*Vw*	*Vt*
63.000,–	*96.000,–*	*840.000,–*	*970.000,–*	*640.000,–*	*380.000,–*

Der innerbetriebliche Leistungsaustausch zwischen den Hilfskostenstellen und die Leistungsabgabe der Hilfskostenstellen an Hauptkostenstellen ist wie folgt festgestellt worden:

	VERTEILUNGSGRUNDLAGEN:	
LEISTUNGS-EMPFÄNGER	*vom Fuhrpark erbrachte Fahrleistungen (km)*	*in der Hilfsstelle soziale Dienste betreute Kinder*
HILFSKOSTENSTELLEN		
Soziale Dienste	*10.000*	*–*
Fuhrpark	*–*	*1*
HAUPTKOSTENSTELLEN		
Material	*4.000*	*4*
Fertigung	*10.000*	*20*
Verwaltung	*14.000*	*3*
Vertrieb	*32.000*	*5*

*Die Hauptkostenstellen sind mit den Beträgen zu belasten, die den in Anspruch genommenen Leistungen von Hilfsstellen entsprechen (***sekundäre Kostenverteilung***). Bei der Ermittlung dieser Kosten (je Fahrkilometer, je betreutes Kind) sollen die unterschiedlichen Verfahren zur Abrechnung des innerbetrieblichen Leistungsaustausches angewendet werden, und zwar*

a) das **Treppenverfahren***, das eine einseitige Erfassung der Leistungsbeziehungen zwischen den Hilfsstellen zuläßt und*

b) das **Stellenausgleichsverfahren** *(sog. mathematisches Verfahren), das die wechselseitige Leistungsbeziehung zwischen den Hilfskostenstellen berücksichtigt.*

KONTROLLFRAGEN:

(91) Zur Messung von Erfolgsbeiträgen betrieblicher Leistungsbereiche sollen Bereichsergebnisrechnungen beitragen. Welche grundsätzlichen Probleme treten hier in den verschiedenen Wirtschaftszweigen auf?

(92) Nach welchen Gesichtspunkten können Kostenstellen gebildet werden?

(93) Aus welchen Gründen kann es zwischen den Leitern von Betriebsabteilungen zu Meinungsverschiedenheiten über die Kostenzuordnung kommen?

(94) Was versteht man unter Hilfsstellen und wie werden sie im Rahmen der Leistungskontrolle erfaßt?

(95) Im Rahmen der innerbetrieblichen Leistungsverrechnung wird auch das Treppenverfahren angewendet. Unter welchen Bedingungen ist dessen Einsatz sinnvoll – wann ist er abzulehnen?

3.4. Stückrechnungen (Kostenträgerrechnung)

3.4.1. Aufgabenstellungen und Ermittlungsprobleme

Die Ausgestaltung der Kosten- und Leistungsrechnung ist vom Rechnungszweck abhängig. Globalzweck ist die Vermittlung von Daten, die zur Betriebskontrolle und zielentsprechenden Betriebsplanung beitragen. Neben der Frage, welche Kosten wo angefallen sind, ist die Verfolgung des Verbrauchszwecks von Bedeutung. Die Fragestellung bezieht sich nun auf den eigentlichen Entstehungsgrund der Kosten: Wofür sind Kosten angefallen?

Kosten entstehen bei der Hervorbringung von Betriebsleistungen und zur Sicherung der Betriebsbereitschaft. Für Kontroll- und Planungszwecke werden angefallene Kosten den hervorgebrachten Leistungseinheiten zugerechnet. Dies ist der Aufgabenbereich von Stückrechnungen. Andere Ausdrücke für diesen Rechnungszweig sind **Kostenträgerrechnung** oder auch **Kalkulation**.

Der auf eine Leistungseinheit zu verrechnende Kostenumfang ist abhängig von dem Informationsziel. Dieser Ausgangspunkt von Stückrechnungen wurde bereits bei Abrechnungsproblemen der Finanzbuchführung im Industriebetrieb behandelt.[1] Es ging dort um die Bestimmung der Herstellungskosten bei Beständen an Halb- und Fertigfabrikaten, die zum Bilanzstichtag noch nicht verkauft sind.

1 Vgl. nochmals Abschnitt 2.8.2.

Aus dem Gesamtumfang aktivierungsfähiger, pagatorischer Kosten wird der auf eine Leistungseinheit entfallende Kostenanteil bestimmt **(Bestandsbewertung)**. Hier übernimmt die Kostenrechnung eine Hilfsfunktion für die Finanzbuchführung und verarbeitet dabei auch nur die rechtlich zulässigen pagatorischen Kosten.

Der Hauptumfang von Aufgabenstellungen der Stückrechnung betrifft aber die Erfolgsplanung und Erfolgskontrolle auf der Grundlage des wertmäßigen Kostenumfangs.

Folgende Fragestellungen und Aufgabenbereiche sind hier vor allem zu nennen:

1. Zunächst sollen Daten eines abgeschlossenen Leistungszeitraumes analysiert werden: „Welche Güter haben welche Beiträge zum Betriebsergebnis einer Periode geleistet?" Die Antwort auf diese Frage soll eine **Stückerfolgskontrolle** geben. Im Einproduktbetrieb, der nur eine Güterart herstellt, kann diese Aufgabe relativ leicht gelöst werden. Der Gesamtumfang von Kosten und Leistung ist jeweils einer einzigen Bezugsgröße, der Ausbringungs- und Absatzmenge, zuzuordnen.

   Bereits beim Übergang auf einen Betrieb, der zwei verschiedenartige Güter produziert, tritt das Zuordnungsproblem der Kosten auf. Das Ziel ist es, jeder Leistungseinheit Kosten zuzuordnen, die auch ursächlich durch ihre Produktion angefallen sind. Wie bereits mehrfach erklärt wurde, ist aber lediglich ein Teil der Kosten in diesem engen Sinne beschäftigungsabhängig. So weisen im Handel nur der Wareneinsatz und im Industriebetrieb der Verbrauch an Material und ggf. ausführender Arbeit diesen zweifelsfreien Stückbezug auf. Viele andere Kostenarten zeigen sich dagegen innerhalb eines Zeitraumes auch bei unterschiedlichen Produktionsmengen unveränderlich. Das gilt für zeitbezogen anfallende bzw. abzurechnende Kostenarten, wie Miete, Steuern, Versicherungen, Gehälter, zeitbezogene Abschreibungen und die kalkulatorischen Kostenarten (insbes. Unternehmerlohn und Zinsen), also die kapazitätsfixen Periodenkosten **(Fixkosten)**.

   Nach der strengen Interpretation des Verursachungsprinzips ist es schon vom Ansatz her unzulässig, Fixkosten in einen Stückbezug umzuformen. Entsprechend formuliert *Haberstock*: „Für dispositive Zwecke sind derartige Kalkulationsergebnisse ungeeignet", weil „das Verursachungsprinzip in der Kostenträgerrechnung bei der

Verrechnung der Fixkosten nicht eingehalten werden"[2] kann. Dieser Meinung kann allerdings nicht zugestimmt werden. Bereits einfache Fallgestaltungen zeigen, daß auch eine stückbezogene Verarbeitung der Fixkosten Dispositionshilfen geben kann. Werden beispielsweise zwei Güterarten mit denselben maschinellen Anlagen hergestellt, wobei aber für jede Güterart unterschiedlich lange Bearbeitungszeiten auftreten, kann eine aussagefähige Hilfskonstruktion für eine Zurechnung der zeitbezogenen Abschreibungen – also der fixen Anlagenkosten – gefunden werden. Offensichtlich nutzen hier die Güter den Leistungsvorrat an Anlagennutzung unterschiedlich aus. Es kann deshalb durchaus sinnvoll sein, die Stückerfolgskontrolle nicht nur auf die wirklich stückvariablen Kosten zu begrenzen. Hier bekämen die Mengen jeder Güterart zusätzlich Anteile an den fixen Kosten zugewiesen, die auch die unterschiedliche Inanspruchnahme des Anlagenbestandes berücksichtigen. Es kann also durchaus mit dem Verursachungsdenken vereinbar sein, wenn man sich mit der Erarbeitung von Zuordnungskriterien für die fixen Kosten beschäftigt.[3] Neben die ursächlichen stückvariablen Kosten treten in einer Erfolgskontrolle dann differenziert verarbeitete Fixkosten. Damit werden weitergehende Informationszwecke erfüllt, die für abgewogene Betriebsdispositionen letztlich unersetzlich sind.

2. Betriebspolitische Entscheidungen sind in die Zukunft gerichtet. Die Analyse von Vergangenheitswerten, z.B. aus der Stückerfolgskontrolle, zeigt nur, ob erfolgswirtschaftliche Zielvorgaben eingehalten wurden. Für eine zielentsprechende Planung künftiger Abläufe sind solche Erkenntnisse in **Planungsrechnungen** einzubringen. Den Ausgangspunkt stückbezogener Kostenplanung bildet die Frage: „Welcher Angebotspreis muß mindestens gefordert werden, um einen Kostenersatz sicherzustellen?" Es geht um die sog. **Selbst-**

2 HABERSTOCK, L.: Grundzüge, S. 55. Zur Diskussion um den Aussagewert von Vollkostenrechnungen vgl. u.a. KILGER, W.: Plankostenrechnung, S. 576 f., HEINEN, E.: Kostenlehre I, S. 216 ff., KOSIOL, E.: Kostenrechnung und Kalkulation, S. 180 ff., WEBER, H.K.: Betriebswirtschaftliches Rechnungswesen, S. 214 ff. sowie BOUFFIER, W.: Kalkulation und Preisgestaltung (Art.), Sp. 759 ff. und die dort angegebene Literatur.

3 Es wird sich hier der Auffassung von BOUFFIER angeschlossen, wonach „das Verursachungsprinzip ja nicht mechanistisch (naturgesetzlich) und auch nicht im Sinne eines Proportionalzusammenhanges aufzufassen ist, sondern zweckbezogen." (BOUFFIER, W.: Kalkulation und Preisgestaltung, Sp. 763).
Dem Betriebszweck entsprechend sind auch Kostengüter einzusetzen, deren Leistungsbeitrag nicht auf eine Einheit, sondern auf eine Vielzahl von Leistungsträgern entfällt. Damit ist auch dieser Kostenbetrag letztlich leistungsabhängig.

kostenermittlung. *Hasenack* spricht vom „Preisstellungszweck der Kalkulation“.[4] Hier soll aber klar getrennt werden zwischen Kostenrechnung und Preispolitik. Die Kostenrechnung soll Entscheidungshilfen geben. Was am Markt zu fordern und durchzusetzen ist, gehört in den Bereich der Preispolitik. Nur in Ausnahmefällen, so bei der Vergabe öffentlicher Aufträge, kommt es tatsächlich zu kostenorientierten Preisen.[5]

Anwendungszweck und Aussagewert der oben erläuterten **Selbstkostenrechnung** sind umstritten. Zum einen geht es wieder um das Zurechnungsproblem der Fixkosten. Andererseits wird aber auch das Grundprinzip marktwirtschaftlicher Preisbildung angeführt, um den Sinngehalt von Preiskalkulationen zu verneinen. Ein Preis käme danach vielmehr durch Angebot und Nachfrage zustande.

Wäre der preistheoretische Grundsatz marktwirtschaftlicher Preisbildung Wirklichkeit, könnte tatsächlich auf die Ermittlung betriebsindividueller Angebotspreise verzichtet werden. Es käme allenfalls die Durchführung von Preiskontrollrechnungen in Betracht. Das ist aber nicht der Fall. Marktpreise bilden sich nicht selbständig nur aufgrund individueller Nutzenerwartungen. Sie sind das Ergebnis von Entscheidungen der Marktpartner. Für die Verhandlungen über den Preis eines Gutes werden realistische Daten als Ausgangsposition benötigt – sofern es in der Praxis überhaupt zu solchen Verhandlungen kommt. Viel häufiger werden nur Ja-Nein-Entscheidungen getroffen.

Der Zufall bildet keine Preise. Mit den Erfolgserwartungen der Unternehmer und langfristigen Zwängen zur Deckung des Gesamtkostenbetrages werden Rechnungen erforderlich, die helfen sollen,

4 HASENACK, W.: Rechnungswesen, S. 57.

5 Für die Bildung eines Angebotspreises zur Übernahme öffentlicher Aufträge ist – beim Fehlen entsprechender Marktpreise – eine Preisermittlung auf der Grundlage der „Leitsätze für die Preisermittlung auf Grund von Selbstkosten“ (sog. LSP, 1953) durchzuführen. Das Ermittlungsschema der LSP folgt dem noch vorzustellenden Rechnungsaufbau einer Zuschlagskalkulation. Dabei sind die Kosten anzusetzen, „die bei wirtschaftlicher Betriebsführung zur Erstellung der Leistung entstehen.“ Zusatzkosten (z.B. Unternehmerlohn) dürfen als Alternativkosten eingesetzt werden. Die Kostenbewertung folgt dem Wiederbeschaffungskonzept. Das gilt auch für die Bemessung von Abschreibungsbeträgen, sofern zwischen Anschaffungs- und Wiederbeschaffungswert „erhebliche Abweichungen“ bestehen. Dem ermittelten Selbstkostenbetrag darf ein „kalkulatorischer Gewinn“ hinzugerechnet werden, der nach festgelegten Richtsätzen zu bemessen ist.
Zu Fragen der Preisbildung und Vergabepraxis bei öffentlichen Aufträgen vgl. DIEDERICH, H.: Leitsätze für die Preisermittlung aufgrund von Selbstkosten (LSP), Sp. 1023 ff. und die dort umfangreich angegebene Literatur.

über die realisierten Produktpreise das Unternehmensziel zu erreichen. Ein Blick auf tatsächliche Situationen auf den Produktmärkten bestätigt diese Aussage. Wie anders wäre es sonst möglich, daß für gleichwertige oder auch homogene Güter erheblich differierende Preise gefordert und von Kunden auch bezahlt werden. Zwischen den Bedingungen des vollkommenen Marktes und der Wirklichkeit im Verhalten von Anbietern und Nachfragern ist ein großer Abstand. Er ist bestimmt durch die Freiheit des Menschen, seine Handlungen nicht nur nach wissenschaftlichen Rationalitätskriterien auszurichten, sondern dabei auch subjektiven Neigungen (Präferenzen) nachgehen zu können.

Anbieter benötigen Systeme zur Bestimmung von Selbstkostenpreisen. Die Bedeutung dieser Rechnungen wächst mit dem Individualitätscharakter der angebotenen Leistungen. Die Anfertigung eines Kleidungsstückes, eines Einrichtungsgegenstandes, auch der Bau eines Hauses oder anderer nach Kundenwünschen zu erbringender Leistungen macht eine zunächst auf Kostenersatz abstellende Stückrechnung erforderlich. Sie dient als Entscheidungshilfe zur Preisstellung. Und wenn in dieser Selbstkostenrechnung Probleme der Fixkostenzurechnung auftreten, dann beeinflußt das den Aussagewert der Rechenergebnisse. Der Rechnungszweck wird damit nicht überflüssig.

3. Preisvorstellungen der Anbieter lassen sich am Markt nicht immer durchsetzen. Dann kann auch ein geplantes Erfolgsziel nicht erreicht werden. An seine Stelle treten in einer Zielhierarchie andere Ziele – von der Verlustminimierung bis hin zur bloßen Betriebserhaltung in dem Sinne, das Auftreten von Konkursgründen (Zahlungsunfähigkeit und ggf. auch Überschuldung) zu vermeiden. Grundsätzlich ist das zwar kein Aufgabenfeld der Kostenrechnung, sondern der Bereiche „Buchführung" und „Finanzwirtschaft". Gleichwohl müssen diese Rechnungszweige eng zusammenarbeiten, wenn es um die Überbrückung von Engpässen im Erfolgsbereich geht. Die Fragestellung lautet nun: „Welche Kosten müssen vom Angebotspreis mindestens gedeckt werden, damit die Betriebserhaltung sichergestellt wird?" Eine **Preisuntergrenze** ist zu ermitteln. Dabei kann es nur um kurz- bis mittelfristige Leistungszeiträume gehen. Langfristig sind alle Kosten deckungsnotwendig: „Auf lange Sicht muß Vollkostendeckung erzielt werden, da nur dadurch die Erhaltung des Betriebes garantiert wird."[6]

6 HEINEN, E.: Betriebswirtschaftliche Kostenlehre I, S. 217.

4. Die zuvor genannten Aufgabenfelder haben einen gemeinsamen Ausgangspunkt. Sie gehen von festliegenden Ausbringungsmengen der Güterarten aus und führen zu den jeweils entscheidungsrelevanten Stückkosten. Eine weitere Fragestellung ist nun anzufügen: „Welche Mengen welcher verschiedenartiger Güter sollen in der Zukunft hergestellt und zu welchen Preisen angeboten werden?" Es geht um die **Sortimentsplanung** und **-kontrolle**. Hier soll die Kostenrechnung erarbeiten, welche Veränderungen der Erfolgslage bei welchen Mengen- und Preisverhältnissen auftreten. Sie ist dabei auf die Ergebnisse von Marktanalysen angewiesen, die Preisdaten für unterschiedliche Angebotsmengen enthalten. Dann verengt sich der Blickwinkel wieder auf die Kostenanalyse.

   In der Kostenanalyse unterschiedlicher Sortimentsstrukturen ist zu erfassen, welche Kostenveränderung durch welche Entscheidung auftreten wird. Bei der langfristigen Betrachtung sind dann auch die sog. Fixkosten veränderbar, also entscheidungsrelevant. Bei der kurzfristigen Betrachtung wird dagegen von einer bestimmten, produktionstechnisch begründeten Gesamtkapazität auszugehen sein, die bestimmte Kosten mit sich bringt, welche durch Entscheidungen nicht mehr verändert werden können. In ihren Grenzen lassen sich verschiedene Güterarten in unterschiedlichen Mengenverhältnissen hervorbringen. Damit treten die kapazitätsfixen Periodenkosten in den Hintergrund. Der Ermittlungsbereich umfaßt nur solche Kostenteile, die auch durch Entscheidungen verändert werden können. Das sind in der kurzfristigen Betrachtung die stückvariablen Kosten. Innerhalb eines Aufgabenfeldes der Stückrechnung werden demnach je nach Länge des Planungszeitraumes unterschiedliche Kostenarten erfaßt und den Kostenträgern zugeordnet.

Die erläuterten Aufgabenfelder der Stückrechnung können zusammenfassend wie folgt umschrieben werden:

AUFGABENBEREICHE VON STÜCKRECHNUNGEN

Datenermittlung für

- **Bestandsbewertung**
  als Hilfsfunktion für die Finanzbuchführung
- **Stückerfolgskontrolle**
- **Selbstkostenrechnung**
- **Preiskontrolle (Preisuntergrenze)**
- **Sortimentsplanung und -kontrolle**.

Dabei unterscheiden sich die Stückkosten nach dem Zeitbezug der Rechnung und dem gewählten Ermittlungsumfang:

STÜCKRECHNUNGEN

Zeitbezug		**Ermittlungsumfang**	
Vergangenheit = Istrechnungen	Zukunft = Planrechnungen	Vollkosten-rechnungen	Teilkosten-rechnungen

Neben den oben vorgestellten regelmäßigen Aufgaben von Stückrechnungen sind situationsbedingte Informationsansprüche zu erfüllen. Sie betreffen Fragen zur Vorteilhaftigkeit von Betriebsumstellungen (Erweiterungs- und Rationalisierungsinvestitionen, Produktgestaltung, Absatzmethode u.ä.). Diese Fragen werden im weiteren Verlauf der Darstellung aber nicht behandelt.[7] Vielmehr steht die Betrachtung von solchen Grundkonzeptionen zur Stückrechnung im Vordergrund, bei denen von einer bestimmten Betriebsausstattung mit Produktionsmitteln ausgegangen wird. Nach den erörterten Aufgabenstellungen werden zunächst einmal Kalkulationsverfahren behandelt, mit denen Vollkosten errechnet werden. Angeschlossen werden dann Rechnungssysteme, mit denen die für bestimmte Entscheidungsfelder eher maßgeblichen Teilkosten ermittelt werden. Zwar werden auch bei Vollkostenkonzeptionen zunächst diese Teilkosten erfaßt – was eine umgekehrte Reihenfolge in der Darstellung angebracht erscheinen läßt. Weil aber von den Informationszielen lang-, mittel- und kurzfristiger Art ausgegangen wurde, sollen auch zunächst Vollkostenkonzeptionen vorgestellt werden.

3.4.2. Vollkostenkonzeptionen

3.4.2.1. Divisionskalkulationen

Die Aufgabe der Stückrechnung besteht darin, die Gesamtkosten (K) eines Leistungszeitraumes (t_i) auf die in diesem Zeitraum hervorgebrachten Stücke (x) aufzuteilen. Der Stückkostenwert (k) wird grundsätzlich über einen **Divisionsvorgang** ermittelt:

7 Zur umfassenderen Darstellung von Entscheidungsfeldern und Kostenrechnungssystemen vgl. u.a. SCHWEITZER, HETTICH, KÜPPER: Systeme der Kostenrechnung, insbes. S. 296 ff.

$$k(x_{t_i}) = \frac{K_{t_i}}{x_{t_i}}$$

Am Beispiel des Industriebetriebes, der in der Aufgabe 21 vorgestellt wurde, können Ermittlungsweg und Aussagewert der Rechnung veranschaulicht werden. Für eine Produktionsmenge von 8.000 x wurden folgende Gesamtkosten ermittelt:

kapazitätsfixe Periodenkosten, insgesamt DM 560.000,–	*Gehälter*	*DM 200.000,–*
	Miete	*DM 60.000,–*
	Abschreibungen	*DM 150.000,–*
	kalk. Zinsen	*DM 80.000,–*
	kalk. Unternehmerlohn	*DM 70.000,–*
variable Kosten, insgesamt DM 1.340.000,–	*Fertigungsmaterial (DM 90,–/x, ab 1.11. DM 105,–/x)*	*DM 740.000,–*
	Fertigungslöhne (DM 75,–/x)	*DM 600.000,–*
	GESAMTKOSTEN	*DM 1.900.000,–*

Weil nur ein einheitlicher Kostenträger abgerechnet wird, ergeben sich die Stückkosten aus dem Divisionsvorgang

$$\text{Stückkosten} = \frac{\text{Gesamtkosten}}{\text{Stückzahl}} = \frac{1.900.000,-}{8.000} = \text{DM } 237{,}50.$$

Der Aussagewert dieser **einfachen Divisionskalkulation** soll anhand des Beispieles überprüft werden. Aus den Angaben über die Kostenarten wird ersichtlich, daß die ermittelten Stückkosten einen Durchschnittswert darstellen. Auf den jeweiligen Produktionszeitpunkt bezogen, hat kein Stück wirklich DM 237,50 gekostet. Das wird schon aus dem gestiegenen Materialpreis ersichtlich. Der ab 1.11. gestiegene Tagespreis des Verbrauchstages verändert den Anteil variabler Stückkosten an den gesamten Stückkosten. Die Aufgabe zeitpunktbezogener Stückkostenermittlung wird aber auch nicht an diese Rechnung gestellt. Sie soll vielmehr in der Gesamtbetrachtung eines Zeitraumes alle darin entstandenen oder geplanten Kosten auf eine hervorgebrachte oder hervorzubringende Stückzahl aufteilen. Nur unter diesen Voraussetzungen sind ihre Ergebnisse auszuwerten. Deshalb kann auch nicht gesagt werden, jedes Stück verursache Kosten von DM 237,50, sondern nur, jedes

Stück, das im Leistungszeitraum produziert wurde oder werden soll, erhält von den Gesamtkosten DM 237,50 zugerechnet.[1]

Der oben vorgestellte einfache Divisionsvorgang erfährt im Einproduktbetrieb eine Änderung, wenn in Leistungsteilbereichen unterschiedliche Produktionsmengen auftreten. Der in der Praxis häufig auftretende Fall sind Abweichungen zwischen Herstellungs- und Absatzmengen. In diesem Fall dürfen die Vertriebskosten des Leistungszeitraumes auch nur den verkauften Stücken zugerechnet werden. Für die Lagerproduktion haben die Vertriebsbemühungen noch keinen Leistungsbezug wirksam werden lassen.[2] Zur Abgrenzung von Herstellungs- und Vertriebsbereich ist eine Kostenstellenrechnung erforderlich. Der Selbstkostenbetrag für eine verkaufte Leistungseinheit ergibt sich dann über folgende Rechnung:

$$\textbf{Stückkosten verkaufter Einheiten} = \frac{\textbf{Gesamtkosten des Herstellungsbereichs}}{\textbf{Herstellungsmenge}} + \frac{\textbf{Gesamtkosten des Vertriebsbereichs}}{\textbf{Absatzmenge}}$$

Die Stückkosten hergestellter und noch nicht verkaufter Einheiten umfassen nur den Teilbetrag aus dem ersten Divisionsvorgang. Wegen der abgestuften Ermittlungstechnik wird von der zwei- (oder auch

1 Leider gibt es keine einheitlichen Benennungen für den unterschiedlichen Umfang von Kostengrößen. So wird insbesondere der Ausdruck „variable Kosten" sowohl für den Zeitraum- als auch den Stückbezug gewählt. Ausgehend vom *Zeitraumbezug* und der *Gesamtproduktion* ist zu sprechen von

kapazitätsfixen Kosten, Fixkosten (K_f), beschäftigungsfixen Kosten	und	variablen (Gesamt-)Kosten (K_v), beschäftigungsvariablen Kosten

Ausgehend vom *Stückbezug* ergeben sich

Fixkostenanteile je Stück (k_f)	und	variable Stückkosten (k_v)

Für Verwirrung sorgt nicht selten der Umstand, daß bei gleichbleibenden Kostenzuwächsen für jedes mehr produzierte Stück auch die variablen Stückkosten (als Durchschnittswert) für alle möglichen Ausbringungsmengen gleich hoch sind – dagegen die Anteile an fixen Kosten, die jedes Stück zugerechnet bekommt, mit jeder Änderung der Ausbringungsmenge auch Änderungen erfahren.

Bei Aussagen über Kostengrößen ist deshalb immer genau zu beachten, ob die Gesamtkosten eines Zeitraumes oder deren Umrechnung auf Leistungseinheiten gemeint ist.

2 Es handelt sich aus betriebswirtschaftlicher Sicht um dieselbe Sachlage, die auch für Zwekke der Bestandsbewertung gesetzlich geregelt ist. Vertriebskosten gehören nicht zu den aktivierungsfähigen Herstellungskosten. Vgl. zu den Ermittlungsgrundlagen der Herstellungskosten Abschnitt 2.8.2.2.

mehr-)stufigen Divisionskalkulation bzw. der **Stufendivisionskalkulation** gesprochen. Weil hierbei die Stückkosten von Leistungsteilbereichen ermittelt werden, ist auch der Ausdruck **Bereichsdivisionskalkulation** eingeführt. Dabei ist die Anzahl der Divisionsgänge von der Zahl gebildeter Abrechnungsbereiche abhängig.

Oft treten in einem Produktionsprozeß unterschiedliche Bearbeitungsmengen in den verschiedenen Bearbeitungsstufen auf. Bei dieser asynchronen Fertigungstechnik werden in den Produktionsstufen (I, II, n) Zwischenläger eingerichtet. Sie nehmen diejenigen Güter auf, die hier fertig bearbeitet sind, aber von der folgenden Leistungsstufe noch nicht übernommen wurden. Der Stückkostenbetrag setzt sich dann zusammen aus der Summe aller stückbezogenen Stufenkosten:

STUFENDIVISIONSKALKULATION

$$\text{Stückkosten} = \frac{\text{Gesamtkosten Fertigungsstufe I}}{\text{Bearbeitungsmenge in der Stufe I}} + \frac{\text{Gesamtkosten Fertigungsstufe II}}{\text{Bearbeitungsmenge in der Stufe II}} + \ldots + \frac{K_n}{x_n}$$

Der Anwendungsbereich der mehrstufigen Divisionskalkulation ist nicht nur auf die **Massenfertigung** im Einproduktbetrieb beschränkt, die ohnehin den Ausnahmefall darstellt (Wasserwerke, Kraftwerke, ggf. Betriebe der Baustoffindustrie). In der Praxis überwiegen andere Fertigungsverfahren. Entweder werden verschiedene Arten (Sorten) gattungsgleicher Produkte nebeneinander in großer Stückzahl hergestellt, wie es z.B. bei der Produktion von Autoreifen, Schrauben, Bausteinen der Fall ist **(Sortenfertigung)**. Oder es werden zumeist nacheinander durch Umrüsten der Fertigungsanlagen abgewandelte Produkte für gleiche Verwendungszwecke in großer Stückzahl hergestellt, wie es bei Fahrzeugen oder Geräten der Unterhaltungselektronik der Fall ist **(Serienfertigung)**. Die Übergänge zwischen Serien- und Sortenfertigung sind oftmals fließend.

Bei Sorten- und Serienfertigung ist die Zahl der Kostenträger in Bearbeitungsbereichen und Fertigungsstufen unterschiedlich groß. So können einige (Grund-)Produktionsprozesse für alle Produkte gleichermaßen durchgeführt werden. Die Marktreife der Produkte wird aber erst in verschiedenen Fertigungsstellen erreicht. Sofern sich die Bearbeitungsstellen für alle Güterarten eindeutig abgrenzen lassen, käme über eine ausgebaute Kostenstellenrechnung die Anwendung des Konzeptes der mehrstufigen Divisionskalkulation in Betracht. Für den Aussagewert dieser Rechnungen ist auf die Ausführungen zu verweisen, die zu der einstufigen bzw. einfachen Divisionskalkulation gemacht wurden.

Aufgabe 24

a) In einem Einproduktbetrieb durchläuft das Erzeugnis drei Fertigungsstufen (I, II, III). Im Kontrollzeitraum t_1 wurden 4.000 x hervorgebracht und verkauft. Kosten entstanden in

Stufe I = DM 7.600,–
Stufe II = DM 3.200,–
Stufe III = DM 2.000,–.

Die Stückkosten in der Periode t_1 sind zu ermitteln.

b) Zu Beginn der Periode t_2 wurden fertigungstechnische Umstellungen vorgenommen. Danach traten in den Fertigungsstufen Ausbringungsunterschiede auf. Die in einer Stufe fertig bearbeiteten Mengen, die noch nicht von der nachfolgenden Stufe übernommen wurden, verblieben in Zwischenlägern. Am Ende der Periode t_2 liegen folgende Daten vor:

		Bestand
Stufe I	*= DM 7.920,–*	*300 x*
Stufe II	*= DM 3.280,–*	*–*
Stufe III	*= DM 2.050,–*	*100 x*

An Abnehmer wurden in t_2 wiederum 4.000 x geliefert.

1) Für den Leistungszeitraum t_2 sind die Stückkosten zu ermitteln.

2) Die Kostenveränderung zwischen t_1 und t_2 ist zu analysieren.

3.4.2.2. *Äquivalenzziffernrechnung*

Die erläuterten Formen der Divisionskalkulation werden im Schrifttum um eine Variante ergänzt. Dabei wird unterstellt, daß sich bei der Sortenproduktion in gewissen Fertigungsbereichen feste Kostenverhältnisse ermitteln lassen. So wäre es denkbar, bei der Herstellung von Spanplatten die verschiedenen Plattenstärken kostenrechnerisch mit Verhältniszahlen der Kostenverursachung zu versehen. Das Ergebnis einer genauen Beobachtung der Kostenverursachung wird dann in **Äquivalenzziffern**, in Faktoren der Kostengewichtung, ausgedrückt. Die Gesamtkosten werden den hervorgebrachten Sorten nach dem ermittelten Verhältnisschlüssel zugerechnet.

Fallgestaltung: Äquivalenzziffernrechnung

In einem Fertigungsbetrieb der Holzindustrie werden 3 Sorten Spanplatten hergestellt. Die ermittelte Kostengewichtung führte zu dem Kostenverhältnis 1,0 : 1,5 : 2,25.

In einem Zeitraum wurden insgesamt 180.000 m² hergestellt (Sortenanteil: 50.000 m² / 70.000 m² / 60.000 m²). Die Gesamtkosten betrugen DM 2.755.000,–. Es sind die Stückkosten jeder Sorte (DM/m²) zu ermitteln.

Der Rechnungsablauf zur Bestimmung der Sorten-Stückkosten $k(x_1, x_2, x_3)$ beginnt mit der Umrechnung der Produktionsmengen in Rechnungsziffern (R). Darin wird zum Ausdruck gebracht, daß (z.B.) kostenmäßig die Produktion von 70.000 m² der Sorte 2 einer Produktion von 105.000 m² der Sorte 1 entspricht. Mit dem Gesamtkostenbetrag hätten statt der auf 3 Sorten aufgeteilten 180.000 m² auch 290.000 m² nur von der Sorte 1 hergestellt werden können. Daraus lassen sich dann die Stückkosten (je m²) für diese Basissorte 1 ableiten (= $k_{(r)}$). Die Stückkosten der anderen Sorten ergeben sich aus der Multiplikation der Basiskosten ($k_{(r)}$) mit der jeweiligen Äquivalenzziffer. Im Beispiel führt das zu folgendem Rechengang:

ÄQUIVALENZZIFFERNRECHNUNG

(K = DM 2.755.000,--)

Sorte	Äquivalenzziffer (Ä)	Menge (X)	Rechnungsziffer (R)	$k(r) = \frac{K}{\Sigma R}$	Stückkosten $k_{(x_i)} = k_{(r)} \cdot Ä_{(x_i)}$
1	1,0	50.000	50.000	9,50	9,50
2	1,5	70.000	105.000		14,25
3	2,25	60.000	135.000		21,375
		180.000	290.000		

Nach *Schweitzer, Hettich, Küpper* sind die Voraussetzungen zur Anwendung der Äquivalenzziffernrechnung „bei der Herstellung weniger Sorten wie bei der Biererzeugung, in Blechwalzwerken, Bergwerken, Ziegeleien, Spinnereien, Webereien und dergleichen erfüllt."[1] Andere Autoren schließen sich dieser Auffassung an und entwickeln Fallbei-

1 SCHWEITZER, HETTICH, KÜPPER: Systeme der Kostenrechnung, S. 222.

spiele. *Eisele* kalkuliert Fruchtsäfte[2], *Klümper* Säuren in der chemischen Fertigung[3], *Schönfeld* unterschiedlich starke Drahtsorten.[4] Die meisten Beispiele werden zu der Produktion unterschiedlich starker Walzbleche gebildet – wohl, weil nach *Breinlinger* dieses Kostenrechnungsverfahren seinen Ursprung in Blechwalzwerken hatte.[5]

Die Kritik an der Äquivalenzziffernrechnung betrifft nicht die Rechentechnik, sondern deren gedankliche Ausgangspunkte. Welche Vorstellungen beispielsweise über Kostenverhältnisse bei der Produktion unterschiedlich starker Walzbleche bestehen, sei an drei Literaturquellen[6] gezeigt:

Sorte	Blechstärke	vorgeschlagene Äquivalenzziffern (A)	(B)	(C)
x_1	2 mm	0,8	0,6	2,0
x_2	1 mm	1,0	1,6	1,0

Alle Beispiele wollen die Selbstkosten für 1 Tonne unterschiedlich starkes Walzblech ermitteln. Somit scheidet der unterschiedliche Materialverbrauch für die Sorten x_1 und x_2 als Gewichtungsproblem weitgehend aus. Eine Tonne x_1 nimmt soviel Materialverbrauch in Anspruch wie eine Tonne x_2 – nur wird aus demselben Materialvorrat eine unterschiedlich große Fläche gewalzt. Dabei verursacht dann dünneres Blech einen höheren Bearbeitungsaufwand. Einfach ausgedrückt: Das 2 mm starke Blech wird einem weiteren Bearbeitungsgang unterzogen, um aus ihm 1 mm starkes Blech zu walzen. Also muß eine Gewichtseinheit – nicht Flächeneinheit – dünneres Blech immer mehr kosten als dickes Blech. Die Mehrkosten für den weiteren Bearbeitungsgang umfassen bei weitgehend automatisierter Fertigung im wesentlichen den stückbezogenen Anteil an Maschinenabschreibung, Raumkosten, kalkulatorischen Zinsen und anderen überwiegend zeitbezogen anfallenden Kostenarten. Vor allem die Unterschiede im Fix-

2 EISELE, W.: Technik des betrieblichen Rechnungswesens, S. 417.

3 KLÜMPER, P.: Grundlagen der Kostenrechnung, S. 87.

4 SCHÖNFELD, H.-M.: Kostenrechnung I, S. 89 f.

5 Vgl. BREINLINGER, K.H.: Die Äquivalenzziffern in der Kostenrechnung, S. 55; ebenso KILGER, W.: Einführung in die Kostenrechnung, S. 316.

6 Zu den Beispielen vgl. KOSIOL, E.: Kostenrechnung und Kalkulation, S. 218; ZIMMERMANN, G.: Grundzüge, S. 115; WEBER, H.K.: Rechnungswesen, S. 314.

kostenanteil einer Sorte bestimmen dann die Äquivalenzziffer. Dieses Vorgehen ist sehr problematisch. Die Äquivalenzziffernrechnung wendet bei der Ermittlung von Stückkosten für eine Periode die Kostenverhältnisse zwischen verschiedenen Sorten an, die in einer früheren Periode ermittelt wurden. Dabei wurden die Fixkosten nach Verursachungshypothesen auf die dort produzierten Sortenmengen aufgeteilt. Wenn sich aber die Mengenrelation zwischen den Sorten ändert, lassen sich frühere Kostenrelationen nicht mehr anwenden.[7]

Sicherlich ist die Äquivalenzziffernrechnung das eleganteste Verfahren, um die Gesamtkosten auf unterschiedliche Kostenverursacher aufzuteilen. Allerdings sind der praktischen Verwertbarkeit dieser Stückkostenrechnung sehr enge Grenzen gesetzt. Wenngleich immer

7 Als Beweis für diese Kritik sei eine einfache Fallgestaltung gebildet: In einem Industriebetrieb können mit einer maschinellen Anlage 2 Gütersorten aus demselben Material gefertigt werden. Jede Sorte weist denselben Materialverbrauch je Stück auf (DM 80,–). Unterschiede ergeben sich nur in der Bearbeitungszeit. x_2 beansprucht doppelt so viel Bearbeitungszeit wie x_1. Die Gesamtkosten für die maschinelle Anlage betragen pro Jahr DM 200.000,–.

Im Basisjahr t_1, das zur Ermittlung von Äquivalenzziffern dient, wurden hergestellt und wie folgt abgerechnet:

Sorte	Menge	Material-kosten	Fixkosten-anteil	Gesamtkosten	Kosten-relation	Stück-kosten
x_1	8.000	640.000,–	8/10 = 160.000	800.000,–	1	100,–
x_2	1.000	80.000,–	2/10 = 40.000	120.000,–	1,2	120,–

Die Kostenrelation aus t_1 (1:1,2) wird zur Abrechnung der Periode t_2 herangezogen. Dort wurden mit Gesamtkosten von DM 760.000,– 6.000 x_1 und 1.000 x_2 produziert. Die Äquivalenzziffernrechnung führt dann zu folgenden Stückkosten:

Sorte	Äquiv.-ziffer	Menge	R	$k_{(r)} = \frac{K}{\Sigma R}$	$k_{(x_i)}$
x_1	1	6.000	6.000	105,56	105,56
x_2	1,2	1.000	1.200		126,67
			7.200		

Beide Sorten weisen 80,– Materialverbrauch je Stück auf. Nunmehr erhält aber die Sorte x_2 nicht mehr doppelt so viel Bearbeitungskosten zugerechnet wie x_1 (DM 25,56 : DM 46,67). Eine zeitraumbezogene Planung würde mit zwei Bereichen arbeiten: Material- und Fertigungsbereich. Die Division der Materialkosten ergäbe einen Stückbetrag von DM 80,–. Die Fertigungskosten von 200.000,– würden 6.000 x_1 und 1.000 x_2 (gewichtet mit dem Faktor 2) mit Stückanteilen von DM 25,– und DM 50,– zugerechnet. Es ergäben sich Stückkosten von DM 105,– und DM 130,–.

In der Rechenprobe führen beide Ermittlungswege zu dem Ausgangsbetrag von DM 760.000,–. Nur kann die Äquivalenzziffernrechnung die veränderten Mengenverhältnisse nicht zutreffend erfassen.

wieder versucht wird, das Rechensystem als praktikabel vorzustellen, bestätigen empirische Gegebenheiten die Vorbehalte gegen diese einfache Stückrechnung. Sie ergeben sich daraus, daß die Voraussetzung zur Anwendung dieses Verfahrens, nämlich die gleichbleibenden Verhältnisse in der Kostenverursachung verschiedener Sorten, in der Praxis als Ausnahmefall angesehen werden müssen. Sie liegen strenggenommen nur vor, wenn ausschließlich stückvariable Kosten anfallen. Eine solche Annahme ist aber wirklichkeitsfremd.

Aufgabe 25

In einem Betrieb wurden drei Sorten eines artgleichen Produktes hergestellt. Produktionstechnisch unterscheiden sich die Sorten dadurch, daß die Sorte A (Basisausführung) bereits nach dem ersten Bearbeitungsprozeß verkauft wird, während die Sorten B und C noch eine Veredelungsstufe durchlaufen.

Es sollen die Stückkosten für jede Sorte ermittelt werden. Hierzu liegen aus dem Leistungszeitraum t_i folgende Informationen vor:

	Herstellungsmenge	*Absatzmenge*
Sorte A	*24.000 Stück*	*20.000 Stück*
Sorte B	*6.300 Stück*	*6.000 Stück*
Sorte C	*2.800 Stück*	*2.600 Stück*

Die Gesamtkosten beliefen sich auf DM 5.107.100,–. Davon entfielen auf die Veredelungsstufe DM 294.000,– und auf den Vertriebsbereich DM 179.100,–.

Nach Erfahrungen ist zu unterstellen, daß der Stückanteil an den Veredelungskosten bei C dreimal so groß ist wie bei B und daß Vertriebskosten für A, B und C im Verhältnis 1 : 2 : 3 (je Stück) stehen.

3.4.2.3. Kalkulation von Kuppelprodukten

Die bisher behandelten Verfahren zur Ermittlung von Stückselbstkosten befaßten sich immer mit der Situation, daß die einzelnen Kostenträger als Ergebnis eines stückbezogenen Produktionsplanes entstehen. Entsprechend ist auch jeweils ein stückbezogener Zusammenhang für die Kostenhöhe vorhanden. Ein Sonderfall industrieller Produktion weist nun andere produktionstechnische Voraussetzungen auf, die wiederum zu besonderen Problemen beim Aufbau einer Stückrechnung führen. Angesprochen sind solche Fälle, in denen aus technischen Gründen bei der Produktion eines bestimmten Erzeugnisses automatisch auch ein anderes Gut entsteht, das wirtschaftlich selbständig verwertbar ist. Beide Güterarten sind in ihrem Entstehen aneinander gekoppelt – man spricht von **Kuppelproduktion.** Zwei Beispiele sind typisch für solche Produktionsprozesse:

- in Raffinerien entstehen im produktionstechnischen Verbund Schweröl, Heizöl, Benzin . . .;
- in Gaswerken werden neben dem Hauptprodukt Gas zugleich Koks und Teer hergestellt.

Über die oben angeführten typischen Fälle hinaus liegen vergleichbare Sachverhalte in vielen Betrieben vor, in denen bei der Produktion eines Hauptproduktes als Nebenprodukt zusätzlich ‚Abfall' anfällt, der aufgrund seiner Beschaffenheit selbständig verkauft werden kann (Holzverarbeitung, Saatzucht . . .).

Bei der Ermittlung von Stückkosten für Kuppelprodukte entsteht das Problem, daß von einer Kosten*verursachung* durch eine Produktart nicht gesprochen werden kann. Wenn mehrere Güter in ihrem Entstehen aneinander gekoppelt sind, verbietet sich eigentlich eine Stückrechnung für jede Güterart. Aber für bestimmte Zwecke ist eine solche Stückrechnung unverzichtbar – sei es nur für die Bewertung von Lagerbeständen der einzelnen Güterarten oder die Ermittlung von Grundlagen zur Preisstellung.

Relativ einfach gelöst wird die Stückrechnung bei Kuppelprodukten, wenn die Wertunterschiede der Produktarten beträchtlich sind – es sich um **Haupt-** und **Nebenprodukte** handelt. Wenn in einem Sägewerk beim Herstellen von Brettern (als Hauptprodukt) auch Sägespäne als verwertbares Nebenprodukt anfällt, kann die Stückrechnung auf das Hauptprodukt konzentriert werden. Die Erlöse aus dem Verkauf des Nebenproduktes werden (nach Abzug aller sonstigen Kosten, die nur für die Verwertung des Nebenproduktes anfallen) von den Gesamtkosten eines Leistungszeitraumes abgezogen. Der verbleibende **Kostenrest** wird nach den bereits behandelten Verfahren der Divisionskalkulation auf das Hauptprodukt bezogen. Wegen des Abrechnungsganges ist hier die Bezeichnung **Restwertmethode** angebracht.

Schwieriger gestaltet sich die Kostenspaltung auf Kuppelprodukte, wenn die Güter in ihrer wirtschaftlichen Bedeutung auf einer Ebene liegen. Das treffendste Beispiel hierfür sind Fertigungsverfahren und Marktverhältnisse für erdölverarbeitende Betriebe: Im Sommer – zur Urlaubszeit – wird das Benzin zum Hauptprodukt, im Winter das Heizöl. Bei der Produktion beider Güterarten fällt aber automatisch die jeweils andere Güterart an. Wie soll diese technische Verknüpfung für wirtschaftliche Kontrollzwecke aufgelöst werden?

Wenn für eine Güterart keine verursachungsgerechte Bestimmung von Einzelkosten möglich ist, verbleibt für die Selbstkostenermittlung nur eine Konstruktion von Hilfsmodellen zur Stückrechnung. Ein Weg hierzu könnte die Übernahme des Grundgedankens der Äquivalenzziffernrechnung sein. Auf das obige Beispiel übertragen, würden die physikalischen Eigenschaften der Brenn- und Treibstoffe (Ergiebigkeit in Wärmeeinheiten) zueinander in Verhältnis gesetzt und zu Rechnungsziffern der Produktionsmengen weiter verarbeitet. Über den Stückkostenwert einer Wärmeeinheit kann dann auch der Selbstkostenbetrag verbundener Produktarten ermittelt werden. Es erfolgt eine Verteilung der Gesamtkosten auf der Grundlage einer gemeinsamen Bezugsgröße der Produktarten **(Verteilungsrechnung)**.

Die Praxis zieht der oben erläuterten technisch ausgerichteten Kostenzuordnung eine absatzbezogene vor. Sie fragt nicht mehr danach, welcher Zusammenhang zwischen dem Hervorbringen von Leistungseinheiten und der Kostenhöhe besteht. Sie geht vielmehr den Weg, die Gesamtkosten nach erzielbaren Erlösen für die Produktarten aufzuteilen: Eine Produktart, die am Absatzmarkt höhere Stückerlöse erzielen kann, bekommt auch höhere Stückkosten zugerechnet – höher im Vergleich zum Kuppelprodukt, das sich nur billiger absetzen läßt. Damit verläßt die Kostenrechnung ihre Leitlinie zur Abrechnung, das Verursachungsprinzip, und folgt einem fragwürdigen **Tragfähigkeitsprinzip**. Der Aussagewert der so ermittelten Kostenwerte ist äußerst gering, weil externe Einflüsse des Absatzmarktes zur Ermittlung von Daten über interne Ergiebigkeiten bestimmend werden. Aus den Leitgedanken zur Kostenrechnung ist diese sog. **Marktpreismethode** (Marktwertmethode) als Kalkulationsverfahren abzulehnen.

KONTROLLFRAGEN:

(96) In Fachbüchern zum Rechnungswesen wird teilweise ausgeführt, die Kostenrechnung habe gar nicht zur Preisstellung beizutragen. Welche praktische Bedeutung haben diese aus der Preistheorie entlehnten Aussagen?

(97) In welchen Erfassungsschritten vollzieht sich die Kostenerfassung im zeitlichen Ablauf des betrieblichen Leistungsprozesses?

(98) Als eine Sonderform der Divisionskalkulation wurde die Äquivalenzziffernrechnung vorgestellt. Bei welchen Leistungsprozessen kann eine sinnvolle Einsatzmöglichkeit dieses Verfahrens gesehen werden?

(99) Was versteht man im Rahmen der Kalkulation von Kuppelprodukten unter dem Tragfähigkeitsprinzip?

(100) Wie können die im Einproduktbetrieb auftretenden Mengenunterschiede in betrieblichen Teilbereichen (Zwischenläger!) innerhalb der Divisionskalkulation berücksichtigt werden?

3.4.2.4. Zuschlagskalkulationen

3.4.2.4.1. Einstufige Zuschlagskalkulation

Die zuvor behandelten Verfahren zur Selbstkostenermittlung sind nur anzuwenden, wenn lediglich *eine* Güterart oder wenige produktionstechnisch sehr eng verwandte Güterarten abgerechnet werden. Das ist nur in wenigen Betrieben der Fall. Überwiegend werden verschiedenartige Erzeugnisse in wechselnden Mengenverhältnissen hervorgebracht bzw. verkauft. Betriebspolitische Entscheidungen können hier nicht mehr auf vereinfachenden Kostenrelationen aufgebaut werden. Zur Feststellung der Stückkostenwerte von Erzeugnissen bzw. zur Ermittlung der Selbstkostenpreise für Aufträge ist ein differenziertes Abrechnungssystem über die Kostenverursachung einzurichten.

Eine verursachungsgerechte Kostenbelastung verschiedenartiger Kostenträger könnte rechentechnisch erreicht werden, wenn es gelänge,

- solche Kostenteile vollständig zu erfassen, die in ihrem Entstehen zweifelsfrei der Hervorbringung bestimmter einzelner Leistungen zuzurechnen sind **(Einzelkosten)** und
- den verbleibenden Betrag periodischer Kosten, der für die Hervorbringung verschiedener Leistungen gemeinsam angefallen ist **(Gemeinkosten)**, nach sachgerechten Hypothesen in den Stückbezug umzuwandeln.

In der einfachsten Form wurden die obigen Gestaltungsanforderungen in die Warenkalkulation von Handelsbetrieben übernommen. Dabei geht man davon aus, daß jedes eingekaufte Stück zusätzlich zu seinem Einkaufspreis auch Teile der zeitbezogenen Kosten zugerechnet bekommen müsse, damit über den so kalkulierten Umsatzerlös zunächst einmal die Kostendeckung garantiert sei. Damit stellt der gesamte Wareneinsatz eines Planungs- oder Kontrollzeitraumes die Einzelkosten dar. Die im Rahmen einer Betriebsabrechnung neben dem Wareneinsatz erfaßten Kosten (insbes. Raumkosten, Gehälter, Werbekosten . . .) stellen dann die stückbezogenen Gemeinkosten dar. Ihre Höhe ist vom Handelsumsatz unabhängig. In einer Prozentzahl läßt sich ausdrücken, wieviele Teile Gemeinkosten auf 100 Teile Einzelkosten entfallen. Diese Prozentzahl ist der **Zuschlagssatz zur Kostendeckung:**

$$\textbf{Zuschlagssatz zur Kostendeckung} = \frac{\textbf{Gemeinkosten x 100}}{\textbf{Einzelkosten}}$$

Der Zuschlagssatz zur Kostendeckung sagt aus, um wieviel Prozent der Einstandspreis einer Ware **durchschnittlich** erhöht werden muß, um mit dem Gesamtumsatz kostendeckend zu arbeiten.[1] Er umschreibt das prozentuale Verhältnis zwischen dem Wareneinsatz eines Zeitraumes und den sog. Handlungsgemeinkosten. Weil dieses Rechenverfahren alle stückbezogenen Gemeinkosten nur auf eine Einzelkostenart bezieht, die Selbstkostenermittlung also nur eine Rechenstufe kennt, wird es als **einstufige** oder auch **summarische Zuschlagskalkulation** bezeichnet. Am Beispiel der Fallgestaltung zur Erfolgskontrolle im Warenhandel (vgl. Abschnitt 3.3.1.) kann der Rechengang der einstufigen Zuschlagskalkulation veranschaulicht werden:

Fallgestaltung: Einstufige Zuschlagskalkulation (Handel)

Die Erfolgsrechnung des Textileinzelhändlers G. SCHÖN zeigt für das Jahr t_i folgendes Bild:

S — Gewinn- und Verlustkonto t_i, G. SCHÖN — H

300	*Wareneinsatz*	*1.242.000,–*	*80*	*Umsatzerlöse I*	*440.000,–*
500	*Unternehmerlohn*	*60.000,–*	*81*	*Umsatzerlöse II*	*700.000,–*
501	*Personalkosten*	*270.000,–*	*82*	*Umsatzerlöse III*	*860.000,–*
51	*Raumkosten*	*16.200,–*	*90*	*neutrales Ergebnis*	*20.000,–*
54	*Werbekosten*	*38.000,–*			
58	*Allg. Verw.-Kosten*	*60.000,–*			
08	*REINGEWINN*	*333.800,–*			
		2.020.000,–			*2.020.000,–*

Die Erfolgsrechnung soll zur Bestimmung eines Zuschlagssatzes zur Kostendekkung herangezogen werden.

Im Beispiel ist folgendes prozentuales Verhältnis zwischen Einzelkosten und Gemeinkosten festzustellen:

1 Weil vom Einstandspreis ausgehend weitere Beträge hinzugerechnet werden, wird dieses Verfahren auch als *progressive Kalkulation* oder auch *Vorwärtskalkulation* bezeichnet. Diese Wortwahl erfolgt zur Abgrenzung von Rechenverfahren, bei denen der erzielbare Verkaufspreis von Gütern den Ausgangspunkt einer ‚rückwärts' gerichteten Kontrollrechnung darstellt. Hier wird nach Abzug von Gemeinkosten und Gewinnerwartung ein Preis ermittelt, der beim Einkauf der Ware nicht überschritten werden darf (sog. *retrograde Kalkulation*). Im eigentlichen Sinn handelt es sich hier aber schon nicht mehr um Kostenrechnung, sondern um Erfolgsplanung und -kontrolle, die im Abschnitt 3.4.3. eingehend besprochen werden.

ZUSCHLAGSSATZ ZUR KOSTENDECKUNG

Gemeinkosten im Abrechnungszeitraum
(= Kostenarten, Kontenklasse 5)
= DM 444.200,–

ins Verhältnis gesetzt zu

$$\frac{444.200,- \cdot 100}{1.242.000,-} = 35,8\ \%$$

Einzelkosten im Abrechnungszeitraum
(= Wareneinsatz, Konto 300)
= DM 1.242.000,–

Der Zuschlagssatz wird einmal für eine Kontrolle abgeschlossener Leistungszeiträume benutzt. Eine Stückerfolgskontrolle zeigt in einer Gegenüberstellung der erzielten Preise mit deckungsnotwendigen Preisen die erfolgsstarken und erfolgsschwächeren Sortimentsbereiche. Bedeutsamer ist die Anwendung dieses Kalkulationsverfahrens jedoch für die Bestimmung oder Kontrolle von Angebotspreisen in künftigen Zeiträumen. Dabei wird es notwendig sein, aktuelle Rechengrundlagen zu erarbeiten – damit nicht automatisch Kostenrelationen der Vergangenheit in die Zukunft übertragen werden und dann bei Änderungen von Kostenarten nicht der gesamte Aussagewert der Rechnung in Frage gestellt wird.

Soll mit der Zuschlagskalkulation ein Angebotspreis bestimmt werden, wird der Zuschlagssatz zur Kostendeckung ergänzt um einen Prozentwert, den der Unternehmer als ,Risikoprämie' – beispielsweise 5 % – vom Markt vergütet haben möchte:

	in der Fallgestaltung:
Zuschlagssatz zur Kostendeckung (%)	*35,8 %*
+ Risikoprämie, Gewinnaufschlag (%)	*+ 5,0 %*
= Kalkulationsaufschlag (%)	*= 40,8 %*

Angenommen, eine Ware wurde für DM 100,– eingekauft. Dann führt die Anwendung des Kalkulationsaufschlages zu einem Angebotspreis von DM 140,80 (netto). In der Finanzbuchführung zeigen sich die aufgeschlagenen DM 40,80 als Teil des Warengewinns (Rohgewinns). Es ist deshalb auch eingeführt, den Kalkulationsaufschlag als **Rohgewinnaufschlagsatz** zu bezeichnen. Der Gewinnanteil beträgt nur DM 5,– (5 %).[2]

Das oben vorgestellte Grundschema einer Zuschlagskalkulation erfährt in der Praxis Erweiterungen, die durch Lieferungs- und Zahlungsbedingungen bestimmt werden. Bekommen die Abnehmer Skontovergünstigungen eingeräumt, führt deren Inanspruchnahme zu einer Verkürzung des Nettoerlöses. Diese Erlösschmälerung kann nicht zulasten der Risikoprämie gehen, was bei den eingeräumten Skontosätzen – im Vergleich zu den oftmals niedrigeren Umsatzrenditen – offensichtlich ist. Zudem gewährt hier der Unternehmer auch zunächst mit der Kreditierung des Rechnungsbetrages eine Zusatzleistung, die zuvor in den Kalkulationsaufschlag einzurechnen ist.[3] Dasselbe gilt für den Fall, daß beim Verkauf stückbezogene Vertriebskosten **(Sondereinzelkosten des Vertriebs)** anfallen. Hierzu zählen beispielsweise Provisionen, die Geschäftsvermittler erhalten, aber auch Kosten der Verpackung und Auslieferung. Hier ist im Einzelfall zu prüfen, ob es sich um eine allgemeine Kostenart für alle Produkte handelt, die entsprechend in den Kalkulationsaufschlag aufgenommen werden muß, oder ob die Beträge nur fallbezogen dem Angebotspreis hinzuzurechnen sind.

Zum Lenkungsnutzen der Zuschlagskalkulation sind erhebliche Einwände vorzutragen. Sie betreffen zunächst den Aussagewert der vorgenommenen Gemeinkostenzuordnung nach dem Einstandspreis der

---

2 Die kalkulierte Risikoprämie muß genau von der Eigenkapitalrentabilität getrennt gesehen werden. Auf den ersten Blick mögen die vorgeschlagenen 5 % Aufschlag auf den Einstandspreis sehr niedrig erscheinen. Verstärkt wird dieser Eindruck, wenn anhand des Beispiels der Unternehmergewinn auf der Grundlage des Verkaufspreises gesehen wird: Im Umsatzerlös von 140,8 % des Einstandspreises sind nur 3,56 % Gewinn enthalten (5 % auf den Einstandspreis stehen DM 5,– in einem Angebotspreis von DM 140,80 gegenüber).
Abhängig vom Umfang der Gemeinkosten, die auch im Kalkulationsaufschlag enthalten sind, verschieben sich Prozentwerte von Risikoaufschlag und erzielter Umsatzrentabilität. Die *Umsatzrentabilität* stimmt nur dann mit der Eigenkapitalrentabilität überein, wenn der Jahresumsatz genau so groß ist wie das Eigenkapital. Ist der Jahresumsatz um ein Vielfaches größer als das Eigenkapital, nimmt die Eigenkapitalrentabilität ein entsprechend Vielfaches der Umsatzrentabilität an – wenn von einem neutralen Erfolg abgesehen wird. Und das sind die Regelfälle der Praxis, mit denen die obigen Annahmen als wirklichkeitsnah gelten können.

3 Zu den materiellen Grundlagen von Skonto-Vereinbarungen vgl. nochmals den Abschnitt 2.4.3. (Exkurs).

kalkulierten Güter. In einem Handelsbetrieb, der Waren unterschiedlicher Anschaffungspreise und Umschlagsgeschwindigkeit kalkuliert, wird die Zuschlagskalkulation nicht der tatsächlichen Kostenverursachung gerecht. Der Automatismus zwischen Anschaffungswert und proportionaler Gemeinkostenbelastung unterstellt beispielsweise, daß billige Güter auch niedrige Lagerkosten und geringe Verkaufsanstrengungen erfordern. Andererseits müssen höherwertige Produkte Kosten tragen, deren Verursachung keineswegs zweifelsfrei feststeht. Eine solche Verrechnungsform für die Gemeinkosten folgt eher einem absatzpolitisch durchaus zweifelhaften **Tragfähigkeitsprinzip** als dem Erfordernis, im Angebotspreis die tatsächliche Kostenverursachung von Produkten auszudrücken.

Die Nachteile der Zuschlagskalkulation können verringert werden, wenn die unterschiedliche Kostenverursachung einzelner Warengattungen berücksichtigt wird. Wege hierzu sind die **Abteilungskalkulation** und die Kalkulation mit Zuschlagssätzen für bestimmte Warengruppen **(Gruppenkalkulation).**[4]

Die Grundlagen der Abteilungs- und Gruppenkalkulation können wiederum an der Fallgestaltung entwickelt werden. Der dort vorgestellte Handelsbetrieb ist in drei Fachabteilungen gegliedert. Für Zwecke der Erfolgskontrolle wurde für jede dieser Abteilungen eine Ergebnisrechnung aufgebaut. Die Gesamtkosten wurden den drei Abteilungen als Stelleneinzel- und Stellengemeinkosten zugewiesen (vgl. Abschnitt 3.3.1.). Diese Kostenverteilung wird nun stückbezogen ausgewertet. Dabei sind manche Stelleneinzelkosten stückbezogen als Gemeinkosten anzusehen. So lassen sich Personalkosten zwar einer Abteilung ursächlich genau zurechnen. Stückbezogen läßt sich aber nicht feststellen, wie groß die Verkaufsanstrengungen für einen bestimmten Artikel sind. Aus dem Verhältnis zwischen Wareneinsatz und Restkosten einer jeden Abteilung lassen sich dann abteilungsbezogene Zuschlagssätze ermitteln:

4 Vgl. zu den Ansätzen differenzierender Formen der Zuschlagskalkulation im Handelsbetrieb insbes. KOSIOL, E.: Warenkalkulation in Handel und Industrie, S. 70 ff.

ABTEILUNGSKALKULATION

	Abteilung I	Abteilung II	Abteilung III
a) stückbezogene Gemeinkosten/ Abtlg.	131.960,–	161.700,–	150.540,–
b) Einzelkosten (Wareneinsatz)	220.000,–	420.000,–	602.000,–
c) Zuschlagssatz zur Kostendeckung $\frac{a \cdot 100}{b}$	60 %	38,5 %	25 %

Im Vergleich zu dem undifferenzierten Zuschlagsatz (35,8 %) wird der Vorteil der Abteilungskalkulation deutlich. Eine weitere Verfeinerung der Selbstkostenrechnung wird erreicht, wenn innerhalb der Abteilungen einzelne Artikel daraufhin untersucht werden, ob bei ihnen im Vergleich zu anderen Gütern wesentliche Unterschiede hinsichtlich Umschlagshäufigkeit, beanspruchter Lagerfläche, Werbemitteleinsatz, Kundenberatung, Garantieleistungen u.ä. auftreten. Diese Unterschiede führen zu einer artikelbezogenen Gewichtung der entsprechenden Kostenarten und so zu differenzierten Zuschlagssätzen für Artikelgruppen.

Ein anderer Kritikpunkt zur Zuschlagskalkulation betrifft einen Vorbehalt, der auch gegen die Äquivalenzziffernrechnung vorgebracht wurde. Es werden meistens Kostenrelationen eines früheren Leistungszeitraumes auf zukünftige Abläufe übertragen. Treten dann Änderungen bei Wareneinsatz oder Gemeinkosten auf, verliert die Rechnung ihre ohnehin nur begrenzte Aussagekraft. Bei gleichbleibendem Wareneinsatz und höheren Gemeinkosten als im Basisjahr kommt es zu Unterdeckungen des Gesamtkostenbetrages – bei höherem Warenumschlag und gleichbleibendem Kostenniveau dagegen zu einer Überdeckung. Diese Auswirkungen können vermieden werden, indem entweder eine fortlaufende Anpassung des Zuschlagssatzes erfolgt oder der Gemeinkostenzuschlag auf der Grundlage fester Preise (**Standardkosten**) ermittelt wird.

Trotz der Vorbehalte gegen die Zuschlagskalkulation kann dieses Rechensystem für eine langfristige Erfolgsplanung im Vielproduktbetrieb kaum ersetzt werden. Es gibt sogar Wirtschaftszweige, die ohne eine Vollkostenplanung nicht handlungsfähig sind. Hierzu zählen Handwerksbetriebe, die ihre Leistungen überwiegend mit sog. Stundensätzen kalkulieren. Ausgehend von dem durchschnittlichen, normalen Auslastungsgrad einer Werkstatt, werden den Gesamtstunden ausführender Arbeit die Betriebsgemeinkosten zugeordnet. Jede Arbeitsstunde bekommt einen gleichbleibenden Gemeinkostenbetrag zugewiesen, der zusätzlich zu Materialkosten und Arbeitslohn in die Selbstkostenrechnung für einen einzelnen Auftrag eingeht:

Beispiel: Werkstattkalkulation

In einem Dienstleistungsbetrieb werden mit den vorhandenen Arbeitskräften, die unmittelbar mit der Auftragsausführung beschäftigt sind, in jeder Periode durchschnittlich 16.000 Nutzstunden geleistet. Die Betriebsgemeinkosten (Raumkosten, Personalkosten aus Betriebsleitung und kaufmännischer Verwaltung, Betriebssteuern, Abschreibungen u. ä.) betragen für einen Planungszeitraum DM 400.000,–. Eine Stunde ausführender Arbeit bekommt als Gemeinkostenanteil zugewiesen

$$\frac{\textit{Gemeinkosten}}{\textit{Nutzstunden}} = \frac{400.000,-}{16.000} = \textit{DM } 25,- \textit{ Stundenzuschlag.}$$

Beträgt der Stundenlohn des ausführenden Arbeiters DM 15,–, werden einem Auftrag (DM 15,– + DM 25,– =) DM 40,– als Selbstkostenbetrag für eine abzurechnende Bearbeitungsstunde zugerechnet. Die Selbstkostenrechnung umfaßt dann den auftragsabhängigen Materialverbrauch und die auftragsabhängige Bearbeitungszeit, abgerechnet zu dem oben erläuterten Stundensatz.

Wie wichtig das Rechnen mit durchschnittlichen Nutzstunden ist, geht aus den Folgen hervor, die beispielsweise ein Nachfragerückgang mit sich bringt. Bei weniger Arbeitsstunden müßte an sich der Gemeinkostensatz für eine Stunde erhöht werden. Leicht kann diese Maßnahme eine Kettenreaktion auslösen: Nach der Preiserhöhung geht die Nachfrage noch weiter zurück . . . Der Unternehmer würde sich also selbst aus dem Markt herauskalkulieren. Auch in diesem Fall ist an die Grundlagen der Kostenerfassung zu erinnern. Planungsfehler sind keine Kosten. Wenn die Leistungskapazität nicht vom Markt aufgenommen wird, kann der Markt auch nicht die Mehrkosten für stillliegende Betriebsteile angelastet bekommen. Besser planende Konkurrenzbetriebe werden sonst immer ihren Kostenvorteil ausnutzen.

Auch die Aufteilung der Betriebsgemeinkosten auf die Arbeitsstunden im Ausführungsbereich scheint ein Widerspruch zum Verursachungsprinzip der Kostenrechnung zu sein. So wird die Verwaltungsarbeit nicht proportional zur Bearbeitungszeit eines Werkstückes verlaufen. Gleichwohl gibt es kaum ein anderes, einfach zu handhabendes Verfahren, das eine Zuordnung von Auftragsgemeinkosten ermöglicht. Es wird hier ja auch nicht behauptet, die Zuschlagskalkulation in Handel und Handwerk sei verursachungsgerecht. Vielmehr ist das, was die Praxis seit Jahrzehnten macht, eine akzeptable Lösung zur langfristigen Kostenplanung und -kontrolle. Dies gilt besonders dann, wenn jedem Kalkulationsobjekt so viele Einzelkosten zugewiesen werden, wie nach Sachlage zu erkennen und mit vertretbarem Ermittlungsaufwand zu erfassen sind.

Aufgabe 26

Im Einzelhandelsunternehmen H. TALMI soll eine Erfolgsquellenanalyse für das Jahr t_1 durchgeführt werden. Hierzu ist die Gewinn- und Verlustrechnung heranzuziehen:

S — Gewinn- und Verlustkonto H. Talmi t_1/XII — H

30	Wareneinsatz	308.000,–	80	Umsatzerlöse	539.000,–
500	kalk. Unternehmerlohn	96.000,–	90	Neutrales Ergebnis	76.000,–
501	Gehälter	48.000,–			
51	Raumkosten	12.000,–			
52	Steuern	2.700,–			
531	Kalk. Zinsen	24.000,–			
54	Werbekosten	28.300,–			
57	Kosten Fuhrpark	32.000,–			
58	Allg. Verw.-Kosten	16.000,–			
59	Abschreibungen	8.000,–			
08	Reingewinn	40.000,–			
		615.000,–			615.000,–

1. *Welche Handelsspanne wurde im Jahr t_1 erzielt?*
2. *Wie hoch war der durchschnittliche Kalkulationsaufschlag im Jahr t_1?*
3. *Wie hoch hätte ein Zuschlagssatz im Jahr t_1 sein müssen, um kostendeckend zu arbeiten?*
4. *Welche kritischen Anmerkungen lassen sich zum Umfang einzelner Kostenarten machen? Formulieren Sie Fragestellungen für eine zukunftbezogene Auswertung der Erfolgsrechnung des Jahres t_1.*

3.4.2.4.2. Mehrstufige Zuschlagskalkulation

Mit der Selbstkostenrechnung wird versucht, neben den Einzelkosten eines Stückes die Gemeinkosten nach einer möglichst realistischen Verursachungshypothese auf diese sog. Kostenträger zu verteilen. Dieses Ziel verlangt, jeden erkennbaren Beziehungszusammenhang zwischen Leistungshervorbringung und Kostenanfall in die Rechengrundlagen aufzunehmen. In Fertigungsbetrieben mit breitem Produktionsprogramm kommt daher die Anwendung der einstufigen Zuschlagskalkulation nicht in Betracht. Ausgehend vom Wert des verarbeiteten Materials kann nicht geschlossen werden, daß sich die Bearbeitungszeiten durch Menschen und Anlagen proportional zum verarbeiteten Materialwert entwickeln. Ein Beispiel soll den Hintergrund dieser Aussage verdeutlichen: In einer Möbelfabrik werden Regale aus verschiedenen Holzsorten hergestellt. Die Bearbeitungszeiten weichen nur unerheblich voneinander ab. Der Materialpreis verschiedener Holzsorten weist jedoch wesentliche Unterschiede auf. Offensichtlich ist es dann nicht mehr gerechtfertigt, den unterschiedlichen Materialkosten prozentual gleichbleibende Gemeinkostenzuschläge zuzuordnen, um zum Selbstkostenwert eines Regals zu gelangen. Zumindest müßten die unterschiedlichen Verursachungsstellen „Material" und „Fertigung" abrechnungstechnisch getrennt werden. Hier ließen sich zunächst stückbezogene Einzelkosten (Fertigungsmaterial und Fertigungslöhne) ermitteln. Diesen Einzelkosten müssen dann die jeweiligen Gemeinkosten zugeschlagen werden. In dieser Selbstkostenrechnung sollen unterschiedliche Leistungsbereiche mit ihrem jeweiligen Anteil an Einzel- und Gemeinkosten erfaßt werden. Im Gegensatz zu der zuvor dargestellten einstufigen oder summarischen Zuschlagskalkulation handelt es sich um eine **mehrstufige** bzw. **differenzierende Zuschlagskalkulation.** Die Arbeitsweise in dieser Kalkulationsform, die eine ausgebaute **Kostenstellenrechnung** voraussetzt, soll an einer Fallgestaltung erläutert werden.

Fallgestaltung: Mehrstufige Zuschlagskalkulation

In dem Industriebetrieb, der mit der Aufgabe 22 vorgestellt wurde, sollen die Selbstkosten für einen ausgeführten Auftrag ermittelt werden. Hierfür wurden folgende Einzelkosten ermittelt:

Fertigungsmaterial	*DM 200,–*
Fertigungslöhne	*DM 340,–*

(Fortsetzung nächste Seite)

Die Zuweisung von Gemeinkosten soll nach durchschnittlicher Verursachung erfolgen. Hierzu wurde die Kostenstellenrechnung stückbezogen ausgewertet.[1] *Das führte im Abrechnungszeitraum zu folgendem Ergebnis:*

Kostenarten	*DM insgesamt*	*Kostenstellen* *Ma*	*Fe*	*Vw*	*Vt*
gesamte Stückeinzelkosten	*576.000,–*	*240.000,–*	*336.000,–*	*–*	*–*
gesamte Stückgemeinkosten	*1.263.000,–*	*198.000,–*	*646.900,–*	*305.800,–*	*112.300,–*
Stellenkosten	*1.839.000,–*	*438.000,–*	*982.900,–*	*305.800,–*	*112.300,–*

Die Selbstkosten eines Stückes werden als verkleinertes Abbild der Kostenstruktur eines Abrechnungszeitraumes interpretiert. Wenn DM 200,– als ursächlicher Materialverbrauch ermittelt werden, sind diesen Einzelkosten so viele Gemeinkostenteile zuzuordnen, wie es sich aus dem Verhältnis von Gemeinkosten zu Einzelkosten des Materialbereichs als **Zuschlagssatz** ergibt:

$$\textbf{Zuschlagssatz für Materialgemeinkosten} = \frac{\textbf{Gemeinkosten des Materialbereichs x 100}}{\textbf{Fertigungsmaterial}}$$

$$MaGmk/\% = \frac{198.000,- \times 100}{240.000,-} = \underline{\underline{82,5\ \%}}$$

Die erste Abrechnungsstufe umfaßt dann die Ermittlung der gesamten Materialkosten für das einzelne Stück:

Fertigungsmaterial			*DM 200,–*
+ **Materialgemeinkosten**	*82,5 %*	=	*DM 165,–*
= **Materialkosten**		=	*DM 365,–*

1 Hier ist wieder zu beachten, daß einige Stelleneinzelkosten durchaus Stückgemeinkosten sein können. So lassen sich u.a. der Energieverbrauch, Abschreibungen oder auch Hilfslöhne oftmals ursächlich genau einer Kostenstelle zuordnen. Stückbezogen ist eine solche Zurechnung nicht möglich. Für die Zwecke der Selbstkostenermittlung für ein Stück ist deshalb die Aufspaltung der Stellenkosten in stückbezogene Einzel- und Gemeinkosten erforderlich. In der Praxis wird in Formblättern zur Kostenstellenrechnung zumeist dieser Abrechnungsweg bereits vorgegeben. Hier dient die Betriebsabrechnung in erster Linie der stückbezogenen Auswertung.

In gleicher Weise werden die Fertigungskosten ermittelt. Ausgehend von dem Verhältnis der Einzel- und Gemeinkosten des Fertigungsbereichs werden dem einzelnen Erzeugnis neben den ursächlichen Fertigungslöhnen die Fertigungsgemeinkosten zugerechnet:

$$\textbf{Zuschlagssatz für Fertigungsgemeinkosten} = \frac{\textbf{Gemeinkosten des Fertigungsbereichs x 100}}{\textbf{Fertigungslöhne}}$$

$$FeGmk/\% = \frac{646.900,- \times 100}{336.000,-} = \underline{\underline{192,5\ \%}}$$

Auf den abzurechnenden Auftrag bezogen ergeben sich dann folgende Fertigungskosten:

Fertigungslöhne		=	*DM 340,–*
+ **Fertigungsgemeinkosten**	*192,5 %*	=	*DM 654,50*
= **Fertigungskosten**		=	*DM 994,50*

Die Summe aus Materialkosten (DM 365,–) und Fertigungskosten (DM 994,50), insgesamt DM 1.359,50, wird als **Herstellkosten** bezeichnet.[2]

Mit den Herstellkosten sind noch nicht die Selbstkosten bestimmt. Unberücksichtigt blieben die Verwaltungs- und Vertriebsgemeinkosten. In diesen Bereichen fehlt es in der Regel an Bezugsgrößen, die als Zuschlagsgrundlage für eine Gemeinkostenverrechnung dienen könnten. Deshalb wird der Weg gewählt, die Herstellkosten – also das Zwischenergebnis im Rechengang zur Selbstkostenermittlung – als Zuschlagsbasis heranzuziehen.

2 Der Ausdruck *Herstellkosten* erinnert an die *Herstellungskosten,* die bereits im Abschnitt 2.8.2.2. behandelt wurden. Von der Wortgebung her kann leider nicht auf materielle Unterschiede zwischen diesen Kostengrößen geschlossen werden. Abweichungen werden aus folgender Gegenüberstellung deutlich:

- *Herstellungskosten* umfassen den Bestandswert von Lagerprodukten, wie er im Rahmen gesetzlicher Vorschriften zu ermitteln ist. Dabei dürfen nur ausgabebezogene, sog. pagatorische Kosten erfaßt werden. Der Ansatz von Zusatzkosten ist ausgeschlossen. Herstellungskosten können Betriebs- und Verwaltungskosten umfassen – müssen sie aber nach handelsrechtlichen Vorschriften nicht einschließen (Vollkosten-/Teilkostenansatz). Vertriebskosten zählen nicht zu den Herstellungskosten.
- *Herstellkosten* sind eine Zwischengröße im Ermittlungsgang der Selbstkostenrechnung. Sie werden auf der Grundlage des wertmäßigen Kostenbegriffs ermittelt. In der Regel folgt die Bewertung dem Tageswertkonzept. Verwaltungs- und Vertriebskosten gehören nicht zu den Herstellkosten.

Bildhaft kann diese Rechengrundlage so interpretiert werden, daß der Verwaltungs- und Vertriebsbereich gleichsam den „Überbau" für den Herstellbereich darstellen – womit man sich dem amerikanischen Sprachgebrauch für Gemeinkosten als **Overhead Costs** nähert. Derselbe Sachverhalt liegt ja auch im Material- und Fertigungsbereich vor: Die von der Ausbringung abhängigen Verbrauchsteile an Material und Arbeit werden vom „Überbau" (Lagerverwaltung, Fertigungssteuerung . . .) geplant und kontrolliert. Deshalb wird auch dort der Beziehungszusammenhang zwischen auftragsabhängigem Verbrauch und zurechenbaren Periodenkosten hergestellt. Für die Verwaltungs- und Vertriebsgemeinkosten führt die Hypothese der Herstellkosten als „Einzelkosten" dann zur Ermittlung folgender Zuschlagssätze:

$$\textbf{Zuschlagssatz für Verwaltungsgemeinkosten} = \frac{\textbf{Gemeinkosten des Verwaltungsbereichs x 100}}{\textbf{Herstellkosten}}$$

$$\textbf{Zuschlagssatz für Vertriebsgemeinkosten} = \frac{\textbf{Gemeinkosten des Vertriebsbereichs x 100}}{\textbf{Herstellkosten}}$$

Das einzelne Stück bekommt Verwaltungs- und Vertriebsgemeinkosten nach dem Kostenverhältnis zugerechnet, das im Abrechnungszeitraum für die Gesamtproduktion festgestellt wurde. Bezugsgrundlage sind die Herstellkosten. Im Beispiel betrugen sie im Abrechnungszeitraum:

	Fertigungsmaterial	*DM 240.000,–*
+	Materialgemeinkosten	*DM 198.000,–*
+	Fertigungslöhne	*DM 336.000,–*
+	Fertigungsgemeinkosten	*DM 646.900,–*
=	**Herstellkosten**	*DM 1.420.900,–*

Danach lassen sich die Zuschlagssätze für Verwaltungs- und Vertriebsgemeinkosten ermitteln:

$$VwGmk/\% = \frac{305.800,- \text{ x } 100}{1.420.900,-} = \underline{\underline{21,52\ \%}}$$

$$VtGmk/\% = \frac{112.300,- \text{ x } 100}{1.420.900,-} = \underline{\underline{7,90\ \%}}$$

Diese letzten zwei Stufen[3] führen im Beispiel zu folgenden Beträgen:

$$\text{VwGmk} = \frac{\text{Herstellkosten des Auftrages} \times \text{VwGmk}/\%}{100} = \frac{1.359{,}50 \times 21{,}52}{100} = \text{DM } 292{,}56$$

$$\text{VtGmk} = \frac{\text{Herstellkosten des Auftrages} \times \text{VtGmk}/\%}{100} = \frac{1.359{,}50 \times 7{,}90}{100} = \text{DM } 107{,}40$$

Diese Zusammenhänge im Aufbau einer mehrstufigen (differenzierenden) Zuschlagskalkulation sind mit den Zahlen des Beispieles in einer Übersicht zusammengefaßt:

MEHRSTUFIGE ZUSCHLAGSKALKULATION

KOSTENTEILE	ZUSCHLAGS-SATZ	BETRAG DM	ZWISCHEN-SUMME
Fertigungsmaterial		200,--	
+ Materialgemeinkosten	82,5 %	165,--	
= MATERIALKOSTEN			365,--
+ Fertigungslöhne		340,--	
+ Fertigungsgemeinkosten	192,5 %	654,50	
= FERTIGUNGSKOSTEN			994,50
= HERSTELLKOSTEN			1.359,50
+ Verwaltungsgemeinkosten	21,52%	292,56	
+ Vertriebsgemeinkosten	7,90%	107,40	
= SELBSTKOSTEN		1.759,46	

3 Im Beispiel können auch beide Gemeinkostenarten in einem gemeinsamen Rechenschritt zugerechnet werden. Mit einem Prozentsatz von 29,42 %, angewendet auf die Herstellkosten des Auftrages, würden ebenso insgesamt DM 399,96 als zusätzliche Gemeinkosten für Verwaltung und Vertrieb bestimmt. Diese Zusammenfassung kann bei der Selbstkostenermittlung erfolgen. Das Verfahren der Zuschlagskalkulation wird jedoch auch herangezogen, um den Aktivierungsbetrag für Halb- und Fertigerzeugnisse zu ermitteln. Wenn die Rechengrundlagen aus den Kostenstellen auf die pagatorischen Kosten beschränkt sind, ist zusätzlich zu beachten, daß eine Aktivierung von Vertriebsgemeinkosten nicht zulässig ist. Deshalb wird bei dem Vollkostenansatz mit dem Zuschlag von Verwaltungsgemeinkosten die Obergrenze des Bestandswertes erreicht.

Zum Aussagewert der mehrstufigen Zuschlagskalkulation ist auf die Kritikpunkte zu verweisen, die bereits zu der einstufigen Zuschlagskalkulation vorgebracht wurden. Sie betreffen vor allem den Einsatz dieses Rechensystems in der Kosten*planung*. Zweckgerichtete Entscheidungen können nur unter Berücksichtigung solcher Einflüsse getroffen werden, die eine zwangsläufige Folge der gewählten Rechnungskonzeption sind. Das gilt beispielsweise für auftretende Preisänderungen bei solchen Kostengütern, die als Einzelkosten verrechnet werden. Automatisch verändert sich dann auch der Gemeinkostenanteil, der seine Berechnungsgrundlage in diesen preisveränderten Gütern hat. Dieser Zusammenhang ist tatsächlich aber nicht zwingend. Oftmals treten nämlich Preisänderungen nur auf einzelnen Faktormärkten auf. Die Preisentwicklung auf den Märkten für Rohstoffe – im Vergleich zur Entwicklung der Personalkosten – ist sicher das treffendste Beispiel. Hier fallen die Preisentwicklungen deutlich auseinander. Wenn erkannt wird, daß sich bei den Rechenelementen eines Kalkulationsbereichs wesentliche Veränderungen gegenüber der Ausgangssituation ergeben haben, müssen diese Datenänderungen berücksichtigt werden. Das kann mit zwei verschiedenen Methoden geschehen:

- Es werden die Zuschlagssätze auf der Grundlage der neuen Preise festgesetzt oder
- es werden bei der Ermittlung von Gemeinkostenzuschlägen die alten Preise für den Wertansatz der Einzelkosten verwendet.

Auch ein anderer, schon früher angeführter Kritikpunkt soll nochmals genannt werden. Er betrifft das Problem, die Kapazitätsauslastung und Faktorergiebigkeit eines abgeschlossenen Zeitraumes auf einen neuen Leistungszeitraum zu übertragen. An sich können die ermittelten Zuschlagssätze nur für die Kapazitätsauslastung gelten, die im Ermittlungszeitraum vorlag. Änderungen des Beschäftigungsgrades führen bei Anwendung des nunmehr unzutreffenden Verrechnungssatzes zu Über- oder Unterdeckungen der Gemeinkosten. Abhilfe könnte hier ein weiter differenziertes Rechensystem schaffen, mit dem Zuschlagssätze für verschiedene Beschäftigungsgrade ermittelt werden.

KONTROLLFRAGEN:

(101) Welche Möglichkeiten hat ein Handelsbetrieb zur Ermittlung langfristiger Preisuntergrenzen für seine Produkte?

(102) Erläutern Sie die Hintergründe, die zu folgender Aussage führen: „Vollkostenrechnungen führen dazu, daß sich die Unternehmen in Zeiten sinkender Nachfrage selbst aus dem Markt herauskalkulieren.“

(103) Angenommen, ein Möbeltischler wollte den Selbstkostenpreis für eine nachgefragte Leistung (ein Regal) ermitteln. Welches Kalkulationsverfahren bietet sich hier an – welche Probleme verbleiben bei dessen Anwendung?

(104) Die begriffliche Vielfalt im betriebswirtschaftlichen Rechnungswesen ist (leider) sehr groß. So kommt es auch zu scheinbar inhaltsgleichen Wortgebungen wie „Herstellungskosten" und „Herstellkosten". Welche Unterschiede bestehen zwischen diesen Fachausdrücken?

(105) Welche Probleme ergeben sich in einer mehrstufigen Zuschlagskalkulation, wenn nach Festlegung der Zuschlagssätze der Preis für eine Kostenart, die als Zuschlagsgrundlage dient (z.B. Fertigungsmaterial), erhöht wird?

Aufgabe 27

In einem Betriebsabrechnungsbogen sind für das Jahr t_1 ausgewiesen:

Gemeinkostenarten	*Betrag DM (insgesamt)*	*Kostenstellen* *Ma*	*Fe*	*Vw*	*Vt*
Hilfslöhne, Abschreibungen usw.	*1.966.320,–*	*288.000,–*	*907.200,–*	*550.800,–*	*220.320,–*

Einzelkosten t_1:
Fertigungsmaterial DM 360.000,–, Fertigungslöhne DM 648.000,–.
Nach dem Verfahren der mehrstufigen Zuschlagskalkulation sind die Selbstkosten eines Auftrages zu ermitteln, der folgende Einzelkosten verursacht:
Fertigungsmaterial DM 2.400,–, Fertigungslöhne DM 3.200,–.

3.4.3. Teilkostenkonzeptionen

3.4.3.1. Ausgangspunkte des Teilkostendenkens

Die Stückrechnung soll Entscheidungsgrundlagen für unterschiedliche Entscheidungsfelder bereitstellen.[1] So hat sie Daten zur kurz- und langfristigen Betriebsdisposition zu erarbeiten. Eine wesentliche Frage ist dabei, welche Güter in welcher Menge und zu welchem Preis verkauft werden müssen, um zumindest eine reproduktive Betriebserhaltung sicherzustellen. Es geht um Preisuntergrenzen für die einzelnen Güterarten des Produktions- bzw. Angebotssortiments.

1 Zum Umfang von Aufgabenstellungen in der Stückrechnung (Kostenträgerrechnung) vgl. Abschnitt 3.4.1.

In der Vollkostenrechnung wird versucht, mit der Ermittlung von Stückselbstkosten eine Richtschnur zur Preiskontrolle zu geben. Im Einproduktbetrieb können hier relativ befriedigende Lösungen erwartet werden. Ausgehend von einer geplanten Ausbringungsmenge und geplanten Gesamtkosten wird ein Kostendeckungspreis bestimmt. Nicht voll befriedigen kann auch dieses Ergebnis, weil es nur für die einzelnen Stücke im Rahmen der festliegenden Planleistung gilt. Jede Änderung der Ausbringungsmenge führt zu anderen Stückkosten, denn im Rahmen der Vollkostenrechnung wird das Verursachungsprinzip in einer weiten Interpretation angewendet: Zwar fallen alle Kosten an, um die Gesamtleistung hervorzubringen. Es kann aber daraus nicht geschlossen werden, daß auch proportionale Anteile dieser Gesamtkosten jeweils durch die Hervorbringung von einzelnen Teilen der Gesamtleistung entstanden sind. Es werden also nur die durchschnittlichen Stückkosten für die Teile der periodischen Gesamtleistung bestimmt. Dieser Ausgangspunkt zur Kritik an allen Vollkostensystemen soll mit der mehrfach verwendeten Fallgestaltung erläutert werden[2], um damit die Diskussion um entscheidungsrelevante Kostengrößen vorzubereiten.

Fallgestaltung: Kapazitätsauslastung und Kosten

Ein Industriebetrieb hat für den Planungszeitraum t_j folgende Kosten ermittelt:

Unabhängig von der Kapazitätsauslastung fallen an

Gehälter	*DM 200.000,–*
Miete	*DM 60.000,–*
Abschreibungen	*DM 150.000,–*
kalk. Zinsen	*DM 80.000,–*
kalk. Unternehmerlohn	*DM 70.000,–*
insgesamt	*DM 560.000,– je Periode*

Stückvariable Kosten entstehen mit

Fertigungsmaterial/Stück	*DM 105,–*
Fertigungslohn/Stück	*DM 75,–*
insgesamt	*DM 180,– je Stück*

Mit der vorhandenen Betriebsausstattung können höchstens 8.000 Stück je Periode hergestellt werden.

2 Zu den Ausgangsdaten vgl. Aufgabe 21.

Die traditionelle Selbstkostenrechnung benötigt für die Ermittlung von Stückselbstkosten über die oben angegebenen Daten hinaus noch die Vorgabe einer geplanten Ausbringungsmenge – oder sie liefert für alle möglichen Produktionsmengen die jeweils gültigen Stück-Vollkosten. Dies führt im Beispiel zu folgendem Kostenverlauf:

$$\textbf{Stückkosten, } k(x) = \frac{\textbf{Fixkosten + variable Gesamtkosten}}{\textbf{Produktionsmenge}}$$

$$k(x) \text{ für } x = 1 \quad = \frac{560.000 + 180}{1} = \text{DM } 560.180,-$$

$$\text{für } x = 2 \quad = \frac{560.000 + (180 \cdot 2)}{2} = \text{DM } 280.180,-$$

$$\text{für } x = 5 \quad = \frac{560.000 + (180 \cdot 5)}{5} = \text{DM } 112.180,-$$

$$\text{für } x = 100 \quad = \frac{560.000 + (180 \cdot 100)}{100} = \text{DM } 5.780,-$$

$$\text{für } x = 1.000 \quad = \frac{560.000 + (180 \cdot 1.000)}{1.000} = \text{DM } 740,-$$

$$\text{für } x = 7.000 \quad = \frac{560.000 + (180 \cdot 7.000)}{7.000} = \text{DM } 260,-$$

$$\text{für } x = 8.000 \quad = \frac{560.000 + (180 \cdot 8.000)}{8.000} = \text{DM } 250,-$$

Die Veränderung der Stückkosten wird nur hervorgerufen, weil sich die **Fixkosten** auf eine unterschiedliche Produktionsmenge aufteilen. Es könnte – bei gleichbleibendem Kostenzuwachs durch jedes mehr produzierte Stück ($K' = k_V$) – auch gerechnet werden:

$$k(x) = \frac{K_f}{x} + k_V; \qquad \text{für } x = 8.000 \text{ dann } \frac{560.000}{8.000} + 180 = \text{DM } 250,-.$$

Die Entwicklung der Stückselbstkosten $k(x)$ im Einproduktbetrieb ist in der graphischen Übersicht (**Kapazitätsauslastung und Stückkosten**) wiedergegeben. Daraus werden folgende Zusammenhänge ersichtlich:

Mit steigender Ausbringung – also mit zunehmender Ausnutzung des gesamten Leistungsvorrates – sinkt der Anteil, den jedes Stück an kapazitätsfixen Periodenkosten zugerechnet bekommt. Die Stückkosten erreichen ihr Minimum an der Kapazitätsgrenze. Eine weitere Produktionserweiterung würde nun zunächst wieder zu einem Anstieg der

Stückkosten führen, weil u.a. neue Maschinen eingesetzt werden müßten, deren Abschreibungen sog. **sprungfixe Kosten** mit sich bringen.

KAPAZITÄTSAUSLASTUNG UND STÜCKKOSTEN

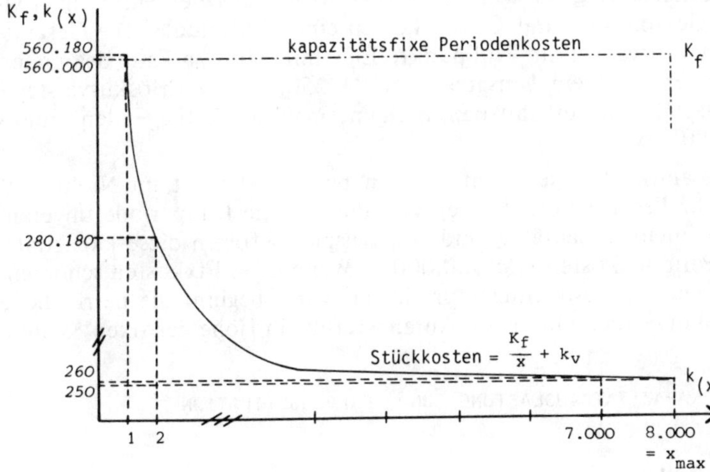

Diese wenigen Grundlagen zur kostentheoretischen Seite von Vollkostenrechnungen sollen genügen, um nun auf die Problematik der Selbstkostenrechnung als Entscheidungshilfe zur kurz- und langfristigen Betriebsplanung hinzuweisen. Hierzu soll die Fallgestaltung erweitert werden:

Erweiterung der Fallgestaltung Kapazitätsauslastung und Kosten

Der Betrieb hatte in der Vergangenheit seine gesamte Jahresproduktion von 8.000 Stück an nur einen Abnehmer geliefert. Der Abnehmer will in der nächsten Periode nur noch 7.000 Stück abnehmen. Er ist nicht bereit, mehr als DM 250,–/Stück zu zahlen. Andere Nachfrager sind nicht bekannt. Kurzfristige Produktionsumstellungen sind nicht möglich.

In der Fallgestaltung übersteigen die Stückselbstkosten der Planbeschäftigung (DM 260,–) den realisierbaren Stückerlös (DM 250,–). Es läge jetzt nahe, die Entscheidungshilfe der Kostenrechnung im

Anraten einer Betriebsstillegung zu sehen. Andernfalls würde man ja mit jedem zusätzlich produzierten Stück einen zusätzlichen Verlust (von DM 10,–) erwirtschaften. Diese Aussage ist zu überprüfen. Führt die Mehrproduktion wirklich auch zu einer Erhöhung des Periodenverlustes? Zur Beantwortung dieser Frage muß die Entwicklung der betrieblichen Erfolgskurve des Beispiels genauer betrachtet werden.

Der Betriebserfolg (Gewinn/Verlust) entsteht aus der Differenz zwischen Gesamterlös und Gesamtkosten eines Zeitraumes. Die Gesamterlöskurve beginnt im Nullpunkt: Erst mit dem Verkauf des ersten Stückes entsteht ein Umsatzerlös (DM 250,–). Die Erlöskurve steigt im Beispiel konstant mit dem Steigungsmaß des festliegenden Preises (DM 250,–/x).

Die Gesamtkosten beginnen dagegen bei x = 0 nicht im Nullpunkt. Vielmehr liegen bereits Kosten vor, die für eine Planperiode unveränderlich, nicht abbaufähig sind. Im Beispiel betragen diese kapazitätsfixen Periodenkosten DM 560.000,–. Wenn diese Fixkosten schon anfallen, ehe das erste Stücke produziert wird, beginnt die betriebliche Erfolgskurve auch mit einem Anfangsverlust in Höhe der fixen Kosten.

KAPAZITÄTSAUSLASTUNG UND ERFOLGSSITUATION

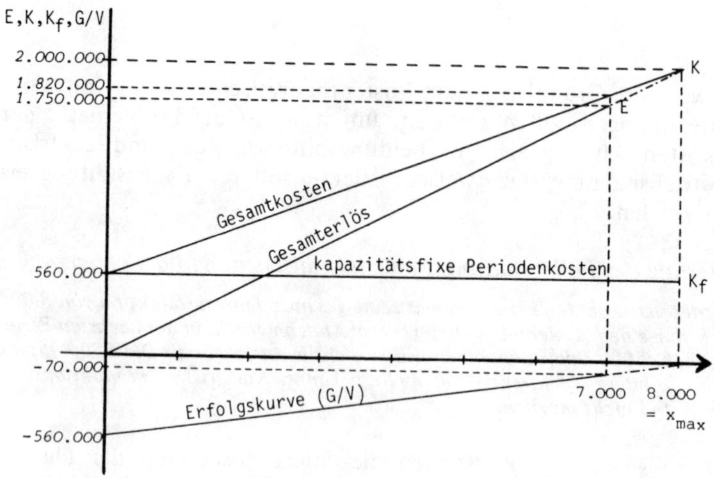

Die weitere Entwicklung der Erfolgskurve wird bestimmt vom Kosten- und Erlöszuwachs für jedes produzierte und verkaufte Stück. Der Erlös ist mit DM 250,–/x vorgegeben. Die Gesamtkosten nehmen mit den stückvariablen Kosten zu, die sich im Beispiel aus dem Fertigungsmaterial (DM 105,–/x) und dem Fertigungslohn (DM 75,–/x)[3] zusammensetzen. Ausgehend vom Betrag der Fixkosten steigt also die Gesamtkostenkurve mit dem Betrag variabler Stückkosten, genau genommen den **Grenzkosten** (K'), die als Steigungsmaß der Gesamtkostenkurve definiert sind.[4] Nach den vorliegenden Informationen über Kosten- und Erlöszuwächse kann die Erfolgskurve mit einer Übersicht **(Kapazitätsauslastung und Erfolgssituation)** veranschaulicht werden.

Aus der Übersicht wird bereits deutlich, welche Größen für unternehmerische Entscheidungen herangezogen werden müssen. Bestimmend für die Entscheidung, bei einem vorgegebenen Preis und vorgegebenen, nicht abbaufähigen periodischen Fixkosten die Produktion aufzunehmen, ist allein das Verhältnis zwischen dem **Kostenzuwachs je Stück** und dem **Stückerlös.** Hier liegt der Ausgangspunkt zum sogenannten **Teilkostendenken.** Darunter ist allgemein zu verstehen, daß für betriebliche Entscheidungen nur solche Teile der Gesamtkosten herangezogen werden dürfen, die auch durch die Entscheidungen beeinflußt werden können. Anders ausgedrückt: Kosten, die durch Handlungen und Maßnahmen nicht beeinflußt werden können, sind auch aus dem Entscheidungsprozeß zur Wahl zielentsprechender Handlungswege auszuschließen. Dieser gedankliche Ausgangspunkt soll anhand des Beispiels weiter vertieft werden.

---

3 Es ist sicherlich diskussionsfähig, ob die Fertigungslöhne wirklich mit jedem zusätzlich produzierten Stück zunehmen oder ob nicht die arbeits- und sozialrechtlichen Bedingungen auch hier zum Charakter kapazitätsfixer Periodenkosten hinüberleiten. Kurzfristig sind diese Personalkosten sicherlich nicht vollständig abbaufähig. Lediglich die Regelungen zur Kurzarbeit lassen hier Entlastungen des Finanzbereichs zu. Für genaue Untersuchungen, die insbesondere auch auf die Aufrechterhaltung der Zahlungsfähigkeit abstellen, sind solche zeitpunktgenauen Abgrenzungen von Bedeutung. Für den obigen Untersuchungsbereich genügt dagegen zunächst die Feststellung, daß Fertigungslöhne objektbezogene Arbeit darstellen, vielleicht auch für andere Produktionszwecke verwendet werden könnten und daß sie in der Regel in erheblich kürzerem Zeitraum abbaufähig sind als die typischen Formen kapazitätsfixer Periodenkosten.

4 Variable Stückkosten und Grenzkosten sind nicht immer betragsgleich. Werden für zusätzlich zu produzierende Stücke unterschiedliche Mehrkosten verursacht, weichen die variablen Stückkosten (als Durchschnittswert aller Kostenzuwächse) vom Kostenzuwachs für eine Einheit ab. Nur wenn es sich um gleichbleibende Kostenzuwächse handelt, stimmen variable Stückkosten und Grenzkosten – wie im obigen Beispiel – überein. Ansteigende Grenzkosten liegen beispielsweise vor, wenn die Mehrproduktion zu höherem Ausschuß führt oder die Arbeitnehmer Überstundenzuschläge erhalten.

In einem bereits aufgebauten Betrieb gibt es immer einen Umfang an Kosten, der durch Entscheidungen in der Vergangenheit für einen nächsten Planungszeitraum nicht mehr veränderbar ist. Hierzu zählen beispielsweise Mieten, Gehälter oder zeitbezogen angesetzte Abschreibungen auf vorhandene Anlagen. In der Fallgestaltung sind DM 560.000,– als derart **kapazitätsfixe Periodenkosten** für den Planungszeitraum ausgewiesen. Diese Kosten aus früheren Entscheidungen zur Gestaltung des Leistungsbereichs sind für heutige Entscheidungen **nicht entscheidungsrelevant**.

Die amerikanische Literatur hat den Umfang der nicht entscheidungsrelevanten Kosten anschaulich mit zwei Ausdrücken umschrieben. Einerseits handelt es sich um **Sunk Costs**, die durch frühere Entscheidungen bestimmt werden und die auch in allen zukünftigen Perioden nicht geändert werden können: "A sunk cost is a cost that has already been incurred, and which cannot be changed by any decision made now or in the future."[5] Wenn ein Betrieb aufgrund eines fünf Jahre geltenden Mietvertrages jährlich festliegende Mietkosten hat, sind diese Kosten für Entscheidungen in den nächsten fünf Jahren „versunken". Anders sieht es aus, wenn Kosten zwar für den nächsten Planungszeitraum festliegen – aber in der weiteren Zukunft veränderbar sind. Dann handelt es sich um **Irrelevant Costs**, also um Kosten, die nur für die jetzt zu treffende Entscheidung ohne Bedeutung sind. Daraus wird zugleich deutlich, daß der Umfang **entscheidungsrelevanter Kosten** abhängig ist von der Länge des Planungszeitraumes: Auf lange Sicht sind alle Kosten beeinflußbar – oder mit einer Betriebsstillegung abbaufähig. In kürzeren Planungszeiträumen stehen insbesondere recht-

---

5 GARRISON, R.H.: Managerial Accounting, S. 39.
Zur Diskussion um den Umfang entscheidungsrelevanter Kosten vgl. aus der hierzu überaus umfangreichen Literatur insbes. RIEBEL, P.: Einzelkosten- und Deckungsbeitragsrechnung, S. 204 ff.; MENRAD, S.: Rechnungswesen, S. 103 ff.; WEBER, K.H.: Rechnungswesen, S. 350 ff.; KOSIOL, E.: Kostenrechnung und Kalkulation, S. 179 ff.; BÖCKEL, J.-J. u. HOEPFNER, F.G.: Moderne Kostenrechnung, S. 108 ff. sowie als ein Original betriebswirtschaftlicher Entwicklungsarbeit auf diesem Gebiet SCHMALENBACH, E.: Kostenrechnung und Preispolitik, S. 486 ff.
Bei E. SCHNEIDER ist der Zusammenhang bereits 1944 – im Anschluß an die grundlegenden Arbeiten von E. SCHMALENBACH – umfassend formuliert: „Die Frage, die alle sich auf eine Periode beziehenden Planungsüberlegungen der Leitung beherrscht, lautet: Wie beeinflußt diese oder jene geplante Disposition den Umsatz und die Kosten der Periode, d.h. welche Änderung des Umsatzes und welche Änderung der notwendigen Kosten und der Leerkosten ist als Folge einer geplanten Disposition zu erwarten?" (SCHNEIDER, E.: Die Problematik der Lehre von den fixen Kosten, in: Volkswirtschaft und Betriebswirtschaft, S. 397).

liche Hemmnisse dem Kostenabbau – beispielsweise bei Gehältern oder Mieten – entgegen.

Wenn im Beispiel der Umfang entscheidungsrelevanter Kosten für die nächste Periode bestimmt werden soll, verbleiben nur diejenigen Beträge, die bei einer Veränderung der Ausbringungsmenge variieren. Es sind dies die beschäftigungsvariablen Kosten, angegeben mit DM 105,– Fertigungsmaterial und DM 75,– Fertigungslohn, insgesamt DM 180,– je Stück.

Die Entscheidung über eine Aufnahme oder Einstellung der Produktion wird unter dem Gesichtspunkt der **Erfolgshöhe** getroffen. Hierzu werden die Auswirkungen von Maßnahmen auf Gewinn oder Verlust untersucht.

Eine Stillegung des Betriebes wäre nur dann in Erwägung zu ziehen, wenn dadurch der Periodenverlust niedriger ausfiele als bei einer Aufrechterhaltung der Produktion. Als **Preisuntergrenze** ist dann derjenige „Preis der betrieblichen Leistung (zu) bezeichnen, bei dessen Erzielung die Aufrechterhaltung und die Stillegung der Produktion zum gleichen Periodenerfolg führen."[6] Kann für ein zusätzlich produziertes Stück mehr erlöst werden, als dieses Stück selbst unmittelbar als Kostenzuwachs verursacht, dann lohnt die Mehrproduktion: Jedes Stück trägt über seine sog. **direkten Kosten** hinaus einen Überschuß in den Betrieb. Dieser Überschuß ist noch nicht Gewinn. Vielmehr ist es zunächst nur ein Betrag, der zur Deckung derjenigen Kosten herangezogen wird, die bereits mit der Einrichtung der Leistungsbereitschaft angefallen sind. Wenn der Stückerlös über den stückvariablen Kosten liegt, erwirtschaftet jedes Stück einen solchen **Deckungsbeitrag** – bzw. **Stückbeitrag** – in Höhe der Differenz zwischen Kosten- und Erlöszuwachs.[7]

Der Stückbeitrag umfaßt die Verbesserung der betrieblichen Erfolgslage durch Erhöhung von Produktion und Absatz um eine weitere Einheit.

Im Beispiel stellt sich der obige Zusammenhang wie folgt dar: Für jedes Stück können DM 250,– erlöst werden. Jedes Stück verursacht einen Kostenzuwachs von DM 180,–. Damit entsteht eine positive Differenz zwischen dem Stückerlös und den direkten Kosten in Höhe von DM 70,–. Das ist der Stückbeitrag $d_{(x)}$, den jedes zusätzlich pro-

6 MOEWS, D.: Zur Aussagefähigkeit neuerer Kostenrechnungsverfahren, S. 44.

7 Zu den Interpretationen des Stückbeitrages bzw. Deckungsbeitrages je Stück vgl. insbes. ADAMOWSKY, S.: Deckungsbeitragsrechnung, S. 38 und RIEBEL, P.: Deckungsbeitragsrechnung, Sp. 389 f.

duzierte Stück zur Deckung der Fixkosten liefert. Der Periodenverlust nimmt also mit jedem zusätzlich produzierten und verkauften Stück – ausgehend vom Betrag der Fixkosten – um DM 70,– ab. Die betriebliche Erfolgssituation läßt sich auch unter Verwendung der kurzfristig allein entscheidungsrelevanten Größen graphisch mit einer Übersicht darstellen:

KAPAZITÄTSAUSLASTUNG UND DECKUNGSBEITRAGSSUMME

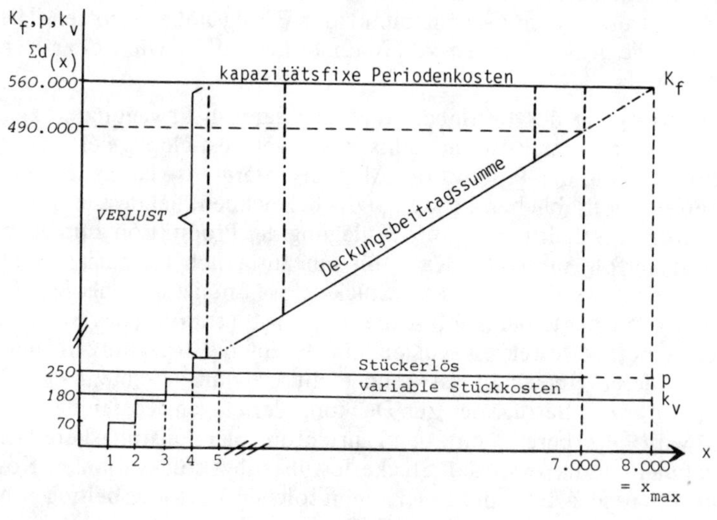

In der Fallgestaltung ist zu sehen, daß der Verlust von zunächst DM 560.000,– kontinuierlich um DM 70,–/x, durch den Deckungsbeitrag eines jeden Stückes, abgebaut wird. Es kommt aber nicht zu einer Vollkostendeckung. Hierzu müßte die Deckungsbeitragssumme ausreichen, die gesamten Fixkosten zu decken. Für diese **Kostendeckungsmenge** gilt

$$\textbf{Kostendeckungsmenge} = \frac{\textbf{Kapazitätsfixe Periodenkosten}}{\textbf{Deckungsbeitrag je Stück}} = \frac{K_f}{d_{(x)}}$$

Andere Bezeichnungen für diesen Sachverhalt sind

Toter Punkt (*J.F. Schär*),
Gewinnschwelle,
und als beliebter amerikanischer Ausdruck break-even-point.

Im Beispiel wäre der break-even-point (x_B) erreicht, wenn statt der nur möglichen 7.000 x insgesamt 8.000 x zu DM 250,–/x verkauft werden könnten:

$$x_B = \frac{K_f}{d(x)} = \frac{560.000,-}{70,-} = 8.000 \text{ Stück.}$$

Hier treffen sich wieder die Vollkostenbetrachtung und das Teilkostendenken. Die Selbstkostenrechnung sagt, bei einem Stückerlös von DM 250,– und Selbstkosten von DM 260,– wird in der Planungsperiode keine Vollkostendeckung erzielt. Weil die Selbstkosten als Durchschnittswert für 7.000 Stück gelten, ist zugleich gesagt, daß der Gesamtverlust nicht den Umfang der Fixkosten erreicht (DM 560.000,–), sondern nur noch (7.000 · DM 10,– =) DM 70.000,– betragen wird. Der Teilkostenansatz führt über die Analyse der entscheidungsrelevanten Kosten zu dem Ergebnis, daß die Erfolgssituation über eine Produktionsausdehnung bis hin zum Maximalabsatz verbessert werden kann, solange der Kostenzuwachs je Stück unter dem Stückerlös liegt. Aus der Sicht wäre es also auch vertretbar, die ungenutzte Produktionskapazität (1.000 x) auszulasten, selbst wenn diese Mehrproduktion nur noch niedrigste Deckungsbeiträge lieferte. Im Beispiel würde bei einem Verkaufspreis, der mit DM 181,– die variablen Kosten nur um DM 1,– übersteigen würde, noch ein weiterer Verlustabbau um DM 1.000,– erreicht. Daß es sich hierbei nicht unbedingt um eine praxisrelevante Aussage handelt, geht schon daraus hervor, daß dann der Hauptnachfrager sicherlich auch nur für DM 181,–/x einkaufen möchte . . . Um die direkte Handlungsanweisung geht es aber auch nicht bei den Aussagen der Teilkostenrechnung. Sie ist ebenso nur als Entscheidungshilfe vor allem für kurzfristige Dispositionen heranzuziehen, wie es auch die Vollkostenergebnisse insbesondere für die Langzeitbetrachtung sind.

Die Aussagen, die zuvor für den Einproduktbetrieb getroffen wurden, erfahren im Mehrproduktbetrieb eine erweiterte Bedeutung. Dort ist es nur unter vereinfachenden Hypothesen möglich, die fixen Kosten unterschiedlichen Leistungseinheiten einer bestimmten Kapazitätsauslastung zuzuordnen. Das Teilkostendenken schaltet hier die Störfaktoren aus, die dem Verursachungsgrundsatz der Vollkostenkonzeptionen innewohnen. Innerhalb einer Gesamtkapazität wird auch hier die Maximierung der Deckungsbeitragssumme angestrebt. Das verlangt, Produkte mit hohen Deckungsbeiträgen in der Ausbringung zulasten solcher Produkte zu steigern, die niedrigere Deckungsbeiträge erbringen.

Das Deckungsbeitragskonzept bedeutet im Bereich des Warenhandels, Produkte durchaus „unter Preis" zu verkaufen – wenn damit gemeint ist, daß der auf Vollkostendeckung ausgerichtete Angebotspreis nicht vergütet wird. Konkurrenz- und Nachfragesituationen machen es oft erforderlich, Produkte im Hinblick auf ihren (angenommenen) Fixkostenanteil von anderen Produkten mittragen zu lassen. Im Wege des sog. **kalkulatorischen Ausgleichs** wird darauf abgestellt, durch die Summe der Leistungsentgelte die Gesamtkosten zu decken und eine Risikoprämie zu erzielen. Solange einzelne Erzeugnisse die Deckungsbeitragssumme erhöhen und für sie keine erfolgsstärkeren Alternativen vorliegen, ist auch das Angebot relativ erfolgsschwacher Produkte zielentsprechend. Als allgemeine Handlungsnorm des erwerbswirtschaftlich ausgerichteten Betriebes kann damit auch die **Maximierung der Deckungsbeitragssumme** formuliert werden. Sie schließt die Verlustminimierung ein und leitet hinüber zum Gewinnziel.

Nach dem vorgetragenen Inhalt des Teilkostendenkens könnte gefolgert werden, daß damit doch die weitere Entwicklung und Anwendung von Vollkostensystemen überflüssig sei. Bei diesem Gedanken wird jedoch übersehen, daß aus erzielten Deckungsbeiträgen weder auf Gesamtkostendeckung noch auf Gewinn geschlossen werden kann. Die Frage nach der letztlich angestrebten Erfolgswirkung der betrieblichen Tätigkeit wird erst unter Einschluß der fixen Kosten beantwortet.

Nach marktwirtschaftlichen Betriebszielen muß langfristig die Deckungsbeitragssumme ausreichen, die fixen Kosten zu decken. Entsprechend sind weiterhin Vollkostensysteme zur langfristigen stückbezogenen Leistungskontrolle erforderlich. Langfristig werden ja auch immer größere Teile der Kosten veränderbar, entscheidungsrelevant. Wenn jedoch die Entscheidung über die Betriebsbereitschaft mit ihren kapazitätsfixen Periodenkosten getroffen ist, können innerhalb dieses Handlungsbereiches weitere Entscheidungen sinnvoll nur nach Teilkostenkonzeptionen getroffen werden.

KONTROLLFRAGEN:

(106) Worin könnte der Denkansatz zum „Gesetz der Massenproduktion" liegen?

(107) Besteht ein Unterschied zwischen Grenzkosten und variablen Stückkosten?

(108) Mit einer anschaulichen Übersetzung der amerikanischen „sunk costs" in ‚versunkene Kosten' wird der Ausgangspunkt der entscheidungsorientierten Kostenrechnung deutlich umschrieben. Was verbirgt sich materiell hinter diesem Begriff?

(109) Welcher Zusammenhang besteht zwischen der Länge von Planungsperioden und dem Umfang entscheidungsrelevanter Kosten?

(110) Wie läßt sich – anhand selbst gewählter Beispiele – das Wesen des Stückbeitrages erklären?

3.4.3.2. Anwendungsfälle zur Deckungsbeitragsrechnung

3.4.3.2.1. Sortimentsplanung bei Engpaß am Absatzmarkt

Dem zuvor entwickelten Gedanken, für betriebspolitische Maßnahmen nur die wirklich entscheidungsrelevanten Kostenteile heranzuziehen, folgen unterschiedliche Rechenkonzepte. Es hat sich allgemein durchgesetzt, sie unter dem Sammelausdruck **Deckungsbeitragsrechnungen** zusammenzufassen.[1] Diese Benennung bringt klar zum Ausdruck, daß es sich bei diesen Verfahren überwiegend nicht um Kostenrechnungssysteme im eigentlichen Sinn handelt. Vielmehr werden für die Verarbeitung und Aussagefähigkeit der Kostengrößen auch die realisierbaren Erlöse herangezogen. Es handelt sich also letztlich um Verfahren zur Erfolgsplanung. Darin liegt der wesentliche Unterschied zu den allein kostenbezogenen Systemen der Selbstkostenrechnung.

---

1 Die Fachliteratur bietet eine nicht mehr zu übersehende Vielfalt an Rechenkonzeptionen, die jeweils mit Spezialbegriffen belegt werden. Deshalb ist es streng genommen nicht zulässig, von „der" Deckungsbeitragsrechnung zu sprechen. Für die Erarbeitung von Grundlagen zum betriebswirtschaftlichen Rechnungswesen kann aber auf die Detailanalyse und den Methodenstreit zu diesem Thema verzichtet werden. Hier sollen auch nicht die Abweichungen zwischen den begrifflich unterschiedlichen Teilkostenkonzeptionen dargestellt werden. Unter diesem Sammelausdruck wären einzuordnen die Konzeptionen Direct Costing, Marginal Costing, Variable Costing, Grenzkostenrechnung, Grenzplankostenrechnung, Proportionalkostenrechnung, Deckungsbeitragsrechnung, Fixkostendeckungsrechnung.
Aus der überaus umfangreichen Literatur zu dem Gebiet der Teilkostenkonzeptionen sollen hier nur – wegen ihrer anschaulichen, zumeist zusammenfassenden Darstellung – hervorgehoben werden die Ausführungen bei SCHWEITZER/HETTICH/KÜPPER: Systeme der Kostenrechnung, S. 310 ff.; WEBER, H.K.: Betriebswirtschaftliches Rechnungswesen, S. 349 ff. und EISELE, W.: Technik des betrieblichen Rechnungswesens, S. 449 ff.
Wegen der vom allgemeinen Grundkonzept der Deckungsbeitragsrechnung abhebenden Konzeption „relativer Einzelkosten" besonders zu erwähnen und für das weitergehende Studium besonders zu empfehlen sind die Darstellungen von P. RIEBEL in der Aufsatzsammlung betitelt „Einzelkosten- und Deckungsbeitragsrechnung".

Einheitlicher Ausgangspunkt von unterschiedlichen Varianten der Deckungsbeitragsrechnung ist die Trennung der Kosten in kapazitätsfixe und beschäftigungsvariable Teile. Diese **Kostenzerlegung** (auch Kostenauflösung, Kostenspaltung) wird in der Praxis anhand der Kostenartenrechnung unter Berücksichtigung von Erfahrungswerten über Kosteneinflußfaktoren vorgenommen (sog. **empirische, buchtechnische Kostenzerlegung**). Bereits aus einer Betrachtung des Beispieles Arbeitskosten kann deutlich werden, wie differenziert sich der Zusammenhang zwischen Mengenänderung und dadurch bewirkter Kostenänderung in der Praxis stellen wird. So könnte eine Kostenzerlegung hier unter folgenden Gesichtspunkten durchgeführt werden:

Zeit- oder leistungsbezogene Entgelte, Mischformen zeit- und leistungsbezogener Entlohnung, Schichtzulagen, Überstundenzuschläge, periodische Sondervergütungen (Urlaubsgeld, Weihnachtsgeld, Erfolgsbeteiligung), rechtliche Regelungen zur Abbaufähigkeit von Arbeitskosten (bei Kurzarbeit, Kündigung), Breite der Verwendbarkeit bestimmter Arbeitskräfte (produktbezogen, prozeßbezogen, abteilungsbezogen), . . .

Bei der Kostenzerlegung kommt eine globale Zuordnung von Kostenarten zu den Kategorien fix und variabel nicht in Betracht. Vielmehr wird jede Kostenart genau im Hinblick auf ihre Beschäftigungselastizität, ihren **Reagibilitätsgrad**, überprüft und in fixe und variable Teile zerlegt. Damit sind dann schließlich die Gesamtkosten eines Zeitraumes in fixe und variable Kosten aufgeteilt. Wird diese Kostenzerlegung unter dem Gesichtspunkt des reinen Stückbezuges durchgeführt, liegen im Ergebnis die stückvariablen, sog. direkten Kosten und die Betriebsfixkosten vor.

Wenn die erzielten oder erzielbaren Erlöse jeder Produktart bekannt sind, kann mit den Daten aus der Kostenzerlegung der Grundaufbau einer Deckungsbeitragsrechnung entwickelt werden. Er beginnt mit der stückbezogenen Erfolgsplanung und -kontrolle. Dabei gilt es zunächst, die Deckungsbeiträge jeder Produktart (die **Stückbeiträge**) zu ermitteln. Das geschieht mit folgender Rechnung:

ERMITTLUNG DES STÜCKBEITRAGES

Stückerlös einer Produktart
– variable Stückkosten der Produktart

= Deckungsbeitrag/Stück (Stückbeitrag)

Nach *Riebel* gibt der Deckungsbeitrag als „Stückbeitrag“ an, „um wieviel sich das Ergebnis – bei gegebenen Bereitschaftskosten – mit jeder zusätzlichen Einheit, die unter gleichbleibenden Bedingungen beschafft, erzeugt und abgesetzt wird, verbessert bzw. mit jeder wegfallenden Einheit vermindert.“[2] Eine Interpretation des Zusammenhanges, die am Ausgangspunkt des Teilkostendenkens ansetzt, gibt *Adamowsky:* „Der Deckungsbeitrag gibt . . . den wirtschaftlichen Vorteil an, den eine Ja-Entscheidung für eine mögliche wirtschaftliche Aktion der Unternehmung erbringt. Er ist genau der Betrag, um den der Erfolg der Unternehmung kleiner wäre, wenn sie durch eine Nein-Entscheidung sich gegen diese mögliche wirtschaftliche Aktion ausspricht.“[3]

Diese Aussage kann als **Grundregel zur Lösung von Entscheidungsproblemen** bezeichnet werden: Aus dem Vergleich der entscheidungsrelevanten – also der durch die Entscheidungen veränderbaren – Erfolgsbeiträge wird die Handlungsmöglichkeit ausgewählt, die zur Maximierung der Deckungsbeitragssumme führt.

Die für unterschiedliche Produkte ermittelten Stückbeiträge bilden die Grundlage für Entscheidungen zur Sortimentspolitik. Sind innerhalb unveränderbarer Betriebsfixkosten Produkte in unterschiedlichen Mengen hervorzubringen bzw. abzusetzen, richtet sich die Angebotsmenge jeder Produktart nach der Höhe der Stückbeiträge. Die Güter, die den größten Stückbeitrag erzielen lassen, werden zulasten erfolgsschwächerer Güter verstärkt angeboten – solange, bis innerhalb der Gesamtkapazität über den Gesamtabsatz die Deckungsbeitragssumme maximiert ist. Dieser Zusammenhang soll an einem Beispiel erläutert werden:

Fallgestaltung: Sortimentsplanung (1)

In einem Industriebetrieb können mit einer bestimmten Produktionsausstattung drei Produktarten (A, B, C) hergestellt werden. Die kapazitätsfixen Periodenkosten betragen für eine Planperiode DM 200.000,–. Für die Produktarten liegen folgende stückbezogene Informationen vor:

---

2 RIEBEL, P.: Deckungsbeitragsrechnung, Sp. 389 f.
Nicht unbestritten wird die Praxis die Unterstellung von RIEBEL lassen, daß sich die Kostenveränderungen bei Produktionserweiterung und -einschränkung entsprechen. Vielmehr wird auch der Fall eintreten, daß mit der Produktionserhöhung um eine Einheit Kostenteile anfallen, die bei neuerlicher Entscheidung für eine entsprechende Produktionseinschränkung nicht kurzfristig abbaufähig sind. Solche Zusammenhänge der sog. *Kostenremanenz* (Kostenverharrung) sind in Kosten- und Erfolgsplanungen aufzunehmen.

3 ADAMOWSKY, S.: Deckungsbeitragsrechnung, S. 38.

Produktarten	*Stückerlös DM*	*variable Stückkosten DM*	*möglicher Absatz Stück*	*möglicher Gesamtabsatz Stück*
A	*50,–*	*30,–*	*8.000*	
B	*42,–*	*24,–*	*5.000*	*14.000*
C	*33,–*	*12,–*	*2.000*	

Es soll die erfolgsgünstigste Zusammensetzung des Sortiments bestimmt werden.

In der Fallgestaltung ist zunächst ein Engpaß am Absatzmarkt zu erkennen: Der Betrieb kann nicht die Summe der isoliert ermittelten 3 Absatzmengen von 15.000 Stück absetzen, sondern er findet bei 14.000 Stück eine Absatzgrenze vor. Zur erfolgsgünstigsten Sortimentsplanung muß deshalb eine Rangfolge bei den Produktarten festgelegt werden, die bei dem erfolgsschwächsten Erzeugnis eine Produktionsbegrenzung nach sich zieht. Diese Rangfolge der Produktarten richtet sich nach der Höhe erzielbarer Stückbeiträge. Das ist jeweils der Betrag, um den der erzielbare Stückerlös einer Produktart diejenigen Kosten übersteigt, die durch die zusätzliche Produktion dieses (letzten) Stückes angefallen sind. Dabei betrifft dieser Kostenzuwachs wirklich nur den Anstieg der Gesamtkosten durch die Herstellung der letzten Einheit. Die sog. fixen Kosten bleiben unberücksichtigt, weil sie ohnehin schon für die Sicherung der Betriebsbereitschaft angefallen sind. Hier werden nur die Kostenzuwächse mit den – notwendig höheren – Erlöszuwächsen für jedes Stück verschiedener Produktarten verglichen.

Die Rangfolge der Produktarten wird durch die Höhe der Stückbeiträge festgelegt. Der mögliche Gesamtabsatz wird zunächst mit derjenigen Produktart ausgefüllt, welche den größten Stückbeitrag aufweist. Das ist im Beispiel die Produktart C. Hier übersteigen die Stückerlöse (von DM 33,–) die stückbezogenen Mehrkosten (von DM 12,–) um DM 21,–. Dies ist der Beitrag eines Stückes der Produktart C zur Deckung der fixen Kosten – weshalb der Stückbeitrag auch als Deckungsbeitrag eines Stückes bezeichnet werden kann.

Vom Produkt C werden so viele Stücke hergestellt, wie am Markt abgesetzt werden können: Das sind nach den Angaben im Beispiel 2.000 Stück; damit verbleibt eine Absatzmöglichkeit für weitere 12.000.

Den zweithöchsten Stückbeitrag liefert Produkt A mit DM 20,–. Am ungünstigsten schneidet B mit DM 18,– ab. Folglich werden auch von A wiederum so viele Stücke hergestellt, wie der Absatzmarkt aufnehmen kann. Das sind 8.000 Stück – womit von der gesamten Aufnahmefähigkeit des Marktes (14.000 Stück) nun bereits mit den Produktarten A und C insgesamt 10.000 Stück ausgefüllt sind. Die verbleibende Absatzmöglichkeit (4.000 Stück) wird nun mit der erfolgsschwächsten Produktart B genutzt. In einer Übersicht kann der Ermittlungsweg zur Sortimentsbestimmung bis hin zur Errechnung des Planerfolges verdeutlicht werden:

Produktarten	*Stückerlös*	*variable Stückkosten*	*Stückbeitrag (Rang)*	*Absatzmenge Stück*	*Deckungsbeitrag der Produktarten*	
A	*50,–*	*30,–*	*20,– (2)*	*8.000*		*160.000,–*
B	*42,–*	*24,–*	*18,– (3)*	*4.000*		*72.000,–*
C	*33,–*	*12,–*	*21,– (1)*	*2.000*		*42.000,–*
					insgesamt	*274.000,–*
					– Fixkosten	*200.000,–*
					= PLANERFOLG	*74.000,–*

Eine andere Form absatzbezogener Entscheidungsprobleme entsteht aus dem Käuferverhalten bei Preisänderungen. Wenn die Käufer auf unterschiedliche Produktpreise mit Änderungen ihrer Nachfragemengen reagieren, ergibt sich für den Anbieter die Frage nach der erfolgsgünstigsten Preissetzung. Zur Beantwortung dieser Frage müssen neben den Daten zur Kostenlage zusätzliche Informationen über das Käuferverhalten eingeholt werden. Mit einer Fallgestaltung soll eine solche Ausgangslage umschrieben werden:

Fallgestaltung: Sortimentsplanung (2)

Ein Industriebetrieb kann mit einer bestimmten Produktionsausstattung drei Produktarten (A, B, C) herstellen. Die kapazitätsfixen Periodenkosten betragen DM 300.000,–. Stückbezogene Informationen wurden wie folgt ermittelt:

	Produktarten A	B	C
erzielbarer Verkaufspreis bei Absatzmenge bis 5.000 Stück	*25,–*	*30,–*	*40,–*
erzielbarer Verkaufspreis bei Absatzmenge über 5.000 St.	*22,–*	*24,–*	*30,–*
variable Stückkosten	*5,–*	*6,–*	*14,–*

Es können von allen drei Produktarten zusammen höchstens 20.000 Stück hergestellt werden. Aus absatzpolitischen Gründen sollen von jeder Produktart mindestens 1.000 Stück hergestellt werden.

Welches ist die erfolgsgünstigste Mengenkombination zwischen den drei Produktarten?

Die Problemlösung beginnt damit, daß Stückbeiträge ermittelt werden, die bei unterschiedlichen Verkaufspreisen erzielt werden können. Das führt zu folgendem Ergebnis:

	Produktarten A		B		C	
	≤ 5.000	*> 5.000*	*≤ 5.000*	*> 5.000*	*≤ 5.000*	*> 5.000*
erzielbarer Verkaufspreis	*25,–*	*22,–*	*30,–*	*24,–*	*40,–*	*30,–*
variable Stückkosten	*5,–*		*6,–*		*14,–*	
Stückbeitrag (RANGFOLGE)	*20,– (3)*	*17,– (5)*	*24,– (2)*	*18,– (4)*	*26,– (1)*	*16,– (6)*

Die ausgewiesene Rangfolge der Stückbeiträge könnte zu dem Schluß führen, von jeder Produktart 5.000 Stück – zu dem höheren Preis – anzubieten. Damit würde aber die vorhandene Gesamtkapazität nur teilweise ausgelastet. Die Frage ist nun, ob nicht bei einigen Produktarten die nach einer Preissenkung niedrigeren Stückbeiträge letztlich durch die dann größere Absatzmenge zu einem insgesamt höheren Erfolgsbeitrag dieser Produktarten hinführen. Hier ist ein **Optimierungsproblem** zu lösen, für das die **Unternehmensforschung** ("Operations Research") geeignete Rechenverfahren bereithält. Im vorliegenden Fall läßt sich das Ergebnis aber auch durch Probieren ermitteln: Vorteilhaft ist dabei eine Produktart, welche bei Preissenkung den geringsten Rückgang des Stückbeitrages erfährt. Das ist offensichtlich bei Produkt A der Fall. Hier verringert sich der Stückbeitrag nur um DM 3,–; bei B dagegen um DM 6,– und bei C um DM 10,–! Die erfolgsgünstigste Zusammensetzung des Produktions- und Absatzprogramms sieht dann wie folgt aus:

Produktarten	*Stückerlös*	*variable Stückkosten*	*Stück beitrag*	*Absatzmenge Stück*	*Deckungsbeitrag der Produktarten*	
A	*22,–*	*5,–*	*17,–*	*10.000*		*170.000,–*
B	*30,–*	*6,–*	*24,–*	*5.000*		*120.000,–*
C	*40,–*	*14,–*	*26,–*	*5.000*		*130.000,–*
					insgesamt	*420.000,–*
					– Fixkosten	*300.000,–*
					= PLANERFOLG	*120.000,–*

3.4.3.2.2. Sortimentsplanung bei Engpaß im Fertigungsbereich

Nachdem mit mehreren Beispielen planungsrelevante Begrenzungen („**Engpässe**") im Absatzbereich behandelt wurden, soll nun über eine Veränderung der eingangs benutzten Fallgestaltung (1) eine vergleichbare Problemlage im Fertigungsbereich veranschaulicht werden:

Fallgestaltung: Sortimentsplanung (3)

Die Ausgangssituation (1) wies – bei Fixkosten von DM 200.000,– aus:

Produktarten	*Stückerlös DM*	*variable Stückkosten DM*	*möglicher Absatz Stück*	*möglicher Gesamtabsatz Stück*
A	*50,–*	*30,–*	*8.000*	
B	*42,–*	*24,–*	*5.000*	*14.000*
C	*33,–*	*12,–*	*2.000*	

Bei der Datenerhebung blieb bislang unberücksichtigt, daß im Fertigungsbereich nur insgesamt 5.000 Maschinenstunden zur Verfügung stehen. Zudem weisen die Produktarten unterschiedliche Bearbeitungszeiten auf, und zwar erfordert die Herstellung von A = 0,5, B = 0,4 und C = 0,3 Bearbeitungsstunden je Stück.

Welches ist nun die erfolgsgünstigste Zusammensetzung des Produktions- und Absatzprogramms und wie groß ist der Planerfolg?

Die veränderte Aufgabenstellung weist neben dem absatzwirtschaftlichen Engpaß (größter Gesamtabsatz 14.000 Stück; Absatzgrenzen für einzelne Produktarten) zusätzlich einen fertigungstechnischen Engpaß aus. Für die Gesamtmenge aller zu fertigenden Stücke stehen nur 5.000 Maschinenstunden zur Verfügung. Zur Ermittlung des erfolgsgünstigsten Produktionsprogramms sind die verfügbaren Maschinenstunden bestmöglich zu nutzen. Die Betrachtungsweise verlagert sich damit von den Stückbeiträgen der Produktarten zu den **Stundenbeiträgen**. Darunter wird die Verbesserung des Betriebserfolges durch die Nutzung einer weiteren Maschinenstunde verstanden. Zur Ermittlung dieser Erfolgsgröße werden die Stückbeiträge über die für jede Produktart notwendige Bearbeitungszeit relativiert. Für die Produktart A bedeutet ein Stückbeitrag von DM 20,– und eine Bearbeitungszeit von 0,5 Stunden je Stück, daß eine mit der Fertigung von A ausgelastete Maschinenstunde einen Stundenbeitrag von (20/0,5 =) DM 40,– erbringt. Für einen derart relativierten Stückbeitrag ist auch (durch *P. Riebel*) der Ausdruck **relativer** oder **spezifischer Deckungsbeitrag** eingeführt.

Die Rangfolge der Produkte wird durch die Stundenbeiträge bestimmt. Zunächst wird die größtmögliche Absatzmenge derjenigen Produktart hergestellt, welche den größten Stundenbeitrag liefert. Die verbleibenden Maschinenstunden werden auf die rangnächsten Produktarten stufenweise aufgeteilt, bis über die Gesamtauslastung der Fertigungskapazität – in den Grenzen des möglichen Gesamtabsatzes – der bei gegebener Betriebsausstattung größte Deckungsbeitrag erreicht ist. Die Ermittlung des Planerfolges erfolgt dann wie im ersten Aufgabenteil dargestellt. Der Rechenablauf in einer Übersicht:

Produktarten	*Stückbeitrag*	*Maschinenstunden/ Stück*	*Stundenbeitrag (RANG)*	*Stückzahl*	*Maschinenstunden Σ*	*Deckungsbeitrag der Produktarten*	
A	*20,–*	*0,5*	*40,– (3)*	*4.800*	*2.400*		*96.000,–*
B	*18,–*	*0,4*	*45,– (2)*	*5.000*	*2.000*		*90.000,–*
C	*21,–*	*0,3*	*70,– (1)*	*2.000*	*600*		*42.000,–*
						insgesamt	*228.000,–*
						– Fixkosten	*200.000,–*
						= PLANERFOLG	*28.000,–*

Der Informationsnutzen des Teilkostenansatzes – im Vergleich zum Vollkostendenken – kann an der obigen Fallgestaltung verdeutlicht werden. Bei der Vollkostenbetrachtung werden zu den variablen Stückkosten jeder Produktart die Stückanteile an den fixen Kosten hinzugerechnet. Als Verteilungsschlüssel für die Fixkosten bietet sich die unterschiedliche Inanspruchnahme der Betriebsmittel an. Danach kostet eine Maschinenstunde ($\frac{200.000,-}{5.000}$ =) DM 40,–. Die Stückselbstkosten ergeben sich dann aus der Addition von stückvariablen Kosten und dem Fixkostenanteil jeder Produktart, die durch die Bearbeitungszeit für ein Stück bestimmt wird. In der Vollkostenbetrachtung sind zur Erfolgsplanung anschließend die ermittelten Stückselbstkosten den erzielbaren Stückerlösen gegenüberzustellen – wobei als Vorteilhaftigkeitskriterium gilt, wenigstens „auf seine Kosten zu kommen".

Produktarten	*variable Stückkosten*	*Maschinenstunden/ Stück*	*Kosten je Maschinenstunde*	*Maschinenkosten je Stück*	*Selbstkosten Stück*	*Stückerlös*
A	*30,–*	*0,5*	*40,–*	*20,–*	*50,–*	*50,–*
B	*24,–*	*0,4*	*40,–*	*16,–*	*40,–*	*42,–*
C	*12,–*	*0,3*	*40,–*	*12,–*	*24,–*	*33,–*
	↓			↓	↑	

Aus der Sicht der Vollkostenbetrachtung könnte es naheliegen, die Produktart A nicht anzubieten, weil sie lediglich Kostendeckung und keinen Stückgewinn mit sich bringt. Diese Folgerung kann nur dann gezogen werden, wenn durch einen Wegfall von A die Erfolgslage gleich bliebe. Das ist aber nicht der Fall. Die zuvor entwickelte Lösung hatte gezeigt, daß gerade die Produktart A der insgesamt größte Erfolgsträger ist! Sie steuert DM 96.000,– zur Deckungsbeitragssumme aller Produktarten bei und macht dadurch erst das Erreichen der Gewinnzone möglich. Hier wird der Aussagewert vom Rechnen mit entscheidungsrelevanten – weil durch Entscheidungen veränderbaren – Größen besonders offensichtlich.

3.4.3.2.3. Entscheidungsalternative Fremdbezug

Die Daten des Rechnungswesens müssen auf die Planungs- bzw. Kontrollbereiche abgestimmt werden. Jede Entscheidung verlangt als Grundlage eine Aufbereitung entscheidungsrelevanter Informationen. Diese Anforderung an Entscheidungsrechnungen bekommt in einem speziellen Planungsbereich eine wiederum abgewandelte Bedeutung:

Angesprochen ist die Situation, in welcher ein Betrieb vor der Frage steht, ob er eine bestimmte Leistung selbst erbringen soll oder ob er sie von einem anderen Betrieb kauft. Über eine nochmalige Erweiterung der zuvor behandelten Fallgestaltung kann eine solche Situation veranschaulicht werden:

Fallgestaltung: Sortimentsplanung (4)

Ermittlungen am Beschaffungsmarkt führen zu der Information, daß die Produktart C für DM 22,– beschafft werden könnte. Alle anderen Daten zur Erfolgsplanung sind so, wie unter (3) beschrieben, also:

Produktarten	*Stückerlös*	*variable Stückkosten*	*Maschinenstunden-/Stück*	*Absatzgrenze Stück*
A	*50,–*	*30,–*	*0,5*	*8.000*
B	*42,–*	*24,–*	*0,4*	*5.000*
C	*33,–*	*12,–*	*0,3*	*2.000*

verfügbare Maschinenstunden = 5.000

Fixkosten = DM 200.000,–

möglicher Gesamtabsatz = 14.000 Stück

Welchen Einfluß hat die zusätzliche Handlungsmöglichkeit auf die erfolgsgünstigste Zusammensetzung des Produktions- und Absatzprogramms?

Nach einer allgemeinen Anschauung kann dem Fremdbezug nur dann der Vorzug gegeben werden, wenn dieser ‚billiger' ist als die Eigenfertigung. Nach den bereits erarbeiteten Erkenntnissen zum Wesen der fixen Kosten kann mit ‚billiger' nicht auf den Vergleich von Stückselbstkosten und Bezugspreis abgestellt werden. Ausgangspunkt muß immer die Frage sein: Wie verändert sich die Erfolgslage, wenn statt dieser Handlungsmöglichkeit (Eigenfertigung) eine andere (Fremdbezug) gewählt wird? Unter diesem Gesichtspunkt käme dann ein Vergleich der variablen Stückkosten mit dem Bezugspreis in Betracht.

Der Zukauf fremdhergestellter Stücke verursacht variable Stückkosten in Höhe des Bezugspreises *(DM 22,–/Stück)*. Dieselben Stücke können mit variablen Stückkosten von *DM 12,–* hergestellt werden. Wenn jeweils *DM 33,–* als Stückerlös erzielt werden können, scheint die Eigenfertigung mit *DM 10,–* je Stück günstiger zu sein. Diese Aussage soll in der Form überprüft werden, daß zunächst erst einmal die **Entscheidungsalternative** genauer formuliert wird. Gegenübergestellt wird

- der Betriebserfolg bei Zukauf der Produktart C und Mehrproduktion anderer Produktarten

- dem Betriebserfolg bei Auslastung der Fertigungskapazität auch mit der Produktart C und Minderproduktion anderer Produktarten.

Der Sachverhalt kann an einem einzigen Stück der Produktart C deutlich gemacht werden. Die Frage lautet dann: Wie verändert sich der Gesamterfolg, wenn ein Stück nach Eigenfertigung oder Fremdbezug für DM 33,– verkauft wird?

Wenn die Eigenfertigung DM 10,– billiger ist als der Fremdbezug, beträgt der entscheidungsrelevante Erfolgsbeitrag jedes Stückes auch nur DM 10,–. (Zur Erinnerung: Entscheidungsrelevant sind Größen, die durch Entscheidungen veränderbar sind. Hier im Beispiel ist der Betriebserfolg stückbezogen durch diese oder jene Entscheidung um DM 10,– veränderbar.) Der ermittelte **Erfolgsvorteil der Eigenfertigung** wird auch bezeichnet als **Bruttoersparnis der Selbstherstellung.**[1] Dieser Mehrerfolg eines Stückes muß nun nach den bereits erläuterten Rechenschritten mit den Erfolgsbeiträgen der anderen Produktarten verglichen werden. Weil im Beispiel keine unbegrenzte Maschinenkapazität zur Verfügung steht, werden die Stückbeiträge der Produktarten zunächst wieder über die Bearbeitungszeiten relativiert. Das führt zu den Stundenbeiträgen der unterschiedlich genutzten Maschinenstunden (relative Deckungsbeiträge). Für die Produktart C könnte genauer von einer **relativen Bruttoersparnis** gesprochen werden. In einer Übersicht wird die neue Rangfolge der Produktarten ersichtlich:

Produktarten	*Stückerlös*	*variable Stückkosten Eigenfertigung*	*Fremdbezug*	*Stückbeitrag*	*Bruttoersparnis*	*Maschinenstunden/ Stück*	*Stundenbeitrag (RANG)*
A	*50,–*	*30,–*	*–*	*20,–*	*–*	*0,5*	*40,–(2)*
B	*42,–*	*24,–*	*–*	*18,–*	*–*	*0,4*	*45,–(1)*
C	*33,–*	*12,–*	*22,–*	*–*	*10,–*	*0,3*	*33,33(3)*

Gegenüber der Ausgangssituation dieser Fallgestaltung verliert nun die Produktart C ihre Spitzenstellung in der Erfolgskraft. Es ist jetzt günstiger, die Fertigungskapazität mit den Produktarten A und B auszulasten und den Gesamtabsatz beim Produkt C durch den Fremdbezug

1 Zu den zahlreichen Vorschlägen zur Begriffsbildung vgl. RIEBEL, P.: Deckungsbeitragsrechnung, S. 617 und ausführlich MÄNNEL, W.: Die Wahl zwischen Eigenfertigung und Fremdbezug, insbes. S. 69 f.

herbeizuführen. Dieses Produkt wird gar nicht mehr selbst hergestellt. Aufgrund dieser Entscheidung zur Produktions- und Absatzplanung kommt es zu folgenden Erfolgswirkungen:

Produktarten	*Stückbeitrag*	*Absatzmenge Eigenfertigung*	*Absatzmenge Fremdbezug*	*Maschinenstunden Σ*	*Deckungsbeitrag der Produktarten*	
A	*20,–*	*6.000*	*–*	*3.000*		*120.000,–*
B	*18,–*	*5.000*	*–*	*2.000*		*90.000,–*
C	*11,–*	*–*	*2.000*	*–*		*22.000,–*
					insgesamt	*232.000,–*
					– Fixkosten	*200.000,–*
					= PLANERFOLG	*32.000,–*

Durch die Umstellung auf Fremdbezug bei der Produktart C wird der Planerfolg von DM 28.000,– auf DM 32.000,– erhöht. Die Ursache für das Ausmaß der Erfolgssteigerung liegt einmal darin, daß anstelle von zuvor nur 4.800 Einheiten der Produktart A nunmehr die höhere Nachfragemenge von 6.000 Stück ausgenutzt wird, was zu einer Erhöhung des Deckungsbeitrages dieser Produktart um DM 24.000,– führt. Dieser Erhöhung des Bruttoerfolges vor Fixkostendeckung steht aber eine Abnahme des Deckungsbeitrages bei der Produktart C von DM 42.000,– auf DM 22.000,– gegenüber. Damit verbleiben von der Erfolgssteigerung durch das Produkt A letztlich nur DM 4.000,– als Erhöhung des Planerfolges durch die neue Situation im Fertigungs- und Absatzbereich.

Aufgabe 28

Das Fertigungs- und Absatzprogramm eines Unternehmens setzt sich aus 4 Produktarten zusammen. Alle Produktarten können selbst hergestellt werden. Es ist aber auch möglich, daß Produkt D von einem anderen Hersteller einzukaufen. Für den nächsten Leistungszeitraum ist die erfolgsgünstigste Zusammensetzung des Fertigungs- und Absatzprogramms zu planen. Hierfür liegen folgende Informationen vor:

Erzeugnisarten	*Verkaufspreis DM*	*variable Stückkosten bei Eigenfertigung DM*	*variable Stückkosten bei Fremdbezug DM*	*Maschinenstunden je Stück*	*größtmöglicher Absatz Stück*
A	90,–	74,–	–	0,4	2.000
B	80,–	59,–	–	0,7	1.500
C	95,–	70,–	–	0,5	3.000
D	70,–	40,–	60,–	0,8	2.000

Zur Verfügung stehen insgesamt 3.000 Maschinenstunden. Die Fixkosten belaufen sich auf DM 80.000,–/Periode.

1. *Es ist das erfolgsgünstigste Fertigungs- und Absatzprogramm mit dem erzielbaren Planerfolg zu ermitteln.*
2. *Bei einer Überprüfung der fertigungstechnischen Voraussetzungen wird festgestellt, daß nach einer Änderung, die zu einer Erhöhung der Fixkosten um DM 2.000,– führt, das Produkt D mit nur 0,6 Maschinenstunden hergestellt werden könnte. Es ist zu überprüfen, ob diese Datenänderung zu einer anderen Zusammensetzung des Fertigungs- und Absatzprogramms führt.*

Aufgabe 29

Ein Unternehmer will eine Erfolgskontrolle für seine zwei Produkte durchführen. Für die Kontrollperiode t_1 liegen folgende Daten vor:

	Produkt A	*Produkt B*
Verkaufspreis/Stück	DM 10,–	DM 9,–
variable Stückkosten	DM 6,50	DM 5,–
verkaufte Menge	6.000 Stück	12.000 Stück

Die kapazitätsfixen Periodenkosten betrugen DM 40.000,–. Bei Markterkundigungen wurde festgestellt, welche Absatzveränderungen durch Preisänderungen bewirkt worden wären. Bei jeder Produktart führte – auf der Grundlage der obigen Daten – eine Preiserhöhung um 5 % zu einem Absatzrückgang um 15 %

oder *es führte eine Preissenkung um 5 % zu einer Absatzsteigerung um 15 %.*

a) *Wie groß ist der Erfolg (Gewinn/Verlust), der in der Kontrollperiode erzielt wurde?*

b) *Wie hätten die Produktpreise angesetzt werden müssen, um das beste Periodenergebnis (Gewinn/Verlust) zu erzielen?*

Aufgabe 30

In einem Unternehmen soll ein neuer Mitarbeiter A eine Erfolgskontrolle für die abgelaufene Periode t_i durchführen. Diese Periode war durch folgende Situation gekennzeichnet:

Es wurden 3 Sorten (x_1, x_2, x_3) produziert, und zwar 20.000 x_1,
25.000 x_2
und 14.000 x_3.

Die Gesamtkosten betrugen DM 155.000,–.

Erfahrungen führten zur Kostengewichtung zwischen x_1, x_2, x_3 mit 0,8 : 1,0 : 1,5. Die Produkte wurden einheitlich mit einem Gewinnaufschlag von 20 % auf die Selbstkosten angeboten und vollständig verkauft.

a) Auf der Grundlage der oben aufgeführten Informationen sind zunächst zu ermitteln
1) die Verkaufspreise jeder Sorte,
2) der gesamte Umsatzerlös in t_i und
3) der Periodenerfolg in t_i.

b) Für eine Beurteilung der Erfolgssituation ermittelt A zusätzlich die variablen Stückkosten für t_i mit DM 1,40/x_1; DM 2,05/x_2 und DM 3,40/x_3.

Er stellt fest, daß innerhalb der Gesamtkapazität von 59.000 x/Periode alle Mengenverhältnisse hervorzubringen und zu den unter a) ermittelten Preisen abzusetzen gewesen wären, die mindestens 8.000 x je Sorte und höchstens 30.000 x je Sorte umfassen.

Mit welchen Daten und Argumenten wird A die Unternehmensleitung über Planungsfehler unterrichten?

3.4.3.2.4. Erfolgskontrolle von Produktarten und Leistungsbereichen

Das Rechnen mit Teilkosten und Deckungsbeiträgen wird nicht nur benutzt zur Planung des Produktions- und Absatzprogramms. Es wird auch verwendet für eine Erfolgskontrolle abgeschlossener Leistungszeiträume. Dabei wird zunächst im Wege einer **Kostenträgerzeitrechnung** (auf Teilkostenbasis) für jede Produktart ermittelt, welchen Gesamtbetrag sie zur Fixkostendeckung lieferte. Hierzu werden die insgesamt erwirtschafteten Umsatzerlöse einer jeden Produktart den dafür angefallenen direkten (variablen) Kosten gegenübergestellt. Die Differenz ist der Deckungsbeitrag, der von dieser Produktart insgesamt erbracht wurde. Hier ist bereits ein Vergleichsmaß für die unterschiedliche Erfolgsfähigkeit von Produktarten erkennbar. So können einzelne Erzeugnisse zwar relativ niedrige Stückbeiträge aufweisen – vergleichsweise größere Umsatzzahlen lassen sie dann aber doch zu wichtigen Erfolgsträgern im Gesamtsortiment werden.

Die Deckungsbeiträge aller Produktarten stellen den **Betriebserfolg vor Fixkostendeckung** dar. In einem nächsten Rechenschritt wird dann von der produktbezogenen Erfolgskontrolle zur Ermittlung des Betriebserfolges übergegangen:

DECKUNGSBEITRAGSRECHNUNG
(Grundkonzeption)

	Produktarten A	Produktarten B	Produktarten C
Umsatzerlöse t_i	300.000,--	210.000,--	66.000,--
- variable Kosten t_i der Produktarten	180.000,--	120.000,--	44.000,--
= Deckungsbeitragssumme t_i der Produktarten	120.000,--	90.000,--	22.000,--
Deckungsbeitragssumme t_i aller Produktarten	232.000,--		
- Betriebsfixkosten t_i	200.000,--		
= Betriebserfolg t_i	+ 32.000,--		

In der Übersicht **(Deckungsbeitragsrechnung)** wird auf die Daten des zuletzt angesprochenen Beispiels zur Sortimentsplanung zurückgegriffen. Die Einzelinformationen über die Produktarten – wie Stückerlös und Absatzmenge – treten hier zugunsten des Einblicks in die gesamte Erfolgswirkung der Produktarten zurück.

In der oben dargestellten Betriebserfolgsrechnung stehen den gesamten Deckungsbeiträgen die Betriebsfixkosten als Block gegenüber. *Rummel* hat deshalb hierfür den Ausdruck **Blockkostenrechnung** geprägt.[1] In anderen Begriffsbildungen für diesen Rechenablauf wird hervorgehoben, daß hier die Fixkosten ohne eine Aufteilung abgerechnet werden. Sie führen zur Bezeichnung des Rechensystems als **einstufige Fixko-**

1 Vgl. RUMMEL, K.: Einheitliche Kostenrechnung, S. 209 ff.

stendeckungsrechnung oder als **variable costing mit summarischer Fixkostendeckung.**[2]

Der entscheidende Mangel der summarischen Fixkostendeckung besteht darin, daß die tatsächlichen Zusammenhänge im Entstehen der Betriebsfixkosten nicht genügend beachtet werden. Es ist nämlich keineswegs immer so, daß die Fixkosten für den Gesamtbetrieb in unveränderlicher Höhe anfallen. Vielmehr zeigt eine genauere Analyse, daß die Betriebsfixkosten aufgefaßt werden können als Summe durchaus beeinflußbarer Bereichskosten und nur einem Teil wirklich auf den Gesamtbetrieb bezogener Kosten. Bei der summarischen Fixkostendeckungsrechnung werden somit die Möglichkeiten einer aussagesteigernden Kostenanalyse nicht ausgeschöpft. Dieser Zusammenhang sowie die daraus entwickelte Form der Erfolgsanalyse soll mit einigen praxisbezogenen Erläuterungen weiter veranschaulicht werden.

Wenn im industriellen Mehrproduktbetrieb eine Kostenzerlegung durchgeführt wird, tritt zumeist der Fall ein, daß bestimmte Kostenarten für mehrere Güterarten (Produktgruppen, Artikel) gemeinsam anfallen und deshalb eine Zurechnung der Kosten auf einzelne Stücke als variable Kosten entfällt. Nun sind aber diese Kostenarten nicht nur veränderbar, wenn der Betrieb stillgelegt würde. Sie sind schon veränderbar, wenn auf die Fertigung dieser Produktgruppe verzichtet würde. Beispiele hierfür sind Abschreibungen auf den Anlagenbestand für diese Gruppenproduktion oder Personalkosten der technischen Leitung dieses Bereichs. Aus der Sicht der Stückrechnung handelt es sich zwar weiter um Betriebsfixkosten. Aus der Sicht einer abteilungsbezogenen, produktgruppenbezogenen Betriebsanalyse liegen aber bereits (mittelfristig) variable Kosten vor: Würde dieser Fertigungsbereich aufgegeben, verringerten sich (mittelfristig) die Gesamtfixkosten um diese speziellen Bereichskosten – oder es könnten auch andere Abteilungen dieses Leistungspotential kurzfristig für ihre Aufgaben zur Verfügung gestellt bekommen. Damit würde dieser Verbrauch auch *dort* als Kosten anfallen.

Eine Erfolgsanalyse sollte deshalb nicht nur auf den reinen Stückbezug abgestellt sein. Zunächst müßte jede Abteilung erst einmal daraufhin untersucht werden, ob sie in der Lage ist, mit der Summe ihrer Stück-

2 Zu den begrifflichen und rechentechnischen Unterschieden vgl. insbes. SCHWEITZER, HETTICH, KÜPPER: Systeme der Kostenrechnung, S. 317 ff. und MOEWS, D.: Zur Aussagefähigkeit neuerer Kostenrechnungsverfahren, S. 25 ff.

beiträge ihre abteilungsbezogenen Kosten zu decken. Erst wenn das der Fall ist, leistet sie auch (Rest-)Deckungsbeiträge zur Deckung der eigentlichen Betriebsfixkosten.[3]

Auch am Beispiel des Handelsbetriebes kann der obige Zusammenhang veranschaulicht werden. Sicherlich gilt auch hier zunächst immer die Grundregel, daß jeder Artikel als Stückerlös mehr erzielen muß als den Umfang seiner direkten Kosten. Auch gilt die weitere Grundregel zur Sortimentsgestaltung, wonach die Artikel in der Rangfolge ihrer Stückbeiträge in das Sortiment aufgenommen werden. Zusätzlich ist aber zu beachten, daß die Abteilungen bzw. Produktgruppen über ihre Abteilungskosten hinaus auch noch Beiträge zur Deckung der Betriebsfixkosten liefern sollten. Hier nähert sich auch das Deckungsbeitragsdenken wieder den Vollkostenkonzeptionen, soweit es die Vorstufe der Stückrechnung, die Bereichs- bzw. Stellenrechnung anbelangt. Jede Abteilung sollte zunächst einmal kostendeckend arbeiten, wenn nicht marktpolitische Gründe Anlaß dazu geben, auch die erfolgsschwachen Bereiche aufrechtzuerhalten. Dies kann dann der Fall sein, wenn Untersuchungen über das Ausmaß des Erfolgsausgleichs zu dem Ergebnis führen, daß einzelne Abteilungen zwar nicht ihre Gesamtkosten decken, sie aber indirekt in anderen Abteilungen für einen Verlustausgleich sorgen.

Wenn die Deckungsbeitragsrechnung aussagefähige Informationen zur Erfolgsplanung und -kontrolle liefern soll, müssen die Betriebsfixkosten nach Verursachungsbereichen aufgeteilt werden. Auch hier stellt sich das Problem einer **Kostenzurechnung** – allerdings nicht in der Weise, wie es bei Vollkostenkonzeptionen der Fall ist. Hier genügt es, die ausschließlich abteilungs- bzw. produktgruppenvariablen Kosten zu ermitteln, weil nur sie innerhalb einer vorgegebenen Betriebsausstattung entscheidungsrelevant sein werden. Auf das Beispiel bezogen, das bereits mehrfach zur Erläuterung von Abrechnungsfragen

3 Vgl. zu diesen Zusammenhängen insbes. RIEBEL, P.: Einzelkosten- und Deckungsbeitragsrechnung, S. 263 ff. Bei ihm wird die Darstellung im wesentlichen auf Fragen zur Preispolitik bezogen:
„Von dem Gesamt-Deckungsbedarf einer Unternehmung läßt sich aber stets nur ein Teil direkt den einzelnen Verkaufsabteilungen, Produktgruppen, Teilmärkten und sonstigen preispolitischen Entscheidungsbereichen zurechnen. Es bleibt stets ein mehr oder weniger großer gemeinsamer Rest, zu dem auch der angestrebte Gewinn gehört, der letztlich durch alle Verantwortungs-, Dispositions- oder Leistungsbereiche gemeinsam erwirtschaftet werden muß. Dieser gemeinsame Deckungsbedarf sollte den Verantwortungs- oder Dispositionsbereichen für die Preispolitik nicht nach schematischen Schlüsseln, wie in der Vollkostenrechnung, vorgegeben werden, sondern aufgrund unternehmungspolitischer, insbesondere absatzpolitischer Überlegungen." (S. 264)

im Handelsbetrieb herangezogen wurde[4], soll eine abgestufte Fixkostendeckungsrechnung entwickelt werden. In einer ersten Stufe werden die Stückbeiträge ermittelt, die in ihrer abteilungsbezogenen Summe als **Deckungsbeitrag I** bezeichnet werden sollen. Von diesem Deckungsbeitrag I sind die abteilungsvariablen Kosten abzuziehen, um zum **Deckungsbeitrag II** zu gelangen. Diese Restdeckungsbeiträge aller Abteilungen stehen zur Deckung der eigentlichen Betriebsfixkosten zur Verfügung.

MEHRSTUFIGE DECKUNGSBEITRAGSRECHNUNG

	Produktgruppe (Abteilung)		
	I	*II*	*III*
Umsatzerlöse t_i	*440.000,--*	*700.000,--*	*860.000,--*
- variable Kosten t_i der Produktarten	*220.000,--*	*420.000,--*	*602.000,--*
= DECKUNGSBEITRAG I (Stückbeiträge t_i)	*220.000,--*	*280.000,--*	*258.000,--*
- variable Kosten t_i der Produktgruppe (Abteilung)	*96.000,--*	*92.000,--*	*82.000,--*
= DECKUNGSBEITRAG II (Gruppen- bzw. Abteilungsbeitrag t_i)	*124.000,--*	*188.000,--*	*176.000,--*
Summe der Gruppen- bzw. Abteilungsbeiträge t_i		*488.000,--*	
- Betriebsfixkosten t_i		*174.200,--*	
= Betriebserfolg t_i		*+ 313.800,--*	

4 Vgl. zu den Ausgangsdaten den Abschnitt 3.3.1. In dem Handelsbetrieb waren drei Abteilungen gebildet worden. Sie wiesen für den Zeitraum t_i folgende Daten auf:

	Abteilung		
	I	II	III
Umsatzerlöse t_i	440.000,–	700.000,–	860.000,–
Wareneinsatz t_i	220.000,–	420.000,–	602.000,–

Die Gesamtkosten der Kontenklasse 5 beliefen sich auf DM 444.200,–. Darin enthalten sind abteilungsvariable Personalkosten mit DM 96.000,–/DM 92.000,–/DM 82.000,–. Zu beachten ist, daß der Reingewinn von DM 333.800,– nicht mit dem Betriebserfolg übereinstimmt, weil ein neutraler Gewinn von DM 20.000,– erzielt wurde.

Bei mehrstufigen Deckungsrechnungen bereitet die begriffliche Abgrenzung der Kostengruppen einige Probleme. Im vorgestellten Beispiel können die Personalkosten aus der Sicht der Abteilungen als fixe Kosten bezeichnet werden, weil jeder Mitarbeiter ein zeitbezogen festliegendes Gehalt bekommt. Aus dem Blickwinkel der Betriebsleitung sind diese Kosten aber variabel, weil die Schließung einer Abteilung zur Veränderung der Gesamtkosten führt. Es sollen hier keine Versuche zu einer einheitlichen Begriffsbildung vorgenommen werden – denn dann müßte man schon bei der Benennung der Rechenkonzeptionen (Deckungsbeitragsrechnung / Fixkostendeckungsrechnung) beginnen. Wesentlich für das Verständnis dieser Rechnungen ist deren Ansatz: Abstufung der Erfolgsrechnung in Daten immer größer werdender Entscheidungsbereiche – vom einzelnen Produkt über Produktgruppe, Abteilung (Leistungsbereich) bis hin zum Überbau des Gesamtbetriebes. In den Rechenkonzepten von *Agthe*[5] und *Mellerowicz*[6] ist dieser Ablauf deutlich zu erkennen:

MEHRSTUFIGE FIXKOSTENDECKUNGSRECHNUNG

	BRUTTOERLÖS DER PRODUKTART
-	ERLÖSSCHMÄLERUNGEN (Skonti, Rabatte)
=	NETTOERLÖS DER PRODUKTART
-	VARIABLE KOSTEN DER PRODUKTART
=	DECKUNGSBEITRAG I DER PRODUKTART
-	FIXKOSTEN DER PRODUKTART
=	DECKUNGSBEITRAG II DER PRODUKTART
-	FIXKOSTEN DER PRODUKTGRUPPE
=	DECKUNGSBEITRAG DER PRODUKTGRUPPE
-	FIXKOSTEN DES LEISTUNGSBEREICHS
=	DECKUNGSBEITRAG DES LEISTUNGSBEREICHS
-	BETRIEBSFIXKOSTEN
=	BETRIEBSERFOLG

5 Vgl. AGTHE, K.: Stufenweise Fixkostendeckung im System des Direct Costing, S. 408 ff.
6 Vgl. MELLEROWICZ, K.: Neuzeitliche Kalkulationsverfahren, S. 137 ff.

3.4.3.3. Die Grenzen des Teilkostenkonzeptes

Nachdem die Ausgangspunkte und unterschiedlichen Rechensysteme von grundlegenden Teilkostenkonzeptionen dargestellt wurden, sollen sie abschließend nochmals[1] kritisch im Hinblick auf ihre Anwendungsmöglichkeiten überprüft werden. Dabei wird zunächst eine Auffassung kritisch betrachtet, die in der Teilkostenrechnung ein geeignetes Instrument zur **Preispolitik** sieht. Diese Meinung muß zunächst schon deshalb überraschen, weil ja gerade die überzeugten Teilkostentheoretiker betonen, daß es für die Preisbildung gar keiner Kostenrechnung bedarf. Für die Preisbildung sei vor allem der Markt mit dem Aufeinandertreffen von Angebot und Nachfrage zuständig.[2] Deshalb sei auch die Selbstkostenrechnung für Zwecke der Preisbildung und -kontrolle weitgehend überflüssig. Dasselbe Argument müßte dann aber auch für (besser: gegen) die Teilkostenrechnung gelten. Gleichwohl sieht z.B. *Riebel* auf preispolitischem Gebiet einen wesentlichen Vorteil der Teilkostenrechnung gegenüber Vollkostenrechnungen. Seine Kritik an der Selbstkostenrechnung soll den Ausführungen zur Vorteilhaftigkeit der Teilkostenrechnung direkt gegenübergestellt werden:

---

1 Wesentliche Aussagen zum Anwendungsbereich von Teilkostenkonzeptionen wurden bereits im Abschnitt 3.4.3.1. vorgetragen.

2 Vgl. zu dieser Auseinandersetzung um Aufgabenstellungen der Stückrechnung nochmals Abschnitt 3.4.1. EISELE geht sogar so weit, idealtypische Konzeptionen zu Wirtschaftssystemen zur Grundlage von betriebspolitischen Entscheidungen heranzuziehen: „In Marktwirtschaftlichen Systemen (hat) der einzelne Betrieb keinen direkten Einfluß auf die Preisbildung . . ., weil sich die Preise der Güter durch Angebot und Nachfrage am Markt bilden." (EISELE, W.: Technik des Betrieblichen Rechnungswesens, S. 442). RIEBEL formuliert ähnlich: „In einer Marktwirtschaft werden die Preise grundsätzlich nicht von den Kosten bestimmt, vielmehr bilden sich die Preise im Markt auf Grund des Verhältnisses von Angebot und Nachfrage." Ausdrücklich betont er aber auch, daß die Unternehmer gezwungen sind, ständig Preise und Produktionskosten zu überprüfen, also letztlich aussagefähige Preiskontrollrechnungen erforderlich sind. (Zu Zitat und Zusammenhang vgl. RIEBEL, P.: Einzelkosten- und Deckungsbeitragsrechnung, S. 205.) Zur Kritik an diesen Darstellungen s. insbes. WEBER, H.K.: Betriebswirtschaftliches Rechnungswesen, S. 369 ff.

SELBSTKOSTENNACHTEIL

„Aber auch wenn man die Selbstkostenpreise nur als Richtwert betrachtet, der je nach Marktlage über- oder unterschritten wird, muß es dennoch als unbefriedigend angesehen werden, daß die abzudeckenden Gemeinkosten und der angestrebte Gewinn zunächst je Leistungseinheit schematisch errechnet vorgegeben werden und es dann den Verkaufsorganen von Fall zu Fall überlassen bleibt, mit den Kostenrechnern über mögliche Nachlässe zu feilschen."[3]

TEILKOSTENVORTEIL

„Man kann den für die Preispolitik verantwortlichen Verkaufsorganen einerseits die direkten Kosten bzw. die proportionalen Kosten der einzelnen Leistungen vorgeben und andererseits die absoluten Summen der darüber hinaus zu deckenden fixen und variablen Gemeinkosten – . . . Dabei überläßt man es der Kunst des Verkaufsleiters oder der für die Preispolitik Verantwortlichen, bei welchen Leistungen oder Teilmärkten sie im Rahmen ihrer absatzpolitischen Konzeptionen und Möglichkeiten ihren Dekkungsbedarf hereinholen."[4]

Offensichtlich unterscheidet diese Darstellung nicht hinreichend zwischen Kostenrechnung, Preispolitik und Betriebsorganisation. *Riebel* stellt den Verkäufer mit einer Preisliste oder einem Preisschild an der Ware dem frei entscheidenden Verkaufsleiter gegenüber und rechtfertigt so den andersgearteten Informationsbedarf: Nun „muß die Kostenrechnung den Verkaufsleitern und den für die Preispolitik Verantwortlichen natürlich ganz andere Daten liefern, als das die traditionelle Vollkostenrechnung vermag."[5] Wie anders wird der Verkaufsleiter bei vorgegebenen direkten Stückkosten und insgesamt deckungsnotwendigen Abteilungsfixkosten verfahren, als bei der Warenkalkulation zunächst einmal im Stückerlös einen anteiligen Stückbeitrag vergütet zu bekommen, der ihn näher an die geforderte Kostendeckung seiner Abteilung heranführt? Wie er das macht, durch Anwendung von Zuschlagssätzen, die auf abteilungsspezifische Kostenstrukturen abstellen, oder durch Intuition, durch das Fingerspitzengefühl, wird kaum zur Kritik an den unterschiedlichen Kosteninformationen ausreichen. Intuition, unternehmerische Qualitäten, benötigt der Verkaufsleiter immer – nur werden ihm beide Rechenansätze unterschiedliche Informationen liefern, die es ihm leichter machen können, sich mit seinen preispolitischen Vorstellungen nicht zu sehr von den letztlich immer zu beachtenden Zielen reproduktiver Betriebserhaltung zu entfernen. Denn gerade die Teilkostenrechnung verführt dazu, mit der Erzielung

3 RIEBEL, P.: Einzelkosten- und Deckungsbeitragsrechnung, S. 237.
4 Ebenda, S. 238.
5 Ebenda, S. 238.

von Stückbeiträgen auch schon die Betriebserhaltung gesichert zu sehen. Dazu bedarf es aber immer zusätzlich der Orientierung an den deckungsnotwendigen Gesamtkosten.

Langfristig müssen die Gesamterlöse die Gesamtkosten decken. Deshalb ist es auch unbestritten, die **langfristige Preisuntergrenze** mit den gesamten Stückkosten anzusetzen. Schwieriger wird es, die für aktuelle Entscheidungen maßgebende **kurzfristige Preisuntergrenze** zu bestimmen. Hier soll die Teilkostenrechnung entscheidungsrelevante Informationen liefern, indem sie den deckungsnotwendigen Kostenumfang ermittelt. Welches ist aber der deckungsnotwendige Betrag? Gibt es nur eine mögliche kurzfristige Preisuntergrenze? Nach *Zimmermann* handelt es sich dabei um den „Absatzpreis, bei dem es sich noch lohnt, das Produkt auf dem Markt anzubieten."[6] Aus dieser sehr allgemeinen Formulierung ist nur abzuleiten, daß mit „lohnen" offensichtlich eine erfolgswirtschaftliche Betrachtung verfolgt wird, die auf die Größen Gewinn und Verlust ausgerichtet ist. Damit lohnt sich die Mehrproduktion, wenn dadurch der Periodenerfolg nicht verringert wird. Dieser Ausgangspunkt führt dann häufig zu der Forderung, daß der Stückerlös zumindest die variablen Kosten decken müsse: „Die variablen Stückkosten geben die kurzfristige (absolute) Preisuntergrenze an. Wenn der Preis diese Kosten nicht deckt, dann muß (normalerweise) die Produktion eingestellt werden."[7]

Ob mit dem Umfang variabler Stückkosten wirklich die kurzfristige erfolgswirtschaftliche Preisuntergrenze bestimmt ist, soll an einer einfachen Fallgestaltung überprüft werden:

Fallgestaltung: Preisuntergrenze

Ein Betrieb hat 5.000 Stück eines Artikels zu 80 % fertiggestellt. Es wird festgestellt, daß die Absatzerwartungen viel zu optimistisch eingeschätzt wurden. Zu einem geplanten, gewinnversprechenden Preis können die Güter nicht abgesetzt werden.

Bis zum jetzigen Fertigstellungsgrad fielen folgende variable Stückkosten an:

Fertigungsmaterial	*DM 14,–*
Fertigungslohn	*DM 8,–*
bislang insgesamt	*DM 22,–*

6 ZIMMERMANN, G.: Grundzüge der Kostenrechnung, S. 15.
7 HABERSTOCK, L.: Grundzüge der Kosten- und Erfolgsrechnung, S. 31.

Als Entscheidungsalternativen stehen zur Wahl

1. *Verkauf der 5.000 Stück im gegenwärtigen unfertigen Zustand zu einem Stückerlös von DM 1,50;*
2. *Fertigstellung der Stücke mit zusätzlich entstehenden Stückkosten von DM 8,– und Verkauf für DM 10,– je Stück.*

Wenn die variablen Stückkosten die kurzfristige Preisuntergrenze bestimmen, müßten für die fertig bearbeiteten Stücke mindestens DM 30,– erzielt werden. Daß aber trotzdem die Fertigstellung der Erzeugnisse und ihr Verkauf für DM 10,– die erfolgswirtschaftlich beste Entscheidung ist, geht aus folgender Übersicht hervor:

VERGLEICH DER ENTSCHEIDUNGSALTERNATIVEN

ENTSCHEIDUNGSBEREICH: 5.000 Stück

ENTSCHEIDUNGSALTERNATIVEN	Verkauf ohne weitere Bearbeitung	Verkauf nach weiterer Bearbeitung
ERZIELBARER GESAMTERLÖS	7.500,--	50.000,--
NOCH ENTSTEHENDE KOSTEN	0	40.000,--
ENTSCHEIDUNGSRELEVANTER ERFOLG	+ 7.500,--	+ 10.000,--
ERFOLGSDIFFERENZ		+ 2.500,--
NICHT RELEVANTE KOSTEN	110.000,--	110.000,--
GESAMTGEWINN/-VERLUST	- 102.500,--	- 100.000,--

Bereits angefallene Kosten, auch bereits angefallene variable Stückkosten (DM 110.000,–), haben keinen Einfluß mehr auf betriebspolitische Entscheidungen. Sie liegen bereits vor und sind für alle künftigen Entscheidungsalternativen gleich, also nicht entscheidungsrelevant. Auch die Bestimmung der Preisuntergrenze ist eine Entscheidung, die in die Zukunft zielt. Sie ist nur nach den Kosten auszurichten, die noch zur Entscheidung anstehen. Es gilt für jeden Entscheidungszeitpunkt eine andere Preisuntergrenze. Sie ist durch den Umfang derjenigen Kosten bestimmt, die durch die Entscheidung ausgelöst werden.

Zwischen der Bestimmung von lang- und kurzfristigen Preisuntergrenzen besteht kein methodischer Unterschied. Langfristig sind alle Kosten entscheidungsrelevant, entscheidungsvariabel. Deshalb müssen langfristig die Stückerlöse auch diese Gesamtkosten decken. Andernfalls wäre es besser, die Produktionstätigkeit erst gar nicht aufzunehmen. In der Regel liegen aber keine Informationen über langfristige Kosten- und Erlössituationen vor. Für aktuelle, kurzfristig zu treffende Entscheidungen sind nicht mehr alle Kosten entscheidungsvariabel. Wird für ein Stück mehr erlöst als es selbst – ausgehend von einem Entscheidungstermin – an zusätzlichen Kosten verursacht, lohnt die Produktionstätigkeit. Sie lohnt aber auch nur, solange mindestens die noch zur Disposition stehenden Kosten erlöst werden. Wenn die Entscheidungsalternative nur darin besteht, die Produktion einzustellen und gar keine Stückerlöse zu erzielen, ist mit den jeweils entscheidungsvariablen Kosten die Preisuntergrenze bestimmt.

Stehen zusätzliche Entscheidungsalternativen zur Wahl, die zu anderen Kosten- und Erlöszuwächsen führen, erfährt die Bestimmung der Preisuntergrenze eine Veränderung. Nun richtet sie sich nach den erzielbaren Deckungsbeiträgen. Gewählt wird diejenige Entscheidungsalternative, die den größten Deckungsbeitrag erbringt. Im Beispiel wäre die Fertigstellung der Produkte uninteressant, d.h. erfolgswirtschaftlich betragsgleich mit der Entscheidungsalternative gewesen, wenn nach den verursachten Mehrkosten von DM 8,– auch nur ein Stückbeitrag von DM 1,50 erzielt worden wäre. Die erfolgswirtschaftliche Preisuntergrenze wird also bestimmt durch die Summe aus entscheidungsvariablen Kosten und dem größten Stückbeitrag von Entscheidungsalternativen (im Beispiel DM 8,– + DM 1,50 = DM 9,50). Die Vermittlung derart entscheidungsrelevanter Daten kann nur eine Teilkostenrechnung leisten.

Die obigen Ausführungen zur Bestimmung von erfolgswirtschaftlichen Preisuntergrenzen könnten zu der Annahme führen, daß damit diejenigen Preise vorliegen, deren Erzielung eine Aufrechterhaltung der Betriebsbereitschaft sicherstellt. Das ist aber nicht der Fall. Die Aufrechterhaltung der Betriebsbereitschaft wird nicht unter erfolgswirtschaftlichen, sondern unter rechtlichen und finanzwirtschaftlichen Gesichtspunkten beurteilt. Nach den konkursrechtlichen Vorschriften können erfolgswirtschaftliche Ziele nur unter Einhaltung von zwingenden Nebenbedingungen verfolgt werden. Hierzu zählt allgemein die Aufrechterhaltung der Zahlungsfähigkeit, d.h. anstehende Zahlungsverpflichtungen uneingeschränkt erfüllen zu können, sowie bei kapitalgesellschaftlichen Unternehmungsformen die Bedingung, wonach die Schulden das Vermögen nicht übersteigen dürfen. Zahlungsunfähigkeit und ggf. Überschuldung sind die Begrenzungspunkte freier unternehmerischer Betätigung. Unter diesem Gesichtspunkt bekommt die Bestimmung von Preisuntergrenzen einen anderen Inhalt. Nunmehr ist sicherzustellen, daß das finanzielle Gleichgewicht aufrechterhalten wird und ggf. die Verlusthöhe unter dem existenzgefährdenden Umfang bleibt.

Für die Kontrolle der Überschuldungsgefahr sind im Rechnungswesen keine besonderen Vorkehrungen zu treffen. Sie ergibt sich fast automatisch aus der Verfolgung der oben behandelten Leitlinien zur Erfolgsplanung und -kontrolle und über das Zahlenmaterial, das von der Finanzbuchführung bereitgestellt wird und das ggf. an den besonderen Kontrollzweck angepaßt werden muß.

Die Aufrechterhaltung des finanziellen Gleichgewichts läßt sich dagegen nicht mit erfolgswirtschaftlichen Größen kontrollieren. So kann aus einem erzielten Deckungsbeitrag oder auch aus einem Betriebsgewinn nicht auf die Zahlungsfähigkeit geschlossen werden. Dem steht zunächst der angewendete wertmäßige Kostenbegriff entgegen. Zusatzkosten (z.B. der Unternehmerlohn) führen nicht zu Auszahlungsverpflichtungen, können also auch nicht konkursbegründender Tatbestand sein. Aber auch wenn zum pagatorischen, auf Zahlungsvorgängen aufbauenden Kostenbegriff übergegangen würde, ist damit noch keine Bestimmung finanzwirtschaftlicher Preisuntergrenzen möglich. Kosten umschreiben dann auch immer nur, daß ein Güterverbrauch auf der Grundlage von geleisteten oder zu leistenden Zahlungen verrechnet wird. Ob die Zahlungen bereits geleistet wurden oder wann sie zu leisten sind, ist kein Unterscheidungsmerkmal der Kostenrechnung. Hier versagt dann auch die Aufteilung in fixe und variable Kosten als Entscheidungshilfe. Fixe Kosten können durchaus kurzfristig deckungsnotwendig sein (Gehälter, Mieten, Versicherungen, Steuern). Es kann auch kurzfristig durch die Erneuerung des Anlagenbestandes zu Auszahlungsverpflichtungen kommen, die den Umfang der periodischen Kostenart Abschreibungen weit übersteigen. Andererseits können umfangreichere Vorräte an Rohstoffen vorhanden sein, die bei Verbrauch zu variablen Kosten führen, aber nicht mehr auszahlungsrelevant sind.

Eine rechtlich ausgerichtete Bestandssicherung wird auf der Grundlage von terminierten Zahlungsvorgängen kontrolliert. Dabei wäre die Gleichsetzung variabler Kosten mit Auszahlungen eine Verallgemeinerung, die nicht dem Bedeutungsgrad einer finanzwirtschaftlichen Kontrollrechnung entspricht. Die Anwendung des Deckungsgedankens innerhalb der zahlungsorientierten Betrachtung zwingt zur zeitpunktgenauen Erfassung von Zahlungsansprüchen und -verpflichtungen. Neben die erfolgsbezogene Ermittlung des Deckungsbeitrages ist eine

Rechnung zu stellen, die den erzielbaren (einzahlungsgleichen) Umsatzerlösen die jeweils deckungsnotwendigen Beträge vergleichend gegenüberstellt, um so die zum Erreichen erfolgswirtschaftlicher Ziele erforderliche finanzwirtschaftliche Voraussetzung zu kontrollieren.[8] Ob daraus aber auch der Schluß gezogen werden kann, es gäbe zeitpunktbezogene finanzwirtschaftliche bzw. liquiditätsorientierte Preisuntergrenzen, die von Teilkostenrechnungen zu ermitteln sind, erscheint fraglich. Festgestellt werden kann nur, welcher aktuelle Finanzmittelbedarf besteht und welche aktuellen Deckungsmöglichkeiten durch die Umsatzerlöse vorliegen. Es ist dann die Aufgabe von Finanzplanung und -kontrolle, auch über die anderen Finanzierungsarten (Einlagenfinanzierung, Kreditfinanzierung) die Aufrechterhaltung der Zahlungsfähigkeit sicherzustellen – sofern aus erfolgswirtschaftlicher Sicht eine Fortsetzung der Betriebstätigkeit befürwortet wird.

Der Anwendungsbereich von Teilkostenkonzeptionen soll abschließend im Gesamtzusammenhang von Aufgabenstellungen in der Kosten- und Leistungsrechnung beurteilt werden: Für die Betriebskontrolle, insbesondere aber die Betriebsplanung, müssen entscheidungsrelevante Daten bereitgestellt werden. Die Planungsperioden haben unterschiedliche Längen. Entsprechend sind die entscheidungsrelevanten, entscheidungsvariablen Daten unterschiedlich umfangreich. Ist einmal die Entscheidung über eine bestimmte Betriebsausstattung mit Leistungsvolumen und kapazitätsfixen Periodenkosten getroffen, sind Entscheidungen nur noch auf der Grundlage der innerhalb dieser Gesamtkapazität entscheidungsvariablen Größen zu treffen. Hier liegt der hauptsächliche Anwendungsbereich von Teilkosten- und Deckungsbeitragsrechnungen. Die Planung des Leistungsangebotes nach Art und Umfang (Sortimentsplanung) sowie die Kontrolle erfolgswirtschaftlicher Preisuntergrenzen sind hier vor allem zu nennen. Mit der Ausdehnung von Planungsperioden wird der Arbeitsbereich der Kostenrechnung aber auch die nur kurzfristig wirklich „fixen" Kosten umschließen müssen, damit langfristig – unter Anwendung von Informationen der Vollkostenkonzeptionen – vorgegebene erfolgswirtschaftliche Betriebsziele erreicht werden.

8 Vgl. nochmals die Ausführungen zu den Grundlagen der Finanzplanung im Abschnitt 2.3.2.

KONTROLLFRAGEN:

(111) In einer überregionalen deutschen Tageszeitung wurden im Wirtschaftsteil Probleme in der Anwendung von Teilkostenrechnungen unter folgender Überschrift vorgetragen: „Mit der Deckungsbeitragsrechnung in die Pleite". Welche Argumente werden zur Unterstützung dieser Aussage vorgetragen worden sein?

(112) Wie läßt sich im Mehrproduktunternehmen beim Vorliegen einer Engpaßlage im Fertigungsbereich die erfolgsgünstigste Zusammensetzung des Leistungsprogramms festlegen?

(113) Worin unterscheidet sich die Deckungsbeitragsrechnung von traditionellen Kostenrechnungssystemen?

(114) Welche Abweichungen können zwischen einer erfolgswirtschaftlichen und einer finanzwirtschaftlichen Preisuntergrenze auftreten?

(115) Es wird gesagt, die Maximierung der Deckungsbeitragssumme führe automatisch zum besten Betriebserfolg. Wird mit dieser Aussage auch immer auf den Gewinnfall abgestellt?

Aufgabe 31

Ein Hotel verfügt über 90 Räume, die für Übernachtungen genutzt werden können. Bislang sind hiervon 60 als Zweibettzimmer und 30 als Einbettzimmer ausgestattet. Der Übernachtungspreis beträgt DM 44,– bzw. DM 28,– (ohne Frühstück). An variablen Kosten für Wäschewechsel und Reinigung entstehen pro Tag DM 6,– bzw. DM 4,–. Gegenwärtig beträgt die durchschnittliche Auslastung für Zweibettzimmer 90 % und für Einbettzimmer 70 % (bezogen auf 30 Monatstage).

Unabhängig von der Auslastung des Hotels entstehen monatliche Kosten in Höhe von DM 60.000,– (für Gebäudemiete, angestelltes Personal, Abschreibungen auf die Ausstattung, Fremdkapitalzinsen u.a.). Ein Unternehmerlohn für das geschäftsführende Ehepaar ist nicht berücksichtigt.

Es wäre möglich, alle Räume als Zweibettzimmer auszustatten und dann 90 Zimmer für DM 44,– je Nacht bereitzustellen. Die variablen Kosten je Nacht blieben unverändert. Die fixen Kosten je Monat würden sich auf DM 64.000,– erhöhen. Es ist anzunehmen, daß die Auslastungsquote nach Umstellung auf ca. 80 % sinken wird.

a) Welche Veränderung erfährt der monatliche Erfolg durch die mögliche Umstellung?

b) Angenommen, die nach der Umstellung erwartete Auslastungsquote sei zu optimistisch geschätzt. Welche Auslastung müßte erreicht werden, um denselben Erfolg wie vor der Umstellung zu erzielen?

c) Um die Entwicklung des Unternehmerrisikos zu erkennen, sollen die kostendeckenden Mindestauslastungen vor und nach der Umstellung gegenübergestellt werden. Dabei ist davon auszugehen, daß die Unterschiede in der Auslastung von Ein- und Zweibettzimmern auch bei einem Rückgang der Übernachtungen bestehen bleiben.

3.5. Kostenplanung, Kostenkontrolle und Abweichungsanalyse

3.5.1. Preis- und Verbrauchsabweichungen

Die Kosten- und Leistungsrechnung soll Daten zur Planung und Kontrolle des Betriebsprozesses bereitstellen. Sie erfüllt damit zwei Aufgaben: Zum einen liefert sie Unterlagen, mit denen im voraus die Vorteilhaftigkeit von geplanten Maßnahmen überprüft werden kann. Zum anderen soll sie nach Abschluß eines durchgeführten Vorhabens darüber informieren, ob Vorgabewerte eingehalten werden konnten bzw. in welchem Umfang es zu Planabweichungen gekommen ist und worin diese ihre Ursache haben.

Vor der Durchführung von Leistungsprozessen werden die für eine geplante Produktionsmenge voraussichtlich anfallenden Gesamtkosten ermittelt **(Plankosten)**. Solche Planwerte beruhen auf Annahmen und Schätzungen. Sie bergen grundsätzlich Unsicherheiten in sich. Ursachen hierfür sind interne und externe **Einflußfaktoren:**

- Eine erwartete Ergiebigkeit der Produktionsfaktoren kann über- oder unterschritten werden: Es kommt zu Abweichungen beim **Verbrauch** von Arbeit, Anlagen und Material.
- Die den Planungen zugrunde liegenden **Preise** für Produktionsfaktoren können Änderungen erfahren: Wenn beispielsweise der Einkaufspreis für Fertigungsmaterial steigt, wird selbst beim Einhalten des geplanten (mengenmäßigen) Verbrauchs eine Abweichung zwischen Plankosten und Istkosten auftreten.
- Nicht zuletzt kann es aufgrund von technischen oder absatzpolitischen Einflüssen zu einer anderen **Herstellungsmenge** kommen: Abhängig vom Verhalten einzelner Kostenarten, auf die Mengenänderung zu reagieren – fixe oder variable Kosten! – treten selbst bei eingehaltenem Planverbrauch und Planpreisen Kostenabweichungen auf.

Die oben erläuterten Ursachen für Abweichungen zwischen Ist- und Plankosten treten zumeist nicht isoliert auf. Es kommt zu Verstärkungen der Gesamtabweichung oder zum Ausgleich gegenläufiger Kostenänderungen. Werden beispielsweise weniger Stücke hergestellt als geplant, sinken die Gesamtkosten um beschäftigungsabhängige Kosten. Wegen der geringeren Abnahmemenge an Rohstoffen von Lieferanten können Mengenrabatte entfallen, was zu einer Kostensteigerung beim Material führt. Andererseits ist es in diesem Fall auch denkbar, daß bei geringerer Kapazitätsauslastung die Ausschußquote abnimmt, es also zu einem Minderverbrauch beim Material kommt. Alle denkbaren Fallgestaltungen zu Kosteneinflußgrößen bestätigen nur den hohen Bedeutungsgrad einer Rechnung, deren Aufgabe es ist,

1. den Umfang der gesamten Kostenabweichung zu ermitteln und
2. im Wege einer **Abweichungsanalyse** die Ursachen von Kostenabweichungen aufzudecken. Nach den zuvor erläuterten Einflußfaktoren auf die Kostenhöhe sind – im positiven wie im negativen Sinn – zu ermitteln

- Verbrauchsabweichungen,
- Preisabweichungen und
- Beschäftigungsabweichungen.

Im Mittelpunkt der Abweichungsanalyse stehen die Preis- und Verbrauchsabweichung. Dabei läßt die Preisabweichung erkennen, in welchem Umfang **externe Einflüsse** zu Planabweichungen führten. Zwar kann die Betriebsleitung diesen Faktoren in der Regel wenig entgegenwirken. Trotzdem liegt hier der Ansatzpunkt für eine längerfristige Kontrolle der Erfolgsaussichten des Betriebes, indem das Verhältnis zwischen gestiegenen Faktorpreisen und den Möglichkeiten von eigenen Preiserhöhungen überprüft wird. Bedeutsamer ist die Ermittlung der Verbrauchsabweichung, weil hier die **internen Einflüsse** auf die Kostenentwicklung herausgefiltert werden. Mit diesen Daten werden Änderungen in der Ergiebigkeit der Produktionsfaktoren deutlich gemacht und damit Ansatzpunkte für eine gezielte Leistungskontrolle gegeben.

Fallgestaltung: Kostenkontrolle

Ein Industriebetrieb plante für den Leistungszeitraum t_j die Fertigung von 7.000 Einheiten (x). Für diese Planbeschäftigung wurden als Plankosten ermittelt:

– kapazitätsfixe Periodenkosten		*DM 560.000,–*
– stückvariable Kosten		
– Materialkosten (3 kg/x, DM 35,–/kg)	*DM 105,–*	
– Fertigungslohn	*DM 75,–*	*= DM 180,– je Stück*

Für 7.000 x ergaben sich demnach als Plan-Gesamtkosten DM 1.820.000,–. Am Ende des Leistungszeitraumes werden für eine Gesamtleistung von 7.000 x jedoch Gesamtkosten in Höhe von DM 1.876.000,– ermittelt.

Als einführendes Beispiel ist zunächst ein Fall gewählt, bei dem die Istmenge mit der Planmenge übereinstimmt. Trotzdem ist es zu einer Kostenabweichung gekommen:[1]

KOSTENABWEICHUNG DER ISTMENGE

		im Beispiel
Istkosten der Istmenge	*DM*	*1.876.000,–*
– Plankosten der Istmenge	*– DM*	*1.820.000,–*
= Kostenabweichung der Istmenge	*= DM*	*56.000,–*

Welche Ursachen kann diese Kostenabweichung haben? Man könnte zunächst der Meinung sein, daß sich eine nähere Betrachtung der Fixkosten erübrige, weil es sich dabei um nicht veränderbare Kosten handele. Diese Annahme ist jedoch falsch. Bereits die Definition der fixen Kosten stellt nur darauf ab, daß solche Kostenarten keine Abweichung durch Beschäftigungsänderungen erfahren. Nur dieser Gesichtspunkt wird mit „fix" umschrieben. Aufgrund anderer Einflüsse können sich diese Kostenarten gleichwohl ändern. Ein praxisnahes Beispiel für diese Aussage sind die zeitbezogen anfallenden Arbeitskosten (Gehälter). Diese ändern sich zwar nicht bei unterschiedlichen Auslastungen der Leistungskapazität. Wohl aber ist es der Normalfall, daß sie sich in einem Leistungszeitraum aufgrund von Tarifanpassungen ändern.

Auch bei den Abschreibungen kann es zu Abweichungen zwischen Plan- und Istkosten kommen, wenn der Anlagenverbrauch nach dem Tageswertprinzip ermittelt wird und es zu Preisänderungen bei diesen Gegenständen kommt. Das Ausmaß solcher – extern begründeten – Kostenveränderungen kann auch bei sorgfältiger Kostenplanung nicht vorausgesehen werden. Deshalb sind auch „fixe" Kosten genauer zu betrachten.

Die Abweichungsanalyse beginnt mit der Ermittlung möglicher **Preisabweichungen**, genauer: mit der Ermittlung von Kostenabweichungen, die ihre Ursache in veränderten Güterpreisen haben. Auf diesen ersten

1 Der Rechenablauf zur Ermittlung von (Kosten-)Differenzen ist zweckmäßig so zu gestalten, daß von dem Wertausdruck der neuen Information (z.B. Istkosten) der Vergleichswert aus der alten Information (hier: Plankosten) abgezogen wird. Damit zeigt ein positives Vorzeichen für die Differenzgröße einen Anstieg, ein negatives Vorzeichen auch eine Abnahme der entsprechenden Kontrollgröße.

Analyseschritt kann nur verzichtet werden, wenn Istkosten und Plankosten auf der Grundlage von unveränderten Faktorpreisen ermittelt wurden (Ansatz von Standardkosten, Festpreisen). In diesem Fall werden externe Kosteneinflüsse (durch veränderte Marktpreise) ausgeschaltet – können aber auch nicht in ihrem tatsächlichen Ausmaß beurteilt werden.[2]

Zur Ermittlung von Preisabweichungen sind die Wertkomponenten aller Kostenarten zu überprüfen. Im Beispiel soll dies zu folgendem Ergebnis geführt haben:

Ergänzung zur Fallgestaltung Kostenkontrolle

Eine Überprüfung der Faktorpreise führt zu dem Ergebnis, daß der Preis des Fertigungsmaterials zur Periodenmitte um DM 2,– je kg gestiegen ist.

Der Gesamtumfang preisbedingter Kostenabweichungen kann festgestellt werden, indem die Gesamtkosten des planmäßigen Mengenverbrauchs (Materialmenge 3 kg/x), einmal mit Istpreisen und einmal mit Planpreisen bewertet, miteinander verglichen werden:

Ermittlung der Preisabweichung		*im Beispiel*
Planverbrauch der Istmenge x Istpreis	*10.500 kg/35,–* *10.500 kg/37,–*	*= DM 756.000,–*
– Planverbrauch der Istmenge x Planpreis	*21.000 kg/35,–*	*= DM 735.000,–*
= Preisabweichung der Istmenge		*= DM 21.000,–*

Wenn das gesamte Ausmaß von preisbedingten Kostenabweichungen in einer Kontrollperiode feststeht, kann auch die zweite relevante Abweichungsursache, die **Verbrauchsabweichung**, indirekt ermittelt werden:

Indirekte Ermittlung der Verbrauchsabweichung	*im Beispiel*
Kostenabweichung der Istmenge	*= DM 56.000,–*
– Preisabweichung der Istmenge	*= DM 21.000,–*
= Verbrauchsabweichung der Istmenge	*= DM 35.000,–*

2 Zur Funktion von Festpreisen vgl. nochmals den Abschnitt zur Kostenbewertung, S. 335 ff.

Mit der Verbrauchsabweichung ist die intern begründete Planabweichung erfaßt. Sie drückt aus, in welchem Ausmaß veränderte Faktoreinsatzmengen (Materialmenge, Arbeitsstunden . . .) auf der Grundlage von Istpreisen kostenwirksam wurden. Im Beispiel wurde entweder der Planverbrauch des Materials überschritten oder die Vorgabezeit für die Bearbeitung des Materials konnte nicht eingehalten werden. Über das betriebliche Belegmaterial muß diesen – für eine Produktivitätskontrolle wesentlichen – Größen weiter nachgegangen werden.

3.5.2. Beschäftigungsabweichungen

Das einführende Beispiel untersuchte auftretende Kostenabweichungen an einem Fall, bei dem die geplante Produktionsmenge auch tatsächlich hervorgebracht wurde. In der Praxis wird häufig aber gerade ein Unterschied zwischen Istmenge und Planmenge bestehen:

Fallgestaltung: Beschäftigungsabweichungen

Ein Industriebetrieb plante für die Periode t_j eine Produktionsmenge von 7.000 Stück und ermittelte hierfür Plankosten von DM 1.820.000,–. In t_j wurden dann nur 5.600 Stück produziert. Die Istkosten belaufen sich hierfür auf DM 1.612.800,–.

Treten Abweichungen zwischen Planmenge und Istmenge auf, kann die Kostenkontrolle nicht in der einfachen Weise begonnen werden, wie es im einführenden Beispiel der Fall war. Andernfalls würde aus dem Vergleich von Istkosten mit Plankosten eine ‚Kosteneinsparung' abgeleitet, die ihre Ursache nicht in besserer Nutzung der Leistungsfaktoren hat, sondern zunächst nur auf die geringere Ausstoßmenge zurückgeführt werden muß.

In der Fallgestaltung konnten zwar die Plankosten um DM 207.200,– unterschritten werden. Ursächlich hierfür ist aber zunächst die um 1.400 Stück niedrigere Produktionsmenge.

Kostenkontrolle und Abweichungsanalyse verlangen als Bezugsgrundlage einen **einheitlichen Mengenbezug**. Die Istkosten der Istmenge können nur mit den Plankosten derselben Menge verglichen werden. Weicht nun die Istmenge von der geplanten Menge ab, müssen die Plankosten an die veränderte Menge angepaßt werden.

Der einfachste Weg für eine Umrechnung von Kosten einer Planmenge in diejenigen der Istmenge kann darin gesehen werden, die Kosten entsprechend der prozentualen Beschäftigungsabnahme umzurechnen.

Es wird ein proportionaler Zusammenhang zwischen Ausbringung und Kostenhöhe unterstellt. Ein solches Vorgehen kennzeichnet alle Rechnungen, in denen über die Anwendung festliegender Plan-Stückkosten auf verschiedene Ausbringungsmengen die Plankosten für die tatsächliche Auslastung ermittelt werden. Hintergrund dieses Vorgehens ist der Ansatz der **starren Plankostenrechnung**, die Plankosten nur für eine bestimmte geplante Produktionsmenge ermittelt und daraus dann Plan-Stückkosten ableitet. Für innerbetriebliche Leistungsabrechnungen wird mit diesem **Planverrechnungssatz** (auch: Plankalkulationssatz) gearbeitet:

$$\text{Planverrechnungssatz (Plan-Stückkosten)} = \frac{\text{Plankosten der Planmenge}}{\text{Planmenge}}$$

$$\textit{im Beispiel:} \quad \frac{1.820.000,-}{7.000} = DM\ 260,-$$

Wird der Planverrechnungssatz als Grundlage für eine Umrechnung der Plankosten (der Planmenge) in Plankosten der Istmenge verwendet, kommt es für alle Auslastungsgrade von Null bis zur Kapazitätsgrenze zur Kurve der sogenannten **verrechneten Plankosten**. Im Beispiel steigt diese Kurve mit dem konstanten Planverrechnungssatz von DM 260,–/Stück und führt zu verrechneten Plankosten der Istmenge (5.600 Stück) von DM 1.456.000,–.

Für eine Abweichungsanalyse liegen nun zwei Beträge vor, nämlich die verrechneten Plankosten (der Istmenge) und die Istkosten. Deren Unterschied soll als Kostenabweichung der Istmenge in der starren Plankostenrechnung (ΔK) bezeichnet werden:[1]

1 An sich ist diese Anwendung von Grundlagen der starren Plankostenrechnung schon vom Ansatz her systemfremd. Viele Lehrbücher beschränken sich deshalb auch darauf, den Nutzen dieses Systems bei unterschiedlicher Kapazitätsauslastung zu verneinen. Gleichwohl wird dann aber auch bei innerbetrieblichen Abrechnungen wieder zu dem Planverrechnungssatz gegriffen. Im obigen Zusammenhang soll gezeigt werden, welche Probleme dieses Verfahren mit sich bringt. Ob es sich dabei nur um Anwendungsfälle im Abrechnungsgang zwischen Kostenstellen handelt oder ob diese Denkweise auf das Grundproblem der Kostenkontrolle übertragen wird, ist letztlich gleichgültig. Die Benennung „starre Plankostenrechnung" soll dabei zum Ausdruck bringen, daß die Erhebungen für eine Planbeschäftigung auf Abrechnungen anderer Beschäftigungsgrade angewendet werden. Sie soll nicht ein bestimmtes Rechnungskonzept beschreiben.

Kostenabweichung der Istmenge (starre Plankostenrechnung)

		im Beispiel
	Istkosten der Istmenge	= *DM 1.612.800,–*
–	verrechnete Plankosten der Istmenge	= *DM 1.456.000,–*
=	Kostenabweichung der Istmenge (ΔK)	= *DM 156.800,–*

Welche Rückschlüsse lassen sich aus dieser Kostendifferenz ziehen? Handelt es sich wirklich um Mehrverbrauch an Material und Arbeit oder gestiegene Faktorpreise, die zu einer Kostensteigerung gegenüber dem Vorgabewert geführt haben? Oder ist nicht zunächst ein Denkfehler für das Ausmaß der Kostendifferenz bestimmend?

Ein Blick auf die Ausgangslage im System der starren Plankostenrechnung zeigt, wo das Hindernis für eine aussagefähige Kostenkontrolle liegt.

KOSTENABWEICHUNG DER ISTMENGE

IN DER STARREN PLANKOSTENRECHNUNG

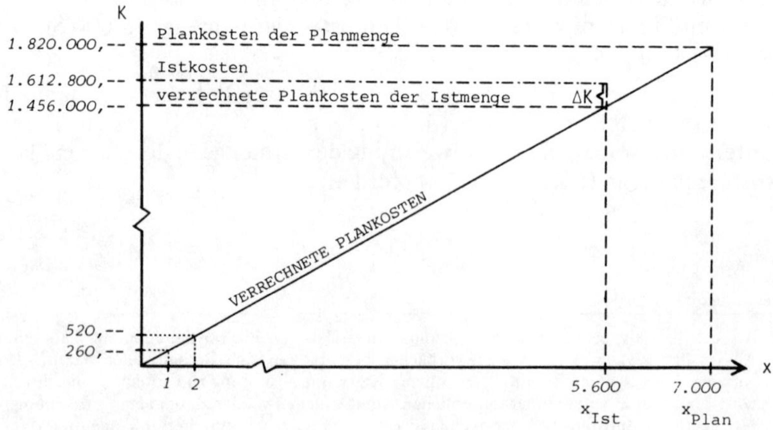

Die Umrechnung von Kosten der Planmenge auf Kosten der Istmenge erfolgt unter der Annahme, daß sich alle Kostenarten gegenüber der Kapazitätsauslastung veränderlich zeigen. Es werden also voll variable

Kosten unterstellt. Diese Voraussetzung wird in der Praxis jedoch nicht gegeben sein. Ein Teil der Kosten wird immer für eine bestimmte Leistungskapazität innerhalb eines begrenzten Zeitraumes fest (fix) sein. Bei einer Abweichung der Istmenge von der Planmenge können solche Kostenarten dann nicht proportional zur Mengenabweichung verändert werden. Damit ist auch der Aussagewert der starren Plankostenrechnung festgelegt: Sie liefert nur dann Grundlagen für eine Kostenkontrolle, wenn die Planmenge auch tatsächlich hervorgebracht wurde. Im Falle einer Beschäftigungsänderung sind die Annahmen zur Umrechnung der Plankosten auf die tatsächliche Produktionsmenge wirklichkeitsfremd.

Für eine aussagefähige Kostenkontrolle müssen die tatsächlichen Kostenveränderungen zur Rechengrundlage gemacht werden. Es müssen Verfahren entwickelt werden, mit denen sich realistische Plankosten für unterschiedliche Produktionsmengen ermitteln lassen. Dies ist die gedankliche Grundlage der **flexiblen Plankostenrechnung**. Dabei ist es in der Literatur eingeführt, den Ausdruck ‚Plankosten' nur für die Kosten der geplanten Menge zu benutzen. Die Plankosten der tatsächlich produzierten Menge werden als **Sollkosten** bezeichnet.

Wie können die Kosten einer geplanten Menge (Plankosten) in die plangemäßen Kosten einer Istmenge (Sollkosten) umgewandelt werden? Notwendig hierfür ist eine genaue Betrachtung jeder Kostenart im Hinblick auf ihre Elastizität, d.h. ihr Verhalten bei Beschäftigungsänderungen. Hier ist nun wieder die Auflösung der Kosten in fixe und variable Teile notwendig. Werden bestimmte Kostenarten als Fixkosten erkannt, können sie definitionsgemäß auch die flexible Kostenplanung vor keine Probleme stellen; sie gelten im geplanten Umfang für jede Menge, die innerhalb der periodischen Leistungskapazität produziert wird.

An die obige Aussage könnte unmittelbar als Folge angeschlossen werden, daß Kosten, die sich bei Mengenvariation nicht ändern können, auch aus einer Abweichungsanalyse herauszuhalten sind. Diesem Vorschlag kann dann gefolgt werden, wenn bei der Bewertung der Kostengüter Festpreise (Standardkosten) herangezogen wurden und damit keine Kostenabweichungen aufgrund von Preisänderungen auftreten können. Andererseits ist dieses Vorgehen in Frage zu stellen, wenn an den Informationsauftrag der Kostenrechnung gedacht wird. Danach sind sowohl die Gesamtkosten des Betriebes bzw. der Kostenstellen als auch die Stückkosten nach Voll- und Teilkostenkonzeption zu ermitteln. Es wird für eine umfassende Erfolgskontrolle deshalb nicht ausreichen, nur die variablen Kosten zu betrachten (sog. **Grenzplankostenrechnung**). Vielmehr sollte eine nach speziellen Informationszwecken mehrstufig gegliederte Kostenkontrolle erfolgen.

Im folgenden soll zunächst eine Analyse der Gesamtkosten erfolgen. Bei der Festlegung der Plankosten wurde nach fixen und (beschäftigungs-)variablen Kostenarten unterschieden:

Ergänzung der Fallgestaltung Beschäftigungsabweichungen

Die geplanten Gesamtkosten von DM 1.820.000,– setzen sich wie folgt zusammen:

kapazitätsfixe Periodenkosten	*DM 560.000,–*
stückvariable Kosten DM 180,–/x für x = 7.000	*DM 1.260.000,–*
	DM 1.820.000,–

Im Beispiel wird unterstellt, daß sich die Gesamtkosten (K) entwickeln nach der Funktion

$$K_{(x)} = 180x + 560.000.$$

Damit lassen sich die Sollkosten einer beliebigen Ausbringungsmenge einfach ermitteln.[1] Für die tatsächliche Menge belaufen sie sich auf

$$\text{Sollkosten}\ (5.600x) = 180 \cdot 5.600 + 560.000 = \text{DM}\ 1.568.000,\text{–}.$$

1 Einfach heißt hier auch, daß diese Kostenfunktion nicht gerade realistisch ist. Konstante Kostenzuwächse oder -abnahmen bei Variation der Ausbringung um eine Einheit (x) sind in der Praxis als Ausnahmefall anzusehen. Deshalb ist auch die zur Sollkostenermittlung vorgeschlagene *Variatormethode* selten sinnvoll anzuwenden. Danach wird – bei konstanten Grenzkosten – ermittelt, um wieviel Prozent sich die Gesamtkosten planmäßig ändern, wenn die Ausbringungsmenge um 10 % vom Plan abweicht. Der Variator wird also bestimmt vom Anteil der variablen Plankosten (der Planbeschäftigung) an den gesamten Plankosten, also

$$\begin{array}{l}\text{variabler}\\ \text{Kostenanteil}\\ \text{der Planmenge}\end{array} = \frac{\text{variable Plankosten x 100}}{\text{Plankosten}} = \frac{1.260.000 \text{ x } 100}{1.820.000} = 69{,}230769\ \%$$

Die ermittelte Prozentgröße bezieht sich auf die Planbeschäftigung (= 100 %). Wenn der Variator (V) als Bezugsbasis eine 10 %ige Beschäftigungsänderung hat, entspricht er auch dem zehnten Teil des ermittelten variablen Kostenanteils (also V = 6,9230769). Die Umrechnung der Plankosten (für 7.000x) in Sollkosten (für 5.600x, also eine Minderproduktion von 20 %) führt nach der Variatormethode zum oben bereits ausgewiesenen Wert von

	DM 1.820.000,–	(Plankosten)
– 2V =	DM 252.000,–	(Kostenabnahme um 13,846154 %)
=	DM 1.568.000,–	(Sollkosten)

Zur Variatorrechnung vgl. PACK, L.: Die Elastizität der Kosten, S. 527 ff. und WEBER, H.K.: Betriebswirtschaftliches Rechnungswesen, S. 343.

Mit der Differenz zwischen Plankosten und Sollkosten ist eine Kostenabweichung bestimmt, die ihre Ursache ausschließlich in der veränderten Produktionsmenge, der Beschäftigung, hat. Sie kann deshalb auch als „echte"[2] **Beschäftigungsabweichung** oder – wegen der Ermittlung aus der Sollkostenkurve – auch als **Sollkostenabweichung** bezeichnet werden:

Ermittlung der echten Beschäftigungsabweichung, ΔB*

	im Beispiel
Plankosten der Istbeschäftigung, Sollkosten	*DM 1.568.000,–*
– Plankosten der Planbeschäftigung	– *DM 1.820.000,–*
= echte Beschäftigungsabweichung (ΔB*) (flexible Plankostenrechnung)	= *DM –252.000,–* *(= plangemäßer Minderverbrauch)*

BESCHÄFTIGUNGSABWEICHUNG IN DER FLEXIBLEN PLANKOSTENRECHNUNG

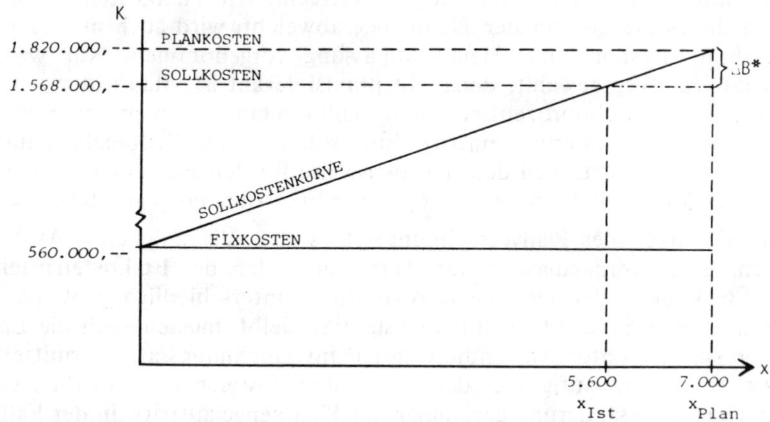

Die echte Beschäftigungsabweichung zeigt den Betrag, um welchen die gesamten Plankosten aufgrund einer Planabweichung in der Produk-

2 Dieser Vorschlag zur Begriffsgebung bei KLOOCK, J., SIEBEN, G., SCHILDBACH, Th.: Kosten- und Leistungsrechnung, S. 216. Auch WEBER betont, daß dies ein Unterschiedsbetrag sei, „den man gut als Beschäftigungsabweichung bezeichnen könnte." (WEBER, H.K.: Betriebswirtschaftliches Rechnungswesen, S. 338).

tionsmenge nur hätten verändert werden dürfen. Der Zusatz „echte" Abweichung deutet an, daß es offensichtlich im Schrifttum auch eine andere Beschäftigungsabweichung gibt. Diese andere Verwendung des Ausdrucks ist auch die geläufigere, die aber gleichwohl hier nicht kritiklos übernommen wird, weil sie vom naheliegenden Wortsinn her nicht so treffend ist wie die oben vorgestellte „echte" Beschäftigungsabweichung. Welcher andere Sachverhalt kann aber nun ebenso als ‚Beschäftigungsabweichung' bezeichnet werden?

Durch eine Änderung der Ausbringungsmenge ändern sich die Gesamtkosten aufgrund steigender oder sinkender variabler Gesamtkosten. Dies ist die Betrachtungsweise der flexiblen Plankostenrechnung. Sie ermittelt echte Beschäftigungsabweichungen als plangemäße Kostenänderung.

Die Anwendung von Plan-Stückkosten aus der starren Plankostenrechnung führt auf eine andere Weise zu einer ‚Beschäftigungsabweichung': Die produzierten Gütermengen werden mit dem Planverrechnungssatz, der auf der Grundlage eines Planbeschäftigungsgrades ermittelt wurde, multipliziert – man ermittelt die verrechneten Plankosten. Wenn nun die Istmenge von der Planmenge abweicht, wird auch in diesem Rechnungssystem eine Mengenanpassung vorgenommen. Nur wird hierzu ein Weg gewählt, der nicht praxisrelevant ist. Man unterstellt, daß bei einer zehnprozentigen Mengenabweichung auch eine zehnprozentige Kostenänderung eintritt. Eine solche totale Kostenelastizität gibt es aber nicht, weil dem beispielsweise für den Fall einer Minderproduktion das Beharrungsvermögen der Fixkosten entgegensteht.

Ein Benutzen des Planverrechnungssatzes über alle möglichen Auslastungsgrade vernachlässigt den Tatbestand, daß der **Fixkostenanteil je Stück** bei jeder möglichen Auslastung unterschiedlich groß ist.[3] Wenn dieser Sachverhalt unberücksichtigt bleibt, müssen auch die Ergebnisse, die unter Anwendung des Planverrechnungssatzes ermittelt werden, zwangsläufig von den Sollkosten abweichen – sobald eine Beschäftigungsänderung gegenüber der Planmenge auftritt. In der Fallgestaltung zeigt sich dieser Sachverhalt wie folgt:

3 Es ist hier nicht die Diskussion zu wiederholen, die zum Anwendungsnutzen von Vollkostensystemen geführt wurde. Oben geht es nicht um die Analyse von Stückkosten, sondern um die Ermittlung von Plan-Gesamtkosten auf der Grundlage (falscher) Plan-Stückkosten. Wenn im System der starren Plankostenrechnung keine Kenntnis über Kostenelastizitäten besteht, bleibt aber auch kein anderer Weg für eine Anpassung der Plankosten an veränderte Ausbringungsmengen.

- *Die Plan-Stückkosten beliefen sich auf DM 260,–. Sie setzten sich zusammen aus dem konstanten Kostenzuwachs für jedes Stück (DM 180,–) und dem auf jedes Stück der Planmenge entfallenden Fixkostenanteil von (560.000 : 7.000=) DM 80,–.*
- *Wird statt der Planmenge von 7.000x nur eine Istmenge von 5.600x erzeugt, würde die Anwendung der Plan-Stückkosten von DM 260,– zu sog.* **verrechneten Plankosten** *von (5.600 · 260 =) DM 1.456.000,– führen. Für interne Kostenverrechnungen wird eine Proportionalität des Kostenverlaufs unterstellt.*
- *Die Anwendung der Plan-Stückkosten auf andere Beschäftigungsgrade führt zu einer falschen Zurechnung von Fixkostenanteilen. Durch Rückgang der Produktion von 7.000x auf 5.600x sind den variablen Stückkosten (DM 180,–) höhere Fixkostenanteile hinzuzurechnen, nämlich (560.000 : 5.600 =) DM 100,– und nicht nur DM 80,–.*
- *Bei der Anwendung des geplanten Stückkostenbetrages entsteht also über die Istmenge von 5.600x eine* **Kostenunterdeckung** *– hervorgerufen durch eine unzulässige Proportionalisierung der Fixkosten – von (5.600 · 20,– =) DM 112.000,–. Dieser Betrag stellt einen Rückgang vorgenommener Fixkostennutzung* **(Nutzkosten)** *bzw. eine Zunahme unterbliebener Fixkostennutzung* **(Leerkosten)** *dar.*

In der starren Plankostenrechnung werden auch die Fixkosten proportional zur veränderten Ausbringungsmenge umgerechnet. Das ist ein offensichtlicher Kalkulationsfehler, der seine Ursache in der Unkenntnis über das Verhalten einzelner Kostenarten hat. Werden die Ergebnisse der starren Plankostenrechnung mit denen der flexiblen Plankostenrechnung verglichen, tritt dieser Kalkulationsfehler deutlich zutage. Für die Istmenge werden unterschiedliche (umgerechnete) Plankosten ausgewiesen: die verrechneten Plankosten (DM 1.456.000,–) und die Sollkosten (DM 1.568.000,–). Bei sonst gleichen Annahmen zeigt die Differenz (DM 112.000,–) das Ausmaß, in dem die starre Plankostenrechnung die tatsächliche Situation im Bereich der fixen Kosten vernachlässigt. Dieser Betrag wird in der überwiegenden Literatur als Beschäftigungsabweichung bezeichnet.[4] *Im Vergleich zu dem naheliegenden Wortsinn sollte sie eher* **sogenannte Beschäftigungsabweichung** *oder im Hinblick auf den sachlichen Hintergrund ihres Entstehens besser* **Verrechnungsabweichung** *genannt werden. Diese Verrechnungsabweichung entsteht durch eine falsche Behandlung der Fixkosten bei der Kostenumrechnung von der Planmenge auf die Istmenge.*

---

4 Es erscheint zweckmäßig, die Ursprünge der Wortgebungen auch anhand originärer Literaturquellen zu erarbeiten. Vgl. zu grundlegenden Arbeiten zur Kostenplanung und Kostenkontrolle insbes. AGTHE, K., Kostenplanung und Kostenkontrolle im Industriebetrieb, hier S. 66 ff.; KILGER, W.: Flexible Plankostenrechnung, S. 68 ff. bzw. PLAUT, H.-G.: Grenzplankostenrechnung und Datenverarbeitung, S. 174. Danach ist die (sog.) Beschäftigungsabweichung „die Differenz von (Plan-)Fixkosten und gedeckten Fixkosten" (PLAUT), „die Differenz zwischen den verrechneten Plankosten und den Sollkosten" oder ganz offensichtlich ein „Kalkulationsfehler" (KILGER).
Zu aktuellen Lehrbuchdarstellungen der Kostenkontrolle vgl. u.a. HABERSTOCK, L.: Grundzüge, S. 115 ff., ZIMMERMANN, G.: Grundzüge, S. 166 ff., KLÜMPER, P.: Grundlagen, S. 130 ff., EISELE, W.: Technik, S. 462 ff. sowie die besonders anschauliche Darstellung bei WEBER, H.K.: Betriebswirtschaftliches Rechnungswesen, S. 330 ff.

Die zuvor entwickelte sog. Beschäftigungsabweichung (ΔB) wird im Vergleich zur echten Beschäftigungsabweichung (ΔB*) mit einer Übersicht veranschaulicht:

ECHTE UND SOGENANNTE BESCHÄFTIGUNGSABWEICHUNG (ΔB*, ΔB)

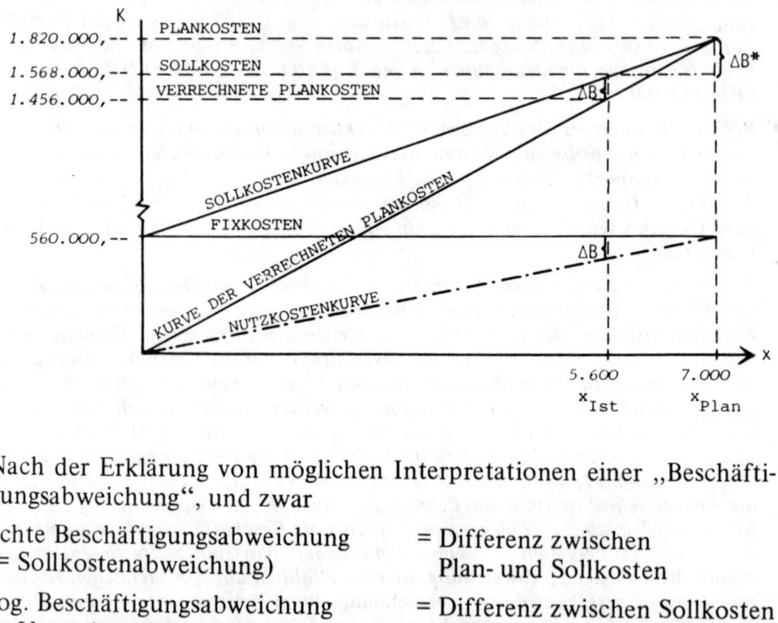

Nach der Erklärung von möglichen Interpretationen einer „Beschäftigungsabweichung", und zwar

echte Beschäftigungsabweichung (= Sollkostenabweichung)	= Differenz zwischen Plan- und Sollkosten
sog. Beschäftigungsabweichung (= Verrechnungsabweichung)	= Differenz zwischen Sollkosten und verrechneten Plankosten,

soll zur eingangs gebildeten Fallgestaltung zurückgekehrt werden. Es sind die weiteren Schritte der Abweichungsanalyse durchzuführen. Die bislang erarbeiteten Teilergebnisse sind:

- *Den Plankosten der Planmenge (DM 1.820.000,–) stehen Plankosten der Istmenge, die Sollkosten (DM 1.568.000,–) gegenüber. Die Differenz (DM 252.000,–) ist die echte Beschäftigungsabweichung durch Produktionsrückgang.*
- *Den Sollkosten (DM 1.568.000,–) stehen höhere Istkosten (DM 1.612.800,–) gegenüber.*

Nachdem die Plankosten der Istmenge (Sollkosten) ermittelt wurden, kann man die für Kontrollzwecke eigentlich bedeutsame Kostenabweichung bestimmen. In Höhe der Differenz zwischen Istkosten und Sollkosten liegt die **Kostenabweichung der Istmenge** (DM 44.800,–) vor. Deren Ursache sind

- veränderte Preise der Produktionsfaktoren
  oder/und
- veränderte Verbrauchsmengen der Kostengüter.

Wurden die Verbrauchsmengen in der Planungs- und Kontrollrechnung mit Festpreisen bewertet, scheidet die erste Ursache (die Preisabweichung) aus. Die Kostenabweichung der Istmenge wäre dann nur durch Mehrverbrauch begründet.

Zur weiteren Behandlung der Fallgestaltung soll wiederum die im vorangegangenen Abschnitt angeführte Ergänzung herangezogen werden:

Ergänzung zur Fallgestaltung Beschäftigungsabweichungen:

Eine Überprüfung der Faktorpreise führt zu dem Ergebnis, daß der Preis des Fertigungsmaterials zur Mitte von t_j um DM 2,– je kg auf DM 37,–/kg gestiegen ist. Der planmäßige Materialverbrauch beträgt 3 kg/x.

Mit den Informationen über Preisänderungen kann die **Preisabweichung** ermittelt werden:

Ermittlung der Preisabweichung

		im Beispiel
Planverbrauch der Istmenge x Istpreis	*8.400 kg/35,–* *8.400 kg/37,–*	*=DM 604.800,–*
– Planverbrauch der Istmenge x Planpreis	*16.800 kg/35,–*	*=DM 588.000,–*
= Preisabweichung der Istmenge		*=DM 16.800,–*

Die ermittelte Preisabweichung sagt aus, daß aufgrund der gestiegenen Preise die Istkosten um DM 16.800,– über den Sollkosten liegen durften – wenn es zu plangemäßem Verbrauch der Produktionsmittel gekommen wäre.

Diese Aussage unterstellt, daß es im Kontrollzeitraum zu keinen Verbrauchsabweichungen gekommen ist. Wenn aber die um Preisabweichungen korrigierten Sollkosten von den Istkosten abweichen, ist es zu einem mengenmäßigen Mehr- oder Minderverbrauch der Produktionsmittel gekommen. Im Gegensatz zur extern begründeten Einflußgröße „Faktorpreise" wird hier die interne Ergiebigkeit im Faktoreinsatz sichtbar. Im Beispiel übersteigt die gesamte Kostenabweichung der Istmenge (DM 44.800,–) die Preisabweichung. Die Differenz ist die **Verbrauchsabweichung**, die mit den vorhandenen Daten indirekt ermittelt werden kann:

Ermittlung der Verbrauchsabweichung

	im Beispiel
Kostenabweichung der Istmenge	*DM 44.800,–*
– Preisabweichung der Istmenge	– *DM 16.800,–*
= Verbrauchsabweichung der Istmenge	= *DM 28.000,–*

Die Verbrauchsabweichung steht im Mittelpunkt der Produktivitätskontrolle. Im einzelnen ist den möglichen Ursachen des Mehrverbrauchs nachzugehen. Beispielsweise ist zu fragen, ob die für jedes Stück geplante Materialmenge von 3 kg überschritten wurde, ob es zu höherem Ausschuß gekommen ist . . . Hier liegen die eigentlichen Felder der betrieblichen Leistungskontrolle. Die Aufdeckung von Schwachstellen mithilfe der Daten des betriebswirtschaftlichen Rechnungswesens gibt die Grundlage für eine zielgerichtete Planung neuer Leistungsprozesse.

Der Zusammenhang zwischen den Kontrollgrößen einer Abweichungsanalyse ist – unter Verwendung von Daten aus der behandelten Fallgestaltung – auf der folgenden Seite in einer abschließenden Übersicht veranschaulicht. Dort ist zunächst zu erkennen, daß bei einer Abweichung der Istmenge von der geplanten Menge die eigentlich interessanten Kontrollwerte, nämlich die Preis- und Verbrauchsabweichung, nur von einer flexiblen Plankostenrechnung vermittelt werden. Zusätzlich treten auch die Zusammenhänge zwischen den beiden Beschäftigungsabweichungen hervor. So ist zu sehen, daß die (sog.) Beschäftigungsabweichung der starren Plankostenrechnung an sich gar kein Kontrollmaß *dieses* Rechensystems ist: Zu ihrer Ermittlung wird immer ein Vergleichswert aus dem Datenmaterial der flexiblen Kostenplanung benötigt – die Sollkosten bzw. die Fixkosten. Damit sollte dann auch gleich der aussagefähigeren flexiblen Plankostenrechnung der Vorzug gegeben werden.

ABWEICHUNGSANALYSE AUF VOLLKOSTENBASIS

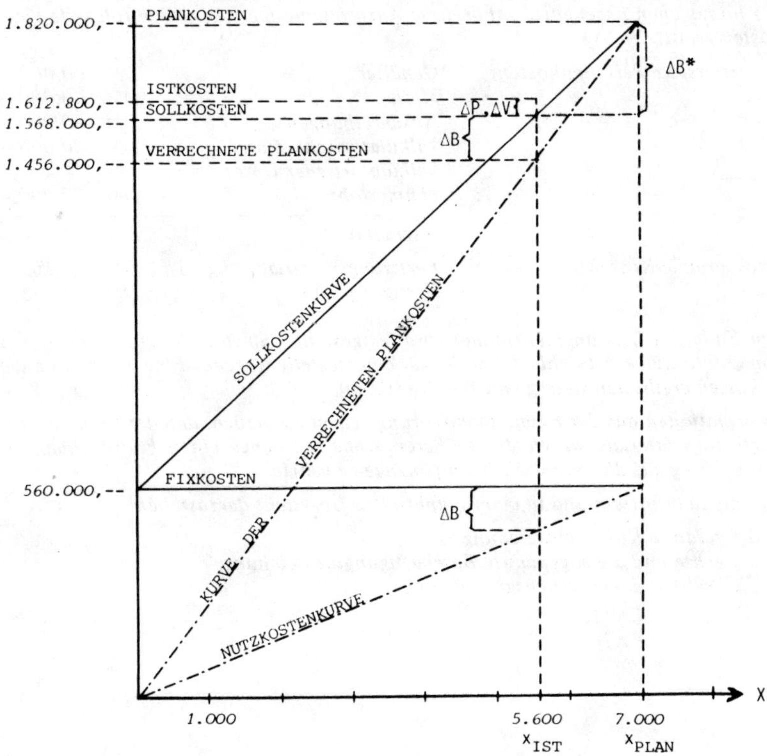

ERLÄUTERUNG DER VERWENDETEN SYMBOLE:

ΔB* = echte Beschäftigungsabweichung

ΔB = sog. Beschäftigungsabweichung (= Verrechnungsabweichung)

ΔP = Preisabweichung

ΔV = Verbrauchsabweichung

Aufgabe 32

Ein Industriebetrieb plante für die Periode t_j die Produktion von 7.000 Stück seines homogenen Erzeugnisses. Für diese Ausbringungsmenge wurden folgende Plankosten ermittelt:

kapazitätsfixe Periodenkosten:	*Gehälter*	*DM 200.000,–*
	Miete	*DM 60.000,–*
	Abschreibungen	*DM 150.000,–*
	kalkulatorische Zinsen	*DM 80.000,–*
	kalkulatorischer Unternehmerlohn	*DM 70.000,–*
	insgesamt	*DM 560.000,–*
stückvariable Kosten:	*Fertigungsmaterial (3 kg/x)*	*DM 105,–*
	Fertigungslöhne	*DM 75,–*

Am Ende des Leistungszeitraumes wird festgestellt, daß statt der geplanten Menge von 7.000 Stück tatsächlich 8.000 Stück hergestellt wurden. Eine Aufnahme der Istkosten ergibt den Betrag von DM 1.980.000,–.

Informationen aus der Finanzbuchführung zeigen zusätzlich, daß der Lieferant des Fertigungsmaterials wegen der größeren Abnahmemenge einen Preisnachlaß von DM 0,50/kg auf die gesamte Einkaufsmenge gewährte.

Es sind zu ermitteln und in einer graphischen Übersicht darzustellen:

1. *die gesamte Kostenabweichung,*
2. *die echte und die sogenannte Beschäftigungsabweichung,*
3. *die Preis- und Verbrauchsabweichung.*

KONTROLLFRAGEN:

(116) Worin können die Ursachen für eine Abweichung der Istkosten von den Plankosten liegen?

(117) In der Literatur zur Plankostenrechnung wird teilweise vorgeschlagen, sich bei der Kostenerfassung nur auf die variablen Kosten zu beschränken. Welche Kontrollbereiche werden dabei vernachlässigt?

(118) Wie kommt es bei Anwendung des Planverrechnungssatzes auf unterschiedliche Auslastungsgrade zu einer sog. Beschäftigungsabweichung?

(119) Was verbirgt sich hinter dem Ausdruck „Sollkosten"?

(120) Auf welche Weise lassen sich in der Kostenkontrolle externe Einflüsse ausschalten?

PRÜFUNGSTEST „BUCHFÜHRUNG UND ABSCHLUSS"

PRÜFUNGSTEST "BUCHFÜHRUNG UND ABSCHLUSS"

Der folgende Prüfungstest entspricht in Umfang und Schwierigkeitsgrad den Anforderungen, die beispielsweise im Rahmen der Diplom-Vorprüfung in wirtschaftswissenschaftlichen Studiengängen gesetzt werden. Zur Bearbeitung sind folgende Hinweise wichtig:

Die Bearbeitungszeit beträgt 120 Minuten. Als Hilfsmittel zugelassen ist - neben Schreibzeug und T-Konten-Blatt - ein Taschenrechner (ohne Ausdruck).

Die Lösungen zu den Aufgaben sind in die vorbereiteten Lösungsfelder einzutragen. Nebenrechnungen werden nicht bewertet.

Die angegebenen Punktzahlen sind zugleich eine Richtschnur für den Zeitanteil, der auf die Aufgabenteile verwendet werden sollte.

AUFGABENTEIL A

Am 28. Dezember t_i hat die Summenbilanz des Warenhandelsunternehmens G. SOMMER OHG das unten abgebildete Aussehen. Ausgehend von diesen Werten sind die auf der folgenden Seite angegebenen Geschäftsfälle zu verbuchen. Anschließend ist der Jahresabschluß unter Beachtung der hierfür ausgewiesenen Angaben und der Einrichtung zusätzlicher Konten durchzuführen.

Konto-Nr., Bezeichnung		Soll	Haben
00	Bebaute Grundstücke	390.000,--	
03	Geschäftsausstattung	57.600,--	
080	Eigenkapital Ges. A		240.000,--
081	Eigenkapital Ges. B		180.000,--
100	Forderungen a WL	127.300,--	71.220,--
115	Vorsteuer	6.700,--	180,--
13	Bank	89.200,--	45.325,40
15	Kasse	28.700,--	20.941,--
160	Privatkonto Ges. A	18.000,--	
161	Privatkonto Ges. B	16.000,--	
17	Verbindlichkeiten a WL	66.817,60	130.033,60
195	Umsatzsteuer	282,40	22.000,--
20	a.o./betriebsfr. Aufwendungen	8.200,--	
23	Haus- und Grundstücksaufwendungen	14.600,--	
27	a.o./betriebsfr. Erträge		4.700,--
29	Hauserträge		29.000,--
300	Wareneinkaufskonto	469.220,--	6.400,--
304	Bezugskosten	1.080,--	
41	Kundenskonti	2.800,--	
48	Liefererskonti		3.400,--
50	Personalkosten	87.200,--	
51	Raumkosten	6.800,--	
54	Werbekosten	3.200,--	
55	Provisionskosten	4.000,--	
56	Transportkosten	2.700,--	
58	Allgemeine Verwaltungskosten	11.200,--	
800	Warenverkaufskonto	1.600,--	660.000,--
		1.413.200,--	1.413.200,--

GESCHÄFTSFÄLLE:

1. Banküberweisung zum Ausgleich einer Eingangsrechnung über DM 17.600,-- (einschließlich 10% Umsatzsteuer); Überweisungsbetrag DM 17.072,--.
2. Aufgrund der Jahres-Einkaufsmenge gewährt ein Lieferant einen Bonus in Höhe von DM 1.100,-- (netto), der mit bestehenden Verbindlichkeiten aufgerechnet wird.
3. Ein Mieter zahlt die Dezembermiete vereinbarungsgemäß per Banküberweisung in Höhe von DM 1.800,--.
4. Warenverkäufe gegen Barzahlung, DM 22.000,-- (einschl. 10% USt).
5. Die Mitarbeiter erhalten die ihnen tarifvertraglich zustehende Erfolgsbeteiligung überwiesen, insgesamt DM 6.600,--.

(Punkte)

ABSCHLUSSANGABEN:

1. ABSCHREIBUNGEN
   a) auf 00, Bebaute Grundstücke, 2% vom Anschaffungswert (= DM 440.000,--), direkt
   b) auf 03, Geschäftsausstattung, 30% vom Buchrestwert, direkt
2. Abschluß der Umsatzsteuerkonten und Bilanzierung des Saldos
3. Bruttoabschluß der Warenkonten; Warenbestand lt. Inventur DM 141.120,--
4. Erfolgsverteilung gemäß HGB *(Gewinn: 4% Verzinsung des Eigenkapitals, Rest nach Köpfen; Verlust: nach Köpfen)* Als Zeitpunkt für die Privatentnahmen ist der 1. Juli anzusetzen.

BUCHUNGSSÄTZE Soll	Haben	Punkte
1.a)		*(4)*
1.b)		*(4)*
Bilanzierungsbetrag (Saldo) DM		*(4)*
Wareneinsatz DM		*(4)*
Anteile am Jahreserfolg *Gesellschafter A* *DM*		*(4)*
Gesellschafter B *DM*		*(4)*

ERGEBNISSE VOM JAHRESABSCHLUSS:

Warenerfolg (Roherfolg) ± DM	*(4)*
Betriebserfolg ± DM	*(4)*
Unternehmenserfolg ± DM	*(4)*

Summe des GuV-Kontos DM	*(4)*
Bilanzsumme DM	*(4)*
Eigenkapital *Ges.A* DM *Ges.B* DM	*(4)*

(erreichbare Punktzahl, Teil A = 48)

AUFGABENTEIL B

Die folgenden Aufgaben sind losgelöst vom Aufgabenteil A zu bearbeiten. Lösungen sind in die vorbereiteten Lösungsfelder einzutragen.

1. Zu Beginn der Periode t_1 wurde eine maschinelle Anlage für (netto) DM 220.000,-- angeschafft. Die betriebsgewöhnliche Nutzungsdauer beträgt 10 Jahre.
   a) Wie groß sind die Buchrestwerte am Ende des dritten Nutzungsjahres nach Anwendung folgender Abschreibungsmethoden:

lineare Abschreibung	*digitale Abschreibung*	*geom.-degressive A. p = 30%*
DM	*DM*	*DM*

(6)

   b) Es ist rechtlich zulässig, von der geometrisch-degressiven auf die lineare Abschreibung überzugehen (sog. Methodenwechsel). Wann erfolgt im obigen Beispiel dieser Übergang unter gewinnpolitischem (steuertaktischem) Gesichtspunkt?

Zeitpunkt für den Methodenwechsel = $t_{\_}$	*Jahresabschreibung nach dem Methodenwechsel = DM*

(4)

2. In einem Einzelhandelsunternehmen soll innerhalb einer Abrechnungsperiode ein Zwischenabschluß durchgeführt werden. In diesem Zeitpunkt weist ein Ausschnitt aus der Summenbilanz folgende Daten aus:

Konto-Nr.	*Bezeichnung*	*Soll DM*	*Haben DM*
115	*Vorsteuer*	*4.000,--*	*320,--*
195	*Umsatzsteuer*	*425,--*	*14.000,--*
300	*Wareneinkauf*	*180.000,--*	*2.000,--*
48	*Liefererskonti*		*1.200,--*
800	*Warenverkauf*		*190.400,--*
801	*Nachlässe an Kunden*	*850,--*	
802	*Rücksend. von Kunden*	*3.400,--*	

Der Zwischenabschluß muß ohne Inventurarbeiten durchgeführt werden. Die Handelswaren wurden einheitlich mit einem Kalkulationsaufschlag von 70% netto angeboten und zuzüglich 10% Umsatzsteuer verkauft. Das Unternehmen schließt die Warenkonten nach dem Nettoverfahren ab. Welches Aussehen hat das Warenverkaufskonto nach dem Abschluß?

S	*WARENVERKAUFSKONTO H*

(8)

3. Ein Unternehmen hatte in der Periode t_1 Wertpapiere für DM 28.000,-- gekauft. Am Periodenende hatten diese einen Börsenwert von nur noch DM 26.000,--. Sie wurden als Umlaufvermögen ausgewiesen. In der Periode t_2 werden diese Wertpapiere für DM 29.000,-- verkauft. Wie lautet der Buchungssatz beim Verkauf der Wertpaiere, wenn der Verkaufserlös als Bankgutschrift erscheint?

	Soll	*Haben*	
Buchung in t_2			*(2)*

4. Der Gesellschafter Z einer OHG entnimmt am 2.1.t_1 für DM 800,-- (netto) Waren aus dem Lager, um seiner Ehefrau ein nachträgliches Weihnachtsgeschenk zu bereiten. Leider findet nur ein Teil der Ware bei der Ehefrau Gefallen. Deshalb legt Z am 6.1.t_1 Waren im Nettowert von DM 300,-- ins Warenlager zurück.

	Soll	*Haben*	
Buchung am 2.1.			*(2)*
Buchung am 6.1.			*(2)*

5. Ein Unternehmen kauft am 10.1.t_i eine Buchungsmaschine für (netto) DM 30.000,--. Bei Anlieferung der Maschine wird am 14.1. der Kaufpreis unter Abzug von 3% Skonto durch Übergabe eines Schecks bezahlt. Wie ist am 10.1. und 14.1. zu buchen, wenn die Grundsätze zur Bewertung von Vermögensgegenständen zweifelsfrei angewendet werden? (Umsatzsteuersatz = 10%)

	Soll	*Haben*	
Buchung am 10. 1.			*(2)*
Buchung am 14.1.			*(2)*

6. Ein PKW zum Anschaffungswert von DM 25.000,-- (netto) wird für Kundenbesuche und Privatfahrten eines Unternehmers benutzt. Die Nutzungsdauer wird mit 5 Jahren angenommen. Der Privatanteil wird mit 1/3 angesetzt.

   Wie lautet der Buchungssatz am Ende des ersten Nutzungsjahres, der den gesamten (linearen) Werteverzehr am PKW für die abzuschließende Wirtschaftsperiode umfaßt?

	Soll	*Haben*	
31.12.t_1			*(2)*

7. Das Rechnungsjahr eines Unternehmens stimmt mit dem Kalenderjahr überein. Am 5.1.t_i überweist ein Mieter die rückständige Dezembermiete zusammen mit der Januarmiete durch eine Banküberweisung über insgesamt DM 1.600,--. Wie ist am 5.1.t_i zu buchen?

	Soll	*Haben*	
Buchung am 5.1.			*(2)*

(erreichbare Punktzahl, Teil B = 32)

AUFGABENTEIL C

Aus den Aufzeichnungen in der Buchführung eines Einzelhandelsunternehmens sollen Geschäftshandlungen rekonstruiert werden. Erläutern Sie bitte deutlich und unter Angabe von Beträgen, welche Geschäftsfälle den folgenden Buchungssätzen zu Grunde liegen werden:

BUCHUNGSSATZ Soll	Haben	ERLÄUTERUNG ZUM GESCHÄFTSFALL	
sonstige Forderungen *DM 700,--*	*Haus- und Grundstückserträge* *DM 700,--*	1	*(4)*
Warenverkaufskonto *DM 30.000,--*	*Wareneinkaufskonto* *DM 30.000,--*	2	*(4)*
Bankkonto *DM 14.000,--*	*Vorsteuerkonto* *DM 14.000,--*	3	*(4)*
Abschreibung auf Forderungen *DM 1.400,--*	*zweifelhafte Forderungen* *DM 1.400,--*	4	*(4)*
Warenverkaufskonto *DM 200,--* *Umsatzsteuer* *DM 20,--*	*Forderungen a WL* *DM 220,--*	5	*(4)*

(erreichbare Punktzahl, Teil C = 20)

erreichbare Gesamtpunktzahl = 100

PRÜFUNGSTEST "KOSTEN- UND LEISTUNGSRECHNUNG"

Der folgende Prüfungstest entspricht in Umfang und Schwierigkeitsgrad den Anforderungen, die beispielsweise im Rahmen der Diplom-Vorprüfung in wirtschaftswissenschaftlichen Studiengängen gesetzt werden.

Die Bearbeitungszeit beträgt 120 Minuten. Als Hilfsmittel zugelassen ist - neben Schreibzeug - ein Taschenrechner (ohne Ausdruck). Die Lösungen zu den Aufgaben und ggf. erfragte Lösungsansätze sind in die vorbereiteten Felder einzutragen. Nebenrechnungen werden nicht bewertet.

Die angegebenen Punktzahlen sind zugleich eine Richtschnur für den Zeitanteil, der auf die einzelnen Aufgaben verwendet werden sollte.

AUFGABE 1

Eine Ziegelei ist spezialisiert auf die Herstellung eines in Maßen und Qualität gleichen Steintyps. In der Periode t_j wurden 1.800.000 Steine hergestellt. Verkauft wurden in dieser Periode 2.200.000 Steine zu DM 0,50/Stück.

In der Vorperiode t_{j-1} konnten von den hergestellten 1.800.000 Steinen nur 1.400.000 Stück (x) verkauft werden. Erstmalig traten am Periodenende Lagerbestände auf. Die Kostensituation hat sich von t_{j-1} auf t_j nicht geändert. Im Jahresabschluß t_{j-1} wurden die Lagerbestände bei Anwendung des Gesamtkostenverfahrens mit Vollkosten (Wertobergrenze) angesetzt.

In dem unten vorbereiteten Konto ist der Betriebserfolg für die Periode t_j nach handelsrechtlichen Grundsätzen unter Anwendung des Gesamtkostenverfahrens zu ermitteln. Dabei sind folgende Angaben zu beachten:

1. Mietkosten t_j	*DM*	*60.000,--*
2. Abschreibungen auf maschinelle Anlagen t_j	*DM*	*180.000,--*
3. Allgemeine Verwaltungskosten t_j	*DM*	*12.000,--*
4. Vertriebskosten t_j (zeitabhängig!)	*DM*	*90.000,--*
5. Beschäftigungsabhängige Kosten/x:		
a. Fertigungsmaterial/x	*DM*	*0,15*
b. Fertigungslöhne/x	*DM*	*0,10*

S	H

(14)

AUFGABE 2

Die nach handelsrechtlichen Grundsätzen zum 31.12.t_i aufgestellte Gewinn- und Verlustrechnung eines Einzelhandelsunternehmens hat folgendes Aussehen:

S — GEWINN- UND VERLUSTKONTO 31.12.t_i — H

300	*Wareneinsatz*	*240.000,--*	*80*	*Umsatzerlöse*	*420.000,--*
50	*Personalkosten*	*68.000,--*	*90*	*Neutraler Erfolg*	*118.200,--*
51	*Raumkosten*	*4.000,--*			
52	*Steuern*	*2.800,--*			
54	*Werbekosten*	*10.000,--*			
57	*PKW-Kosten*	*7.400,--*			
58	*Verw.kosten*	*16.000,--*			
59	*Abschreibungen*	*40.000,--*			
08	*Reingewinn*	*150.000,--*			
		538.200,--			*538.200,--*

Bei der Analyse des Jahresergebnisses wird festgestellt, daß aus wirtschaftlicher Sicht einige Kostenarten unberücksichtigt blieben, andere nicht verursachungsgerecht bemessen wurden. Im einzelnen handelt es sich um folgende Sachverhalte:

1. Der Arbeitseinsatz des Eigentümers wurde bislang nicht erfaßt. Der Alternativnutzen ist mit DM 60.000,--/Jahr anzunehmen.
2. Pagatorische Hausaufwendungen wurden in der Kontenklasse 2 erfaßt. Der Alternativnutzen des Ladens beträgt DM 12.000,--/Jahr.
3. Pagatorische Zinsen wurden in der Kontenklasse 2 gebucht. Für kalkulatorische Zinsen ist von einem betriebsnotwendigen Kapital von DM 280.000,-- und einem Zinssatz von 10% auszugehen.
4. Die ausgewiesenen Abschreibungen auf das abnutzbare Anlagevermögen wurden unter dem Leitgedanken einer (steuertaktischen) Gewinnkürzung angesetzt. Der verursachungsgerechte Abschreibungsbetrag beläuft sich auf DM 28.000,--.

Welches Aussehen hätte das Gewinn- und Verlustkonto gehabt, wenn bei dessen Aufstellung die oben aufgeführten 4 Fälle nach dem Einkreissystem berücksichtigt worden wären?

S	H

(16)

AUFGABE 3

Ein Betrieb kann die Erzeugnisse A und B herstellen. Mit dem vorhandenen Bestand an Produktionsmitteln können pro Periode insgesamt höchstens 40.000 Stück hergestellt werden. Beide Produktarten beanspruchen dieselben Bearbeitungszeiten auf den Maschinen. Die Fixkosten belaufen sich auf DM 240.000,--/Periode. Die variablen Stückkosten betragen für A DM 12,-- und für B DM 18,--.

Am Absatzmarkt besteht folgende Situation: Bei Absatzmengen bis zu 10.000 Stück einer Sorte sind erzielbar DM 22,--/A und DM 30,--/B. Um mehr als 10.000 Stück einer Sorte verkaufen zu können, muß der Preis von A und/oder B um 20% gesenkt werden. Dann wäre es auch möglich, 40.000 Stück von einer Sorte zu verkaufen.

Es ist die erfolgsgünstigste Herstellungs- und Absatzsituation für den nächsten Leistungszeitraum zu ermitteln.

PRODUKT A		*PRODUKT B*		*BETRIEBSERFOLG*
Preis	*Menge*	*Preis*	*Menge*	
DM	*x*	*DM*	*x*	*±DM*

(10)

AUFGABE 4

In einem Industriebetrieb sind die Kosten von zwei allgemeinen Kostenstellen (Hilfsstellen) abzurechnen. Als primäre Kosten wurden ermittelt:

a) für die zentrale Reparaturabteilung DM 76.800,--,
b) für den Fuhrpark DM 64.000,--.

Die Hilfsstellen gaben ihre Leistungen wie folgt an andere Stellen ab:

	Hilfsstellen		*Hauptstellen*			
	Repar.	*Fuhrp.*	*A*	*B*	*C*	*D*
Reparaturstunden		*310*	*190*	*1600*	*200*	*100*
Fahrkilometer	*4000*		*16000*	*7000*	*18000*	*35000*

Mit welchem Betrag werden die Hauptstellen belastet für eine von den Hilfsstellen empfangene Leistungseinheit?

LÖSUNG

	VERRECHNUNGSPREIS FÜR	
	1 Stunde	*1 Kilometer*
1) bei Anwendung des Treppenverfahrens	*DM*	*DM*
2) bei Anwendung des Stellenausgleichsverfahrens	*DM*	*DM*

(16)

AUFGABE 5

In einem Industriebetrieb sind die Selbstkosten eines durchzuführenden Auftrages zu ermitteln. Die auftragsabhängigen Einzelkosten umfassen

Kosten des Fertigungsmaterials	DM 80,--,
Kosten der Fertigungslöhne	DM 70,--.

Die Selbstkostenermittlung soll nach dem Verfahren der mehrstufigen Zuschlagskalkulation erfolgen. Bezugsgrundlage sind die folgenden Daten des letzten Abrechnungszeitraumes:

Kosten des Fertigungsmaterials	*DM 120.000,--,*	*als Einzelkosten;*
Kosten der Fertigungslöhne	*DM 105.000,--;*	
Materialgemeinkosten	*DM 180.000,--,*	*als Gemeinkosten.*
Fertigungsgemeinkosten	*DM 210.000,--,*	
Verwaltungsgemeinkosten	*DM 123.000,--,*	
Vertriebsgemeinkosten	*DM 49.200,--;*	

RECHENGANG:

	%	DM

(12)

AUFGABE 6

Eine maschinelle Anlage wurde in t_1 angeschafft für DM 50.000,--. Ihre Gesamtleistung wird vom Hersteller mit ca. 500.000 Arbeitsgängen angegeben. Nach 5 Jahren wird die Anlage technisch überholt sein und unabhängig vom Abnutzungsgrad ausscheiden. Der erzielbare Restwert ist unbeachtlich. Für t_1 ist die kalkulatorische Abschreibung zu ermitteln

a) für eine Auslastung mit wahrscheinlich 110.000 Arbeitsgängen, einem Wiederbeschaffungspreis am Rechnungstag von DM 60.000,--, einem Verhältnis zwischen zeit- und leistungsbezogener Abschreibung von 25% : 75%.

b) für eine leistungsbezogene Abschreibung (110.000 Arbeitsgänge) - unter Berücksichtigung der Annahme, daß der Betrieb innerhalb von 5 Jahren höchstens 450.000 Arbeitsgänge nutzen wird.

a) Abschreibungsbetrag t_1	*b) Abschreibungsbetrag t_1*
DM	*DM*

(8)

AUFGABE 7

Das Gewinn- und Verlustkonto eines Einzelhandelsunternehmens hat folgendes Aussehen:

S	GEWINN- UND	VERLUSTKONTO t_i	H
Wareneinsatz	*220.000,--*	*Umsatzerlöse*	*400.000,--*
Personalkosten	*80.000,--*	*Neutraler Erfolg*	*98.000,--*
Unternehmerlohn	*50.000,--*		
Raumkosten	*22.000,--*		
Werbekosten	*8.000,--*		
Abschreibungen	*10.000,--*		
REINGEWINN	*108.000,--*		
	498.000,--		*498.000,--*

Ausgehend von dieser Erfolgsrechnung sind die folgenden Größen zu ermitteln:

Betriebserfolg t_i *± DM*	*erwirtschaftete Handelsspanne* *%*
erzielte Umsatzrentabilität *%*	*notwendiger Zuschlagssatz zur Kostendeckung* *%*

(14)

AUFGABE 8

In einem Industriebetrieb durchläuft das Erzeugnis A vier Fertigungsstufen. In der Periode t_i lief die Produktion asynchron: Zum Ausgleich der Ausbringungsdifferenzen mußten Zwischenläger eingerichtet werden. Diese Läger nehmen solche Produkte auf, die auf dieser Fertigungsstufe bearbeitet wurden, von der folgenden Stufe noch nicht übernommen wurden. Am Ende des Zeitraumes t_i liegen folgende Daten vor:

	KOSTEN t_i	LAGERBESTAND
Fertigungsstufe 1	*DM 220.000,--*	*1.000 Stück*
Fertigungsstufe 2	*DM 188.000,--*	*600 Stück*
Fertigungsstufe 3	*DM 37.600,--*	*200 Stück*
Fertigungsstufe 4	*DM 46.000,--*	*-*

An Kunden ausgeliefert wurden in der Periode 9.200 Stück

Wie groß sind die Stückkosten für eine Einheit des Erzeugnisses A in der Periode t_i?

DM

(10)

erreichbare Gesamtpunktzahl = 100

GEMEINSCHAFTSKONTENRAHMEN DER INDUSTRIE (GKR)

Klasse 0	Klasse 1	Klasse 2	Klasse 3
Anlage- und Kapitalkonten	Finanzkonten	Abgrenzungskonten	Stoffe (Bestände)
00 Grundstücke und Gebäude 01/02 Maschinen und masch. Anlagen 010 der Hauptbetriebe 020 der Neben- u. Hilfsbetriebe 028 In Bau befindl. Anl. 03 Fahrzeuge, Werkzeuge, Betriebs- und Geschäftsausstattung 030 Fahrzeuge 034 Werkzeuge 037 Betriebs- und Geschäftsausstattung 04 Sachanlagen - Sammelkonto 05 Sonstiges Anlagevermögen (z.B. Patente, Beteiligungen, Wertpapiere des Anlagevermögens) 06 Langfristiges Fremdkapital (z.B. Anleihen, Hypotheken- u. Darlehensschulden) 07 Eigenkapital 08 Wertberichtigungen, Rückstellungen u. dgl. 080/083 Wertberichtigung auf Anlagevermögen 084 Wertberichtigung auf Forderungen 085 Rückstellungen 09 Rechnungsabgrenzung 098 Aktive Rechnungsabgrenzung 099 Passive Rechnungsabgrenzung	*10 Kasse 11 Banken, Sparkassen 12 Schecks, Besitzwechsel 120 Schecks 125 Besitzwechsel 129 Protestwechsel 13 Wertpapiere des Umlaufvermögens 14 Forderungen auf Grund von Warenlieferungen und Leistungen 15 Andere Forderungen 150 Sonstige Forderungen 151 Eigene Anzahlungen 155 Vorsteuer 16 Verbindlichkeiten auf Grund von Warenlieferungen und Leistungen 17 Andere Verbindlichkeiten 170 Sonstige Verbindlichkeiten 171 Anzahlungen von Kunden 175 Umsatzsteuer 18 Schuldwechsel, Bankschulden 19 Durchgangs-, Übergangs- und Privatkonten*	*20 Betriebsfremde Aufwendungen und Erträge 200 Betriebsfremde Aufwendungen 205 Betriebsfremde Erträge 21 Aufwendungen und Erträge für Grundstücke und Gebäude 210 Haus- und Grundstücksaufwendungen 215 Haus- und Grundstückserträge 22 frei 23 Bilanzielle Abschreibungen 24 Zinsaufwendungen und -erträge 25 Betriebliche außerordentliche Aufwendungen und Erträge 250 Betriebliche a.o. Aufwendungen 255 Betriebliche a.o. Erträge 26 Betriebliche periodenfremde Aufwendungen und Erträge 27 Verrechnete Anteile betrieblicher periodenfremder Aufwendungen 28 Verrechnete kalkulatorische Kosten 29 Das Gesamtergebnis betreffende Aufwendungen und Erträge 290 Körperschaftsteuer*	*30 Rohstoffe 300 Rechnungsbeträge 301 Bezugskosten 33 Hilfsstoffe 330 Rechnungsbeträge 331 Bezugskosten 34 Betriebsstoffe 340 Rechnungsbeträge 341 Bezugskosten 38 Bezogene Bestand- und Fertigteile, Auswärtige Bearbeitung 39 Handelswaren und bezogene Fertigerzeugnisse*

Klasse 4	Klassen 5/6	Klasse 7	Klasse 9
Kostenarten	Kostenstellen	Bestände an Halb- u. Fertigerzeugnissen	Abschlußkonten
40 *Fertigungsmaterial (Einzelstoffkosten)* 41 *Gemeinkostenmaterial (Hilfs- und Betriebsstoffkosten)* 42 *Brennstoffe, Energie und dergleichen* 43 *Löhne und Gehälter* 431 *Fertigungslöhne* 432 *Hilfslöhne* 439 *Gehälter* 44 *Sozialkosten* 45 *Instandhaltung, verschiedene Leistungen u. dgl.* 46 *Steuern, Gebühren, Beiträge, Versicherungsprämien u. dgl.* 47 *Mieten, Verkehrs-, Büro-, Werbekosten (Verschied. Kosten) usw.* 470 *Miete (Raumkosten)* 472 *Verkehrskosten (Transport, Versand, Reise, Post)* 476 *Bürokosten* 477 *Werbe- u.Vertreterk.* 479 *Finanzkosten (=Kosten des Geldverkehrs)* 48 *Abschreibungen (Kalk. Kosten)* 480 *Abschreib. a. Anlagen* 481 *Abschreib. a. Ford.* 49 *Sondereinzelkosten der Fertigung und des Vertriebes*	*Frei für Kostenstellen-Kontierungen der Betriebsabrechnung*	78 *Bestände an unfertigen Erzeugnissen* 79 *Bestände an fertigen Erzeugnissen* **Klasse 8** **Erträge** 83 *Erlöse für Erzeugnisse und andere Leistungen (Verkaufskonto)* 85 *Erlöse für Handelswaren* 86 *Erlöse aus Nebengeschäften* 87 *Eigenleistungen* 88 *Erlösberichtigungen* 89 *Bestandsveränderungen an Halb- und Fertigerzeugn.*	98 *Ergebniskonten* 980 *Betriebsergebnis* 986 *Gewinnverteilung* 987 *Neutrales Ergebnis* 988 *Das Gesamtergebnis betr. Aufwendungen u. Erträge (z.B. Körperschaftsteuer)* 989 *Gewinn- und Verlustkonto (Unternehmensergebnis)* 99 *Bilanzkonten* 998 *Eröffnungsbilanzkonto* 999 *Schlußbilanz*

KONTENRAHMEN FÜR DEN GROSS- UND EINZELHANDEL

Klasse 0	Klasse 1	Klasse 2	Klasse 3
Anlage- und Kapitalkonten	Finanzkonten	Abgrenzungskonten	Wareneinkaufskonten
00 Bebaute Grundstücke 01 Unbebaute Grundstücke 02 Maschinen und masch. Anlagen 022 Personenwagen 03 Betriebs- und Geschäftsausstattung 04 Rechtswerte 05 Beteiligungen 06 Langfristige Forderungen 060 Darlehen 061 Hypotheken 07 Langfristige Verbindlichkeiten 070 Hypotheken 08 Kapital und Rücklagen 080 Kapital Gesellschafter A 081 Kapital Gesellschafter B 083 Rücklagen 084 Gewinn- u. Verlustvortrag 09 Wertberichtigung u.a. 090 Wertberichtigungen auf Anlagen 091 Wertberichtigungen auf Forderungen 092 Rückstellungen 093 aktive Rechnungsabgrenzung 094 passive Rechnungsabgrenzung	10 Forderungen a.WL 100 Einwandfreie Forderungen 101 Zweifelhafte Forderungen 11 Sonstige Forderungen 112 Sonstige kurzfristige Forderungen 115 Vorsteuer 12 Wertpapiere 13 Banken (ohne LZB) 14 Besitzwechsel 15 Zahlungsmittel 150 Kasse 152 Postscheck 154 Schecks 16 Privatkonten 17 Verbindlichkeiten a.WL 18 Schuldwechsel 19 Sonstige Verbindlichkeiten 193 Sonstige kurzfristige Verbindlichkeiten 195 Umsatzsteuer 196 Dividende 197 Tantieme	20 Außerordentliche und betriebsfremde Aufwendungen 200 Schenkungen, Spenden 202 a.o.Verluste aus Forderungen 203 Verluste aus Anlageverkäufen 204 Sonstiger a.o.Aufwand 205 Bilanzielle Abschreibungen 21 Zinsaufwendungen 22 Ertrag- und Vermögensteuern 23 Haus- und Grundstücksaufwendungen 24 Großreparaturen u.i.Bau befindliche Anlagen 25 Konten der zeitlichen Abgrenzung bei Aufstellung von Monatsbilanzen 26 Sonstige Verrechnungsktn. (Verrechnete kalkulator. Kosten) 27 Außerordentliche und betriebsfremde Erträge 270 Schenkungen, Spenden 271 Erträge aus Beteiligungen 272 Erträge aus Anlageverkäufen 274 Sonstige a.o.Erträge 28 Zinserträge 29 Haus- und Grundstückserträge	30 Warengruppe I 300 Fakturenbetrag (ohne Abzug von Skonto, jedoch vermindert um die bei der Rechnungserteilung feststehenden Rabatte) 301 Zölle und Ausgleichssteuern 302 Verbrauchsabgaben 303 Kursdifferenzen 304 Frachten und sonstige Beschaffungsspesen 305 Leihemballagen 31 Warengruppe II siehe I

Klasse 4	Klasse 5	Klasse 6	Klasse 7	Klasse 8 / Klasse 9
Boni und Skonti	Konten der Kostenarten			Warenverkaufskonten
40 Boni an Kunden gewährt 41 Skonti an Kunden gewährt 47 Boni nachträglich von Lieferern gewährt 48 Skonti von Lieferern gewährt	50 Personalkosten (Löhne, Gehälter, soziale Aufwendgn. 500 Gehälter der Geschäftsleitung, Unternehmerlohn 501 Gehälter des sonst. kaufmännischen Personals 505 Gehälter d. Reisenden 506 Soziale Aufwendungen, soweit sie vom Arbeitgeber zu tragen sind 509 Sonstige Personalkosten 51 Miete und sonstige Sachkosten f. Geschäftsräume 52 Steuern, Abgaben und Pflichtbeiträge 520 Gewerbesteuer (einschl. Lohnsummenst.) 522 Handelskammer- und sonstige Beiträge 523 Sonst. betriebl. Steuern 53 Nebenkosten des Finanz- und Geldverkehrs 531 Kalkulator. Zinsen 54 Kostenarten Werbung, Reise 55 Provisionen 56 Transportkosten (für nicht betriebseigene Transportmittel) 57 Kosten des Fuhr- u. Wagenparkes 58 Allg. Verwaltungskosten 59 Abschreibungen (kalkulatorisch) 594 Abschreibungen auf Forderungen	frei	frei	80 Warengruppe I 800 Bruttoverkaufswert ohne Abzug v. Skonto 801 Rücksendungen und Gutschriften 81 Warengruppe II siehe I **Klasse 9** **Abschlußkonten** 90 Abgrenzungssammelkonto 92 Monatsgewinn- und -verlustkonto 93 Jahresgewinn- und -verlustkonto 94 Bilanzkonto 940 Eröffnungsbilanz 941 Schlußbilanz

Bilanzaufbau und -gliederung

AKTIVA (gem. § 151 AktG 1965) PASSIVA

AKTIVA	PASSIVA
I. Ausstehende Einlagen auf das Grundkapital; davon eingefordert:	I. Grundkapital
II. Anlagevermögen:	II. Offene Rücklagen:
A. Sachanlagen u. immat. Anlagewerte:	1. gesetzliche Rücklage;
1. Grundstücke u. grundstücksgleiche Rechte mit Geschäfts-, Fabrik- und anderen Bauten;	2. andere Rücklagen (freie Rücklagen).
2. Grundstücke u. grundstücksgleiche Rechte mit Wohnbauten;	III. Wertberichtigungen
3. Grundstücke u. grundstücksgleiche Rechte ohne Bauten;	IV. Rückstellungen:
4. Bauten auf fremden Grundstücken, die nicht zu Nr. 1 oder 2 gehören;	1. Pensionsrückstellungen;
5. Maschinen u. masch. Anlagen;	2. andere Rückstellungen.
6. Betriebs- u. Geschäftsausstattung;	V. Verbindlichkeiten mit einer Laufzeit von mindestens vier Jahren:
7. Anlagen im Bau und Anzahlungen auf Anlagen;	1. Anleihen: davon durch Grundpfandrechte gesichert;
8. Konzessionen, gewerbliche Schutzrechte u. ähnliche Rechte sowie Lizenzen an solchen Rechten.	2. Verbindlichkeiten gegenüber Kreditinstituten; davon durch Grundpfandrechte gesichert;
B. Finanzanlagen:	3. sonstige Verbindlichkeiten; davon durch Grundpfandrechte gesichert;
1. Beteiligungen;	Von Nummern 1 bis 3 sind vor Ablauf von vier Jahren fällig:
2. Wertpapiere des Anlagevermögens, die nicht zu Nr. 1 gehören;	VI. Andere Verbindlichkeiten:
3. Ausleihungen mit einer Laufzeit von mindestens vier Jahren; davon durch Grundpfandrechte gesichert;	1. Verbindlichkeiten aus Lieferungen und Leistungen;
III. Umlaufvermögen:	2. Verbindlichkeiten aus der Annahme gezogener Wechsel und der Ausstellung eigener Wechsel;
A. Vorräte:	3. Verbindlichkeiten gegenüber Kreditinstituten, soweit sie nicht zu V gehören;
1. Roh-, Hilfs- u. Betriebsstoffe;	4. erhaltene Anzahlungen;
2. unfertige Erzeugnisse;	5. Verbindlichkeiten gegenüber verbundenen Unternehmen;
3. fertige Erzeugnisse, Waren.	6. sonstige Verbindlichkeiten.
B. Andere Gegenstände des Umlaufverm.:	VII. Rechnungsabgrenzungsposten
1. geleistete Anzahlungen, soweit sie nicht zu II A Nr. 7 gehören;	VIII. Bilanzgewinn
2. Forderungen aus Lieferungen u. Leistungen; davon mit einer Restlaufzeit von mehr als einem Jahr;	
3. Wechsel; davon bundesbankfähig;	
4. Schecks;	
5. Kassenbestand, Bundesbank- und Postscheckguthaben;	
6. Guthaben bei Kreditinstituten;	
7. Wertpapiere, die nicht zu Nr. 3, 4, 8 oder 9 oder zu II B gehören;	
8. eigene Aktien unter Angabe ihres Nennbetrags;	
9. Anteile an einer herrschenden oder an der Gesellschaft mit Mehrheit beteiligten Kapitalgesellschaft oder bergrechtlichen Gewerkschaft unter Angabe ihres Nennbetrags, bei Kuxen ihrer Zahl;	
10. Forderungen an verb. Unternehmen;	
11. Forderungen aus Krediten, die a) unter § 89; b) unter § 115 fallen;	
12. sonst. Vermögensgegenstände.	
IV. Rechnungsabgrenzungsposten	
V. Bilanzverlust	

Gliederung der Gewinn- und Verlustrechnung
(gem. § 157 AktG 1965)

1.	Umsatzerlöse		.....	
2.	Erhöhung oder Verminderung des Bestands an fertigen und unfertigen Erzeugnissen		.....	....
3.	andere aktivierte Eigenleistungen			....
4.	Gesamtleistung			....
5.	Aufwendungen für Roh-, Hilfs- und Betriebsstoffe sowie für bezogene Waren			....
6.	Rohertrag/Rohaufwand			....
7.	Erträge aus Gewinngemeinschaften, Gewinnabführungs- und Teilgewinnabführungsverträgen		.....	
8.	Erträge aus Beteiligungen		.....	
9.	Erträge aus anderen Finanzanlagen		.....	
10.	sonstige Zinsen u. ähnliche Erträge		.....	
11.	Erträge aus dem Abgang von Gegenständen des Anlagevermögens u. aus Zuschreibungen zu Gegenständen des Anlagevermögens		.....	
12.	Erträge aus der Herabsetzung der Pauschalwertberichtigung zu Forderungen		.....	
13.	Erträge aus der Auflösung von Rückstellungen		.....	
14.	sonstige Erträge		.....	
	davon außerordentliche	.....		
15.	Erträge aus Verlustübernahme		.....	....
				....
16.	Löhne und Gehälter		.....	
17.	soziale Abgaben		.....	
18.	Aufwendungen für Altersversorgung und Unterstützung		.....	
19.	Abschreibungen und Wertberichtigungen auf Sachanlagen und immaterielle Anlagewerte		.....	
20.	Abschreibungen und Wertberichtigungen auf Finanzanlagen mit Ausnahme des Betrages, der in die Pauschalwertberichtigung zu Forderungen eingestellt ist		.....	
21.	Verluste aus Wertminderungen oder dem Abgang von Gegegenständen des Umlaufvermögens außer Vorräten (§ 151 Abs. 1 Aktivseite III B) und Einstellung in die Pauschalwertberichtigung zu Forderungen		.....	
22.	Verluste aus dem Abgang von Gegenständen des Anlagevermögens		.....	
23.	Zinsen und ähnliche Aufwendungen		.....	
24.	Steuern			
	a) vom Einkommen, vom Ertrag und Vermögen	.....		
	b) sonstige	.....	.....	
25.	Aufwendungen aus Verlustübernahme		.....	
26.	sonstige Aufwendungen		.....	
27.	aufgrund einer Gewinngemeinschaft, eines Gewinnabführungs- und eines Teilgewinnabführungsvertrages abgeführte Gewinne		.....	....
28.	Jahresüberschuß/Jahresfehlbetrag			....
29.	Gewinnvortrag/Verlustvortrag aus dem Vorjahr			....
30.	Entnahmen aus offenen Rücklagen			
	a) aus der gesetzlichen Rücklage		.....	
	b) aus freien Rücklagen		.....	....
31.	Einstellungen aus dem Jahresüberschuß in offene Rücklagen			
	a) in die gesetzliche Rücklage		.....	
	b) in freie Rücklagen		.....	....
32.	Bilanzgewinn/Bilanzverlust			....

Bilanzaufbau und -gliederung

(gem. § 266 HGB)

AKTIVA

A. Anlagevermögen
- I. Immaterielle Vermögensgegenstände
  1. Konzessionen, gewerbliche Schutzrechte und ähnliche Rechte und Werte sowie Lizenzen an solchen Rechten und Werten;
  2. Geschäfts- oder Firmenwert;
  3. geleistete Anzahlungen;
- II. Sachanlagen:
  1. Grundstücke, grundstücksgleiche Rechte und Bauten einschließlich der Bauten auf fremden Grundstücken;
  2. technische Anlagen und Maschinen;
  3. andere Anlagen, Betriebs- und Geschäftsausstattung;
  4. geleistete Anzahlungen und Anlagen im Bau;
- III. Finanzanlagen:
  1. Anteile an verbundenen Unternehmen;
  2. Ausleihungen an verbundene Unternehmen;
  3. Beteiligungen;
  4. Ausleihungen an Unternehmen, mit denen ein Beteiligungsverhältnis besteht;
  5. Wertpapiere des Anlagevermögens;
  6. sonstige Ausleihungen.

B. Umlaufvermögen:
- I. Vorräte:
  1. Roh-, Hilfs- und Betriebsstoffe;
  2. unfertige Erzeugnisse, unfertige Leistungen;
  3. fertige Erzeugnisse und Waren;
  4. geleistete Anzahlungen;
- II. Forderungen und sonstige Vermögensgegenstände:
  1. Forderungen aus Lieferungen und Leistungen;
  2. Forderungen gegen verbundene Unternehmen;
  3. Forderungen gegen Unternehmen, mit denen ein Beteiligungsverhältnis besteht;
  4. sonstige Vermögensgegenstände;
- III. Wertpapiere:
  1. Anteile an verbundenen Unternehmen;
  2. eigene Anteile;
  3. sonstige Wertpapiere;
- IV. Schecks, Kassenbestand, Bundesbank- und Postgiroguthaben, Guthaben bei Kreditinstituten.

C. Rechnungsabgrenzungsposten.

PASSIVA

A. Eigenkapital:
- I. Gezeichnetes Kapital;
- II. Kapitalrücklage;
- III. Gewinnrücklagen:
  1. gesetzliche Rücklage;
  2. Rücklage für eigene Anteile;
  3. satzungsmäßige Rücklagen;
  4. andere Gewinnrücklagen;
- IV. Gewinnvortrag/Verlustvortrag;
- V. Jahresüberschuß/Jahresfehlbetrag.

B. Rückstellungen:
1. Rückstellungen für Pensionen und ähnliche Verpflichtungen;
2. Steuerrückstellungen;
3. sonstige Rückstellungen.

C. Verbindlichkeiten:
1. Anleihen, davon konvertibel;
2. Verbindlichkeiten gegenüber Kreditinstituten;
3. erhaltene Anzahlungen auf Bestellungen;
4. Verbindlichkeiten aus Lieferungen und Leistungen;
5. Verbindlichkeiten aus der Annahme gezogener Wechsel und der Ausstellung eigener Wechsel;
6. Verbindlichkeiten gegenüber verbundenen Unternehmen;
7. Verbindlichkeiten gegenüber Unternehmen, mit denen ein Beteiligungsverhältnis besteht;
8. sonstige Verbindlichkeiten, davon aus Steuern, davon im Rahmen der sozialen Sicherheit.

D. Rechnungsabgrenzungsposten.

Gliederung der Gewinn- und Verlustrechnung
(gem. § 275 HGB)

ANWENDUNG DES GESAMTKOSTENVERFAHRENS

1. Umsatzerlöse
2. Erhöhung oder Verminderung des Bestands an fertigen und unfertigen Erzeugnissen
3. andere aktivierte Eigenleistungen
4. sonstige betriebliche Erträge
5. Materialaufwand:
   a) Aufwendungen für Roh-, Hilfs- und Betriebsstoffe und für bezogene Waren
   b) Aufwendungen für bezogene Leistungen
6. Personalaufwand:
   a) Löhne und Gehälter
   b) soziale Abgaben und Aufwendungen für Altersversorgung und für Unterstützung, davon für Altersversorgung
7. Abschreibungen:
   a) auf immaterielle Vermögensgegenstände des Anlagevermögens und Sachanlagen sowie auf aktivierte Aufwendungen für die Ingangsetzung und Erweiterung des Geschäftsbetriebs
   b) auf Vermögensgegenstände des Umlaufvermögens, soweit diese die in der Kapitalgesellschaft üblichen Abschreibungen überschreiten
8. sonstige betriebliche Aufwendungen
9. Erträge aus Beteiligungen, davon aus verbundenen Unternehmen
10. Erträge aus anderen Wertpapieren und Ausleihungen des Finanzanlagevermögens, davon aus verbundenen Unternehmen
11. sonstige Zinsen und ähnliche Erträge, davon aus verbundenen Unternehmen
12. Abschreibungen auf Finanzanlagen und auf Wertpapiere des Umlaufvermögens
13. Zinsen und ähnliche Aufwendungen, davon an verbundene Unternehmen
14. Ergebnis der gewöhnlichen Geschäftstätigkeit
15. außerordentliche Erträge
16. außerordentliche Aufwendungen
17. außerordentliches Ergebnis
18. Steuern vom Einkommen und vom Ertrag
19. sonstige Steuern
20. Jahresüberschuß/Jahresfehlbetrag.

ANWENDUNG DES UMSATZKOSTENVERFAHRENS

1. Umsatzerlöse
2. Herstellungskosten der zur Erzielung der Umsatzerlöse erbrachten Leistungen
3. Bruttoergebnis vom Umsatz
4. Vertriebskosten
5. allgemeine Verwaltungskosten
6. sonstige betriebliche Erträge
7. sonstige betriebliche Aufwendungen
8. Erträge aus Beteiligungen, davon aus verbundenen Unternehmen
9. Erträge aus anderen Wertpapieren und Ausleihungen des Finanzanlagevermögens, davon aus verbundenen Unternehmen
10. sonstige Zinsen und ähnliche Erträge, davon aus verbundenen Unternehmen
11. Abschreibungen auf Finanzanlagen und auf Wertpapiere des Umlaufvermögens
12. Zinsen und ähnliche Aufwendungen, davon an verbundene Unternehmen
13. Ergebnis der gewöhnlichen Geschäftstätigkeit
14. außerordentliche Erträge
15. außerordentliche Aufwendungen
16. außerordentliches Ergebnis
17. Steuern vom Einkommen und vom Ertrag
18. sonstige Steuern
19. Jahresüberschuß/Jahresfehlbetrag.

Umfang des Jahresabschlusses, Prüfung und Offenlegung

bei Personenunternehmen und Kapitalgesellschaften nach Handelsgesetzbuch 1985

	Personenunternehmen	Kapitalgesellschaften kleine	Kapitalgesellschaften mittelgroße	Kapitalgesellschaften große
Umfang des Jahresabschlusses	Bilanz, Gewinn- und Verlustrechnung	Bilanz, Gewinn- und Verlustrechnung, Anhang (mit Ausweis-Erleichterungen für kleine und mittlere Gesellschaften), zusätzlich: Lagebericht		
Frist zur Aufstellung	„innerhalb der einem ordnungsmäßigen Geschäftsgang entsprechenden Zeit"	6 Monate	3 Monate	3 Monate
Prüfungspflicht	nein	nein	ja	ja
Publizität	nein	eingeschränkte örtliche Publizität über Handelsregister; (börsennotierte Gesellschaft: wie große Kapitalgesellschaft);	wie kleine Kapitalgesellschaft;	vollständige Publizität über Veröffentlichung im Bundesanzeiger sowie Hinterlegung aller Unterlagen beim Handelsregister;
Publizitätsfrist	–	12 Monate	9 Monate	9 Monate
Gegenstand der Publizität	–	Bilanz (verkürzt) mit Anhang (ohne Erläuterung der Gewinn- und Verlustrechnung), Beschluß über Verwendung des Jahresergebnisses;	Bilanz (ggf. verkürzt), Gewinn- und Verlustrechnung, Anhang (mit Erleichterungen, d.h., entfallende Angaben) und Lagebericht;	Bilanz, Gewinn- und Verlustrechnung, Anhang und Lagebericht.

Literaturverzeichnis

ADAM, D.: Entscheidungsorientierte Kostenbewertung, Wiesbaden 1970.

ADAMOWSKY, S.: Deckungsbeitragsrechnung, in: Praxis des Rechnungswesens, Bd. 2, Gruppe 8 (Kostenrechnung und Kalkulation), Freiburg/Br. 1973.

ADLER, H., DÜRING, W., SCHMALTZ, K.: Rechnungslegung und Prüfung der Aktiengesellschaft, 4. völlig neu bearb. Aufl., Bd. 1, Rechnungslegung, Stuttgart 1968.

AGTHE, K.: Stufenweise Fixkostendeckung im System des Direct Costing, in: ZfB, 29. Jg. (1959), S. 404 ff.

Kostenplanung und Kostenkontrolle im Industriebetrieb, Baden-Baden 1963.

ALBACH, H.: Bewertungsprobleme des Jahresabschlusses nach dem Aktiengesetz 1965, in: BB, 21. Jg. (1966), S. 377 ff.

AUSSCHUSS FÜR BETRIEBSWIRTSCHAFT des Vereins Deutscher Eisenhüttenleute: Buchführungsrichtlinien und Kontenrahmen der Eisen schaffenden Industrie, Düsseldorf 1940.

BARTKE, G.: Rückstellungen für Bergschäden, Gruben- und Schachtversatz nach aktienrechtlichen und steuerrechtlichen Grundsätzen, in: DB, Beilage zu Heft Nr. 8 v. 24.2.1978.

BAUER, W.: Die Bewegungsbilanz und ihre Anwendung, insbesondere als Konzernbilanz, in: ZfhF, 20. Jg. (1926), S. 485 ff.

BECHER, J. u.a. (Hrsg.): Politische Ökonomie des Kapitalismus und des Sozialismus, Lehrbuch für das marxistisch-leninistische Grundlagenstudium, Berlin 1980.

BESCHLUSS zur Übergabe der staatlichen Planaufgaben für 1962 an die Staats- und Wirtschaftsorgane, Betriebe und Einrichtungen (Ministerrat der DDR), in: Sammlung von Gesetzen und Verordnungen aus der Sowjetischen Besatzungszone Deutschlands, 177. Folge, Mai 1962.

BETRIEBSWIRTSCHAFTLICHER AUSSCHUSS des Zentralverbandes der Elektrotechnischen Industrie e.V. (Hrsg.): ZVEI-Kennzahlensystem. Ein Instrument zur Unternehmungssteuerung, Frankfurt/Main 1970.

BÖCKEL, J.-J., HOEPFNER, F.G.: Moderne Kostenrechnung, lernpsychologisch aufbereitet, Stuttgart, Berlin, Köln, Mainz 1972 (1974).

BOUFFIER, W.: Kalkulation und Preisgestaltung, Art., in: KOSIOL, E. (Hrsg.): Handwörterbuch des Rechnungswesens, Stuttgart 1970, Sp. 759 ff.

BREINLINGER, K.H.: Die Äquivalenzziffern in der Kostenrechnung industrieller Unternehmungen, in: ZfhF, 22. Jg. (1928), S. 49 ff.

BRÜNING, G.: Planbuchführung und Finanzplanung, Göttingen 1975.

BUCHNER, R.: Bilanzanalyse und Bilanzkritik, in: KOSIOL, E. (Hrsg.): Handwörterbuch des Rechnungswesens, Stuttgart 1970, Sp. 218 ff.

BUSSMANN, K.F.: Buchhaltung, doppelte (Art.), in: KOSIOL, E. (Hrsg.): Handwörterbuch des Rechnungswesens, Stuttgart 1970, Sp. 323 ff.

CHMIELEWICZ, K.: Betriebliches Rechnungswesen 2. Erfolgsrechnung, Reinbek bei Hamburg 1973.

Unternehmungsanalyse mit Hilfe von Kennziffern: Rentabilität; in: WISU, 11. Jg. (1982), S. 271 ff., S. 323 ff.

CHRISTOFFERS, R.: Die Grundlagen der Grundsätze ordnungsgemäßer Bilanzierung in: BFuP, 22. Jg. (1970), S. 78 ff.

COENENBERG, A.G.: Jahresabschluß und Jahresabschlußanalyse. Betriebswirtschaftliche, handels- und steuerrechtliche Grundlagen, München 1974 (1985).

DEPPE, H.-D.: Betriebswirtschaftliche Grundlagen der Geldwirtschaft, Band 1: Einführung und Zahlungsverkehr, Stuttgart 1973.

Grundriß einer analytischen Finanzplanung. Betriebliche Finanzierungsentscheidungen am elementaren Beispiel eines kurzfristigen Optimierungsmodells, Göttingen 1975.

Finanzielle Haftung heute – Obsoletes Relikt oder marktwirtschaftliche Fundamentalleistung? in: CLAUSSEN, C.P., HÜBL, L., SCHNEIDER, H.-P. (Hrsg.): Zweihundert Jahre Geld und Brief, Herausforderungen an die Kapitalmärkte; Festgabe an die Niedersächsische Börse zu Hannover aus Anlaß ihres 200jährigen Bestehens, Frankfurt am Main 1987, S. 179 ff.

DIEDERICH, H.: Leitsätze für die Preisermittlung aufgrund von Selbstkosten (LSP) (Art.), in: KOSIOL, E. (Hrsg.): Handwörterbuch des Rechnungswesens, Stuttgart 1970, Sp. 1023 ff.

DÖLLERER, G.: Rechnungslegung nach dem neuen Aktienrecht und ihre Auswirkungen auf das Steuerrecht, in: Der Betriebs-Berater, 20. Jg. (1965), S. 1405 ff.

EISELE, W.: Technik des betrieblichen Rechnungswesens. Buchführung – Kostenrechnung – Sonderbilanzen, München 1980 (1985).

ENGELHARDT, W., RAFFÉE, H.: Grundzüge der doppelten Buchhaltung, Teil I, Wiesbaden 1966.

FISCHER-WINKELMANN, W.F.: Gesellschaftsorientierte Unternehmensrechnung. Zur Idee und Realisationsproblemen der Sozialbilanz, Wuppertal 1979.

FORSTER, K.H.: Bilanzpolitik und Bilanzrichtlinie-Gesetz – welche Freiräume bleiben noch? in: Der Betriebs-Berater, 38. Jg. (1983), S. 32 ff.

GARRISON, R.H.: Managerial Accounting. Concepts for Planning, Control, Decision Making, Dallas, Texas 1976.

GLADE, A.: Rechnungslegung und Prüfung nach dem Bilanzrichtlinien-Gesetz, Kommentar, Herne/Berlin 1986

GOERDELER, R.: Geschäftsbericht, Konzerngeschäftsbericht und Abhängigkeitsbericht aus der Sicht des Wirtschaftsprüfers, in: Die Wirtschaftsprüfung, 19. Jg. (1966), S. 113 ff.

GUTENBERG, E.: Einführung in die Betriebswirtschaftslehre, Wiesbaden 1958.

Grundlagen der Betriebswirtschaftslehre, Erster Band: Die Produktion, 5. Aufl., Berlin, Göttingen, Heidelberg 1960 (1983).

HABERSTOCK, L.: Grundzüge der Kosten- und Erfolgsrechnung, 2., verb. Aufl., München 1977 (1982).

HÄUSLER, J., DEMMEL, J.: Der Führungsprozeß in der industriellen Unternehmung, in: STÖHR, R.W. (Hrsg.): Unternehmensführung auf neuen Wegen, Wiesbaden 1967, S. 19 ff.

HAHN, W., LENZ, H., TUNNISSEN, W., HAHN, H.: Buchführungspraxis, 23. durchges. Aufl., Bad Homburg v.d.H., Berlin, Zürich, 1969.

HASENACK, W.: Das Rechnungswesen der Unternehmung, Leipzig 1934.

Ertragsbildungsanalyse und Erfolgsspaltung als betriebswirtschaftliches Problem, in: BFuP, 6. Jg. (1954), S. 276 ff.

Buchführung und Abschluß im betriebswirtschaftlichen Gesamtzusammenhang, Erster Band: Wesen und Technik. Mit Übungsaufgaben, 5., erw. u. völlig neu bearb. Aufl., Essen 1964.

Zur schriftstellerischen Fechtkunst von Hanns Linhardt, in: BFuP, 18. Jg. (1966), S. 541 ff.

Kostenbewertung (Art.), in: KOSIOL, E. (Hrsg.): Handwörterbuch des Rechnungswesens, Stuttgart 1970, Sp. 942 ff.

HAX, K.: Was ist betriebswirtschaftlich notwendige Abschreibung? in: ANGEHRN, O. u. KÜNZI, P. (Hrsg.): Beiträge zur Lehre von der Unternehmung, Festschrift für KARL KÄFER, Stuttgart 1968, S. 147 ff.

HEINEN, E., Betriebswirtschaftliche Kostenlehre, Band I, Grundlagen, Wiesbaden 1959 (1983).

Die Zielfunktion der Unternehmung, in: KOCH, H. (Hrsg.): Zur Theorie der Unternehmung, Festschrift zum 65. Geburtstag von ERICH GUTENBERG, Wiesbaden 1962, S. 9 ff.

Handelsbilanzen, 5. Aufl., Wiesbaden 1969 (1985).

HENNING, W.: Doppelte Buchführung, 2., erw. Aufl., Wiesbaden 1956.

HOFMANN, R.: Bilanzkennzahlen. Industrielle Bilanzanalyse und Bilanzkritik, Köln und Opladen 1969 (1977).

HORNGREN, Ch.T.: Introduction to financial accounting, 2. Aufl., New Jersey 1984.

INSTITUT DER WIRTSCHAFTSPRÜFER (Hrsg.): Wirtschaftsprüfer-Handbuch, Düsseldorf 1968 (1985).

JAEGER, E.: Konkursordnung mit Einführungsgesetzen, 8. Aufl., Erster Band, Berlin 1958; ZWEITER Band, 1. u. 2. Halbband, Berlin, New York 1973 (1977).

KÄFER, K.: Grundzüge der Buchhaltungs- und Kontentheorie, Zürich 1974.

KALVERAM, W.: Industrielles Rechnungswesen. Doppelte Buchführung und Kontenrahmen – Betriebsabrechnung, Kostenrechnung, 6. überarb. Aufl., Wiesbaden 1968.

KILGER, W.: Kurzfristige Erfolgsrechnung, Wiesbaden 1962.

Flexible Plankostenrechnung, Köln und Opladen 1967 (1981).

Einführung in die Kostenrechnung, Opladen 1976 (1980).

KINK, K.: Wertschöpfungsprozeß und Verrechnungslehre. Zum Problem des System- und Stilbegriffs in der Betriebswirtschafts- und Verrechnungslehre, Zürich 1955.

KLIMMER, W.A.: Repetitorium der Buchführung, Handbuch für Handel und Industrie, Wiesbaden 1958 (1970).

KLOOCK, J., SIEBEN, G., SCHILDBACH, Th.: Kosten- und Leistungsrechnung, 2. überarb. u. erw. Aufl., Düsseldorf 1981 (1984).

KLÜMPER, P.: Grundlagen der Kostenrechnung. Darstellung, Kontrollfragen, Aufgaben, Lösungen, Herne/Berlin 1979 (1984).

KOCH, H.: Betriebliche Planung. Grundlagen und Grundfragen der Unternehmungspolitik, Wiesbaden 1961.

KÖHLER, H.W.: Die Einkommensverteilung im Unternehmen. Die Wertschöpfung der Ilseder Hütte und ihre Verteilung von den Gründerjahren bis heute, Düsseldorf 1961.

KÖRNER, W.: Wesen und System der Grundsätze ordnungsmäßiger Buchführung, (Teil A), in: BFuP, 23. Jg. (1971), S. 21 ff.

KOSIOL, E.: Warenkalkulation in Handel und Industrie, 2. neu bearb. u. veränd. Aufl., Stuttgart 1953.

Kostenrechnung und Kalkulation, 2., überarb. Aufl., Berlin, New York 1972.

Buchhaltung als Erfolgs-, Bestands- und Finanzrechnung, Berlin, New York 1977.

KRESSE, W.: Die neue Schule des Bilanzbuchhalters, Band I, 3. Aufl., Wolfenbüttel 1972 (1978).

KROEBER-RIEL, W.: Die betriebliche Wertschöpfung unter besonderer Berücksichtigung der Wertschöpfung des Handels, Berlin 1963.

KROPFF, B.: Bilanzwahrheit und Ermessensspielraum in den Rechnungslegungsvorschriften des Aktiengesetzes 1965, in: Die Wirtschaftsprüfung, 19. Jg. (1966), S. 369 ff.

KRUSE, H.W.: Grundsätze ordnungsmäßiger Buchführung, Rechtsnatur und Bestimmung, Köln 1970 (1978).

LAUTH, B.: Buchhaltungs- und Bilanzierungsprobleme im Gefolge des geplanten Bilanzrichtlinien-Gesetzes, in: Betriebs-Berater, 37. Jg. (1982), S. 2022 ff.

LEFFSON, U.: Bilanzanalyse, Stuttgart 1976 (1984).

Die Grundsätze ordnungsmäßiger Buchführung, Düsseldorf 1964; 2. erw. Aufl., Düsseldorf 1970 (1982).

LEHMANN, M.R.: Leistungsmessung durch Wertschöpfungsrechnung, Essen 1954.

LÜCKE, W.: Finanzplanung und Finanzkontrolle, Wiesbaden 1962 (1972).

LÜCKE, W.: Die kalkulatorischen Zinsen im betrieblichen Rechnungswesen, in: ZfB, 35. Jg. (1965), Ergänzungsheft, S. 3 ff.

MÄNNEL, W.: Die Wahl zwischen Eigenfertigung und Fremdbezug; Theoretische Grundlagen – Praktische Fälle, Herne/Berlin 1968 (1981).

MALT, F.: Grundlagen der Ergebnisausweispolitik bei Aktienbanken, Dissertation Hamburg 1968.

MARX, A.: Verbandseigene Buchführungs- und Kostenrechnungsrichtlinien. Ein kritischer Vergleich mit den Einheitsrichtlinien des BDI und den Einheitsregelungen von 1937/1939, I. Teil, Kontenrahmen und Buchführungsrichtlinien, Wiesbaden 1965.

MATTESSICH, R.: Die wissenschaftlichen Grundlagen des Rechnungswesens, Düsseldorf 1970.

Messung und Bewertung (Art.), in: KOSIOL, E. (Hrsg.): Handwörterbuch des Rechnungswesens, Stuttgart 1970, Sp. 1105 ff.

MELLEROWICZ, K.: Kosten und Kostenrechnung. Bd. I: Theorie der Kosten, 4. Aufl., Berlin 1963 (1973); Bd. II, 1: Verfahren. Allgemeine Fragen der Kostenrechnung und Betriebsabrechnung, 4. Aufl., Berlin 1966 (1980).

Neuzeitliche Kalkulationsverfahren, 3. Aufl., Freiburg i. Br. 1970 (1977).

MENRAD, S.: Rechnungswesen. Betriebswirtschaftslehre im Grundstudium der Wirtschaftswissenschaft, Bd. 4, Göttingen 1978.

MIKULSKI, H.D.: Die Planung der Volkseigenen Industrie, Sonderdruck aus dem SBZ-Archiv Nr. 23 (1957); Nr. 6 (1958); Nr. 9 (1958); o.O.

MÖLLERS, P.: Kosten- und Leistungsrechnung. Einführung und Arbeitsbuch, Opladen 1974 (1983).

MOEWS, D.: Zur Aussagefähigkeit neuerer Kostenrechnungsverfahren, Berlin 1969.

MOXTER, A.: Präferenzstruktur und Aktivitätsfunktion des Unternehmers, in: ZfbF, N.F., 16. Jg. (1964), S. 6 ff.

Bilanzlehre, Wiesbaden 1974 (1984).

Der Einfluß der EG-Bilanzrichtlinie auf das Bilanzsteuerrecht, in: Betriebs-Berater, 33. Jg. (1978), S. 1629 ff.

Betriebswirtschaftliche Gewinnermittlung, Tübingen 1982.

NICKLISCH, H.: Die Betriebswirtschaft, 7. Aufl. der wirtschaftlichen Betriebslehre, Stuttgart 1932.

NIEHUS, R.J. u. SCHOLZ, W.: Rechnungslegung und Prüfung der GmbH nach neuem Recht, Kommentar zu den die GmbH betreffenden Vorschriften des Regierungsentwurfs eines Bilanzrichtlinie-Gesetzes vom 12.2.1982; Berlin, New York 1982.

PACK, L.: Die Elastizität der Kosten, Grundlagen einer entscheidungsorientierten Kostentheorie, Wiesbaden 1966.

PLAUT, H.-G.: Grundfragen und Praxis der Grenzplankostenrechnung, in: PLAUT, H.-G., MÜLLER, H. u. MEDICKE, W. (Hrsg.): Grenzplankostenrechnung und Datenverarbeitung, München 1968 (1973).

REINHEIMER, H., ERB, E.: Die Prüfung der Bilanzbuchhalter, 8. überarb. u. erw. Aufl., Ludwigshafen 1972 (1981).

RIEBEL, P.: Deckungsbeitragsrechnung (Art.), in: KOSIOL, E. (Hrsg.): Handwörterbuch des Rechnungswesens, Stuttgart 1970, Sp. 383 ff.

Einzelkosten- und Deckungsbeitragsrechnung. Grundfragen einer markt- und entscheidungsorientierten Unternehmerrechnung, Opladen 1972 (1985).

RÖSSLE, K.: Buchhaltung und Bilanz, 4. Aufl., Berlin-Lichterfelde 1941.

RUMMEL, K.: Einheitliche Kostenrechnung auf der Grundlage einer vorausgesetzten Proportionalität der Kosten zu betrieblichen Größen, 3. Aufl., Düsseldorf 1949 (1967).

SAAGE, G.: Die stillen Reserven im Rahmen der aktienrechtlichen Pflichtprüfung, Köln und Opladen 1959.

SCHMALENBACH, E.: Die doppelte Buchführung, Köln u. Opladen 1950.

Dynamische Bilanz, 13. Aufl., Köln u. Opladen 1962.

Kostenrechnung und Preispolitik, 8., erw. u. verb. Aufl., bearb. von R. BAUER, Köln u. Opladen 1963.

SCHMIDT, F.: Die organische Tageswertbilanz, 3. Aufl., Leipzig 1929.

SCHMIDT, R.-B., BERTHEL, J.: Unternehmungsinvestitionen. Strukturen – Entscheidungen – Kalküle, Reinbek bei Hamburg 1970 (1975).

SCHMOLKE, S., DEITERMANN, M.: Kaufmännische Buchführung für Wirtschaftsschulen, 2. Teil, 6. Aufl., Darmstadt 1970 (1977).

SCHNEIDER, D.: Die wirtschaftliche Nutzungsdauer von Anlagegütern als Bestimmungsgrund der Abschreibungen, Köln u. Opladen 1961.

Geschichte betriebswirtschaftlicher Theorie, Allgemeine Betriebswirtschaftslehre für das Hauptstudium, München 1981 (1985).

SCHNEIDER, E.: Volkswirtschaft und Betriebswirtschaft, ausgewählte Aufsätze, Tübingen 1964.

Industrielles Rechnungswesen. Grundlagen und Grundfragen, 5. Aufl., Tübingen 1969.

SCHÖNFELD, H.M.: Grundlagen des Rechnungswesens, 2., neu bearb. u. erw. Aufl., Stuttgart 1969.

Kostenrechnung I, 6., erw. Aufl., Stuttgart 1972 (1974).

SCHULZE, H.H.: Konto und Buchung (Art.), in: KOSIOL, E. (Hrsg.): Handwörterbuch des Rechnungswesens, Stuttgart 1970 (1978), Sp. 849 ff.

SCHWEITZER, M., HETTICH, G.O., KÜPPER, H.U.: Systeme der Kostenrechnung, München 1975 (1986).

SEICHT, G.: Die Grenzbetrachtung in der Entwicklung des betrieblichen Rechnungswesens, Berlin 1977.

SEISCHAB, H.: Betriebswirtschaftliche Grundbegriffe, Stuttgart 1961 (1967).

STOBBE, A.: Volkswirtschaftliches Rechnungswesen, Heidelberg 1966 (1984).

THOMS, W.: Grundzüge der funktionalen Kontorechnung, 2., neu formulierte Aufl., Freiburg i.Br. 1962.

VORMBAUM, H.: Grundlagen des betrieblichen Rechnungswesens, unter Mitarbeit von R. LANGGUTH, Stuttgart, Berlin, Köln, Mainz 1977.

WEBER, H.K.: Betriebswirtschaftliches Rechnungswesen, München 1974 (1978).

Die Bedeutung der betrieblichen Wertschöpfungsrechnung, in: ENGELEITER, H.-J. (Hrsg.): Unternehmen und Gesellschaft, Festschrift zum 75. Geburtstag von WILHELM HASENACK, Herne/Berlin 1976, S. 33 ff.

Wertschöpfungsrechnung, Stuttgart 1980.

Rentabilität, Produktivität, Liquidität der Unternehmung; Bedeutung – Ermittlung – Aussagewert, Stuttgart 1983.

WEDELL, H.: Das Geldkapital als systemabhängiger betriebswirtschaftlicher Produktionsfaktor, in: BFuP, 21. Jg. (1969), S. 207 ff.

Minderheitenschutz im Aktienrecht? Aktionärsinteressen und Rechtswirklichkeit, Frankfurt/Main, Zürich 1971.

Die erneuerte Tageswert-Idee. Zur fakultativen Rechnungslegung auf der Grundlage von Wiederbeschaffungswerten nach dem Vorschlag des Statuts für Europäische Aktiengesellschaften, in: Der Betrieb, 25. Jg. (1972), S. 1881 ff.

Die Wertschöpfung als Maßgröße für die Leistungskraft eines Unternehmens, in: Der Betrieb, 29. Jg. (1976), S. 205 ff.

WEILBACH, E.A.: Der Inhalt von Bewegungsbilanzen, in: Internal Control durch Bewegungsbilanzen, Festschrift für WALTER LE COUTRE, Stuttgart 1960, S. 19 ff.

WILLE, Fr.: Fortschrittliche Kosten- und Erfolgsrechnung; Entscheidungshilfen für Chefs und Führungskräfte, Stuttgart 1962.

WIRTSCHAFTSPRÜFER-HANDBUCH s.u. Institut der Wirtschaftsprüfer (Hrsg.).

WÖHE, G.: Bilanzierung und Bilanzpolitik. Betriebswirtschaftlich – handelsrechtlich – steuerrechtlich. Mit einer Einführung in die verrechnungstechnischen Grundlagen, München 1971 (1984).

Einführung in die Allgemeine Betriebswirtschaftslehre, 10. Aufl., Berlin u. Frankfurt/Main 1971 (1984).

v. WYSOCKI, K.: Sozialbilanzen; Inhalt und Formen gesellschaftsbezogener Berichterstattung, Stuttgart, New York 1981.

ZIMMERMANN, G.: Grundzüge der Kostenrechnung, Stuttgart, Berlin, Köln, Mainz 1976 (1982).

ZIMMERMANN, W.: Erfolgs- und Kostenrechnung, Braunschweig 1971.

Stichwortverzeichnis